蘇軾

소식 문예이론

저자 최재혁(崔在赫, Choi, Jaehyuk)

1966년 경기도 의정부 출생. 의정부고등학교를 졸업한 후 한양대학교 중어중문학과, 동대학원 중국문학 석사를 거쳐 臺灣 國立政治大學 中國文學研究所에서 문학박사학위를 취득하고 나서 강릉대, 서강대, 연세대, 영남대, 한양대 등에서 강의하였고 우송대학교 초빙교수를 거쳐 현재 백석예술대학교 외국어학부 조교수로 재직 중이다. 주요 저서로 『실용한자와 기초한문』(한양대 출판부, 2005), 『한자가 보인다』(학고방, 2009), 2005년 문화관광부 추천우수학술도서 문학 부문에 선정된 『중국고전문학이론』(역락, 2005) 등이 있다. 주요 논문으로 「蘇洵散文研究」(한양대 석사논문, 1994), 「蘇軾文藝理論研究」(臺灣 國立政治大學 박사논문, 2003), 「蘇洵의 문학관 고찰」(2003), 「四庫全書 嘉祐集 試校」(2004), 「주역 상징 고찰」(2004), 「소식 문예 감상의 세 가지 척도」(2006), 「소식 문예 효용성 연구」(2007), 「蘇軾 작가수양이론의 구체화과정 연구」(2008), 「蘇軾 문예창작이론의 구상과정 연구」(2010), 「蘇軾 文道 관념의 완성과정 연구」(2011), 「蘇軾 문예사상의 大一統 완성과정 연구」(2012), 「고려 문인들의 소식문예이론 수용 고찰」(2014) 등이 있다.

소식 문예이론

초판 인쇄 2015년 4월 20일 **초판 발행** 2015년 4월 30일
지은이 최재혁 **펴낸이** 박성모 **펴낸곳** 소명출판 **출판등록** 제13-522호
주소 서울시 서초구 서초중앙로6길 15, 1층
전화 02-585-7840 **팩스** 02-585-7848 **전자우편** somyong@korea.com **홈페이지** www.somyong.co.kr

값 42,000원
ISBN 979-11-86356-14-2 93820

이 저서는 2010년 정부(교육과학기술부)의 재원으로 한국연구재단의 지원을 받아 수행된 연구임(NRF-2010-812-A00172)

소식 문예이론

최재혁 지음

소명출판

책머리에

나의 고전에 대한 사랑은 현재진행.

여전히 꿈꾸고 부끄럽고 괴롭다.

고전은 항상 나를 설레게 한다. 누군가에게 내 속을 적나라하게 다 꺼내 보인 것 같아 부끄럽지만 볼 때마다 설레는 첫사랑 같은 감정이랄까. 묘하다. 미로에 갇혀 탈출구를 찾기 위해 이곳저곳을 헤매면서도 그 어느 낯선 곳에서 머뭇거리고 때론 서성거리기도 했다. 왜 그랬을까? 하여튼 그렇게 고전은 내가 걷는 걸음만큼 천천히 내게 다가왔다.

대학 2학년, 당시 나는 당최 어디 하나 마음 둘 곳 없이 이리저리 허둥대며 떠돌았다. 그 때 대만 삼민서국三民書局에서 출판한 『맹자孟子』 책을 처음 접했다. 중문과 한 해 선배가 학과사무실 앞에 붙인 독서동아리 부원모집 공고를 보고 무슨 생각인지 신청했다. 그렇게 신청하곤 까맣게 잊고 한 달이 훌쩍 지났을까? 한 선배가 찾아왔다. 그 선배가 독서동아리 공고를 붙인 당사자임을 그 때 알았다. 그 선배는 난감한 표정으로 이렇게 말했던 것같다. "동아리 공고에 너 한 사람만 신청했는데, 무얼

했으면 좋겠니?" 나는 예상치 않은 질문에 얼토당토않게 "한문으로 된 『맹자』 읽으면 좋겠어요"라고 답했다. 그 선배는 아주 난처해했고 그로부터 며칠 후 그 선배는 내 제의를 받아들이면서 함께 할 후배 모집과 동아리 학습지도를 내게 맡겼다. 그렇게 『맹자』가 내게 왔다. 그 당시 나는 중어중문학과에 다니면서도 내 적성에 잘 맞지 않다고 여기던 터라, 전공 공부에 그리 열의를 갖지 않았다. 딱히 할 게 없으니 그냥저냥 했다고 하는 편이 맞겠다. 그러던 차에도 자의든 타의든 내가 들어온 학과를 졸업했을 때 꼭 하고 나가면 좋을 게 무얼까 그걸 하면 그래도 중문과 졸업한 티는 날까 그 정도 생각에서 출발하여 졸업 전에 세상 사람들이 흔히 말하는 사서四書만큼은 원전으로 읽고 졸업해야 할 것 같았다. 그래서 내뱉은 게 대화체 형식으로 스토리가 있는 『맹자』였다. 사서를 공부한다면 그 첫 시작은 『맹자』면 좋겠다는 생각을 했었는데 그게 운명과 같은 그날 그냥 입 밖으로 나온 것이다.

학과 사무실 앞에 알림공고를 냈다. 여름방학이 시작되는 날 『맹자』를 원문으로 읽는 독서모임을 갖는다는 제목 하에 학과 1학년생 중 참여를 원하는 사람이 있다면 첫 모임일시와 장소를 공지하니 참여 바란다는 내용이었다. 나는 초하의 쨍쨍한 햇빛을 뚫고 오후 2시 모임장소로 공지한 강의실에 갔고 네 명의 1학년 후배들과 만났다.

그렇게 『맹자』를 보게 되었다. 시작은 그랬다. 그전까지 마음만 두었을 뿐 실천에 옮기지 않은 터라 한자는 사전을 찾아 읽을 줄 알았지만 한문을 읽는다는 것은 차원이 다른 세상이었다. 한문 실력이 좋은 선배를 만나 배운다면 좋겠다고 생각했는데, 일이 커졌다. 전혀 소양을 갖추지 않은 내가 가르치게 된 것이었다. 내게 그 두 달여간의 여름

방학은 오로지 『맹자』 원문과의 사투였다. 원문과 해석, 그리고 주석이 곁달린 『맹자』 책 일곱 권을 사서 해석상의 차이를 비교하고 가장 많이 취한 해석을 올바른 풀이로 판정하였다. 그래도 이해가 가지 않는 곳이 있으면 학과 사무실의 조교 형들과 교수님께 찾아갔다. 속 시원히 해결되는 곳도 있었지만 찜찜하게 넘어간 곳도 있었다. 간간이 이해가 쉽게 안 되는 설명을 듣다보면 초학자인 내가 이해 못하는 것도 오히려 당연하다고 생각했다. 한문 읽기 공부는 퍼즐 맞추기 놀이에서 느끼는 골몰함 속에 소소한 즐거움이 있었다. 하여튼 그렇게 맹자 원문 읽기 모임이 진행되었다. 그렇게 『맹자』, 『논어論語』를 읽고 『사기史記』 열전列傳도 몇 편 골라보고 중국의 역대문학이론들을 모아 놓은 문장들도 읽었다. 그리고 고전 문장에 대한 갈급함은 나를 대학원으로 몰아갔다.

대학원에 들어와 『설문해자說文解字』, 『문심조룡文心雕龍』, 『당송팔대가문선唐宋八大家文選』, 『순자荀子』 등의 원전을 보았다. 그 중에서도 소순 문장을 만난 건 지금 생각해보면 운명이었다. 석사논문 지도교수이셨던 오수형 교수님 연구실에서 이루어졌던 당송팔대가唐宋八大家의 문장을 공부하던 수업은 한유韓愈, 유종원柳宗元, 구양수歐陽脩, 왕안석王安石, 증공曾鞏, 소순蘇洵, 소식蘇軾, 소철蘇轍 팔대가 중 한 명씩 맡아 문장을 읽고 마지막에 그 중 한 명을 선정하여 소논문을 발표하는 방식으로 진행되었다. 그 때 나는 소순을 택했고 그의 문장을 처음 접했다. 그의 옹골찬 논조는 나를 강하게 끌어들였다. 그 당시 석사논문 주제를 잡아야 할 때였고, 소순의 문집이 석사생이 공부하기에 적당한 분량인데다 소순이 바로 소식의 부친이라는 점 때문에 특히 마음이 움직였다. 결국 소순 산문을 주제로 석사논문을 썼다. 대학원 석사과정을 거쳐 석사논문을 준비하면서 나중에 박사반에 진학한다면 대문장가인 소식의 산문을 주제로 박사논문을 써야겠다는 욕심도 생겼다. 대문장가인 소식을 연구한다면 평생 공부할 거리가 많고 한국에 미친 영향 역시 대단하니 비교연구 차원에서도 재미있을 것 같았다.

모교에서 박사반 재학중 대만 유학길에 올라 국립정치대학國立政治大學에서 수학하면서 루오종타오羅宗濤 교수님을 만났다. 루오종타오 교수님을 지도교수로 모시고 논문을 처음 준비하면서 박사논문의 대강을 들고 갔던 기억이 난다. 제목은 '소식산문연구'라고 적어갔다. 지도교수님께서는 나의 논문 제목과 연구요약을 보시고 인자하신 목소리로 산문을 왜 좋아하냐고 물으셨다. 나는 그때 시는 간결함 가운데 함축적인 의미를 알아야 하고 시작법과 운율도 알아야 하는 어려움이 있지만 산문은 외국인으로서 시에 비해 접근하기가 용이하고 지금까지 공부해온 분야도 산문이어서 산문을 선택하였을 뿐 내가 왜 산문을 좋아하게 되었는지에 대해서는 깊이 생각해보지 못했다고 말했다. 그러자 지도교수님께서 내게 이제라도 너에게 있어서 산문의 매력이 무엇인지 생각해보고 그 후에 논문제목을 정해보자고 하셨다.

아주 오랜 시간이 걸리진 않았다. 내가 산문에 흥취를 갖는 이유는 세상을 바라보는 비판의식, 냉철한 사유, 그리고 대단한 설득력과 호소력이었다. 결국 서정적인 산문보다는 의론적인 산문을 좋아했던 것이었다. 석사논문을 쓸 때를 생각해보니 소순의 의론적인 문장을 공부할 때는 왠지 그 글속에 내가 푹 빠져 읽다가도 서정적인 문장을 마주하면 눈으로만 볼 뿐 그다지 감화되지 않아 어떤 식으로 글을 써야 할지 막막했던 기억이 떠올랐다. 그리고 다시 논문제목을 '소식산문 속에 나타난 문학이론 연구'라고 쓰고는 다시 지도교수님을 찾아갔다. 지도교수님께서는 소식은 시인이고 문장가이고 문인화가이며 서예가였고 그 외 예술 각 분야에도 다재다능한 인물이라 그의 이론도 문학뿐 아니라 예술방면까지 섭렵하고 있으니 문예이론이라고 하는 게 맞고 산문을 위주로 하되 시나 사도 언급하지 않을 수 없으니 산문으로만 국한시키지 말자고 하셔서 결국 최종 제목을 '소식문예이론연구'로 하였다.

애초의 논문방향은 소식의 주장과 이론들을 그냥 날것으로 진열하여 서술하기보다는 서양의 기본적인 문예이론방식을 차용하여 문예원론, 작가론, 구상론, 창작론, 감상론 등으로 나누어 서술하고 그 세분화된 틀 안에서 소식의 개별 주장들이 언제 제기되었는지를 찾아 그 생애시기에 맞춰 하나의 이론이 젊을 때부터 세상을 떠날 때까지 그 주장의 변화과정을 살펴보는 것이었다. 그러나 생애에 맞춘 이론적 추이를 박사논문을 쓸 때 온전히 다 반영할 수 없었다. 그리고 고려와 조선 문인들에게 미친 영향 역시 박사학위논문에 전혀 담아내지 못하였다. 처음 계획 중 절반에 그친 논문을 지도교수님께서는 학위를 마칠 수 있도록 끌고 가주셨다. 평생의 연구를 박사논문 쓰는 데 다 소비하지 말고 이를 토대로 언젠가 못다 이룬 연구를 꼭 완성하고 죽을 때까지 보완하라는 말씀을 평생의 경종으로 삼고 있다. 우여곡절 끝에 학위과정을 마치고 귀국했다. 그때부터 조금씩 미진했던 부분을 보완하며 지내왔지만 결실을 못 이뤄 항상 마음이 흡족하지 않았다. 이 책으로나마 13년 전 미수에 그친 논문을 시나브로 마무리 짓는다.

대학시절 모자란 제자에게 항상 격려와 채찍을 마다하지 않으셨던 신미자 교수님, 손예철 교수님, 오수형 교수님께 감사의 마음을 전한다. 늘 뵙고 싶은 마음뿐, 찾아뵙지 못하고 있다. 이 지면을 통해 용서를 빈다. 내가 지금 이렇게 살고 있는 것도 그분들이 나의 젊은 시절 함께 해주셨기 때문이다. 대학 초년시절을 거쳐 석사반 시절, 박사반 시절 모셨던 교수님들 역시 나의 미천한 학문적 토양에 많은 거름을 부어주셨다. 항상 감사의 마음을 잊지 않고 있다.

함께 공부했던 많은 선후배들이 떠오른다. 옛날 그 때를 생각하면 입가에 웃음도 나고 기분이 좋아진다. 그 때가 좋았던 모양이다. 지금 나는 그 과거로부터 왔고 현재를 지나 미래로 나갈 것이다. 예전에 그랬듯이 앞으로도 그 선상에서 만나고 어긋나고 평행선을 긋기도 하면서 그렇게 살아갈 것이다. 그게 인생이니까.

들고나는 인생길에서 호기를 부린 적도 있고 힘들어 주저앉은 적도 있었다. 그 모든 내 삶의 변곡점마다 어머니의 기도는 나를 지금까지 버텨오게 하였고, 주님이 항상 내 곁에 있음을 느끼고 살고 있다. 지금은 돌아가신 할머니의 끝없는 사랑은 무엇으로도 보답할 길 없다. 하늘나라 가기까지 행복하게 사는 것이 그 은혜에 보답하는 길이리라 자위한다. 힘들 때마다 곁에서 격려해주는 아내가 있고 바쁜 일상 가운데에서도 확실한 비타민제 역할을 해주는 서영, 해영 두 딸이 있다. 나는 행복한 사람이다. 하나님께 감사드린다.

나는 소식문예이론 연구의 최종 귀착지로 가는 도중에 잠시 걸음을 멈추고 이전까지 해왔던 것을 정리한다. 이제 다시 앞으로 가기 위해 일신하는 마음가짐으로 이 한 권의 책을 만들어 기념한다. 이 보잘것

없는 책의 출판을 흔쾌히 맡아주신 소명출판 박성모 사장님, 그리고 공홍 편집부장님께 감사드린다. 그리고 본서가 나오는 데 정성을 다해 편집과 교정을 해주신 안솔 선생님께 고마움을 표한다.

소식 연구를 선도하신 홍우흠, 이종진, 이영주, 류종목, 조규백, 오태석, 안희진 그리고 많은 선생님들의 연구성과를 수고없이 받아 배울 수 있었다. 모든 분들께 감사의 말씀을 드린다.

여전히 부족한 곳 많고 허점 역시 많다. 내 자신의 불찰과 무지함에 대하여 강호 제현들의 꾸지람을 겸허히 받고자 한다. 아낌없이 질정해 주시고 가르쳐주시길 바란다.

2015.1

방배골 연구실에서 저자 씀

차례

제1장
서론

1. 연구 동기

문예창작은 작가가 현실생활 속에서 느낀 바를 심미체험을 통해 언어, 그림 등으로 문예형상을 만들어 독자에게 감상할 만한 문예작품을 만드는 것이다.

오랜 세월을 걸쳐 수많은 사람들이 문예창작의 경험을 끊임없이 총결해왔고 그것이 문예창작에 고스란히 투영되었다. 선진先秦시대부터 사람들은 문학의 '물상에 기대어 작가의 뜻을 말하는托物言志' 특징에 점차 주목한다. 진晉나라 때 육기陸機의 『문부文賦』는 중국문예이론사에서 창작을 체계적으로 저술한 문장이다. 육기는 창작 경험을 통해 창작의 어려움은 '문의文意가 물상物象을 완벽하게 표현하지 못하고, 문사文辭가 문의에 제대로 도달하지 못하는意不稱物, 文不逮意' 데 있다고 판단하였다. 그는 문예창작 중 주체와 객체의 관계, 내용과 형식의 관계 등의 문제를 제기하였고, '물物', '정情', '문文' 삼자의 관계에 주목하고 창작 중의 구상과정을 세밀하게 논술하여 문예창작을 연구하는 기초를 다졌다. 제량齊梁 시대의 유협劉勰은 『문심조룡文心雕龍』에서 창작론을 문예이론체계의 중요한 구성요소로 삼았다. 그는 「신사神思」편 중에서 문예창작과정 중의 '신여물유神與物遊'의 사유특징을 끄집어내고 「정채情采」편 중에서 '감정 때문에 글을 짓는다為情而造文'라는 창작원칙을 내세우고, 「물색物色」편 중에서는 '적은 것으로 많은 것을 총괄하고 감정과 모양 어느 것 하나 버릴 게 없다以少總多, 情貌無遺'라는 문예이론의 총론을 꺼내놓았다. 그는 이외에도 문예창작의 숱한 문제를 언급하면서 문예창작이론 연구의 영역을 활짝 열었다.

문예이론의 모형은 서양에서 왔다. 그렇다고 해서 중국문예이론 연구에 서양문예이론의 틀과 방식을 무턱대고 수용해서는 안 된다. 한 국가나 한 민족이라도 지역에 따라 그 문예이론은 그 나름 고유의 특색을 지니고 그 독특한 심미사유방식은 제각기 개성으로 나타난다. 그 독특한 심미사유방식이 지닌 개성을 잃어버리는 순간 그건 논의거리에서 젖혀진다. 다만 철학사유와 논리방식은 동서의 구분 없이 공통분모가 있는데, 이를 '공성共性'이라고 한다. 공성이 있어야 개성도 두드러진다. 우리가 한 국가나 한 민족, 혹은 한 시대의 심미사유를 연구하려면 그 개성과 공성을 함께 살펴보아야 한다.

서양문예이론에서 문예는 현실의 모방이며 현실에 대한 모방은 작가의 도덕관에 제한을 받지 않는다. 이는 작가의 학문 역량을 동양만큼 중시하지 않는다는 말이다. 결국 서양에서는 작가의 상상력과 감수성, 언어구사능력을 매우 중시한다. 서양의 문예창작 주체론에서 '상상', '정감', '천재' 등을 자주 언급하는 것도 이 때문이다. 중국 고대 창작주체론 역시 '천재'를 중시한다. 이는 서양 창작주체론과 공통분모라 하겠다. 동서양을 막론하고 창작자는 모두 언어구사, 표현력 등의 재능문제에 직면한다. 하지만 중국과 서양 문예이론 사이에는 역시 다른 곳이 존재한다. 중국문예이론 중의 '재才'에는 '학식學識'의 능력을 포함하는데, 이것이 바로 서양의 '천재'론과 다른 점이다. 중국문예이론에서 문예는 감정과 포부를 표현하는 것이 주목적이다. 여기서 감정과 포부는 도덕규범과 반드시 부합하여야 한다. '문이재도文以載道'라는 말이 있는 것을 보면, 작가는 도덕수양을 최우선에 두었고 문장이 천하에 떨치려면 평범치 않은 견식이 있어야 했다. '문장은 식견을 귀히 여긴다文以識為貴'라고 한 것으로 보아 작가는 식견을 연마해야 한다. 중국 고대 문인들에게 학문이란 '글을 짓는 재료行文之材料'였다. '양덕養德(덕을 배양함)'이니 '연식煉識(견식을 연마함)'이니 하는 것은 배움이 당연히 수반되어야 한다. 작가는 배움을 자연스레 수양임무의 하나로 삼았다.

서양문예이론의 방식과 용어를 수용한 중국문예이론 연구자료들을 고찰하다보면, 용어의 혼용으로 이해가 쉽지 않은 경우를 종종 맞닥뜨린다. 청清나라 말기, 중국은 서양의 과학기술을 급속히 흡수하면서 서양의 문학예술에도 관심을 갖는다. 문예방면에서 이른바 '이론theory'과 '비평critic' 등의 용어도 이때 중국에 들어온 말이다. 현대문학예술방면에 종사하는 중국 문인과 학자들이 근대 서양이론과 비평 관념을 쉽게 수용한 데 반해, 고대문학예술분야를 연구하는 학자들은 서양이론비평 자체를 그대로 적용하기 어려워했다. 서양에서 유래한 '모티브

motif' 같은 용어는 중국에서 '모제母題'라고 음역하여 사용하는 경우에는 별탈이 없고, '콘텍스트context'라는 말도 '배경背景' 또는 '어경語境'이라 의역하여 써도 별문제가 없다. 문제는 예전부터 사용하던 용어를 그대로 서양이론 용어의 대체어로 활용하는 경우이다. '심벌symbol', '이미지image' 등의 용어를 '상징象徵', '의상意象', '형상形象', '상상想像' 등으로 혼용하는 것이 바로 그러한 경우이다. 이러한 원인에는 『주역周易』의 괘상卦象 중에 '심벌'과 '이미지'가 혼재하는 점도 하나의 이유가 되겠고, 한자漢字의 특성상 단어 이전에 개별자個別字의 의미가 상존하는 점도 왕필王弼이 「명상明象」에서 말한 '상징象徵'의 의미가 서양의 '상징'과 다를 수밖에 없는 또 하나의 이유가 되겠다.[1] 이는 점차 '심벌'을 '상징'으로, '이미지'를 '의상'으로 규정하고 있지만 논자에 따라 여전히 혼용되어 그 범위가 다른 경우가 있어 자못 주의해야 한다. 서양의 '알레고리allegory'와 '메타포metaphor'를 수용하면서 '풍유諷喩', '비유比喩', '암유暗喩', '은유隱喩' 등으로 혼용하여 쓰고 있는 것 역시 마찬가지다.

중국 문인들은 오래전부터 '문류文類', '문체文體', '풍격風格' 등의 용어를 사용해왔다. 여기에 서양의 '스타일style'을 중역中譯하면서 '풍격'이니 '문체'이니 하면서 동서고금이 한데 뒤엉켰다. 예를 들어 서복관徐復觀은 '장르genre'를 '문류'로, '스타일style'을 '문체'로 설명하고 있다.[2] '풍

---

1 최재혁, 「주역 상징 고찰」, 『中國語文學誌』 제15권, 중국어문학회, 2004, 1~23쪽 참조.

2 徐復觀, 「文心雕龍的文體論研究」, 『中國文學論集』, 1~26쪽 참조. 그는 '體'자를 오늘날 우리가 사용하는 '風格'이란 용어에 어울린다고 생각했다. 하지만 이러한 사용방식은 광의적 풍격의 의미이고 전통적인 '문체'관념을 풍격으로 대체할 수 없다. 이 때문에, 그는 '文體'라는 용어의 원래 의미를 회복시키려고 시도하였다. 그는 '體'자를 '體裁', '體要', '體貌' 세 가지 단계로 나누고 문체는 체재에서 체요로, 다시 체모로 가는 승화과정을 총괄하는 용어라고 주장하였다.

격' 개념에 대한 정확한 이해는 결코 간단한 문제가 아니다. 최근 풍격론에 대한 관심이 높아져 풍격의 개념에 대해서도 많은 사람들이 정의를 시도하고 있으나 그들 사이에는 쉽게 해소될 수 없는 시각의 편차가 존재한다.[3] 일부 독특한 견해를 표명한 경우도 있으나 대체적인 경향은 풍격을 작가의 개성이라고 주장하는 부류와 작품 자체의 미적 특성이라고 주장하는 두 부류로 나누어지는데, 대체로 작가의 개성이라는 설을 지지하는 경향이 우세하다. 주영지朱榮智는 "문학관점에서 말하자면, 이른바 풍격이란 작가의 개성 인격이며 내용과 형식상의 종합적 표현을 가리킨다"[4]라고 주장했는데, 이것이 가장 보편적으로 수용되고 있는 풍격의 개념정의일 것이다.

이처럼 풍격의 개념규정이 학계에 유행할 수 있었던 데에는 대체로 두 가지 이유가 있다. 그 중 하나는 서양 문예용어인 '스타일'을 '풍격'으로 번역한 것이다. 풍격 개념이 학계에 널리 퍼진 이유는 바로 서양 문예이론 중의 '스타일'을 번역하면서부터이다. 하지만 의미상 중국 고유의 '풍격' 함의와 다소 차이가 있다. 또 다른 하나는 중국문학계에서 풍격론을 연구하던 출발점과 관련이 있다. 풍격이라는 말이 본래는 인물을 품평品評하던 용어였기에, 학자들은 풍격비평의 주된 관심사가 문학창작의 주체인 작가에 집중되었고 풍격비평을 작가중심으로 이해하려는 경향이 생겼다. 여기에 덧붙여, 근세에 들어 서양문학의 영향

---

3 팽철호,『중국 고전문학 풍격론』, 사람과책, 2001 참조.

4 朱榮智, "自文學觀點言之, 所謂風格, 是指作者的個性與人格, 在內容與形式上的一種綜合表現. 作品的風格, 可以從兩方面加以探討, 其一是作者所使用的材料和表現的方式, 對風格的影響; 其二是作者的生命才調, 對風格的影響. 作者的文學技巧, 固然影響作品的風格, 作者的生命才調, 對作品的風格, 更有絶對的影響."

을 받아 자신들의 풍격비평을 학문적인 안목으로 되돌아보기 시작하였다.[5] 동서양은 서로 다른 문학비평전통을 줄곧 가져왔다.

서양문예이론에서 '스타일'은 대체로 작품의 언어결구 측면의 해석을 강조하는 경향이다가 미들턴 머리J. Middleton Murry(1889~1957)가 20세기 초에 '인위조작artificiality'이라는 의미를 풍격 관념에 포함시켰고, 엘리어트T. S. Eliot(1888~1965)같은 이는 '무아無我'의 창작을 주장하면서 풍격과 작가 사이의 관계를 나누었다. 특히, 근대 서양문예이론은 형식주의에서 구조주의로 발전하면서 언어 해석이 매우 중요해졌다. 이 때문에, 풍격 연구의 영역은 응용언어학의 '문체연구stylistics'를 출현시켰다. 중국 고대 문예이론 중에는 문체文體와 문기文氣로 풍격의 의미를 설명한다. 서로 다른 두 문화 아래, 서양 근대문예이론의 '스타일리스틱스stylistics'를 '문체론'으로 번역하고 '스타일style'을 '풍격'으로 번역하면서 더욱 혼란을 야기하게 되었다. 이처럼 동서양 문예비평용어는 번역에서부터 혼란스럽다.

물론, 중국문예이론에도 풀어야 할 숙제가 많다. 우선, 중국 문인들이 제기한 주장들은 '발분저서發憤著書', '불평즉명不平則鳴', '궁이후공窮而後工' 이론처럼 대부분 문구로 문예비평용어가 정립되었는데, 이를 어떻게 각자의 특징을 세분하면서 하나의 통발에 담아내느냐이다. 그 다음으로, 서양문예이론과 중국문예이론의 차이를 어떻게 극복하여 공존하느냐이다. 이러한 난제들이 해결되면 더 성숙한 토론이 순리적으로 진전될 수 있을 것이다. 여기서 한 걸음 더 나아가 중국문예이론

5 蔡英俊, 「風格的界義及其與中國文學批評理念的關係」, 『文心雕龍綜論』, 中國古典文學研究會主編, 臺北 : 臺灣學生書局, 1988, 348쪽.

의 다양성을 계승하면서 서양문예이론의 명확성으로 부족한 부분을 메울 수 있어야 한다. 이것이 바로 현대적 의미의 '통변通變'이다.

중국 문인들이 예로부터 흔히 사용해왔던 용어들에 대해서 어떻게 오늘날 정의할 것인가 역시 동서양 간에 서로 합일시키고자 하는 시도가 있어야 한다. '흥興'은 시의 표현방법에 따르면 '부비흥賦比興'이라 말하고 시의 효용측면에 의하면 "흥관군원興觀群怨"이라 말한다. 이에 대해, 하안何晏은 "흥은 감흥을 일으키는 것興, 起也"이라고 말했고, 공안국孔安國은 "흥은 비유를 끌어다가 유사한 부류를 연잇는 것興, 引譬連類"이라고 했고, 주희朱熹는 "의지意志를 느껴 발하는 것感發志意"이라고 했다. 흥에 대해서 지금까지 분분한 논의가 있어왔고 비유比喩, 영감靈感, 연상작용聯想作用 등 다양한 견해가 제시되었다. 지금은 중국문예이론의 전통을 오늘날의 의미로 되새기는 과정 속에 있으며 서양이론을 어떻게 하면 중국문예이론의 전통과 연계하느냐에 고심하고 있다. 이러한 논의가 하루빨리 매듭지어져서 용어상의 어려움이 해결되어 보다 성숙한 논의가 이루어질 수 있기를 고대해본다. 중국문예이론의 특징이랄 수 있는 다의성을 그대로 살리면서 서방이론의 명확성을 잘 보완해야한다.

우리가 서양근대문예이론을 언급할 때 우리가 지칭하는 것은 시학서이지 산문집이 아니다. 반대로 중국 고대문예이론을 말할 때 우리들이 제기하는 것은 바로 개인문집 속의 시문관이다. '문론文論'과 '시학poetics'이라는 용어는 중국과 서양의 차이를 극명하게 보여준다. 서양에서는 시론詩論 또는 시학詩學이라 구분하여 칭하지만, 중국에서는 문론文論과 시론詩論을 구분 없이 통칭한다.

흄Hulme(1883~1917)은 산문과 시를 정의하면서, 산문은 연계성連繫性을 갖춘 말들이 물질적인 또는 물체적인 것과 직접 연관되지만 신택스syntax에 의한 메시지는 오히려 처음부터 끝까지 독자층을 몰아붙여 독서를 추상적인 과정으로 전환시킨다고 보았고, 시는 직관直觀과 연계되어 눈을 통해 구체적인 사물을 만들고 시종일관 물질적인 것을 보도록 한다는 점을 내세워 시와 산문의 근본적 대별점으로 삼았다.[6] 이 말이 꼭 시와 산문의 정의에 합치하는 것은 아니지만, 서양에서는 이처럼 분리하려는 의식이 줄곧 유지되어 왔다는 점이다. 하지만 이와 달리, 중국에서 보이는 특성 중 하나는 바로 '모든 문체는 두루 통함諸體兼通'이다. 문체의 다양성을 인정하면서 상호간에 밀접한 관련이 있다는 것으로, 이는 시문서화詩文書畫는 결국 하나로 귀결된다는 말과도 일맥상통한다. 결국 중국에서 시론詩論이란 문론文論이라 해도 별반 그 작가의 이론을 규정함에 큰 제약이 뒤따르지 않는다. 서양에서는 찾아볼 수 없는 논의임에 분명하다.

명청明清시기에 이르러, 중국문예이론은 비로소 시, 사, 희곡, 소설 등으로 구분되어 고찰되기 시작했다. 그렇다면, 명청 이전에는 진정한 의미의 문예이론이 없었나? 일견 그렇다고 말할 수 있겠지만 자세히 들여다보면 유협劉勰의 『문심조룡文心雕龍』 같은 문예이론서적을 제외하고는 중국 고대 문인이나 학자들은 대부분 개인문집 속 여러 글 속에 다양한 문예관을 뒤섞어 논술하고 있음을 알 수 있다. 우리는 중국 고대 문예관점들을 오늘날의 문예이론 체계 안에서 재조명할 필요가 있다.

---

6 高友工・梅祖麟, "Syntax, Diction, and Imagery in T'ang Poetry", *Harvard Journal of Asian Studies*, vol.31, 1971, pp.52~53.

기존 국내의 문학이론, 문예이론 저서들은 대부분 서양이론에 근간을 두고 있다. 이렇게 서양이론이 국내 문예이론에서 주류를 형성하고 있는 데에는 동양이론이 서양이론에 비해 종합적이고 체계적이지 못하기 때문이다. 동양이론은 개별적이고 부분적인 주장들이 여러 글 속에서 산재한다. 그래서 얼마전만 해도 국내뿐만 아니라 중국에서도 한 작가의 문예이론을 문예원론, 작가론, 창작론, 감상론 등의 체계적인 틀에서 고찰한 연구를 찾아보기 힘들었다.

중국에서는 오랜 기간 문예이론이 체계화되지 못하였고, 그에 따른 거시적이고 전체적인 조망보다는 개별 이론을 소개하고 분석하는 정도에 그쳐왔다. 근대화과정 속에서 쏟아지는 서양문물에 의해 동양적 자정능력은 상실되었고 그 고유한 특성마저 망실되었다. 우리 사회의 여러 분야에서 지금까지도 그런 점은 크게 바뀌지 못하고 있는 현실이다.

문예이론에 관한 주장을 많이 개진했던 작가들 중에 소식蘇軾이란 인물이 있다. 그는 중국에서 창작과 이론을 겸비했던 몇 안 되는 인물 중의 한 사람이다. 그의 이론을 체계적으로 정리한다면 서양문예이론과 대비하여 중국문예이론이 강조한 가치를 선명하게 밝힐 수 있을 것이다.

중국문예이론의 전범을 살펴보기에 소식은 중국 문인들 중 가장 적합한 인물이다. 소식은 다재다능한 사람으로, 시문서화詩文書畫의 전 문예영역에 걸쳐 대단한 성취를 이루었다. 아울러 그는 수많은 문장 속에서 문예에 관한 견해를 드러냈다. 그는 이전까지 그림을 하나의 기예技藝로 치부하던 관점을 버리고 시문서화는 모두 하나라는 태도를 견지하여 문인화의 기초를 다졌다. 소식문예이론의 범위는 광범하여,

그 가운데에는 시론, 문론이 있을뿐더러 서법론, 화론도 모두 아우른다. 그의 시론, 문론, 서법론, 화론을 살펴보면 '이름은 다르나 실체는 같다異名同實'라고 말해도 손색이 없다. 소식의 문예이론을 '시론', '문론', '서법론', '화론' 등으로 단정하는 것은 매우 위험한 발상이다.

소식이 살았던 북송 시기는 문화사적으로 매우 중요한 시기였다. 북송 이전에는 서적을 읽고자 해도 그 책을 구해 읽는다는 것은 매우 힘들었으나, 인쇄술의 발달로 인하여 대량으로 여러 지역에서 책을 인쇄함으로써 서적 구입이 매우 쉬워졌다는 점을 들 수 있다. 이는 결과적으로 폭넓은 독자층을 갖는 계기가 되었다. 북송시기에 취해진 문인에 대한 우대정책은 당시 지식인들에게 자신의 다양한 의론을 자유롭게 펼칠 수 있는 근간을 마련해주었다. 이러한 호사로 인해 지금까지 전해지는 소식의 시와 문장이 많고, 많은 기록을 통해 지어진 시기를 알 수 있는 소식의 시나 문장 역시 많다. 게다가 그에 관한 연구서도 넘쳐난다. 소식을 연구하는 연구자들에게는 더없이 넘치는 복이다.

2. 연구 방법

소식의 문학이론 내지는 문예이론을 살펴보려 할 때 중국문학이론을 체계적으로 정리한 책들이 있다면 소식의 문예이론을 정리하는 데 도움이 될 것이다. 중국문학이론을 내용별로 잘 나누어 논한 대표적인 논저로는 장사오캉張少康이 쓴『중국 고대문학창작론中國古代文學創作論』(1983), 치즈샹祁志祥이 쓴『중국 고대문학원리中國古代文學原理』(1993) 등이 대표적이다. 이 논저들은 중국문학이론을 종합적으로 이해하는 데 좋은 자료이다. 이 논저들의 연구방법론을 통해 소식의 문예이론을 연구한다면 그가 창작시 중시했던 점이 무엇인지 명확히 이해할 수 있을 것이다.

지금까지 소식에 관한 연구는 중국문학사내에서 차지하는 그의 비중만큼이나 국내외 많은 연구자들에 의해 많은 연구논문이나 개인저서가 발표되었다. 그 연구서적들을 장르별로 고찰해보아도 소식이 시사, 서예, 그림에 능했던 작가였기에 그에 관한 연구 역시 각 방면에 걸쳐 다양하게 연구되어 왔다.

소식의 문예이론에 대해 연구한 대표적인 논저로는 장젠張健이 쓴『소식의 문학비평연구蘇軾的文學批評研究』(1973), 여우신리游信利가 쓴『소동파의 문학이론蘇東坡的文學理論』(1981), 왕스더王世德가 쓴『유불도 미학의 융합儒道佛美學的融合 — 소식 문예미학사상 연구蘇軾文藝美學思想研究』(1993), 정자오주앙曾棗莊이 쓴『삼소문예사상三蘇文藝思想』(1995) 등이 있다. 이 책들은 소식의 문예이론을 종합적으로 고찰하는 데 매우 큰 역할을 한다. 그 중, 장젠의 논저는 소식이 밝힌 역대 작가에 대한 평론들을 정리한 것으로, 소식의 비평관을 연구하려 할 때 반드시 참고해야 할 정도로 중요한 서적이다. 이 연구서적들에 나와 있지 않은 새로운 견해를 찾아낸다는 것은 불가능하다. 굳이 쓴다면 이전 연구 활동에 기초하여 서술상에 있어 장절의 변화만 준 연구서가 될 공산이 크다. 기왕 새로운 문학이론을 찾아낼 것도 없는 마당에 이전 연구들을 딛고 새로운 획을 긋는 연구를 한다는 것은 참 어려운 일이다.

하지만 기존 연구들을 살펴볼 때 전혀 문제가 없는 것은 아니다. 이는 바로 그 서술방식이 중심어 또는 중요 문구를 골라 정비되지 않은 틀에 개별이론을 하나하나 나열하여 소개한 연구서들이 대부분을 차지한다는 점이다. 연구방식이 이러하다보니 종합적이기보다 개별적 이론을 나열하여 소개하는 차원을 벗어나지 못하였다. 따라서 그 개별 이론을 좀 더 분명한 문예이론의 큰 틀 안에서 집약시키지 못하였다.

본서는 이 점에 착안하여 보다 체계적인 문예이론의 틀을 만들어 재구성하려고 한다. 그리고 문예이론을 기술할 때 소식이 청년에서 노년에 이르는 동안 그 문예이론의 변화 내지는 완성과정을 시기별로 알아보고자 한다. 이를 통해 한 작가의 문예이론의 면모를 완전하게 파악할뿐더러 문예이론의 변화를 함께 조망할 수 있다.

소식문예이론이나 중국문학이론에 관해 많은 학자들이 다양한 방식으로 논술해왔다. 그중 대표적인 서적에 대해 소개하고자 한다.

① 여우신리游信利의 『소동파의 문학이론蘇東坡的文學理論』

'창작이론 — 자연스럽게 문장을 만든다自然成文', '필드field이론 — 문장은 작가가 불우해야 더욱 뛰어나진다文窮而愈工', '표현이론 — 문사는 전달하면 그 뿐이다辭達而已'(언어표현辭以達意, 문도의 관통文以貫道, 언외지의意在言外로 재분석함) 등으로 나누어 논술하였다.

② 장사오캉張少康의 『중국 고대문학창작론中國古代文學創作論』

제1장에서는 '허정虛靜', '신사神思', '감흥感興', '물화物化' 등으로 예술구상을 논하였고, 제2장에서는 '물상物象과 의상意象', '정신이 형상으로

통달함神用象通과 형용에 기대어 마음을 취함擬容取心', '은수隱秀', '의경意境' 등으로 예술형상을 논하였고, 제3장에서는 '실록사진實錄寫真', '기환과탄奇幻誇誕' 등으로 창작방법을 논하였고, 제4장에서는 '형形과 신神', '가假와 진真', '일一과 만萬', '허虛와 실實', '정情과 리理', '리理와 취趣', '정情과 경景', '의意와 세勢', '문文과 질質', '통通과 변變', '풍골風骨과 사채辭采', '법도法度와 자연自然' 등으로 예술표현의 변증법을 논하였다.

③ 펑산산彭珊珊의 「소동파 산문연구蘇東坡散文研究」

제3장 '동파의 산문이론東坡之散文理論'에서 '문도 관념文道觀念'(유가儒家의 도, 자연의 도, 도와 기예가 통합道通於藝으로 재분석함), '언어표현述意達辭'(많은 독서량多讀書史, 뜻으로 통섭함以意攝之, 문사는 통하면 그 뿐임辭達而已, 화려하고 기이한 문사표현 반대함反華靡迂奇), '자연스럽게 문장을 이룸自然成文', '문장은 궁해야 뛰어나진다文窮後工' 등으로 논하였다.

④ 쩡쭈인曾祖蔭의 『중국 고대문예미학범주中國古代文藝美學範疇』

'정리론情理論의 미학특징'(정情과 리理의 통일, 진정眞情과 분서憤書, 이취理趣와 이장理障으로 재분석함), '형신론形神論의 미학특징'(형과 신을 겸비함形神兼備, 형은 참되고 원만함形真而圓, 신은 조화롭고 온전함神和而全), '허실론虛實論의 미학특징'(실에서 허로 됨化實為虛, 허에서 실로 됨化虛為實, 허와 실이 서로 생겨남虛實相生, 공간의 미空間之美), '언의론言意論의 미학특징'(언어는 근접하고 취지는 풍부함言近旨豐, 언외지의言外之意, 뜻을 위주로 함以意為主), '의경론意境論의 미학특징'(의와 경이 섞임意與境渾, 경이 형상 밖에서 생김境生象外, 자연의 미自然之美), '체성론體性論의 미학특징'(문장이 그 사람과 같음文如其人, 하나의 격식을 주로 하지 않음不主一格, 강함과 부드러움이 서로 도움剛柔相濟, 유지한 기운을 힘써 가득 채움務盈守氣) 등으로 논하였다.

⑤ 황메이어黃美娥의 「소식 문론 및 그 산문예술연구蘇軾文論及其散文藝術研究」

제2장 '소식문론 분석蘇軾文論探析'에서 '문과 도가 갖추어짐文與道俱', '기예와 도 둘 다 나아감技道兩進', '자연스럽게 문장을 이룸自然成文', '스스로 일가를 이룸自成一家' 등으로 나누어 논하였다.

⑥ 쟝시메이江惜美의 「소식 시학이론 및 그 실천蘇軾詩學理論及其實踐」

제2장 '동파 시학이론'에서 '시는 곤궁해져야 뛰어나진다는 설詩窮後工說', '시에는 기탁함이 있다는 설詩有寄託說', '시는 진정을 귀히 여긴다는 설詩貴真情說', '시는 비유를 응당 사용해야 한다는 설詩應設譬說', '시는 전고를 의당 인용해야 한다는 설詩宜使事說' 등으로 나누어 논하였다.

⑦ 정원치엔鄭文倩의 「소식예술사상연구蘇軾藝術思想研究」

제2장 '문학—시문 관념 및 그 비평이론(상)'에서 '문장은 그 사람됨과 일치한다는 설文如其為人論', '마음 속에 얻어 밖으로 베푼다는 설과 문장의 명실관得中張外說與文章的名實觀', '문장의 사회가치(문장효용)관념文章的社會價值(文用)觀念' 등으로 논하고, 제3장 '문학—시문 관념 및 그 비평이론(하)'에서 '고古의 미학표준과 사달론辭達論', '뜻을 위주로 한 시론詩論' 등으로 논하고, 제4장 '서법이론'에서는 '법法과 의意', '글씨와 사람' 등으로 논하고, 제5장 '회화이론'에서 '시화詩畫가 결합한 화론畫論—우세예술(문학)이 주도하는 회화미학', '형形과 신神의 변별로부터 형形과 리理

의 이원화 확립까지' 등으로 나누어 논하였다.

⑧ 황후이칭黃惠菁의 「동파 문예창작이론 연구東坡文藝創作理論研究」

제4장 '동파 문예창작 기초론東坡文藝創作基礎論'에서 '풍부한 생활경력', '폭넓은 학문공부', '문예창작의 열정'으로 논하고, 제5장 '동파 문예구상론'에서 '허정虛靜', '상상', '영감靈感', '물화物化'로 논하고, 제6장 '동파 문예형상론'에서 '의상意象의 소조'(진실성, 전형성), '의상의 감염—언외지의', '의상의 극치—경境과 의意의 만남'으로 논하고, 제7장 '동파 문예표현론'에서 '문장으로 뜻을 전달함文以達意', '기예와 도 둘 다 나아감技道兩進', '형과 신이 서로 의지함形神相依', '법도에 얽매이지 않음不拘法度'으로 논하고, 제8장 '동파 문예풍격론'에서 '독특성', '다양성', '자연성'으로 논하였다.

⑨ 치즈샹祁志祥의 『중국 고대문학원리中國古代文學原理』

제4장 '중국 고대의 창작구상론'에서 '허정虛靜—중국 고대의 구상 심태론', '신사神思—중국 고대의 구상 특징론', '흥회興會—중국 고대의 영감 비밀론'으로 논하고, 제5장 '중국 고대의 창작방법론'에서 '활법活法—중국 고대의 총체적 창작방법론', '정법定法—중국 고대의 구체적 창작방법론', '용사用事—중국 고대의 시문창작방법론', '부비흥賦比興—중국 고대의 시가창작방법론'으로 논하고, 제6장 '중국 고대의 문학작품론'에서 '문기文氣—중국 고대의 문학생명론', '문체文體—중국 고대의 문학체재론', '문질文質—중국 고대문학의 형식내용관계론', '언의言意—중국 고대문학의 형식과 내용 관계', '형신形神—중국 고대문학의 형식

내용관계론', '의경意境－중국 고대표현주의문학특징론', '정경情景－중국 고대시가 의경형태론意境形態論', '진환真幻－중국 고대의 문학진실론', '통변通變－중국 고대 문학의 계승혁신론'으로 논하고, 제7장 '중국 고대의 문학풍격론'에서 '문장은 사람과 비슷함文類乎人 아려함은 하나의 격이 없음雅無一格－중국 고대문학 풍격형태론', '평담平淡－중국 고대의 음유미론陰柔美論', '풍골風骨－중국 고대의 양강론陽剛論'으로 논하고, 제8장 '중국 고대의 문학형식미론'에서 '문사는 전달하면 그 뿐임辭達而已－중국 고대문학의 '합목적合目的'형식미론形式美論', '격률성색格律聲色－중국 고대문학의 순형식미론'으로 논하고, 제9장 '중국 고대의 문학감상론'에서 '지음知音－중국 고대의 비평주체수양론', '시인의 뜻으로 시인의 포부를 받아들임 以意逆志－중국 고대의 문학감상방법론', '좋아하고 싫어함은 사람으로 연유함好惡因人 추함과 예쁨에는 정함이 있음媸妍有定－중국 고대의 심미주객체관계론'으로 논하였다.

⑩ 다이링쥐엔戴伶娟의「소식제화시 예술기교연구蘇軾題畫詩藝術技巧研究」

제3장 '소식제화시 예술기교 분석'에서 '시화詩畫의 공통기교'(채색 입히기敷彩設色, 전형성 개괄典型概括, 묘사에 색으로 물들이기渲染描摹, 대비로 가까이 비추기對比映襯, 허실이 서로 이룸虛實相成, 백묘로 큰 틀 그리기白描勾勒 등으로 재분석함), '문학표현수법'(비유 모방比喻多方, 전고 사용化用典故, 의성으로 의경을 베낌擬聲摹境, 정에서 동으로 변화함化靜為動, 가까이도 않고 멀리도 않음不即不離, 문장으로 시를 씀以文為詩, 의론으로 시를 씀以議論為詩 등으로 재분석함)으로 논하고, 제4장 '소식제화시의 의경意境'에서 '정과 융합하여 경으로 들임融情入景', '형상 밖에 뜻을 나타냄象外見意', '형을 떠나 비슷함을 얻음離形得似', '비흥으로 기탁함

比興寄託', '호리병 안에 천지를 담음壺中天地', '움직임으로 고요함을 가까이함以動襯靜' 등으로 논하였다.

⑪청지우티엔成九田 · 창샤오창暢孝昌의『중국고대문론개술中國古代文論概述』
'신사神思', '의상意象', '의경意境', '비흥比興', '형신形神', '시언지詩言志', '흥회興會', '성령性靈', '체성體性', '시서時序', '변체辯體', '문덕文德과 문기文氣', '열세閱世', '적학積學', '통변通變', '문질文質' 등으로 나누어 논하였다.

국내의 경우 소식의 생애와 작품을 소개한 서적은 많이 출간되었다.[7] 하지만 소식의 문예이론을 전문적으로 논급한 서적은 아직 없고 주로 연구논문과 학위논문이 주를 이룬다. 그 중 일부를 소개하고자 한다.

① 권덕주, 「소동파蘇東坡의 화론畵論」
문인화론의 형성, 정신주의(흉중성죽胸中成竹과 물화物化, 상리常理와 상외象外, 시화일률詩畵一律로 재분석함), 기교론(전신傳神, 화수畵水, 심수상응心手相應으로 재분석함) 등으로 나누어 논하였다.

② 홍우흠, 「소식蘇軾의 문론文論 간개簡介」
정통론正統論(누구의 통을 잇느냐에 있는 것이 아니라 얼마나 사邪가 없는 보편타당

---

7 저서로는 홍우흠의『소동파 문학의 배경』, 영남대 출판부, 1983; 유종목의『소식사연구』, 서울대 출판부, 1991; 박노현의『소식산문연구』, 해돋는나라, 1997; 곽노봉의『소동파의 서예세계』, 다운샘, 2005; 안희진의『소동파에게 시를 묻다』, 청동거울, 2009; 조규백의『소동파 시 연구』, 역락, 2012 등이 있다. 번역서로는 林語堂, 진영희 역,『소동파평전』, 지식산업사, 1990; 楊濤, 정충락 역,『문예의 천재 소동파』, 이화문화, 2000; 王水照, 조규백 역,『중국의 문호 소동파』, 월인, 2001 등이 있다.

한 진리의 통을 잇느냐에 있음), 명실론名實論(형식에 얽매이지 않는 문학을 지향하여 명名을 실實의 빈객으로 삼음), 통리론通理論(만물의 이치에 통달하여 외재의 변화 속에 내재한 불변의 생명을 추구함), 도련론淘鍊論(배움 중시, 실천하다 이르는 것이지 억지로 추구하지 않음致而不求, 마음과 손이 서로 응함心手相應, 문사로 뜻을 표현함以辭達意 등으로 나누어 재분석함) 등으로 나누어 논하였다.

③ 이영주, 「소식시론연구蘇軾詩論研究」

문예이론의 구성, 시론의 전개, 시화일률론의 제창 등으로 나누어 논하였다.

④ 유종목, 「소동파의 문학이론」

자연론, 실용론, 궁이후공론窮工論, 중변론中邊論, 사달론辭達論, 개성론 등으로 나누어 논하였다.

⑤ 오태석, 「장르사적 관점에서 본 소식의 문예이론과 시」

아속雅俗의 갈마듦交互 작용(교유시와 고시의 성행, 비속을 아정으로 만듦以俗爲雅의 점화론點化論), 철리화(생활사변生活思辨, 의론을 시로 만듦以議論爲詩), 산문화(시문혁신운동, 문을 시로 만듦以文爲詩, 시를 사로 만듦以詩爲詞), 흉중성죽胸中成竹과 수물부형隨物賦形(선학禪學과 화론畵論의 차감借鑑) 등으로 나누어 소식 문예이론과 시의 장르 변용 양상에 대해 논하였다.

⑥ 김상미, 「소식 제화시 연구蘇軾 題畫詩 研究」

구상이론(흉중성죽, 심수상응), 표현이론(신사神似, 천공天工, 청신淸新), 비평이론(화품이 인품이다畵品人品) 등 세 가지로 나누어 예술이론을 논하였다.

⑦ 박영환, 「소식의 문학이론과 선종禪宗」

소식의 창작론(물화, 흉중성죽, 허정虛靜)과 선종의 사유의식, 소식의 풍격론(평담平淡, 시중유화詩中有畵, 화도시和陶詩)과 선종의 심미정취 등으로 양분하여 논하였다.

⑧ 서은숙, 「소식 제화시 연구」

창작론(창작 주체, 창작 과정, 문인화론의 탄생), 감상론(형사와 전신론, 회화의 전범, 문학적 도상의 회화적 귀환), 소통론(예술 네트워크 내에서의 소통, 회화의 상품 가치로서의 소통), 작가론(말 그림의 대가 한간韓幹, 송대를 대표하는 화가 이공린李公麟, 화가이자 수장가 그리고 후원자 왕선王詵, 예술적 지음이자 대나무 그림의 일인자 문동文同, 그림의 재능을 이어받은 아들 소과蘇過) 등 네 가지로 나누어 논하였다.

⑨ 김종성, 「소식과 황정견黃庭堅의 문학이론 비교」

원리론, 방법론, 풍격론, 비평론 등으로 나누어 논하였다.

⑩ 박순철, 「소식의 시화서詩畵書 일률상통론一律相通論 소고小考」

시화서詩畵書는 모두 그 사람을 닮는다는 논지 아래, 시화서의 풍격론, 기도양진技道兩進, 미학적 경계에 대해 논하였다.

여기서 소개한 논문이 국내의 연구논문을 전부 소개한 것은 결코 아니고, 주로 문예이론과 관련한 부분이 있는 논문들이다.

이상과 같이 국내외에 소식과 관련한 연구 자료가 풍성하다. 본서는 이상과 같은 풍성한 연구토대 위에서 '소식문예이론'을 기술하고자 한다. 본서가 소식 시문에 담긴 견해를 통해 소식문예이론의 특징을 깊이 고찰하고 동서양 문예이론의 차이를 통해 서로간의 장단점을 개선하고 발전시키는 데 일조하기를 희망한다.

본서는 총 8장으로 나누어 논술할 것이다.

제1장 「서론」에서는 연구 동기, 연구 방법, 소식 생애 등 세 방면으로 나누어 기술한다. 여기서 본서의 목적과 방법에 대해 기술하고 소식에 대한 생애를 시기별로 살펴보고 문예이론의 범위를 재단할 것이다.

제2장 「문학예술관의 완성과정」에서는 소식 문예이론의 기초가 되는 견해이면서 작가론, 구상론, 창작론, 감상론 등의 근간이 되는 원론적인 담론에 해당하는 이론을 기술할 것이다. 소식의 문학예술관에 대하여 주요한 특징으로 세 가지를 살펴볼 예정이다. 이 장에서는 '문예사상의 대일통大一統', '문도文道 관념의 독창성', '문예 효용가치의 영역확대' 등으로 나누어 소식의 문예에 관한 기본관점을 논술할 것이다.

소식 문예이론의 원론적 관념들을 문학예술관이라 하여 정리하고 난 후 그의 중심 이론들을 서양 문예이론에서 강조하는 세 가지 측면 즉 작가, 작품, 독자 세 가지 관점에서 작가론, 창작론, 감상론으로 접근하고 여기에 구상론을 결부하여 소식 문예이론을 재단하고자 한다.

중국문예이론에서 작가론은 서양이론에서 보이는 작가 개인의 생애를 조망하는 방법에서 그치지 않고 작가수양방면에까지 직접 언급하고 있다. 이는 작가의 인품이 곧 작품의 풍격이 된다는 전통적 문학 관념이 개입된 것이다. 이는 소식문예이론의 경우에서도 별반 다르지 않아 작가수양에 대해 매우 강조되고 있다. 이전의 문인들에 비해, 소식은 이에 대해 전 생애에 걸쳐 끊임없이 제기하고 있을뿐더러 자신의 구체적 경험을 토대로 한층 생동감 있게 주장을 펼친다는 점이 특히 주목할 부분이다.

제3장 「작가수양이론의 구체화과정」에서는 '독서 학습', '관찰 체험', '시련 극복' 등으로 나누어 그의 작가론을 살펴볼 것이다. 소식은 이러한 조건들이 충족될 때에야 비로소 완벽한 작품을 만들 수 있다고 생각하였다. 작가가 이러한 수양과정을 제대로 거쳐야 그 창작역량이 용솟음쳐 훌륭한 작품을 지을 수 있기 때문이다. 또한 이를 통해 만들어진 작품은 역으로 작가의 창작역량에도 영향을 미쳐서 창작 자체가 도리어 수양효과를 가져다줄 수 있다.

작가수양을 올바로 체득한 작가는 본격적인 창작활동 이전에 구상단계를 거친다. 소식은 자신의 심미구상에 대한 견해를 산문이라는 형식으로 논리적으로 기술하기보다는 시가의 운율에 드러내고 있다. 아무래도 산문보다는 시가라는 운문 형식에 심미구상이 더욱 긴요해서일 것이다. 제4장 「심미구상이론의 구현과정」에서는 '허정虛靜한 마음으로 세상을 마주하는 관조 단계', '정신이 만물과 교유交遊하는 상상단계', '경물景物에 흥취가 일어나는 영감 단계' 등의 세 가지로 나누어 소식의 심미구상과정을 탐구할 것이다.

작가는 이상과 같은 작가수양과 심미구상을 거친 후 실제 창작활동에 이른다. 소식은 실제창작에 있어서 세 가지 창작이론을 제시한다. 제5

장 「창작표현이론의 성숙과정」에서는 '청장년 시기의 창작이론—수물부형隨物賦形', '중후년 시기의 창작이론—전신傳神', '노년 시기의 창작이론—달의達意' 등으로 나누어 소식의 창작표현이론을 살펴볼 것이다.

제6장에서는 소식이 독자의 입장에서 이전의 중국 문학작품에 대해 수용미학적 관점으로 감상하고 비평한 내용들을 따로 모아 「작품감상이론의 세 가지 안목」이라 하였다. 여기서는 '자연미', '함축미', '물아일체' 등으로 나누어 소식의 작품감상이론을 논술하였다. 이 세 가지를 작품 세계에 구현했다 하여 특별히 애정을 갖고 감상했던 몇 명의 대표적 작가들이 있다. 대표적인 작가들을 거론하자면, 도연명陶淵明, 유종원柳宗元, 사공도司空圖, 문동文同 등이다.

제7장 「고려·조선에 미친 영향」에서는 소식 사후 고려高麗시기, 조선朝鮮 전기, 조선 중기, 조선 후기, 이처럼 네 부분으로 나누어 소식문예이론이 고려와 조선 시기에 어떠한 평가를 받고 어떠한 영향을 미쳤는지를 살펴볼 것이다. 현재까지 연구된 학위논문과 저술에 토대를 두고 소식 문예이론이 후대에 어떻게 평가 받고 어떠한 영향을 미치고 있는지를 총괄하여 정리하고자 한다. 한국문학사에서 고려와 조선 시기에 이루어진 소식문예이론의 영향을 소개할 것이다.

제8장 「결론」에서는 본서의 내용을 간략히 기술하면서 소식 문예이론의 변화과정을 총괄적으로 논술할 것이다. 마지막으로 부록에 소식연보와 『소식문집』 문장 창작연표, 그리고 소식 평생 행적도를 첨부하였다. 이는 향후 소식 산문을 연구하는 학자들에게 좋은 참고자료가 될 수 있다.

이상과 같이 체계적으로 정리한 소식문예이론은 시대적 한계로 인하여 이를 전문적으로 논한 이론서를 만들지 못한 것일 뿐 어지간한 문예이론의 틀을 다 갖추었다고 해도 과언이 아니다. 이와 같은 연구방법은 세분화한 틀에 의해 소식의 문예이론을 살펴본다는 점에서 나름의 성과가 나올 것은 분명하다. 하지만 연구가 여기에 그친다면 이전 연구에 대한 리모델링 수준에 불과할 수 있다. 여기에 이전 연구들이 개별적인 이론을 나열하여 설명하는 데에 치우침으로 말미암아 소식이란 한 이론가가 시기적으로 어떻게 문예이론이 변하였는지를 알아볼 수 없었다. 만약 하나하나의 문예이론이 어느 시기에 논한 것인가를 고찰하여 소식 생애 속에서 조망해본다면 그 문예이론의 성숙과정도 함께 알아볼 수 있겠다는 생각이 들었다. 이러한 점에 착안하여 본 연구는 소식의 생애에서 중요한 분기점이 되는 시기들을 나누어 문예이론의 추이를 살펴 그의 문예이론이 어떻게 변화되어 발전하였는지를 살펴볼 것이다.

소식의 생애에 따른 세분화한 문예이론을 통해 그 특징을 정확히 살펴볼 수 있다. 거시적으로는 중국문예이론사에서 그가 이전의 어떤 이론을 수용한 것이 무엇이고 새로이 개진한 것이 무엇인지를 고찰해볼 수 있을 것이고, 미시적으로는 한 작가가 그 전 생애에 걸쳐 하나의 문예이론으로 정립하기까지 그 숙성과정을 살펴볼 수 있을 것이다.

소식에 대한 연구는 곧 한국 고전문학과도 연계가 될 수 있을 것이다. 고려시대와 조선 후기에 소식이 한국 문인의 정신세계나 고문이론에 미친 영향이 지대하기 때문이다. 소식의 연구는 바로 고려시대와 조선 후기 고문이론을 연구하는 데 일조하리라 짐작된다.

3. 소식 생애

조맹부가 그린 소식

본 연구에 앞서, 소식의 생애를 세분하여 조망하고 그 시문의 저작시점을 파악하는 일은 매우 중요한 일이다. 소식의 문장과 시가가 언제 지어졌는지를 알아내는 데 몇 권의 연구 서적이 매우 큰 도움이 되었다. 소식이 지은 시문의 창작시기를 알아볼 수 있는 자료로는 세 권의 책이 매우 요긴하게 쓰였다. 그 하나는 청대淸代 왕문고王文誥가 편찬한 『소문충공시편주집성총안蘇文忠公詩編注集成總案』이고 또 다른 하나는 소식의 시를 시기별로 정리하여 편찬한 것으로, 왕문고가 집주集注하고 쿵판리孔凡禮가 교정하여 1982년에 출판한 『소식시집蘇軾詩集』(전8권)이다. 이 외에 쿵판리가 교정한 1986년에 출판한 『소식문집蘇軾文集』(전6권)이 있다. 몇 작품의 창작시기에 대해 학계에 이의가 없었던 것은 아니었는데, 예를 들어 리우상룽劉尙榮은 『소식저작판본논총蘇軾著作版本論叢』에서 몇 가지 다른 의견을 제시하기도 하였다. 하지만 쿵판리가 교정한 이 책들은 명대 『동파칠집東坡七集』 이후로 소식 시문에 대한 정리수집에 많은 노력을 들인 것이어서, 소식을 연구하는 학자들이 즐겨 사용하는 선본善本이다. 게다가 쿵판리는 1978년 『소식시집』을 교정하기 시작할 때부터 소식 생애에 관련한 기록들을 20년간에 걸쳐 600여 종의 서적들을 참고하여 이전의 연구 성과를 총 정리하였는데, 이 정리한 자료를 1998년 『소식연보蘇軾年譜』(전3권)라는 제명題名으로 출판하였다. 이 역시 풍부한 자료와 세밀한 고찰을 통해 소식의 주요 작품에 대한 창작시기 심지어는 시간까지 고증해내었다. 이를 통해 소식 시문의 창작시기를 찾아낼 수 있었다. 이를 이용한다면 그 문예이론의 변화과정을 고찰해볼 수 있을 것이다. 이상에 열거한 연구서적 외에도, 사천대학四川大學 중문학과에서 편찬한 『소식자료휘편蘇軾資料彙編』, 정자오주앙曾棗莊이 논술한 『삼소평전三蘇評傳』과 『삼소문예사상三蘇文藝思想』, 왕수에이자오王水照가 저술한 『소식논고蘇軾論稿』와 『소식선집蘇軾選集』 등 또한 본 연구를 하는 데 큰 도움이 되었다.

이전 연구 성과를 참고하여 소식의 생애를 대체로 17시기로 나누어 살펴볼 수 있다.

① 유년시절과 청소년시기(1036년 12월 19일~1056년 3월, 인종仁宗 경우景祐 3년~가우嘉祐 원년)

② 과거응시와 모상母喪시기(1056년 5월~1061년 10월, 가우 원년~6년)

③ 봉상鳳翔 첨판簽判시기(1061년 12월~1064년 12월, 가우 6년~영종英宗 치평治平 원년)

④ 직사관直史館 재직과 부상父喪시기(1065년 2월~1071년 7월, 치평 2년~신종神宗 희녕熙寧 4년)

⑤ 항주杭州 통판通判시기(1071년 11월~1074년 9월, 희녕 4~7년)

⑥ 밀주密州 지주知州시기(1074년 12월 3일~1076년 12월, 희녕 7~9년)

⑦ 서주徐州 지주시기(1077년 4월 21일～1079년 3월, 희녕 10년～원풍元豐 2년)

⑧ 호주湖州 지주시기 및 오대시안烏臺詩案(1079년 4월 20일～1079년 12월, 원풍 2년)

⑨ 황주黃州 단련부사團練副使시기(1080년 2월 1일～1084년 3월, 원풍 3년～7년)

⑩ 여주汝州 단련부사에서 상주常州거주시기(1084년 4월 6일～1085년 9월, 원풍 7년～8년)

⑪ 등주登州 지주에서 중앙재직시기(1085년 10월 15일～1089년 4월, 원풍 8년～철종哲宗 원우元祐 4년)

⑫ 항주 지주시기(1089년 7월 3일～1091년 3월, 원우 4년～6년)

⑬ 영주潁州 지주에서 양주揚州 지주시기(1091년 윤8월 22일～1092년 9월, 원우 6년～7년)

⑭ 예부상서禮部尙書에서 정주定州 지주시기(1092년 11월 23일～1094년 4월, 원우 7년～소성紹聖 원년)

⑮ 혜주惠州 유배시기(1094년 10월 2일～1097년 4월, 소성 원년～4년)

⑯ 담주儋州 유배시기(1097년 7월 2일～1100년 6월, 소성 4년～원부元符 3년)

⑰ 북귀北歸 복권復權시기(1100년 6월 20일～1101년 7월 28일, 원부 3년～휘종徽宗 건중정국建中靖國 원년)

이상과 같이 소식의 생애를 나눌 수 있었다. 이러한 시기를 기준으로 세부적으로 이론의 변화과정을 서술할 것이다. 생애를 기술하는 중에 어느 한 지역에서 다른 한 지역으로 이동한 경우, 이를 어디에 귀속시키기가 어려워 두 기간 사이에 시간적인 공백을 주었다. 이러한 시기 구분을 기초하여 실제 연구에서는 구성상의 편의성과 명확성을 위하여 다섯 시기로 크게 나누었다.

제1기는 청년 시기로 ①에서 ④까지의 시기에 해당하며, 유소년시절부터 나이 35세까지이다.

제2기는 지방관시기로 항주, 밀주, 서주, 호주 등에서 지내던 ⑤에서 ⑧까지의 시기에 해당하며, 36세부터 44세까지이다.

제3기는 황주 유배시기로 황주, 여주 등에서 머물던 ⑨에서 ⑩까지의 시기에 해당하며, 45세부터 50세까지이다.

제4기는 사면복권시기로 중앙관직과 지방관직을 오가던 ⑩에서 ⑭까지의 시기에 해당하며, 50세부터 58세까지이다.

제5기는 담주 유배시기로 혜주, 담주 등에서 머물던 ⑮에서 ⑰까지의 시기에 해당하며, 59세부터 66세까지이다. 이 시기 안에는 65세에 복권된 시기도 함께 들어있다. 자유의 몸이 된 지 1년 만에 사망하였기 때문에 달리 구분하지 않고 함께 넣었다.

이에 근거하여 본 연구는 제1기 청년 시기, 제2기 지방관시기, 제3기 황주 유배시기, 제4기 사면복권시기, 제5기 담주 유배시기 등으로 나누어 소식문예이론의 변화과정을 추적할 것이다.

소식의 생애와 창작활동에 대한 기술은 여기서 그치고자 한다. 보다 상세한 기술을 피하는 대신에 〈부록 1〉 '소식연보', 〈부록 2〉 '『소식문집』 문장 창작연표', 〈부록 3〉 '소식 평생 행적도'를 부기한다.

제2장
문학예술관의 완성과정

소식문예이론을 본격적으로 논하기에 앞서, 그의 문학예술관을 총괄적으로 살펴보려 한다. 이 장에서는 그의 문학예술관을 문예사상, 문도관념, 문예효용가치 등 세 가지로 나누어 그 완성과정을 살펴보고자 한다.

소식은 유불도儒佛道 사상이 서로 다른 지류로 이어져 왔지만 결국 동일한 곳으로 귀착한다고 여겼다. 기존의 소식 문예사상 관련 연구를 살펴보면, 유불도가 한 데 섞여있다는 점에 있어서는 이론의 여지가 없으며, 1955년 중국문학비평계에서 제시한 유불도 사상이 혼재한다는 점을 지금까지도 그대로 답습하고 있다.[1] 소식은 한유韓愈와 구양수歐陽修의

1 中國文學批評史 宋元 小組의 「關于蘇軾的文學理論批評」에서는 "그는 歐陽脩 이후의 문단의 영수로서 그의 시, 사, 산문의 창작은 모두 북송 시문혁신운동의 최고 성취를 이룩하였

"도를 중시하면서도 문을 경시하지 않는重道而不輕文" 전통을 고수하면서 '문이진의文以盡意(문사로 작가의 의지를 다 나타냄)', '유도유예有道有藝(도도 있고 기예도 있음)', '기도양진技道兩進(기예와 도가 둘 다 나아감)' 등을 그 문예관의 기본으로 삼았다. 소식은 이전의 문예이론가들에 비해 문예 창작에 보다 개방적이고 독창적인 주장을 폈다. 그는 많은 문예 창작자들이 자신의 작품 속에 참된 이치, 즉 진리를 표현하려 했던 고심을 '도통어예道通於藝(도는 기예와 통합)'로 승화시켜 문예의 학술적 효용가치를 끌어올렸다.

중국의 한 학자는 소식의 문예관에 대해 '도통어예'라는 특성, 도의 범위와 내용, 수사를 중시하는 작용 등 세 가지 특징을 제시하였다.[2] 소식의 '도' 자체의 성질에 대하여, 장젠張健은 두 가지를 제기했는데, 바로 "하나는 '문으로 도를 관통한다'이고 둘은 '도가 예와 통할 수 있다 一. 以文貫道, 二. 道可以通藝"라는 점이었다.[3]

본 연구는 소식의 문예사상이 기본적으로 유불도를 하나로 보려 했고 작품 속에 이것이 혼재한다는 점에서는 같은 견해이지만, 작품의 창작시기로 살펴볼 때 황주黃州 폄적貶謫시기를 전후로 하여 문예사상

다. 그러나 그의 세계관 속에는 복잡한 모순이 존재하고 있었다. 정치상에서 그는 일정한 정도로 백성들의 질고를 동정하고 개혁의 요구가 있었으나 왕안석의 급진적인 신법을 반대하였다. 그의 기본사상은 유가에 속하나 또 불가와 도가의 사상도 섞여있다. 그에게는 유가의 현실을 직시하고 적극적으로 참여하는 일면도 있었지만 中庸과 調和를 주장하는 보수적인 관점도 있었다. 그는 불가와 도가의 사상을 빌려 자기가 관찰한 문제들을 비교적 활발하고 달관적으로 대할 수 있었지만 동시에 매우 소극적인 허무주의 경향도 보이고 있다[他是繼歐陽脩之後的文壇領袖, 他的詩詞散文的創作都達到北宋詩文革新運動最高的成就. 但他的世界觀中存在較複雜的矛盾, 在政治上, 他一定程度同情人民痛苦, 有改革弊政的要求, 但又有中庸調和的保守觀點, 他借助于佛老思想使自己觀察問題比較開朗通達, 却又帶有嚴重的消極虛無主義傾向]"라고 인정하였다.

2 「簡述蘇軾的韓歐古文成就的繼承與發展」(曾子魯, 『江西師範大學學報(哲學社會科學版)』 제32권 제2기, 1999.5), 64~66쪽에서 인용함.

3 張健, 「蘇軾的文學批評研究」, 『文史哲學報』(國立台灣大學文學院, 제22기, 1973.6), 180쪽.

방면에 다소 변화가 있음을 발견할 수 있었다. 따라서 소식 문예사상의 대일통大一統 과정을 황주 폄적시기를 전후로 하여 살펴볼 것이다.

또한 소식의 문도文道 관념이 청년, 장년, 노년 시기를 거쳐 어떻게 완성되어 가는지를 살펴보고자 한다. 청년 시기는 부친의 훈육을 거쳐 과거에 급제하여 봉상鳳翔에서 지방 관리생활을 하던 29세 때까지로 설정하였다. 장년 시기는 31세 때 부친의 사망으로 미완으로 남겨진 『주역周易』의 역주 작업을 시작하여 소철蘇轍의 의견까지 수렴하면서 45세 황주에서 『소씨역전蘇氏易傳』을 1차 완성한 때까지로 설정하였다. 이 시기에 소식은 복상服喪기간을 지나 중앙 내직을 거쳐 항주杭州, 밀주密州, 서주徐州, 호주湖州 등의 지방관 생활을 지내다 오대시안烏臺詩案으로 황주로 폄적되었다. 참고로 『소씨역전』은 45세 때 1차 완성된 후 수정을 거쳐 65세 때 해남海南에서 최종 완성되었다. 노년 시기는 황주 폄적 이후 향년 66세로 별세한 때까지로 설정하였다. 이 세 시기로 구분하여 살펴본다면 소식의 문도 관념의 완성과정과 그 과정 속에 이루어진 『주역』 역주 작업의 영향을 이해할 수 있을 것이다.

일정한 역량을 발휘한 작가라면 문예의 효용가치에 대해 자신만의 이론이나 생각을 가진다. 대문호인 소식 역시 그 자신만의 관점을 지니고 있었다. 그래서 마지막으로 그가 장년 시기에는 문예의 실용적, 학술적 효용가치만을 강조하다가 노년 시기에 이르러 예술적, 개인적 효용가치를 강조하고 있다는 점을 주목하였다. 이를 부각시켜 '도통어예道通於藝'와 '유위이작有爲而作' 두 방면에서 제각기 살펴보고, 그가 문예의 실용적 가치에서 점차 예술적 가치를 가미하고 학술적 가치에만 치중하던 태도에서 개인적 효용가치를 부가하고 있음을 확인해볼 것이다.

1. 문예사상의 대일통大一統

당송唐宋 이후, 대일통大一統의 정치적 국면은 유불도儒佛道 사상의 융합과 발전에도 영향을 미쳤다. 유불도 사상의 융합과 발전은 소식 문예사상의 중요한 특징이다.

소식은 중국문예사상사에서 유불도 사상을 융합했다는 점에서 특히 두드러진다. 소식 이전, 당唐나라 때에 왕유王維(701~761), 백거이白居易(772~846), 사공도司空圖(837~908) 등이 유불도 사상을 융합했던 인물로 알려져 있다. 이른바 "유교로는 그 몸을 꾸미고 불교로는 그 마음을 다스리고 도교로는 그 천수天壽를 기른다儒教飾其身, 佛教治其心, 儒教飾其身"[4] 라고 했듯이, 유불도 사상은 서로 부딪힘 없이 어울려 하나를 이룰 수 있었다. 송대宋代 이학理學은 "달빛은 사심 없이 온 세상의 강물을 비춤月映萬川"[5] 이라는 관점으로 유불도를 서로 융합하여 삼교를 하나로 귀의시켰다. 유불도 융합, 즉 사상적 대일통은 전반적인 대세였다. 하지만 그 내부에서 보자면 오히려 출세와 입세의 모순, 이상과 현실의 모순, 감정과 도덕의 모순, 소극과 적극의 모순으로 충만하여 심리세계의 구조는 매우 복잡다단했다. 이러한 모순들을 융합한다는 것은 매우 어려운 일이다. 소식은 이러한 모순들을 융합하여 여러 작품 속에서 문예사상의 대일통을 완성하였다.

---

4 王十朋(1112~1171), 『集注分類東坡詩』 권2; 王世德, 「蘇軾融合儒道佛的特色」, 『重慶師院學報(哲學社會科學版)』, 1993년 1기, 88~93쪽 재인용. "引師尹謂, '白居易晚年自稱香山居士, 言以儒教飾其身, 佛教治其心, 道教養其壽.' 蘇軾有詩, '定似香山老居士, 世緣終淺道根深'."

5 『朱子語類』 권94. "不是割成片去, 只如月映萬川相似. (…중략…) 本只是一太極, 而萬物各有稟受, 又自各全具一太極爾. 如月在天, 只一而已, 及散在江湖, 則隨處可見, 不可謂月已分也."

1) 당송 시기의 대일통 추세

분열된 상황을 마감하고 하나의 나라로 통일한 당송唐宋 대일통大一統 국면은 정치경제 분야에서뿐만 아니라 사상적으로도 영향을 주어 불로佛老사상이 번영하는 데 일조하였다.

당대에는 대다수의 통치자들이 불로에 대해 줄곧 중시하는 태도를 보였고 유불도 사상을 의식적으로 한데 합쳐 자신의 통치를 안정시키려 하였다. 통일 국가는 각 종교가 교류하는 데에 유리한 조건을 조성하였고 동시에 당唐 왕실의 도교道敎를 중시한 정책도 도교가 불교에 많은 영향을 미치는 요인이 되었다. 이연李淵은 당을 창건할 때부터 "도교를 앞세우고 유교를 그 다음으로 하고 끝으로 불교를 뒤에 둔다老先, 次孔, 末後釋"[6]라는 정책기조를 세웠다.

당 현종玄宗은 전국의 유불도 교단의 대표자들을 한데 소집하여 궁중에서 난제에 답하도록 하였는데,[7] 정사에 기록된 것만 해도 수십 차례에 이른다. 그 중에서도 정원貞元 초년에 있었던 토론이 바로 이와 관련된 문제를 설명해줄 수 있다.

> 황제는 자신의 생일이면 해마다 불교도와 도교도를 불러들여 인덕전麟德殿에서 성대한 논전을 벌였으며, 아울러 서대徐岱와 조수趙需, 허맹용許孟容, 위거모韋渠牟를 소집하여 강설하였다. 처음엔 삼가三家가 모순되었지만 끝

---

6 『續高僧傳・卷第25・護法下・唐京師勝光寺釋慧乘傳四』, 『高僧傳合集』(上海古籍出版社, 1991～1995), 312쪽.

7 『新唐書』(二十四史本, 北京 : 中華書局, 1997) 권139, 「列傳第64・李泌」, 1188쪽. "玄宗開元十六年, 悉召能言佛, 道, 孔子者, 相答難禁中."

내 선善으로 함께 귀착하였다. 황제는 크게 기뻐하였다.[8]

이러한 토론회에 참가했던 이들은 당연히 각 종파의 이론적 권위를 지녔던 인물이었다. 각 교파들이 처음에는 모순이 있었지만 끝내 한 곳으로 귀착하였다는 것으로 볼 때, 그들의 사상이 각자의 교파 이론에 미친 영향을 홀시할 수 없다. 이 토론회는 실제로 세 교파의 융합이라는 역사적 대세의 작은 축소판이었다. 동시에 조정에서도 세 교파의 융합을 지지했음을 알 수 있다. 예를 들어 당 현종이 『도덕경道德經』을 직접 풀이한 데다가 『금강경金剛經』까지 풀이한 것을 볼 때 세 교파는 "이치가 모두 함께 관통한다理皆共貫"라는 인식하에 "셋이 모여 하나로 귀착한다會三歸一"[9]라고 여겼음을 알 수 있다.

이렇게 현종 때는 도교 숭배가 최고조에 달했고 당 무종武宗과 후주後周 세종世宗 때에는 양도억불揚道抑佛의 사건이 나타나기도 했다.[10] 당 무종의 '회창폐불會昌廢佛'[11] 후에, 불교는 많은 타격을 받았지만 선종禪

---

8 『新唐書』 권161, 「列傳第86 · 徐岱」, 1276쪽. "帝以誕日歲歲詔佛, 老者大論麟德殿, 並召(徐)岱及趙需, 許孟容, 韋渠牟講說. 始三家矛楯然, 卒而同歸於善. 帝大悅, 賚予有差."

9 董誥 外編, 『全唐文』(上海古籍出版社, 1993) 권28 · 30 · 34 참조.

10 唐朝 후기에 사찰이 나날이 증가하고 승려가 더욱 많아졌다. 불교 사원은 대량의 토지를 소유하였고 면세특권도 갖고 있어서 세금을 회피하는 곳이 되었다. 사회적으로 화폐가 부족하여 경제상황이 좋지 않을 때 불교 사원은 오히려 대량으로 청동으로 만든 불상을 지으면서 경제 상황은 더 심각해졌다. 이러한 이유 때문에, 唐 武宗은 道士 趙歸眞의 추동과 李德裕의 지지 아래, 會昌 5년(845년) 불교를 폐하는 명령을 내렸는데, 이를 '會昌廢佛'이라고 불린다. 이 외에도, 後周 世宗 柴榮은 郭威을 이어 황제가 되어, 顯德 원년(954년) 군사, 정치, 경제 방면으로 새로운 변화를 시도하는데, 이때 조정에서 승인한 불교 사원을 빼고는 모두 폐하였고 승려들이 사적으로 민간에서 청동불상을 만드는 비용을 모금하지 못하게 하였다.

11 會昌은 唐 武宗 때의 연호이다. 중국 당나라 武宗이 會昌 5년인 845년 8월에 道教의 道師 趙歸眞이 유교와 불교가 나라를 망친다는 진언을 듣고, 장안과 낙양에는 각각 4개 사찰만을, 각 주에는 1주에 1개 사찰만을 남기고, 전국 4만 여 개의 절을 폐사했고, 승려 26만 여

宗은 '명심견성明心見性'과 '입지성불立地成佛'을 주장하여 그 피해가 다른 종파에 비해 적었다.

불교는 후한後漢 때 중국에 들어온 후에 사상 방면에서 인도 불교의 윤회설과 인과응보설, 그리고 사후성불死後成佛의 믿음은 사람들에게 환영을 받았다. 그러나 그 철학사상과 윤리사상은 오히려 대중의 구미에 적합하지 않았다. 이로 인하여 위진魏晉 이후에 불교는 의식적으로 유가儒家사상을 이용하여 자신의 윤리사상을 개조하고 노장老莊사상을 이용하여 자신의 철학사상을 개조하기 시작했다. 특히 선종의 '무정無情', '돈오頓悟', '불도지도不道之道', '불집착不執着' 등은 장자 사상 속에서 그 근원을 찾을 수 있다. 이로 인하여, 선종은 중국문화전통과 유생儒生 심리에 기대어 중국에서 번성할 수 있었다. 그 후, 역대 선사禪師들은 노장의 학술과 심지어 유가 이론으로 선종을 끊임없이 개조하였고 선종과 중국의 전통문화를 나날이 융합시켰다. 선禪과 선종은 결국 종교적 범주를 벗어나 철학과 미학의 경계로 나아갔다. 선종은 형상가치, 사유방식, 생사관, 우주관, 만물을 관조하는 태도 등의 방면에서 문인들의 문예사상과 문예창작활동에 지대한 영향을 미쳤다.

당대唐代에는 심지어 유생들과 불교도들에게도 도학서道學書를 학습할 것을 명하였다. 이렇게 삼교三教가 왕래하고 도교에 편중된 정책은 도가 사상이 불교계에 스며드는 데에도 촉진작용을 일으켰다.

북송北宋 초, 사상계 각 방면의 발전은 상당한 정도에 이르렀고 각 교

명을 환속시키는 소위 '會昌廢佛'을 단행했다. 하지만, 846년 3월 당 무종이 갑작스레 죽고, 4월에는 조귀진도 처형당하며 다시 復佛令이 내려졌다. '會昌廢佛'은 결국 유교와 불교의 융성을 도교가 시기한데서 비롯되었다고 볼 수 있다.

파의 대일통大一統 융합 역시 상당한 성공을 이루었다.[12] 송대宋代의 유불도 사상의 대일통 융합은 부득이한 시대적 선택이자 대세였다. 송宋 왕실 역시 삼교합일三敎合一을 제창하였다. 송 진종眞宗은 『숭유술론崇儒術論』과 『숭석론崇釋論』을 지어 불교사상과 공맹사상이 "행적은 다르나 길은 같고 跡異而道同", "불교와 도교 두 문파는 세상의 가르침에 도움이 있고 세 교파가 시행한 바는 그 취지가 하나이다"[13]라고 주장하였다. 송 효종孝宗은 역시 『삼교론三敎論』에서 "세 교파는 본래 서로 멀지 않으나 다만 시행한 바가 다를 뿐이다. (…중략…) 불가佛家로 수신修身하고, 도가道家로 양생養生하고, 유가儒家로 치세治世하면 된다"[14]라고 말하였다.

이러한 분위기에 편승하여 학술사상이 활발히 움직였다. 송대宋代는 유가사상을 위주로 불교와 도교의 장점을 수용하여 철학사상이 대대적으로 발전한 시대였다. 북송北宋의 문인들은 옛사람들의 선입견에 얽매이지 않았고 대담하게 자신의 관점을 발표하였는데, 그들의 '의경疑經'풍조는 당시 학술분위기를 더욱 고양시켰다.[15] 왕응린王應麟은 "한유漢儒로부터 경력慶曆 연간에 이르기까지 경을 강론하는 사람은 옛 의미를 고수하면서 굴착하지 않았으나 『칠경소전七經小傳』이 나오자 차츰 신기함을 숭상하였다. 왕안석王安石의 『삼경의三經義』가 유행하자 한유漢儒의 학문은 변변치 않은 흙으로 만든 인형 취급을 받았다"[16]라고 말

12 馮友蘭, 『中國哲學史』(臺北, 臺灣商務印書館, 1996), 800～819쪽 참조.

13 郭豫衡 主編, 『中國古代文學史長編 : 宋遼金卷』(北京 : 首都師範大學出版社, 1993～1996), 17쪽 재인용. "釋道二門, 有補世教; 三教之設, 其旨一也."

14 위의 책, "三教本不相遠, 特所施不同. (…중략…) 以佛修身, 以道養生, 以儒治世可也."

15 葉國良・夏長樸・李隆獻 編著, 『經學通論』(臺北 : 國立空中大學, 1996), 565～574쪽 참조.

16 王應麟, 『困學記聞』 권8, 「經說」 : 皮錫瑞, 『經學歷史』(臺北 : 藝文印書館, 1996), 237쪽 재인용. "自漢儒至於慶曆間, 談經者守訓故而不鑿. 『七經小傳』出而稍尚新奇矣. 至『三經義』行, 視漢儒之學若土梗."

하였다. 소식은 경학經學이 한학漢學에서 송학宋學으로 넘어가는 전환기, 즉 '경학 변고變古시대'에 살았다.

송대에는 유학의 새로운 발전 외에도 유불도 사상이 나날이 융합되었다. 노장 철학은 북송北宋시대에 매우 유행하여 도가의 청정무위淸靜無爲와 자연방임 사상은 당시 문인들의 심미관과 생활태도에 영향을 미쳤다. 그들은 대부분 광달曠達, 염담恬淡, 초탈超脫하는 태도로 세태와 인생, 관직생활 중의 여러 변고에 대처하였다. 그들은 벼슬할 만하면 벼슬했고 은거할 만하면 은거했다.

선종은 불교의 권위적인 경전을 멀리하면서 직접 심성으로 근본을 세우고 '불립문자不立文字'를 주장하였기에, 쉽고 직접적인 방법으로 자신을 돌아보면서 사변思辨과 간약簡約을 일삼던 문인들의 편애를 받았다. 선종이 송대 문화에 끼친 영향은 심원하다. 선종의 사유방식은 철리哲理에 풍부하고 '이소견대以小見大(작은 것으로 큰 것을 봄)'에 뛰어난 데다가 유머와 기지가 넘쳐나서 문예사상과 창작활동에 많은 영향을 미쳤다. 특히 더 주목할 것은, 송대에 불교계 대사大師와 유학 사대부들이 밀접하게 교류하였다는 점이다. 예를 들면, 율종律宗의 대사大師 찬녕贊寧은 왕우칭王禹偁의 벗이었고, 법지法智의 제자 남병범진南屛梵臻과 명지조소明智祖韶의 제자 원정元淨, 해월海月, 혜변慧辯 세 사람은 모두 소식, 소철蘇轍과 교분이 두터웠다. 선종 스님들도 유학 사대부들과 교류가 빈번하였는데, 계숭契嵩은 구양수歐陽修(1007~1072), 진순유陳舜俞, 소식 등과 친구 관계였다. 이처럼, 불교도의 유사화儒士化와 문인의 거사화居士化라는 기현상이 나타났다.[17]

선종은 유가의 심성론心性論을 흡수하고 도가의 학설도 흡수하였다.

달마達摩의 사상은 선종의 남상이다. 호적胡適은 "달마의 사행四行은 중국 도가의 자연주의 인생관으로 풀이하였다. 보은행報恩行은 안명安命에 가깝고, 수연행隨緣行은 낙천樂天에 가깝고, 무소구행無所求行은 무위자연無爲自然에 가깝고, 칭법행稱法行은 무신무아無身無我에 가깝다"[18]라고 평한 적까지 있었다. 역대 선종 조사祖師들은 대부분 노장사상에 정통한 사람들이었다. 예를 들어, 신회神會 조사에 대해 "종사從師께서는 오경五經을 전수하고 선종사상에 매우 통달하고 노장사상을 그 다음으로 찾아갔으니 그 정신세계는 크도다"[19]라고 평한 것만 보아도 알 수 있다. 어떤 이들은 노장과 선종의 일치성을 명확히 인지하였다. 대주大珠 혜해慧海는 유불도 사상의 차이에 대한 질문에 대해 "양量이 큰 자(대승, 大乘)는 씀이 같고, 근기根機가 열등한 자(소승, 小乘)는 집착함이 다르다. 모두 하나의 성性을 좇아서 용用을 일으키지만 근기根機의 견해 차이로 셋을 이루었다. 미혹됨과 깨달음은 사람에게 달린 것이지, 교파의 다름에 있지 않다"[20]라고 대답했었다.

송대 문인들은 처세處世에 있어서 선종의 깨달음과 노장철학의 달관達觀적인 측면이 많았다.

17 王水照 主編, 『宋代文學通論』(開封, 河南大學出版社, 1997), 19쪽.

18 『胡適文存』(臺北, 遠流出版社, 1986) 제4집 제2권, 「楞伽宗考」, 60쪽. "達摩的四行, 很可以解作一種中國道家式的自然主義的人生觀 : 報怨行近於安命, 隨緣行近於樂天, 無所求行近於無爲自然, 稱法行近於無身無我."

19 『宋高僧傳 · 習禪篇一 · 唐洛京荷澤寺神會傳五』, 『高僧傳合集』(上海古籍出版社, 1991~1995), 431쪽. "從師傳授五經, 克通幽賾, 次尋莊老, 靈府廓然."

20 慧海, 「頓悟入道要門論卷下 · 諸方門人參問語錄」, 『大珠和尚頓悟入道要門論』(출판사 불명, 1963), 12쪽. "大量者用之卽同, 小機者執之卽異. 總從一性上起用, 機見差別成三. 迷悟由人, 不在教之異同."

> 선비가 세상에 처함에, 부귀란 배우가 참군參軍 역할을 맡는 것이라 보았다. (…중략…) 연극이 끝나면 역시 그 역할도 그친다. (…중략…) 횡역橫逆의 함정을 만나는 것을 술 취한 사람이 모욕을 당하는 것과 같이, 귀로 듣는 게 없고 눈으로 보는 게 없다가 술이 깬 뒤에 나는 태연자약하는 바이다. 더하고 뺄 것이 무엇인가?[21]

그들이 이러한 처세관과 인생관을 품고 있었기에, 선禪과 도道를 말하는 것은 사대부들의 보편적 분위기가 되어 실제 문예작품 속에 광달상랑曠達爽朗하고 평담자연平淡自然한 문풍文風이 짙게 담길 수 있었다.

유불도 사상은 유구한 역사 속에서 서로 배척하는 점도 없지 않았지만 그들 간에는 많은 공통점을 갖고 있어서 서로 융합할 수 있었다. 송대 유학은 선종과 도가가 강상윤리綱常倫理를 강론하지 않고 군신지의君臣之義를 버렸다고 겉으로는 배척하면서도 실제로는 선종과 도가의 우주기원론과 마음을 다스리는 방법을 몰래 취하여 전통 경학을 철학화시켜 심리학의 발전을 촉진시켰다. 동시에, 신유학新儒學은 역시 도가의 수신양성修身養性을 받아들였다. 이는 바로 유불도 사상이 결합하여 엄숙하고 판에 박은 듯한 이학理學조차도 선종과 도가의 영향을 받아 "양송兩宋 간의 여러 유문儒門들의 경락經絡 중 반은 불로佛老에서 나왔다兩宋諸儒門庭經絡半出佛老"[22]라고 할 정도였다. 서로간의 융합교류 속에서 유불도는 모두 자신의 내실을 풍부히 할 수 있었다. 북송 이학은

---

21 (宋)洪邁, 『容齋隨筆』(上海古籍出版社, 1995) 上冊 권14 「士之處世」, 179쪽. "士之處世, 視富貴當如優伶之爲參軍, (…중략…) 戱罷則亦已矣. (…중략…) 遭橫逆阱, 當如醉人之受罵辱, 耳無聽聞, 目無所見, 酒醒之後, 所以爲我者自若也, 何所加損哉?"

22 全祖望, 『鮚埼亭集外編』(臺北 : 臺灣商務印書館, 1979) 권31.

불교가 선천적 '청정심淸淨心' 혹은 '불성佛性'으로 우주의 기원을 푼 것을 받아들여 철리哲理, 심리心理, 윤리倫理를 서로 결합한 각도에서 "천리天理를 보존하고 인욕人欲을 멸한다存天理, 滅人欲"라고 주장하였다. 왕안석王安石은 '성性'을 단순한 심리능력으로 간주하여 '정情'과 '욕欲'을 적당히 승인하였다. 이처럼, 송대 문인들은 강상윤리綱常倫理를 강론하면서도 수신양성修身養性을 담론하였다. 이 같은 사실은 바로 유불도 사상이 대일통으로 융합하였음을 시사한다.

2) 황주 이전의 유가 중심 대일통 시기

소식이 황주이전 시기에 품고 있던 문예사상의 대일통 방향은 유가를 중심으로 하여 불교 선종과 도가 사상을 융합하는 것이었다. 그는 어려서부터 충군애민忠君愛民의 유가사상을 지녀서 당세에 뜻을 펼치려 했고 가의賈誼와 육지陸贄의 책이 고금치란古今治亂을 논함에 공언空言이 없다고 여겨 애독하였다. 소식은 유가 교육을 받은 것과 동시에 가정에서 22년간 독서하는 기간 동안 불로 사상에 영향을 받기도 했다. 그 부친 소순蘇洵은 촉蜀지역의 명승名僧들과 교류하였고 소식의 모친 역시 불교를 믿었다.

그는 어린 시절 미산眉山 천경관天慶觀 도사인 장이간張易簡에게 수학한 사실을 그 스스로 "나는 8세 때 소학에 입문하여 도사 장이간을 스승으로 섬겼다. 학동 몇백 명 중에서 스승은 유독 나와 진태초陳太初를 칭찬하였다"[23]라고 말하였고, "미산 땅 도사 장이간이 소학小學을 가르침에 늘 백 사람이 모였는데, 나 역시 유년 시절 함께 하였다. 천경관 북극원에 거처하니 나는 대략 삼 년 동안 그를 따랐다"[24]라고 말하였다. 『송사宋史・소식전蘇軾傳』에서는 소식의 청년 시기에 대해 "20세 때, 소식은 이미 각종 경전과 역사에 정통하게 되었으며, 매일 글을 썼다. 그는 특별히 가의賈誼와 육지陸贄의 문장을 즐겨 읽었으며, 훗날 『장자莊子』를 읽고 나서는 '내 과거에는 입은 있어도 말을 할 수 없었지만, 지금 이렇게 좋은 글을 보니 내 마음을 얻었다'라고 감탄하였다"[25] 라고 기술하였다. 여기서 소식이 내 마음을 얻었다고 한 것은 도가의 철리를 받아들였다는 것을 말한다. 심지어 그는 "유년시절 도를 좋아하여 본래 결혼이나 관직 생활을 원치 않았다. 부형에 의해 억지로 하게 되었는데, 한 번 속세의 그물에 떨어지자 스스로 벗어날 수 없었다. 그러나 한 번도 이 마음을 잊은 적이 없었다"[26]라고 자칭하였는데, 그가 일찍부터 불교와 도교의 영향을 받았음을 알 수 있다.

소식은 자신의 이름이 세상 사람들의 입에 오르내릴 때인 20대 중반에 지은 두 편의 시에서 다음과 같이 말하였다.

인생이란 본디 부질없거늘

---

23 孔凡禮 點校, 『蘇軾文集』(北京 : 中華書局, 1986～1990) 제6책 권72, 「陳太初尸解」, 2322쪽. 이 글은 惠州로 재차 폄적된 시기(대략1095～1097년, 60～62세)에 지은 문장이다. "吾八歲入小學, 以道士張易簡爲師. 童子幾百人, 師獨稱吾與陳太初者."

24 『蘇軾文集』 제2책 권361, 「衆妙堂記」, 361쪽. 이 글은 63세(1098년) 때 지은 문장이다. "眉山道士張易簡教小學, 常百人, 予幼時亦與焉. 居天慶觀北極院, 予蓋從之三年."

25 (元)脫脫 外, 『宋史・列傳第九十七・蘇軾』(二十四史本, 北京 : 中華書局, 1997) 권338, p.2755. "比冠, 博通經史, 屬文日數千言, 好賈誼, 陸贄書. 旣而讀『莊子』, 歎曰: '吾昔有見, 口未能言, 今見是書, 得吾心矣.'"

26 『蘇軾文集』 제4책 권49, 「與劉宜翁使君書」, 1415쪽. 이 글은 60세(1095년) 때 지은 문장이다. "齠齔好道, 本不欲婚宦, 爲父兄所强, 一落世網, 不能自逭. 然未嘗一念忘此心也."

쓰디쓴 세상맛에 끌리나니
부귀가 내 눈앞에 번쩍거리고 있어
빈천을 지키기가 유독 어렵도다
누가 알리오, 깊은 산 속에 사는 사람을
기꺼이 사슴과 고라니랑 친구사이인 줄을
저들은 비록 오랑캐 땅에 버려졌어도
그렇다고 삶의 의지가 약한 것은 아니거늘
지금 나는 유독 무엇 때문에
아등바등 악을 쓰고 쫓아다니는 건가?[27]

정처 없는 우리 인생 무엇 같을지 아는가?
기러기가 눈밭 위를 배회하는 것 같으리.
진흙 위에 어쩌다가 발자국을 남기지만
기러기 날아간 뒤엔 행방을 어찌 알리?
늙은 중은 이미 죽어 사리탑이 새로 서고
낡은 벽은 허물어져 글씨가 간 데 없네
힘들었던 지난날을 아직 기억하는지?
길이 멀어 사람은 지치고 나귀는 절뚝대며 울어댔었지.[28]

---

27 (淸)王文誥 輯註, 孔凡禮 校點, 『蘇軾詩集』(北京 : 中華書局, 1982～1992) 제1책 권1, 「夜泊牛口」, 10쪽. “人生本無事, 苦爲世味誘. 富貴耀吾前, 貧賤獨難守. 誰知深山子, 甘與麋鹿友. 置身落蠻荒, 生意不自陋. 今予獨何者, 汲汲强奔走?”

28 『蘇軾詩集』제1책 권3, 「和子由澠池懷舊」, 97쪽. “人生到處知何似? 應似飛鴻踏雪泥. 泥上偶然留指爪, 鴻飛那復計東西. 老僧已死成新塔, 壞壁無由見舊題. 往日崎嶇還記否? 路長人困蹇驢嘶.”

이 두 편의 시는 그의 나이 24세(1059), 26세(1061) 때 지은 작품이다. 유불도 사상을 함께 훈육 받은 것이 그대로 젊은 날의 소식에게도 그대로 영향을 미치어 부귀빈천이 다 부질없고 앞날도 예측할 수 없다고 말하고 있다. 청운의 꿈을 품고 있던 그에게도 인생이란 무상이며 온갖 것이 다 의문투성이였을 것이다.

그는 과거를 통해 벼슬길에 나서자마자 부친상을 당해 고향 미산眉山에 내려갔다가 다시 수도로 올라와서는 출세가도를 달리고 있었다. 그는 젊은 호기와 웅대한 포부를 지니고 있던 터라, 벼슬길에 나가 민생을 구제하는 일을 강론하지 않고 인심을 좀 먹는 등의 국가 통치에 불리한 부분에 대해서만큼은 불교 선종과 도가 철학을 찬성하지 않았다. 그는 34세(1069) 때 지은 글에서 다음과 같이 말하였다.

> 옛날 왕연王衍이 노장을 좋아하자 천하 사람들이 모두 그것을 본받으니 풍속이 침체되어 결국 남쪽으로 쫓겨 장강長江을 건너기에 이르렀고, 왕진王縉이 불교를 좋아하여 인간의 일을 버리고 이교異教를 닦았는데 대력大曆 연간의 정사政事가 지금까지도 비웃음을 받고 있습니다. 그러므로 공자孔子께서 명命을 드물게 말씀하셨으니, 이는 명을 아는 자가 적기 때문입니다. 자공子貢이 말하기를 "스승님의 문장文章은 얻어들을 수 있지만 스승님께서 성性과 천도天道를 말씀하시는 것은 들을 수가 없다"라고 하였으니, 성명性命의 말을 자공子貢조차도 듣지 못했는데, 지금 배우는 자들은 성명을 말하지 않는 것을 부끄러워하니, 어찌 이것을 믿을 수 있겠습니까? 지금 사대부들은 부처와 노자를 성인이라고까지 말하여, 시장에서 책을 파는 경우 노장老莊의 책이 아니면 팔리지 않습니다. 그러나 노장의 글을 읽어보면 쓸데없

> 이 하도 넓어 끝까지 구명할 수 없고, 그 모습을 보면 현실감이 없이 초연하여 취할 수 없으니, 이 어찌 참으로 그런 것이겠습니까? 중인中人의 성품은 방일放逸한 것을 편안히 여기고 허탄虛誕한 것을 좋아할 뿐입니다. 만일 천하의 선비가 장주莊周처럼 삶과 죽음을 대등하다고 여기고 훼방과 명예를 동일하게 여기며 부귀를 가볍게 여기고 빈천을 편안히 여긴다면, 군주의 명기名器와 작록爵祿으로 세상 사람들을 장려하고 우둔한 자들을 연마하는 일이 사라질 것입니다.[29]

그의 이 글을 읽다보면 인재 양성과 국가 통치를 위해서는 불로사상을 막아야 한다는 한유韓愈의 「원도原道」 논지와 유사함을 알 수 있다.[30] 경세제민經世濟民의 이상을 실현하려는 데 있어서, 소식 역시 불로사상은 인재 양성과 국가 통치와는 전혀 무관하며 아무런 도움이 되지 않는다고 판단하였다.

소식은 불로사상의 현실도피적인 문제를 지적하면서도 자신의 문예작품 속에 불로사상의 초연超然함과 소요逍遙함을 여전히 토로하였다. 그는 35세(1070) 때 쓴 시에서 다음과 같이 말하였다.

---

29 『蘇軾文集』 제2책 권25, 「議學校貢擧狀」, 725쪽. "昔王衍好老莊, 天下皆師之, 風俗凌夷, 以至南渡. 王縉好佛, 捨人事而修異教, 大曆之政, 至今爲笑. 故孔子罕言命, 以爲知者少也. 子貢曰: '夫子之文章, 可得而聞也, 夫子之言性與天道, 不可得而聞也." 夫性命之說, 自子貢不得聞, 而今之學者, 恥不言性命, 此可信也哉! 今士大夫至以佛老爲聖人, 鬻書於市者, 非莊老之書不售也, 讀其文, 浩然無當而不可窮, 觀其貌, 超然無着而不可挹, 豈此眞能然哉. 蓋中人之性, 安於放而樂於誕耳. 使天下之士, 能如莊周齊死生, 一毁譽, 輕富貴, 安貧賤, 則人主之名器爵祿, 所以礪世摩鈍者, 廢矣."

30 屈守元·常思春, 『韓愈全集校注』(成都, 四川大學出版社, 1996), 「原道」. "佛老를 막지 않으면 유가는 흐르지 못하고 佛老의 학설을 금지하지 않으면 유가의 사상은 행해지지 못한다. 승려와 도가의 사람들을 보통 사람으로 환속시키고 그 佛老의 책들을 불태우고 그들이 사는 집을 민가로 바꾸고 선왕의 道를 밝혀 그들을 개도하여야한다[不塞不流, 不止不行. 人其人, 火其書, 廬其居, 明先王之道以道之]"

벽에 걸린 묵군墨君, 그림 속 대나무이 말을 할 줄은 모르지만
그를 보면 그래도 온갖 근심을 잊을 수 있네.
더군다나 내 친구는 묵군 같은 사람으로
곧은 절개가 늠름하여 서리 내린 가을을 압도한다네.
청려한 시詩와 힘 있는 서화書畵는 헤아리기 힘들 정도요
느긋하고 담담하기는 장자莊子를 바짝 좇는다네.
관직을 빼앗고 보내 버려도 스스로 깨닫지 못하나니
새벽에 빗질하다 빠진 머리카락을 누가 거둘 수 있으리오.
강변에 늘어선 어지러운 산이 붉은 흙처럼 새빨갈 때면
능주陵州의 해는 바로 뭇 산의 꼭대기에 걸리겠지요.
멀리 떠나보내면 가슴이 아픈 줄 알 터이니
때때로 묵군을 보내 내 근심을 풀어 주오.[31]

문동文同의 〈묵죽도墨竹圖〉
타이페이 고궁박물원 소장

그는 문동文同이 능주陵州태수로 가자, 애석해하고 있으며 문동의 절

31 『蘇軾詩集』 제1책 권6, 「送文與可出守陵州」, 250~251쪽. "壁上墨君不解語, 見之尙可消百憂. 而況我友似君者, 素節凜凜欺霜秋. 淸詩健筆何足數, 逍遙齊物追莊周. 奪官遣去不自覺, 曉梳脫髮誰能收, 江邊亂山赤如赭, 陵陽正在千山頭. 君知遠別懷抱惡, 時遣墨君解我愁."

개 깃든 대나무 그림을 통해 온갖 세상사 근심을 잊는다고 말하였다. 그는 불교에 관심을 갖고 있었지만 결코 참선출가參禪出家하려는 것이 아니었다. 그는 단지 불교 선종과 도가 철학 속에서 초탈超脫적인 정신력을 취하여 자유로이 소요逍遙하는 개성을 기탁하였을 뿐이다. 그는 결코 도나 닦으며 세상사에서 벗어나려 하지 않았다.

그는 36세(1071) 항주통판杭州通判에 처음 부임하였을 때, 해월대사海月大師 혜변惠辯이 불리佛理를 강론하는 것을 듣고는 "온갖 근심이 눈 녹듯 풀리고 몸과 정신이 모두 커졌다百憂冰解, 形神俱泰"[32]라고 훗날 회상했었다. 하지만 그는 41세(1076) 때 밀주密州에서 지은 작품에서 인생무상의 감정을 여전히 갖고 있었다.

묽디묽은 술이라도
차보다 낫고
거칠 디 거친 베옷도
안 입은 것보다 낫고
못생긴 아내와 고약한 첩도 없는 것보다 낫다네.
오경에 날 새기를 기다리면 신발에 서리가 가득 차니
찌는 듯한 삼복더위에 시원한 북창 밑에서
해가 중천에 뜨도록 실컷 자는 것만 못하다네.

32 『蘇軾文集』 제2책 권22, 「海月辯公眞贊」, 638쪽. 이 글은 60세(1095년) 때 지은 문장이다. "余通守錢塘時, 海月大師惠辯者, 實在此位. 神宇澄穆, 不見慍喜, 而緇素悅服, 予固喜從之游. 時東南多事, 吏治少暇, 而余方年壯氣盛, 不安厥官. 每往見師, 淸坐相對, 時聞一言, 則百憂冰解, 形神俱泰. 因悟莊周所言東郭順子之爲人, 人貌而天虛, 緣而葆眞, 淸而容物, 物無道正, 容以悟之, 使人之意也消, 蓋師之謂也歟?"

진주 장식 저고리 입고 옥 장식함에 넣어져
만인에게 전송받으며 북망산으로 돌아가느니
차라리 메추리인 양 백 번 기운 옷을 입고
아침 햇살 등에 받으며 혼자 앉아 있는 게 낫겠네.
살아 있을 때 온갖 부귀 다 누려 보고
죽은 뒤에 멋진 글이 남기를 바라지만
백 년도 순식간이요 만세萬世도 후딱 지나간다네.
백이伯夷 숙제叔齊나 도척盜跖이나 모두 정작 지켜야 할 양을 잃었으니
차라리 눈앞에 있는 술이나 마시고 잔뜩 취해
옳고 그름도 우수와 쾌락도 다 잊는 게 낫겠네.[33]

여기서 그는 인생이란 덧없는 것이라 시비나 근심걱정 따위를 잊어버리고 현재에 만족하자는 소극적인 태도를 여전히 견지하고 있다. 소식은 속세를 꿰뚫어보고는 만사가 다 헛된 것이라 여겨 마치 염세적이거나 소극적인 것처럼 모든 시비와 근심을 없애려 하였다. 이러한 소극적인 정서 속에서는 술에 취해 잠에 떨어지면 혹시 잠시라도 잊을 수 있을지 모르지만, 술에 깨어나면 여전히 고뇌는 계속될 뿐이다. 출세出世로 해결되지 못하고 입세入世의 길은 절뚝거린다. 이 출세와 입세의 모순은 마음속에서 항상 풀 수 없는 매듭이었다. 그는 겉으로는 전도유망한 지방행정관으로 출세가도를 달리고 있을 때였지만 그의 타고

33 『蘇軾詩集』 제3책 권14, 「薄薄酒二首(之一)」, 688쪽. "薄薄酒, 勝茶湯. 麤麤布, 勝無裳. 醜妻惡妾勝空房. 五更待漏靴滿霜, 不如三伏日高睡足北窗涼. 珠襦玉柙萬人祖送歸北邙, 不如懸鶉百結獨坐負朝陽. 生前富貴, 死後文章, 百年瞬息萬世忙, 夷, 齊, 盜跖俱亡羊, 不如眼前一醉是非憂樂兩都忘."

난 고민은 숙명처럼 그를 따라다녔다.

그는 이렇게 소극적인 현실태도를 지니고 있었음에도 불구하고 현실 정치에 발을 담그고 있던 상황으로 말미암아 여전히 유가적 입장에서 불로 사상의 문제점을 지적하여 계도하려 애썼다. 그는 40세(1075) 때 밀주密州에서 다음과 같이 말하였다.

> 계율을 실천하며 불경을 강송講誦하고 불탑과 사원을 떠받들어 꾸미는 일들이 불가佛家에서 밤낮으로 사람들을 가르치는 방법이다. 그러나 교인들 중에 간혹 계율을 실천하는 것은 무심無心하느니만 못하고 불경을 강송하는 것은 무언無言하느니만 못하고 불탑과 사원을 꾸미는 일은 무위無爲하느니만 못하다고 여기는 이가 있다. 진정 그렇다면 이는 배불리 먹고 희희낙락하자는 것일 따름이다. 이는 불가를 크게 기만하는 행위라 하겠다.[34]

소식은 불교와 도교의 사상이 국가통치에 불리하지만 그렇다고 방관만 할 수 없었다. 그 당시 무심無心, 무언無言, 무위無爲가 불교 사상의 근원이라고 외치는 잘못된 인식에 대하여, 그는 불로佛老 사상의 내면에 깔린 허무주의 풍조를 날카롭게 비판하였다. 이때는 바로 소식이 관직 생활을 한창 하던 시기로, 군주를 높이고 나라를 걱정하고 백성을 동정하면서 당시 현실정치에 깊숙이 참여하고 있었다는 점에서 민생과 국정을 생각하지 않을 수 없었을 것이다.

---

34 『蘇軾文集』 제2책 권12, 「鹽官大悲閣記」, 387쪽. "齋戒持律, 講誦其書, 而崇飾塔廟, 此佛之所以日夜教人者也. 而其徒或者以爲齋戒持律不如無心, 講誦其書不如無言, 崇飾塔廟不如無爲. 其中無心, 其口無言, 其身無爲, 則飽食而嬉而已, 是爲大以欺佛者也."

소식은 시종 굳건한 유학자로서 끊임없이 선종과 도가 사상의 영향을 받았다. 유불도 사상의 융합과 발전은 소식 문예사상의 중요한 핵심이다. 그는 43세(1078) 때 「장자사당에 대한 기문莊子祠堂記」에서 다음과 같이 말하였다.

「어부」, 「도척」, 「거협」을 지어서 공자孔子의 무리를 비방하고 노자老子의 학술을 밝혔다고 했는데, 이는 장자莊子의 대강만을 안 것이다. 내가 생각하건대 장자는 아마도 공자를 도운 자인 듯한데, 그 이유는 요컨대 그것을 법도로 삼을 수 없었기 때문일 뿐이다. 초楚나라 공자公子가 미복微服을 하고 도망갈 적에 문을 나가려 하자, 문지기가 난색을 표하였다. 이에 마부는 채찍을 잡고 공자를 꾸짖기를 "이 종놈이 힘을 쓰지 않는다"라고 하니, 문지기가 공자를 내보내주었다. 일은 진실로 거꾸로 행하고 역逆으로 베푸는 경우가 있으니, 마부가 공자를 사랑하지 않았다고 해서도 안 되고, 또 그것이 공자를 섬기는 법이라고 해서도 안 된다. 그러므로 장자의 말은 실제는 공자를 인정했으나 글은 인정하지 않았고, 겉으로는 공자를 배척했으나 속으로는 도왔으니, 자신의 생각을 바르게 말한 것은 얼마 되지 않는다. 공자를 비방함에 있어서 일찍이 그 뜻을 은미하게 나타내지 않은 적이 없다.[35]

그가 장자는 겉으론 공자를 배척했으나 속으로는 공자를 도왔다는

35 『蘇軾文集』 제2책 권11, 「莊子祠堂記」, 347쪽. "作「漁父」, 「盜蹠」, 「胠篋」, 以詆訾孔子之徒, 以明老子之術. 此知莊子之粗者. 余以爲莊子蓋助孔子者, 要不可以爲法耳. 楚公子微服出亡, 而門者難之. 其僕操箠而罵曰: '隸也不力'. 門者出之. 事固有倒行而逆施者. 以僕爲不愛公子, 則不可; 以爲事公子之法, 亦不可. 故莊子之言, 皆實予, 而文不予, 陽擠而陰助之, 其正言蓋無幾. 至於詆訾孔子, 未嘗不微見其意."

식으로, 장자와 공자를 화합하려 한 것은 약간은 억지스런 면이 없지 않다. 그러나 그가 장자 사상과 공자 사상 중에서 일치하는 부분을 발굴하였다는 점에서 사상사思想史적인 측면에서 중요한 의의가 있다. 이는 북송北宋 이학理學이 대두할 즈음 학술 발전의 한 추세, 즉 유불도儒佛道 사상을 조화시켜 함께 중시하는 대일통大一統 대세를 반영한 것이다.

그는 출가하여 불승이 되거나 도사가 되기를 생각하지 않았다. 그는 45세(1080) 때 이러한 생각을 다음과 같이 기술하고 있다.

우연히 『전국책』을 읽다가 처사 안촉顔蠋의 "늦게 먹는 것으로써 고기 먹는 것을 당해낸다"는 말을 보고 흔연히 웃었다. 안촉과 같은 자는 가난에 잘 대처한 자라고 이를 만합니다. 나물국과 콩과 기장밥도 약간 굶주릴 때에 먹으면 그 맛이 팔진미八珍味와 똑같고, 이미 배부른 뒤에는 고기가 밥상 앞에 가득하더라도 다만 치우지 않는 것을 근심합니다. 음식의 맛이 좋고 나쁜 것은 나에게 달려 있으니, 어찌 물건과 상관이 있겠습니까? 말씀하신 불경을 읽는 일과 약을 조제하여 사람을 구제하는 두 가지 일은 제가 한가히 거처할 때에 좋은 가르침이 되어 은혜가 매우 두텁습니다. 불경은 예전에도 본 적이 있으나 제가 어둡고 막혀서 그 묘리妙理를 통하지 못하고, 다만 때로 거칠고 얕은 가설假說을 취하여 스스로 마음을 세탁하였으니, 이는 농부가 잡초를 제거할 적에 제거하자마자 곧바로 다시 잡초가 자라서 비록 무익한 것 같으나, 끝내 제거하지 않은 것보다는 나은 것과 같습니다. 그러나 세상의 군자들이 이른바 '초연히 크게 깨달았다'는 것으로 말하면 저는 모르겠습니다. 지난번 진술고陳述古가 선학禪學을 논하기 좋아하여 스스로 자신은 지극한 경지에 이르렀다 하고, 제가 말하는 것은 천루淺陋하다고 하였습니다.

제가 일찍이 진술고에게 '공이 말하는 것은 음식에 비유하면 용고기이고 제가 배운 것은 돼지고기이니, 돼지고기와 용고기는 큰 차이가 있습니다. 그러나 공이 종일토록 입으로 용고기를 말하는 것이 제가 돼지고기를 실로 맛있고 참으로 배부르게 먹는 것만 못합니다'라고 말했었습니다. 그런데 그대가 불경에서 얻고자 하는 것이 과연 무엇인지 모르겠습니다. 생사生死를 벗어나 삼승三乘을 초월하여 마침내 부처가 되는 것입니까? 아니면 아직도 우리들과 어울려 지내는 것입니까? 불교와 노장을 배우는 자들은 본래 고요하고 통달하기를 기약하는데, 고요함은 게으름과 유사하고 통달함은 방종함과 유사합니다. 배우는 자가 혹 기약한 바에 이르기 전에 먼저 그 유사한 바를 얻었다면 폐해가 없을 수 없습니다. 저는 항상 이것을 가지고 스스로 의심하였기 때문에 또한 그대에게 이 말씀을 올리는 것입니다.[36]

전국시대 제齊나라 안촉顔蠋은 때를 놓쳐 시장할 때 밥을 먹는 것이 고기를 먹는 것보다 맛있고 느긋하게 걷는 것이 수레를 타는 것보다 편하고 죄 없이 사는 것이 부귀영화를 누리는 것보다 귀하다는 지론을 갖고 있던 사람이었다. 이상의 글에서, 소식은 안촉의 말을 인용하여 음식의 맛이 있느냐 없느냐는 오로지 자신에게 달려있다는 전제 아래

36 『蘇軾文集』 제4책 권56, 「答畢仲擧二首(之一)」, 1671～1672쪽. "偶讀『戰國策』, 見處士顔蠋之語'晩食以當肉', 欣然而笑. 若蠋者, 可謂巧於居貧者也. 菜羹菽黍, 差饑而食, 其味與八珍等; 而旣飽之餘, 芻豢滿前, 惟恐其不持去也. 美惡在我, 何與於物. 所云讀佛書及合藥救人二事, 以爲閒居之賜甚厚. 佛書舊亦嘗看, 但闇塞不能通其妙, 獨時取其粗淺假說以自洗濯, 若農夫之去草, 旋去旋生, 雖若無益, 然終愈於不去也. 若世之君子, 所謂超然玄悟者, 僕不識也. 往時陳述古好論禪, 自以爲至矣, 而鄙僕所言爲淺陋. 僕嘗語述古, 公之所談, 譬之飮食龍肉也, 而僕之所學, 猪肉也, 猪之與龍, 則有間矣, 然公終日說龍肉, 不如僕之食猪肉實美而眞飽也. 不知君所得於佛書者果何耶? 爲出生死, 超三乘, 遂作佛乎? 抑尙與僕輩俯仰也? 學佛老者, 本期於靜而答, 靜似懶, 達似放, 學者或未至其所期, 而先得其所似, 不爲無害. 僕常以此自疑, 故亦以爲獻."

세 가지 생각을 말하고 있다. 소식 본인이 초연한 경지는 아직 이르지 못했다고 언급하고, 따라서 자신이 아직 체득하지 못한 용고기를 말하는 것보다는 차라리 내가 실제로 이해하고 있는 돼지고기를 맛나게 배불리 먹겠다고 말한다. 자신의 이러한 입장에서 생사를 초월한 부처가 되는 것은 아직 고원한 이상에 불과하니, 현세에 충실하여 세상의 사람들과 어울려 지내겠다는 것이다. 그는 이를 제대로 깨닫지 못한 이들이 고요함을 핑계로 게으름을 피우거나 통달함을 빙자하여 방종을 부려서는 안 된다고 지적하였다. 그는 현실 속에서 '돼지고기'를 기꺼이 먹지만 그렇다고 해서 불로佛老의 이상 속 '용고기'를 내버린 것은 아니었다. 자신이 아직 불교의 섭리를 체득하지 못하여 그 맛을 제대로 맛보지 못했다는 점을 분명히 알고 있을 뿐이다.

소식은 선종과 도가 사상을 흡수하여, 주로 생사화복生死禍福과 귀천수요貴賤壽夭에 대한 고려를 내버리고 심흉이 맑고 확 트인 심정을 유지하고 근심하지 않는 허정虛靜 심경을 유지한 것이지 현실을 회피하고 아무 것도 하지 않은 채 허황된 천당만을 추구한 것이 아니다. 그는 심경의 공적空寂을 요구했지만 환멸幻滅을 원치 않았고, 정회情懷의 허정虛靜을 바랐지만 나태하지 않았다. 소식의 이러한 주장은 불교를 좋아하는 사람들에게는 불교의 편향성을 지적하게 했고 불교를 혐오하는 사람들에게는 불교의 진성眞性을 선양宣揚하는 결과를 낳았다.

소식은 이 시기에 현실정치에 몸담고 있던 정치행정가로서 경세제민經世濟民을 위해 불로사상의 잘못된 폐단을 지적하며 고치려 애썼다. 그 가운데서도 소식은 선종의 초연超然한 인생철학과 노장의 소요逍遙한 처세관을 줄곧 가슴속에 품고 있었다. 그는 활발한 정치활동을 하면서도 그 내면에선 만사가 다 부질없다는 인생무상을 체감하며 소극적 내지는 염세적 인생태도를 지향하였다. 그는 현실 정치에 입각한 유가학술을 중심에 두면서도 불로사상을 부가하여 유가학술의 부족한 부분을 보완하려 하였다. 황주黃州로 폄적貶謫되는 시련을 겪기 전, 소식은 유가사상을 중심에 놓고 불로사상을 덧붙이는 사상방면의 대일통을 이루고자 하였음을 알 수 있다.

3) 황주 이후의 불로 중심 대일통 시기

유가는 현세에 적극적으로 임하여 인간관계를 강조하지만 도가와 불가는 현실인생에 대해 격분하거나 가슴아파하지 않는다. 도가는 무위자연無爲自然을 숭배하고 불가는 속세를 초탈하여 무한한 깨달음의 경지를 추구한다. 소식은 유가의 "영달하면 천하를 겸하여 선하게 한다達則兼善天下"라는 마음을 시종 잃지 않았지만 만년으로 갈수록 점점 더 불로사상을 받아들였고 불로에 대해 더 많은 흥미를 가졌는데, 이 역시 그의 처지가 그러하였을 것이다.

그는 오대시안烏臺詩案으로 폄적된 후, 엄청난 고민과 울분을 느꼈다. 그가 이때 수용한 불로사상은 유가의 '불우하면 그 몸을 홀로 선하게 함窮則獨善其身'과 '안빈낙도安貧樂道'의 사상과 자연스레 결부되었다. 그는 허정虛靜을 담론하고 심성을 수양하며 물物 밖에서 노닐 것을 주장하면서 초연超然한 태도로 인생의 화복禍福과 득실得失을 마주대하였다.

그는 47세(1081) 때 폄적貶謫에 처한 역경 속에서 다음과 같이 말하였다.

수풀을 꿰뚫고 잎사귀 때리는 빗소리를 들을 것 없다
읊조리며 천천히 거닌 들 어떠리.
죽장에 짚신이 말보다 경쾌한데
무엇이 두려우랴
이슬비 속에 도롱이 쓰고 한 평생 살고파라

서늘한 봄바람에 술기운 깨니
몸은 약간 서늘하고
산꼭대기 석양은 나를 맞는데
여태껏 으스스했던 곳을 되돌아본다.
돌아가리라
비바람도 상관없고 갠 날도 상관없다.[37]

소식은 세상사 뜻대로 되지 않는다고 탓하지 않고 그 자신의 처한 상황을 순순히 받아들이면서 온갖 세상사 고민을 다 내버린다. 이 사詞 속에서 유가의 "불우하면 그 몸을 홀로 선하게 하고, 영달하면 천하를 겸하여 선하게 한다窮則獨善其身, 達則兼善天下"[38]라는 말과 "어진 자는 근심하지 않는다仁者不憂"[39]라는 말, 그리고 "군자는 평탄하여 여유롭다君子坦蕩蕩"[40]라는 말 등을 연상할 수 있다. 게다가 부귀를 뜬 구름과 같이

37 龍榆生 校箋,『東坡樂府箋』(臺北：華正書局, 1980～1983) 권2,「定風波・三月七日, 沙湖道中欲雨, 雨具先去, 同行皆狼狽, 余獨不覺, 已而遂晴, 故作此」, 139쪽. "莫聽穿林打葉聲, 何妨吟嘯且徐行? 竹杖芒鞋輕勝馬, 誰怕? 一簑煙雨任平生. 料峭春風吹酒醒, 微冷, 山頭斜照卻相迎. 回首向來蕭瑟處, 歸去, 也無風雨也無晴."

38『孟子・盡心上』,『十三經注疏』(臺北：藝文印書館, 1997) 제8책, 230쪽.

39『論語・子罕』,『十三經注疏』 제8책, 81쪽.

보고 "어디로 들어가든 자득하지 않을 수 없는無入而不自得" 정신은 도가의 무위자연의 태도라 할 수 있고, 동시에 선종의 깨달음과 해탈을 숭상하고 "지금 바로 이 순간當下卽是" "우환을 꿰뚫어보는看穿憂患" 사상을 엿볼 수 있다. 소식은 인생에 집착하면서도 득실에 대해서는 집착하지 않았다.

47세(1082) 때 지은 작품을 하나 더 보면, 다음과 같다.

달팽이 뿔에서 다투는 허망한 명예
파리의 머리만한 조그만 이익
따져보면 무엇 하러 쓸데없이 바쁜 걸까?
이 세상 모든 일이 미리 정해져 있거늘
약한 자가 누구이며 강한 자가 누구일까?
한가한 몸 아직까지 안 늙었을 때 잠시 동안
나 스스로 마음껏 좀 미치광이 짓을 하게 내버려두자
우리 인생 일백 년에
빠짐없이 날마다 취한다 해도
삼만 육천 차례니까

가만히 생각해 보면 얼마나 살 수 있을지 모르는데다
우수와 비바람이
반은 방해하거늘

40 『論語·述而』, 『十三經注疏』 제8책, 65쪽.

어찌하여 또 죽기로 작정하고 시시비비를 가리는 걸까?

다행히도 맑은 바람과 밝은 달을 대하고

이끼 자리 깔아놓고

구름 장막 펼쳤으니

강남은 좋을시고

일만 섬의 맛있는 술을 마시고

「만정방滿庭芳」 한 곡을 노래 부르자.[41]

우리는 소식의 안빈낙도安貧樂道 정신과 공명이록功名利祿을 내버리는 적극적인 정서를 볼 수 있다. 유불도 사상을 뒤섞어 융합하는 것은 기막히게도 소식 내심의 뒤섞인 모순과 고민을 반영하고 있다. 본래 유가는 천명天命을 순응하고 안빈낙도함을 중시하고, 도가는 자연에 순응하고 무욕무위無欲無爲하는 사상을 가지고 있고, 불가는 길흉화복吉凶禍福을 하늘이 정한 것이라서 만사가 다 헛된 것이라는 숙명론적 사상을 가지고 있다. 유불도 사상의 이러한 인생철학은 소식의 인생관에 자연스럽게 영향을 미쳤을 것이다. 하지만 개인의 운명은 확실히 개인 역량으로 좌우할 수 있는 것이 아니며 개인의 지혜로 예측할 수 있는 것도 아니다. 그는 내적으로 유가 사상을 품고 있으면서도 불가와 도가 사상을 지니고 있었고, 외적으로도 유불도 사상의 각 면모를 지니고 있었다. 그가 47세(1082) 때 지은 「적벽부赤壁賦」를 통해서도 유불도

---

41 『東坡樂府箋』 권3, 「滿庭芳 · 警悟」, 279～280쪽. "蝸角虛名, 蠅頭微利, 算來著甚幹忙. 事皆前定, 誰弱又誰强? 且趁閑身未老, 須放我些子疏狂. 百年裏, 渾教是醉, 三萬六千場. 思量能幾許, 憂愁風雨, 一半相妨; 又何須抵死說短論長. 幸對淸風皓月, 苔茵展, 雲幕高張. 江南好, 千鍾美酒, 一曲「滿庭芳」."

가 한 데 융합된 면모를 느낄 수 있다. 유불도 사상은 그의 몸에 복잡하게 한 데 엉켜 붙어서 제각기 각자 쓰임이 있었던 것이다.

특히 49세(1084) 때인 황주 폄적시기에 그는 하루를 멀다하고 안국사安國寺를 찾아가서 "향을 피우고 고요히 앉아 깊이 성찰하니, 대상과 자아를 잊고 몸과 마음이 모두 텅 비는 경지에 이르렀다"[42]라고 말했었다. 그는 노장사상의 득실得失을 대등하다고 여기고 영욕榮辱을 없애고 생사生死를 동등하게 보는 사상을 흡수하여 "한 생각으로 청정하니 더러움이 저절로 없어지고 안팎으로 얽매이지 않고 자유로워 맺히는 곳이 없었다. 홀로 슬며시 즐거워한다. 아침에 절에 가서 저녁에 돌아온 것이 이제 5년이 되었다"[43]라고 말했다. 그는 한 편으로는 불교 선종에 깊이 몰입하여 세상형편을 초탈하여 자신의 불평을 해소하려고 하였고, 또 한 편으로는 노장사상을 접수하여 자연에 순응하면서 어떤 일을 만나더라도 편안하고 어디를 가더라도 유유자적하여 울분과 번민을 풀려고 하였고, 또 다른 한 편으로는 나라와 민생에 관심을 갖고 사면을 받아 출사出仕를 준비하였다. 그의 이러한 유불도 복합심리는 상충되는 모순 속에서도 전혀 충돌 없이 하나로 융합되었다.

그는 56세(1091) 때 지은 글에서 다음과 같이 말하였다.

> 도가道家 부류는 본래 황제黃帝와 노자老子에서 나왔다. 그 도道는 청정清淨하여 무위無爲를 종주로 삼고, 허명虛明하여 사물에 대응하는 것을 용用으로 삼으며, 인자하고 검소하여 다투지 않는 것을 행行으로 삼고, 『주역周易』의

42 『蘇軾文集』 제2책 권12, 「黃州安國寺記」, 392쪽. "焚香默坐, 深自省察, 則物我相忘, 身心皆空"
43 위의 책, "一念清靜, 染汚自落, 表裡翛然, 無所附麗. 私竊樂之. 旦往而暮還者, 五年於此矣."

'무엇을 생각하고 무엇을 염려할 것이 있겠는가?'라는 말과 『논어論語』의 '인자仁者는 고요하고 장수한다'는 말에 부합하니, 이와 같을 뿐입니다.[44]

모든 철학사상은 삶을 영위하는 우리들에게 인생의 지향을 가르쳐 준다는 점에서 서로 목표하는 바가 같을 수밖에 없다. 이 점을 갖추지 않고서는 많은 사람들에게 공유되지 못했을 것이다. 유불도 사상을 하나로 융합하고자 했던 그의 관점은 대일통大一統의 시각으로 모든 것을 살펴보았다. 이러한 맥락에서 소식은 도가 사상이 추구하는 바가 달리 있음에도 불구하고 『주역』의 '무엇을 생각하고 무엇을 염려하리오!'와 『논어』의 '인자仁者는 고요하고 장수한다'라는 말과 부합한다는 논지를 펼쳤던 것이다. 그래서 그는 56세(1091) 때 지은 글에서 다음과 같이 결론지었다.

> 유가와 도가의 문이 다르고 유가와 불가의 집이 다르며, 또 그 사이에 선종禪宗과 율종律宗이 서로 공박하는구나. 나는 큰 바다가 북쪽과 남쪽 그리고 동쪽에 있음을 보았노라. 장강長江과 황하黃河는 비록 줄기가 다르나 그 물줄기가 마지막에 이르는 곳은 동일하구나.[45]

모든 강물이 발원하는 곳은 다를지라도 결국 바다로 귀착하는 것처

44 『蘇軾文集』 제2책 권17, 「上淸儲祥宮碑」, 503쪽. "道家者流, 本出於黃帝, 老子. 其道以淸淨無爲爲宗, 以虛明應物爲用, 以慈儉不爭爲行, 合於『周易』'何思何慮', 『論語』'仁者靜壽'之說, 如是而已."

45 『蘇軾文集』 제5책 권63, 「祭龍井辯才文」, 1961쪽. "孔老異門, 儒釋分宮. 又於其間, 禪律相攻. 我見大海, 有北南東. 江河雖殊, 其至則同. 雖大法師, 自戒定通. 律無持破, 垢淨皆空. 講無辯訥, 事理皆融"

럼, 유불도 사상은 처음 생성된 원인은 다를지라도 세상에 실현하고자 하는 지향이 하나로 귀결된다. 산을 오르는 방법은 다양할 수 있으나 정상은 오직 하나인 것처럼 말이다. 소식은 유불도 사상이 출현 배경과 지엽적 사유방식은 다를 수 있지만 공자와 노자와 부처가 꿈꾸었던 이상향은 오직 하나였음을 강조하였다. 일본의 유명한 한학자 모로하시 데츠지諸橋轍次가 백수白壽에 지은 『삼성회담三聖會談』이란 책은 공자·노자·석가가 데츠지의 사회로 가상토론회를 갖는 내용이다. 그 책의 전체 기조도 유불도는 하나라는 점을 은연중 드러내고 있다.[46] 재미있는 사실은 모로하시 데츠지가 태어날 때 그의 부친이 소식의 동생인 소철의 시문을 읽고 감동하여 그 아들의 이름에 '轍철'자를 넣었다는 것이다. 모로하시 데츠지는 소씨蘇氏 삼 부자의 유불도 융합의 이치를 날 때부터 숙명처럼 갖고 태어났는지도 모른다.

소식은 유불도가 결국 동일한 귀착점으로 간다는 것을 인정하면서도 각 사상을 맹목적으로 수용하지는 않았다. 그는 불가에만 얽매여 다른 사상에 대해 무지한 승려에 대해서는 유불도 융합 관점에서 비난하였다. 소식이 수도 개봉開封에 있을 때 정인대각선사淨因大覺禪師 회련懷璉과 교유했는데, 그 이유인즉슨 그가 유불도에 해박했기 때문이었다. 소식은 56세(1091) 때 지은 글에서 다음과 같이 말하였다.

> 이때 북방에서 불자佛者가 된 이들은 모두 명예와 이익에 마음을 두고 인과응보설에 얽매여 있었다. 이 때문에 선비 중에 총명하고 뛰어난 자들은

---

46 모로하시 데츠지, 심우성 역, 『공자 노자 석가』, 동아시아, 2001 참조.

> 모두 불가의 말을 비루하게 여겨서 만이蠻夷의 저속한 말이라고 비방하였다. 그런데 유독 회련懷璉은 불교의 묘리妙理가 공자와 노자와 부합하는 것들을 지적해서 그 말이 문채나면서도 진실하고 행실이 준엄하면서도 화통하였다. 사대부士大夫들이 한때 그를 따라 교유하기를 좋아했다.[47]

세속에 물들어 명예와 이익에 마음을 두거나 불교 교리를 단순히 인과응보에 얽매인 것으로만 보고선 세상 사람들에게 불경을 변방오랑캐의 저속한 말로 여겼던 속승俗僧에 대해서 그는 비루하다고 여겼다. 하지만 그는 유불도를 회통會通한 고승高僧에 대해서는 존경하여 그들과 즐거이 교유하였다.

그는 58세(1093) 때 다음과 같이 말하였다.

> 티 없이 맑은 밤
> 은 같은 달빛
> 술을 따를 때는 모름지기 한 잔 가득 채워야지
> 부질없는 명예와 하찮은 이익
> 고생해야 소용없고 마음만 고달프다
> 한스럽게도 인생은 문틈으로 보이는 해 그림자요
> 부싯돌 사이에서 번쩍이는 불이요
> 깨고 나면 사라지는 꿈속의 몸이로다.

---

47 『蘇軾文集』 제2책 권17, 「宸奎閣碑」, 501쪽. “是時北方之爲佛者, 皆留於名相, 囿於因果, 以故士之聰明超軼者皆鄙其言, 詆爲蠻夷下俚之說. 璉獨指其妙與孔, 老合者, 其言文而眞, 其行峻而通, 故一時士大夫喜從之游.”

가슴 속에 문장을 품고 있으나
내가 입을 열어본들 그 누가 좋아하리?
잠시나마 도도하게 천진이나 만끽하리.
언제나 돌아가서
한가한 사람 되어
거문고 하나 안고
술 한 병 앞에 놓고
계곡에 가득한 구름을 보며 살리?[48]

소식은 세상만사 모든 일이 다 부질없고 하찮은데 그런 것에 마음 써봤자 자신만 고달프고 힘든 것이라고 말하면서도 마지막 구에서 언제 한가한 사람 되어 초탈한 경지에서 자연에 순응하며 살 수 있을까 탄식한다. 그 옛날 증점曾點처럼 욕기지락浴沂之樂을 꿈꾼다. 그의 마음속에는 세상을 구제하고픈 생각이 여전하지만, 그런들 어찌 하겠는가, 알아주는 이 없으니! 그는 온갖 부침浮沈을 겪은 끝에 비로소 부질없는 명예와 하찮은 이익에 대한 집착을 버리고 초탈超脫을 꿈꾼다. 그러했기에, 그가 막내아들 소과蘇過와 단 둘이 고행승처럼 지낼 때조차도 그는 여전히 "가슴속 또한 초연히 자득하여 법도를 고치지 않았다胸中亦超然自得, 不改其度"[49]라고 하였다. 그는 견디기 어려운 청빈한 생활 속에서

48 『東坡樂府箋』 권3, 「行香子・述懷」, 368쪽. "淸夜無塵, 月色如銀, 酒斟時須滿十分. 浮名浮利, 虛苦勞神. 嘆隙中駒, 石中火, 夢中身. 雖抱文章, 開口誰親? 且陶陶樂盡天眞. 幾時歸去, 作箇閒人. 對一張琴, 一壺酒, 一溪雲."

49 『蘇軾文集』 제5책 권60, 「與姪孫元老四首(之一)」, 1841쪽. 이 글은 63세(1098년) 때 지은 문장이다. "해남도에는 해마다 흉년이 들어 음식과 일용품을 구하기 어렵고, 게다가 泉州와 廣州에서 오는 선박들이 끊어져 오지를 않아, 약과 물품, 간장과 식초 등 생활용품이 모

도 의기소침하기는커녕 배짱 있게 낙천적일 수 있었다. 이는 바로 유불도 사상 중에서 적극적인 부분을 흡수한 결과라 하겠다.

소식 시문詩文 속에는 생각하지 못했던 전환과 깨달음으로 항상 초탈한 달관을 통해 슬픔과 난해한 인간세상의 모순을 풀었다. 여기에는 선종의 만물이 모두 공空이요 일체가 본래 무無라고 한 사상과 노장의 "내면의 본바탕을 보며 순박한 마음을 품는다면, 사사로움이 적어지고 욕망도 줄어든다見素抱樸, 少私寡欲"[50]라는 사상이 분명 영향을 미쳤다. 그는 14년간의 폄적시기 속에서도 주눅 들지 않았고 그렇다고 유유자적하지도 않았다. 그의 문예사상은 노장사상과 완전히 일치하지 않는다. 소식은 불가에서처럼 '무아집無我執'과 '무법집無法執'을 강론하면서도 세계를 허황된 것으로 간주하지 않았다. 선종은 세상의 모든 사물과 그 변화는 모두 허황된 것이고 다만 사람의 감각일 뿐이니 사람들이 망령된 생각을 없애고 속세의 간섭으로 개인의 허황된 감각에 말려들지 않기를 요구하였다.[51] 소식은 초탈의 정신을 흡수했지만 여전히 현실에 대한 이상을 견지하였다. 이것은 그와 선종사상이 완전히 다른 부분이다.

두 없구나. 액운과 궁핍함이 이 지경에 이르니, 운명에 맡길 따름이다. 나는 아들 過와 서로 마주하여 앉아있으니, 마치 두 고행승과 같을 뿐이다. 그러나 가슴 속은 또한 천연자득하여 법도를 고치지 않으니, 네가 (이러한 것을) 안다면 근심은 면할 것이다[海南連歲不熟, 飮食百物艱難, 及泉, 廣海舶絶不至, 藥物鮓醬等皆無, 厄窮至此, 委命而已. 老人與過子相對, 如兩苦行僧爾. 然胸中亦超然自得, 不改其度, 知之, 免憂]"

50 樓宇烈校釋, 『老子道德經・19章』, 『王弼集校釋』(臺北 : 華正書局, 1992), 45쪽.

51 『六祖法寶壇經淺釋』(美國萬佛聖城宣化上人講述, 臺北, 法界佛教印經會, 1996) 上冊, 「行由品第一」, 266쪽. 『壇經』 중에는 하나의 이야기가 실려 있다. 두 스님이 바람에 깃발이 휘날리는 것에 대하여 논하면서 한 스님은 바람이 움직인다고 했고 또 다른 한 스님은 깃발이 움직인다고 하면서 논의가 끊이지 않았다고 한다. 이에 慧能(약 637~약 712)이 나아가 "바람이 움직이는 것도 아니고 깃발이 움직이는 것도 아니다. 사람의 마음이 움직인 것이다.[不是風動, 不是旛動, 仁者心動]"라고 말하였다.

그는 66세(1101) 때 지은 글에서 다음과 같이 말하였다.

> 사람들이 이제까지 좀도둑이 되기를 원했던 이가 전혀 없었던 까닭은 비록 좀도둑일지라도 좀도둑이 되기를 바라지 않았기 때문이다. 원치 않은 마음으로 따지자면 좀도둑 역시 성인이 되기에 충분하다. 말해도 되나 말하지 않고 말해선 안 되나 말하는 경우가 있는데, 비록 현인군자라도 이를 모면할 수 없다. 그 모면할 수 없는 과오로 인하여 따른다면, 현인군자도 때론 도둑이 된다. 이 두 가지 법이 상반되지만 서로 쓰인다. 유가와 불가 모두 그러하다. 남화장로南華長老 명공明公은 처음에 자사子思와 맹자孟子에게서 배웠으나 나중에 가학家學을 버리고 승려가 되었다. 잘 모르는 사람들은 유가에서 달아나 불가에 귀의했다고 여기지만 그가 여전히 유가임을 모른다. (…중략…) 유가와 불가가 도모하지 않고도 같다는 논조로 기문記文을 쓴다.[52]

이 글에서 소식은 유가와 불가 역시 "상반되지만 서로 쓰인다相反而相爲用"라고 하고 "도모하지 않고도 같다不謀而同"라고 여겼다. 소철(1039~1112)의 『노자해老子解』[53]에 대하여, 소식은 "만약 한漢나라 초에 이 책이 있었다면 공자 사상과 노자 사상이 하나가 되었을 것이고, 만약 진송晉宋 시대에 이 책이 있었다면 불가와 도가가 둘이 되지 않았을 것이다"[54]

---

52 『蘇軾文集』 제2책 권12, 「南華長老題名記」, 393~394쪽. "人未有欲爲穿窬者, 雖穿窬亦不欲也. 自其不欲爲之心而求之, 則穿窬足以爲聖人. 可以言而不言, 不可以言而言, 雖賢人君子有不能免也. 因其不能免之過而遂之, 則賢人君子有時而爲盜. 是二法者, 相反而相爲用. 儒與釋皆然. 南華長老明公, 其始蓋學於子思, 孟子者, 其後棄家爲浮屠氏. 不知者以爲逃儒歸佛, 不知其猶儒也. (…중략…) 乃爲論儒釋不謀而同者以爲記."

53 蘇轍은 42세 때 폄적되어 筠州에 있을 때 『老子解』를 저술하기 시작했다. 바로 그 시기는 蘇軾이 黃州에 폄적되어 있던 시기로 『蘇氏易傳』을 저술하고 있을 때였다.

54 蘇軾 撰, 『仇池筆記』(北京 : 中華書局, 1985) 卷上. "使漢初有此書, 則孔老爲一; 使晉宋間有此書,

라고 평가하였다.

소식은 갖은 어려움을 두려워하지 않고 천하를 구제하고자 하는 장지壯志를 품고 있었으며 열정만 품을 뿐 깊은 생각이 없는 광사狂士는 아니었다. 그는 해박한 지식을 지닌 데다 국정에 대한 책략에 있어서도 깨인 인식을 갖고 있었다. 그는 자유분방할 때도 있었고 고심하여 심사숙고할 때도 있었다. 불우不遇와 영달榮達의 문제에 있어서도 그는 유불도의 모순된 심리를 융합하는 특징을 지니고 있었다.

소식이 젊은 시절 품었던 인생무상과 소극적인 처세관은 황주 폄적 시기를 거치면서 침울해지기는커녕 낙천적이고 적극적인 자세로 변모하였다. 중앙정치에서 물러나 황주에서 혜주惠州로, 다시 담주儋州로 이어진 그의 지난한 귀향생활은 그의 사고방식을 완전히 바꾸었는데, 즉 인생무상이라는 애상심리을 뛰어넘어 초탈超脫한 달관達觀의 정신 경계에 이르게 하였다. 그는 귀향지에서 터득한 불로사상의 초연광달超然曠達한 사유를 바탕으로 유가의 현실철학을 보완하였다. 황주 폄적 시기 이후로, 소식은 불로사상을 중심으로 유가 철학을 보완하는 사상 방면의 대일통을 이루었다.

則佛老不爲二."

2. 문도文道 관념의 독창성

일정한 역량을 발휘한 작가라면 문예의 내용과 형식에 대해 고민이 없을 수 없으며 오랜 숙고와 단련을 통해 그 자신만의 고유한 이론을 형성한다. 여기서 살펴볼 문도文道는 바로 이에 대한 근본적인 고찰이라 하겠다. 이른바 '문文'이란 '문장文章'을 가리키며 포괄적인 문예의 형식, 즉 시문서화詩文書畵로 대변되는 문예작품을 지칭한다. '도道'는 그 작품 속에 내재된 도덕道德 품질品質을 가리킨다. 즉, '문'이란 작품의 형식이며, '도'는 그 내용이다.

이한李漢은 "문文이란 도道를 관통하는 그릇이다文者貫道之器也"[55]라는 말로 그 스승인 한유韓愈를 표현한 적이 있었는데, 이 말은 당대唐代 사람들의 설법이자 고문가古文家들의 설법이 되었다. 주돈이周敦頤는 "문文이란 도道를 싣는 방법이다文所以載道也"[56]라고 주장하였는데, 이는 송대宋代 사람들의 설법이자 도학가道學家들의 설법이 되었다. 당송唐宋의 시대적 구분이라는 점에서만 보면, '관도貫道'와 '재도載道'는 단지 도에 대한 이해 정도의 차이일 뿐이다. 하지만 고문가古文家와 도학가道學家의 각도에서 보자면, 도道에 대한 성질 규명의 차이에서 비롯되었다. 다만 이전의 고문가들이 모두 유가의 도를 기치로 내걸다보니, 도학가들이 말하는 도와 성질상의 차이를 분간하지 못하였을 뿐이다. 고문가들이 말하는 '도'와 도학가들이 말하는 '도'는 다만 '도'라고 지칭될 뿐 사

---

55 馬其昶 校注, 『韓昌黎文集校注』(上海古籍出版社, 1987), 「昌黎先生集序」.
56 宋・周敦頤, 『周子通書・文辭』(四部備要本, 台北 : 中華書局, 1966), 6쪽.

실은 다른 것이다. 이는 마치 맹자孟子와 순자荀子의 '성性'에 대한 논쟁을 연상시킨다. 맹자는 성선性善을 주장하고 순자는 성악性惡을 주장하면서 양극단에 섰다. 하지만 그 내면을 들여다보면, 맹자의 성性은 사람의 '본질적 의미'인 '에센스Essence'를 가리키고 순자의 성性은 '사실적 의미'인 '네이처Nature'를 가리킨다.[57] '도'에 관한 이전의 견해 역시 '성'의 관념과 마찬가지로 문론가들이 말한 '도'의 범위는 각양각색이다.

'문'과 '도'는 본래 동전의 앞뒷면처럼 실체는 하나이지만 역대 문예이론가들의 관념 속에서 제각기 변해왔다. 예를 들면, 문장에 대한 관점이 구양수歐陽修로부터 변하고, '도'의 범위는 삼소三蘇, 특히 소식으로부터 변하기 시작하였다.

1) 청년 시기의 '문이진의文以盡意' 단계

소식이 청년 시기에 지녔던 문예에 대한 근본 관념은 그 부친 소순蘇洵의 '풍수상조風水相遭'설說에 직접적인 영향을 받았다고 할 수 있겠다.

> 바람이 물위를 거니는 것을 '환渙(물결)'이라고 한다. 이 또한 천하의 지극한 문文(무늬, 문장)이다. 그러나 이 두 물상이 어찌 무늬를 구했겠는가! 아무런 의미 없이 서로 구하고 기약 없이 서로 만나서 무늬가 생겨난 것이다. 이 무늬라 함은 물의 무늬도 아니요 바람의 무늬도 아니다. 두 물상이 무늬

57 勞思光, 『新編中國哲學史』(台北 : 三民書局, 1990), 165쪽; 唐君毅, 『中國哲學原論 : 原性篇』(台北 : 台灣學生書局, 1991), 7쪽.

> 를 만드는 능력을 갖춘 것이 아니고 어쩔 수 없이 무늬를 만든 것이다. 물상이 서로 부려서 무늬가 그 사이에서 나오는 것이다. 이것이 천하의 지극한 무늬가 되는 까닭이다. 옥이 은은하게 아름답지 않은 것은 없으나 문文이 될 수는 없고, 칼로 새기고 수놓은 것은 문文이 되지 않는 것은 없으나 자연현상으로 논하여질 수는 없다. 온 세상에 무형無形으로서 문文이 생기는 것은 오직 물과 바람뿐이다.[58]

바람과 물이 만나 물결을 이루는 자연현상은 문예창작의 주객관계에 있어서 매우 중요한 사색적 의의가 있다. 여기서 물은 작자 내심의 사상 감정 및 작자의 평상시 학문도덕의 수양修養을 비유한 것이고, 바람은 이러한 사상 감정과 수양상태가 외계의 사물과 기우機遇함을 비유한 것이다. 물은 작자 자신만이 가진 주관적인 조건이며, 바람은 모든 사람이 대할 수 있는 객관적인 조건이다. 양자의 조건이 성숙하여야 하며, 일단 서로 만나면 문채文采는 저절로 문리文理를 갖춘다. '풍수상조風水相遭'는 내심의 사상 감정이 외물의 자극을 받아 자연스럽게 표출된 상태를 비유한 말이다.

이 한 편의 문장은 바람과 물이 만나는 것처럼 자신도 억제하지 못하는 창작충동이 있어야 천하의 지극한 문장을 지을 수 있음을 강조하고 있다. 그렇지 않다면 박옥璞玉처럼 내재미內在美가 있을지언정 밖으

58 『嘉祐集』(台北：臺灣商務印書館, 1977) 권14, 「仲兄字文甫說」, 145쪽. "風行水上, 渙, 此亦天下之至文也. 然而此二物者, 豈有求乎文哉. 無意乎相求, 不期而相遭, 而文生焉. 是其爲文也, 非水之文也, 非風之文也. 二物者, 非能爲文, 而不能不爲文也. 物之相使而文出於其間也. 故此天下之至文也. 今夫玉非不溫然美矣, 而不得以爲文, 刻鏤組繡非不文矣, 而不可與論乎自然. 故夫天下之無營而文生之者, 唯水與風而已."

로 표출하지 못하거나 화려한 수繡처럼 형식미에만 치중하여 자연스러움을 잃어서는 물과 바람처럼 자연스럽고 지극한 문장을 이루어낼 수 없다. 전인前人들 중에는 다만 사상과 학문적 수양에만 힘쓰면 흉중이 가득 차 이를 통해 훌륭한 작품을 써낼 수 있다고 주장한 이가 있었다. 또 어떤 이들은 다만 문예적인 기교에만 치중하여 이를 완전히 장악하면 훌륭한 작품을 만들 수 있다고 여겼다. 이러한 두 가지 경향은 문예 창작의 기본적인 특징을 무시한 것이다.

소식은 젊은 시기 자연스레 부친의 '풍수상조'설을 받아들였고 물의 물리物理를 터득하려고 하였다. 그는 24세(1059) 때 지은 글에서 다음과 같이 말하였다.

> 세상에서 지극히 믿을 만한 것으로는 오직 물일 따름이다. 장강長江과 황하黃河의 크기와 바다의 깊이를 마음으로 짐작할 수 있다. 오직 물만이 그 스스로 모습 짓지 않고 사물에 따라 자신의 모습을 부여한다. 이런 까닭에 수없이 변하면서도 필연의 이치가 있다. 물길이 치솟아 노기가 충천하니 만 명의 사내라도 감히 앞으로 나서지 못하고, 부드럽게 흘러 온순하니 오직 성인聖人만이 부리는 바이다.[59]

소식이 처음 저술활동을 할 때부터 물리를 발견하는 데에 집중하였음을 알 수 있다. 그는 바람과 물이 만나 물결이 이루어진다는 것에 그

59 『蘇軾文集』(北京 : 中華書局, 1986) 제1책 권1, 「灩澦堆賦」, 1쪽. "天下之至信者, 唯水而已. 江河之大與海之深, 而可以意揣. 唯其不自爲形, 而因物以賦形, 是故千變萬化而有必然之理. 掀騰勃怒, 萬夫不敢前兮, 宛然聽命, 惟聖人之所使."

치지 않고 그 물이 어떻게 형상화되는지에 대해 골몰하였고, 결과적으로 대면하는 물상에 따라 흐르는 물은 변한다는 사실을 깨닫는다. 매번 하나의 사물에 대해 모두 '수물부형隨物賦形' 하면서 형상을 다 표현하려고 하였기에, 문예창작에 있어서도 하나의 아름다움을 이룰 수 있었던 것이다. 소식이 마음속에 정한 창작 목적은 결코 고정된 격식이 있는 것이 아니라 완전히 자연적 심미의식이 요구하는 대로 창작하는 것이며, 이를 통해 자유로이 써 내려가 사물에 따라 모양을 부여하는 것이다. 소식은 객관 물체의 자연 규율과 상태를 존중하고 개인의 주관적 편견에 사로잡혀 객관 물체에 지나치게 공을 들여 조탁하거나 문장 법도의 틀에 끼워 맞추려는 것을 반대하였다.

소식에게 있어서 '도道'란 만물에 내재한 오묘한 이치라 말할 수 있다. 그는 '도'가 어느 한 사상에 국한하고 얽매이거나 성인聖人의 육경六經 범주 안에만 있다고 생각하지 않았다. 글을 지을 때에도 육경뿐만 아니라 여러 제자서諸子書와 사서史書도 두루 참작한다면 천하 만물의 오묘한 이치를 체득할 수 있다. 문장의 의미도 육경에 얽매이지 않아야 하고 유도儒道가 유일한 도로 치부되어서도 안 된다. 소식이 젊은 시절 이러한 관점을 견지하게 된 원인은 그의 부친 소순이 주장한 '문장사용文章四用'설說의 영향이 매우 깊다.

문文의 쓰임은 네 가지이다. 사실事實로 그것을 실증하고 문사文詞로 그것을 문채 있게 하고 도리道理로 그것을 통하게 하며 법술法術로 그것을 검증하니, 이는 경서經書와 사서史書가 겸하여 소유한 바이다. 비록 그러하나, 경서는 도리와 법술에 뛰어나고 사서는 사실과 문사에 뛰어나므로, 경서는 사서

> 를 얻지 않고는 그 포폄褒貶을 증험할 방법이 없고 사서는 경서를 얻지 않고는 그 경중輕重을 가릴 방법이 없다. 경서는 일대一代의 실록實錄이 아니며 사서는 만세萬世의 상법常法이 아니니, 본질은 서로 다르지만 작용은 실로 서로 돕는다. 무릇 『역경易經』, 『예기禮記』, 『악경樂經』, 『시경詩經』, 『서경書經』은 성인聖人의 도리와 법술을 말함이 상세하나 그것을 실제 사실로 증험하지 않았으니, 공자孔子는 후세인이 그것을 성인聖人의 사사로운 말이라 할까 걱정하였다. 그러한 이유로 부고책서訃告策書로 『춘추春秋』를 찬수하여 선善을 권장하고 악惡을 징벌하니, 이것이 경서의 도리이다. 또 후세에 이르러 개인의 억측으로 여겨질까 두려워하여 고로 주례周禮에 근본하여 법술을 마련했으니, 이것이 경서의 법술이다. 사실에 이르러서는 즉 간략함을 중시하고 문사에 이르러서는 즉 간결함을 힘쓴다. 나는 고로 경서는 도리와 법술에 뛰어나다고 말한 것이다. 사서는 그러하지 않은데, 사실이 이미 자세하고 상세한 데다가 문사 또한 과장되어 빛나니, 소위 포폄논찬褒貶論贊 이외의 것은 별것이 없다. 나는 고로 사서는 사실과 문사에 뛰어나다고 말한 것이다.[60]

소순은 경서의 도리와 법술을 중시하면서도 사서의 사실과 문사를 중시하였다. 이는 경서를 독존시하지 않았다는 것을 의미한다. 소순은 경서와 사서의 상보적相補的 존재 가치를 긍정하면서 도리와 법술이 담긴 경서와 사실과 문사에 뛰어난 사서를 적절히 활용하는 게 문장 짓

---

60 『嘉祐集』 권8, 「史論上」, 73쪽. "大凡文之用四: 事以實之, 詞以章之, 道以通之, 法以檢之, 此經史所兼而有之者也. 雖然, 經以道法勝, 史以事詞勝; 經不得史, 無以證其褒貶; 史不得經, 無以酌其輕重; 經非一代之實錄, 史非萬世之常法, 體不相沿, 而用實相資焉. 夫易禮樂詩書, 言聖人之道與法詳矣, 然弗驗之行事, 仲尼懼後世以是爲聖人之私言, 故因赴告策書以修春秋, 旌善而懲惡, 此經之道也. 猶懼後世以爲己之臆斷, 故本周禮以爲況, 此經之法也. 至於事則擧其略, 詞則務於簡. 吾故曰: '經以道法勝.' 史則不然, 事旣曲詳, 詞亦誇耀, 所謂褒貶論贊之外無幾. 吾故曰: '史以事詞勝.'"

는 방법이라 여겼다. 소순은 만고萬古의 도리를 오늘에 소통하고 고례古禮의 법술을 오늘에 다시 검증하는 경서의 가치를 강조하면서도 실제 있었던 사실을 통해 오늘의 사건을 실증하고 뛰어난 문사를 통해 오늘의 시문時文에 형식의 방향을 제시한 사서의 역할 역시 홀시하지 않았다. 소순이 문장의 가야할 방향으로 제시한 '문장사용文章四用'설說은 분명 소식의 문도文道 관념이 유가의 도에 얽매이지 않고 만물 이치에 자유로이 노닐 수 있는 데 지대한 영향을 미쳤다.

소식은 26세(1061) 때 지은 글에서 다음과 같이 말하였다.

> 신은 뜻이 있으면 말하고 뜻이 다하면 말을 그치는 것이 천하의 지극한 말이라 들었습니다. 대개 한 마디 말로 나라를 일으키는 경우가 있고 삼일동안 말해도 멈추지 말아야 할 경우도 있을 것입니다. 한 마디 말로 나라를 일으킨 것에 적다고 여겨 조금이라도 더하려 해서는 안 됩니다. 삼일동안 말해도 멈추지 말아야 하는 것에 많다고 여겨 한 마디 말이라도 덜어내어서는 안 됩니다. 옛날 말을 잘한 사람은 뜻을 다할 뿐 말에서 찾고자 아니 하였고 자신을 믿을 뿐 남에게서 부림을 당하지 않았습니다. 삼대三代가 쇠락하자 학교가 무너져 성인聖人의 도道가 밝혀지지 못했으나 후세보다 오히려 나은 점이 있었던 까닭은 선비들이 아직 과거시험의 이로움을 알지 못했기 때문입니다. 그래서 전국戰國시대에 그 언어와 문장이 비록 성인의 뜻을 다 통할 수는 없었지만 모두 훌륭하여 쓸 만함에 가까웠고 그 뜻이 참됨에서 나왔습니다. 한대漢代 이래로 세상의 유자儒者들은 자신을 잊고 남을 좇고 과거시험을 위한 학문에 힘썼기에 그 말이 비록 성인의 뜻을 위배하지는 않았으나 모두 사장辭章으로 흘러넘쳐 쓰임에 알맞지 않았습니다.[61]

한대漢代 이후 유자儒者들의 문장은 자신을 잊고 남을 좇아 사장詞章이 흘러넘쳐나서 전국戰國시대의 문장이 비록 유도儒道를 벗어났으나 뜻이 다하면 말도 그쳐 천하의 지극한 문장을 이루었던 것만 못하였다. 따라서 글 짓는 취지는 뜻이 다하면 말도 그쳐야 하는 데 힘써야 하고 유도를 전력으로 쓰고자 해서는 안 된다. 소식이 26세 때 이 말을 한 것으로 보아 이미 문장은 도를 실은 내용을 담아야 한다는 점을 뛰어넘었다는 것을 시사한다. 소식은 유도를 전술傳述하는 것이 문장文章의 유일한 길로 여기지 않았다. 그는 도道가 어디라도 있지 않는 곳이란 없다고 여겨 스스로 유도에 국한하지 않았다. 뜻이 다하면 말을 다한다고 했던가! 문사文辭의 길고 짧음은 진의盡意에 있다. 전국戰國시대의 문장들이 성인의 뜻을 다 드러낸 것은 아니었지만 남을 의식해서 글을 짓는 과거 제도의 폐해에 사로잡히지 않았기에 그 뜻이 참眞에서 나올 수 있었다. 반면에 한대漢代 이후의 문장은 자신을 잊은 채 남의 기호를 좇아 과거급제를 위한 학문에 힘썼기에 그 말이 성인의 뜻을 위배하지 않았음에도 적절치 않았다. 그는 남에게 보이기 위한 말을 찾았던 것이 아니라 그 뜻이 참에서 나오고 그 자신을 믿고 뜻을 다하여 글을 썼다.

소식은 청년 시기에 이미 유가의 도에 얽매이지 않고 만물의 이치를 체득하여 그 뜻을 다 전하는 것에 더욱 큰 의미를 두었다. 따라서 그는 전통적인 문도文道 관념을 벗어나 포괄적인 문의文意 관념으로 자연스

---

61 『蘇軾文集』제1책 권8, 「策總敘」, 225쪽. "臣聞有意而言, 意盡而言止者, 天下之至言也. 蓋有以一言而興邦者, 有三日言而不輟者. 一言而興邦, 不以爲少而加之毫毛. 三日言而不輟, 不以爲多而損之一辭. 古之言者, 盡意而不求於言, 信己而不役於人. 三代之衰, 學校廢缺, 聖人之道不明, 而其所以猶賢於後世者, 士未知有科學之利. 故戰國之際, 其言語文章, 雖不能盡通於聖人, 而皆卓然近於可用, 出於其意之所謂誠然者. 自漢以來, 世之儒者, 忘己以徇人, 務射策決科之學, 其言雖不叛於聖人, 而皆泛濫於辭章, 不適於用."

럽게 초점을 맞출 수 있었다. 소식이 청년 시기에 밝힌 '문이진의文以盡意'는 크게 두 가지를 강조하고 있는데, 문사文辭의 길고 짧음은 진의盡意에 달려있고, 참 이치를 밝히는 데 그 뜻을 다하면 되지 유가儒家의 도道를 전하려 애쓰지 않았다는 것이다.

2) 장년 시기의 '우의어물寓意於物' 단계

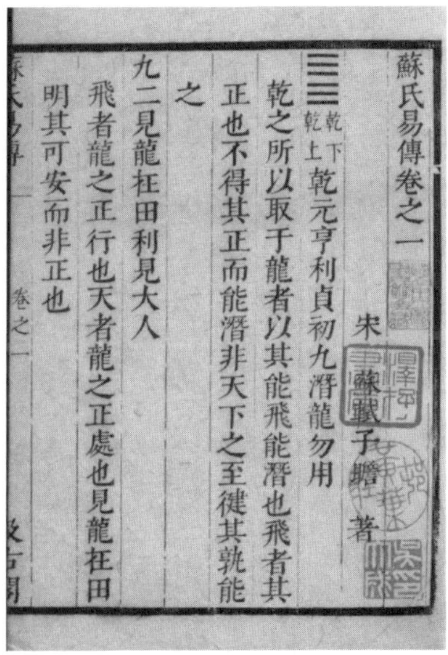
蘇氏易傳卷之一
宋 蘇軾子瞻 著
乾下乾上 乾元亨利貞初九潛龍勿用
乾之所以取于龍者以其能飛能潛也飛者其
正也不得其正而能潛非天下之至健其孰能
之
九二見龍在田利見大人
飛者龍之正行也天者龍之正處也見龍在田
明其可安而非正也

『소씨역전蘇氏易傳』
(明末 虞山毛氏 汲古閣刊 津逮秘書本)

소식의 문도文道 관념은 부친 소순의 사망으로 인해 31세부터 부친의 『주역周易』 역주 작업을 이어받아 본격적으로 풀이하면서 더 한층 발전한다. 삼소三蘇의 사상이 총화된 『소씨역전蘇氏易傳』은 소식이 황주黃州로 폄적된 45세 때 완성하여 해남海南에서 65세 때 마지막으로 수정하였다. 『주역』은 자연 현상과 만물의 이치를 언어로 구구하게 설파하지 않고 음양陰陽의 괘상卦象에 기탁하여 상징하고 비유한 책이다. 이 역주 작업은 소식의 후기 정신세계를 형성하는 데 큰 역할을 하였다.

소식은 『소씨역전・계사전상繫辭傳上』에서 '도道'를 다음과 같이 말하였다.

> 성인聖人은 도를 설명하기 어렵다는 것을 알았다. 그래서 음양陰陽을 빌려 하나의 음陰과 하나의 양陽을 도道라 일컫는다고 말하였다. 하나의 음陰과 하나의 양陽이란 음양이 아직 만나지 않아 사물이 아직 생겨나지 않았음을 일컫는다. 도를 그럴 듯하게 묘사한 것 중 이보다 더 밀접한 것이 없다.[62]

소식은 언어를 사용하여 진리를 명확히 드러낼 수 없지만 성인聖人이 음양陰陽의 괘상卦象을 통해 심오한 이치를 표현한 것같이 제한된 언어를 빌려서라도 무한한 개념을 비유할 수 있다고 여겼다. 그래서 소식은 『소씨역전・계사전하』에서 "명명하는 일은 대중들이 아는 바를 취하여 그들이 모르는 바를 비유하는 것이다"[63]라고 말하였다. 이 때문에, 그의 문예 작품은 필연적인 표현수단이었지, 정이程頤의 지적처럼 '완물상지玩物喪志'의 유희나 개인적 감정 표출에 그치지 않았다.

설명하기 어려운 무한한 존재는 어떠한 언어로 표현한다고 해도 결국 전체 속의 일부에 국한될 뿐이다. 그러나 현상계의 도와 비슷한 것을 궁구하여 기막힌 비유로 설명해낼 수는 있다. 소식은 언어를 극단적으로 부정하지 않았지만 오히려 언어에 의해 파생된 본질적 왜곡에 대해서만큼은 더욱 경계했다. 소식은 더 이상 말로 설명할 수 없는 도에 대해서 그 나름의 깨달음을 전달하기 위해 채택한 것이 물의 형상이다. 그는 더 이상 그 자체로 도의 전체성을 보여주지 못하는 현실사물 중에서 물은 도에 가장 가깝다는 특성을 갖고 있기에, 물의 형상을 빌

62 『蘇氏易傳』(北京 : 中華書局, 1985) 제2책 권7, 「繫辭傳上」, 159쪽. "聖人知道之難言也. 故借陰陽以言之曰, 一陰一陽之謂道; 一陰一陽者, 陰陽未交而物未生之謂也. 喩道之似, 莫密於此者矣."

63 『蘇氏易傳』 제2책 권8, 「繫辭傳下」, 180쪽. "夫名者, 取衆人之所知, 以況其所不知."

려 '상리常理'를 설명하였다.

> 정의精義는 이치를 궁구하는 것이고 입신入神은 성性을 다하여 명命에 도달하는 것이다. 이치를 궁구하고 성을 다하여 명에 도달하는 일이 어찌 실속 없이 무료하리오? 장차 쓰임에 이를 수 있기 때문이다. 이것을 물에 비유하면, 그 뜨는 까닭을 알고 그 가라앉는 이유를 알아 물의 변화를 다하여 모두가 이것에 응할 수 있는 것이 정의精義이다. 그 뜨고 가라앉는 이유를 알아서 물과 하나가 되면서도 그 물이 된 것을 알지 못하는 것이 입신入神이다. 물과 하나가 되어 그 물이 된 것을 알지 못하면 수영을 잘하지 못하는 자가 없으니, 하물며 배를 조종하는 일이겠는가? 이것을 치용致用(쓰임에 이른 것)이라고 말한다. 그러므로 수영을 잘하는 자가 배를 조정하면 그 마음은 한가하고 그 몸은 느긋하다. 왜냐하면 쓰임이 이롭고 몸이 편안하기 때문이다. 일할 때 몸이 편안한 상태에 이르면 사물은 우리를 측량할 길이 없고 덕德은 높아진다.[64]

규정할 수 없는 도道에 대해 궁리窮理하고 정의精義하는 이성적인 접근을 통해서 인仁이나 의義라고 규정하는 것은 도道의 전체성을 이성적으로만 이해할 뿐 완전히 자기 동화가 이루어지지 않은 결과에서 비롯된 것이다. 따라서 이성적으로 이치를 궁구하는 정의精義의 단계에서

---

64 『蘇氏易傳』 제2책 권8, 「繫辭傳下」, 177쪽. "精義者窮理也. 入神者盡性以至於命也. 窮理盡性, 以至於命, 豈徒然哉. 將以致用也. 譬之於水, 知其所以浮, 知其所以沈, 盡水之變, 而皆有以應之, 精義者也. 知其所以浮沈而與之爲一, 不知其爲水, 入神者也. 與水爲一, 不知其爲水, 未有不善游者也, 而況以操舟乎. 此之謂致用也. 故善游者之操舟也, 其心閒, 其體舒. 是何故, 則用利而身安也. 事至於身安, 則物莫吾測而德崇矣."

주체는 도를 완전히 파악하지도, 또한 그것을 완전히 실천할 수도 없다. 그러나 이러한 이성적 접근의 단계와 이성적 파악을 넘어서 도와의 완전한 합일을 이룬 명命의 단계 사이에서는 결코 말로 설명할 수도, 제3자를 통해서 배울 수도 없는 심연이 존재한다. 이 심연을 넘어서는 것은 자기 자신의 노력을 통해서만이 이룰 수 있는 것이지만 그 때에도 자기 자신은 완전히 자기화된 도에 대해서 타자로서 느낄 수 없기 때문에 그 자신조차도 이성적으로 분석하거나 이해할 수 없다. 오히려 그 자신은 도를 잊는다. 이는 마치 매일 물과 함께 사는 남방 소년이 물의 오묘한 이치를 깨달아 잠수하는 기술을 터득해가지만 이를 북방 사람에게 말로 잠수하는 기술을 전수할 수 없는 것과 같다.[65] 이것이 입신入神의 단계이고 명命의 단계이다.

음양陰陽이 한 번 교차하여 사물이 생겨나는데, 그 처음이 물에서 비롯되었다. 물은 유무有無의 사이에서 처음 무無에서 벗어나 유有로 들어간 것이다. 노자는 이를 알아서 "최고의 선善은 물과 같다"라고 말했고, "물은 도에 가깝다"라고 말했다. 성인聖人의 덕德은 비록 말로 명명할 수 있지만 하나의 사물에 얽매이지 않는다. 마치 일정한 모습이 없는 물과 같다. 이 선善 중에 최고인 것 역시 도에 가깝다는 것이지 도는 아니다. 물이 아직 생겨나지 않고 음양이 아직 교차하지 않을 때 확연히 드러나는 하나의 사물이 없다고

65 『蘇軾文集』 제5책 권64, 「日喩」, 1981쪽. "子夏曰, "百工居肆以成其事, 君子學以致其道." 莫之求而自至, 斯以爲致也歟! 南方多沒人, 日與水居也, 七歲而能涉, 十歲而能浮, 十五而能浮沒矣. 夫沒者, 豈苟然哉? 必將有得於水之道者. 日與水居, 則十五而得其道; 生不識水, 則雖壯, 見舟而畏之. 故北方之勇者, 問於沒人, 而求其所以沒, 以其言試之河, 未有不溺者也. 故凡不學而務求道, 皆北方之學沒者也."

해서 존재하는 것이 없다고 말할 수 없다. 이것이 참된 도와 비슷함이다. 음양이 교차하여 사물이 생겨나고 도와 사물이 접하여 선이 생겨난다. 사물이 생겨나자 음양이 숨고, 선이 세워지자 도가 드러나지 않았다.[66]

발생론적으로 물은 음양이 교차하지 않아 확연히 아무런 사물이 없는 무無에서 음양이 한번 교차하여 처음으로 생겨나는 현상계의 첫 번째 존재이다. 발생 순서상 물은 도에 가장 가까운 것이다. 물은 발생 순서에 의해서만이 도에 가장 가까운 것이 아니라 도를 현실세계에 가장 바람직하게 구현하는 모델이 된다. 선과 악으로 규정지을 수 없는 도는 우리에게 직접 올바른 삶의 전형이나 구체적인 도덕규범을 제공하지 않는다. 인간이 세상을 살면서 도와의 합일을 통해 가장 올바른 삶을 살 수 있고 성인이 될 수는 있지만, 우리는 도에 대해서 직접 지각하거나 인식할 수 없기 때문에 우리 삶의 올바른 전형이 무엇인지를 도에 대한 합일이 아닌 대상적 이해를 통해서는 깨달을 수 없으며, 따라서 구체적인 행위에 있어서도 무엇이 옳고 그른지를 규범적으로 파악할 수 없다. 이에 소식은 도에 대한 직접적인 언급을 피하면서, 한편으로는 도라고 하는 것은 언어로 규정할 수 없는 것이라는 스스로의 논리를 지키면서 물을 현실계 내의 도덕적 행위의 모델로 제안한다.

모든 사물은 모두 일정한 모양이 있지만 물만이 그러하지 않아, 사물에 따

66 『蘇氏易傳』 제2책 권7, 「繫辭傳上」, 159쪽. “陰陽一交而生物, 其始爲水. 水者有無之際也. 始離於無而入於有矣. 老子識之, 故其言曰: 上善若水, 又曰: 水幾於道. 聖人之德, 雖可以名言, 而不囿於一物, 若水之無常形, 此善之上者, 幾於道矣, 而非道也. 若夫水之未生, 陰陽之未交, 廓然無一物, 而不可謂之無有. 此眞道之似也. 陰陽交而生物, 道與物接而生善, 物生而陰陽隱, 善立而道不見矣.”

> 라 모양이 만들어질 따름이다. 세상 사람들은 일정한 모양이 있는 것을 믿고 일정한 모양이 없는 것을 믿지 않는다. 그러나 네모난 것도 깎으면 둥글게 되고, 굽은 것도 교정矯正하면 곧게 된다. 일정한 모습을 가지고 있다 해서 무조건 신뢰하기 어려운 것도 이와 마찬가지다. 물은 비록 일정한 모습이 없을지라도 사물에 따라 모양을 취한다는 점은 미리 정해진 것이다. 그러므로 공인工人은 여기에서 평평함을 취하고, 군자는 여기에서 법法을 취한다. 일정한 모양이 없기 때문에 사물을 만나도 다치지 않고, 다치게 할 것이 없기 때문에 험난한 곳에 가도 그 신뢰를 잃지 않는다. 이것으로 볼 때 천하에서 신뢰할 만한 것으로는 물만한 것이 없다.[67]

일정한 형태가 있는 사물의 경우, 자기 자신이 갈등 없이 대할 수 있는 사물은 자기 자신의 고정된 형태 때문에 제한을 받는다. 만약 일정한 형태를 가진 사물이 대상에 자신을 맞추려 한다면 자기 자신은 자신의 형태를 강제로 바꾸어야만 하는 상처를 입으며, 결과적으로 그 본래의 형태를 상실할 수밖에 없다. 그러나 일정한 형태가 없는 것 중에서도 물은 자기 자신의 본래의 형태를 갖고 있지 않고 언제나 그것을 담는 그릇에 따라 그 형태가 결정되는데, 이때 물은 스스로 어떠한 형태를 고집하지 않기 때문에 어떠한 그릇을 만나던지 그 대상과 마찰을 일으키지 않으면서도 또한 자기 자신은 어떠한 상처도 받지 않는다. 즉 자신의 본질에는 어떠한 변화도 일으키지 않은 채 대상에 가장

---

67 『蘇氏易傳』 제1책 권3, 「習坎卦」, 69쪽. "萬物皆有常形, 惟水不然, 因物以爲形而已. 世以有常形者爲信, 而以無常形者爲不信. 然而方者可斲以爲圜, 曲者可矯以爲直, 常形之不可恃以爲信也如此. 今夫水雖無常形, 而因物以爲形者, 可以前定也. 是故工取平焉, 君子取法焉. 惟無常形, 是以遇物而無傷, 惟莫之傷也, 故行險而不失其信. 由此觀之, 天下之信, 未有若水者也."

적절한 방식으로 대한다. 이렇게 소식은 형태를 고집하지 않으면서 대상에 가장 적절한 방식으로 대처하는 물의 이미지를 통해 자신의 의지나 관념, 선입관 등을 고집하지 않으면서(무아無我의 경지) 절대적인 도와의 합일된 경지(명命의 경지)에서 끊임없이 변화하는 사건과 사물에 가장 타당한 방식으로 행위하는 성인의 이미지를 보여주고자 하였다.

현상계 내의 사물들은 사람, 짐승, 가옥, 기물 등 변하지 않는 일정한 형태가 있는 것과 물과 파도, 구름처럼 그 형태가 일정하지 않으면서도 그 본질적인 속성을 잃지 않는 것으로 구분할 수 있다. 그래서 소식이 36세(1071) 때 "나는 예전에 그림을 논했던 적이 있는데, 다음과 같이 생각했었다. 사람, 짐승, 가옥, 기물은 모두 일정한 모양(상형常形)이 있다. 산, 돌, 대, 나무, 강, 파도, 연기, 구름 등은 비록 일정한 모양이 없으나 일정한 이치(상리常理)가 있다"[68]라고 말했던 것이다. 소식이 그림을 평론하면서 말한 '리理'는 객관 사물의 이치요, 객관 사물의 규율이며 예술적 규율을 포함하는 말이다.[69] '도道'와 '리理'를 설명할 때 언어를 빌려 한 측면만을 형용하려 해서는 안 되고 제멋대로 추측하여 상상해서도 안 된다. 그 원인은 바로 단편적인 언어 표현은 편파와 억측, 잘못된 저술로 빠져 허무맹랑한 오류로 흐르기 때문이다. 특히 창작 대상에 대하여 반드시 깊이 있는 이해가 있어야 한다.

소식은 주객의 모순적 관계를 인정하면서도 주객의 상보적相補的 관계를 인정하기도 하였다. 그는 『소씨역전・간괘艮卦』에서 "성인聖人을

---

68 『蘇軾文集』 제2책 권11, 「淨因院畫記」, 367쪽. "余嘗論畫, 以爲人禽宮室器用皆有常形, 至於山石竹木水波煙雲, 雖無常形而有常理."

69 葛路, 『中國古代繪畫理論發展史』, 上海人民美術出版社, 1982～1983, 83쪽.

귀하게 여기는 까닭은 고요히 아무 외물外物하고도 교유하지 않는 것을 귀하게 여겼던 것이 아니다. 외물과 함께 하면서 길흉의 영역에 들어가서도 어지러워지지 않을 수 있었던 것을 귀하게 여겼던 것이다"[70] 라고 하였다. 어지럽지 않은 마음의 상태는 진정으로 아무런 생각이 없다는 의미를 말하는 것이 아니라, 적극적인 사물과의 교감 속에서 나의 주체성을 잃지 않으면서도 사물에 대해 적대적인 감정을 갖지 않는다는 것을 의미한다. 이러한 관계 속에서 주체는 객체에 대해 적절한 거리, 즉 객체에 무관심하지도 않으면서 그 객체에 집착하지도 않는 거리를 취해야 한다.

소식은 42세(1077) 때 「보회당에 대한 기문寶繪堂記」에서 다음과 같이 말하였다.

> 군자는 사물에 자신의 뜻을 기탁할 수 있지만 사물에 자신의 뜻을 머물게 해서는 안 된다. 사물에 자신의 뜻을 기탁하면 하찮은 미물微物이라도 즐거움이 될 수 있고 특별한 보물이라도 병폐가 될 수 없다. 반면에 사물에 자신의 뜻을 머물게 하면 하찮은 미물이라도 병폐가 될 수 있고 특별한 보물이라도 즐거움이 될 수 없다. 노자는 "오색五色이 사람의 눈을 멀게 하고, 오음五音이 귀를 멀게 하며, 오미五味가 입을 상하게 하고, 말 타는 것과 사냥이 마음을 미치게 한다"고 하였지만 성인聖人이 이 네 가지를 없애지 않은 것은 만족스럽지 않지만 그런대로 자신의 뜻을 기탁했기 때문이었다. 유비劉備와 같은 영웅도 짐승 털로 편물 짜는 것을 좋아하였고, 혜강嵇康과 같이 자유

---

70 『蘇氏易傳』 제2책 권5, 「艮卦」, 124쪽. "所貴於聖人者, 非貴其靜而不交于物. 貴其與物皆入于吉凶之域而不亂也."

분방한 사람도 쇠 단련하는 것을 좋아하였으며, 완부阮孚와 같이 호방한 사람도 나막신에 밀랍 칠하기를 좋아하였다. 이것이 어찌 소리, 색, 냄새, 맛이 있기 때문이겠는가? 하지만 종신토록 싫증내지 않고 즐겼다. 좋아할 만한 물건 중에 사람들을 기쁘게 하면서도 그 사람을 변화시키지 않는 것은 글씨와 그림만한 것이 없다. 그런데 자신의 뜻을 머물게 하고 헤어나지 못한다면 이루 말할 수 없는 화를 입는다. 종요鍾繇는 이 때문에 피를 토하며 남의 무덤을 파헤쳤고, 송宋 효무제孝武帝와 왕승건王僧虔은 이 때문에 서로 거리가 멀어졌으며, 환현桓玄이 피난길에 왕희지王羲之와 왕헌지王獻之의 글씨를 배에 싣고 간 것과 왕애王涯가 소장한 서화書畵를 이중벽을 쳐서 보관한 것 등은 모두 어린아이의 장난 같은 것으로 나라를 잃고 자신을 망친 경우이다. 이는 모두 서화에 집착(뜻을 머물게 함)한 화이다. 나는 어려서부터 그림과 글씨를 좋아하였는데, 집안에 소장되어 있는 것을 잃어버릴까 두려워하였고, 다른 사람이 소장한 것은 나에게 주지 않을까 마음 조렸다. 철이 들어서는 "내가 부귀와 생사를 가벼이 여기면서 그림과 서예를 중히 여겼으니, 어찌 본말이 전도되고 본심을 잃은 것이 아니었는가!"라고 자소하였다. 이로부터는 그것들을 다시 좋아하지 않았다. 좋아할 만한 것을 보면 그때마다 모았으면서도 다른 사람이 가져간들 아까워하지 않았다. 비유하자면 연기와 구름이 눈앞을 지나가는 것과 온갖 새들의 지저귐이 귀에 들리는 것을 어찌 흡족히 접하지 않을 수 있겠는가만 지나가면 다시 생각하지 않았다. 이처럼 그림과 글씨는 언제나 나의 즐거움이 되면서도 해가 될 수 없다.[71]

---

71 『蘇軾文集』제2책 권11, 「寶繪堂記」, 356~357쪽. "君子可以寓意於物, 而不可以留意於物. 寓意於物, 雖微物足以爲樂, 雖尤物不足以爲病. 留意於物, 雖微物足以爲病, 雖尤物不足以爲樂. 老子曰: '五色令人目盲, 五音令人耳聾, 五味令人口爽, 馳騁田獵令人心發狂.' 然聖人未嘗廢此四者, 亦聊以寓意焉耳. 劉備之雄才也, 而好結髦. 嵇康之達也, 而好鍛鍊. 阮孚之放也, 而好蠟屐. 此豈有聲色臭

사람은 세상에 태어나서 단 한 순간도 외계 사물과 떨어져 살 수 없다. 사람과 사물은 결국 어떠한 관계이며 응당 어떻게 서로 처해야 하는 것인지에 대한 문제가 고대 철학자들에게는 항상 논의되던 것들이었다. 소식이 말한 "군자는 사물에 자신의 뜻을 기탁할 수 있지만 사물에 자신의 뜻을 머물게 해서는 안 된다"라는 것은 사람과 사물의 관계를 깊이 있게 드러낸 것이다. 소식은 정제된 대응 문구로 정반正反의 양측면에서 이러한 논점을 설명하였다. 소식은 그 대상 서법과 회화에 집착하는 것이 아니라 그 대상과의 적절한 거리를 유지하면서 서법과 회화를 적극적으로 즐길 수 있다고 주장하였다. 사물에 감정을 기탁한다면 미물微物이라도 사람의 즐거움이 될 수 있고 아무리 진귀한 보물이라도 사람의 우환이 되지 않는다. 하지만 사물에 감정이 빠져버리면, 미물이라도 사람의 우환이 될 수 있고 아무리 진귀한 보물이라도 사람의 즐거움이 되지 않는다. 소식은 자신의 이론을 설명한 후에 노자老子의 화법에 근거하여 화려한 복식과 아름다운 음악, 맛있는 음식 등의 즐거움을 제공하는 외물外物이 사람의 심신心身 건강을 해치고 사람의 품덕品德을 훼손할 수 있다고 설명하였다. 이는 소식이 유배지 황주黃州의 동파東坡 텃밭 옆에 지은 '설당雪堂'에 자신을 경계하기 위해 "수레나 가마를 타고 다니는 것은 다리가 약해질 조짐이요, 좋은 방과 아늑한 침실은 감기 걸리기에 안성맞춤이다. 어여쁜 여인에 빠지는 것

味也哉, 而樂之終身不厭. 凡物之可喜, 足以悅人而不足以移人者, 莫若書與畫. 然至其留意而不釋, 則其禍有不可勝言者. 鍾繇至以此嘔血發塚, 宋孝武, 王僧虔至以此相忌, 桓玄之走舸, 王涯之複壁, 皆以兒戲害其國, 凶其身. 此留意之禍也. 始吾少時, 嘗好此二者, 家之所有, 惟恐其失之, 人之所有, 惟恐其不吾予也. 旣而自笑曰: 吾薄富貴而厚於書, 輕死生而重畫, 豈不顚倒錯繆失其本心也哉? 自是不復好. 見可喜者雖時復蓄之, 然爲人取去, 亦不復惜也. 譬之煙雲之過眼, 百鳥之感耳, 豈不欣然接之, 然去而不復念也. 於是乎二物者常爲吾樂而不能爲吾病."

은 타고난 수명을 끊어버리는 도끼이고, 맛있는 음식과 살진 고기는 위장을 망치는 직효약이다出輿入輦, 蹷痿之機; 洞房淸宮, 寒熱之媒; 皓齒蛾眉, 伐性之斧; 甘脆肥膿, 腐腸之藥"라는 계문戒文 32자字를 문과 책상, 허리띠와 대야에 써놓고 앉으나 서나 보고, 자나 깨나 잊지 않으려 했던 그의 의지와 무관하지 않다.[72] 소식은 서법과 회화라도 그 속에 탐닉하여 기꺼이 버리지 못한다면 우환을 가져다 줄 것이라고 지적하였다. 여기에 덧붙여 소식은 자신의 직접 경험과 체험을 통해 그 논점을 설명하였다. 종합해보면, 소식은 "연기와 구름이 눈앞을 지나가고 온갖 새들의 지저귐이 귀에 들린다煙雲之過眼, 百鳥之感耳"라는 비유를 들어 그것이 얼마나 보잘것없는 것임을 설명하였다. 이는 바로 그가 서법과 회화에 대해 단지 '우의寓意'의 태도를 취했지 '유의留意'의 태도를 취하지 않았기 때문이다. 그래서 서법과 회화는 그에게 즐거움만 가져다주었지 우환이 되지는 못했다.

소식은 『주역』을 풀이하면서 오묘한 도와 상리常理를 깨달아 기막힌 비유로 이를 표현하고자 했고, 이는 그의 이 시기 문도文道 관념에도 그대로 영향을 미쳤다. 그는 물의 이치를 음양론陰陽論의 상보적相補的인 관념에 의해 풀이하여 상리常理를 터득하고자 하였다. 그는 주객主客 사이에서 동動과 정靜, 거경居敬과 사욕私欲이라는 이분법적 이론에서 벗어났으며, 사물에 얽매여 그 안에서 탐닉하는 상태를 초월하여야 하고 더 나아가 사물에 기탁하여 그 밖에서 노니는 경지에 도달하였다. 이

72 『蘇軾文集』 제5책 권66, 「書四戒」, 2063쪽. 이 글은 48세(1083년) 때 지은 문장이다. "出輿入輦, 命曰'蹷痿之機'; 洞房淸宮, 命曰'寒熱之媒'; 皓齒蛾眉, 命曰'伐性之斧'; 甘脆肥濃, 命曰'腐腸之藥'. 此三十二字, 吾當書之門窗, 几席, 縉紳, 盤盂, 使坐起見之, 寢食念之. 元豐六年十一月, 雪堂書."

러한 감정은 집착에 의한 폐해나 무념무상의 극단과는 다른 차원의 즐거움을 결과적으로 가져다준다. 이러한 즐거움은 자신의 욕심을 채우기 위해 좋고 나쁜 것을 분별하여 내 마음의 취사선택의 갈등을 일으키는 것과도 차원을 달리한다. 소식은 다만 시문서화詩文書畵에서 노닐 뿐 그 대상에 집착하지 않았다. 소식은 주객主客 사이의 적당한 거리를 유지하면서 시문서화를 즐겼던 것이다.

3) 노년 시기의 '기도양진技道兩進' 단계

만물 이치의 참 뜻을 다 드러내고 시문서화에 적절한 거리를 두고 그 기예技藝에 기탁하여야 문예의 경지에서 노닐 수 있다고 여겼던 소식은 노년 시기에 이르러 문文과 도道를 함께 중시하고 심지어 도보다 문(기예技藝)에 더 치중하여 그의 문도文道 관념을 완성해간다. 이에 대하여, 중국학자 무자이木齋는 원풍元豐시기(1078~1085, 43~50세) 이후 소식의 논술이 '도道'에서 '예藝'로 분명하게 바뀌었다고 여겼다. 한 걸음 더 나아가, 치엔종수錢鍾書는 "소식의 예술 사상 속에는 예술을 중심으로 보던 것에서 변하여 예술가 기질을 탐구하는 것을 중심으로 보는 경향이 있다"[73]라고 말하였다.

소식이 말한 '도'는 노장 사상과 맥이 닿아 있고 노장의 언어관은 소식의 언어와 도리에 대한 관념과 완전히 일치한다. 소식의 『주역』 풀이

---

73 木齋, 『蘇東坡硏究』(桂林 : 廣西師範大學出版社, 1998), 355쪽 재인용. "在蘇軾的藝術思想中, 有一種從以藝術做爲中心轉變爲以探討藝術家氣質爲中心的傾向."

역시 바로 이러한 연장선상에서 나온 것이다. 이러한 점으로 볼 때, 소식의 언어관을 노장 사상에 국한시켜 단정할 수는 없다. 『논어』에서 "스승님의 문장文章은 들어볼 수 있었지만 스승님이 성性과 천도天道에 대해 말씀하신 것을 들어볼 수 없었다"[74]라고 하였다. 여기서 말한 '도'는 비록 그 의미가 노장과는 절대로 같을 수 없지만 공자孔子의 언어관 역시 이러하다는 것을 알 수 있다. 불교에도 '불립문자不立文字', '교외별전教外別傳', '이심전심以心傳心'이라는 개념이 있다. 이 모두가 유한한 언어로는 궁극적 진리를 표현할 수 없다고 여겼던 것이다. 그렇다고 해도 소식의 언어관은 주로 노장의 존재론과 언어관에 상당한 영향을 받았다.

소식이 60세(1095) 때 지은 글에서 말한 '도' 역시 유가의 전통적 의미와는 달랐다.

> 내가 아는 바를 가지고 미루어 모르는 바에 이를 수 있다. 아기는 태어나면 말을 하도록 인도하고, 점차 자라서는 글을 쓰도록 가르친다. 입은 목소리를 잊는 데에 이르러서야 말할 수 있고, 손은 붓을 잊는 데에 이르러서야 글을 쓸 수 있다. 이것이 내가 아는 바이다. 입이 목소리를 잊을 수 없다면 말하는 언어가 글을 짓는 것보다 어렵다는 것이고, 손이 붓을 잊을 수 없다면 글 쓰는 자획이 조각을 새기는 것보다 어렵다는 것이다. 그 상호 망각의 지극함에 이르면, 심술心術을 형용하고 만물의 변화를 짐작하다가 갑자기 자신을 알지 못하게 된다. 할 수 없는 것으로부터 살펴보자면 그 신기한 지혜와 기묘한 달관은 이 여래如來와 같이 초연한 것이 아닌가! 『금강경金剛經』에서 "모

74 『論語・公冶長』, 『十三經注疏』 제8책, 43쪽. "夫子之文章, 可得而聞也; 夫子之言性與天道, 不可得而聞也."

든 성현聖賢은 모두 무無를 법法으로 삼지만 차별이 있다"라고 말하였다. 이를 기예技藝로 삼으면 기예가 신神에 비길 것이요 이를 도道로 삼으면 도가 성聖에 비길 것이다. 옛 사람들이나 오늘날 사람들이나 모두 배웠지만 옛 사람들이 홀로 이러한 경지에 이르렀으니, 틀림없이 길이 있을 것이다.[75]

성인聖人이 『주역』의 괘상卦象을 이용하여 만물의 이치를 비유하면서 무언가를 명명했던 것처럼, 소식도 아는 것을 취하여 모르는 바를 비유하여 깨달을 수 있다고 여겼다. 이 글은 불교와 노장의 도道를 함께 언급하여 한유韓愈와 구양수歐陽修 등이 오로지 유가의 도에만 의미를 둔 것과는 확연히 구별된다. 이는 장자와 불가의 관점을 사용하여 '도'를 해석한 것으로, 소식이 말한 '도'는 만물자연萬物自然의 이치라고 하겠다. 소식은 59세(1094) 때 바로 이러한 설법을 이미 체득하여 "공자孔子께서는 '글은 뜻이 전달되면 그뿐이다'라고 말씀하셨습니다. 만물은 본디 이러한 이치가 있습니다. 이를 모를까 싶지만, 알 수 있는 것은 입과 손으로 진의를 전달할 수 없음을 걱정했다는 것입니다. 이른바 글이란 이를 전달할 수 있으면 될 따름입니다"[76]라고 말하였다. 이 도는 보편적 만물의 도리이며 '자연지도自然之道'이며 그 개념은 문학의 형이상학적 관념에 속한다. 그는 한유나 구양수처럼 척불斥佛을 내세

---

75 『蘇軾文集』 제2책 권12, 「虔州崇慶禪院新經藏記」, 390쪽. "以吾之所知, 推至其所不知, 嬰兒生而導之言, 稍長而教之書, 口必至於忘聲而後能言, 手必至於忘筆而後能書, 此吾之所知也. 口不能忘聲, 則語言難於屬文, 手不能忘筆, 則字畫難於刻琱. 及其相忘之至也, 則形容心術, 酬酢萬物之變, 忽然而不自知也. 自不能者而觀之, 其神智妙達, 不旣超然與如來同乎! 『金剛經』曰: 一切賢聖, 皆以無爲法, 而有差別. 以是爲技, 則技疑神, 以是爲道, 則道疑聖. 古之人與人皆學, 而獨至於是, 其必有道矣."

76 『蘇軾文集』 제4책 권59, 「答虔倅俞括一首」, 1793쪽. "孔子曰: '辭達而已矣.' 物固有是理, 患不知之, 知之患不能達之於口與手. 所謂文者, 能達是而已."

우지 않았고 '문이재도文以載道'를 주장하지도 않았다. 이로 보건대, 재도설載道說은 그 중요성을 상실했다고 하겠다.[77] '득어망전得魚忘筌(물고기를 잡으면 통발을 잊음)'이라고 했던가! 문예의 최고 경계는 망필忘筆해야 글을 쓸 수 있다.

소식은 63세(1098) 때 「중묘당에 대한 기문衆妙堂記」에서 꿈속에서 보았던 장이간張易簡 도사의 말을 빌려 '포정庖丁의 칼날을 손상치 않고 소를 가름과 영장郢匠의 코에 묻힌 백토 깎기庖丁之理解, 郢人之鼻斲'[78]의 도리를 더 깊이 있게 설명하였다. 그는 다음과 같이 지적하였다.

> 그대가 참된 묘妙를 아직 목도하지 못했다면 포정庖丁과 영장郢匠이 그 묘를 체득한 이라고 할 수 없다. 그들은 기예技藝와 묘도妙道가 각기 그 절반을 차지하며 습성習性과 공령空靈이 서로 하나로 융합한 것이고 기예의 능력을 옆에 끼지 않고 묘도로 진입한 자들이 아니다. 그대는 매미와 닭을 보았는가? 매미는 나무 위에 올라 소리 내어 울면서 그칠 줄 모른다. 닭은 머리를 숙이고 모이를 쪼면서 머리를 들 줄 모른다. 그들의 고집스런 습성이 바로 이러하다. 그러나 매미가 껍질을 벗거나 달걀이 둥지 안에 품어 있을 때에는 보고 듣는 게 전혀 없고 배고픔과 목마름도 전혀 느끼지 못한다. 그 황홀한 지경 속에서 묵묵히 변하고 돌변하는 찰나의 순간에서 염탐한다. 설사 뛰어난 성명예지聖明叡智한 사람이라도 그 묘도에 미칠 수 없다. 이것이 설마 기예와 습성의 도움은 아닐런지요?[79]

---

77 羅根澤, 『中國文學批評史』(台北 : 學海出版社, 1990), 699~700쪽.

78 郭紹虞, 『蘇軾文集』 제2책 권11, 「衆妙堂記」, 362쪽.

79 위의 책, "子未睹眞妙, 庖, 郢非其人也. 是技與道相半, 習與空相會, 非無挾而徑造者也. 子亦見夫蜩與雞乎? 夫蜩登木而號, 不知止也. 夫雞俯首而啄, 不知仰也. 其固也如此. 然至蛻與伏也, 則無視

이것은 완전히 『장자』의 언어[80]로 기예技藝와 도道의 관계를 설명한 것이다. 그는 매미와 닭을 비유로 삼아 숙련된 기교가 이미 잠재되어 있다가 평상시 학습한 '도'로 표현된다고 설명한다. 기예와 도가 하나로 융화되어 "마음에 체득하여 손으로 응하는得乎心而應乎手" 경지에 도달한다. 도와 기예 두 가지는 서로 보조하는 관계라서 어느 하나만 강조해서는 절대로 예술의 최고 경계에 도달할 수 없다. 다시 말해서, 최고 경계는 숙련된 기예가 잠재되어 있다가 평상시 학습한 도로 표현된

無聽, 無饑無渴, 默化於荒忽之中, 候伺於毫髮之間, 雖聖知不及也. 是豈技與習之助乎?"

80 『莊子集釋』(郭慶藩 集釋, 台北 : 貫雅文化事業公司, 1991), 內篇「養生主」제3, 117～124쪽. "庖丁釋刀對曰: '臣之所好者道也, 進乎技矣. 始臣之解牛之時, 所見無非全牛者. 三年之後, 未嘗見全牛也. 方今之時, 臣以神遇而不以目視, 官知止而神欲行. 依乎天理, 批大郤, 導大窾, 因其固然. 枝經肯綮之未嘗, 而況大軱乎! 良庖歲更刀, 割也; 族庖月更刀, 折也. 今臣之刀十九年矣, 所解數千牛矣, 而刀刃若新發於硎. 彼節者有閒, 而刀刃者無厚; 以無厚入有閒, 恢恢乎其於遊刃必有餘地矣, 是以十九年而刀刃若新發於硎. 雖然, 每至於族, 吾見其難爲, 怵然爲戒, 視爲止, 行爲遲. 動刀甚微, 謋然已解, 如土委地. 提刀而立, 爲之四顧, 爲之躊躇滿志, 善刀而藏之.'"

『莊子集釋』, 雜篇「徐无鬼」제24, 843쪽. 莊子送葬, 過惠子之墓, 顧謂從者曰: "郢人堊慢其鼻端若蠅翼, 使匠石斲之. 匠石運斤成風, 聽而斲之, 盡堊而鼻不傷, 郢人立不失容. 宋元君聞之, 召匠石曰: '嘗試爲寡人爲之.' 匠石曰: '臣則嘗能斲之. 雖然, 臣之質死久矣.' 自夫子之死也, 吾无以爲質矣, 吾无與言之矣."

『莊子集釋』, 外篇「達生」제19, 639～641쪽. 仲尼適楚, 出於林中, 見痀僂者承蜩, 猶掇之也. 仲尼曰: "子巧乎! 有道邪?" 曰: "我有道也. 五六月累丸二而不墜, 則失者錙銖; 累三而不墜, 則失者十一; 累五而不墜, 猶掇之也. 吾處身也, 若厥株拘; 吾執臂也, 若槁木之枝; 雖天地之大, 萬物之多, 而唯蜩翼之知. 吾不反不側, 不以萬物易蜩之翼, 何爲而不得!" 孔子顧謂弟子曰: "用志不分, 乃凝於神, 其痀僂丈人之謂乎!"

『莊子集釋』, 外篇「達生」제19, 654～655쪽. 紀渻子爲王養鬥雞. 十日而問: "雞已乎?" 曰: "未也, 方虛憍而恃氣." 十日又問, 曰: "未也. 猶應嚮景." 十日又問, 曰: "未也. 猶疾視而盛氣." 十日又問, 曰: "幾矣. 雞雖有鳴者, 已无變矣, 望之似木雞矣, 其德全矣, 異雞无敢應者, 反走矣."

『莊子集釋』, 外篇「知北遊」제22, 739쪽. 舜問乎丞曰: "道可得而有乎?" 曰: "汝身非汝有也, 汝何得有夫道?" 舜曰: "吾身非吾有也, 孰有之哉?" 曰: "是天地之委形也; 生非汝有, 是天地之委和也; 性命非汝有, 是天地之委順也; 孫子非汝有, 是天地之委蛻也. 故行不知所往, 處不知所持, 食不知所味. 天地之强陽氣也, 又胡可得而有邪!"

『莊子集釋』, 外篇「繕性」제16, 554～555쪽. 世喪道矣, 道喪世矣. 世與道交相喪也, 道之人何由興乎世, 世亦何由興乎道哉! 道无以興乎世, 世无以興乎道, 雖聖人不在山林之中, 其德隱矣. 隱, 故不自隱. 古之所謂隱士者, 非伏其身而弗見也, 非閉其言而不出也, 非藏其知而不發也, 時命大謬也. 當時命而大行乎天下, 則反一無迹; 不當時命而大窮乎天下, 則深根寧極而待; 此存身之道也.

것이다.

소식은 65세(1100) 때 지은 발문跋文에서 "진관秦觀의 요사이 초서草書 글씨는 문득 동진東晉의 기풍이 있고, 시를 지음에 기이하고 화려함을 더하였다. 이에 이 사람은 한가롭게 지내지 않고서 많은 기예技藝를 겸했음을 알았다. 글 쓰는 기예는 나아지면서 글안에 담긴 도가 나아지지 않으면 안 된다. 진관은 기예와 도가 둘 다 나아졌구나"[81]라고 말하였다. 기예와 도는 지엽적인 상부와 근본적인 하부라는 층차적 구조를 지니고 있다. 도와 기예가 서로 통해야 한다는 점과 기예와 도가 함께 나아가야 한다는 점을 상기할 때 도와 기예는 근원적인 층차가 있음에도 불구하고 동등한 관계를 유지하고 있음을 알 수 있다.

소식은 도와 기예를 따로 나누어보지 않았다. 그의 진정한 문도文道 관념은 오묘한 만물의 이치인 도를 적절히 표현할 수 있는 기예가 대등한 입장에서 동반되어야 한다는 것이었다. 도와 기예는 근원적인 층차를 가질 수밖에 없지만 대등한 관계 속에서 숙련된 기예가 잠재되어 있다가 평상시 체득한 도를 적절히 표현해내어야 한다.

한유의 '도'는 유가의 도와 선왕의 가르침이 밀접하게 결합하는 것이고 유가의 도덕관과 사회관과 역사관과 문화관의 주요한 체현이다. 구양수는 이 기초 위에서 새로 보충하면서 모든 것이 사실에 부합하고 "세상 사람들이 심히 알고 가까이에서 접할 수 있는世人之甚知而近"[82] 사물이 '도'의 내용이 되어야 한다고 생각했다. 소식의 '도'가 내포하는 범

81 『蘇軾文集』 제5책 권69, 「跋秦少游書」, 2194쪽. "少游近日草書, 便有東晉風味, 作詩增奇麗. 乃知此人不可使閑, 遂兼百技矣. 技進而道不進, 則不可, 少游乃技道兩進也."

82 『歐陽修全集』(北京 : 中國書店, 1986~1992) 『居士外集』 권16, 「與張秀才第二書」, 482쪽.

위는 더욱 광범하고 더욱 진일보하였다. 그가 말하는 '도'는 유가 사상을 제외하고도 불로 사상 중의 요긴한 부분을 많이 흡수하였다. 이에 대해, 궈사오위郭紹虞는 "동파의 문장이 장자와 불교에서 힘을 얻었다는 것 역시 사실이다. 장자와 불교에서 힘을 얻었기 때문에, 도가 유가의 도로 제한되지 않는다고 말하는 것 역시 사실이다"[83]라고 지적하였다. 소식은 "유학자들의 병폐는 공허한 글이 많고 실용성이 적다는 것이다"[84]라는 상황에 대하여 '도'를 모든 사회 현상과 자연 현상, 그리고 예술 창조로까지 확대하여 마음에 감화가 있는 사람이라면 모두 문장을 지을 수 있다고 여겼다. 소식은 이렇게 한유와 구양수가 '도'를 논하던 전통 관념을 뛰어넘어 작품의 내용을 풍부하게 하고 작품의 활력을 증강시켰다. 하지만 주희朱熹(1130~1200)는 항상 '재도載道'의 측면에서 소식을 공격하였고 소식은 항상 '관도貫道'의 측면에서 맞섰다.[85] 소식

83 郭紹虞,『中國文學批評史』, 192쪽. "東坡文得力於莊與釋, 也是事實. 正因爲得力於莊與釋, 所以所謂道就不限於儒家的道, 這也是事實."

84 『蘇軾文集』 제4책 권49,「與王庠書」, 1422쪽. 이 문장은 蘇軾이 60세(1095년)에 지은 작품이다. "儒者之病, 多空文而少實用."

85 朱熹는 "도란 문의 근본이고 문이란 도의 지엽이다. 도에 근본한다는 것은 문에서 발하는 것이 모두 도이기 때문이다. 삼대 성현의 문장은 모두 이러한 마음에서 써낸 것이기에 문이 바로 도였다. 요즈음 소식이 '내가 말하는 문이란 반드시 도와 함께 갖추어진다.'라고 하였는데, 그렇다면 문은 절로 문이요 도는 절로 도인 것이니, 문장을 지을 때는 도를 찾아내어 문장 속에 집어넣어야만 한다. 이것이 그의 큰 병폐이다[道者文之根本, 文者道之枝葉, 惟其根本乎道, 所以發之於文皆道也. 三代聖賢文章, 皆從此心寫出, 文便是道. 今東坡之言曰, 吾所謂文必與道俱, 則是文自文而道自道, 待作文時, 旋去討箇道來入放裏面. 此是他大病處]"(『朱子語類』 권139)라고 하였는데, 이는 "이 문장이란 모두 도로부터 흘러나오는 것인데, 어찌 문장이 도리어 도를 꿰뚫는 이치가 있단 말인가? 문장은 문장이고 도는 도인 것이다. 문장은 다만 밥 먹을 때의 반찬과 같은 것이다. 만약 문장으로 도를 꿰뚫는다면 오히려 본을 말로 삼고 말을 본으로 삼는 것이니 가하겠는가?[這文皆是從道中流出, 豈有文反能貫道之理! 文是文, 道是道, 文只如吃飯時下飯耳, 若以文貫道, 卻是把本爲末. 以末爲本, 可乎?]"(『朱子語類』 권139)라고 표현한 말과 대동소이한 말이다. 이 말은 바로 "문은 도를 싣는 방법이다[文所以載道也]"(『蘇軾文集』 제5책 제63권,「祭歐陽文忠公夫人文」, 1956쪽)라는 말의 기막힌 주석이라 하겠다. 蘇軾이 "문은 반드시 도와 함께 갖추어야 한다[文必與道俱]"라는 말은

이 말한 도는 도학가道學家의 도와 근본적으로 같은 대상이 아니었다.[86] 그래서 장젠張健은 "사실 주희가 '먼저 도를 깨닫고 후에 문文을 짓는다'라는 과정을 지나치게 중시하고 소식은 오히려 문文과 도道를 합일할 수 있고 도의 존망득실存亡得失을 일일이 헤아릴 필요가 없다"[87]라고 여겼다. 총괄컨대 소식의 문도文道 관념은 '문이관도文以貫道'의 의미를 담을 뿐 아니라 창조적인 의미를 더 지니고 있다.

3. 문예 효용가치의 영역확대

소식은 노장 사상의 영향을 받아서 '도' 자체는 결코 '말할 수 없고 알 수 없는不可言, 不可見' 것이라 언어로서의 '도'와는 다른 것이라고 여겼다. 따라서 경전에 쓰여 있는 '도'는 다만 '도'와 비슷한 것에 불과하며 절대로 '도'는 아닌 것이다. 소식은 문예 창작을 통하여 도의 오묘함을 드러낼 수 있다고 여겼기 때문에 '도통어예道通於藝'라는 설을 제기하였다. 이 말은 도와 기예가 교통交通한다는 말이지만 이전의 다른 이론가에 비해 도보다는 기예에 보다 큰 비중을 두어 말한 것이다. 이는 문예

"문이란 도를 관통하는 그릇이다[文者貫道之器也]"라는 말의 또 다른 표현이다. 이 말은 '貫道'와 '載道'의 분별을 설명한다.

86 郭紹虞, 『中國文學批評史』(台北 : 五南圖書出版有限公司, 1994), 187～188쪽.

87 張健, 「蘇軾的文學批評研究」, 『文史哲學報』, 182쪽. "其實, 朱熹過於重視'先悟道, 後爲文'的過程; 蘇軾卻能文, 道合一而不必斤斤較量道之存亡得失."

창작의 학술적 효용 가치를 드높였으며 서법과 회화 같은 예술이 오묘한 도리를 담을 수 있다고 하여 예술의 효용성을 강조하였다.

소식은 생활 현실을 발판으로 삼아 예술 창작은 반드시 현실적 내용을 담아야한다고 주장하면서 지나친 유미적인 작품을 반대하였다. 소식은 '유위이작有爲而作(세상을 위하고자 해서 지음)'을 제기하여 문예 창작의 사회적 효용 가치를 강조하였다.

또한 소식은 창작 정신이 결코 현실 생활과 유리되어서는 안 된다고 여겼다. 소식은 작품의 인격화와 정서화를 힘써 주장하였는데, 작가가 문예 작품을 통해 자신의 개별 성정을 토로할 수 있기 때문이었다. 소식은 진정한 작가 정신이 바로 이러한 관념에서 출발한다고 여겼다. 진정에서 우러나온 작품이 바로 '유위이작'의 남상濫觴이면서 '유위이작'의 또 다른 구현이다. 소식은 자신의 여러 글에서 자신의 감정을 표현하면서 얻는 정화 작용을 강조하고 있다.

1) '도통어예道通於藝'—학술적, 예술적 효용

소식은 문예 창작을 통해 오묘한 '도'를 드러낼 수 있다고 주장하였다. 소식은 문예 창작에는 두 가지 기본 방침을 지닌다고 여겼다. 하나는 우리가 표현하려고 하는 객관 사물에 대한 인식 문제이고, 또 다른 하나는 우리가 인식한 객관 사물을 어떻게 하면 적절하게 표현해내느냐는 문제이다. 그는 전자를 '도' 혹은 '의意'라고 칭하고 후자를 '예藝' 혹은 '기技'라고 칭했다. 이 문제에 대하여 육기陸機는 일찍이 "문의가 물상을 완벽하게 표현하지 못하고 문사가 문의에 제대로 도달하지 못함을 항상 걱정하였다. 문장의 도에 대해 알기가 어려운 게 아니라 능하기가 어렵기 때문일 것이다"[88]라고 제기하면서 객관 사물을 인식할 때 구상이나 상상은 그리 곤란한 것이 아니고 표현 도구를 사용하여 제대로 표현해내는 것이 용이하지 않다고 토로하였다.

소식은 성인聖人이 경전에서 언급한 '도'가 '도'와 비슷한 것일 뿐 절대로 '도' 자체가 아니라고 여겼다. 이른바 '도'란 "말할 수 없고 볼 수 없는不可言, 不可見" 것이다. 다시 말해서, '도'는 경전을 읽어서 이해할 수 있는 것이 아니다. 왜냐하면 경전은 '도'와 비슷한 것이지 '도'가 아니기 때문이다. 다만 '도'를 체득한 성인이 제한된 문자로 표현할 수밖에 없었을 뿐이다. 문장이 이처럼 제한적인 것처럼 서법과 회화 등의 기예 역시 마찬가지이다. 그러나 문예 창작은 '도'의 권의權宜에 근접한 것이기에 그것만으로도 충분한 효용 가치가 있다.

(1) 장년 시기–개념정립의 학술가치 강조

자연 현상을 살펴보면 사람, 짐승, 가옥, 생활용품 등은 일정한 형태를 갖고 있지만 물결과 구름 등은 변화하여 일정하지 않은 형태이다. 소식은 36세(1071) 때 "사람, 짐승, 가옥, 기물은 모두 일정한 모습常形이 있다. 산, 돌, 대, 나무, 강, 파도, 연기, 구름 등은 비록 일정한 모습이 없으나 일정한 이치常理가 있다"[89]라고 말하였다. 상형의 사물은 그 본

88 『文賦集釋』(陸機, 張少康 集釋, 台北 : 漢京文化事業公司, 1987), 1쪽. "恒患意不稱物, 文不逮意. 蓋非知之難, 能之難也."

89 『蘇軾文集』(孔凡禮 校點, 北京 : 中華書局, 1986) 제2책 권11, 「淨因院畫記」, 367쪽. "人禽宮室器用皆有常形, 至於山石竹木水波煙雲, 雖無常形而有常理."

래의 고정형태로 인하여 외부 대상에 제한을 받는다. 만약 이러한 사물이 억지로 대상에 배합한다면 그 본래의 모습을 상실할 수밖에 없다. 이와 반대로, 상형이 없는 사물은 물처럼 그 본래 모습이 조금도 고정된 형태가 없어서 대상에 따라 그 형태를 결정하기에 어떠한 충돌도 발생하지 않는다.

소식은 '도'와 '리'를 설명할 때 언어를 빌려 한 측면만을 형용하려 해서는 안 되고 제멋대로 추측하여 상상해서도 안 된다고 생각하였다. 그 원인은 바로 편면적인 언어 표현이 편파와 억측, 잘못된 저술로 인해 허무맹랑한 오류로 흐르기 때문이다. 특히 창작 대상에 대하여 반드시 깊이 있는 이해가 있어야 한다.

그는 36세(1071) 때 지은 글에서 "신기한 기지와 교묘한 생각을 드러낼 도리가 없어, 연기와 아지랑이 되어 바위 속으로 빠져든다. 예로부터 화가들은 속된 선비가 아니어서 물상을 그려내는 것이 마치 詩人과 같았다"[90]라고 하였다.

시인이나 화가들은 모두 문자나 그림을 빌려 물상의 본질을 드러낸다. 이에 근거하여, 거루葛路는 "시와 그림이 결합된 또 다른 형식은, 즉 그림이 소리 없는 시요 시는 소리 있는 그림이라는 것이다. 이러한 결합은 당대唐代 왕유王維로부터 시작되었다. 왕유는 스스로 이 결합을 결코 의식하지 못하였다. 이론적으로 이러한 영향을 소개하고 파급시킨 사람은 소식이다"[91]라고 논술하였다. 따라서 소식 이후로 회화는 시문

---

90 『蘇軾詩集』(孔凡禮 校點, 北京 : 中華書局, 1987) 제1책 권6, 「歐陽少師令賦所蓄石屛」, 277~278쪽. "神機巧思無所發, 化爲煙霏淪石中. 古來畫師非俗士, 摹寫物像略與詩人同."

91 『中國古代繪畫理論發展史』(葛路, 上海人民美術出版社, 1982~1983), 87쪽. "詩畫結合的另一種形式, 卽畫是無聲詩, 詩是有聲畫. 這種結合, 開始於唐代的王維. 王維自己並沒有意識到這種結合.

詩文처럼 문인 사회 속의 중요한 담론의 소재가 되었고 많은 문인들이 회화 이론과 비평을 쏟아내기 시작하였다.

소식은 42세(1077) 때 지은 글에서 진리와 문학예술의 관통을 위한 방법을 다음과 같이 제시하였다.

> 군자는 사물에 뜻을 기탁할 수 있지만 사물에 뜻을 머물게 해서는 안 된다. 사물에 자신의 뜻을 기탁하면 비록 하찮은 미물微物이라도 즐거움이 될 수 있고 특별한 보물이라도 병폐가 될 수 없다. 반면에 사물에 자신의 뜻을 머물게 하면 하찮은 미물이라도 병폐가 될 수 있고 특별한 보물이라도 즐거움이 될 수 없다.[92]

그는 이 글에서 사물에 정을 기탁해야지 사물에 감정을 몰입시켜서는 안 된다고 여겼다. 소식은 여기서 사람의 정신세계와 사물의 객관실체에 대해 정제된 대응 문구로 깊이 있게 설명한다. 사물에 감정을 기탁한다면 미물이라도 사람의 즐거움이 될 수 있고 아무리 진귀한 보물이라도 사람의 우환이 되지 않지만, 만약 사물에 감정이 빠져버리면 미물이라도 사람의 우환이 될 수 있고 아무리 진귀한 보물이라도 사람의 즐거움이 되지 않는다. 서법과 회화에 탐닉하여 그 속에서 벗어나지 못한다면 우환을 가져다 줄 것이다. 따라서 그는 서법과 회화에 대해 단지 '우의寓意'의 태도를 취했지 '유의留意'의 태도를 취하지 않았다.

從理論上宣揚並擴大這種影響的是蘇軾."

92 『蘇軾文集』 제2책 권11, 「寶繪堂記」, 356~357쪽. "君子可以寓意於物, 而不可以留意於物. 寓意於物, 雖微物足以爲樂, 雖尤物不足以爲病. 留意於物, 雖微物足以爲病, 雖尤物不足以爲樂."

서법과 회화는 그에게 단지 즐거움만 가져다주었지 우환이 되지는 못했다. 소식은 다만 시문서화詩文書畵에서 노닐 뿐 그 대상에 집착하지 않았다. 소식은 주객主客 사이의 적당한 거리를 유지하면서 시문서화를 즐겼던 것이다.

이러한 관점은 당시 북송 이학가들의 논점과 다른 것이다. 문예 창작 활동에 대하여 이학가 정이程頤는 '완물상지玩物喪志'라는 설법을 제기하여 인심이 외부 대상에 집착하면 본래의 허정한 상태가 혼란스러워진다고 주장하였다. 이러한 집착은 정이가 중시했던 '거경居敬' 상태를 유지하지 못하도록 한다. 이는 단순한 심리 집중과는 다르다. 정이는 다음과 같이 말하였다.

> "장욱張旭이 초서草書를 배움에, 짐꾼과 공주가 쟁론하는 것과 공손公孫 부인이 검무劍舞를 추는 것을 보고나서 필법을 깨달았다고 합니다. 마음으로 생각함이 이 경지에 이르렀기에 감발한 것이 아니겠습니까?"라고 물었다. "그렇다. 틀림없이 생각하다가 깨달은 바가 있었을 것이다. 만약 생각하지 않았다면 어찌 이러한 것을 얻을 수 있었겠는가? 하지만 장욱이 서법에 마음을 두었다는 것이 애석하다. 만약 이 마음을 도로 옮겼다면 어느 것인들 이르지 못했겠는가?"라고 대답하였다.[93]

이를 통해, 정이는 도덕적 마음과 표현 대상 사이에는 적대적인 모

---

93 『河南程氏遺書』 권18. "問: 張旭學草書, 見擔夫與公主爭道, 及公孫大娘舞劍, 而後悟筆法, 莫是心常思念至此而感發否? 曰: 然. 須是思方有感悟處, 若不思, 怎生得如此? 然可惜張旭留心於書, 若移此心於道, 何所不至?"

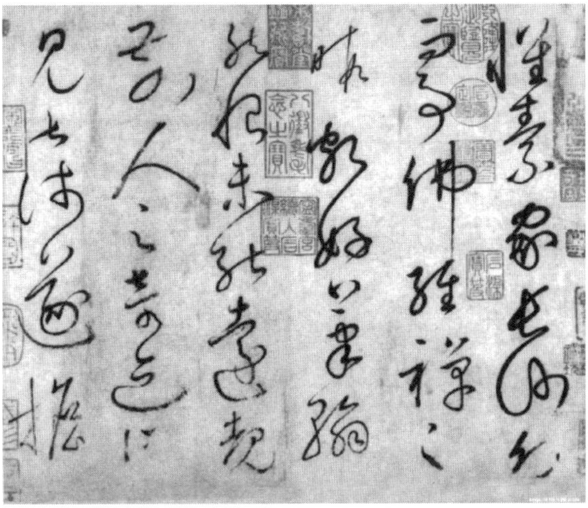

장욱의 「광초狂草」

순 관계가 있다고 여겼음을 알 수 있다.

이와는 반대로, 소식은 45세(1080) 때 황주에서 완성한 『소씨역전 · 간괘艮卦』에서 언급한 것처럼 주객主客의 모순적 관계를 인정하면서도 주객의 상호 보완적 관계를 인정하였다.[94] 그는 주객 관계에서 주체를 유지하면서도 객체에 대한 반감을 지니지 않았다.

설명하기 어려운 무한한 존재는 어떠한 언어로 표현한다고 해도 결국 전체 속의 일부에 국한될 뿐이다. 그러나 만약 현상계의 도와 비슷한 것을 궁구하여 기막힌 비유로 설명해낼 수 있다면, 그 언어는 결코 본질적 왜곡을 갖지 않는다. 소식은 『소씨역전 · 계사전상繫辭傳上』에서 언어로 진리를 명확히 드러낼 수 없지만 비슷하게나마 제한된 언어를 빌려서라도 무한한 개념을 비유할 수 있다고 여겼다.[95] 소식에게 있

94 『蘇氏易傳』 제2책 권5, 「艮卦」, 124쪽. "所貴於聖人者, 非貴其靜而不交于物, 貴其與物皆入于吉凶之域而不亂也."

어서 문예작품은 '완물상지玩物喪志'의 유희나 개인적 감정 표출이 아닌 필연적인 표현수단이었다. 사공도司空圖는 『이십사시품二十四詩品・형용形容』에서 "형체를 떠나서 흡사함 얻으면, 이 사람과 가까워지리라離形得似, 庶幾斯人"라고 말하였다. 여기서 말하는 '사似'는 형상도 없고 마치 존재하지 않는 듯해도 실재론 존재하는 것이라서 "기묘하게 구할 수 있으나 대충이라도 헤아리기 어렵다可以妙求, 難以粗測"라고 하였는데, 이는 즉 본체本體를 가리킨다.[96] 그래서 작가들은 우선적으로 신묘한 '도道'를 체득하려고 한다.

소식은 언어를 극단적으로 부정하지 않았고 오히려 언어에 의해 파생된 본질 왜곡을 매우 경계했다. 소식은 항상 '물水'의 형상을 빌려 '상리常理'를 설명하곤 하였다. 소식이 말한 '도'는 노장 사상과 맥이 닿아 있어서 언어의 유한성을 초월하여 존재하는 것이다. 이 '도'는 단순한 명칭에 불과하며 노장의 '무명지명無名之名'의 관념으로 적절하게 풀이할 수 있다. 무명無名은 바로 '무無'이다. 도는 무엇이라고 말할 수 없고 다만 도가 무엇이 아니라는 것만을 말할 수 있다. 이것이 바로 무명無名이다. 일단 도가 무엇이라고 말하면 그 즉시 도는 이름이 있게 되며 만물 가운데 하나의 사물이 된다. 왜냐하면 '유有'는 존재이기 때문이다. 모든 사물에는 하나의 공통된 성질이 있는데, 그건 바로 존재이고 바로 '유有'인 것이다.[97] 현상계現象界와 '유有'는 '유명有名'과 같고, 근원적 도인 '무無'는 '무명無名'과 같다. 그래서 『장자莊子・천도天道』에서 "모습

---

95 『蘇氏易傳』(北京 : 中華書局, 1985) 제2책 권7, 「繫辭傳上」, 159쪽. "聖人知道之難言也. 故借陰陽以言之曰, 一陰一陽之謂道; 一陰一陽者, 陰陽未交而物未生之謂也. 喩道之似, 莫密於此者矣."

96 曾祖蔭, 『中國古代文藝美學範疇』, 台北 : 文津出版社, 1987, 87쪽.

97 馮友蘭, 『中國哲學史新編』 제2책, 台北 : 藍燈文化事業公司, 1991, 49쪽.

이 있어 이름이 있다有形有名"[98]라고 한 것이다. 노장의 언어관에 의거하여 보자면, 우리가 '명名'을 말해버리는 순간 존재 대상을 감성적으로 인식할 수도 없을뿐더러 너무나 쉽게 직접적으로 가리키게 된다. 이러한 노장의 언어관은 소식의 언어와 도리에 대한 관념과 완전히 일치한다.[99] 소식은 장년 시기에 장자의 '득의망언得意忘言'의 관점을 더욱 중시하여 '도통어예道通於藝(도가 기예와 통함)'라는 문예가치론에 도달한다. 이러한 논점은 장자의 '득의망언'에서 비롯되었으며 불가에서도 '진여본체眞如本體'라는 말을 제기하기도 했다. '언어로부터의 이탈(離言)'을 근본으로 하지만 '언어에 의거함(依言)'을 법도로 삼아야 한다. 비슷한 것은 가짜다. 하지만 그 가짜를 통해 참 진리를 깨달을 수 있다.

(2) 노년 시기-진리구현의 예술가치 강조

소식이 말하는 '도'는 예술에도 통할 수 있고, 뛰어난 기술이 살아있는 곳이라면 어디나 존재한다. 그래서 궈사오위郭紹虞는 소식이 말하는 도가 이학가理學家들이 말하는 '도'와 현격히 다를 뿐 아니라 그 가치척도를 뛰어넘는다고 말하였다.[100] 소식은 54세(1089) 때 지은 글에서 유명 화가인 이공린李公麟(1049~1106)의 〈산장도山莊圖〉 작품을 예로 들면

98 『莊子集釋』, 台北 : 貫雅文化事業公司, 1991, 473쪽.

99 蘇軾의 언어관을 老莊 사상에만 국한시키는 것은 무리일 수 있다. 『論語 · 公冶長』에서 "孔子 선생님의 文章은 들을 수 있으나, 공자 선생님께서 性과 天道를 말씀하시는 것은 들을 수 없다[夫子之文章, 可得而聞也; 夫子之言性與天道, 不可得而聞也]"라고 하였다. 여기서 말한 '道'는 비록 그 의미가 老莊과는 절대로 같을 수 없지만 孔子의 언어관 역시 이러하다는 것을 알 수 있다. 佛敎에도 '不立文字', '敎外別傳', '以心傳心'이라는 개념이 있다. 이 모두가 유한한 언어로는 궁극적 진리를 표현할 수 없다고 여겼던 것이다. 그렇다고 해도 蘇軾의 언어관은 주로 老莊의 존재론과 언어관에 상당한 영향을 받았다.

100 郭紹虞, 『中國文學批評史』, 台北 : 文史哲出版社, 1990, 341~342쪽.

이공린의 〈산장도〉 일부

서 "거사가 산에 있을 때에는 하나의 물상에 머무르지 않았다. 그래서 그 정신이 만물과 교유하고 그 기지는 백공百工과 통하였다. 비록 그러하나 도道도 있고 예藝도 있어야 한다. 도만 있고 예가 없다면 물상이 비록 마음속에 형용된다고 해도 손으로 표현해내지 못한다"[101]라는 관점을 제기하였다. 작가가 객관 세계를 파악하는 일은 천성에 기인한 것이며 그 자연스런 진성眞性에 의해 표현된다. "그 정신이 만물과 교유한다"라는 말에서, 작가는 자신의 주체적 정신과 기개로 세상을 끌어안고서 객관 세계에 대해 남보다 적극적인 이해를 가졌음을 알 수 있다. 여기서 말하는 '도'는 사물의 내재적 자연규율을 가리키며 '예'는

101 『蘇軾文集』 제5책 권70, 「書李伯時山莊圖後」, 2211쪽. "居士之在山也, 不留於一物, 故其神與萬物交, 其智與百工通. 雖然, 有道有藝, 有道而不藝, 則物雖形於心, 不形於手."

회화 기교나 예술적 조예를 가리킨다. 이 글은 비록 회화 이론이지만 문학 이론으로 보아도 무방하다. 작가의 주관 의식은 고도의 예술 작품을 통하여 완벽하게 표현할 수 있다. 단지 이 두 가지가 대등한 입장에서 통일되어야만 문예 창작의 자유 영지에 진입할 수 있다. 결국 이 말은 '도와 예가 서로 통해야 한다道通於藝'는 점을 강조한 말이다.

소식은 "문동文同의 글은 그 덕의 찌꺼기이다. 문동의 시詩는 그 글의 털끝이다. 시로는 다 표현할 수 없어 넘쳐 서법이 되었고 변하여 그림이 되었다. 이 모두 시詩의 나머지이다. 그의 시와 글을 애호하는 자는 더욱 적다. 그 덕을 좋아하는 자가 그 그림을 애호하는 자와 같을 수 있겠는가?"[102]라고 말하였다. 만약 우리가 이 문장 속의 눈에 띄는 단어 '조박糟粕'의 어원과 그 의미를 탐색한다면, 도가 그 속에서 은연중에 지닌 근원적 지위를 분명하게 발견할 수 있다. '조박'이란 단어는 바로 『장자莊子』에서 수레바퀴를 기막히게 잘 만들었던 장인 윤편輪扁이 환공桓公이 읽던 '성인의 글聖人之書'을 '고인의 술 찌꺼기古人之糟粕'에 불과하다고 풍자한 고사에 나오는 말이다.[103] 소식은 이 구조를 이용하여 '진盡(다함)', '일溢(넘침)', '변變(변함)' 등의 단어로 이러한 활동이 모종의 더욱 내재적인 근본에 의거하여 생겨난 것이라는 것을 암시한다. 다시

---

102 『蘇軾文集』 제2책 권21, 「文與可畫墨竹屛風贊」, 614쪽. 이 글은 저술 시기가 명확치 않다. "與可之文, 其德之糟粕. 與可之詩, 其文之毫末. 詩不能盡, 溢而爲書. 變而爲畫, 皆詩之餘. 其詩與文, 好者益寡. 有好其德如好其畫者乎?"

103 『莊子集釋』, 外篇 「天道」 제13, 490～491쪽. 桓公讀書於堂上. 輪扁斲輪於堂下, 釋椎鑿而上, 問桓公曰: "敢問, 公之所讀者何言邪?"公曰: "聖人之言也."曰: "聖人在乎?"公曰: "已死矣."曰: "然則君之所讀者, 古人之糟魄已夫! "桓公曰: "寡人讀書, 輪人安得議乎! 有說則可, ?說則死."輪扁曰: "臣也以臣之事觀之. 斲輪, 徐則甘而不固, 疾則苦而不入. 不徐不疾, 得之於手而應於心, 口不能言, 有數存焉於其間. 臣不能以喩臣之子, 臣之子亦不能受之於臣, 是以行年七十而老斲輪. 古之人與其不可傳也死矣, 然則君之所讀者, 古人之糟魄已夫! "

말해서, 모든 매개체의 표현은 모두 '도'에서 발원한다는 것이다. 『노자老子』에 "도道를 잃은 후 덕德이 나왔고, 덕을 잃은 후 인仁이 나왔고, 인을 잃은 후 의義가 나왔고, 의를 잃은 후 예禮가 나왔다"[104]라고 기재되어 있다. 우리들은 『노자』의 문장에 담긴 사상 내용을 펼쳐내 논하지 않더라도 그 사고방식을 취해 보기만 해도 '도'를 본체로 삼아 '덕', '인', '의', '예'를 용도로 삼은 구조 속에서 층차적으로 기술하고 있으며 '실失'자를 통해 '도道'와의 친소親疏 관계를 알 수 있다. 소식의 글로 돌아가서 보자면, '도'가 구체적으로 사람 자신에게 드러날 때를 '덕德'이라고 말하고, '문文'의 표현은 '덕의 술 찌꺼기德之糟粕'라고 한 것으로 보아, '덕'이 '문'에 비해 '도'에 근접한 것임을 의미한다. 시詩 또한 '문文의 털끝文之毫末'이라고 하여 그 지위를 '문' 아래에 두었으며, '시의 나머지詩之餘'라고 표현된 서법과 회화는 도와 더욱 먼 관계인 것이다. 이 두 편의 문장은 확실히 유사한 논술 구조를 갖고 있다.

소식은 56세(1091) 때 다음과 같이 말하였다.

> 전당錢唐의 승려 사총思聰은 7세에 거문고를 잘 탄주하였고, 12세에 거문고를 버리고 서법을 배웠다. 서법이 이미 공교工巧해지자 15세에 서법을 버리고 시를 배웠다. 시에 뛰어난 언어가 있는 것이 구름과 안개가 자욱하고 수목이 무성한 듯하며 구슬이 꿰어져 광채를 내는 듯하니, 아는 사람은 화가와 같은 부류라 생각했다. 사총은 멈추지 않고 마침내 『화엄경華嚴經』 등의 불경을 읽고서 바다와 같은 지혜의 불법계에 입문하였다. 지금은 스물아

104 樓宇烈 校釋, 『老子道德經注』(『王弼集校釋』, 台北 : 華正書局, 1992) 하편 38장, 93쪽. "失道而後德, 失德而後仁, 失仁而後義, 失義而後禮."

> 홉 살인데, 덕망 있고 노숙한 원로가 모두 그를 공경하고 아꼈다. 진관秦觀은 『능엄경楞嚴經』의 문수보살文殊菩薩의 말을 취해 '문복聞復'이라 자를 지었다. (이것은) 사총이 날로 정진하고 그치지 않으면서 스스로 듣고 생각하고 수련하여 도에 이르게 된다면 『화엄경』의 불법계도 자연스레 하찮은 초막이 될 것이다. 하물며 시와 글씨, 거문고 탄주에 있어서야 더 말할 것도 없다. 그렇다 하더라도, 옛날에 도道를 배움에 있어서 아무 것도 없는 허공에서 입문한 경우가 없다. 윤편이 수레바퀴를 깎은 것이나 꼽추가 매미를 잡은 것은 진실로 그 교묘한 기지를 발휘한 것으로 사물 중에 비루한 것이란 없다. 사총이 득도한다면 거문고 탄주와 서법이 모두 힘이 되었을 것이고 시는 특히 더욱 그러하였을 것이다. 사총이 수경水鏡처럼 하나로 만물을 받아들일 수 있다면 글씨와 시는 당연히 기이함을 더할 것이다. 나는 이를 살펴보고는 사총이 득도한 깊이의 징후라고 여길 것이다.[105]

사총思聰이 승려로서 성불成佛하여 나아가는 과정에서 그에게 천부된 여러 가지 예술적 재능을 하찮은 것으로 치부하려고 하자, 소식은 비록 하찮은 기예일지라도 진실로 지혜를 숙련시킬 수 있으며, 더욱이 아무런 방편 없이 도를 깨달을 수 없으므로 무엇보다도 음악, 서예, 시는 모두 도를 깨닫는 데 유익한 방편이 될 수 있다고 하여, 사총에게 자신의 천부적인 재능에 대한 자기부정을 하지 말 것을 권고한다.

---

105 『蘇軾文集』 제1책 권10, 「送錢塘僧思聰歸孤山敘」, 326쪽. "錢唐僧思聰, 七歲善彈琴, 十二捨琴而學書. 書旣工, 十五捨書而學詩. 詩有奇語, 雲烟葱瓏, 珠琲的皪, 識者以爲畫師之流. 聰又不已, 遂讀『華嚴』諸經, 入法界海慧. 今年二十有九, 老師宿儒, 皆敬愛之. 秦少游取楞嚴文殊語字之曰聞復. 使聰日進不止, 自聞思修以至于道, 則華嚴法慧, 自爲蘧廬, 而況詩書與琴乎. 雖然, 古之學道, 無自虛空入者. 輪扁斲輪, 傴僂承蜩, 苟可以發其巧智, 物無陋者. 聰若得道, 琴與書皆與有力, 詩其尤也. 聰能如水鏡以一含萬, 則書與詩當益奇. 吾將觀焉, 以爲聰得道淺深之候."

이 글을 통해 사총의 여러 재능이 근원적인 '도'에서 비롯되었음을 살펴볼 수 있다. 거문고 탄주, 서법, 시작 활동 등이 모두 득도하는 과정 속에서 중요한 작용을 발휘한다. 또 다른 각도에서 보자면, 이러한 활동은 바로 도가 구체적으로 투영된 것이라고 볼 수 있다. 이 글을 자세히 살펴보면 그가 각종 매개체의 표현에 대해 층차를 두고 있다는 것을 어렵지 않게 알 수 있다. 도 아래로 '불법 수행-시-서법-거문고 탄주'라는 단계가 있다. 이러한 단계는 대체로 앞서 본 '도-덕-문-시-서법, 회화'의 단계와 일치한다. 불법 수행은 '덕'에 해당하고 거문고 탄주는 서법과 회화와 동급이다. '도'와 '예'는 대등한 관계가 아니며 도를 발현한 표현 방식들인 서법, 회화, 거문고 탄주 등이 바로 '예'인 것이다.[106]

소식은 63세(1098) 때 지은 글에서 꿈속에서 보았던 장이간張易簡 도사의 말을 빌려 도와 예 두 가지는 서로 보조하는 관계라서 어느 하나만 강조해서는 절대로 예술의 최고 경계에 도달할 수 없다고 주장하였다.[107] 그는 65세 때 지은 글에서 도가 우선이고 이것이 먼저 체득해야 하며, 거기서 그쳐서는 안 되고 기예가 대등하고 적절하게 도를 표현할 수 있어야 한다는 점을 다시 한 번 강조하였다.[108]

---

106 이상 도와 예에 관한 내용은 『蘇軾藝術思想研究』(鄭文倩, 國立台灣大學 中國文學研究所 碩士論文, 1991.12), 5~9쪽 재인용.

107 『蘇軾文集』 제2책 권11, 「衆妙堂記」, 362쪽. "子未睹眞妙, 庖・郢非其人也. 是技與道相半, 習與空相會, 非無挾而徑造者也. 子亦見夫蜩與雞乎? 夫蜩登木而號, 不知止也. 夫雞俯首而啄, 不知仰也. 其固也如此. 然至蛻與伏也, 則無視無聽, 無饑無渴, 默化於荒忽之中, 候伺於毫髮之間, 雖聖知不及也. 是豈技與習之助乎?"

108 蘇軾은 65세(1100년) 때 지은 「跋秦少游書」(『蘇軾文集』 제5책 권69, 2194쪽)에서 "技進而道不進, 則不可, 少游乃技道兩進也"라고 말했다.

2) '유위이작有爲而作'—사회적, 개인적 효용

어떠한 사회 구조에서도 창작이 이루어지고 오랜 기간 전해지는 까닭은 문예 창작이 인류 사회의 수요를 충족시켜주기 때문이다. 작가가 작품을 창작하는 것은 주체를 표현하고 자아를 실현시키기 위한 것뿐만 아니라 일정한 사회적 수요를 만족하기 위해서이다. 그 가치는 작품이 효용성과 공리성을 발휘할 때에야 비로소 존재할 수 있다. 작품의 생명력과 존재 가치는 바로 그 가치를 출발점으로 삼고 그 공능을 기초로 삼는다. 게다가 소식은 작품의 인격화와 정서화를 힘써 주장하였는데, 작가가 문예 작품을 통해 자신의 개별 성정을 토로할 수 있기 때문이었다. 소식은 진정한 작가 정신이 바로 이러한 관념에서 출발한다고 여겼다. 진정에서 우러나온 작품이 바로 '유위이작有爲而作'의 남상濫觴이면서 '유위이작'의 또 다른 구현이다.

'유위이작'은 송대 사대부들의 경세치용經世致用 사조와 맥이 닿아 있다. 송대에 풍미한 경세치용 사조는 송대 시문혁식운동詩文革新運動이 생성, 발전하는 중요한 요소였으며 송초宋初의 고문창작과 고문이론을 통해 먼저 표현되었다.

송대는 숭문경무崇文經武 정책의 실행으로 사대부들의 자각 정신을 고무시켰다. 이러한 지식인의 각성은 유가의 "천하 백성들의 근심에 앞서서 근심하고, 천하의 백성들이 즐거운 연후에 즐거워하노라!"[109] 하는 숙세淑世 이상을 지니고 있을 뿐만 아니라 학술문예발전의 영역

109 『范文正公集』(台北 : 台灣商務印書館, 1965년) 권7, 「岳陽樓記」. "先天下之憂而憂, 後天下之樂而樂"

에서 "조정에 나가서는 신하가 되고 물러나서는 스승이 된다進爲人臣, 退爲人師"라는 점을 실천하게 하였다. 정치, 경제, 문화 등의 각 방면의 영향 아래, 송나라는 다른 시대와는 다른 문인 사풍士風을 자연스레 형성하였다.

이러한 "천하를 자신의 소임이라고 여기는以天下爲己任" 자각 정신은 문화적 책임감도 포괄한다. 그 속에는 "나를 버리고 그 누구인가捨我其誰?"라는 기백을 엿볼 수 있다. 예를 들면, 장재張載(1020~1077)는 "천지를 위해 뜻을 세우고 백성을 위해 도를 세우며 세상을 떠난 성인聖人을 대신하여 끊어진 학문을 잇고 만세萬世를 위해 태평시대를 열겠다"[110] 라고 하였고, 진량陳亮(1143~1194)은 "한 세상의 지혜와 용기를 깡그리 뒤집어엎고 만고불변의 마음과 가슴을 활짝 열겠다"[111]라고 하였다. 문인과 학자들 사이에는 은연중에 시대적 자각정신이 있었던 것이다. 이러한 정신은 바로 장대한 책임감이며 생명에 대한 사랑이었다. 이러한 책임과 사랑이 문예 방면에 전이되자 경세치용 사조를 자연스레 형성하였고 '하지 않을 수 없는不能不爲' 창작 격정을 불러일으켰다.

이 시기 작가 사유의 변화는 이념 의식의 강화에 있었다. 고문古文 창작은 순수하게 하나의 사건을 기술하기 위한 것이 아니고 감정을 펼쳐내기 위한 것은 더더욱 아니다. 이는 바로 정치 교화의 도리를 설명하기 위함이었다. 이 때문에 '통경명고通經明古'는 산문 창작의 첫 번째 조건이었다. '통경通經'은 유가의 전통 경전 안에서 장구 주석에 얽매이지

---

110 『張子語錄・語錄中』, 『張載集』(宋・張載, 台北 : 漢京文化事業公司, 1983), 320쪽. "爲天地立志, 爲生民立道, 爲去聖繼絶學, 爲萬世開太平."

111 『陳亮集』(宋・陳亮, 台北 : 漢京文化事業公司, 1983) 권20, 「又甲辰秋書」, 280쪽. "推倒一世之智勇, 開拓萬古之心胸."

않고 의리義理를 찾아내기 위함이다. 하지만 '통경'은 반드시 '명고明古'와 짝이 되어야 한다. '명고'의 목적은 고금치란古今治亂의 근원을 규명하는 데 있기 때문에, 고문 창작에 사례를 제공하여 의리義理가 공언空言으로 흐르지 않게 한다. 의리가 창달되고 인증引證이 풍부해진 것은 송대 산문의 큰 특징이라 하겠다.

증공曾鞏(1036~1107), 왕안석王安石 그리고 삼소三蘇는 모두 구양수歐陽修를 알게 되면서 송대 고문운동을 추발하는 새로운 작가가 되었다. 증공의 고문은 '고아古雅'와 '평정平正'이라고 평가받고 있으며 "도덕을 쌓아 문장에 능하기蓄道德而能文章"[112]를 강조하였다. 따라서 증공의 문장은 문장 수사에는 거의 신경을 쓰지 않고 사실성 부분에 중점을 두고 유자儒者의 기풍이 곳곳에 베어있으며 도덕 인격의 자각 추구를 반영하고 있다. 왕안석은 정치적 각도에서 문학의 '경세치용'적 가치를 강조하였다. 하지만 물상의 수사 측면에 치중하지 않아 독자들로 하여금 메마름을 느끼게 한다. 그렇다고 해도 증공과 왕안석의 창작과 주장은 경세치용의 사상을 구현하고 있으며 작가 개인의 재기를 충분히 발휘하였다. 이러한 문단의 분위기로 인하여, 소식 역시 문예의 효용성을 강조하였다.

소식이 실용성을 남달리 강조한 데는 과거시험의 폐해를 거론할 수 있다. 그는 26세(1061) 때 "한대漢代 이래로 세상의 유자儒者들은 자신을 잊고 남을 따랐으며 과거시험 합격을 위한 학문에 힘썼다. 그 말은 비록 성인에 위배되지 않았으나 모두 지나친 수사기교로 넘쳐나 실용에

112 『曾鞏集』(北京 : 中華書局, 1984) 권16, 「寄歐陽舍人書」.

적합하지 않았다"[113]라고 말하면서 한대 이전 문인들이 문장을 지었던 것은 과거시험 합격이라는 사리私利에 급급해하지 않았고 사심私心 없는 정신을 충분히 드러낼 수 있었다고 여겼다.

(1) 장년 시기—경세치용의 실용가치 강조

소식은 과거시험에 몰입하는 학문과 왕안석의 학문 풍토가 모두 우환이라고 여겼다. 과거시험을 위한 학문은 경문經文의 짜깁기와 표절로 이어져 다양성이 사라져 34세(1069) 때 지은 글에서 "요즈음 선비들은 경서經書와 사서史書의 글들을 내용별로 수집하여 시무책時務策으로 엮어내는 것을 '책문의 개괄策括'이라고 말한다. (시험관이) 물어볼만한 조목을 샅샅이 뒤져내고 임시로 경문經文을 표절하여 문장의 수미首尾를 숨기고 바꾸어 과거시험 채점관의 눈을 현혹시킨다. 채점관 중에 이를 변별할 수 있는 자가 없다"[114]라고 말하였다. 그래서 이렇게 과거에 합격하면 곧 배운 바를 폐기해버린다.

소식은 문예 창작을 논할 때 현실에 입각하여 예술 창작은 반드시 '유위이작有爲而作(세상을 위하고자 해서 지음)' 해야 한다고 주장하였다. 소식은 창작 정신이 결코 현실 생활과 유리되어서는 안 된다고 여겼다. 소식은 40세(1075) 때 지은 「부역선생시집 서문鳧繹先生詩集敍」에서 다음과 같이 말하였다.

---

113 『蘇軾文集』 제1책 권8, 「策總敘」, 225쪽. "自漢以來, 世之儒者, 忘己以徇人, 務射策決科之學, 其言雖不叛於聖人, 而皆泛濫於辭章, 不適於用."

114 『蘇軾文集』 제2책 권25, 「議學校貢擧狀」, 724쪽. "近世士人纂類經史, 綴緝時務, 謂之策括, 待問條目, 搜抉略盡, 臨時剽竊, 竄易首尾, 以眩有司, 有司莫能辨也."

예전에 선친께서 서울에 가서 경대부卿大夫들과 교유하고 돌아와, "오늘 이후로 문장이 틀림없이 공교해질 것이고 도는 장차 흩어질 것이다. (그 이유는 바로) 선비들이 먼 것을 흠모하고 가까운 것을 소홀히 하며 화려한 것을 귀하게 여기고 실질적인 것을 천히 여기기 때문이다. 나는 이미 그 조짐을 보았다"라고 제게 말씀해주셨다. 이어서 산동山東출신인 부역선생凫繹先生의 시문詩文 10여 편을 저에게 보여주며 "얘야, 잘 알아두거라. 앞으로 수십 년 동안 이런 글을 짓는 자는 천하에 다시는 없을 것이다. 선생의 시문은 모두 세상을 위하고자 해서 지은 것이다. 정밀하고 준엄하며 정확하고 고심하니, 말은 반드시 당세當世의 허물을 적중시켰다. 마치 오곡五穀이 허기를 치료해주는 것처럼 분명하고, 약침藥鍼이 병을 없애주는 것처럼 확실하다. 부화浮華한 말을 높이 여기고 지엽적인 문사文詞를 아름다운 것이라고 여긴 것에 관해서는 선생은 한마디도 언급하지 않았다"라고 말씀하셨다.[115]

소식은 그 부친 소순의 영향을 깊이 받아 '유위이작'의 문예 정신을 계승하였다. 소순이 수도 변경汴京(지금의 開封)에서 안순지顔醇之(부역선생凫繹先生) 등의 사대부들과 교유한 것은 경력慶曆 5년(1045)의 일이다. 이때는 바로 '태학체太學體'가 막 흥성하던 때였다. 그가 소식에게 가르친 중점은 바로 '유위이작'에 있었다. 소순은 당시 겨우 10살에 불과하던 소식에게 오곡이 배고픔을 잊고 약침藥鍼이 병을 치료할 수 있다는 효

115 『蘇軾文集』 제1책 권10, 「凫繹先生詩集敘」, 313쪽. "昔吾先君適京師, 與卿士大夫遊, 歸以語軾曰: "自今以往, 文章其日工, 而道將散矣. 士慕遠而忽近, 貴華而賤實, 吾已見其兆矣." 以魯人凫繹先生之詩文十餘篇示軾曰: "小子識之. 後數十年, 天下無復爲斯文者也." 先生之詩文, 皆有爲而作, 精悍確苦, 言必中當世之過, 鑿鑿乎如五穀必可以療飢, 斷斷乎如藥石必可以伐病. 其遊談以爲高, 枝詞以爲觀美者, 先生無一言焉."

용 가치를 강조하였던 것이다. 소식은 부친의 견해를 따라 '유위이작'과 '말은 반드시 당세의 허물에 적중해야 한다言必中當世之過.'라는 것을 주장한 터라, 형식적인 문풍을 추구하는 작품에 대해 불만이 있을 수밖에 없었다. 그는 오곡처럼 사회에 보탬이 되는 창작을 할 것을 주장하였다. 이러한 견해는 『소식문집』 곳곳에서 찾아볼 수 있다. 특히, 그 안에 실린 의론 문장들은 대부분 젊은 시절에 지어진 것들로, 「역론易論」, 「서론書論」, 「맹가론孟軻論」, 「진시황론秦始論」, 「정통 삼론正統三論」 등의 문장들은 이전 세상의 흥망성쇠와 풍속의 변화를 살펴 가의賈誼와 육지陸贄의 논의에 절충하여 헛된 말이 아닌 세상에 보탬이 되는 데에 힘써서 '유위이작'의 정신을 구현하였다.

여기에 더하여, 그는 창작의 본질에 착안하여 현실 생활을 반영하고 자신이 생활 속에서 느낀 바를 토로하는 것이 가장 큰 것이라 보았다. 그는 41세(1076) 때 지은 글에서 "내 천성이 언어에 신중하지 못하여 남과 친밀한지 소원한지 상관하지 않고서 마음속에 담았던 것을 그 때마다 표현해냈다. 미진한 바가 있으면 마치 먹은 음식물을 삼키지 못한 것 같아서 반드시 토해내고서야 그쳤다"[116]라고 스스로 서술하였다. 그는 천성적으로 속내를 다 토해내야 직성이 풀리는 그런 사람이었다. 그렇지 않으면 마치 음식물이 목에 걸린 것처럼 불쾌하여 결국 토해내야 그 답답함을 풀 수 있는 것처럼 말이다. 그의 문예 창작에 대한 열의는 43세(1078) 때 지은 글에서 말한 것처럼, 설사 "뱉어내면 남을 거스르고 삼키면 자신을 거스른다"[117]라는 상황을 알고 있을지라도, 그는 차

116 『蘇軾文集』 제2책 권11, 「密州通判廳題名記」, 376쪽. "余性不愼語言, 與人無親疏, 輒輸寫腑臟, 有所不盡, 如茹物不下, 必吐出乃已."

라리 남을 거스를 가능성이 농후한 말들을 뱉어내는 것을 주저하지 않았다. 남을 거스르거나 불쾌하게 할 가능성이 농후하다고 해도 속에 담아두지 못했다. 소식은 스스로 문예 창작에 대하여 줄곧 상당한 열의를 갖고 있었다. 비록 그가 "문장이란 그저 보잘것없는 재주이니, 어찌 드러낼 만하겠는가!"[118]라고 하거나 "문장 따위를 언급할 가치나 있겠는가? 재주라고는 의술이나 점치는 것과 같다"[119]라고 말한 적이 있지만, 이것은 일시적인 불평일 뿐이다. 실제로 그는 온 정성을 다해 창작 활동에 종사하였고 생사의 갈림길에서도 그는 참을 수 없는 창작 충동을 지니고 있었다.

(2) 노년 시기—개인의 정화(카타르시스)가치 강조

그는 57세(1092) 때 쓴 서신에서 "저는 인재란 지술智術을 뒤로 하고 식견을 우선으로 하며 문장은 화려한 수사를 지엽으로 보고 체용體用을 근본으로 본다고 들었습니다"[120]라고 하였는데, 이는 모두 글짓기는 세상을 구제하는 실용성에 뜻을 두어야 하며 화려하기만 하고 내용이 없는 글을 쓰는 것을 반대하였다.

그는 59세(1094) 때 쓴 서신에서 다음과 같이 말하였다.

> 문인들의 성대함이 근세보다 더한 때가 없었다. 그러나 사사로이 존경하

---

117 『蘇軾文集』 제2책 권11, 「思堂記」, 363쪽. "吐之則逆人, 茹之則逆己."

118 『蘇軾詩集』 제2책 권7, 「戲子由」, 324~326쪽. "文章小技安足程."

119 『蘇軾詩集』 제5책 권27, 「和王晉卿」, 1422~1424쪽. "文章何足云, 執技等醫卜."

120 『蘇軾文集』 제4책 권47, 「答喬舍人啓」, 1363쪽. "某聞人才以智術爲後, 而以識度爲先; 文章以華采爲末, 而以體用爲本."

는 자는 유독 육지陸贄 한 사람 뿐이다. 집에 공公의 주의奏議를 모아놓은 책이 있어서 황제를 모시고 강독講讀에 참가했을 때 정서淨書하여 황상께 올린 적이 있었다. 보잘것없는 충심을 가지고 맹자孟子가 왕을 공경한 것과 근사하다고 스스로 여겼다. 또한 이 학문을 온 세상으로 파급시켜 집집마다 이 처방을 간직하게 하고 사람마다 이 약을 끼고 다니게 해 세상에 병 생길 때를 대비한다면, 이 어찌 인인仁人 군자君子의 지극한 마음이 아니겠는가! 지금 책에 적시된 의론을 살펴보면 동한東漢 이래로 10편의 문장이 모두 옛 것을 헤아려 오늘날을 다스리고 세상을 구제하는 실용實用에 뜻이 있고 이목耳目의 아름다움에 뜻을 두지 않았다. 이것이 바로 평생 벗들과 도를 배우는 군자君子들에게 고대하던 바이다.[121]

이를 통해, 소식이 육지陸贄 문장에 대해 추숭했던 까닭이 바로 문장 속에 세상을 구제하려는 실용 정신을 담고 있었다는 데 있음을 알 수 있다. 세상을 구제하려는 내용을 담은 작품은 정견을 담은 글이 위주가 되겠고, 사회 현실에 관련된 글은 더욱 귀중한 것이다. 소식은 양약良藥으로 병을 치료하는 것처럼 문장의 현실적 작용을 설명하였다. 그는 약을 먹고 병을 치료하는 데에 그 약이 달고 쓴 것을 가리지 않는 것처럼, 글짓기 역시 세속에 부합하지 못하여 자신의 능력이 팔리지 않는다고 해도 문장은 현실사회에 대해 쓰디쓴 약의 작용을 해야 함을 강

121 『蘇軾文集』 제4책 권59, 「答虔倅兪括一首」, 1793쪽. "文人之盛, 莫如近世, 然私所敬慕者, 獨陸宣公一人. 家有公奏議善本, 頃侍講讀, 嘗繕寫進御. 區區之忠, 自謂庶幾於孟軻之敬王. 且欲推此學于天下, 使家藏此方, 人挾此藥, 以待世之病者, 豈非仁人君子之至情也哉. 今觀所示議論, 自東漢以下十篇, 皆欲酌古以馭今, 有意於濟世之實用, 而不志於耳目之觀美, 此正平生所望於朋友與凡學道之君子也."

조하였다.

문예 작품 속에는 작가의 진정을 끊임없이 쏟아내야 한다. 문예 작품을 창작하는 일에 세상을 위하고자 하는 거창한 포부를 담아내지 못한다고 해도 자신의 진정을 표현하지 않을 수 없는 감정 표출은 일종의 카타르시스katharsis를 작가에게 안겨줄 수 있다. 이러한 점에서 작가의 진정眞情 표현 역시 '유위이작'의 또 다른 발로라고 말할 수 있다. 소식은 문예의 효용성 측면에서 개인적 '정화' 작용을 중시하였다. 이러한 문예에 대한 효용 관점은 유종원柳宗元의 '보시급물輔時及物'과 왕안석王安石의 '유보어세有補於世' 등의 사회 효용론과는 매우 다르다고 하겠다. 소식의 문예 효용관은 사회적 효용성에 국한되지 않는다.

훌륭한 문장을 읽으면 사람을 즐겁게 하고 아픔을 치료한다. 문장이 '사달辭達'의 경지에 이르면 그 쓰임을 이루 다 열거할 수 없다. 어찌 정교政敎적인 실용성에만 그치겠는가! 소식은 66세(1101) 때 지은 글에서 "오늘 새벽에 일어나 옷을 가벼이 입었다가 머리가 아팠지만 그리 심하지는 않았다. 유장여劉壯輿의 문집을 취하여 읽다보니 두통이 말끔히 사라졌다. 조조曹操가 말한 바는 진실로 헛된 말이 아니었다"[122]라고 말하였다.

뛰어난 문예 작품이란 모두 작가 개인이 진지한 감정을 제대로 잘 토로한 것이다. 진정眞情이 담겨야 생활의 정조를 묘사해낼 수 있다. 문장은 자신의 폐부肺腑로부터 나온 것이어야 비로소 참일 수 있다. 소식은 맹교孟郊의 시를 "시詩가 폐부로부터 나온다더니, 시어가 입 밖으

122 『蘇軾文集』 제5책 권66, 「題劉壯輿文編後」, 2074쪽. "今日晨起, 減衣, 得頭風病, 然亦不甚也. 取劉君壯輿文編讀之, 失疾所在. 曹公所云, 信非虛語."

로 나올 때마다 폐부를 우수에 젖게 한다. 황하의 물고기가 기름을 내어 자신을 삶는 것 같구나"[123]라고 평가하였다. 그는 또 64세(1099) 때 쓴 서신에서 "저는 평생토록 문자와 언어로 세상에 알려졌고, 또 이 때문에 사람들에게 질시를 받기도 하였다. 득실을 서로 따져보면 글을 짓지 않고 편안히 지내는 것만 못하였다. 이 때문에 항상 지필묵을 태우고 벙어리가 되고자 하였다. 그러나 오래도록 몸에 밴 습관인지라 아직까지 다 씻어내지 못하였다"[124]라고 말하였다. 글 때문에 고통 받았기에 글 짓지 않고 편안히 지내는 것이 분명 낫건만 글 짓는 습관이 오래도록 몸에 밴 것이라 어쩌지 못하며, 남의 질시보다는 벙어리로 사는 것이 더 어렵다고 말하였다. 글짓기는 자신의 진정을 서술해야 하고 설사 남에게 질시를 당한다고 해도 말하지 않으면 안 된다. 따라서 그는 연이어 "저는 곤궁한지라 본래 지은 글 때문에 연좌되어 육신을 베고 지식을 버리려 해도 그렇게 할 수 없는 자입니다. 그런데 어린 아들 소과蘇過의 문장이 나날이 뛰어나서 해남도海南道에서 외롭고 무료한 나날을 보낼 때 소과가 때때로 재미삼아 글 한 편을 꺼내 보여주면 나는 며칠이고 기뻐서 먹고 자는 게 다 재미있었습니다. 이를 통해 문장이 금은보화처럼 쉽게 버리지 못하는 것임을 알게 되었습니다"[125]라고 말하였다. 두 편의 글을 통해 소식이 문장 자체의 가치를 중시하여

---

123 『蘇軾詩集』 제3책 권16, 「讀孟郊詩二首(之二)」, 797쪽. "詩從肺腑出, 出輒愁肺腑. 有如黃河魚, 出膏以自煮."

124 『蘇軾文集』 제4책 권49, 「答劉沔都曹書」, 1429쪽. "軾平生以文字言語見知於世, 亦以此取疾於人, 得失相補, 不如不作之安也. 以此常欲焚棄筆硯, 爲瘖默人, 而習氣宿業, 未能盡去."

125 『蘇軾文集』 제4책 권49, 「答劉沔都曹書」, 1430쪽. "軾窮困, 本坐文字, 蓋願刳形去智而不可得者. 然幼子過文益奇, 在海外孤寂無聊, 過時出一篇見娛, 則爲數日喜, 寢食有味. 以此知文章如金玉珠貝, 未易鄙棄也."

경세치용經世致用의 목적에만 얽매이지 않았음을 알 수 있다. 그 중에 그 아들 소과蘇過의 문장이 뛰어나서 오락거리로 즐길만하였다고 언급하였다. 문장을 품평하는 가치가 실용성에서 심미성으로 점차 옮겨가고 있음을 알 수 있다. 이러한 문장 관념은 전에 없던 탁견이라 하겠다.

문예 작품이 사람들에게 특수한 수요를 만족시킬 수 있는 까닭은 그것이 사람들에게 정신적인 향수를 누릴 수 있게 하여 문예 작품을 감상하면서 정신적으로 기쁨과 미적 감각을 불러일으키게 하는 데 있다. 문예 작품은 작가가 일정한 예술적 창조 규율을 준수하면서 사람들의 심미적 요구에 맞추어 작가의 주체적 심미 이상을 표현하였기 때문이다. 그래서 문예 작품은 감정으로 감동시키고 형상으로 빠져들게 하여 문예 작품을 감상하는 가운데 미적 경계에 빠져들게 하여 정신적 만족감과 기쁨을 향유할 수 있게 한다. 문예를 통한 교육 작용과 인식 작용은 바로 이러한 심신을 즐겁게 하는 미적 작용에 의해서 충분히 발휘될 수 있다.

문예 작품 속에는 작가의 '진정眞情'이 담겨야 하며 작가의 현실적 태도와 평가가 있어야 한다. 사회 각 방면의 문제와 사상 관념은 모두 문예 작품을 통해 독자에게 영향을 미친다.

'유위이작'의 의미에 관하여 좀더 깊이 있는 연구가 필요하다. 일반적으로 '효용'이란 단어의 의미는 너무 협소하여 사회적 효용성에만 국한된다. 우리가 평상시 효용을 말할 때 역시 사회경제적 의미에서만 지목하는 경우가 많다. 그러나 개인감정을 절절하게 토로한 것 역시 효용이란 관점에서 볼 수 있다. 어떠한 심리적 욕망이나 사사로운 감정이라도 의식적으로 이성의 의해 막힌다면 결국 정신적 고통과 우울감에 빠진다. 따라서 작가는 문예 창작 활동을 통해 심리적 욕망과 사사로운 감정을 자연스레 드러냄으로써 감정적 '정화katharsis' 상태에 쉽게 도달할 수 있다. 문예 감상자들 역시 간접적인 정신 교류를 통해 정신적 해방감을 공유할 수 있다. 이 역시 '유위이작'이 아니겠는가!

이상과 같이 소식의 문학예술관과 관련된 내용을 담은 문장의 사작시기로 그의 문학예술관을 살펴보았다.

소식이 유불도 사상을 융합할 수 있었던 까닭은 우선 시대적 산물이라 말할 수 있다. 그에 앞서 백거이白居易 등의 사람들이 생성한 이 방면의 문화심리가 이미 축적되어 있었기 때문이다. 게다가 소식의 인생역정이 복잡하고 곡절 역시 많아서 그의 사상 감정 역시 복잡하였다.

황주 폄적시기 이전, 소식은 활발한 정치활동을 하면서도 그 내면에선 만사가 다 부질없다는 인생무상을 체감하며 소극적 내지는 염세적 인생태도를 지향하였다. 그는 현실 정치에 입각한 유가학술을 중심에 두면서도 불로사상을 부가하여 유가학술의 부족한 부분을 보완하려 하였다. 황주로 폄적되는 시련을 겪기 전, 소식은 유가사상을 중심에 놓고 불로사상을 덧붙이는 사상방면의 대일통을 이루고자 하였다.

황주 폄적 시기이후, 소식의 처세관은 낙천적이면서도 적극적인 자세로 변모하였다. 그의 오랜 귀양살이는 그로 하여금 인생무상이라는 허무주의에서 벗어나 초탈한 달관의 경지에 이르게 하였다. 그는 귀양지에서 터득한 불로사상의 초연광달超然曠達한 사유를 바탕으로 유가의 현실철학을 보완하였다. 전반시기와 달리, 소식은 불로사상을 중심으로 유가 철학을 보완하는 사상방면의 대일통을 이루었다. 여기서,

주목할 점은 소식의 문예사상의 대일통 추세가 황주黃州 폄적시기를 전후로 하여 유가 중심에서 불로 중심으로 변했다는 것이다.

그는 수백 년 동안 중국문인들의 심리에 영향을 미쳤던 유불도 사상을 고스란히 다 가슴에 품었던 사람이었다. 심덕잠沈德潛(1673~1769)이 "소식의 가슴속 용광로는 금, 은, 아연, 주석 등 모든 것을 다 녹여버렸다"[126]라고 평가한 말은 이치에 부합하는 말이다.

글을 지을 때 문과 도가 합일되어야 하고 그 작품을 읽으면 절로 도를 밝혀야 한다. 문장文章은 설명적이거나 학술적인 작품이 아니라 반영적이고 문예적인 창작이다. 고문古文이 이 상황에 이르면 재도載道적인 부수적 지위에서 벗어날 뿐만 아니라 명도明道의 명분을 빌려 문文의 지위를 한 층 더 높일 수 있다. 문학관점에서 논하자면, 이는 정말 소식 문도론文道論의 커다란 공헌이라 하겠다.

소식은 전통적인 문도文道 관념을 벗어나 포괄적인 문의文意 관념으로 초점을 맞추었고, 참된 이치를 밝히는 데 그 뜻을 다하면 되었지 유가의 도를 전하려 애쓰지 않았다. 소식의 이러한 관념은 31세부터 『주역周易』을 풀이하면서 『주역』의 상징적象徵的 문구와 장자의 우언적寓言的 담론으로 표출되었고, 급기야 자연 대상에 유의留意하여 집착해서는 안 되고 우의寓意하여 '신여물유神與物游' 하여야 한다는 주장에 이르렀다. 이는 시문서화詩文書畫에서 노닐 뿐 그 대상에 집착해서는 안 된다는 말이다. 소식은 황주黃州 폄적시기를 거쳐 복권되어 중앙에서 한림학사翰林學士 등의 고위직을 하다가 다시 혜주惠州와 담주儋州 등으로 재

126 (淸)沈德潛, 『說詩晬語』 卷下 : 四川大學中文系唐宋文學硏究室 編, 『蘇軾資料彙編』(北京 : 中華書局, 1994) 上編3, 1223쪽. "蘇子瞻胸中洪爐, 金銀鉛錫, 皆歸鎔鑄."

폄적再貶謫되었던 부침浮沈 속에서 문도文道 관념을 완성하였다. 그는 자연의 이치를 부자연스럽게 표현해서는 안 된다는 고심 속에서 우의寓意에서 그칠 것이 아니라 달의達意해야 한다는 이상을 가졌고 기예技藝의 중요성을 더욱 강조하였다. 그가 이룬 문도文道 관념은 바로 도와 기예를 상하 구조로 나누지 않고 대등한 관계 속에서 숙련된 기예가 잠재하다가 평상시 체득한 도를 적절히 표현해내는 것이라고 말할 수 있겠다. 또한 소식 전 생애를 놓고 볼 때, 그의 문도 관념이 완성되어 가는 과정 속에서『주역』역주 작업이 상당한 영향력을 미쳤다는 사실도 확인할 수 있었다.

소식은 문예의 학술적 효용에 대해, 장년 시기에 장자의 '득의망언得意忘言'의 관점을 더욱 중시하여 '도통어예道通於藝(도가 기예와 통함)'라는 문예가치론에 이른다. 이 논점은 장자의 '득의망언'에서 비롯되었으나 불가의 '진여본체眞如本體'라는 말과도 연관이 있다. 이는 '언어로부터의 이탈離言'을 근본으로 삼지만 '언어에 의거함依言'을 법도로 삼아야 한다는 고담적인 언어표현이다. 쉽게 말하면, 비슷한 것은 가짜이지만 그 가짜를 통해 참 진리를 깨달을 수 있다는 말이다. 소식은 비록 하찮은 기예일지라도 진실로 지혜를 숙련시킬 수 있으며, 더욱이 아무런 방편 없이 도를 깨닫는 건 불가능하므로 무엇보다도 음악, 서예, 시는 모두 도를 깨닫는 데 유익한 방편이 될 수 있다고 보았다. 도와 예 두 가지는 서로 보조하는 관계라서 어느 하나만 강조해서는 절대로 예술의 최고 경계에 도달할 수 없다. 도가 우선이되 기예가 대등하고 적절하게 도를 표현할 수 있어야 한다. 소식의 '도통어예'라는 주장은 장년 시기엔 학술적 효용가치로만 보다가 노년에 이르러 예술적 효용가치를 더욱 강조하는 표현이 되었다.

소식은 문예의 사회적 효용에 대해, '유위이작有爲而作'을 주장하였다. '유위이작' 논점은 송대 경세치용 사조에 직접 연계된다. 경세치용 사조는 문인들의 사회 책임감과 역사의식을 더욱 고취시켜 문인들의 사유 방식과 문학 관념에 커다란 변화를 불러일으켰다. 이 시기 문인들의 사유 변화는 이념 의식의 강화에 있었다. 이러한 문단 분위기 속에서 소식의 '유위이작'이 생겨났다.

하지만 소식의 문예관은 사회적 효용 가치에만 머물지 않았다. 소식은 생활 현실에 입각한 예술 창작이 반드시 '유위이작' 하여야 한다고 주장하였다. 소식은 창작 정신이 결코 현실 생활과 유리되어서는 안 된다고 생각하였다. 소식은 작품의 인격화와 정서화를 주장하기도 하였는데, 이는 작가가 문예 작품을 통하여 자신의 개별적 감정을 토로할 수 있기 때문이었다. 소식은 진정한 작가 정신은 바로 이러한 관념에서 비롯된다고 여겼다. '진정眞情'에서 비롯된 작품은 바로 '유위이작'의 남상이며 '유위이작'의 또 다른 표현이기도 하다.

이러한 문예 효용 관점은 유종원柳宗元의 '보시급물輔時及物'이나 왕안석王安石의 '유보어세有補於世' 등의 사회 효용론과 상이한 견해이다. 소식의 문예 효용관념은 결코 사회적 효용에만 국한하지 않는다. 기본적으로 문예 작품 속에는 항상 작가의 진정이 담겨 있고 작가의 현실에 대한 태도와 평가를 지닌다. 어떠한 심리적 욕망이나 사사로운 감정이 만약 이성에 의해 의식적으로 막히면 결국 정신적 고통과 우울감에 빠진다. 따라서 작가는 문예 창작 활동을 통해 심리적 욕망과 사사로운 감정을 자연스럽게 토로함으로써 감정적 '정화' 상태에 쉽게 도달할 수 있다. 문예 감상자 역시 간접적인 정신 교류를 통해 정신적 해방감을 느낄 수 있다. 이 역시 '유위이작'이다. 소식의 이러한 관념은 '유위이작'이론의 근원이 되어 문예 효용 논점에 새로운 안목을 제시해주었다.

제3장

작가수양이론의 구체화 과정

예로부터 중국 문예평론가들은 작품을 평할 때면 작가의 인품이 이러하니 그 작품의 풍격 또한 당연히 이러하더라는 말을 즐겨 해왔다. 작가의 인품이 작품에 그대로 반영된다는 논리이다. 공자孔子는 “덕을 갖춘 자는 반드시 훌륭한 말을 하지만, 훌륭한 말을 한다 해서 꼭 덕을 갖춘 자라 단정할 수 없다”[1]라고 하였으며, 한유韓愈는 “어질고 의로운 사람은 그 말이 온화하다”[2]라고 하였다. 소식蘇軾도 동생 소철蘇轍의 작품세계를 평하면서 “그 문장은 그 사람 됨됨이와 똑같다”[3]라고 하였다.

---

1 『論語・憲問』, 『十三經注疏』(台北 : 藝文印書館, 1997) 제8책, 123쪽. “有德者必有言, 有言者不必有德.”

2 (唐)韓愈, 屈守元, 常思春 主編, 『韓愈全集校注』(成都 : 四川大學出版社, 1996) 제3책, 「答李翊書」, 1455쪽. “仁義之人, 其言藹如.”

청대淸代 섭섭葉燮도 "시는 그 사람의 인품과 같다"[4]라고 하였고, 유희재劉熙載 역시 "시품詩品은 인품에서 나온다"[5]라고 하였다. 설설薛雪[6]도 작가의 개성과 작품의 풍격 사이에는 인과관계가 필연적으로 있음을 강조하였다.[7] 이를 통해 중국 문인들은 작품의 풍격이 작가의 개성에 의해 직접적으로 영향을 받는다고 여겼음을 알 수 있다. 문예작품은 그 작가의 인격과 수양 정도를 그대로 드러낸다고 보았던 것이다.

문예창작 그 자체가 작가와 불가분의 관계란 점을 인식한다면 수양은 창작의 가장 기본적인 초석이다. 중국 문예창작가와 평론가들은 일찍부터 작가의 수양방면을 중시해왔다.[8] 작가수양이론은 창작의 선행요건으로서 심미구상이론과 창작표현이론에 못지않게 중요한 것이다. 하지만 한 작가의 문예이론을 기술할 때 작가수양이론은 거의 배제된 채 작가의 생애와 사상배경 등을 위주로 기술하여 온 것이 사실

3 (宋)蘇軾 著, 孔凡禮 校點, 『蘇軾文集』(北京 : 中華書局, 1986~1992) 제4책 권49, 「答張文潛縣丞書」, 1427쪽. "其文如其爲人."

4 (淸)葉燮, 『原詩・外篇下』. 丁幅保 編, 『淸詩話』(台北 : 明倫出版社, 1971), 602쪽. "詩如其人之品也,"

5 (淸)劉熙載, 『藝概』(台北 : 漢京文化事業公司, 1985) 권2, 「詩概」, 82쪽. "詩品出於人品."

6 薛雪은 字가 生白이고 一瓢라 스스로 호하였다. 江蘇省 吳縣 사람으로 어릴 때 같은 군 출신 葉燮에게 시를 배웠다. 『淸史稿』(北京 : 中華書局, 1998) 제4책, 권502 「列傳289・藝術一」, 3551쪽 참조.

7 (淸)薛雪, 『一瓢詩話』 第六則. 丁幅保 編, 『淸詩話』(台北 : 明倫出版社, 1971), 679쪽. "詩文與書法一理, 具得胸襟, 人品必高. 人品旣高, 齊一謦一欬, 一揮一灑, 必有過人處. 趙松雪云, '右軍人品甚高, 故書入神品. 奴隸小夫, 乳臭之子, 朝學執筆, 暮已自誇期能, 薄俗可鄙可鄙.' 此言不特論書, 直與學者當頭一棒."

8 『孟子・萬章下』에서 "天下의 선한 선비를 벗 삼기로는 충분하지 않기에, 다시 거슬러 올라가 옛 사람을 논한다. 그들의 詩를 읊고 그들의 글을 읽고도 그 사람됨을 모른다는 게 가능한 일인가? 그래서 그들의 세상을 논하는 것이며 거슬러 올라가 옛사람과 벗하는 것이다(以友天下之善士爲未足, 又尙論古之人. 頌其詩, 讀其書, 不知其人, 可乎? 是以論其世也, 是尙友也)"라고 하였다. 이러한 견해는 일리가 있으며 孟子가 제시한 '知人論世'는 修身과 매우 관련이 있다 하겠다. 후세의 수양론은 韓愈의 「答李翊書」에서 말한 '氣'와 '言'의 관계 그리고 蘇轍의 「上樞密韓太尉書」에서 말한 체험과 문학의 관련으로 더욱 발전한다.

이다. 결국 작가의 창작 근간이라 할 수 있는 독서를 통한 학습과정과 작가의 직접체험을 통한 온갖 사물과 사실에 대한 관찰 그리고 작가의 인생 역정을 통한 원숙함 등을 좀 더 심도 있게 고찰할 필요가 있다. 작가의 수양공부가 그 작품의 면모가 될 순 없지만 작가의 인품이 그 작품에 그대로 반영된다고 여겨왔던 중국 문인들의 사고 앞에서는 이미 그 작품의 주요 성분이 된다. 작가의 수양이론은 바로 그 문예 창작과 매우 밀접한 관련이 있다.

공자가 "배우기만 하고 사색하지 않으면 그 견해는 혼미하여 아무런 보탬이 없으며, 사색만 하고 배우지 않으면 그 사상은 불안할뿐더러 위태롭기까지 하다"[9]라고 하지 않았던가. 훌륭한 작품을 창작하려면 여러 가지 노력이 필요하겠지만, 소식은 공자의 정신을 이어받아 심도 있는 '학습學'과 '사색思'에 더욱 주의를 기울였다. 이를 통해서 자신이 쓰고자 하는 내용을 충실히 전달할 수 있다고 여겼다. 훌륭한 창작이 나오기 위해서는 평소에 많은 책을 읽어 지식을 쌓고 생활 속의 다양한 사물을 꼼꼼히 관찰하여 사고력을 길러야 한다. 이렇게 해야만 글을 쓰고자 하는 마음이 저절로 생겨나고 글을 통해 자신의 주장을 제대로 표현할 수 있는 것이다. 다시 말해서, 이는 텍스트Text와 콘텍스트Context의 조화를 강조한 말이라 하겠다. 자기 안에서 텍스트를 이해하는 데 있어 우리는 콘텍스트의 제약을 누구나 받을 수밖에 없지만, 텍스트에 단순히 몰입하지도 않으면서 그 콘텍스트의 제약을 뛰어넘어 극복하고자 노력한다는 점에서 주목할 일이다.

9 『論語・爲政』, 『十三經注疏』 제8책, 18쪽. "學而不思則罔; 思而不學則殆."

작가수양에 대한 견해는 천부적인 기질을 타고나야만 뛰어난 작품을 창작할 수 있다고 주장한 조비曹丕로부터 시작한다.[10] 조비의 문기설文氣說은 사실 수양론修養論이라기보다는 천부론天賦論이다. 따라서 진정한 의미의 수양론은 육기陸機에 이르러 초보적이나마 그 기초를 다졌다. 육기는 “우주 가운데 우두커니 서서 자세히 살피고 고적에서 마음을 기르노라. 사계절에 따라 감탄이 일고 온갖 물상을 바라보니 생각이 분연히 일어나네”[11]라고 하여, 문예 창작을 할 때는 반드시 만물을 관찰하고 고적을 깊이 연구해야 한다고 여겼다. 만물을 관찰하면 지식이 풍부해지고 고적을 깊이 연구하면 간접 경험을 쌓을뿐더러 옛사람의 수사修辭와 용의用意를 풍성하게 얻는다. 이를 통해 창작기교를 높인다. 이러한 선행요건이 갖추어져야 창작과정에 들어갈 수 있는 것이다. 이는 창작과정의 출발점이라 하겠다. 유협劉勰은 이전의 이론을 종합하여 선천적인 재능과 기질, 그리고 후천적인 학문수양과 외적환경이 창작에 영향을 미치는 요소라 여겼다.[12] 그 후 한유韓愈는 맹자孟子

---

10 曹丕는『典論·論文』에서 “文章은 氣를 위주로 하는데, 氣의 맑고 흐림에는 그 본체가 있는 것이라 억지로 이루려해선 안 된다. 음악으로 비유하자면, 曲度가 같고 節奏하는 법도가 같다 하더라도 사람마다 그 氣를 끌어들임이 같지 않은 데에 이르는 것과 같다. (음악에 대한) 능숙함과 서투름은 타고나는 것이라, 父兄이라 하더라도 子弟에게 옮겨줄 수 없다[文以氣爲主, 氣之淸濁有體, 不可力强而致. 譬諸音樂, 曲度雖均, 節奏同檢, 至於引氣不齊, 巧拙有素, 雖在父兄, 不能以移子弟]”라고 하였다. 그는 작가의 기질과 개성은 각자의 독특한 풍격을 형성하기 때문에 각각 장점을 가지게 되며 모든 부분에서 특출하기란 어렵다고 생각하였다. 그러나 작가의 재성을 지나치게 강조한 나머지 작가의 풍격이 사회 실천과 예술수양의 결과라는 점을 깨닫지 못하였으니, 관점이 여전히 충분하지 못하다. “文以氣爲主”에서 文氣란 氣의 문체에 대한 작용으로 문학적 개성과 예술성을 氣로서 반성하자는 데서 제기된 이론인데, 氣가 문학에 작용될 때 문학은 생명적인 감각과 예술적인 효과를 나타내게 되므로 문체는 작자의 천부적인 氣에 의해 자연히 형성됨을 지적한 말이라 하겠다. 따라서 孟子가 말한 생명력에서 발생되는 氣인 ‘浩然之氣’와는 다르다 하겠다.

11 (晉)陸機, 張少康 集譯,『文賦集釋』(台北 : 漢京文化事業公司, 1987), 14쪽. “佇中區以玄覽, 頤情志於典墳. 遵四時以嘆逝, 瞻萬物而思紛.”

의 '양기養氣'설을 이어받아 학문수양이 창작에 지대한 영향을 미친다고 주장하였고,[13] 소철蘇轍은 사마천司馬遷의 직접체험을 더 보태어 자신의 창작기초로 삼았다.[14] 그러나 소철은 19세의 젊은 시기에 이러한 주장을 한 이후 이에 근거한 문예이론을 정립하지는 못했다. 반면 소

---

12 劉勰은 「體性」에서 "재능에는 평범함과 뛰어남이 있고, 기질에는 굳셈과 부드러움이 있으며, 학식에는 비천함과 심오함이 있고, 감염에는 雅正함과 卑俗함이 있다[才有庸儁, 氣有剛柔, 學有淺深, 習有雅鄭"라고 하였고, 또 「神思」에서 "문장의 구상을 연마함에 있어 虛靜함을 귀하게 여기니, 五臟을 소통시키고 정신을 맑게 하며, 학문을 쌓아서 지성을 축적하며, 이치를 헤아려서 재능을 풍부하게 하며, 견식을 연마하여 사물의 궁극적인 부분까지 비추어내고 숙달시켜서 문장을 짓는 것이다[陶鈞文思, 貴在虛靜, 疏瀹五藏, 澡雪精神; 積學以儲寶, 酌理以富才; 研閱以窮照, 馴致以懌辭"라고 하였다. 劉勰은 曹丕가 풍격형성의 원인을 모두 氣에 귀결시킨 것과는 달리 그 원인을 才・氣・學・習의 4가지 방면으로 나누었다. 문장은 외재적인 형태를 빌어서 내재한 性情을 표현하지만 작자의 선천적인 才能과 氣質에 더하여 후천적인 學問修養과 외적환경의 차이로 인하여 문장은 결국 각기 다른 風格을 형성하게 된다. 劉勰은 才・氣・學・習을 병렬하여 氣質이 가진 위상을 축소하기는 하였지만, 그도 역시 그 4가지 중에서 氣質을 더 중시하여 여전히 曹丕의 '文以氣爲主'說의 영향력을 유지하였다.

13 (唐)韓愈, 屈守元・常思春 主編, 『韓愈全集校注』(成都 : 四川大學出版社, 1996) 제3책, 「答李翊書」, 1455쪽. "氣란 물이요, 말이란 물 위에 떠있는 물체라. 강물이 광대하면 그 위에 떠있는 물체는 크거나 작거나 할 것 없이 모두 뜨게 마련입니다. 氣가 말과 더불어 함에도 이와 같은지라, 氣가 성대하면 즉 말(文句)의 장단과 소리(聲律)의 억양 등등의 지엽적인 부분들은 모두 마땅하게 됩니다[氣, 水也; 言, 浮物也, 水大而物之浮者大小畢浮. 氣之與言猶是也, 氣盛, 則言之短長與聲之高下者皆宜]."

14 (宋)蘇轍, 陳宏天・高秀芳 校點, 『蘇轍集』(北京 : 中華書局, 1990) 제2책 권22, 「上樞密韓太尉書」, 381쪽. "저는 천성이 문장 짓는 것을 좋아하여 그것을 생각함에 깊은 데까지 이르렀습니다. 文이란 기운이 표현된 것이라고 생각합니다. 그러나 文은 배워 능할 수 없지만 기는 存養하여 성취할 수 있다고 생각합니다. 孟子는 '나는 우리 浩然之氣를 잘 存養한다'라고 말하였습니다. 지금 그의 문장을 살펴보니, 넓고 두터우며 크고 두루 미쳐서 천지간에 가득 차 그 氣의 큼을 헤아릴 수 있었습니다. 司馬遷은 천하를 다니면서 천하의 名山大川을 두루 둘러보고 燕나라와 趙나라의 호걸들과도 교유하였습니다. 이 때문에 그 문장은 호탕하며 자못 뛰어난 氣가 있었습니다. 이 두 사람이 어찌 붓을 잡던 처음부터 이와 같은 문장을 배웠겠습니까? 그 氣가 마음속에 충만하고 그 외양에 넘쳐나고 그 말에 움직이고 그 문장에 드러난 것이며, 이는 그 자신도 모르게 이루어진 것입니다[生好爲文, 思之至深, 以爲文者, 氣之所形, 然文不可以學而能, 氣可以養而致. 孟子曰, '我善養吾浩然之氣.' 今觀其文章, 寬厚宏博, 充乎天地之間, 稱其氣之小大. 太史公行天下, 周覽四海名山大川, 與燕, 趙間豪俊交游, 故其文疏蕩, 頗有奇氣. 此二子者, 豈嘗執筆學爲如此之文哉? 其氣充乎其中而溢乎其貌, 動乎其言而見乎其文, 而不自知也]."

식은 여러 글을 통해 그 문예이론의 골간을 완성하였다.

위의 두 가지 방식, 즉 독서와 관찰은 작가 자신의 노력으로 이룰 수 있는 것인데 반해, 작가의 뜻과는 무관하게 타의에 의해서 발생하는 작가의 외부 환경 변화는 작가에게 또 다른 인생수양법을 제시해준다. 곤궁한 처지에 놓인 작가는 일생동안 평탄한 생활을 해온 사람에 비해 직접 체험을 통해 자신의 감정을 더 한층 드러낼 수 있다. 이 점에 착안하여 영웅 신화 서사구조[15] 중의 하나인 '시련 극복'을 선용하여 기술하고자 한다. 작가는 자신의 궁박한 처지를 어떻게 작품세계에 구현할 수 있는가? 작가는 왜 불우한 처지가 되어야만 훌륭한 작품을 만들 수 있단 말인가? 이러한 의문에서 출발하여 '공工'의 지향점에 대해 특별히 관심을 갖게 되었다. 불우한 환경은 작가의 수양과정에 중대한 영향을 미친다. 소식 일생의 험난한 역경은 그 자신의 수양방면에 있어서도 커다란 영향을 미쳤을 것이다.

소식은 문예 전반에 걸쳐 특출한 재능을 지녔던 문인이었다. 그는 문예창작방면에서뿐만 아니라 문예이론에 있어서도 자신의 관점을 여러 글에서 피력하였다. 이에 그의 작가수양이론을 크게 세 부류, 즉 독서 학습, 관찰 체험, 시련 극복으로 나누어 살펴보고자 하고, 그 이론들의 사작 시기를 통해 추상적인 담론에서 구체적인 방법 제시와 결과물을 주장하고 있는 점에 주목하고자 한다.

---

15 건국 시조 신화는 영웅 일대기의 서사 구조를 지닌다. 이 서사 구조는 대체로 '고귀한 혈통을 가짐-비정상적인 출생-棄子(자식을 내다버림)-천부적인 탁월한 능력-시련-시련의 극복과 위대한 승리' 등의 형식을 따른다. 예를 들어 고구려 건국신화인 朱蒙신화 역시 그러하다.

1. 독서 학습 – '박관약취博觀約取'를 '일의구지一意求之'로 구체화

우리는 끊임없는 책읽기과정을 통해서 정확한 지식을 쌓아야만 사리를 명확히 판단하며 자신이 직접 체험한 것에 대해서도 정확한 평가를 내릴 수 있다. 게다가 우리는 많은 서적 속에 담겨있는 풍부한 언어구사를 통해 자신의 어휘력을 키워서 적절한 수사법을 동원해 시문詩文을 지어 자신의 생각을 나타낼 수 있다.

중국 고대의 작가수양은 도덕 수양방법과 마찬가지로 독서를 통해 '도道'를 깨달았다. 책을 많이 읽으면 사물을 구별하는 변별력을 갖게 되고, 이러한 변별력은 그대로 이어져 작품의 시비를 감별하는 능력으로 전이된다. 문예창작은 어떠한 사물의 형상이나 이미지를 통해 작가 자신의 의중을 내비칠 뿐 아니라 전고典故를 통해 자신의 학문적 성취를 드러내기도 한다. 창작 주체인 작가는 서적을 통해 지식을 습득해야 한다.

육기는 "고적에서 마음을 기른다"[16]라고 말하여, 가장 일찍 고대 경전작품이 작가에게 글을 짓고자 하는 창작충동을 불러일으킨다는 점을 제기하였다. 그 후 유협은 작가의 작품이 독서를 통해 학문과 학식을 함양하여 만들어지는 것이지만 그 작가의 문학적 재능만큼은 천부적인 자질에 달려있다고 주장하였다. 이에 유협은 작가의 재능과 학식이 그 작품 속에 적절히 녹아들 때 그 작품은 절로 아름답고 뛰어날 것

16 (晉)陸機, 張少康 集譯, 『文賦集釋』(台北：漢京文化事業公司, 1987), 14쪽. "頤情志於典墳."

이라고 주장하였다.[17] 유협은 문학적 재능이 천부적인 자질에 있다고 하면서도 동시에 다음과 같은 점을 강조하였다.

> 경전의 뜻은 깊고 심원하며 그 수량 또한 광범하니, 실로 무수한 언어로 가득 찬 심오한 영역이요 기발한 생각으로 이루어진 신비로운 언덕이다. 양웅揚雄과 반고班固 이후로 그 서적의 도움을 취하지 않은 이가 없었으니, 힘가는 대로 밭 갈고 김매며 마음대로 사냥하고 물고기를 낚았으며, 칼을 집어 가를 수 있었고 기름진 부분을 잘라낼 수 있었다. 장차 재력을 풍부히 하고자 한다면, 견문을 넓히는 데 힘써야 한다. 여우 겨드랑이 가죽은 한 조각만으로는 능히 따뜻하게 하지 못하며, 닭 발바닥은 반드시 수천 개라야 배부를 수 있다.[18]

중국의 고대 문인들은 우수한 고전들을 통해 그 언어풍격과 예술기교를 배울 수 있을뿐더러 학식을 풍부히 하고 예술수양을 도야하고 문학적 재능을 증진시킬 수 있었다. 따라서 우수한 고전들을 깊이 연구하고 비판적으로 흡수하기만 한다면 작가에게 적지 않은 공부가 될 것임은 자명하다. 폭넓은 학식은 재능과 견식을 풍부하게 할 수 있어 천부적인 자질을 더욱 고양시키는 역할을 할 것이다.

책을 두루 읽어야한다는 기본 전제 아래, 소식은 26세 때 "두루 배우

---

17 (梁)劉勰, 王更生 註譯, 『文心雕龍讀本』(台北 : 文史哲出版社, 1991) 하편 권38, 「事類」, 169쪽. "夫薑桂因地, 辛在本性, 文章由學, 能在天資. 才自內發, 學以外成, 有學飽而才餒, 有才富而學貧. 學貧者, 迍邅於事義, 才餒者, 劬力勞於辭情; 此內外之殊分也. 是以屬意立文, 心與筆謀, 才爲盟主, 學爲輔佐; 主佐合德, 文采必霸, 才學褊狹, 雖美少功."

18 위의 책, 170쪽. "夫經典沈深, 載籍浩瀚, 實群言之奧區, 而才思之神皐也. 揚班以下, 莫不取資, 任力耕耨, 縱意漁獵, 操刀能割, 必列膏腴. 是以將贍才力, 務在博見, 狐腋非一皮能溫, 雞蹠必數千而飽矣."

면서도 문란하지 않고 깊이 생각하면서도 미혹되지 않는다"[19]라고 하였다. 참된 배움의 길은 깊은 사색을 통해 그 이치가 그리 될 수밖에 없는 연유를 얻어내는 것이다. 소식은 25세(1060)에 쓴 글에서 다음과 같이 말하였다.

> 무릇 배움의 어려움은 사사로움을 갖지 않는 것보다 더 어려운데, 사사로움을 갖지 않는 것의 어려움은 만물의 이치를 통달하는 것보다 더 어렵습니다. 그래서 만물의 이치를 통하지 못하면 비록 사사로움이 없기를 바란다 해도 불가능하다 하겠습니다. 자기가 좋으면 좋아하고 자기가 싫으면 싫어하기 때문에 자신을 믿으면 곧 미혹됩니다. 그러한 연고로 조용히 세상사를 잊고 묵묵히 지내면서 만물의 변화를 살피고 그 자연의 이치를 다하며 그 가운데에서 사리를 판단합니다. 그러한 과정을 거치지 않은 경우라면 이른바 옛 현인賢人의 학설이라 해도 취하지 못할 것이 있습니다.[20]

배움은 얼마나 지난한 길인가! 세상사의 이치를 깨닫는다는 것은 하루아침, 아니 때가 되면 저절로 깨우쳐지는 것이 아니다. 삼라만상의 모든 순환이 너무나 자연스럽다 하지만, 자연自然 그 자체가 신비하다 아니할 수 없다. 한 세상 스쳐 지나가는 우리의 삶으로는 성인이 아니고서야 어찌 심오한 이치를 터득하겠는가? 하지만 그보다 더 어려운 일이 있나니, 그건 눈앞에 펼쳐지는 현실 속에서 어떠한 편견도 갖지

---

19 『蘇軾文集』 제1책 권3, 「孟子論」, 96쪽. "博學而不亂, 深思而不惑."

20 『蘇軾文集』 제4책 권48, 「上曾丞相書」, 1379쪽. "凡學之難者, 難於無私. 無私之難者, 難於通萬物之理. 故不通乎萬物之理, 雖欲無私, 不可得也. 己好則好之, 己惡則惡之, 以是自信則惑也. 是故幽居默處而觀萬物之變, 盡其自然之理, 而斷之於中. 其所不然者, 雖古之所謂賢人之說, 亦有所不取."

않는 것이다. 문예창작에 국한해서 보더라도 자신의 사견私見을 배제하기란 결코 쉬운 일이 아니다. 그 사견이 그 본질을 흐릴 수 있기에 더욱 조심하지 않으면 안 된다. 진정한 학문의 길은 '배움學'에서 끝나는 것이 아니라 '깨달음覺'으로 가는 것인지도 모른다.

소식은 28세 가우嘉祐 8년(1063) 봉상부鳳翔府 첨판簽判으로 있을 시기에 다음과 같은 글을 썼다.

> 옛 사람들이 그 재주가 남달라 오늘 사람을 뛰어넘었던 것은 아니다. 그 평상시 거처함에 자신을 수양하면서 쉽게 등용되어 그 공명을 이루기를 기대하지 않았는데, 그 치학治學 방법이 조심스러워 마치 갓난아기가 잘 성장하기를 바라는 마음과 똑같았다. 수신함에 취약한 부분이 있거든 잘 보양하여 강하도록 하였고, 허약한 부분이 있거든 잘 보양하여 충만하도록 하였다. 삼십이 되어서야 벼슬길에 나가고 오십이 되어서야 작위를 받았다. 오랫동안 억눌린 가운데에서 펼쳐내었고 학문의 성취가 지극히 만족스런 상태가 된 후에 썼고 이미 물이 그릇에 넘쳐난 나머지 흘러내렸고 활시위를 팽팽히 잡아당긴 끝에 화살을 쏘았다. 이것이 바로 옛 사람들이 남을 크게 뛰어넘을 수 있었던 연유이자 오늘날의 군자가 거기에 미칠 수 없는 까닭인 것이다.[21]

그는 이 글에서 학문은 결코 쉽게 이루려 해서는 안 됨을 강조하였

21 『蘇軾文集』 제1책 권10, 「稼說」, 340쪽. "古之人, 其才非有以大過今之人也, 其平居所以自養而不敢輕用以待其成者, 閔閔焉如嬰兒之望長也. 弱者養之以至於剛, 虛者養之以至於充. 三十而後仕, 五十而後爵, 伸於久屈之中, 而用於至足之後, 流於既溢之餘, 而發於持滿之末, 此古之人所以大過人, 而今之君子所以不及也."

다. 이를 위해선 학문에 대한 신중한 자세가 반드시 필요하다. 여기서 그는 "두루 살펴두었다가 간략히 취하고, 두터이 쌓아두었다가 얇게 표출한다博觀而約取, 厚積而薄發"[22]라는 원칙을 제시한다. 그는 이 원칙을 고수해야만 학문의 넉넉함을 이룰 수 있다고 여겼다. 다시 말해서, 그는 독서를 통해 지식을 함양할 것을 주장하였는데, 취약하고 허약한 부분이 있거든 잘 보강하여 충만토록 하라고 하면서 책을 쌓아놓고 보지 않는 태도를 반대하였다. 그는 물이 그릇에 넘쳐난 나머지 흘러넘치고 활시위를 팽팽히 잡아당긴 끝에 화살을 쏘는 것처럼 자신의 수양이 온전히 갖추어져 충만할 때에 비로소 훌륭한 문장을 자연스럽게 지어낼 수 있다고 여겼다. 이러한 수양공부는 바로 『문심조룡文心雕龍』에서 "학식을 얻는 방식은 폭넓은 데 달려 있고, 사실을 인용하는 방법은 간결함을 귀히 여긴다. 교정하고 제련하는 퇴고방법은 정밀함에 힘써야 하고, 이치를 습득하는 논리구성은 반드시 핵실覈實하여야 한다. 이렇게 모든 미덕들이 바큇살처럼 한 작가에게 응집될 때 작가의 내면의 재능과 외부의 학식이 훌륭하게 발휘될 것이다"[23]라고 언급한 것과 동일한 견해라 하겠다.

문예 작품은 작가의 장기적인 노력에 의해 이루어지는 결실이다. 작가의 학문수양은 창작 이전의 과정이라 드러나진 않지만 무시할 수 없는 문예창작의 출발선이다. 소식은 40세(1075) 때 밀주密州시기에 지은 글에서 다음과 같이 말하였다.

---

22 위의 책.

23 (梁)劉勰, 王更生 註譯, 『文心雕龍讀本』(台北 : 文史哲出版社, 1991) 하편 권38, 「事類」, 170쪽. "綜學在博, 取事貴約, 校練務精, 捃理須覈, 衆美輻輳, 表裏發揮."

> 공자께서는 "나는 종일토록 먹지도 않고 밤새도록 자지도 않고 생각을 해 보았으나 무익했다. 차라리 배우느니만 못하였다"라고 말씀하셨다. 이를 통해 살펴보건대 배움을 내팽개치고 생각만 하는 것은 공자께서 금하시던 바였음을 알 수 있다. 그러나 (이러한 학문풍조가) 오늘날에는 숭상하는 바가 되었다.[24]

그는 당시 이른바 문인, 학자라 자부하는 이들이 서적을 책장에 쌓아둔 채 담론만 장황하게 펼쳐대는 시류에 대해 강한 불만을 토로하였다. 그는 공자 같은 성인聖人도 배움을 철폐하지 않았는데 그에 못 미치는 한낱 범인凡人이 배움을 멀리해서는 안 된다고 주장하면서 후천적인 학습의 중요성을 거론하였다.

다양한 독서의 함양을 위하여 소식은 40대인 중년시기에 두 가지 학습태도를 제시하였다. 그 중 하나는 책 속에 담긴 내용을 깊이 이해하여 깨닫는 것이다.

> 오늘날 우리 학자들의 병폐 역시 그러하다. 천문, 지리, 음악, 율력, 궁묘宮廟, 복기服器, 관혼상제 등의 법식, 『춘추春秋』의 버리고 취한 바, 예절의 옳은 바, 형법의 금하는 바, 역대의 흥망성쇠, 옛 위인들의 현명함과 모자람 등등은 모두 학자라면 의당 힘을 다해야 하는 바이다. 이것들로도 다 배웠다고 생각하기에는 부족하여 글로 기록되지 않았으나 구전되는 것까지 배웠다고 말했다. 자하子夏는 "나날이 그 사라지는 바를 알고 다달이 그 할 수 있

24 『蘇軾文集』 제2책 권12, 「鹽官大悲閣記」, 376쪽. "孔子曰, '吾嘗終日不食, 終夜不寢, 以思, 無益, 不如學也'. 由是觀之, 廢學而徒思者, 孔子之所禁, 而今世之所尙也."

> 는 바를 잊지 않는다. 이러해야 배움을 좋아한다고 말한 만하다"라고 말했다. 옛 학자들은 그 사라지는 바와 할 수 있는 바를 모두 하나둘 체크하여 날마다 달마다 알아볼 수 있었다. 오늘날의 배움에 있어서 사라진 바가 과연 무엇이며 할 수 있는 바가 과연 무엇인가?[25]

그는 공허한 생각만 하고 배움은 내버린 당시 유학儒學의 풍토를 신랄하게 비난하면서 천문, 지리, 음악, 율력, 궁묘, 복식, 기물, 관혼상제의 법까지 모두 힘써 배워야 한다고 주장하였다. 그 가운데 학문의 변화추이를 되짚어볼 수 있으며 이러한 학습태도가 있어야만 '호학자好學者'라 자부할 수 있는 것이다. 연이어 당시 불학佛學에 대한 잘못된 시각도 들추어내고 있다.

> 어찌 우리 것을 배우는 것뿐이겠는가! 불학을 배우는 자들에게 있어서도 역시 그러하다. 계율을 실천하며 불경을 강송講誦하고 불탑과 사원을 떠받들어 꾸미는 일들이 불가佛家에서 밤낮으로 사람들을 가르치는 방법이다. 그러나 교인들 중에 간혹 계율을 실천하는 것은 무심無心하느니만 못하고 불경을 강송하는 것은 무언無言하느니만 못하고 불탑과 사원을 꾸미는 일은 무위無爲하느니만 못하다고 여기는 이가 있다. 진정 그렇다면 이는 배불리 먹고 희희낙락하자는 것일 따름이다. 이는 불가佛家를 크게 기만하는 행위라 하겠다.[26]

25 위의 책. "今吾學者之病亦然. 天文, 地理, 音樂, 律曆, 宮廟, 服器, 冠昏, 喪祭之法, 『春秋』之所去取, 禮之所可, 刑之所禁, 歷代之所以廢興, 與其人之賢不肖, 此學者之所宜盡力也. 曰, 是皆不足學, 學其不可載於書而傳於口者. 子夏曰, '日知其所亡, 月無忘其所能, 可謂好學也已.' 古之學者, 其所亡與其所能, 皆可以一二數而日月見也. 如今世之學, 其所亡者果何物, 而所能者果何事歟?"

이를 통해 그는 어떤 학문이든 간에 공허한 망상에서 벗어나 실제 서적을 직접 대하면서 그 안의 지식을 얻어야 한다고 주장하였음을 알 수 있다.

또 다른 하나는 배움에 있어 어떠한 글이든 무조건적으로 받아들이지 말고 회의하며 객관화하라는 것이다. 이는 편견으로 자신의 배움을 막아서도 안 되거니와 혹시라도 그렇지 않을 것이라 여겨지는 것이 있다면 냉정히 살펴보아야 함을 말한다.

이러한 견해는 소식이 범진范鎭에게 회답한 서신에 잘 표현되어 있다. 불교를 배척했던 범진은 소식에게 서신을 보내어 불상을 만들어 불국토佛國土를 희구하는 것은 마치 누룩에 독이 있어 그것으로 만든 술을 마시면 정신이 몽롱해지는 것과 같다는 표현을 쓰면서 불교를 애호했던 소식에 대해 안타까움을 전하였다. 이에 대해 소식은 45세(1080) 때 황주黃州 폄적貶謫시기에 범진에게 보낸 서신에서 다음과 같이 말하였다.

> 공께서 저를 서글퍼하며 구원하려 하시는데, 구하려는 연유를 묻고자 합니다. 제가 어떤 사람입니까? 저는 감히 공의 생각을 그르다 하지 못합니다. 공께서 장차 유가儒家의 인의仁義를 세워 성곽의 해자로 삼고 『시경詩經』, 『서경書經』 같은 유가의 경전을 노로 삼고자 하시는데, 배 안이 온통 적국 사람들이라면, 비록 공이 성덕盛德을 지녔다 해도 저는 역시 그 승패의 관건을

26 위의 책. "豈惟吾學者, 至於爲佛者亦然. 齋戒持律, 講誦其書, 而崇飾塔廟, 此佛之所以日夜敎人者也. 而其徒或者以爲齋戒持律不如無心, 講誦其書不如無言, 崇飾塔廟不如無爲. 其中無心, 其口無言, 其身無爲, 則飽食而嬉而已, 是爲大以欺佛者也."

아직 모르겠습니다. 바라옵건대 공께서 정숙한 방에 편안히 앉아 항상 이 생각을 해보시어 저들이 백성들의 성性을 현혹시켜 생겨나는 일에 안위할 수 있음을 살펴보시고 또한 공께서 백성들의 마음을 구해서 어떤 형국을 조성하려 하는지를 살펴보시기를 바랍니다. 이쪽에서 아직 제대로 정립하지 못하였으니 저쪽에서는 또 무엇에 의지하겠습니까? 비록 진짜 석가모니라 해도 옷깃을 여미며 삼감이 마땅하거늘 하물며 배우는 자에 있어서야 더 말해 무엇 하겠습니까![27]

해학적으로 쓴 글이지만 자신과 다른 견해에 대하여 취해야 할 방도를 알려주고 있다. 폭넓은 독서를 하려면 그 근저에는 남다른 심미안을 갖추고 있어야 한다.

옛 작가들은 성인聖人이 아니었기에 모두 치우치는 바가 있었다. 그들의 치우친 바를 따라가자니 이미 넘쳐흐르고, 그 뛰어난 바를 없애버리자니 너무 가혹하였다. 이 두 가지는 모두 '참된 배움善學'이 아니다. 군자는 자신의 올바름으로 남의 바르지 않음을 알고 남의 바르지 않음으로 그 자신의 아직도 올바르지 못한 바가 있음을 안다. 남을 바로잡는데다가 돌이켜 자신도 바로잡는다. 이것이 바로 잘못을 줄여 공명功名을 이루는 방법이다. 옛날 한유韓愈는 순자荀子와 양웅揚雄의 허물을 논하였으나 한유의 허물은 순자나 양웅보다 심했고, 순자는 전국戰國시대 여섯 부류 학파의 폐단을 꾸짖었으

27 『蘇軾文集』 제4책 권50, 「答范蜀公十一首(之四)」, 1447쪽. "公欲哀而救之, 問所以救者. 小子何人, 顧不敢不對. 公方立仁義以爲城池, 操詩書以爲干櫓, 則舟中之人, 盡爲敵國, 雖公盛德, 小子亦未知勝負所在. 願公宴坐靜室, 常作是念, 觀彼能惑之性, 安所從生, 又觀公欲救之心, 作何形段. 此猶不立, 彼復何依, 雖黃面瞿曇, 亦當斂衽, 而況學之者耶!"

나 순자의 폐단은 그들보다 결코 아래가 아니었다. 반고班固가 사마천司馬遷을 논함에 시비是非로 성인을 그르쳤다고 여겼고, 범엽范曄이 반고를 논함에 눈으로 가을터럭은 보면서 속눈썹은 보지 못한다고 여겼다. 이제 와서 살펴보면, 범엽의 『후한서後漢書』가 과연 자신이 말한 속눈썹에 대한 논지에서 벗어났다고 보는가? 아마도 아닐 것이다. 하지만 어느 누구도 그것을 바로잡은 자가 없었다.[28]

학자 정신에서 우리가 매우 조심해야 할 바는 텍스트 내지 전범을 맹신하는 데 있다. 옛 작가들은 진정 성인이 아니었기에 완벽할 수는 없었다. 이 글은 한유나 범엽의 잘못이 누구보다 크다는 데 중점이 있는 것이 아니라, 우리가 한유나 범엽이 전대의 인물을 평한 것에만 그치고 그 당사자들의 평가를 훗날로 미룬다면 이 또한 '참된 배움善學'이라 할 수 없다는 것이다.

소식이 이 글에서 말한 '참된 배움'이란 말은 애매할 수 있는 말이지만, 그 본질을 살펴보면 모든 학술사상에 대한 객관적 학습태도라 말할 수 있다. 그 옛날 제자백가諸子百家의 사상에서부터 당시 유불도儒佛道의 철학에 이르기까지 무엇을 학습하든 한 쪽을 고수한 채 다른 한 쪽을 홀시해서는 안 된다. 왜냐하면 이러한 태도는 그 단점을 찾아내는 데에는 도움이 될지 모르나 그 철학사상이 생성될 수밖에 없는 고

---

28 『蘇軾文集』 제1책 권7, 「私試策問八首・諸子更相譏議」, 205쪽. 이 문장은 지은 시기를 명확히 알 수 없다. "古之作者, 苟非聖人, 皆有所偏. 徇其偏則已流, 廢其長則已苛. 二者皆非所謂善學也. 君子以其身之正, 知人之不正, 以人之不正, 知其身之有所未正也. 旣以正人, 又反以正已. 此所以寡過而成名也. 昔者韓子論荀, 揚之疵, 而韓子之疵, 有甚於荀, 揚. 荀卿譏六子之蔽, 而荀卿之蔽不下於六子. 班固之論子長也, 以爲是非謬於聖人, 而范曄之論班固也, 以爲目見毫毛而不見睫. 自今而觀之, 不知范氏之書, 其果逃於目睫之論也歟? 其未也. 而莫或正之."

유한 장점을 너무나 쉽게 잊어버리기 때문이다. 학문의 진리를 좇고자 했던 공부工夫가 결국 스스로 초래한 편견으로 말미암아 학문의 본령은 저 멀리 떠나가 버리는 것이다.

소식은 유배지인 황주黃州에서 돌아와 복직한 후 56세(1091) 때 영주潁州에서 지은 제문祭文에서 모든 사상이 결국에는 하나로 귀착된다는 점을 깨닫는다.

> 슬프구나! 유가儒家와 도가道家의 문이 다르고 유가와 불가佛家의 집이 다르며, 또 그 사이에 선종禪宗과 율종律宗이 서로 공박하는구나. 나는 큰 바다가 북쪽과 남쪽 그리고 동쪽에 있음을 보았노라. 장강長江과 황하黃河는 비록 줄기가 다르나 그 물줄기가 마지막에 이르는 곳은 같구나.[29]

이 글에서 소식은 유가의 도뿐만 아니라 불가의 도·도가의 도까지 융화시키고 있다. 그는 모든 물길이 한데 모이는 대해大海처럼 어떠한 편견에도 치우치지 않고서 이것저것 모두 통합하였다. 소식의 이러한 관점은 어떤 사상을 계승하느냐에 있는 것이 아니라 얼마나 사견私見 없는 보편타당한 진리에 도달하느냐에 있었다. 그가 이룬 문학예술의 성취는 유가의 인의仁義를 바탕으로 한 전통적인 외길만을 고수했던 사람들보다 그 종횡의 폭이 더 넓고 뜻이 더 깊으며 기지가 더 넘쳐날 수 있었으며 불후의 생명력으로 약동할 수 있었다.

20대에 주장했던 '박관약취博觀約取(두루 살펴 간략히 취함)' 관점은 만년

---

29 『蘇軾文集』 제5책 권63, 「祭龍井辯才文」, 1961쪽. "嗚呼. 孔老異門, 儒釋分宮. 又於其間, 禪律相攻. 我見大海, 有北南東. 江河雖殊, 其至則同."

시기 혜주惠州에 있을 때에도 변함이 없었다.

> 무릇 사람이 문학작품을 창작하다가 늙어서 젊은 날의 작품을 후회하는 경우가 많이 있는데, 저도 일찍이 젊은 시절 지은 작품을 후회했었습니다. 하지만 일가지언一家之言(독특한 자신만의 창작법식)을 이룸에 있어서는 추호도 후회함이 있어서는 안 되나니, 마땅히 두루 살펴두었다가 간략히 취해야 할 것입니다. 이는 마치 부자가 대저택을 축조함에 그 건축자재들을 쌓아두었다가 (그 자재들이) 이미 충분해진 후에야 (대저택을) 완성하고 그리고서야 소유하게 되는 것과 매 한가지라 하겠습니다.[30]

소식은 많은 작품을 저술하는 것도 중요하지만 '일가지언'을 이루는 것이 더 중요하며 '일가지언'을 이루려면 먼저 "두루 살펴두었다가 간략히 취해야博觀而約取" 한다고 주장하였다. 문예창작하기에 앞서 작가는 장기간의 많은 학문적인 축적을 해야 한다는 말이다. 문학작품의 내실을 충실히 하기 위해서, 소식은 '박관약취'의 방식을 주장하였다. 학습을 통해 축적된 지식은 집을 지을 때 쓰이는 건축자재와 같아서 문의文意를 엮는 훌륭한 재원이 될 수 있다. 이는 바로 왕정덕王正德이 "소식이 남들을 가르칠 때, 『전국책戰國策』을 읽게 한 것은 그 안에 보이는 학설의 이해득실을 알게 하려고 한 것이고, 『논어論語』와 『맹자孟子』 그리고 『예기禮記 · 단궁檀弓』 등을 숙독해야 한다고 한 것은 포부와

30 『蘇軾文集』 제4책 권53, 「與張嘉父」, 1564쪽. 같은 글이 『經進東坡文集事略』 하책 권47의 799쪽에 「答張嘉父書」로 기재되어 있다. "凡人爲文, 至老多有所悔, 僕嘗悔其所少作矣, 然著成一家之言, 則不容有所悔, 當且博觀而約取, 如富人之築大第, 儲其材用, 旣足, 而後成之, 然後爲得也."

의취意趣를 올바르고 타당하게 하려고 한 것이며, 한유韓愈와 유종원柳宗元의 문장 수백 편을 읽게 한 것은 글짓기의 면모를 알게 하려고 한 것이다"[31]라고 말한 것과 일치한다. 이를 통해 소식이 얼마나 고인의 서적을 두루 읽어 학식을 넓히는 데에 애를 썼고 자신뿐만 아니라 주변 사람들을 가르칠 때에도 이를 매우 강조하였음을 알 수 있다.

소식은 배움에 있어 지름길을 찾지 말고 반드시 하나하나 차근차근 학습해야 한다는 논조 하에 책을 읽는 방법에 대해 좀 더 구체적인 견해를 60세(1095) 때 혜주惠州 폄적貶謫시기에 왕상王庠에게 보낸 서신에서 밝히고 있다.

> 어려서부터 학문을 하려고 마음먹은 사람이라면 한 권의 책마다 몇 번씩 완독完讀해야 한다고 저는 생각합니다. 책은 마치 바다에 뛰어드는 것처럼 풍부하여 온갖 것들이 다 있다 하겠습니다. 하지만 인간의 힘으로는 (한계가 있어) 모든 것을 다 취할 수 없고 다만 구하고자 하는 것을 얻을 뿐입니다. 그러므로 배우려는 사람은 (책을 읽음에) 매번 한 마음으로 구해야 합니다. 예를 들어 고금古今의 흥망치란興亡治亂에 대한 원인과 성현聖賢의 작용을 구하려고 한다면, 오직 그 의도로 읽어 내려가야지 다른 잡념이 일어서는 안 됩니다. 다른 생각이 한 차례 다시 떠올라 사적事迹, 옛 사실, 전장, 문물 등의 유를 구하고자 한다면, 역시 이와 같이 해야 합니다. 다른 것을 찾고자 해도 모두 이러한 방식을 따릅니다. 이러한 방법이 비록 우둔하다고 해도, 훗날 배움이 이루어져 갖가지 어려움을 맞닥뜨린다면 여러 책들을 두루

31 『餘師錄』(四庫全書本) 권4. "東坡教人讀『戰國策』, 學說利害; 又須熟讀『論語』, 『孟子』, 「檀弓」, 要志趣正當; 讀韓, 柳文數百篇, 要知作文體面."

보지만 깊이 살피지 못하는 자들과 같이 한날한시에 놓고 말할 수 없을 것입니다.[32]

이 글에서 그는 마구잡이식의 독서는 아무런 보탬이 되지 않는다고 여겨 '일의구지一意求之'의 방법을 제시하였다. 이는 한 권의 책을 읽으면서 얻으려고 하는 생각들을 한 번에 한 가지씩 염두하며 여러 차례 읽는 것을 뜻한다. 소식은 한 권의 책을 여러 번 읽어야 비로소 읽었다고 할 수 있으며, 조금이라도 기교를 부려 책을 읽는다면 이는 올바른 치학 방법으로 나가는 길이 아니라고 여겼다. 하지만 '일의구지'라고 하여 한 권의 책을 여러 번 읽기만 해서는 안 되고 자신이 이 책에서 얻으려고 하는 생각들을 한 번에 한 가지씩 염두하며 읽어야 한다. 소식은 독서의 방법론적인 측면에서 정독精讀에 기초한 다독多讀을 주장하였다고 하겠다.

문예창작의 비결은 그 무엇이 별달리 있는 것이 아니라 다만 많이 읽고 많이 배우고 많이 쓰는 것 외에는 별 다른 방책이 없다. 작가란 모름지기 "선인들의 언행을 많이 알아야多識前言往行"[33] 창작의 내실을 충만하게 하여 창작능력을 고양시킬 수 있다. 학문하는 데에도 가장 효과적인 학습방법은 바로 경전을 두루 섭렵하는 것 만한 것이 없다. 대

32 『蘇軾文集』 제5책 권60, 「與王庠五首(之五)」, 1822쪽. 같은 글이 『經進東坡文集事略』(郎曄 選註, 龐石帚 校訂, 홍콩 : 中華書局, 1979) 하책 권46의 785쪽에는 「又答王庠書」로 기재되어 있다. "卑意欲少年爲學者, 每一書, 皆作數過盡之. 書富如入海, 百貨皆有之, 人之精力, 不能兼收盡取, 但得其所欲求者耳. 故願學者, 每次作一意求之. 如欲求古人興亡治亂聖賢作用, 但作此意求之, 勿生餘念. 又別作一次求事迹故實典章文物之類, 亦如之. 他皆倣此. 此雖迂鈍, 而他日學成, 八面受敵, 與涉獵者不可同日而語也."

33 劉勰은 「事類」편에서 『周易』의 大畜卦에 보이는 象辭를 원용하여 학습의 중요성을 강조하였다.

체로 경사經史를 두루 읽고 시서詩書를 겸비하여 갖춘다면 작가의 학문 세계는 절로 확 트이고 밝아질 것이다.

2. 관찰 체험 – '흉유성죽胸有成竹'을 '이문목견耳聞目見'으로 구체화

문예창작은 외부 환경에 감흥感興하여 일어난다. 세상은 광대하고 사물 또한 천차만별이라 제각기 특징이 있다. 그래서 사물의 특징을 제대로 파악하려면 세밀한 관찰이 선행되어야 함은 마땅하다. 이를 통해 작가는 독자에게 선명한 인상을 주어 책을 읽고 난 후에도 참 모습을 상상할 수 있게 한다. 작가가 사물의 특징을 제대로 파악하지 못한다면 마치 카메라 렌즈의 초점이 맞지 않아 현상한 사진이 흐릿하고 불명확하듯이 결과적으로 독자 또한 똑같은 인상을 받을 수밖에 없다. 경치를 그리든 사실을 기술하든 관찰을 통해 사물의 특징을 파악하는 것은 문예창작에 있어서 매우 중요한 요건이다.

'관찰Observation'이란 객관세계를 직접 이해하고 인식하는 방법으로, 주체가 어떠한 목적 하에 외부세계를 계획적으로 탐색하여 정보를 캐는 지각활동이다.[34] 자연의 이치와 만물의 정감은 직접 관찰하여야만 이해의 폭이 깊을 수 있기에, 중국 고대 문예평론가들은 작가수양

34 王先霈, 「作爲藝術思維方式的體驗」, 『荊州師範學院學報(社會科學版)』(1999년 제3기), 82쪽.

방면에서 관찰을 자연스레 중시하였다. 유협은 "천 편의 곡목을 연주해 본 연후에 음악을 알 수 있고, 천 개의 칼을 살펴본 연후에 칼의 성능을 알 수 있다. 이와 마찬가지로 이 세상에 완벽하게 비추어진 물상은 두루 살펴보는 것을 최우선으로 힘써야 한다"[35]라고 말하였다. 숙련된 창작표현은 자신의 풍부한 생활경험을 철저히 관찰하는 것에 의해 비롯된다. 작가는 세밀한 관찰을 통해 사물의 이치를 깊이 헤아리고 탐구하여 시시비비를 판단한다.

당송唐宋 이후 대다수 문예창작자들은 현실에 관심을 두어 직접 사회에 참가하여 자신의 포부를 실현시키려 하였기에 현실 생활에 대한 관찰을 더욱 강조하였다. 송대宋代 구양수歐陽脩는 다음과 같이 말하였다.

> 배우는 사람이라면 처음부터 도道를 터득하려 하지 않은 적이 없었으나 그 경지에 이른 자가 거의 없다. 이는 도가 사람에게서 멀리 있어서가 아니라, 배우는 사람이 무언가에 빠지는 경우가 있기 때문이다. 대체로 문장이 말을 이룸에 있어, 지극히 뛰어나 기쁨을 느낄 만큼 되기는 어렵지만 우쭐하여 스스로 만족하기는 쉬운 법이다. 세상에 배운다 하는 사람들은 왕왕 거기에 빠져, 어쩌다 한 가지라도 뛰어나면 곧 "내 배움은 족하다"라고 말한다. 심한 경우에는 온갖 일을 다 내버리고 관심조차 갖지 않고서 "나는 문인이니, 문장 짓는 일을 직분으로 삼을 뿐이다"라고 말한다. 이것이 바로 도에 이른 자가 거의 없게 된 연유이다.[36]

35 (梁)劉勰, 王更生 註譯, 『文心雕龍讀本』(台北 : 文史哲出版社, 1991) 하편 권48, 「知音」, 352쪽. "凡操千曲而後曉聲, 觀千劍而後識器; 故圓照之象, 務先博觀."

36 (宋)歐陽脩, 「答吳充秀才書」. 『歐陽脩全集』(北京 : 中國書店, 1986~1992), 『居士集』 권47, 321~322쪽. "夫學者未始不爲道, 而至者鮮. 爲非道之於人遠也, 學者有所溺焉爾. 蓋文之爲言, 難工

여기에서 구양수는 당시 문단의 그릇된 폐단은 학자들이 도의 경지에 이르지 못하였기 때문이라고 지적하면서 그렇게 된 두 가지 원인을 들고 있다. 그 하나는 과거에 급제하여 공명을 얻으면 스스로 만족하고는 더 이상 학문에 진력하지 않는 것이고, 또 다른 하나는 현실생활에 대해선 전혀 관심을 두지 않고 글 짓는 일에만 전념하는 것이다. 구양수의 관점에서 보자면 문장을 말하거나 도를 논하거나 상관없이 모두 현실생활에 관심을 두어야하는 것이다. 어떠한 문예창작이라 하더라도 반드시 풍부한 생활경험의 축적을 통해야만 독자의 심중에 작가의 진정이 느껴질 수 있다.

소식은 한때 황제를 곁에서 모시기도 했지만 당시 정쟁의 희생양으로 누추한 신세가 되어 여러 곳을 떠돌아다니면서 다양한 사람들과 교유하기도 하였다. 이러한 그의 풍부한 경험은 문예창작활동에 있어서도 직접 체험을 통한 객관성을 담보로 할 수 있었고, 또한 이를 통해 문예창작의 영감이 용솟음칠 수 있었을 것이다.

소식은 40세(1075) 때 지은 글에서 "무릇 사물은 모두 볼만한 것을 가지고 있다. 진실로 볼만한 것은 모두 즐길만한 것이 있지만 반드시 기괴하고 웅장한 것은 아니다"[37]라고 하면서, 모든 사물은 사람의 욕망을 만족시킬 수 있으며 그 물건이 화려해서도 그렇다고 특이해서 즐기는 건 아니라고 생각했다. 심지어 인사人事나 정치사회에 관한 일에 있어서도 관찰을 통해 이해득실을 밝혀 사람들에게 내보일 수 있다. 하지

而可喜, 易悅而自足. 世之學者往往溺之, 一有工焉, 則曰: 吾學足矣. 甚者, 至棄百事, 不關於心, 曰: 吾文士也, 職於文而已. 此其所以至之鮮也."

37 『蘇軾文集』 제2책 권11, 「超然臺記」, 351쪽. "凡物皆有可觀. 苟有可觀, 皆有可樂, 非必怪奇瑋麗者也."

만 작가에게 영감을 불러일으키는 것들은 역시 우주와 자연의 관찰을 통해 생겨나기 마련이다. 그래서 「남행전집문서南行前集敍」(24세, 1059년)에서 "산천 경치의 수려함과 풍속의 질박함 그리고 현인과 군자의 유적들, 눈과 귀로 직접 접하는 모든 것들이 한데 섞이어 마음속에 와 닿아 절로 입을 통해 시詩로 발하였다"[38]라고 한 것이고, 「적벽부赤壁賦」(47세, 1082년)에서 "오직 강 위의 맑은 바람과 산 사이에 있는 밝은 달은 귀로 들으면 음악이 되고, 눈으로 보면 아름다운 풍경이 된다. 그것을 가진다해도 누구도 금할 수 없고, 아무리 써도 없어지지 않는다. 이것은 조물주의 다함이 없는 창고이다"[39]라고 하여 우주와 인사가 작가의 창작에 미치는 영향을 언급하였다.

문예창작은 현실 생활에 근간을 두고서 진솔한 감정을 표현하는 것을 최고로 친다. 따라서 작품은 생활의 참된 정감을 잘 나타내야 하고 작가의 가슴속 성정까지도 그 작품에 토해내야 한다. 그러기 위해서는 먼저 외부 경물에 대한 각별한 심득心得이 선행되어야 하겠다. 그래서 유협은 창작이란 바로 작가가 "강산의 도움江山之助"을 받아 일구어낸 성과물이라 말하였다.[40]

---

38 『蘇軾文集』 제1책 권10, 「南行前集敍」, 323쪽. "山川之秀美, 風俗之朴陋, 賢人君子之遺跡, 與凡耳目之所接者, 雜然有觸於中, 而發於詠歎."

39 『蘇軾文集』 제1책 권1, 「赤壁賦」, 6쪽. "惟江上之淸風, 與山間之明月. 耳得之而爲聲, 目遇之而成色. 取之無禁, 用之不竭. 是造物者之無盡藏也."

40 (梁)劉勰, 王更生 註譯, 『文心雕龍讀本』(台北 : 文史哲出版社, 1991) 하편 권46, 「物色」, 302~303쪽. "詩人들의 景物에 느껴 이어지는 聯想들이란 너무나 무궁무진하다. 그들은 삼라만상들 가운데서 헤어나지 못한 채 푹 빠져서 눈으로 보고 귀로 들을 수 있는 그 세계 안에서 신음한다. (내용상에 있어) 景物의 안 기운과 바깥 모습을 그려냄에 이미 그 景物에 따라 완곡하게 詩로 표현하는데다가 (형식상에 있어) 아름다운 辭采와 聲律을 입힘에 또한 마음과 더불어 이리저리 떠돈다. (…중략…) 산과 숲, 고원과 광야는 실로 문학적 상상력의 보고라 할 수 있다. 그러나 언어의 사용이 지나치게 간결하면 묘사가 불충분해질 것이며, 또 지나치게 상세하면 필요 이상으로 번잡해질 것이다. 屈原이 『國風』과 『離騷』에

외부 자연경물에 대한 직접체험을 통해 창작으로 승화시킨 이는 소나무 그림에 뛰어났던 당대唐代 화가 장조張璪였다. 그는 자신의 경험에 비추어 예술 창작은 "밖으로는 자연의 조화造化를 스승 삼고 안으로는 마음의 원천을 체득해야" 한다고 주장하였다.[41] 여기서 '조화'란 바로 작가가 생활하는 공간 속 자연경물의 조화를 가리킨다. 작품이 객관적 사물과 주관적 감정의 상호작용으로 생겨난 결과물이라면, 작가는 객관적 사물에서 섭취한 창작 원료를 이용하여 대상을 묘사하는 데에만 그쳐서는 안 되고 여기서 더 나아가 그가 표현하고자 하는 대상에 대한 분석과 연구를 깊이 있게 선행하여야 한다.

당대에 말 그림으로 유명했던 한간韓幹과 이공린李公麟도 그림의 주 대상인 말에 대하여 깊은 심득心得을 갖추고 있었다. 그들은 살아있는 말을 몸소 관찰하여 그려내었지 판에 박힌 유명화가의 작품을 흉내 내려고 애쓰지 않았다.[42] 실생활에 기초한 관찰은 대상을 사실적이면서

스며있는 情態를 철저하게 파악할 수 있었던 것도 自然江山의 도움이 아니었겠는가![詩人感物, 聯類不窮. 流連萬象之際, 沉吟視聽之區; 寫氣圖貌, 旣隨物以宛轉; 屬采附聲, 亦與心而徘徊. (…중략…) 若乃山林皐壤, 實文思之奧府, 略語則闕, 詳說則繁. 然屈平所以能洞監風騷之情者, 抑亦江山之助乎!]"

41 (唐)張彦遠, 『歷代名畫記』(台北 : 台灣商務印書館, 1975) 권10, 318쪽. "庶子 출신인 畢宏은 대대로 명성을 떨치고 있었는데, 한번은 張璪의 그림을 보고는 경탄해 마지않았다. 특히 畢宏은 단지 끝이 뭉툭한 붓만 사용하고 간혹 가다가 직접 손으로 비단 바탕을 문질러 그리는 것을 기이하게 여겼다. 이로 인하여 張璪에게 어디에서 이런 기술을 배웠는지 물었다. 이에 張璪가 '밖으로는 자연의 조화로움을 스승 삼고 안으로는 마음의 원천을 체득하였다'라고 하자, 畢宏은 그만 붓을 꺾고 말았다[畢庶子宏, 擅名於代, 一見驚歎之, 異其唯用禿毫, 或以手摸絹素. 因問璪所受?璪曰 : '外師造化, 中得心源'. 畢宏於是閣筆]."

42 (宋)羅大經, 王瑞來 校點, 『鶴林玉露』(北京 : 中華書局, 1983~1997) 丙編 卷之六, 「畫馬」, 343쪽. "唐 玄宗은 韓幹에게 궁궐에 소장한 말 그림을 살펴보라고 명하였다. 이에 韓幹은 '꼭 볼 필요는 없습니다. 폐하의 마구간에 있는 만 필의 말들이 모두 신의 스승입니다.'라고 말하였다. 李公麟은 말을 기막히게 잘 그렸다. 曹輔가 太僕卿으로 있을 때이다. 太僕의 마구간에는 나라의 말이 모두 있었다. 李公麟은 매번 이곳을 지날 때면 꼭 종일토록 자유롭게 살펴보았는데, 손님과 말을 나눌 겨를도 없을 지경이었다. 대체로 말을 그리는 화가

생동감 있게 형상화할 수 있다. 자연경관을 묘사하려면 그 대상물을 자세히 관찰하여 체득하여야만 제대로 그려내고 써내려 갈 수 있다.

한 작품의 감화력이 강렬한지 아닌지를 판별하는 기준은 작가가 풍부하고도 진실한 생활경험을 몸소 겪고 살펴보았는지에 의해 결정된다. 만약 체험하지 않거나 혹은 세심한 관찰 없이 표현한 작품이라면 거짓으로 흘러 아무런 가치가 없는 것으로 전락할 수 있다. 소식은 이러한 경우를 33세(1068) 때 지은 두 편의 글에서 다음과 같이 기술하고 있다.

> 황전黃筌이 날아가는 새를 그렸는데, 목과 발을 모두 펼쳐놓았다. 어떤 이가 "하늘을 나는 새는 목을 수그리면 발을 펴고 발을 쪼그리면 목을 편다. 둘 다 펴는 경우가 없다"라고 말하였다. 이에 직접 관찰해보니 진실로 그러하였다. 그제야 사물을 자세히 살펴보지 못한 대상이라면 대단한 화가라 해도 능할 수 없다는 것을 알았다. 하물며 대도大道에 있어서야 더 말해 무엇 하리![43]

> 촉蜀지역에 사는 두杜 처사는 서화書畫를 좋아하여 보물처럼 여기는 작품이 백여 점이나 되었다. 그 가운데 대숭戴嵩이 그린 한 폭의 소 그림을 유독

라면 반드시 먼저 온전한 말이 가슴속에 있어야 한다. 만약 정신을 한 데 모아 그 말의 神俊함을 감상할 수 있고 이 과정을 오래할 수 있다면, 가슴속에 온전한 말이 있게 된다[唐明皇令韓幹觀御府所藏畫馬, 幹曰, '不必觀也, 陛下廐馬萬疋, 皆臣之師.' 李伯時工畫馬, 曹輔爲太僕卿, 太僕廨舍國馬皆在焉, 伯時每過之, 必終日縱觀, 至不暇與客語. 大概畫馬者, 必先有全馬在胸中. 若能積精儲神, 賞其神俊, 久久則胸中有全馬矣]."

43 『蘇軾文集』 제5책 권70, 「書黃筌畫雀」, 2213쪽. "黃筌畫飛鳥, 頸足皆展, 或曰, '飛鳥縮頸則展足, 縮足則展頸, 無兩展者'. 驗之, 信然. 乃知觀物不審者, 雖畫師且不能, 况其大者乎!"

애호하여 비단 주머니에 넣고 옥돌로 축을 만들어 항상 휴대하였다. 하루는 서화를 햇볕에 말리는데, 한 목동이 그 그림을 보고는 박장대소를 하며 "이 그림은 소싸움을 그린 것이군요. 한데 소는 싸울 때 힘이 뿔에 있어 꼬리는 양다리 사이에 집어넣는데, 지금 이 그림은 꼬리를 늘어뜨리고 싸우고 있으니 잘못되었습니다"라고 말하였다. 처사도 웃으며 그렇다고 여겼다. "밭가는 일은 응당 남자 종에게 묻고, 길쌈하는 일은 마땅히 여자 종에게 물어봐야 한다"라는 옛말이 있는데, 불변의 이치이다.[44]

대숭戴嵩의 〈투우도鬪牛圖〉
대북 국립고궁박물원 소장

작가가 물리를 제대로 파악하지 못한 채 어떤 대상을 잘못 표현한 경우가 있다면 이는 그 대상에 대한 인식 부족과 관찰 미숙에 기인한다. 소식은 대숭과 같은 유명화가라 해도 세상을 정확히 묘사하려면 반드시 직접 관찰해야만 한다고 지적하였다. 그렇지 않으면 그릇된 묘사를 할 수밖에 없다. 화가가 그리고자 하는 대상의 물리를 제대로 파악하지 않고서는 대상의 온전한 인식이 결과적으로 결여되기 십상이

44 『蘇軾文集』 제5책 권70, 「書戴嵩畫牛」, 2213～2214쪽. "蜀有杜處士, 好書畫, 所寶以百數. 有戴嵩牛一軸, 尤所愛, 錦囊玉軸, 常以自隨. 一日曝書畫, 有一牧童見之, 拊掌大笑, 曰, '此畫鬥牛也, 牛鬥力在角, 尾搐入兩股間. 今乃掉尾而鬥, 謬矣!' 處士笑而然之. 古言有云, '耕當問奴, 織當問婢', 不可改也."

다. 물리를 제대로 파악치 못한 채 표현한 작품은 결국 대중의 웃음거리가 된다.

시문을 짓는 것 또한 그림 그리는 것과 마찬가지다. 모든 문예창작은 직접 관찰과 체험을 통해 비롯되는 것이어서, 문예창작을 하는 작가나 화가는 우리 생활주변을 더욱 깊이 이해해야 한다. 문예창작이란 장기간의 세밀한 관찰을 거친 후에야 마음속에 한 폭의 분명한 예술 형상을 구현할 수 있으며, 이러한 형상이 일단 무르익으면 그림 속의 사람이 마치 부르면 나올 듯이 너무나도 생동감 있게 표현해낼 수 있다.

작가로 성공하려면 물리物理를 우선 체득해야 한다. 문동文同은 대나무 그림을 유난히 잘 그렸는데, 그 이유는 바로 그가 대나무를 너무 좋아하였기 때문이다. 그가 양주태수洋州太守로 있을 때엔 아예 운당곡篔簹谷에 죽림竹林을 조성하여 정자를 지을 정도여서 "아내와 죽림 가운데를 노닐고 죽순을 익혀 저녁끼니로 먹었다"[45]라고 하니, 대나무의 생장과정을 누구보다 잘 알고 있었을 것은 자명한 일이다. 그는 온갖 대나무를 직접 살펴보고서 대나무의 '도道'를 파악할 수 있었다. 소식은 35세(1070) 때 문동의 대나무 그림에 대해 평하면서 문동이 그 이치를 터득하였다고 말하였다.

> 문동만이 홀로 대나무를 깊이 있게 체득하여 대나무가 어진 까닭을 알았다. 온화한 얼굴로 담소하고 붓을 휘둘러 먹을 뿌리고 떨쳐 신속하게 그려 대나무의 덕을 곡진히 표현한다. 어리고 장대하며 시들고 늙은 모습이나 쓰

---

45 『蘇軾文集』 제2책 권11, 「文與可畫篔簹谷偃竹記」, 366쪽. 이 문장은 蘇軾 44세(1079년)에 지은 작품이다. "與其妻游谷中, 燒筍晚食."

러지고 끊어지며 굽고 뻗은 형세를 모두 드러낸다. 풍설이 세찬 겨울에 그대의 절조를 볼 수 있고, 낭떠러지 암벽 틈새에서 그대의 절개에 미친다. 뜻(좋은 조건)을 얻어 무성해져도 교만해지지 않고, 뜻을 얻지 못하여 수척해지더라도 욕스럽게 보이지 않는다. 무리 속에 거한다고 해도 의지하지 않고, 홀로 서있어도 두려워하지 않는다. 문동이 대나무를 대함에 있어서 그 정情을 얻어 그 성性을 곡진히 표현하였다.[46]

문동은 대나무의 모든 성정性情을 깊이 간파하고서야 대나무를 제대로 그려낼 수 있었다. 여기서 언급한 '정情'과 '성性'은 작가 자신이 추구하는 이상과 융화되어 대나무를 통해 재현된 것이다. 화가 문동과 대상물 대나무는 그림을 통해 하나가 되었다. 가슴속으로 대상물의 전성全性과 상리常理를 체득해야만 그 대상을 제대로 표현하여 '물화物化'의 경지에 이를 수 있으며, 이 상태에서 일구어낸 작품이 진정 신사神似, 언외지의言外之意의 최고경계에 오를 수 있다. 소식은 어떤 사물을 그리건 간에 성정을 파악하는 일이 무엇보다 중요하다는 것을 인식하였다.

소식은 36세(1071) 때 물상에 대한 본질을 규명하는 진일보한 관점을 제시하였다.

나는 예전에 그림을 논했던 적이 있는데, 다음과 같이 생각했었다. 사람, 짐승, 가옥, 기물은 모두 일정한 모습常形이 있다. 산, 돌, 대, 나무, 강, 파도,

---

46 『蘇軾文集』 제2책 권11, 「墨君堂記」, 356쪽. "與可獨能得君之深, 而知君之所以賢. 雍容談笑, 揮灑奮迅而盡君之德. 稚壯枯老之容, 披折偃仰之勢. 風雪凌厲以觀其操, 崖石犖确以致其節. 得志, 遂茂而不驕; 不得志, 瘁瘠而不辱. 羣居不倚, 獨立不懼. 與可之於君, 可謂得其情而盡其性矣."

> 연기, 구름 등은 일정한 모습이 없으나 일정한 이치常理가 있다. 상형常形이 잘못된 것은 사람들이 다 알 수 있다. 그러나 상리常理가 부당한 것은 비록 그림에 해박한 사람이라 해도 모르는 이가 더러 있다. 그러므로 무릇 세상 사람들을 속여서 허명虛名을 얻으려는 자들은 반드시 상형이 없는 것에 의탁한다. 그러나 상형이 잘못된 것은 잘못된 부분에만 그치고 그 전체를 잘못되었다고 탓할 수는 없지만, 만약 상리가 잘못되었을 때는 그 전체가 무너진다. 왜냐하면 그 모습이 일정하지 않기 때문이다. 그래서 그 이치는 더욱 주의하지 않으면 안 된다. 세상에서 뛰어난 그림을 그린다는 사람들 중에도 간혹 그 모습은 자세하게 그릴 수 있을지는 모르나 그 이치에 있어서 만큼은 식견이 뛰어난 사람이 아니면 결코 식별하지 못하는 경우도 있다.[47]

이 글에서 소식은 일정한 모습이 없는 물상 속에 담긴 일정한 이치를 잘 터득해야 한다고 주장하였다. '상형'은 정지한 사물의 외재형태를 가리키고 '상리'는 변화하는 사물의 내재원리를 가리킨다. 따라서 여기서 '상리'라는 말은 당시 이학가理學家들이 말하던 이기理氣의 '이理'가 아니라, 자연 생명체 본연의 변화무상한 도리, 즉 물리物理를 말하는 것이다. '상리'는 사물 속에 잠재하는 본질적 특징이어서 아무나 살펴볼 수 있는 것이 아니다. 현상 뒤에 숨어있는 본질적 특징을 찾아내는 일은 결코 쉬운 일이 아니어서 반드시 세밀한 관찰과 꾸준한 체험을 통해야만 파악할 수 있다.

---

47 『蘇軾文集』 제2책 권11, 「淨因院畫記」, 367쪽. "余嘗論畫, 以爲人禽宮室器用皆有常形. 至於山石竹木, 水波煙雲, 雖無常形, 而有常理. 常形之失, 人皆知之. 常理之不當, 雖曉畫者有不知. 故凡可以欺世而取名者, 必託於無常形者也. 雖然, 常形之失, 止於所失, 而不能病其全, 若常理之不當, 則舉廢之矣. 以其形之無常, 是以其理不可不謹也. 世之工人, 或能曲盡其形, 而至於其理, 非高人逸才不能辨."

문예작품 속에서 인물을 묘사하거나 산천초목을 그려내려면 작가는 응당 그려내고자 하는 대상물을 밖으로 찾아나가 자세하고도 세밀하게 관찰해야 한다. 다만 문예작품이란 결코 대상물의 겉모습만 그려내는 데에 그치지 않고 대상물의 내부에 존재하는 신기神氣나 운미韻味 혹은 인생의 의미 등을 표현해내야 한다. 이러한 묘사는 단순하게 관찰에만 의지해서는 제대로 파악하기 어렵다. 우주는 무한하고 세계는 넓어서 우리가 직접 관찰할 수 있는 범주는 결국 유한하다. 사람의 감각기관과 지각활동은 일정한 한계가 있어서 그 한계를 뛰어넘으면 직접 관찰할 수 없다. 또한 대상의 현상은 관찰할 수 있지만 현상 배후에 잠재하는 어떠한 원리에 대해서는 지각할 수도 없고 관찰할 수도 없다.

이와는 달리, '체험'은 중국 고대철학과 심리학 분야에서 특별한 의미를 지닌 개념이다.[48] 그 함의는 실천을 통해 주변의 사물을 인식하는

48 중국 고대의 '체험'이론은 일반적인 서양관점과는 완전히 다르다. 일반적으로 말해서 체험은 작가나 예술가가 일상적인 생활굴레를 벗어나 생활 속에서 일반인과 접촉한다는 의미를 지닌다. 체험은 하나의 실제행위가 저변에 깔린 사유방식이나 심리방식이다. 이 때문에 문예창작의 입장에서 볼 때 현대 서양 철학가와 예술가는 단지 일반적으로 통용하는 체험이란 의미를 중시한 것에 불과할 따름이다. 게다가 서양문예심리학방면에서 체험은 보편적인 중시나 충분한 연구를 얻지 못하였을 뿐 아니라 심지어 통용되거나 자주 보이는 술어가 아니라 다만 정서와 유관할 뿐이다. 다만 중국의 체험이론이 서양의 체험이론과 크게 다른 점이 있다면 이는 '體道'를 강조한 점일 것이다. 즉 최고의 본령을 몸소 깨닫는 것인데, 그 전제조건이 虛靜이며 이는 개체 자신을 초월하는 것이다. 이에 반해 서양의 현대 심리학사상에서 강조하는 것은 자아관조이다. 이는 자신의 내면을 몸소 살피는 것이고 자신의 잠재의식을 살피고 심지어는 모든 사회규범을 위배하는 욕망을 살피는 것이다. 자아를 추구하고 자아를 표현하는 측면이 강함을 알 수 있다. 서양 현대 심리학자들은 중국철학자나 작가들과는 달리 주체가 윤리원칙에 따라 자신을 갈고 닦는 것이 아니라 객관적으로 자신을 표현하고 폭로한다. 중국문인들과 학자들이 내세우는 내적 성찰은 사람들이 자신의 내심활동을 진실하게 이해하고 파악하게 하는 것을 억제한다. 이것이 중국문학 속의 심리묘사가 발전하지 못한 원인 중의 하나라고 하겠다. 그래서 중국 고대에서 말하는 체험은 종종 공허하고 오묘하여 파악하기 어렵지만 서양 현대 심리학에서 말하는 체험은 실제조작의 측면을 강조하여 말한 것이다.

것이다. 다시 말해서, 체험은 사람이 자신의 전 감각기관을 동원하여 외부사물과 교류하여 물아교융物我交融의 상태에 이르는 정신활동이다.[49] 체험은 내적인 심리활동으로, 그 내적 심리상태를 거쳐 최종적으로는 한 층 더 높은 단계에서 외부세계를 느끼는 것이며 가장 깊숙이 자리 잡고 있는 정신세계를 파악하는 것이다. 체험은 관찰로는 이해할 수 없는 영역을 파악할 수 있게 하는 것이라서 중국 고대예술심리학사상에서 소홀히 할 수 없는 중요한 요건이라 하겠다. 그보다 더 이해하기 어려운 것이 바로 '도道'이기 때문에, 이러한 정신적 경계를 글이나 그림으로 표현한다는 것은 관찰 이상의 노력이 담보되어야 한다. 이른바 '도'라 하는 것은 오묘하고 아득한 것이어서 인간의 능력으로는 직접 감지하기 어렵고 관찰을 통해서도 파악하기 어렵다. 『노자老子』에서 "집 밖을 나서지 않고서도 천하를 알고 창밖을 내다보지 않고도 천도天道를 안다"[50]라고 한 것에 대해, 위진魏晉시대 왕필王弼은 "도란 것은 자세히 보려한다고 해서 볼 수 있는 것이 아니고 곰곰이 듣는다고 해서 들을 수 있는 것이 아니고 잡으려한다고 해서 얻을 수 있는 것이 아니다. 만약 그러한 이치를 안다면 집 밖으로 꼭 나갈 필요가 없고, 만약 모른다면 멀리 나갈수록 더욱 미혹될 것이다"[51]라고 풀이하였고, 하상공河上公은 "성인聖人이 집 밖을 나가지 않고도 천하를 알 수 있는 까닭은 자신의 몸으로 남의 몸을 알고 자신의 집으로 남의 집을 알기 때문

49 凌晨光,「論文學批評家的心理特徵」,『江海學刊』(南京 : 江蘇省社會科學院, 1996년 제4기, 총제 184기), 155쪽.

50 『老子道德經注 · 47章』,『王弼集校釋』(樓宇烈 校釋, 台北 : 華正書局, 1992), 125쪽. "不出戶, 知天下; 不窺牖, 見天道."

51 『老子道德經注 · 47章王弼注』. 위의 책, 126쪽. "道, 視之不可見, 聽之不可聞, 搏之不可得. 如其知之, 不須出戶; 若其不知, 出愈遠愈迷也."

이며 이것이 천하를 알 수 있는 방법이다"[52]라고 풀이하였다. 이들은 모두 심리활동이 지향해야 할 바를 강조하고 있는데, 이는 바로 자신을 돌이켜 자신에게서 구하는 것이지 외래 사물이나 남에게서 구하는 것이 아니라고 주장하였다. 이처럼 자신으로부터 돌이켜 깨달아 남에게까지 이르고 결국에는 온 천하에까지 이르는데, 이것이 바로 '체험'인 것이다.[53] 체험을 관찰보다 더 중시하고 더 상위의 개념으로 간주한 까닭은 현상 배후에 잠재하는 원리를 감각기관에 의지하지 않고 인지해내기 때문이다.

체험은 외계사물을 피동적으로 반영하는 것이 아니라 주동적이면서 창조적으로 탐구한다. 『노자』에서 "마음을 깨끗이 씻어내어 오묘한 관찰력을 지닌다滌除玄覽"[54]라고 하였고, 이에 대해 하상공은 "마음이 오묘한 곳에 거하면서 만사를 두루 살펴볼 수 있다. 그것을 '현람玄覽'이라 한다"[55]라고 풀이하였다. 육기는 "우주 가운데 우두커니 서서 자세히 살핀다佇中區以玄覽"[56]라고 하였는데, '현람'은 바로 도를 체득한 심리상태에서만이 발휘될 수 있다.

'체體'의 개념에 대해 위진魏晉시대 철학가 왕필은 좀 더 구체적으로 기술하였다. 그는 '체'를 철학적 사유의 근본이라 여겼다. 『세설신어世說新語』에 의하면, "왕필이 약관의 나이에 배휘裴徽를 방문했을 때, 배휘

---

52 『老子河上公注・鑒遠第四十七』, 『老子四種』(魏・王弼等, 台北 : 大安出版社, 1999), 58쪽. "聖人不出戶, 以知天下者, 以己身知人身, 以己家知人家, 所以見天下也."

53 王先霈, 「作爲藝術思維方式的體驗」, 『荊州師範學院學報(社會科學版)』(1999년 제3기), 83쪽.

54 『老子道德經注・10章』, 『王弼集校釋』(樓宇烈 校釋, 台北 : 華正書局, 1992), 23쪽.

55 『老子河上公注・能爲第十』, 『老子四種』(魏・王弼等, 台北 : 大安出版社, 1999), 11쪽. "心居玄冥之處, 覽知萬事, 故謂之玄覽也."

56 (晉)陸機, 張少康 集譯, 『文賦集釋』, 台北 : 漢京文化事業公司, 1987, 14쪽.

가 '대저 무無라는 것은 진실로 만물의 바탕이 되는 바로서, 성인聖人은 기꺼이 언급하려 하지 않았는데 노자는 끊임없이 부연 설명했으니 왜 그러한 것인가?'라고 묻자, 왕필이 '성인은 무無를 체득했고 무는 또한 설명할 수 없는 것이기 때문에 언제나 유有에 대해서만 언급했으나, 노자와 장자莊子는 유에서 아직 벗어나지 못했기 때문에 항상 그 부족한 바를 설명했던 것입니다'라고 말하였다"[57]라고 하였다. 이를 통해 왕필은 '무'를 만물의 근본으로 여겨서 '무'에서만이 '체'할 수 있는 것이라 이미 이를 깨달은 성인은 '무'를 말하지 않았으나 노자는 도리어 '무'를 반복해서 설명하였다. '체무體無(무를 체득하는 것)'은 본래 노장老莊의 사상이지만,[58] 왕필에 의해 이론화되었다 하겠다. 왕필의 풀이에 의하면, 최고의 본체는 바로 '무'이며, 이것은 말할 수도 없고 풀이할 수도 없으며 당연히 살펴볼 수도 없고 다만 체득할 수밖에 없다고 주장하였다. 그는 '체'를 현학玄學의 근본적 사유방식과 심리방법으로 삼아 노장의 '체무體無'를 더욱 심화시켰다. 중국철학에서만 볼 수 있는 '체'는 그 의미가 무궁무진하다. 일반적인 경험이나 이력을 체험이라 칭하지 않고, 단지 자신의 생명 내부에 깊숙이 파고든 경력만을 체험이란 말에 결부

---

57 劉義慶, 劉孝標 注, 余嘉錫 箋疏, 『世說新語箋疏』(上海古籍出版社, 1993～1996) 「文學」第四, 199쪽. "王輔嗣弱冠詣裴徽, 徽問曰: '夫無者, 誠萬物之所資, 聖人莫肯致言, 而老子申之無已, 何邪?' 弼曰: '聖人體無, 無又不可以訓, 故言必及有; 老, 莊未免於有, 恆訓其所不足'."

58 『莊子』 안에는 방법범주로서의 '體'에 대해 여러 곳에서 언급하고 있다. 「應帝王」說: "无爲名尸, 无爲謀府; 无爲事任, 无爲知主. 體盡无窮, 而遊无朕; 盡其所受乎天, 而无見得, 亦虛而已. 至人之用心若鏡, 不將不迎, 應而不藏, 故能勝物而不傷"(『莊子集釋』, 307쪽). '體盡无窮'에 대해, 成玄英은 "體悟眞源, 故能以智境冥會, 故曰皆無窮也"라고 疏하였다. 「知北遊」에서 "夫體道者, 天下之君子所繫焉"(『莊子集釋』, 755쪽)라고 하였고, 「天地」에서 "體性抱神"(『莊子集釋』, 438쪽)라고 하였고, 「刻意」에서 "能體純素"(『莊子集釋』, 546쪽)라고 하였다. 莊子가 말한 '體道', '體盡無窮', '體性', '體純素' 등은 바로 王弼이 말한 '體無'의 근거가 된다. '道'와 '性' 그리고 '無窮'은 모두 풀이할 수 없고 다만 體認할 수밖에 없다.

시켰다. '체회體會', '체찰體察', '체구體究', '체징體徵', '체미體味' 등의 의미에는 모두 폐부에까지 깊이 박힌 내재적 경험을 내포한다. 이 체험이론은 중국 철학사유와 예술사유의 기본방식이 되어 중국의 문예창작과 문예감상에 미친 영향이 심원하다. 철학체험, 종교체험, 도덕체험 그리고 심미체험 등의 말들이 제각기 독특한 의미를 지니고 있지만 심리활동의 지향점은 결국 동일하다.

소식은 43세(1078) 때 지은 글에서 체험의 중요성에 대해 다음과 같이 말하였다.

> 태어나면서부터 눈먼 사람이 해를 인식하지 못하여 눈이 보이는 사람에게 (그것이 어떻게 생겼냐고) 물었다. 어떤 사람이 장님에게 "해의 모양은 동 쟁반 같다"라고 알려주었다. 그는 쟁반을 두드려보고는 그 소리를 들었다. 훗날 종소리를 듣고서, 그것이 해라고 여겼다. 어떤 사람은 그에게 "햇빛은 촛불 같다"라고 알려주자, 그는 초를 만져보고는 그 모양을 짐작했다. 어느 날 피리를 짚어보고는 그것이 해라고 여겼다. 해는 종과 피리와는 거리가 멀지만, 눈먼 사람은 그 차이를 모른다. 왜냐하면 일찍이 해를 본 적도 없이 남에게서 구하였기 때문이다. 도를 깨닫기 어려움은 눈먼 사람이 해를 인식하기 어려움보다 심하고, 사람이 아직 도에 이르지 못함은 장님과 다를 바가 없다. 도에 이른 자가 그것을 알려주려고 비록 뛰어난 비유와 훌륭한 계도啓導를 사용한다고 하더라도 역시 쟁반과 초의 범주를 넘을 수 없다. 쟁반으로부터 종에 이르기까지, 초로부터 피리에 이르기까지, 이리저리 둘러보며 비슷하게 본뜨려 해도 어찌 완벽할 수 있겠는가? 세상에서 도를 말하는 자 중에서, 어떤 사람은 남들이 깨달은 것에 근거하여 해석하고, 어떤 사

람은 도를 깨닫지 않고서 억측만 하니, 이러한 경우들은 모두 도를 잘못 구한 것이다.[59]

여기서 도道를 태양에 비유하여 해를 본 사람이 장님에게 태양을 설명해본들 결국 한 측면만을 보는 것에 불과하여 장님이 그 설명에 의거하여 제아무리 궁구해본들 태양의 본질과는 거리가 있을 수밖에 없다. 어떠한 지식이 감성적 경험에 의해 비롯되었다고 해도 만약 그 경험을 차단하고서 직접 체험이 아닌 간접경험으로만 그 지식을 이해하려 한다면 이는 장님이 태양의 형상을 짐작하는 것과 뭐가 다르겠는가! 간접경험으로 추구한 진리는 본연의 진리와 크게 차이가 벌어지게 마련이다. 진리를 체득하는 것은 감성경험만으로는 충분하지 않다. 몸소 실천하고 체험하여 여러 번 궁구해야만 도를 장악할 수 있다. 문예창작방면에서 말하자면, 작가는 그리려는 대상에 대하여 깊은 이해가 선행하여야 한다. 이를 직시했던 궈사오위郭紹虞는 물상을 보고 설명하는 사람은 그 자취에 너무 집착하고, 보지도 않고 짐작으로 말하는 사람은 공허한 담론에 빠지는 오류를 저질러 결국 초를 만지고 동 쟁반을 두드리는 경우와 다르지 않다고 말하였다.[60]

소식은 잠수하는 것을 비유로 들어 장기적인 체험학습과정을 통해

---

59 『蘇軾文集』 제5책 권64, 「日喩」, 1980～1981쪽. "生而眇者不識日, 問之有目者. 或告之曰, '日之狀如銅槃', 扣槃而得其聲. 他日聞鐘, 以爲日也. 或告之曰, '日之光如燭', 捫燭而得其形. 他日揣籥, 以爲日也. 日之與鐘, 籥亦遠矣, 而眇者不知其異, 以其未嘗見而求之人也. 道之難見也甚於日, 而人之未達也, 無以異於眇. 達者告之, 雖有巧譬善導, 亦無以過於槃與燭也. 自槃而之鐘, 自燭而之籥, 轉而相之, 豈有旣乎! 故世之言道者, 或卽其所見而名之, 或莫之見而意之, 皆求道之過也."

60 郭紹虞, 『中國文學批評史』, 台北 : 文史哲出版社, 1990, 342쪽. "彼不過與世之言道者 : 或卽其所見而名之, 或莫之見而意之者, 方法有些不同而已. 其卽其所見而名之者, 論道每泥於跡象; 其莫之見而意之者, 論道又入於虛玄. 這才與捫燭扣槃無異."

문리를 깨칠 수 있음을 밝히고 있다.

> 자하子夏는 "온갖 기능공들은 각자의 작업장에서 그 일을 이루고, 군자는 몸소 배워 그 도를 이룬다"라고 말하였다. 억지로 구하려 하지 않고도 저절로 도달하는 것을 '이르다致'라 하는구나! 남방에는 잠수를 잘하는 사람이 많은데, 매일 물과 함께 살기 때문이다. 7세에는 물을 걸어서 건널 수 있고, 10세에는 물에 뜰 수 있으며, 15세에는 잠수할 수 있다. 잠수할 수 있는 사람은 어떻게 그리 될 수 있는 것일까? 틀림없이 물의 성질을 깨달은 자일 것이다. 매일 물과 함께 살아, 15세가 되어서야 그 도를 얻었다. 태어나서부터 물에 대해 인식하지 못하면, 비록 장년이 된들 배만 보아도 두려워한다. 용감한 북방사람이 잠수할 줄 아는 사람에게 물어서 그 잠수하는 방법을 구하여 그의 말대로 물속에서 잠수를 시도한다면, 물에 빠져죽지 않을 자가 없을 것이다. 도를 몸소 배우지 않고서 애써 구하려고만 하는 경우는 모두 북방사람이 잠수하는 방법을 배우는 것과 똑같다.[61]

이 글은 수영을 예로 들어 생활 속에서 실천과 체험이 얼마나 중요한지를 생동감 있게 설명해준다. 체험을 통해 사물에 내재한 섭리를 깨달아 그 법칙을 파악할 수 있다. 매일 물과 함께 사는 소년은 물의 이치를 절로 깨달아 수영하는 기술을 터득한다. 하지만 간접적으로 전해

61 『蘇軾文集』 제5책 권64, 「日喩」, 1981쪽. "子夏曰, '百工居肆以成其事, 君子學以致其道.' 莫之求而自至, 斯以爲致也歟! 南方多沒人, 日與水居也, 七歲而能涉, 十歲而能浮, 十五而能浮沒矣. 夫沒者, 豈苟然哉? 必將有得於水之道者. 日與水居, 則十五而得其道; 生不識水, 則雖壯, 見舟而畏之. 故北方之勇者, 問於沒人, 而求其所以沒, 以其言試之河, 未有不溺者也. 故凡不學而務求道, 皆北方之學沒者也."

들은 수영방법만 믿고 물속에 뛰어든다면 낭패를 보기 십상이다. 소식이 말하는 도란 말이나 글을 통해 후세에 전해질 수 있는 것이 아니다. 직접 체험을 통해야만 그 참된 이치를 터득할 수 있다. 그가 말하는 도는 고문운동가들이 역대로 주장해온 허장성세뿐인 도통설道統說과 비교해볼 때 다분히 실천적인 측면을 강조하고 있음을 알 수 있다.[62] 장기간의 실천과 체험을 통해서만 도를 체득할 수 있다. 이를 통해, 그는 꾸준한 체험습득과정이 선천적인 재능과 기질과는 무관하게 얼마나 중요한 것인지를 설명하였다. '도'라는 것이 격물치지格物致知의 '치致'처럼 체험습득과정을 통해 이르는 것이지, 억지로 구해지는 것이 아니다. 여기서 말하는 '도'는 형이상학적인 것이 아니라 객관사물의 규율, 즉 '물리'를 가리킨다. 이는 물리를 터득한 자가 알려준다고 해서 파악할 수 있는 것이 아니라 반드시 장기간의 체험습득과정을 거쳐야만 그 본질을 깨달을 수 있다. 그는 오랜 기간을 두고 순차적으로 도달하는 것이지 억지로 구하려한다고 해서 구해지는 것이 아니라고 주장하였다. 이러한 주장은 윤편輪扁이 수레바퀴 만드는 기술이 꾸준한 수련 끝에 얻어지는 것이라 말로는 절대로 설명할 수 없다고 한 논조와 똑같다.[63]

62 敏澤, 『中國美學思想史』(濟南 : 齊魯書社, 1989) 제2책, 397～401쪽.

63 (淸)郭慶藩 集釋, 『莊子集釋』(台北 : 貫雅文化事業公司, 1991) 外篇第十三, 「天道」, 490～491쪽. "齊나라 桓公이 어느 날 堂上에서 책을 읽고 있었다. 輪扁이 堂下에서 수레바퀴를 깎아 만들고 있다가, 몽치와 끌을 내려놓고 당상에 올라가 환공에게 물었다. '감히 묻건대, 공께서 읽으시는 책은 무얼 말한 것입니까?' 환공이 '성인의 말씀이니라'라고 대답하였다. '성인이 지금 살아 계십니까?'라고 묻자, 환공이 '벌써 돌아가셨느니라'라고 대답하였다. '그럼 전하께서 읽고 계신 책은 옛사람의 찌꺼기로군요'라고 말하자, 환공이 벌컥 화가 나서 '과인이 책을 읽고 있는데 바퀴 만드는 목수 따위가 어찌 시비를 건단 말이냐. 이치에 닿는 설명을 하면 괜찮되 그렇지 못하면 죽이겠노라'라고 말하였다. 이에 윤편은 '저는 제 일로 비추어 살펴보겠습니다. 수레바퀴를 만들 때 너무 깎으면 깎은 구멍에 바큇살을 꽂기에 헐거워서 튼튼하지 못하고 덜 깎으면 빡빡하여 들어가지 않습니다. 더 깎지도 덜 깎지도 않는 일은 손짐작으로 터득하여 마음으로 수긍할 뿐이지 입으로 말할 수가 없습

44세(1079) 때 지은 한 편의 글에서, 소식은 대나무를 아무리 사실적으로 그린다고 해도 진정한 대나무라고 말할 수 없다고 하면서 다음과 같이 말하고 있다.

> 대나무가 처음 생겨 싹이 조금 자란 것일지라도 벌써 마디와 잎사귀는 모두 갖추어져 있다. 매미의 배 껍질이나 뱀 비늘 같은 죽순에서부터 칼을 뽑은 듯한 80척 길이의 대나무에 이르기까지 생겨나면 다 잎사귀와 마디가 있기 마련이다. 이제 대나무를 그리는 사람이 마디와 마디를 그리고 잎사귀에 잎사귀를 겹쳐 그려 나간다 해서 어찌 진정한 대나무가 있을 수 있겠는가? 대나무를 그리는 사람은 반드시 먼저 가슴속에 완전히 정립한 대나무를 체득해야 한다. 붓을 잡아 자세히 살펴본 다음, 자신이 그리고자 하는 바를 찾아냈을 때 그 순간 급히 일어나서 자신이 발견한 것을 쫓아가는데, 붓을 휘둘러 단번에 그려내 그 본 바를 좇아 표현해내기를 마치 토끼가 머리를 들자 매가 번개같이 아래로 떨어져 낚아채듯이 필세筆勢가 질풍 같아야 한다. 조금이라도 망설이면 (그 영감은) 저 멀리 사라져 버린다.[64]

니다. 거기에 비결이 있는 지라 제가 제 자식에게 깨우쳐 줄 수 없고 제 자식 역시 제게서 이어받을 수가 없습니다. 그래서 70인 이 나이인데도 늙어서까지 수레바퀴를 깎고 있는 것입니다. 옛 사람도 그 전해줄 수 없는 것과 함께 죽어 버렸습니다. 그러니 임금께서 읽고 계신 책은 옛 사람의 찌꺼기일 뿐입니다'라고 말하였다[桓公讀書於堂上. 輪扁斲輪於堂下, 釋椎鑿而上, 問桓公曰, '敢問, 公之所讀者何言邪?' 公曰, '聖人之言也.' 曰, '聖人在乎?' 公曰, '已死矣.' 曰, '然則君之所讀者, 古人之糟魄已夫!' 桓公曰, '寡人讀書, 輪人安得議乎! 有說則可, 无說則死.' 輪扁曰, '臣也以臣之事觀之. 斲輪, 徐則甘而不固, 疾則苦而不入. 不徐不疾, 得之於手而應於心, 口不能言, 有數存焉於其間. 臣不能以喩臣之子, 臣之子亦不能受之於臣, 是以行年七十而老斲輪. 古之人與其不可傳也死矣, 然則君之所讀者, 古人之糟魄已夫!']"

64 『蘇軾文集』 제2책 권11, 「文與可畫篔簹谷偃竹記」, 365쪽. "竹之始生, 一寸之萌耳, 而節葉具焉. 自蜩腹蛇蚹以至于劍拔十尋者, 生而有之也. 今畫者乃節節而爲之, 葉葉而累之, 豈復有竹乎! 故畫竹必先得成竹於胸中, 執筆熟視, 乃見其所欲畫者, 急起從之, 振筆直遂, 以追其所見, 如兎起鶻落, 少縱則逝矣."

실물과 똑같이 그려낼 수 있다고 해도 자연 속의 대나무를 그대로 재현하기란 어렵다. 자연은 한순간도 멈추지 않고 끊임없이 변한다. 그림을 완성하는 순간에도 그 대상은 벌써 변하고 있을 것이다. 참다운 대나무 그림은 사실적寫實的인 노력으로만 이루어지는 것이 아니다. 작가는 자신의 가슴속에 체득한 대나무를 그려내야 한다. 다시 말해서, 이는 대나무의 상리常理를 체득한 이미지를 형상화한다는 말이다. 소식의 이러한 견해를 받아들인 심덕잠沈德潛도 완전히 정립한 대나무를 가슴속에 체득하는 것이 무엇보다 우선하는 일이라고 단정하면서 이 일은 매우 쉽게 이루어질 수 있는 것이 아니라고 부연하였다.[65]

실제로 '흉중전마胸中全馬'니 '흉유성죽胸有成竹'이니 하는 관점은 『장자莊子』에 나오는 '포정해우庖丁解牛'고사의 '눈에 온전한 소가 없다는目無全牛' 관점과 완전히 일치한다.[66] 이 말들은 모두 창작가라면 반드시

---

65 (淸)沈德潛, 蘇文擢 詮評, 『說詩晬語詮評』(재판)(台北 : 文史哲出版社, 1985) 卷下 三十二, 「詩貴意在筆先」, 440쪽. "寫竹者必有成竹在胸, 謂意在筆先, 然後著墨也, 慘淡經營, 詩道所貴. 倘意旨間架, 茫然無措, 臨文敷衍, 支支節節而成之, 豈所語於得心應手之技乎?"

66 (淸)郭慶藩 集釋, 『莊子集釋』 內篇第三 「養生主」, 117~124쪽. "庖丁이 文惠君을 위해 소를 가르는데, 손으로 대보고 어깨에 의지하고, 발로 땅을 딛고 무릎에 의지하였다. 썩썩 살 바르는 소리가 향음하고, 칼을 움직여 획획 갈라버렸다. 이는 桑林의 춤에 맞고 또한 經首의 절주에 맞았다. 문혜군이 '아! 훌륭하도다! 기술이 어찌 여기까지 이를 수 있단 말인가?' 라고 말하였다. 포정이 칼을 놓고서 '제가 좋아하는 바는 도입니다. 이는 기술보다 진보한 것입니다. 제가 소를 처음 잡을 때에는 보이는 거라곤 온전한 소 아닌 게 없더니, 3년이 지나서는 온전한 소를 본 적이 없게 되었습니다. 오늘에 와서는 저는 정신으로 대하지 눈으로 보지 않습니다. 감각에 의해 움직이는 지각능력이 멈추고 神欲[손이 가는 대로 내버려두어도 무심히 체득한 경지]이 행해집니다. 天理에 따라 그 살결대로 그 틈을 열어 큰 공간으로 들어가 그 소의 진실로 그러한 바를 따라갑니다. 그래서 경락과 뼈와 힘줄이 붙은 살에 일찍이 조금도 막힌 적이 없었습니다. 하물며 큰 뼈에 있어서야! 훌륭한 백정은 1년에 한 번 칼을 바꾸는데 그 이유는 살을 자르기 때문이고, 일반적인 백정은 한 달에 한 번 칼을 바꾸는데 그 이유는 뼈를 자르기 때문입니다. 지금 저의 칼은 19년 동안 수천 마리의 소를 잡았지만 칼날은 숫돌에 새로 간 듯합니다. 저 마디엔 틈이 있고 칼날은 두텁지 않으니, 두께가 없는 것으로 틈에 넣는 것이어서 여유로움은 그 칼날이 노닒에 반드시 여지가 있는 것입니다. 이 때문에 19년 동안 사용하였지만 칼날이 숫돌에 새로 간

현실생활을 관찰하는 가운데 자신이 표현하려는 대상물의 전모를 철저히 파악해야 한다는 점을 강조한 말이다. 이렇게 물상을 관찰하는 태도는 제대로 파악치 못한 사물의 이치에 대해 제멋대로 붓을 놀리는 것과는 분명히 다르다.

소식은 49세(1084) 때 지은 「석종산에 관한 기문石鍾山記」에서 '이문목견耳聞目見(귀로 듣고 눈으로 봄)'의 태도를 강조하여 직접적인 관찰과 체험 습득에 대한 중요성을 피력하였다.

> 일(상황)에 있어서 눈으로 보거나 귀로 듣지 않고 그 유무有無를 혼자 생각만으로 판단하는 것이 가능한가? 역도원酈道元의 보고 들은 바는 아마도 나와 같으나, 그것을 말하는 데 상세치 못하였다. (이발李渤 같은) 사대부들은 끝내 작은 배로 절벽의 아래에 정박해보지 않았기에 (석종산의 명명 유래를) 아무도 알 수 없었다. 그리고 어부와 뱃사람은 비록 알아도 말로 설명할 수 없었다. 이것이 바로 (석종산의 명명유래가) 세상에 전해지지 않은 까닭이다. 그래서 비루한 자들은 도끼로 돌을 두드려서 그것(종소리와 같은

듯한 것입니다. 비록 그러하나 매번 그 근육과 신경이 한데 엉킨 곳에 이르러서는 저도 그 하기 어려움을 알아 조심스럽게 경계하고 살펴보는 것을 멈추고 행동을 천천히 합니다. 칼 놀림을 매우 미세하게 하면 뼈와 살이 획하고 분해되니 마치 흙덩이가 땅에 떨어지는 것과 같습니다. 칼을 들고 서서 사방을 둘러보고 주저하다가 만족스러워지면 칼을 닦아 칼집에 집어넣습니다'라고 대답하였다. 문혜군이 '훌륭하도다! 나는 포정의 말을 듣고서 養生의 도를 얻었노라'라고 말하였다[庖丁爲文惠君解牛, 手之所觸, 肩之所倚, 足之所履, 膝之所踦, 砉然嚮然, 奏刀騞然, 莫不中音. 合於桑林之舞, 乃中經首之會. 文惠君曰, '譆, 善哉! 技蓋至此乎?' 庖丁釋刀對曰, '臣之所好者道也, 進乎技矣. 始臣之解牛之時, 所見無非全牛者. 三年之後, 未嘗見全牛也. 方今之時, 臣以神遇而不以目視, 官知止而神欲行. 依乎天理, 批大郤, 導大窾, 因其固然. 枝經肯綮之未嘗, 而況大軱乎! 良庖歲更刀, 割也; 族庖月更刀, 折也. 今臣之刀十九年矣, 所解數千牛矣, 而刀刃若新發於硎. 彼節者有間, 而刀刃者無厚; 以無厚入有間, 恢恢乎其於遊刃必有餘地矣, 是以十九年而刀刃若新發於硎. 雖然, 每至於族, 吾見其難爲, 怵然爲戒, 視爲止, 行爲遲. 動刀甚微, 謋然已解, 如土委地. 提刀而立, 爲之四顧, 爲之躊躇滿志, 善刀而藏之.' 文惠君曰, '善哉! 吾聞庖丁之言, 得養生焉!']"

> 소리, 즉 석종산의 명명 유래)을 구해놓고는, 스스로 그 실제(석종산의 명명 유래의 실질)를 얻었다고 생각하였다. 나는 이 「석종산에 관한 기문」를 써서 역도원의 간략한 설명을 탄식하고 이발의 비루한 풀이를 비웃는다.[67]

소식은 석종산을 실제 찾아가서야 역도원의 설명이 너무나 간략했던 까닭에 급기야 얼토당토않은 풀이가 끼어들었다는 것을 알았다. 그는 이러한 실례를 들어 문예의 원천이 바로 현실 생활에 대한 관찰에 있음을 다시 한 번 강조하였다. 모든 창작은 직접 보고 듣고서야 제대로 표현할 수 있으며 어떠한 억측으로 창작활동을 해서는 안 된다. 직접적인 체인體認이나 체득體得과정 없이 간접적인 이해정도로는 제대로 그 이치를 파악했다고 말할 수 없기 때문이다. 여기서 하나 더 언급해야 할 것이 있는데, 실생활 경험을 토대로 한 심득心得이 소식의 여러 글에서 다양하게 보인다는 점이다.[68] 소식은 이 글 속에서 문예 창작에 있어 관찰의 중요성을 지적했을 뿐 아니라 문예 감상의 핵심이 몸소 겪어 얻은 심득心得에 있음도 함께 주장하였다. 왜냐하면 깊이 있는 관찰을 통한 심득이 뛰어날수록 문예 창작과 감상에 있어서도 좋은 토양을

---

67 『蘇軾文集』 제2책 권11, 「石鐘山記」, 371쪽. "事不目見耳聞而臆斷其有無, 可乎? 酈元之所見聞, 殆與余同, 而言之不詳. 士大夫終不肯以小舟夜泊絶壁之下, 故莫能知; 而漁工水師, 雖知而不能言; 此世所以不傳也. 而陋者乃以斧斤考擊而求之, 自以爲得其實. 余是以記之, 蓋歎酈元之簡, 而笑李渤之陋也."

68 『蘇軾文集』 제5책 권67, 「題淵明詩二首(之一)」, 2091쪽. "陶靖節云, '平疇返遠風, 良苗亦懷新'. 非古之偶耕植杖者, 不能道此語, 非余之世農, 亦不能識此語之妙也."
『蘇軾文集』 제5책 권67, 「書子美雲安詩」, 2102쪽. "'兩邊山木合, 終日子規啼.' 此老杜雲安縣詩也. 非親到其處, 不知此詩之工."
『蘇軾文集』 제5책 권67, 「書司空圖詩」, 2119쪽. "'棋聲花院靜, 幡影石壇高.' 吾嘗游五老峰, 入白鶴院, 松陰滿庭, 不見一人, 惟聞棋聲, 然後知此句之工也."
『蘇軾文集』 제5책 권68, 「自記吳興詩」, 2129~2130쪽. "僕游吳興, 有「游飛英寺」詩云, '微雨止還作, 小窗幽更妍. 盆山不見日, 草木自蒼然.' 非至吳越, 不見此景也."

마련해주기 때문이다. 이와 반대로, 관찰력이 세심하지 못한 사람이라면 창작을 해도 깊이 있게 표현해낼 수 없고 감상자의 입장이 된다 하여도 자신의 사고 미숙으로 인하여 훌륭한 작품의 묘미를 제대로 맛볼 수 없다. 이는 바로 두보杜甫가 "뛰어난 화법畫法 더욱 느끼자니, 마음 홀로 괴로워라更覺良工心獨苦"라고 탄식한 것에 대해, 소식이 마음 씀의 묘미를 온 세상 사람들 중 아무도 알아보지 못하니 홀로 괴로워한다고 한 것과 똑같은 이치이다.[69]

3. 시련 극복—'궁이후공窮而後工'을 '초연광달超然曠達'로 구체화

건국신화 속 영웅들은 여러 차례의 험난한 '시련 극복' 과정을 거쳐 건국을 이루었다. '시련 극복'은 위대한 작가 반열에 오르려면 반드시 거쳐야할 과정이다. 이를 통해 작가는 자신의 내적 수양을 승화시켜 문예창작에 이를 구현한다.

중국 고대 사회 환경을 비추어볼 때, 창작주체의 신분은 이미 문사철文史哲을 겸비한 문인, 학자이자 관직에도 나갔던 사대부 계층이었다. 현실정치를 지향하는 의식구조는 불우한 처지를 만날 가능성을 배

69 『蘇軾文集』 제5책 권71, 「書林道人論琴棋」, 2250쪽. "元祐五年十二月一日, 游小靈隱, 聽林道人論琴棋, 極通妙理. 余雖不通此二技, 然以理度之, 知其言之信也. 杜子美論畫云, '更覺良工心獨苦.' 用意之妙, 有擧世莫之知者. 此其所以爲獨苦歟?"

제할 수 없었다. 정치현실 속의 불우한 처지와 유배 등의 시련은 문인들의 문예심리에 적지 않은 영향을 미쳤으며 더 나아가 문예작품 속에 자신의 궁박한 처지에 대한 심리상태를 투영할 수밖에 없었다. 고대사회에서 작가의 이러한 시련은 응당 극복해야할 인생 담론이었다고 하겠다. 중국 작가수양이론방면에서 창작 주체인 작가의 현실경험은 중요한 부분을 차지한다. 걸출한 작가들의 개인적 불행으로 인해 몸에 응결된 창작경험은 논의할 만한 가치가 충분한 문론이다. 문예창작은 감정을 글로 표현하는 것으로, 그 감정은 현실생활로부터 야기된다. 작가가 어떠한 정치적 환경 속에 살아왔느냐가 어떠한 사상 감정을 지니느냐에 중요한 역할을 한다.

소식은 남다른 창작 능력을 지녔을 뿐 아니라 고상한 풍절風節을 지녔고 세상을 구제하고자 하는 뜻을 가졌으며 독창적인 정치적 견해 또한 가졌었다. 다만 그는 당쟁이 격렬하여 조정이 하루라도 바람 잘 날이 없었던 때에 살았으며, 이때 그의 정견政見은 왕안석王安石의 신당파에도 받아들여지지 않았고 사마광司馬光의 구당파에서도 뜻을 이루지 못하였으며 학술적으로도 촉당파蜀黨派에 속해서 당시 이정二程으로 대표되는 낙당파洛黨派와 첨예하게 대립하고 있었다. 그러하다보니 그의 정치역정은 수차례 악의적인 곤혹을 치러 일생동안 부침이 심하였다. 어찌되었든 소식의 정치적 불행과 실패는 그에게 문학적으로는 아주 큰 결실을 가져다주었다.

소식은 구양수歐陽脩의 '궁이후공窮而後工'설을 이론적으로 더 깊이 설명하지 않았지만 그가 시련을 거치면서 이루어낸 작품들을 살펴본다면 '시련 극복'의 정신수양방식을 고찰할 수 있다. 이러한 정신수양은 바로 궁박한 처지를 벗어날 수 있었던 관건이었다. 다시 말해서 '시련 극복'의 적극적 정신자세는 작가 수양방면에 영향을 미쳤다.

옛 중국 문인들은 자신의 궁박한 처지를 그 작품 속에 어떻게 표현하고 있는가? 사마천司馬遷의 '발분저서發憤著書', 한유韓愈의 '불평즉명不平則鳴', 구양수의 '궁이후공' 등이 지닌 문예이론의 함의는 무엇인가? 도대체 작가는 어떠한 태도로 불우한 처지를 감내하였는가? 작가는 어떠한 의식구조를 통해 위대한 작품을 만들 수 있었는가? 이러한 의문에 기초하여 '공工'의 지향점에 대해 더 깊이 주의를 기울여보고자 한다.

우선, 작가의 궁박한 처지에 대해 논의를 펼친 '발분저서'·'불평즉명'·'궁이후공' 등을 위주로 고찰해본다.

사마천은 「태사공 자서太史公自序」에서 고대 성현들의 저술에 대한 본질적 특징을 논술하여 '발분저서'설을 제시하였다.

> 『시경』, 『서경』이 말은 간략하나 뜻이 깊은 것은, 그 뜻을 전하려고 함에서이다. 옛날 서백西伯이 유리羑里에 구속되었을 적에 『주역』을 연역하였고, 공자가 진陳·채蔡 등지에서 고생하면서 『춘추』를 지었고, 굴원屈原은 쫓겨나자 『이소離騷』를 지었고, 좌구명左丘明은 실명하고서야 『국어國語』가 있게 되었고, 손자孫子는 빈형을 당하고서야 병법을 논하였고, 여불휘呂不韋가 촉蜀으로 좌천되고서야 『여씨춘추呂氏春秋』가 세상에 전해졌고, 한비韓非가 진秦나라에 갇히고서 「세난說難」과 「고분孤憤」편이 알려졌으며, 『시詩』 삼백 편은 대개 성현들이 발분하여 지은 것이다. 이 사람들은 모두 뜻에 있어서 맺혀 응어리진 바가 있으되 그 도를 통할 수가 없어 지난 일을 서술

> 하여 후인들이 뜻을 알아주길 바랐다.[70]

사마천은 한대漢代 이전의 여덟 가지 예증을 들어 작가의 불우한 처지로 인한 울분과 창작상의 성취 사이에는 성공을 촉진하는 필연성을 갖고 있다고 설명하였다. '발분저서'설은 그가 몸소 경험한 사실에 대한 사실적 표현일 뿐 아니라 구차한 삶을 감내하며 『사기』를 완성한 정신적 버팀목이기도 했다. 사마천은 사관史官의 집안에서 태어나 어릴 때 명산대천을 두루 다니면서 해박한 문화지식과 풍부한 생활경험을 갖출 수 있었는데, 이러한 점들은 『사기』 창작시 분명 견실한 기초가 되어주었다. 또한 전력을 다해 『사기』를 집필하던 때에 이릉李陵을 변호한 일로 부형腐刑을 당하기도 하였다. 몸소 겪은 정치적 불행은 그의 창작에 분명 영향을 미쳤을 것이다.

한유는 사마천의 '발분저서'설을 한층 더 발전시켰다.

> 무릇 만물은 그 평정을 얻지 못하면 운답니다. 초목은 소리가 없지만 바람이 그것을 흔들어 소리 나게 하고, 물은 소리가 없으나 바람이 그것을 동요시켜 소리 나게 합니다. 물이 도약하는 까닭은 무언가가 물을 격동시켰기 때문이며, 그 빨리 흐르는 까닭은 무언가가 막았기 때문이며, 그 끓는 까닭은 무언가가 물을 불로 지폈기 때문입니다. 쇠와 돌(종鐘·경磬 등의 악기

70 (漢)司馬遷, 瀧川資言 考證, 『史記會注考證』(台北 : 天工書局, 1989) 제6책 권130 「太史公自序」, 5606~5607쪽. "夫詩書隱約者, 欲遂其志之思也. 昔西伯拘羑里, 演『周易』; 孔子厄陳蔡, 作『春秋』; 屈原放逐, 著『離騷』; 左丘失明, 厥有『國語』; 孫子臏脚, 而論兵法; 不韋遷蜀, 世傳『呂覽』; 韓非囚秦, 「說難」, 「孤憤」; 『詩』三百篇, 大抵賢聖發憤之所爲作也. 此人皆意有所鬱結, 不得通其道也. 故述往事, 思來者."

들)은 소리가 없으나 무언가가 그것을 쳐서 소리를 내게 하는 것이니, 사람의 말에 있어서도 역시 그러합니다. 부득이함이 있은 연후에야 말하게 되니, 그 노랫소리에는 그리움이 있고 그 울음소리에는 품은 바가 있습니다. (그렇다면) 무릇 입에서 나와 소리가 되는 것들은 그 모두가 불평함이 있기 때문인가요?[71]

한유의 '불평즉명'설은 사마천의 '발분저서'설을 발전시킨 것이다. 한유가 말한 '불평'은 바로 사마천이 언급한 '발분'의 의미를 지니지만 결코 사마천의 이론에 얽매이지 않았다. 한유의 '불평'은 두 가지 방면으로 접근하고 있는데, 그 하나는 포부를 실현한 사람이고 또 하나는 그러하지 못한 사람이다. 이 두 부류 모두 "부득이함이 있은 연후에야 말하게 되니, 그 노랫소리에는 그리움이 있고 그 울음소리에는 품은 바가 있다不得已者而後言, 其歌也有思, 其哭也有懷"라고 하였다. 이를 통해 한유의 '불평즉명'이론에는 노래, 울음, 슬픔, 기쁨의 구분이 있다. 문예심리학적 관점에서 볼 때, 사람의 심경은 본래 평정한 것이지만 객관사물의 자극을 받으면 희로애락의 감정이 일어 '명鳴(울음)'으로 표출된다.

그는 작가의 시대환경과 인생 부침浮沈이 문예에 미치는 영향을 강조하여 문예 창작의 원동력을 제시하였다. 작가가 즐거울 때 감동을 받으면 술에 취한 듯이 떨리는 손으로 붓을 잡고 써 내려가지만, 울분에 차 있을 때에는 고통을 감내하며 속내를 토해낸다. 이 불평한 상태

71 (唐)韓愈, 馬其昶校注, 『韓昌黎文集校注』(上海古籍出版社, 1987), 「送孟東野序」. "大凡物不得其平則鳴, 草木之無聲, 風撓之鳴; 水之無聲, 風湯之鳴. 其躍也, 或激之, 其趨也, 或梗之, 其沸也, 或炙之. 金石之無聲, 或擊之鳴, 人之於言也亦然. 有不得已者而後言, 其歌也有思, 其哭也有懷, 凡出乎口而爲聲者, 其皆有弗平者乎?"

에서 토해낸 울음이 참된 문예창작이다. 참된 문예창작은 그 시대를 대표하며 그 시대정신을 반영한다. 이 역시 사마천의 '발분저서'설을 발전시킨 것이다. 사람이 부귀공명을 누릴 때에는 문학적 감수성이 풍부하지 못하지만 힘든 나날을 겪을 때 그 감정은 더욱 진솔할뿐더러 다른 사람들이 느끼지 못한 바를 느낄 수도 있어서 한유는 "화평한 소리는 담박하고 근심스런 소리는 미묘하며 기뻐하는 말은 뛰어나기 어렵고 고단한 말은 훌륭해지기 쉽다. 그래서 문학창작은 항상 나그네신세가 되어 들판을 거닐 때 펼쳐지고 왕공·귀인의 경우에 있어서는 기운이 충만하고 포부를 펼칠 때라서 타고난 성품이 글재주에 능하거나 시문 짓기를 유난히 좋아하는 게 아니라면 창작할 겨를이 없다"[72]라고 말하였다. 한유가 생각한 불후의 작품은 나그네 되어 초야에서 생활하며 지은, 즉 근심걱정이 응결되어 만들어진 것들이다. 이와 달리, 화평하고 즐거운 때 지은 작품은 현실세계를 덧칠하여 묘사하는 경우가 많아서 독자를 감동시킬 수 없다고 보았다. 한유는 어려서부터 곤궁한 생활을 해온 데다 벼슬길에 오른 후에도 오랜 기간 하급관료생활을 했기에 자신의 포부를 펼칠 수 없었다. 그 후 두 차례 유배를 당했다. 그 불우한 처지가 '불평즉명'이란 이론으로 승화되어 표출되었다.

송대宋代 구양수는 한유의 "고단한 말은 훌륭해지기 쉽다窮苦之言易好"라는 인식을 "시는 곤궁해진 후에야 공교해진다詩窮而後工"라는 말로 개괄하였다. 구양수는 이러한 현상을 다음과 같이 말하였다.

72 『韓昌黎文集校注』, 「荊潭唱和詩序」. "夫和平之音淡薄, 而愁思之聲要妙; 歡愉之辭難工, 而窮苦之言易好也. 是故文章之作, 恆發於羈旅草野. 至若王公貴人, 氣滿志得, 非性能而好之, 則不暇以爲."

군자의 학문을, 어떤 이는 그것을 정치적 사업에 펼치기도 하고 어떤 이는 그것을 문장에 드러내기도 한다. 그러나 두 가지 다 겸하기 어려움을 항상 걱정한다. 때를 만난 선비는 그 업적이 조정에 드러나고 그 명예가 역사에 기록되어 빛나기 때문에 그들은 늘 문장 짓는 일을 지엽적인 것으로 여긴다. 그러나 (그들 가운데에는) 또한 문장 짓는 일에 종사할 여가가 없거나 문장을 써낼 만한 능력이 없는 자가 있을 것이다. 하지만 뜻을 잃은 사람의 경우에 있어서는 곤궁하게 은거하면서 골똘히 마음을 쏟고 극도로 생각을 정밀하게 하여 그 느낀 바의 울분과 세상에 펼 수 없었던 것을 다 한결같이 문사에 기탁하였다. 그래서 곤궁한 사람의 말은 공교해지기 쉽다고 말하는 것이다.[73]

나는 세상 사람들이 시인들 중에 부귀영달한 자는 거의 없고 대부분 곤궁했다고 말하는 것을 들었다. 어찌 그러한가? 세상에 지금까지 전해지는 시詩는 대부분 옛날 궁박한 사람들의 문사文辭에서 나온 것이다. 무릇 선비가 자신이 가진 바를 쌓았으나 세상에 펼칠 수 없는 경우에 대부분 산이나 강가에 자신을 내버려두기를 좋아하니, 밖으로는 벌레 · 물고기 · 풀 · 나무 · 바람 · 구름 · 새 · 짐승의 형상을 보고 종종 그 기괴함을 탐구하며, 안으로는 근심 · 그리움 · 느낌 · 분개의 울적함이 있어, 그것이 원망과 풍자로 일어나 이를 통해 외지로 나가있는 신하와 남편을 멀리 떠나보낸 과부가 한탄하는 바를 말하고 인정으론 표현하기 어려운 것을 쓴다. 대개 곤궁하면

73 (宋)歐陽脩, 『歐陽脩全集』(北京 : 中國書店, 1986~1992), 『居士集』, 권44, 「薛簡肅公文集序」, 305쪽. “君子之學, 或施之事業, 或見於文章, 而常患於難兼也. 蓋遭時之士, 功烈顯於朝廷, 名譽光於竹帛, 故其常視文章爲末事, 而又有不暇與不能者焉. 至於失志之人, 窮居隱約, 苦心危慮, 而極於精思, 與其有所感激發憤, 惟無所施於世者, 皆一寓於文辭, 故曰窮者之言易工也.”

> 할수록 더욱 작품은 공교해진다. 그러한 즉 시가 능히 사람을 곤궁하게 할 수 있는 것이 아니라, 아마도 곤궁해진 후에 작품이 공교해진다는 것일 것이다.[74]

시인들 중 극소수만이 세상에 자신의 뜻을 펼쳤던 사람들이었고 대다수 그 뜻을 이루지 못하고 곤궁했던 사람들이었다. 구양수는 절박한 상황이 그들에게 강렬한 창작역량을 가져다주어 뛰어난 작품들이 나왔다고 여겼다. 그들은 모두 재학才學과 정치적 포부를 지녔었지만 세상에 뜻을 펼치지 못하자 자연 경물에 자신의 마음을 담아 심경을 토로할 수밖에 없었다. 특히 문인 사대부들은 경세제민經世濟民의 포부를 품었지만 불우하여 다만 그 울분을 시에 기탁할 수밖에 없었던 것이다. 구양수는 작가가 겪는 생활의 어려움과 벼슬길의 험난함이 실제창작활동을 할 때 그 안목을 크게 넓혀준다는 점에 매우 공감하면서 아울러 자신의 창작활동을 통해 사회생활과 문예창작이 밀접한 관계가 있음을 깨달았다. 이에 구양수의 주장은 작가 개인의 경험담에서 출발하여 문론을 설파하는 정도에까지 이르게 되었다.

이 글에서 '궁이후공窮而後工'의 '궁窮'자는 두 가지 의미를 내포하고 있는데, 즉 물질적 '빈곤'과 정신적 '곤경'이다. 그 중에서 '궁'의 의미에는 '빈곤'의 의미보다 '곤경'의 의미가 더 강하다. 구양수의 '궁이후공'설은 사마천의 '발분저서'설을 받아들여 역대 문인들이 '궁'으로부터

---

74 『歐陽脩全集』, 『居士集』, 권42, 「梅聖兪詩集序」, 295쪽. "予聞世謂詩人少達而多窮. 夫豈然哉? 蓋世所傳詩者, 多出於古窮人之辭也. 凡士之蘊其所有, 而不得施於世者, 多喜自放於山巔水涯, 外見蟲魚草木風雲鳥獸之狀類, 往往探其奇怪; 內有憂思感憤之鬱積, 其興於怨刺, 以道羈臣寡婦之所嘆, 而寫人情之難言; 蓋愈窮則愈工. 然則非詩之能窮人, 殆窮者而後工也."

'공工'에 이르는 특징을 포착하여 '궁'과 '문文'의 관계를 설명하였다. 문인들이 곤궁한 처지에 놓이는 까닭은 그들이 자신의 이상을 견지했기 때문이며, 그로 인해 어떤 이는 유배당하고 어떤 이는 방랑생활을 한다. 그러는 가운데 작가는 자신의 울적한 마음을 시문에 토해낸다.

작가가 처한 환경이 그 작품에 미치는 영향에 대해, 소식 역시 중시하였다. 소식은 직접적으로 "시詩가 능히 사람을 곤궁하게 하는 것이 아니라 곤궁해지면 시가 비로소 공교해진다. 이 말은 진실로 헛되지 않으니, 나는 취옹醉翁 구양수 선생에게서 이 말을 들었다"[75]라고 하면서 구양수의 '궁이후공'설을 받아들였다. 이에 소식은 39세(1074) 항주杭州에서 지방관을 지내던 시기에 지은 글에서 다음과 같이 말하였다.

> 부귀・빈천・장수・요절은 하늘의 뜻이다. 현명한 자가 반드시 부귀하고 어진 자가 반드시 오래 살아야한다는 것은 사람들이 희구하는 바이다. 사람들이 희구하는 바가 하늘의 뜻과 제대로 합치하기란 실제론 어려운 일이다. 이는 비유하자면 목수가 산에 가서 물아物我의 본성本性이 하나가 된 '거鐻'라는 악기를 얻은 것과 같으니, 어찌 늘 그리 될 수 있겠는가? 이로 인하여 때마침 서로 제대로 일치하면 항상 그렇다고 책망하니, 이것이 바로 사람들이 많이 원망하면서도 제대로 이해하지 못하는 까닭이다. 문인의 경우에 있어서도, 그들이 곤궁한 까닭도 진실로 마땅한 바가 있다. 마음을 수고로이 하면서 정신을 소모하고 자신의 기운을 지나치게 성대히 하다가 도

75 『蘇軾詩集』 제2책 권12, 「僧惠勤初罷僧職」, 577쪽.

리어 만물의 뜻을 거스른다. 이에 아직 늙지도 않았으나 쇠약해지고 병들고 악의가 없는데도 죄를 짓게 되니 그 심정을 시문詩文으로 표현하지 않을 자가 없는 것이다. 하늘의 뜻과 사람의 바라는 바가 서로 일치하기가 이미 어려운데다가 사람 역시 자신을 위해危害함이 이러하니, 비록 곤궁하지 않으려 한들 그리 할 수 있겠는가?[76]

사람마다 부귀와 장수를 바라지만 실제로 이루기란 여간 어려운 일이 아니다. 이 때문에 우리는 곤궁한 처지에서 벗어날 방법이 없다. 소식은 46세(1081) 황주黃州에서 폄적貶謫생활을 하던 시기에 지은 글에서 다음과 같이 말하였다.

시가 사람을 곤궁하게 할 수 있다는 말이 있어온 지 오래되었고 제 경우에 있어서도 특히 심합니다. 지금 그대만 유독 믿지 않으시고 시가 사람을 곤궁하게 할 수 없고 이 때문에 더욱 힘을 들인다고 말씀하셨습니다. 그 시가 나날이 이미 공교해졌다면 그 곤궁함은 아마도 제대로 측량할 수 없을 것입니다. (…중략…) 사람을 곤궁하게 할 수 있다고 한 말은 진실로 잘못된 것이지만, 사람을 곤궁하게 할 수 없다고 하는 말 역시 곤궁함을 꺼려하는 의도가 있음을 면하기 어렵습니다.[77]

---

76 『蘇軾文集』 제1책 권10, 「邵茂誠詩集敍」, 320쪽. “貴賤壽夭, 天也. 賢者必貴, 仁者必壽, 人之所欲也. 人之所欲, 適與天相値實難, 譬如匠慶之山而得成鐻, 豈可常也哉. 因其適相値, 而責之以常然, 此人之所以多怨而不通也. 至於文人, 其窮也固宜. 勞心以耗神, 盛氣以忤物, 未老而衰病, 無惡而得罪, 鮮不以文者. 天人之相値旣難, 而人又自賊如此, 雖欲不困, 得乎?”

77 『蘇軾文集』 제4책 권49, 「答陳師仲主簿書」, 1428쪽. “詩能窮人, 所從來尙矣, 而於軾特甚. 今足下獨不信, 建言詩不能窮人, 爲之益力. 其詩日已工, 其窮殆未可量. (…중략…) 云能窮人者固繆, 云不能窮人者, 亦未免有意於畏窮也.”

이상과 같이 소식은 작가의 신세와 처지가 작품에 미치는 영향에 대해 제시하였다. 이상의 문장 외에도 '궁이후공'관점은 다수의 시구詩句를 통해서도 확인할 수 있다.[78] 소식은 48세(1083) 황주 폄적시기에 지은 글에서 다음과 같이 말하였다.

> 지금 왕정국王定國은 내 일로 연좌되어 죄를 지어 바다 건너 유배된 기간이 3년이었다. 그동안 한 아들이 유배지에서 죽고 한 아들은 가택에서 죽고 왕정국 역시 병으로 거의 죽을 지경이었다. 나는 내심 나를 원망함이 심하리라 여겨 감히 서신을 통해 서로 소식을 전하지를 못하였다. 그러나 왕정국은 유배지에서 돌아오는 길에 강서江西에 이르러 영남嶺南지역에서 지은 시 수백 수를 나에게 보내주었는데, 그 작품들이 모두 태평하고 풍성하여 치세지음治世之音으로 가득해 그 말은 뜻을 얻어 도를 행한 자와 결코 다르지 않았다. (…중략…) 왕정국의 시는 더욱 공교하여 술을 마셔도 쇠하지 않고 도달한 곳에서 빙빙 돌며 날아 자유로이 다니다가 산수의 승경勝景을 다했으니 정치적 곤궁함과 신체적 노쇠함까지도 그의 풍도風度를 바꾸지는 못하였다.[79]

78 『蘇軾詩集』 제1책 권6, 「次韻張安道讀杜詩」, 266쪽. "詩人例窮苦, 天意遣奔逃"; 제2책 권9, 「僧淸順新作垂雲亭」, 452쪽. "天憐詩人窮, 乞與供詩本"; 제2책 권11, 「和柳子玉喜雪次韻仍呈述古」, 527쪽. "詩成就我覓歡處, 我窮正與君彷彿"; 제6책 권33, 「次韻仲殊雪中遊西湖二首(之一)」, 1750쪽. "秀語出寒餓, 身窮詩乃亨"; 제6책 권35, 「次韻徐仲車」, 1871쪽. "惡衣惡食詩愈好, 恰是霜松囀春鳥"; 제6책 권35, 「九日次定國韻」, 1906쪽. "黃金散行樂, 淸詩出窮愁" 등 참조.

79 『蘇軾文集』 제1책 권10, 「王定國詩集敘」, 318쪽. "今定國以余故得罪, 貶海上三年, 一子死貶所, 一子死于家, 定國亦病幾死. 余意其怨我甚, 不敢以書相聞. 而定國歸至江西, 以其嶺外所作詩數百首寄余, 皆淸平豐融, 藹然有治世之音, 其言與志得道行者無異. (…중략…) 而定國詩益工, 飮酒不衰, 所至翱翔徜徉, 窮山水之勝, 不以厄窮衰老改其度."

왕정국은 소식의 오대시안烏臺詩案에 연루되어 많은 고충을 당했으나 그 곤궁한 처지가 오히려 양질의 거름이 되어 더 훌륭한 작품을 창작하였다.

소식은 이론에 머물지 않고 여러 문장 속에서 '초연광달超然曠達'한 정신경계를 드러내면서 절로 '공工'의 지향점을 알려주고 있다. 특히 유배기간 중에 쓴 작품들에서 이러한 '초연광달'한 초월적 심리태도를 여러 곳에서 드러내고 있다. 그의 "해남海南 만 리가 진정 내 고향이라"[80]라는 심리태도는 자신의 주관적인 환상으로 객관적 실제 현실을 대신한 말이다. 그는 황주에서 쓴 서신중에서 "환난에 처해서도 근심하지 않으니 다만 어리석은 자는 속이 없을 뿐이라. 짐승이나 목석과 무엇이 다르리오! (…중략…) 제가 황주에 유배된 지 이미 오래되어 그 땅에 안분安分하고 품었던 생각들을 잊었더니, 마치 본래 황주 사람으로 애초부터 벼슬하지 않은 듯하더이다"[81]라고 하면서 자신을 위로하였다.

멀리 혜주惠州로 귀양을 갔을 때도 전염병이 곳곳에 창궐하고 그를 항상 옆에서 챙겨주던 조운朝雲마저 세상을 떠나자 그 어려움이란 이루 말로 형언할 수 없었다. 하지만 그런 와중에서도 "제가 근자의 일들을 목도해보고는 이미 사면을 받아 북으로 돌아갈 희망을 끊었습니다. 그리하고 나니 마음속이 매우 편안하더이다. 아직 오묘한 세상 이치를

---

80 『蘇軾詩集』 제7책 권41, 「吾謫海南, 子由雷州, 被命卽行, 了不相知, 至梧乃聞其尙在藤也, 旦夕當追及, 作此詩示之」, 2243～2245쪽. "海南萬里眞吾鄕"

81 『蘇軾文集』 제4책 권57, 「與趙晦之四首(之三)」, 1711쪽. 이 문장은 蘇軾 46세(1081년)에 지은 작품이다. "處患難不戚戚, 只是愚人無心肝爾, 與鹿豕木石何異! (…중략…) 某謫居旣久, 安土忘懷, 一如本是黃州人, 元不出仕而已."

깨닫고 달관하였다고 말할 순 없겠지만 비유컨대 원래 혜주의 수재秀才로 누차 과거시험을 보았으나 급제하지 못했다고 말한다고 해도, 어찌 가하지 않겠습니까?"[82]라고 말하였다.

소식이 혜주에서 더 멀리 떨어진 담주儋州라는 곳으로 재차 유배를 가게 되는데, 그곳은 황주나 혜주보다 지리적으로 멀뿐더러 거주환경도 매우 열악하였다. 그는 담주의 상황을 "이 곳에선 먹어도 고기라곤 없고 병들어도 약도 없고 거처해도 온전한 집이란 없고 밖에 나가도 벗이 없고 겨울이 되어도 연탄조차 없고 여름이 와도 시원한 샘이 없습니다. 일일이 세어보지는 않았으나 대체로 다 없을 뿐입니다"[83]라고 묘사하였고, 심정적으로도 "우리 형제는 처세를 잘못하여 모두 멀리 유배되는 처지가 되어 홀로 묻히게 되었으니, 이를 생각할 때면 눈물이 흐릅니다"[84]라고 표현하였다. 그러나 자신의 독특한 심리태도를 발휘하여 "나는 서왕모西王母가 다스리는 곳의 신선인데, 유배되어 해남海南 마을에 내려왔노라"[85]라고 하면서 암울한 실제 상황을 인간세상으로 내려온 신선에 자신을 비유하고 있다.

해남에 있던 시기에 소식은 도연명陶淵明과 유종원柳宗元의 시문을 특히 좋아하였는데, 그 까닭은 두 사람의 불우했던 환경이 자신의 곤궁

82 『蘇軾文集』 제4책 권54, 「與程正輔七十一首(之十三)」, 1593쪽. 이 문장은 蘇軾이 惠州로 유배되어 있던 시기(1095~1097년, 60~62세)에 지은 작품이다. "某睹近事, 已絕北歸之望. 然中心甚安之. 未說妙理達觀, 但譬如元是惠州秀才, 累擧不第, 有何不可."

83 『蘇軾文集』 제4책 권55, 「與程秀才三首(之一)」, 1628쪽. 이 문장은 蘇軾 63세(1098년)에 지은 작품이다. "此間食無肉, 病無藥, 居無室, 出無友, 冬無炭, 夏無寒泉, 然亦未易悉數, 大率皆無耳."

84 『蘇軾文集』 제4책 권59, 「與林濟甫二首(之二)」, 1804쪽. 이 문장은 蘇軾이 재차 儋州에 유배되어 있던 시기(1097~1100년, 62~65세)에 지은 작품이다. "某兄弟不善處世, 並遭遠竄, 墳墓單外, 念之感涕."

85 『蘇軾詩集』 제7책 권41, 「入寺」, 2283쪽. "我是玉堂仙, 謫來海南村."

한 처지와 쉽게 연관이 되었기 때문일 것이다. 소식의 말년 제자인 갈립방葛立方은 '궁이후공'의 관념을 받아들어 『운어양추韻語陽秋』에서 유종원에 관한 사적을 기술하고 있다.

유종원은 평생 곤궁한 이였다고 말할 만하다. 당唐 순종順宗 영정永貞 초에 예부원외랑禮部員外郎이 되었으나 얼마 되지 않아 유배되어 영주사마永州司馬가 되었고 좌천된 지 11년째 되던 해인 헌종憲宗 원화元和 10년에, 좌천되었던 다른 이들과 같은 예에 따라 불러들여 서울에 이르자 기뻐 노래를 지었다. (…중략…) 서울에 이르렀으나 다시는 쓰이지 않고 유주柳州로 가게 되었다. 영주永州에서 서울까지 이미 4천 리요, 서울에서 유주로 가니 다시 6천 리라, 왔다 갔다 한 것이 1만 리는 될 것이다. 그래서 「유몽득에게 보냄贈劉夢得」시에서 "십 년 만에 초췌하게 서울에 올라왔는데, 누가 알았으랴 도리어 영외嶺外로 출행하게 될 줄을"이라 하였고, 「종일에게 보냄贈宗一」시에서 "한 몸이 나라를 떠난 지 6천 리, 만 리 밖 황량한 들판에 떨어진지 12년"이라 한 것이 바로 이것이다. 슬프다! 유종원이 이리도 곤궁함이 지극하였구나! (…중략…) 끝내 살아 돌아오지 못하고 온갖 뱀들이 득실거리고 전염병이 창궐하는 곳에서 삶을 마쳤으니, 이루 다 탄식할 수 있을 소냐! 그래서 한유가 "유종원의 유배기간이 길지 않고 곤궁함이 극한까지 치닫지 않았다면 비록 출중한 재주가 있었더라도 그 문학과 사장詞章은 자력으로는 후세까지 전해지기는 불가능하였을 것이다. 이러한 생각은 지금에 이르러서도 의심할 바 아니다"라고 말한 것이다.[86]

86 (宋)葛立方,『韻語陽秋』,『歷代詩話』(北京 : 中華書局, 1981) 하책. "柳子厚可謂一世窮人矣. 永貞之初, 得一禮部郎, 席不暖卽斥去爲永州司馬. 在貶所歷十一年, 至憲宗元和十年, 例召至京師, 喜而

갈립방은 유종원의 일생동안 거쳐 갔던 관직 인생을 매우 곤궁했다고 평가하였다. 다만 이런 그의 불행한 환경은 공교롭게도 그 일생동안 뛰어난 문학을 창출하는 밑거름이 되었다. 그와 비교하건대, 소식의 곤궁한 처지는 더욱 비참한 것이었다. 소식이 유배지에서 보낸 세월은 도합 14년이었고, 저 멀리 해남도海南島에까지 귀향을 떠났음에도 불구하고 오히려 그의 작품은 초연광달超然曠達하였으며 결국 66세의 나이에 사면을 받아 해남도를 벗어나 북으로 돌아오기에 이르렀다. 소식은 멀고도 먼 해남도에서 구사일생으로 살아 돌아와 금산金山에 이르러 지은 글에서 "너의 평생 공적이 무어냐고 묻는다면 황주黃州와 혜주惠州 그리고 담주儋州라고 말하겠다"[87]라고 말하였다. 그는 자신이 조정에서 한림학사翰林學士와 예부상서禮部尚書 등을 지내던 때를 그의 인생에 있어서 황금기라고 여겼던 것이 아니라 유배생활을 하던 시기를 그의 공적이라 여겼는데, 그 말속엔 다분히 자조적인 느낌을 주는 것도 사실이지만 유배생활을 그 일생 가운데에서 끄집어낸 것은 그만큼 그에게 있어 의미가 있었음을 알 수 있다. 그가 유배기간동안 지은 대표적인 작품을 꼽으라면 황주에서는 「적벽부赤壁賦」·「염노교念奴嬌·적벽 회고赤壁懷古」·「서림벽에 제함題西林壁」 등을 거론할 수 있겠고, 혜주에서는 「도연명의 귀원전거에 화운함和陶歸園田居」·「여지탄荔枝嘆」 등을, 담주에서는 「강물을 길어 차를 끓이다汲江煎茶」·「사민사 추관에

成詠. (…중략…) 旣至都, 乃復不得用, 以柳州去. 由永至京已四千里, 京徂柳又復六千, 往返殆萬里矣. 故「贈劉夢得」詩云, '十年憔悴到秦京, 誰料反爲嶺外行'. 「贈宗一」詩云, '一身去國六千里, 萬里投荒十二年'是也. 嗚呼, 子厚之窮極矣! (…중략…) 然竟不生還, 畢命於蛇虺瘴癘之區, 可勝嘆哉! 韓退之有言曰, "子厚斥不久, 窮不極, 雖有出於人, 其文學詞章, 必不能自力以致必傳於後, 如今無疑也"."

87 『蘇軾詩集』 제8책 권48, 「自題金山畫像」, 2641쪽. "問汝平生功業, 黃州, 惠州, 儋州."

게 쓴 편지與謝民師推官書」 등을 들 수 있겠다. 이를 통해 정치적 불행으로 인한 '궁窮'과 문예창작의 '공工'과는 분명 긴밀한 내연의 관계가 있음을 알 수 있다.

여기서 '공'의 지향점에 대해 더 살펴볼 필요가 있다. 일반적으로 '발분'이나 '불평' 중에 드러난 '공'의 지향점은 대개 두 가지 각도로 나누어 볼 수 있는데, 즉 '우환의식'과 '초월의식'이다. '우환의식'은 현실생활 속에서 빚어지는 근심·걱정·고민 등의 우환심리와는 달리 인생에 대한 깊은 이해와 사고에 침전된 상태에서 비롯한다. 이러한 깊이 있는 이해와 사고는 종종 암울한 현실에 대한 불만에서 비롯되어 현실 속에 존재하는 불합리에 대한 비판으로 승화되기도 하고, 이상세계에 대한 집착에서 비롯되어 생존가치에 대한 불멸의 추구로 승화되기도 하고, 자아인격에 대한 긍정에서 비롯되어 자유자재한 개성 추구로 승화되기도 한다. 무한한 우주와 그 속에 펼쳐진 삼라만상을 마주 대하면서 유한한 생명에 대한 감개와 무한한 시간에 대한 감회 그리고 인생의 짧음과 우주의 영원함에 대한 탄식을 토로하는 것도 '우환의식'의 또 다른 특징이다. 우환의식이 담긴 작품은 아무래도 소침하고 비관적인 느낌을 면키 어렵다. 이에 반해 '초월의식'은 실제로 우환의식의 또 다른 표현형식이라 할 수 있는데, 이는 우환의식에 심령상의 해탈과 도가의 자연무위自然無爲가 결부된 것에 불과하다. 장자莊子의 절대자유와 절대평등사상은 작가에게 자신의 가치를 실현하는 정신적 이상을 제공해주었다. 예를 들어 도연명陶淵明같은 시인은 노장老莊정신을 자신의 생존방식으로 전환하여 전원에 자신의 뜻을 기탁하여 질박한 경계를 추구하였다. 도연명은 모든 생명체를 대자연 속에 융합하여 그 생명 속의 참 뜻을 체득하여 심령의 자유와 인격의 존엄을 실현시켰던 것이다. 이를 통해 자신 내부에 있는 정신적 초월에 의지하여 원망과 비분으로 가득 찬 현실 속에서 잠시나마 벗어날 수 있었다.[88]

소식은 두 차례 유배되었던 십여 년 동안 원망과 슬픔 등의 감정을 단숨에 바꾸어 우환에 맞서 삶을 당당하게 꾸려나갈 수 있었다. 이에 호자胡仔는 "사람이 우환에 처할 수 있느냐 하는 문제는 그 사람이 평상시 마음속에 함양한 바에 달려있다. 한유는 당대唐代의 문인으로, 정색을 하며 조정에 나가 「불골을 논한 표문論佛骨表」를 올려 완강하게 간하여 마치 살신성인殺身成仁하려는 듯하였다. 하지만 일단 먼 곳으로 유배되자 곧 근심과 무료함이 그의 시사詩詞에 나타났다. 이를 통해 볼 때 소식이 함양한 바는 한유를 뛰어넘음이 멀다고 하겠다"[89]라고 말하였다. 호자가 말한 '동파가 함양한 바東坡所養'는 바로 시련을 극복해낸 정신수양을 가리킨다. 소식은 장자의 상대주의와 불교의 인연설因緣說 그리고 유가儒家의 '안빈낙도安貧樂道' 사상 등을 기반으로 하여 유불도儒佛道 사상을 융합하였으며 송대宋代 왕우칭王禹偁과 범중엄范仲淹으로 대표되는 문인들의 고상한 기개에 고무되어 생사의 갈림길에서도 유유자적할 수 있었다.[90] 이러한 요소들이 두루 작용하여 험난한 역경 속에서도

---

88 陳德禮, 「'憤書'論及其審美創作心理機制」, 『青海師範大學學報(哲學社會科學版)』(2000년 제4기, 총제87기), 74~75쪽.

89 『苕溪漁隱叢話 · 前集』(台北 : 長安出版社, 1978) 권41. "凡人能處憂患, 蓋在其平日胸中所養. 韓退之, 唐之文士也, 正色立朝, 抗疏諫佛骨, 疑若殺身成仁者. 一經竄謫, 則憂愁無聊, 概見於詩詞. 由此論之, 則東坡所養, 過退之遠矣."

90 蘇軾의 유배기간동안의 심리적 특징에 대해 張進과 張惠民은 '孔子之道大難容' · '顔回之陋巷樂道' · '曾點之浴沂境界' · '莊子之相對主義' · '莊, 易之知命樂天' · '佛理之隨緣自適' · '宋人之志節氣概' 등으로 정리하였다. 張進, 張惠民, 「蘇軾貶逐心態研究」, 『蘇州大學學報(哲學社會科學版)』(2001년 4월, 제2기), 69~73쪽 참조.

견인불발堅忍不拔의 정신을 드러내어 위대한 작품을 창작할 수 있었다.

위와 같은 두 가지 심리상태에 의거하여 볼 때, 소식의 '공'의 지향점은 초월의식에 근접한다고 하겠다. 소식은 비록 일생동안 세상을 떠나 은거하지는 않았지만 그의 시문작품 속에는 끊임없이 출세사상을 드러내고 있다.[91] 그는 비록 벼슬길이 험난하였지만 끝까지 경세제민經世濟民하려는 초심初心을 버리지 않았다. 이 두 가지 심리상태가 교묘히 작용하면서 세상에 대해 달관하기도 하지만 그만큼 세상에 대해 자신만만하였다. 그러하였기에 그는 어디를 가더라도 순응하며 즐길 수 있었다. 그의 삶에 대한 달관적 태도는 그의 문장 속에 초월의식을 기본적으로 내포할 수밖에 없었다. 덕분에, 그의 작품은 더욱 빛을 발할 수 있었다.

소식은 '궁이후공'설을 이어받아 진일보한 이론을 개진한 것은 아니었지만 곤궁한 처지에서도 많은 창작활동을 통해 '초연광달超然曠達'한 정신경계를 실현하여 '공工'의 지향점을 제시하였다. 이에 주변朱弁은 '궁이후공'설에 근거하여 소식의 담주儋州기간에 지은 작품을 높이 평가하며 "소동파의 문장은 황주黃州 이후에 남들이 미칠 수 없는 경지에 이르렀고 오직 황정견黃庭堅의 시만이 때때로 필적할 만하였다. 하지만 만년에 해남海南으로 유배 간 때부터는 황정견조차도 그 뒤에서 눈을 휘둥그렇게 뜨고 쳐다볼 따름이었다"[92]라고 말하였다.

소식을 포함하여 굴원屈原, 사마천司馬遷, 이백李白, 두보杜甫, 한유韓愈,

---

91 『蘇軾詩集』 제4책 권25, 「漁父四首(之三)」, 1330쪽. "酒醒還醉醉還醒, 一笑人間今古."

92 『風月堂詩話』(台北 : 廣文書局, 1973) 권2. "東坡文章至黃州以後, 人莫能及, 惟黃魯直詩時可以抗衡; 晚年過海, 則雖魯直亦瞠乎其後矣."

유종원柳宗元 등의 중국 고대 작가들은 모두 곤궁한 처경에서 위대한 작품을 지었다. 사마천의 '발분저서'설은 육조六朝 문론가들을 거쳐 더욱 발전하여 당송唐宋시기에 이르러 한유와 구양수가 직간접으로 체험한 창작활동을 통해 각기 다른 각도에서 '발분저서'설을 승화시켰다. 소식은 이러한 문예심리관념을 수용하였고 두 차례의 유배시절을 직접 겪으면서 시련 극복의 정신수양을 체득하여 '초연광달'한 풍격으로 승화시켜 문예창작의 '천공天工'경지에 이를 수 있었다.

이상과 같이 소식의 작가수양이론을 "독서 학습—'박관약취博觀約取'를 '일의구지一意求之'로 구체화", "관찰 체험—'흉유성죽胸有成竹'을 '이문목견耳聞目見'으로 구체화", "시련 극복—'궁이후공窮而後工'을 '초연광달超然曠達'로 구체화" 등으로 나누어 살펴보았다. 이러한 조건들이 충족되어야 비로소 완벽한 작품을 만들 수 있는 기틀을 마련한 것이다. 만약 이러한 수양과정을 제대로 거친다면 그 창작역량이 용솟음쳐 훌륭한 작품을 만들 것이다. 또한 이를 통해 만들어진 작품은 역으로 작가의 창작역량에도 영향을 미쳐서 심지어 간접적인 수양효과를 거둘 수 있다.

소식은 25세(1060) 이제 막 관직생활을 시작하던 무렵에 쓴 「증 승상께 올린 서신上曾丞相書」에서 "무릇 배움의 어려움은 사사로움을 갖지 않는 것보다 더 어려운데, 사사로움을 갖지 않는 것의 어려움은 만물의 이치를 통하기보다 더 어렵다凡學之難者, 難於無私, 無私之難者, 難於通萬物之理"라고 한 것으로 볼 때, 일찍부터 독서의 중요성을 인식하였음을 알 수 있다. 그는 28세(1063) 봉상鳳翔에 임직하면서 지은 「가설稼說」에서

‘박관약취博觀約取’를 독서할 때 지녀야할 중점이라 하였는데, 이는 유협이 “학식을 얻는 방식은 폭넓은 데 달려 있고, 사실을 인용하는 방법은 간결함을 귀히 여긴다綜學在博, 取事貴約”라고 말한 것에 영향을 받았다고 짐작된다. 이러한 ‘박관약취’의 관념은 60~62세(1095~1097) 시기인 혜주로 유배되었을 때에 지은 「장가보에게 준 글與張嘉父」에서도 여전히 견지하고 있었다. 이를 통해 볼 때 ‘박관약취’의 관념은 평생 유지되어온 중요한 학습태도라고 하겠다. 그는 유협의 ‘박관약취’ 관념을 이어받아 두 가지 실천방안을 제시하였는데, 그 하나는 정독방법으로 그의 나이 40세(1075) 밀주密州에서 지은 「염관 대비각에 관한 기문鹽官大悲閣記」에 보이고, 또 다른 하나는 회의하는 태도로 그의 나이 45세(1080) 황주에서 지은 「범촉공에게 답한 글答范蜀公」에 보인다. 그는 여기서 더 나아가 60세(1095) 혜주로 유배되었을 때 지은 「왕상에 준 글與王庠」에서 한층 구체적인 실천방법을 주장하는데, 바로 ‘일의구지一意求之’ 하는 독서 태도이다. 이로 볼 때 소식은 생애 후반기로 갈수록 이론 주장보다는 구체적 실천방법에 더 큰 관심을 가졌음을 알 수 있다.

그는 작가의 수양방면에 있어서 관찰 체험 과정도 중시하였다. 그는 36세(1071) 수도에서 직사관直史館으로 지낼 때 지은 「정인원 그림에 관한 기문淨因院畫記」에서 ‘상형常形’과 ‘상리常理’에 관한 문제를 제기하였고, 43세(1078) 서주徐州에서 지은 「해에 비유한 글日喩」에서 건성으로 경험하고 관찰하는 것으로는 충분치 못하며 장기간의 직접 체험을 통해서만이 물리物理를 제대로 파악할 수 있다고 강조하였다. 그는 오대시안烏臺詩案에 휩싸이기 직전인 44세(1079.7)에 쓴 「문여가의 운당곡 언죽 그림에 관한 기문文與可畫篔簹谷偃竹記」에서 ‘흉유성죽胸有成竹’이론을 주장하였고, 49세(1084) 황주 유배지를 떠나는 길에 지은 「석종산에 관한 기문石鐘山記」에서 '상형常形'에 대해 관찰을 중시하면서 매사에 '이문목견耳聞目見'해야 하며 어떠한 억측도 해서는 안 된다고 주장하였다.

아울러 그는 39세(1074) 항주杭州에서 지은 「소무성 시집에 붙인 서문邵茂誠詩集敘」 그리고 46세(1081)와 48세(1083) 황주시기에 쓴 「진사중 주부에 답한 서신答陳師仲主簿書」와 「왕정국 시집에 붙인 서문王定國詩集敘」 등의 문장 속에서 '궁이후공窮而後工'설을 드러냈다. 그는 황주와 혜주 그리고 담주에서 유배되어 지내던 때에 지은 많은 문장 속에서 자신의 '초연광달超然曠達'한 정신경계를 드러내었다.

소식의 작가수양이론의 구체화과정을 종합적으로 살펴보면 처음에는 추상적 담론에 그치고 있다가 나중에는 구체적 방법과 결과를 이루어내고 있음을 발견할 수 있다. 독서학습에 있어서는 '박관약취'이론을 '일의구지'라는 학습방법으로 구체화하였고, 관찰체험에 있어서는 '흉유성죽'이론을 '이문목견'이라는 체험방법으로 구체화하였고, 시련극복에 있어서는 '궁이후공'이론을 '초연광달'이라는 결실로 구체화하였다. 작가는 독서 학습 과정을 통하여 내적 수양을 쌓고 관찰 체험 과정을 통해 외적 수양을 이루고 시련 극복 과정을 거쳐 '궁이후공'의 진면목을 드러내어 그 문예작품이 진실성에 더 다가서도록 하였다. 이러한 수양을 거쳐 만든 작품은 읽는 독자를 더욱 쉽게 감화시킬 수 있다.

제4장
심미구상이론의 구현과정

문예창작은 현실을 반영한다. 작가는 실생활에 바탕을 둔 소재로부터 주도면밀한 사고를 통해 어떠한 문예 형식으로 표현할지를 결정한다. 창작에 앞서, 이러한 결코 쉽지 않은 구상 과정은 문예창작의 승패를 결정짓는 관건이 된다.

구상이란 문예창작자가 작품을 만드는 과정에서 내용과 형식 두 방면으로 진행하는 총체적 사유 활동을 가리킨다. 어떠한 창작자라도 일상생활에서 소재를 채택하고 주도면밀한 사고를 거쳐 표현할 내용을 결정하고 내용에 따라 표현할 형식을 재차 결정하여 문예창작의 실제 효과에 이르러야 한다. 문학 구상은 시작부터 이미지를 형상 언어로 변환하기 때문에 구상 단계의 이미지는 구체화되지 않은 언어 속의 이미지이다. 이 언어는 일상 언어와 달리 일정한 체재와 양식을 갖춘 예술 언어이다. 이러한 점은 시인의 구상 과정 속에서 명확히 드러난다. 시인의 구상이 순조로이 전개되려면 이미지가 일정한 격률에 부합하는 시 언어로 바뀌어야 한다. 따라서 문학 구상은 일종의 언어 사유 활동이라 할 수 있다.

문예창작은 심령의 표현이지 현실 모방이 아니다. 따라서 외계 사물은 문예의 본원이 아닌 문예의 대상이며 심령을 자극하는 격발 도구에 불과하다. 문예창작자가 표현하고자 하는 것은 그 대상 자체가 아니라 그것에 의해 점화된 심령의 불꽃이다. 외계 사물은 심령의 불꽃으로 타올라 그 사명을 완수하고 나면 문예표현의 무대에서 물러난다.

소식蘇軾은 여러 문장들을 통해 세 가지 구상 과정을 제시하였는데, 이는 즉 관조, 상상, 영감 등이다.[1] 관조란 허정虛靜한 마음으로 세상을 마주하는 것으로, 달이 사심 없이 만물을 비추는 것과 같다. 문예창작에 앞서, 관조는 주관적 생각이 난립하는 것을 배제한다. 관조는 바로 구상의 첫 단계로서 모든 구상과정에서 빠뜨려서는 안 되는 것이다. 허정한 마음으로 세상을 관조할 수 있을 때 창작자는 만물과 교유交遊하는 상상 단계에 진입할 수 있다. 여기서 말하는 '상상'은 '신사神思'를 가리키지만 지나친 공상이나 황당무계한 생각까지를 포함하지 않는다. '신여물유神與物遊(정신이 물상과 더불어 노님)'의 상상은 서양에서 말하는 공상의 의미가 내포된 상상 개념과 다르다. 중국 고대의 상상은 주

1 鄧艷斌은 문예창작관을 논하면서 '靜空'관, '遊於物外', 영감론 등의 관점으로 소식의 창작사유론을 정리하였다. 「簡論蘇軾的文藝創作觀」, 『郴州師範高等專科學校學報』(제24권 제3기, 2003.6), 35~38쪽.

객主客의 교유交遊를 중시하였다. 다시 말해서, 자유자재한 '신여물유'는 '신유神遊(정신이 노님)'보다는 '여물與物(물상과 더불어 함)'에 더 주안점이 있다 하겠다. 중국 문론가文論家들은 구상과정이 만물에서 유리된다면 작가나 독자에게 아무런 가치가 없다고 여겼다. 그리고 창작구상 중의 '영감'은 매우 중요한 가치를 지닌다. 『시경詩經』으로부터 논의된 '흥興'은 단지 시흥詩興을 불러일으킨 물상物象의 연상聯想만을 가리키는 것이었다. 소식은 『시경』의 흥회興會를 여러 글 속에서 영감으로 보았다. 어떠한 문예 작품이라도 영감이 없이 억지로 만들어낸다면 자연스러움이 전혀 없고 심지어 예술적 감흥력을 완전히 상실한다.

정신이 만물과 교유하는 상상은 반드시 창작자의 관찰, 체험이 선행되고 허정한 관조를 거쳤을 때 비로소 물화지경物化之境에 도달할 수 있다. 심미구상과정에서 마지막 단계로 '물화物化'를 언급하기도 하지만, '신여물유'의 상상은 물아교융物我交融에 직접 연계된다. 물화는 '신여물유'의 외연적 확충이라 하겠다. 게다가 문예 창작의 전 과정 속에서 물화를 고찰해보면 절대로 그것을 구상방면으로만 논할 수 없다.[2] 문예창작은 작가의 체험수양으로부터 발원하여 허정한 마음으로 물상을 대하고 그 정신이 그 물상과 교유하는 구상과정으로 흘러 결과적으로 물화지경에 이른다. 만약 작가가 만물의 상리常理를 직접 체득할 방법이 없다면 상상에서 물화에 이르는 구상 전이는 근본적으로 불가능한 것이다. 다시 말해서, 작가가 체험수양을 통해서야 상상을 물화로 승

2 張少康과 祁志祥은 物化를 구상단계의 하나로 논하고 있다. 하지만 物化는 구상과정뿐 아니라 창작과정, 감상과정에서 모두 다루어야 한다. 굳이 物化를 구상단계에서 논하려면 정신이 만물과 교유하는 상상 단계의 절정으로 이해해야 한다.

화할 수 있다는 말이다. 아울러, 작가는 실제 창작을 통해서야만 물화를 드러낼 수 있다. 이로 말미암아, 작가는 반드시 모든 수양과 구상 과정을 구비해야 실제 창작에서 물화지경을 실현할 수 있고 문예작품을 통하여 감상자에게 물화지경을 전할 수 있다.

이에 근거하여, 허정한 마음으로 세상을 마주하는 관조 단계, 정신이 만물과 교유하는 상상 단계, 경물景物에 흥취가 일어나는 영감 단계로 나누어 소식 문예의 구상과정을 논하고자 한다. 또한 소식이 언급한 시문詩文들의 창작시기를 토대로, 그의 구상에 관한 관점이 어떻게 변하여 성숙해지는지도 함께 살펴보고자 한다.

1. 허정虛靜한 마음으로 세상을 마주하는 관조 단계

문예구상의 기본 전제는 창작자가 허정한 정신 상태를 유지하느냐이다. 어떠한 주관이나 객관적 요소에 의해 간섭 받지 않고 온 마음을 하나로 모을 수 있는 정신적 경지는 어떤 문예 창작을 하더라도 가장 필수적인 요건이다. 작가가 오직 허정한 정신 상태에서야만 "얼음 병처럼 맑고 수경水鏡처럼 깊어서 살결이 환히 비치고 터럭 끝까지도 자세히 관찰한다"[3]라는 단계에 진입할 수 있다.

---

3 張少康, 『中國古代文學創作論』, 台北 : 文史哲出版社, 1991, 6쪽. 明代의 吳寬은 『書畫筌影』에서 唐代의 저명한 시인이자 화가인 王維의 창작을 구체적으로 분석하면서 "王維의 시에는

허정한 관조는 바로 대상을 체험하는 생명정신이다. 문예창작은 심미체험과 뗄 수 없는 관계이며, 심미체험과 허정한 관조 역시 매우 밀접한 관련이 있다. 허정한 관조는 작가가 심미대상을 체험하고 대상 내부의 심층적인 의미를 발현하는 데에 도움을 준다. 이 번잡한 세상에서 사물의 여러 속성은 사람과 심미관계로 얽혀 있고 복잡한 이해관계로까지 놓인다. 이러한 이해관계는 주체가 심미 관조와 심미 체험을 할 때 매우 큰 장애가 된다. 고대의 중국 작가들은 '물物'을 공리적 대상으로 보지 않고 사람과 대응하는 존재이며 생명 감정을 지닌 생명체로 간주하였다. 왕국유王國維(1877~1927)는 『문학소언文學小言』에서 "흉중이 텅 비어 어떤 사물도 없게 한 후에야 사물을 더욱 깊이 관조하고 그 사물을 더욱 적절히 체득한다"[4]라고 하였다. 허정한 심리상태로 만물에 내재한 정신 취지를 체득해야만 비로소 '물'의 공리적 겉치레를 열어젖혀서 그 내부 심층적 정신의 진수를 통찰할 수 있다. 사공도司空圖(837~908)는 "잠자코 소박하게 사니 오묘한 기틀이 은미隱微하다"[5]라고 말하면서, 청정淸靜하고 소담素淡한 마음이어야 비로소 신미神微한 경지

'전생에는 잘못하여 詞客이었고 전신은 화가였으리'라고 하였는데, 자신을 두고 한 말일 것이다. 王維의 시는 李白, 杜甫와 나란히 하고 그의 그림은 吳道子를 뒤쫓아 짝하여 畢宏, 韋偃 같은 화가는 감히 똑바로 보지도 못했다. 지금까지도 王維의 시를 읽는 사람들은 소리 있는 그림이라고 하고 王維의 그림을 보는 사람들은 소리 없는 시라고 말한다. 내 입장에서 논하자면, 王維는 가슴속이 灑脫하여 속에 막힌 데가 없으니, 얼음 병처럼 맑고 水鏡처럼 깊어서 살결이 환히 비치고 터럭 끝까지도 자세히 관찰하기 때문에, 붓을 댔다 하면 세속의 기운이 없었다. 누가 그림과 시의 길이 합치하지 않는다고 말했던가?[右丞詩云 : '夙世謬詞客, 前身應畫師'. 蓋自道也. 右丞詩與李杜抗行, 畫追配吳道子, 畢宏, 韋偃弗敢平視. 至今讀右丞詩者則曰有聲畫, 觀畫者則曰無聲詩. 以余論之, 右丞胸次灑脫, 中無障礙, 如冰壺澄澈, 水鏡淵渟, 洞鑒肌理, 細觀毫髮, 故落筆無塵俗之氣, 孰謂畫詩非合轍也]"라고 평하였다.

4 『海寧王靜安先生遺書』(台北 : 台灣商務印書館, 1979) 제4책, 「文學小言4」, 1802쪽. "胸中洞然無物, 而後觀物也深, 其體物也切."

5 『二十四詩品・沖淡』, 『中國歷代文論選』(郭紹虞 主編, 上海古籍出版社, 1982) 제2책. "素處以默, 妙機其微."

에 들어갈 수 있고 삼라만상의 헤아리기 어려운 정신적 정운情韻과 생동하는 생명 율동을 파악할 수 있다고 보았다. 이른바 '허정'은 주체가 객관 대상을 느낄 때 반드시 마음속을 깨끗이 씻고 주체의 바람과 선입견을 떨쳐내고 공리를 뛰어넘고 잡념을 버려서 내심의 청정을 유지하는 것이다. 작가는 이러한 허정한 심령으로 그 대상의 생명정신을 체득할 수 있다.

소식의 '관조'는 노자老子의 '허정'에서 비롯되었다.[6] 노자는 '도를 배우라는學道' 말을 한 적이 없다. 도란 다만 체득할 수 있고 그 같은 방식에 맞춰 생활할 뿐이다. 노자가 허정을 통해 이루려했던 것이 바로 '관觀(즉 관조를 가리킴)'이었다. 노자는 우리에게 반드시 내심의 안정安靜을 보존해야 사물의 진상을 인지할 수 있다는 것을 깨우쳐주고 있다.[7] 장자莊子는 노자의 이러한 사상을 이어받아 허정을 철학과 심미구상의 조건으로 삼았다. 그는 "참된 도는 오직 공허함 속에 모인다. 이 공허가 곧 '심재心齋(마음 재계)'이다"[8]라고 말하였는데, '심재'란 바로 공허한 심경을 가리킨다. 장자는 천지만물의 간섭을 배제하고 자신을 허정한 심리상태에 두어야만 그의 마음이 비로소 평정平靜한 물처럼 천지만물

---

6 『老子道德經・16章』, 『王弼集校釋』(樓宇烈 校釋, 台北 : 華正書局, 1992), 35~36쪽. 老子는 "마음이 텅 빈 상태를 극도에 이르게 하고 고요함을 지키는 일을 독실히 해야 한다. 만물은 아울러 생겨나고 있지만, 우리는 그 모두가 그 근원으로 되돌아감을 관조한다[致虛極, 守靜篤. 萬物並作, 吾以觀復]"라고 말하였다. 이에 대해, 王弼은 '靜'을 근본으로 삼고 '動'을 말엽으로 삼고 '無'를 體로 삼고 '有'를 用으로 삼음으로써, 無로 有를 통합하고 靜으로 動을 제어한다고 강조하였는데, 윗글 아래에 "무릇 모든 존재하는 것은 허함에서 생겨나고, 움직임은 고요함에서 일어난다. 만물이 모두 함께 움직이더라도 마침내는 虛靜에 복귀한다. 이것이 바로 사물의 극도로 이르고 독실히 함이다[凡有起於虛, 動起於靜, 故萬物雖並動作, 卒復歸於虛靜, 是物之極篤也]"라고 注하였다.

7 馮友蘭, 『中國哲學史新編』(台北 : 藍燈文化事業公司, 1991) 제2책, 55~57쪽.

8 (淸)郭慶藩 集釋, 『莊子集釋』(台北 : 貫雅文化事業公司, 1991), 內篇 「人間世」 제4, 147쪽. "唯道集虛. 虛者, 心齋也."

의 본래 모습을 비출 수 있고 무위무형無爲無形을 인식할 수 있다고 보았다. 이는 더디게 이를 수 있지만 억지로 구할 수 없는 것이고 어떠한 구속이나 변화도 받지 않은 심리상태이다. 득도得道란 '치致'로 말미암는 것이지 '구求'로 말미암는 것이 아님을 새삼 깨닫게 한다. 공자孔子 역시 "지자智者는 동적動的이고 인자仁者는 정적靜的이다"[9]라고 말하였다. 선진先秦 유학儒學의 핵심은 '인仁'이다. 공자는 '정靜'을 '인자'의 특징으로 삼았다. 순자荀子는 공자의 이 뜻을 이어받아 노장老莊 사상과 혼합하여 가장 완정하고 계통 있는 '허일이정虛壹而靜(마음의 텅 비고 한결 같고 고요한 상태)'이라는 설을 주장하였다.[10] 그는 이를 통해 마음이 사심이나 잡념이 없고 어떠한 간섭도 받지 않아야 한다고 강조하였다. 문예창작자는 주관 정신의 전일專一한 상태로 주의력이 고도로 집중되어 어떠한 외계 사물에게 간섭 받지 않아야 비로소 '도道'를 체득할 수 있다. 문예 창작의 시작은 정해진 방향이 없이 사유가 진행되다가 일정한 심미 대상에 정신을 집중하는 과정으로, '허일이정'의 심리적 제어가 없이는 어느 한 곳에 정신을 집중하기란 어렵다.

'허정'은 고대 철학가들의 관점에서 볼 때, 만물을 포용하고 만물을 생장시키는 근본이다. 「악기樂記」에서 "사람이 태어나서 고요한 것은 천

---

9 『論語・雍也』, 『十三經注疏』(台北 : 藝文印書館, 1997) 제8책, 54쪽. "知者動, 仁者靜."

10 (淸)王先謙, 『荀子集解』(北京 : 中華書局, 1992년) 하책, 「解蔽篇」 제21, 395~397쪽. "사람들은 무엇으로 道를 아는가? 마음이라고 말하겠다. 마음은 어떻게 道를 알 수 있는가? 마음이 텅 비고 한결 같아지고 고요해지는 것으로 알 수 있다고 말하겠다[人何以知道? 曰: 心. 心何以知? 曰: 虛壹而靜]" "마음이 이미 쌓여있는 것들 때문에 새로 받아들이려는 것들이 방해를 받지 않는 것, 그것을 텅 빈 상태라 한다. (…중략…) 저쪽의 하나 때문에 이쪽의 하나가 방해받지 않는 것, 그것을 한결같은 상태라 한다. (…중략…) 물상이나 번거로운 생각 때문에 지각이 어지러워지지 않는 것, 그것을 고요한 상태라 한다[不以所已藏害所將受謂之虛, (…중략…) 不以夫一害此一謂之壹, (…중략…) 不以夢劇亂知謂之靜]" "마음이 텅 비고 한결 같아지고 고요한 것, 이를 크게 맑고 밝은 상태라고 이른다[虛壹而靜, 謂之大淸明]."

성天性이요, 외계 사물에 감화되어 움직이는 것은 천성의 욕구이다"[11]라고 말한 것처럼, '정靜'은 중국인의 심층적 심리 구조 속에 침착되어 중국인의 심미상태로 형성되었다.[12] 이는 중국인의 심리구조와 심미관에 영향을 주었고 중국미학에서 관조 심태를 형성하여 최고의 심미경계에 진입하게 한다.

위진남북조魏晉南北朝에 이르러, 종병宗炳(375~443)과 왕미王微(415~443) 등은 산수山水를 그려내기 시작하였고, 사령운謝靈運(385~433)과 도연명陶淵明(365~427) 등은 산수시山水詩를 흥기시켰으며, 자연미自然美를 분석한 이론 문장으로 종병의 「산수 그림에 붙인 서문畫山水序」과 유협劉勰(465경~522경)의 「물색物色」 등이 탄생하였다. 문예창작자들이 허정한 마음으로 산수를 관조하기 시작하자, 중국 예술은 더욱 자연미를 추구하였고 창작에 있어서도 인공이 아닌 천연을 강조하였다. 억지로 심혈을 기울여 작품을 다듬는다면 천연의 맛을 잃는다. 육기陸機(261~303)와 유협 등의 문론가文論家들은 우선 '허정'을 심미창조과정 중의 가장 중요한 내심 상태로 간주하였다. 육기가 "마음을 맑게 하고 생각을 집중한다"[13]라고 말한 것과 유협이 "문장의 구상을 연마함에 있어 허정함을 귀하게 여긴다"[14]라고 말한 것은 작가가 반드시 우선적으로 허정

---

11 『禮記·樂記』, 『十三經注疏』 제5책, 666쪽. "人生而靜, 天之性也; 感於物而動, 性之欲也."

12 생리적으로 중국인들은 '靜'이라는 심리적 특징을 지니고 있다. 중국미학은 '靜'으로 '動'을 쫓고 '柔'로 '剛'을 이긴다는 태도를 주지하고 있다. '自然無爲'의 사상은 중화민족의 심리적 요인, 민족성, 민족문화, 전통심미관념 등에 깊은 영향을 미치고 있으며 중국 전통 심미관의 근본적 특징이 되었다. 그래서 朱光潛은 "서양인들은 '動'을 애호하기에 英雄(Hero)을 이상적 인물로 보았고, 중국인들은 '靜'을 애호하기에 聖人을 이상적 인물로 보았다[西方民族性好動, 理想的人物是英雄; 中國民族性好靜, 理想的人物是聖人]"라고 말하기도 하였다. 「長篇詩在中國何以不發達」, 『朱光潛全集』(合肥 : 安徽教育出版社, 1993) 제8권, 352~357쪽.

13 張少康 集譯, 『文賦集釋』, 台北 : 漢京文化事業公司, 1987, 43쪽. "罄澄心以凝思."

한 마음상태를 유지하고서야 비로소 가장 뛰어난 작품구상단계에 진입한다는 것을 의미한다.

소식은 문예창작이 실생활에 기반을 두어야 한다는 대전제 아래, 작가는 마땅히 텅 빈 마음으로 모든 경관을 받아들일 것을 지적하였고 그렇게 풍부하게 쌓인 생활 소재를 통해 "나중에 돌아와 문 닫고 앉아도, 천하가 다 눈 앞에 훤히 보이는 듯하네"[15]라는 감정을 느낄 수 있다고 여겼다. 허정한 상태에서 만물의 변화를 다 보고 사물의 특징을 절실히 파악하고서야 글을 쓸 단계에 들어선다고 보았다. 소식은 25세(1060) 때 「증 승상께 올린 서신上曾丞相書」에서 다음과 같이 말하였다.

> 제가 학문을 한지 지금까지 15년이 되었습니다. 그동안 배움의 어려움은 사사로움을 갖지 않는 것보다 더 어려웠다고 생각됩니다. 한데 사사로움을 갖지 않는 것의 어려움은 만물의 이치를 통달하기보다 더 어려웠습니다. 그래서 만물의 이치를 통달하지 못한다면 (배움은 물론) 사사로움을 갖지 않기를 바란다 해도 불가능하다 하겠습니다. 자기가 좋으면 좋아하고 자기가 싫으면 싫어하기 때문에, 자신을 지나치게 믿으면 잘못된 곳에 빠져 미혹됩니다. 따라서 조용히 세상사를 잊고 묵묵히 지내면서 만물의 변화를 관조하고 그 자연의 이치를 궁구하여 그 속에서 판단해야 합니다. 그러한 과정을 거치지 않은 경우라면 이른바 옛 현인賢人의 말씀이라 해도 취하지 못할 것

14 王更生 注譯, 『文心雕龍讀本』(台北 : 文史哲出版社, 1991) 下篇, 「神思」제26, 3쪽. "陶鈞文思, 貴在虛靜."

15 孔凡禮 點校, 『蘇軾詩集』(北京 : 中華書局, 1986~1992) 제3책 권16, 「張寺丞益齋」, 789쪽. "歸來閉戶坐, 八方在軒庭."

이 있습니다.[16]

조용히 세상사를 잊고 묵묵히 지내면서 만물의 변화를 관조한다는 것은 주관적이고 단순한 사고와는 다른 것이다. 관조는 객관적이고 거시적인 태도를 견지하는 것이다.

소식은 "성인聖人이 범인凡人과 다른 까닭은 그 무심함 때문일 뿐이다"[17]라고 말하였고, "성인을 귀히 여겼던 까닭은 고요한 가운데 외계 사물과 교접하지 않는 것을 귀히 여겼기 때문이 아니라 외계 사물과 함께 길흉의 영역에 들어간다고 해도 어지럽혀지지 않는 것을 귀히 여겼기 때문이다"[18]라고 말하였다. 이로 보건대, 그가 말한 '정靜'은 현실의 번뇌에서 해탈하여 그 안에서 편안하고 그 처한 곳에서 즐기면서 명리와 부귀에 대해 담박淡泊해지는 것임을 알 수 있다. 그는 온갖 상념을 멸하고 모든 만사에 대해 무관심한 것을 찬성하지 않았는데, 이는 선종禪宗의 무심론無心論과 상반된 주장이다.

소식은 58세(1093) 때 지은 글에서 "옛 성인聖人들이 무슨 일을 할 때면 반드시 먼저 어두운 곳에 처해 밝은 곳을 관조하고 고요한 곳에 처해 만물의 움직임을 관조하였다. 이렇게 해야 세상 이치가 눈앞에 남김없이 다 드러난다. 몇 년이 지나지 않아 이해득실의 진상을 절로 알고 사정의 실상을 인식한다. 그런 후에야 성인이 만물에 응하여 일을

16 孔凡禮 點校, 『蘇軾文集』(北京 : 中華書局, 1986～1990) 제4책 권48, 「上曾丞相書」, 1379쪽. "軾不佞, 自爲學至今十有五年, 以爲凡學之難者, 難於無私; 無私之難者, 難於通萬物之理. 故不通乎萬物之理, 雖欲無私, 不可得也. 己好則好之, 己惡則惡之, 以是自信則惑也. 是故幽居默處, 而觀萬物之變, 盡其自然之理, 而斷之於中, 其所不然者, 雖古之所謂賢人之說, 亦有所不取."

17 『蘇氏易傳』(北京 : 中華書局, 1985년) 권7, 155쪽. "其(聖人)所以異於人者, 特以其無心爾."

18 『蘇氏易傳』 권5, 124쪽. "所貴於聖人者, 非貴其靜而不交於物, 貴其與物接入吉凶之域而不亂也."

시작했기 때문에 일을 했다 하면 이룰 수 없는 것이 없었다"[19]라고 하였다. 소식은 「서림 벽에 제하다題西林壁」에서도 "가로로 보면 산줄기, 세로로 보면 봉우리. 멀리서 가까이서 높은 데서 낮은 데서 그 모습 각기 다르다. 여산의 진면목을 알 수 없는 것은, 이 몸이 이 산 속에 있는 탓이리"[20]라고 하였다. 허정무심虛靜無心한 관조는 사물의 진상을 그대로 투영한다. 마치 방관자가 노를 젓는 사람보다 물길을 더 잘 볼 수 있는 것과 같은 이치로, 그 몸이 정태靜態에 처해있어서이다. 구경하는 사람이 바둑 두는 사람보다 승패를 더 판가름할 수 있는 것은, 그 마음이 승패에 무관심하기 때문이다.[21] "어두운 곳에 처해 밝은 곳을 관조하고 고요한 곳에 처해 만물의 움직임을 관조한다處晦而觀明, 處靜而觀動"라는 말이 있다. 관조는 자신과 사물 간에 적당한 거리를 두고서 방관자의 입장에서 내려다본다. 이는 주관을 제거하고 객관적 판단을 견지하는 이지적 태도라 흔히 말하는 것이며, 철학적으로 보자면 직각直覺을 가리킨다.

소식은 이 점을 더욱 부각시켜 한 편의 글에서 다음과 같이 말하였다.

> 학자가 사물의 극치를 관조하면서 사물의 표면에서 자유로이 노닌다면, 무엇을 구한들 얻지 못하겠는가? 수레바퀴 제작의 명인 윤편輪扁은 나이 70

---

19 『蘇軾文集』 제3책 권36, 「朝辭赴定州論事狀」, 1019～1020쪽. "古之聖人, 將有爲也, 必先處晦而觀明, 處靜而觀動, 則萬物之情, 畢陳於前. 不過數年, 自然知利害之眞, 識邪正之實, 然後應物而作, 故作無不成."

20 『蘇軾詩集』 제4책 권23, 「題西林壁」, 1219쪽. "橫看成嶺側成峰, 遠近高低各不同, 不識廬山眞面目, 只緣身在此山中."

21 『蘇軾文集』 제3책 권36, 「朝辭赴定州論事狀」, 1020쪽. "夫操舟者常患不見水道之曲折, 而水濱之立觀者常見之. 何則? 操舟者身寄于動, 而立觀者常靜故也. 奕棋者勝負之形, 雖國工有所未盡, 而袖手旁觀者常盡之. 何則? 弈者有意于爭, 而旁觀者無心故也. 若人主常靜而无心, 天下其孰能欺之?"

> 세가 되도록 수레바퀴를 깎는 데에 노련할 수 있었고, 소 잡는 명인 포정庖丁이 기술로부터 도道로 나갈 수 있었다. (…중략…) 지극히 고요한 상태가 아니면 억지로 구하지 않고 텅 빈 상태가 아니면 머물지 않는다. 어찌 사물을 살피는 감정이 이리도 상세할 수 있는가?[22]

이처럼, 그는 지극히 고요하고 텅 빈 상태에서 만물의 이치를 관조하려 했고, 더 중요하게는 사물의 내부에 머물러 있는 것이 아니라 관망자의 입장에서 사물을 관조하려 했음을 알 수 있다. 사물에 대한 직접 체험과 체득을 통해 그 본질에 깊이 들어가기를 요구하는 것은 바로 장자의 '정신으로 대하지 눈으로 보지 않으며, 감각에 의해 움직이는 지각능력이 멈추고 신욕神欲(손이 가는대로 내버려두어도 무심히 체득한 경지)이 행해진다'[23]라는 '포정해우庖丁解牛'와 '윤편착륜輪扁斫輪'의 특징과 흡사하다. 작자는 정신을 집중하여 적당한 형상을 통해 그 반영하고자 하는 사물의 본질과 규율을 표현할 수 있어야 한다.

소식의 허정한 관조를 중시했던 견해는 그의 제자 갈립방葛立方(?~1164)에게 그대로 영향을 미쳤다. 갈립방은 실제 창작상황을 예로 들어 설명하면서 허정을 중시하였다.

> 옛 사람들은 '시사詩思(시적 사유)'가 아득하고도 적막한 경계에서 대부분 생겨나고 뜻이 가는 바는 왕왕 세속 밖을 벗어난다고 논하였다. 진실로 이

22 『蘇軾文集』 제5책 권66, 「書黃道輔品茶要錄後」, 2067쪽. "學者觀物之極, 而遊於物之表, 則何求而不得. 故輪扁行年七十而老於斲輪, 庖丁自技而進乎道. (…중략…) 非至靜無求, 虛中不留, 烏能察物之情如此其詳哉?"

23 『莊子集釋』, 內篇 「養生主」 제3, 119쪽. "以神遇而不以目視, 官知止而神欲行"

> 와 같을 수 있다면 시에 있어서도 역시 비슷할 것이다. 소설小說에는 사무일謝無逸이 반대림潘大臨에게 "요즘 시를 지었습니까?"라고 묻자, 반대림은 "가을이 되어 날마다 '시적 사유'가 일어나서 어제는 붓을 잡고 '온 성안에 비바람 중양절이 가깝네'라는 구를 얻었는데, 홀연 세금장이가 와서 남의 뜻을 깨뜨려버렸습니다. 이 한 구절로 삼가 바치는 바입니다"라고 실려 있다. 역시 '시적 사유'는 어렵고 깨뜨리기는 쉽다는 것을 알 수 있다.[24]

갈립방이 강조한 '시사詩思(시적 사유)'의 생성은 여전히 아득하고 적막한 경계를 필요로 하는데, 이것이 바로 '허정'한 심리상태인 것이다. 위에 기술한 예를 통해, 시흥詩興이 일더라도 만약 어떤 이가 이러한 평정을 깨뜨린다면 창작구상이 중단된다는 것을 잘 설명하고 있다.

창작구상은 고도로 집중해야 하는 사유 활동이다. 창작 주체가 구상의 경지에 진입하려 할 때 심령이 대상의 이미지에 몰입되고 심지어 온 마음과 몸이 그 이미지에 던져져야 비로소 물아양망物我兩忘의 경계에 도달한다. 사진謝榛(1499～1579)이 "생각이 아득함에 들어가면 나도 없고 사물도 없다네. 시가 현묘함에 이르렀구나!"[25]라고 말한 '무아무물無我無物'의 경계는 바로 일종의 공허한 심령상태이다.

아득하고 적막한 '정靜'경境과 나도 없고 사물도 없는 '허虛'경境은 창작구상이 물아일체의 경지에 도달하려 할 때 반드시 작가가 갖추어야

24 (宋)葛立方, 『韻語陽秋』 권2, 『歷代詩話』(北京 : 中華書局, 1981) 하책, 500～501쪽. "前輩論詩思多生於杳冥寂寞之境, 而志意所如, 往往出乎埃壒之外. 苟能如是, 於詩亦庶幾矣. 小說載謝無逸問潘大臨云 : '近日曾作詩否?' 潘云 : '秋來日日是詩思. 昨日提筆得「滿城風雨近重陽」之句, 忽催租人至, 令人意敗, 輒以此一句奉寄', 亦可見思難而敗易也."

25 謝榛, 『四溟詩話』(北京 : 中華書局) 권3. "思入杳冥, 則無我無物. 詩之造玄矣哉!"

할 두 가지 심리적 상태이고 문예창작 구상이 순조로이 진행되게 하는 보증수표다. '허정'은 고대 문예창작자가 구상할 때 꼭 갖추어야 할 심리상태이다.

소식은 「참료사를 보내며送參寥師」에서 '공空(텅 빔)'과 '정靜(고요함)'의 관조가 창작에 도움이 된다는 점을 드러내면서, "시어詩語를 기막히게 잘 쓰려면, 의식을 공허하고 고요하게 하는 것에 싫증내지 않아야 한다. 고요하기에 세상의 온갖 움직임을 다 보고, 공허하기에 사물의 참 모습을 가슴 속에 품는다"[26]라고 말하였다. 소식은 바로 '공정空靜(텅 비면서도 고요함)'을 주장하면서 허정한 마음으로 사물을 대하는 관조를 요구하였다.[27] 이 시구詩句를 통해 소식蘇軾이 말한 '공空'이 '적멸寂滅(세계를 영원히 벗어남)'이 아니고 만경萬境을 포함한 것임을 알 수 있다. '정靜' 역시 나태하여 가만히 있는 것이 아니라 '동動'과 대비되어 이루어진 것이다. 소식의 이러한 견해는 불로佛老사상에 기반을 둔 것임에도 불구하

26 『蘇軾詩集』 제3책 권17, 「送參寥師」, 905~907쪽. "欲令詩語妙, 無厭空且靜. 靜故了群動, 空故納萬境."

27 '虛'와 '靜', '空'과 '寂'은 서로 연관된다. 시간과 공간은 물질이 존재하는 기본 방식으로, 심령이 공간 방면에서 '去物我'하여 虛空에 도달하면서 '萬動皆息'하는 식의 寂止에도 이르러야 하는데, 이것이 바로 '虛靜'이다. 심령이 시간 방면에서 '息群動'하여 寂止에 도달하면서 '物我皆去'하는 식의 虛空에도 이르러야 하는데, 이것이 바로 '靜虛'이다. 이 때문에, 옛 사람들은 항상 '虛靜'과 '空寂'을 연관시켜 말하였는데, 이는 바로 이 두 가지가 상보적 관계임을 시사하는 것이다. 祁志祥의 논술에 근거하여 말하자면, 중국 고대의 '虛靜' 구상심태이론은 바로 세 가지 절차로 이루어진 과정이라고 보았다. 첫 번째 단계는 物我로 하여금 '虛'하고 '靜'하게 하는 것으로, 이는 '虛靜'심태에 도달하는 방법이자 수단인 것이다. 두 번째 단계는 심령이 '虛'하고 '靜'해지는 것으로, 이는 空物我, 息群動한 후에 도달하는 심태 특징에 대한 묘사이며 구상이 생존할 수 있는 심태에 대한 요구이다. 세 번째 단계는 '虛'로 '有'를 숨기고 '靜'으로 '動'을 싣는 것으로, 이는 '虛靜'심태에 대한 공능이자 지향해야 할 일종의 界說이다. 중국 고대의 '虛靜' 구상심태이론에서는 '無'와 '有', '動'과 '靜', '有限'과 '無限', '有形'과 '無形', '剎那'와 '永恆' 내지는 '客體'와 '主體' 등 상반된 변증정신을 포함하고 있다. 곰곰이 되새기고 깊이 성찰해야 할 사유이다. 『中國古代文學原理』(祁志祥, 上海 : 學林出版社, 1993), 77~80쪽 참조.

고 도가道家의 모든 욕구를 제거하는 것과 구별되며 불가佛家의 온갖 생각을 모두 멸한다는 고고枯槁한 마음 씀과도 구별된다. 그는 공정무심空靜無心 등의 사상을 심미적 태도로 운용하면서 허정한 심경으로 물욕物欲을 초월하여 관조에 집중할 것을 요구하였다. 이른바 '공空'과 '정靜'은 '허정'과 일맥상통한다. 즉, '정'은 고도로 집중한 사유활동을 강조한 말이며, '공'은 세상 만물을 통섭한 것을 강조한 말이다. 고요해야 움직임을 볼 수 있고 텅 비어야 만경萬境을 받아들일 수 있다.

허정한 관조는 창작구상의 효모이다. 허정은 창작의 흥취를 끌어내어 신사神思로 들어가는 길을 열어 상상의 세계로 나갈 수 있다. 주체의 정신이 하나로 응집되는 허정한 상태에 들어갈 때 모든 외부의 분란이 점차 사라져 내부적으로 문예 사유를 방해하는 요소들이 깨끗이 없어지며 주체의 심령은 자유로이 온갖 것에 얽매이지 않고 조화할 수 있는 상태에 놓인다. 소식은 '공'을 통해 마음의 빗장을 활짝 열고 '정'을 통해 물아物我가 교감할 수 있다고 여겼다. '허심虛心'은 텅 빈 광주리와 같아 온갖 물상을 담을 수 있고 확 트인 벌판과 같아 온갖 상징물이 종횡으로 치달을 수 있고 넓디넓은 하늘과 같아 온갖 이미지가 천지를 오르내리며 상상력이 발휘될 수 있다. 이를 통해 창작자는 고요 가운데 움직임을 본다. 이는 실제로 찰나 가운데서 영원을 깨닫는 것이며 소식이 허정한 관조를 강조하는 이유이다. 허정한 관조는 문예창작구상의 기본 전제라 말할 수 있다. 작가는 먼저 자신의 마음을 허정한 심리상태로 하여야 비로소 가장 아름다운 문예창작 창조단계에 진입하여 그 마음과 손을 잊는 망아忘我의 지경에 노닐 수 있다. 소식은 20대

젊은 시기에는 중국 고유의 허정한 심태를 그대로 이어받아 관조를 구상과정에서 중시하였고, 50대 장년 시기에 '물상 밖에서 노님遊於物之表'를 발표하여 외계 경물에 몰입하여 구속 받지 말고 그 밖에서 자유로이 노닐 때 관조는 창작 구상의 역량을 온전히 발휘할 수 있다고 보았다.

2. 정신이 만물과 교유交遊하는 상상 단계

구상과정 중에서 관조를 문예창작정신의 기초로 본다면 상상은 문예형상을 창조하는 사유 활동이다. 상상을 통해 작가는 우리 주변의 풍부한 소재거리를 분석하여 참신한 문예 형상을 창조한다. 이는 과거 인류가 만들어낸 지각의 기초 위에 새로운 형상을 재창조하는 작업이다.

상상은 중국 고대 문예 구상이론의 중요한 연구 테마 중 하나이다. 상상은 주체 감각과 객관 사물이 서로 작용하여 생성된 활동이다. 따라서 창작 주체가 다르면 주체 감각 역시 다를 수밖에 없기에 상상 활동에 있어 주체가 주요 변수이다. 상상은 주체의 선천적 기질, 활동이력, 학습 환경 등의 요소에 따라 결정된다. 활동이력과 학습 환경이 깊고 넓은 문예창작자는 뛰어난 상상력으로 객체를 표현할 수 있으며 상상 세계 속에 자아의 품격과 정취를 투과시켜 독자들이 객체를 더욱 심미적으로 인식하도록 한다. 이 방면에서, 소식은 시정詩情과 화의畵意를 자신의 창작 영역으로 진입시키는 데에 상상의 거대한 공간을 충분히 발휘하였다.

작가가 구상할 때 만물을 관조하는 심리뿐만 아니라 자유분방한 절대 자유의 심리도 지녀야 문예 상상력이 절로 살아날 수 있다. 중국 전통의 자유로운 심리상태의 특징을 한 마디로 개괄한다면 '유遊'라고 할 수 있다. '유'라는 심리상태는 중국 고전 문예미학이 지닌 고유의 특징이다.

'신여물유神與物遊'는 중국 고대 미학사상 속에 두루 담겨있다. 장자莊子는 '사물의 움직임에 편승하여 마음을 자유로이 노닐게 한다'[28]라는 말을 정식으로 제기하였다. 『장자』를 펼쳐보면 '신여물유'와 관련된 글을 곳곳에서 찾아볼 수 있다.[29] 장자는 '신여물유'를 자신이 세상과 인생을 대하는 태도로 삼고 자신의 생활방식으로 삼았다. 그의 모든 인생과 생활은 모두 심미로 바뀌었다. 사람들이 노장老莊 철학이 바로 미학이고 그들의 생활태도가 바로 심미태도라고 말하는 것은 바로 이 점을 지적한 것이다.

유가儒家는 이 방면에 대해 눈에 띄는 언론이 없다. 그 까닭은 그들의 학설이 주로 윤리학에 기초를 두고 있기 때문이다. 하지만 그들이 윤

---

28 『莊子集釋』, 내편 「人間世」 제4, 160쪽. "乘物以遊心."

29 『莊子集釋』, 내편 「逍遙遊」 제1, 17쪽. "천지 본연의 모습을 따르고 (흐리고 맑고 바람 불고 비 내리고 어둡고 밝은) 자연의 변화에 순응하여 무한의 세계에서 노닌다.[乘天地之正, 而御六氣之辯, 以遊無窮]."
『莊子集釋』, 내편 「大宗師」 제6, 244쪽. "성인은 그 무엇도 빠져나갈 수 없는 경지에서 노닐며 만물을 있는 그대로 존재하게 하려 한다[聖人將遊於物之所不得遯而皆存]."
『莊子集釋』, 외편 「在宥」 제11, 394쪽. "천지사방에 드나들고 온 나라 안을 노닌다[出入六合, 遊乎九州]."
『莊子集釋』, 외편 「田子方」 제21, 712쪽. "나는 마음을 만물의 시초에서 노닌다네[吾遊心於物之初]."
『莊子集釋』, 잡편 「天下」 제33, 1098~1099쪽. "홀로 천지의 정신과 오가며 만물을 얕보지 않는다. (…중략…) 위로는 造物者와 노닐고 아래로는 生死를 도외시하고 始終을 모르는 超越者들과 벗한다[獨與天地精神往來而不敖倪於萬物. (…중략…) 上與造物者遊, 而下與外死生無終始者爲友]."

리교화나 도덕수양의 길에서 심미적 영역의 길로 들어섰다하면 그들의 관점 역시 '신여물유'였다. 공자孔子는 "도道를 마음의 뜻으로 삼고 덕德을 손에 쥐고 인仁을 옷으로 걸쳐 입고 육예六藝(禮·樂·射·御·書·數)를 통해 인생을 즐겨 노닌다"[30]라고 말했었다. 여기서의 '예藝'를 예술로 보기엔 불완전하지만 예술의 '음악樂'을 포함하고 있기에 '유어예遊於藝' 역시 심미적으로 보아도 무방하다. 공자는 "사리에 통달한 지자智者는 물을 좋아하고, 의리에 안주할 줄 아는 인자仁者는 산을 좋아한다"[31]라고 말하였다. 이는 바로 자신의 정신과 서로 응하는 자연과 교유交遊한다는 말이다.

불교佛敎, 특히 선종禪宗은 더욱 그러하다. 선종에서 추구하는 청정淸淨의 근원은 바로 '산하대지山河大地' 한가운데에 있다가도 일단 묘오妙悟하면 바로 이 세상에 서서 저 세상에 이를 수 있다. 선승禪僧의 '오도성불悟道成佛' 역시 '신여물유'인 것이다.

삼가三家의 미학사상은 서로 대립하지만 '신여물유'라는 관점에서만큼은 오히려 일치한다. 유불도儒佛道 삼가三家의 미학사상 중의 '신여물유' 관점은 소식의 '상상'이론에 영향을 미쳤다. 소식은 곡절 많은 인생 역경 속에 출세出世와 입세入世가 서로 충돌하는 상황 속에서도 초연한 태도를 늘 취하였다. 그는 40세(1075) 때 「취백당에 대한 기문醉白堂記」에서 "그 자신의 몸을 술에 의탁하여 한 번 취했다 하면 이해득실을 하나로

30 『論語·述而』, 『十三經注疏』 제8책, 60쪽. "志於道, 據於德, 依於仁, 遊於藝."
31 『論語·雍也』, 『十三經注疏』 제8책, 54쪽. "子曰: 知者樂水, 仁者樂山." 이에 대해, 주석가들은 智者는 그 지혜를 자유로이 운영하여 세상을 다스리기를 즐기기에 물이 흘러 그칠 줄 모르는 것과 같고 仁者는 산처럼 편안히 고정되어 있기를 즐기기에 자연히 움직이지 않고도 만물이 소생한다고 여겼다. '知者樂水'와 '人者樂山'의 주석 참고.

보고 길흉화복을 잊고 부귀빈천을 한 통속으로 보고 현명함과 어리석음을 똑같다 여긴다. 만물과 동화되어 우주 자연의 조물주와 함께 노닌다"[32]라고 말하였는데, 그가 장자의 영향을 많이 받았음을 알 수 있다.

그는 "사물의 극치를 관조하고 사물의 표면에서 자유로이 노닌다"[33]라고 하면서 지위나 재물 등의 물질적 욕망을 뛰어넘는 경지에 도달하여 인생과 자연의 진리를 거침없이 제시한다. 그는 47세(1082) 때 "모든 사물은 변한다는 측면에서 보자면 하늘과 땅 사이에 한순간도 변하지 않은 적이 없고, 모든 사물은 변하지 않는다는 측면에서 보자면 만물과 나 모두가 다함이 없다고 할 것이다"[34]라고 말하였다. 이는 '변變'의 측면에서 보자면 대자연과 인생이 매 순간에도 변화를 일으킨다는 것을 말한 것이며, '불변不變'의 측면에서 보자면 대자연과 인류가 모두 영원히 존재한다는 것을 말한 것이다. 이렇듯, 소식은 실질적으로 개체적 개인인 나를 대대로 영속하는 인류에 융합하여 넣었다.[35]

중국 고대 문예이론가들은 상상의 작용을 줄곧 중시하였다. 양웅揚雄(B.C.53~A.D.18)은 "사마상여司馬相如의 부賦는 인간세계에서 나온 것 같지 않다. 신령의 변화가 그렇게 해준 것인가?"[36]라고 말하였다. '신화神化(신령의 변화)'의 의미가 상상과 유사하다고 볼 때, 한대漢代부터 문인

32 『蘇軾文集』 제2책 권11, 「醉白堂記」, 344쪽. "方其寓形於一醉也, 齊得喪, 忘禍福, 混貴賤, 等賢愚, 同乎萬物而與造物者遊."

33 『蘇軾文集』 제3책 권36, 「朝辭赴定州論事狀」, 1020쪽. "觀物之極, 而遊於物之表."

34 『蘇軾文集』 제1책 권1, 「赤壁賦」, 6쪽. "蓋將自其變者而觀之, 則天地曾不能以一瞬; 自其不變者而觀之, 則物與我皆無盡也."

35 劉宏彬, 「唯心論形而上學美學大廈的坍塌 : 評『美的歷程』」, 『文藝理論與批評』, 1992년, 제2기. 『儒道佛美學的融合 : 蘇軾文藝美學思想研究』(王世德, 重慶 : 重慶出版社, 1993), 19~20쪽.

36 『西京雜記』(台北 : 台灣商務印書館, 1979) 권3. "長卿賦不似從人間來, 其神化所至耶."

文人들은 상상이 문학 창작시에 일으키는 작용을 주목하였다는 것을 알 수 있다. 위진남북조魏晉南北朝에 이르러, 문인들은 '신사神思'를 마침내 상상의 전용 개념으로 사용하여 문학창작영역에 정식으로 집어넣어 토론하기 시작한다.

육기陸機는 「문부文賦」에서 이전 사람들의 생각에 기초하여 마음과 정신을 사방 천지로 치달리게 하고 만 길 먼 곳까지 나가놀게 하여 한 순간에 고금의 철리와 세상사 이치를 터득할 수 있어야 한다고 주장하였다.[37] 그는 급기야 "천지를 몸 안에 가두어 넣고, 만물을 붓끝에 묶어 놓네"[38]라고 언급하면서 작가의 몸과 마음이 고도로 집중된 상상 속으로 진입하면 천지만물을 마음속에 담아둘 수 있어서 만물은 작가의 붓놀림에 놀아난다고 하였다. 이때 문예 창작은 절대 자유의 경지에 도달한다.

유협劉勰은 육기의 이론을 계승하여 '신사神思'[39]이론을 명확히 내걸

---

37 『文賦集釋』, 25쪽. "그 처음엔, 아무것도 보지도 듣지도 말며 심사숙고하여 널리 물어 구하라. (그러면) 정신은 사방 천지로 치달아 오르고 마음은 만 길을 노닐게 된다네. 그 이름엔, 감정은 해돋이처럼 점점 더욱 선명해지고 물상은 점점 밝아지며 번갈아 나간다네. 여러 말들의 진액에 귀 기울이고 六藝의 향기롭고 윤택함으로 입을 헹군다네. 하늘의 못에 떠서 편안히 흘러도 보고, 지상의 강물에 몸을 씻다가 깊게 잠겨 빠져도 보네. 이에 가라앉았던 말이 발끈 기쁘게 떠오름은 마치 노닐던 물고기가 낚시 바늘에 물려 깊고 깊은 못에서 밖으로 튀어나오듯 하고, 떠다니던 미사여구가 끊임없이 날개짓하며 내려옴은 마치 날던 새가 주살에 감겨 층층이 높은 구름에서 떨어지듯 하구나. 百世동안 몰라 빼놓고 사용하지 않은 문자를 모으고 천년동안 남들이 버려두고 쓰지 않은 詩韻을 뽑네. 이미 활짝 핀 아침 꽃을 사별하고 아직 떨치지 않은 저녁 꽃을 계도하네. 잠깐 사이에 古今을 살펴보고 한순간에 온 세상을 어루만지네[其始也, 皆收視反聽, 耽思傍訊, 精騖八極, 心遊萬仞. 其致也, 情曈曨而彌鮮, 物昭晣而互進. 傾群言之瀝液, 漱六藝之芳潤. 浮天淵以安流, 濯下泉而潛浸. 於是沈辭怫悅, 若遊魚銜鉤而出重淵之深; 浮藻聯翩, 若翰鳥纓繳而墜曾雲之峻. 收百世之闕文, 採千載之遺韻. 謝朝華於已披, 啓夕秀於未振. 觀古今於須臾, 撫四海於一瞬."

38 『文賦集釋』, 43쪽. "籠天地於形內, 挫萬物於筆端."

39 '神思'는 주술 구조로 이루어진 합성어로 보아 '정신 활동(精神的活動)'(趙仲邑, 『文心雕龍譯注』 '神思' 篇 題解, 漓江出版社, 1982)이라 정의하기도 하고, 수식 구조로 이루어진 합성어

었다. 유협은 『문심조룡文心雕龍』 중의 「신사神思」편에서 '신사'의 정의를 내리고 문예창작구상의 시공 초월성, 형상성, 창조성, 예술 매개성 등의 특징에 대해 깊이 논하고 '신사'를 배양하는 방법을 제시하였다.[40] 유협은 '신사'가 움직이면 그 생각은 천 년 전까지 이어지고 그 투시력은 만 리 너머까지 내다본다고 여겼는데, 이것이 바로 상상의 놀라운 힘이다. 문예창작자가 구상 활동에 들어가 상상력을 일단 발휘하면 시공의 제한을 초월하고 심지어 상상을 통하여 형태가 없고 고정되지 않

로 보아 '신묘한 사유(神妙之思)'(胡經之 主編, 『中國古典美學叢編』 중책, 제406 '神思' 提要, 北京 : 中華書局, 1988)라고 명명하기도 한다. 후자에 의거해보자면, '神思'는 예술 구상 과정 중에서 바람처럼 일어나는 영감 현상이라고 말할 수 있다.

40 『文心雕龍讀本』 하편, 「神思」 제26, 3~4쪽. "古人(『莊子·讓王』에 보임)이 "몸은 해변을 거닐어도, 마음은 조정에 있네"라 말하였으니, '神思'를 이르는 말이라. 문장의 구사에 있어서 심히 미묘하여 예측하기 어려운 것이다. 고요하게 깊이 생각할 때 그 생각은 천 년 전까지 이어지고 조용한 가운데 마음을 움직이게 되면 만 리까지도 통하여 본다. 작가가 吟詠하는 가운데 珠玉과도 같은 미묘한 聲調가 나타나고 색채 생각이 통달하여 막힘이 없을 때, 바로 눈앞에 자연의 색채의 변화가 펼쳐진다. 이것이 사유 활동의 정태이다. 상상력의 움직임은 미묘하여, 정신이 외적 事象과 서로 작용을 교환한다. 정신은 가슴속에 머무는데 志氣(사고력)가 정신의 중추를 통제하고 있으며, 외적 사상이 耳目에 연하는데 辭令(언어구사력)이 만물의 중추를 관리한다. 만물의 중추인 사령이 통하면 곧 사물이 감춰진 모습이 없게 되고, 정신의 중추인 지기가 막히면 정신은 숨기는 마음이 있을 것이다. 이 때문에 문장의 구상을 연마함에 있어 虛靜함을 귀하게 여기니, 五臟을 소통시키고 정신을 맑게 하며, 학문을 쌓아서 지성을 축적하며, 이치를 헤아려서 재능을 풍부하게 하며, 견식을 연마하여 사물의 궁극적인 부분까지 비추어내고 숙달시켜서 문장을 짓는 것이다. 그런 연후에야 玄解의 요리사로 하여금 성률을 찾아 붓을 잡게 하고, 明匠의 독창적인 생각으로 意象을 엿보아 기교를 드러나게 하는 것이다. (…중략…) 신사가 움직이기 시작하면 창작에 관한 만 갈래 생각이 다투어 일어나 모든 창작 기교가 모두 실행되지 못하면, 빚어지는 형상들 또한 모두가 형태가 없어, 산에 오르면 곧 산에 감정이 가득 차고 바다를 보면 곧 생각이 바다에 넘쳐흘러, 내 재주의 많고 적음은 장차 風雲(자연)과 더불어 달리는 것이다[古人云: '形在江海之上, 心存魏闕之下'; 神思之謂也. 文之思也, 其神遠矣. 故寂然凝慮, 思接千載; 悄焉動容, 視通萬里; 吟詠之間, 吐納珠玉之聲; 眉睫之前, 卷舒風雲之色; 其思理之致乎! 故思理爲妙, 神與物遊. 神居胸臆, 而志氣統其關鍵; 物沿耳目, 而辭令管其樞機. 樞機方通, 則物無隱貌; 關鍵將塞, 則神有遯心. 是以陶鈞文思, 貴在虛靜, 疏瀹五藏, 澡雪精神; 積學以儲寶, 酌理以富才, 研閱以窮照, 馴致以繹辭. 然後使玄解之宰, 尋聲律而定墨; 獨照之匠, 闚意象而運斤. (…중략…) 夫神思方運, 萬塗競萌, 規矩虛位, 刻鏤無形, 登山則情滿於山, 觀海則意溢於海, 我才之多少, 將與風雲而并驅矣]."

은 사물을 규범화하고 형태화한다. 유협이 상상과정 중에서 집중적으로 논술했던 것은 '신여물유'였으며, 이는 문예 창작 중 주로 상상을 통하여 구현하려 했던 물화物化인 것이다. 상상은 '신여물유', 즉 물화적 정신사유와 밀접한 관련이 있다. 이것은 서양의 상상 개념과 완전히 구별되며, 로베르트 피셔Robert Vischer(1847~1933)가 말한 '감정이입Einfühlung, 즉 empathy'[41]과 오히려 상통한다. 심리학에서 보자면, '신여물유'는 심미적 감정이입이다. 감정이입은 일종의 사유현상이며 예술창작 중의 은유, 의인, 상징 등의 예술방법을 이끌어내는 심리학적 기초이다. 이른바 감정이입이란 심미 주체가 심미과정 속에서 자신의 감정을 심미 대상으로 이입시켜 심미 대상으로 하여금 정감과 생명을 부여하는 심리활동이다. 『장자』에 기록된 '호접몽胡蝶夢'과 '호량지변濠梁之辯' 등은 바로 물아物我를 동일시하는 감정이입 현상이다. 사람이 사물로 동화되고 물아物我가 일체가 되는 경계는 바로 심미적 감정이입으로 가는 경계이다.[42]

'신여물유' 활동으로 비롯된 정신 사유는 일반적인 규율의 속박을 벗어난 상상성, 허구성, 창조성을 갖추고서 그동안 쌓인 이미지와 정감에 의지하여 참신한 이미지를 창출한다. 이때, 상상은 허상과 무형을 구체화하여 '무無'에서 '유有'를 만든다. 이 때문에, 옛 사람들은 창작 주체가 생각을 정련하는 데 애써야 한다고 말하였다.[43] 고심하는 사유는

---

41 엘렌 디사나야케, 김한영 역, 『미학적 인간 호모 에스테티쿠스』, 예담, 2009, 266쪽. 서양의 감정이입(empathy)은 20세기 초에 예술에 대한 한 종류의 반응을 설명하기 위해 만들어졌고, 지금까지 정신분석 분야에서 '타인의 욕구, 열망, 좌절, 기쁨, 슬픔, 불안, 아픔, 심지어 배고픔을 마치 자신의 것인 양 느끼는 개인의 능력을 가리키는 말로 전용되어 왔다.

42 劉偉林, 「物化論」, 『華南師範大學學報(社會科學版)』 2000년 제1기, 73쪽.

43 皎然은 『詩式』에서 "의경을 취하는 때는 모름지기 매우 험난하다[取境之時, 須至難至險"라

중국 고대 작가의 일관된 전통이 되었다.

문예창작자는 상상을 통해 객체 사물을 가공하여 그 심미적 정취에 부합시킬 수 있어야 한다. 소식은 36세(1071) 때 지은 시에서 다음과 같이 말하였다.

> 그 누가 선생께 돌병풍을 남겼나? 그 위에 희미한 먹 자국이 있는데 긴 숲과 큰 나무를 그리지 않고 아미산 서쪽의 새하얀 눈과 만 년이 지나도록 늙지도 않고 꼭대기에 외로이 서 있는 솔만 그렸네. 벼랑은 무너지고 계곡은 끊어져 멀리서 바라볼 뿐 다가갈 수는 없는데, 산에 걸린 안개 속에 석양빛이 침침하네. 바람을 맞으며 우뚝 섰으니 참으로 멋진 자태, 정성 들여 그려 보아야 비로소 하느님이 솜씨 있음을 믿네. 당대唐代의 필굉畢宏과 위언韋偃이 죽어 괵산虢山 아래 묻혔는데 내 생각엔 아마도 그들의 뼈는 썩힐 수 있어도 마음은 궁핍케 못하는지라, 신통스런 기지와 교묘한 생각을 발산할 데 없어서 안개로 화하여 돌병풍 속으로 들어간 것이 아닌가 싶네. 예로부터 화백은 범속한 선비가 아니어서 만물의 형상을 그리는 것이 대체로 시인과 마찬가지였다. 공께서 시를 지어 불우한 이 위로하여 필굉과 위언 두 사람이 분노를 머금고 지하에서 울지 않게 하소서.[44]

고 하였고, 王昌齡은 『詩格』에서 "미문을 짓는 이들은 항상 作意해야 한다. 天海의 밖에서 마음을 응집하고 元氣의 앞에서 생각하고 言詞를 교묘히 운용하고 意魂을 정련해야 한다[凡屬文之人, 常須作意, 凝心天海之外, 用思元氣之前, 巧運言詞, 精煉意魄]"(『詩學指南』 권3)라고 하였고, 姜夔는 『白石道人詩說』에서 "시가 공교롭지 않은 까닭은 생각을 정련하지 않았기 때문일 뿐이다[詩之不工, 只是不精思耳]"(『歷代詩話』 하책, 北京 : 中華書局, 1981, 680쪽)라고 하였다.

44 『蘇軾詩集』 제1책 권6, 「歐陽少師令賦所蓄石屛」, 277~278쪽. "何人遺公石屛風, 上有水墨希微蹤. 不畫長林與巨植, 獨畫峨嵋山西雪嶺上萬歲不老之孤松. 崖崩澗絶可望不可到, 孤煙落日相溟濛.

소식은 이 글에서 돌병풍 위에 본래 그림이 없었으나 희미한 돌무늬는 오히려 만년토록 늙지 않는 한 폭의 설령고송도雪嶺孤松圖를 환상 속에 보이게 하였고 그 외로운 소나무로 인하여 이미 작고한 화가 필굉과 위언의 놀라운 상상 사유와 불행했던 일생을 연상하도록 하였다. 이처럼 '무無'에서 '유有'를 만들어내는 표현 방법은 소식이 상상으로 만들어 낸 것이다. 소식은 58세(1093) 때 지은 글에서 '예로부터 화가는 범속한 선비와는 달라, 놀라운 사유는 시처럼 나온 것이라. (…중략…) 동남의 산수가 서로 손짓으로 부르고, 온갖 만상이 내 여의주에 들어온다네'[45] 라고 말하였는데, 이 또한 위와 같은 개념을 말한 것이다. 그는 시와 그림이 본디 하나라고 여겼다. 양자는 여러모로 서로 통하는 창작특징을 갖추고 있고, 상상은 바로 시인이나 화가가 대상을 묘사할 때 공통적으로 사용하는 수법이다. 소식이 언급한 '묘상妙想(오묘한 사유)'이 바로 상상이다.

소식의 문학 작품 중에는 기막힌 상상력을 발휘하여 낭만적 색채로 채워진 작품이 많다. 「후적벽부後赤壁賦」[46] 한 편 역시 그 중 탁월한 작품

含風偃蹇得眞態, 刻畫始信天有工. 我恐畢宏韋偃死葬虢山下, 骨可朽爛心難窮. 神機巧思無所發, 化爲煙霏淪石中. 古來畫師非俗士, 摹寫物像略與詩人同. 願公作詩慰不遇, 無使二子含憤泣幽宮."

45 『蘇軾詩集』 제6책 권36, 「次韻吳傳正枯木歌」, 1962쪽. "古來畫師非俗士, 妙想實與詩同出. (…중략…) 東南山水相招呼, 萬象入我摩尼珠."

46 "강물 흐르는 소리 들리고 절벽은 일천 척의 높이가 되는구나. 산은 높고 달은 작으며 물이 줄어드니, 돌이 드러나는구나. 일찍이 이곳에 와서 노닐던 때로부터 달이 얼마나 경과하였는가? 강산은 다시 알아볼 수가 없구나! 나는 옷자락을 손에 쥐고 산을 올라 가파른 바위를 밟고 무성하게 자란 풀들을 헤치고 갔다. 호랑이와 표범이 울부짖는 듯한 괴석 위에 앉았다가 용처럼 비틀어진 나무 위를 올라갔고 송골매가 서식하는 높고 험한 둥지를 올라 몸을 구부려서 河伯의 궁전을 유람한다. 두 분 손님은 모두 나를 따라 오지 못했다. 갑자기 긴 소리로 소리를 지르니, 초목이 진동하고, 산이 울려 계곡에 메아리치며, 바람이 일어나고 물결이 굽이친다. 나는 초연히 슬퍼지고, 숙연하게 두려워지며, 오싹함을 느껴서 더 이상 머무를 수가 없었다. 돌아와서 배에 올라, 강물 가운데 띄우고, 그 흐름이 멈추는 것에 맡겨 쉬었다. 때는 夜半이 되어, 사방을 둘러보니 적막한데, 마침 한 마

으로, 문학적 사유가 용솟음치고 연상이 끊임없이 이어지고 그윽한 감정과 기막힌 이치가 구절마다 드러난 예술 작품이다. 이 한 편의 글은 상상력을 발휘하여 '우화등선羽化登仙'하는 기취奇趣가 충만한데 환상 같기도 하고 진짜 같기도 하다. 이는 작품에 심미적 매력을 발산하여 지고지순한 경지에 이르게 하고 독자들에게는 너무 빨라 뒤에서 먼지만 바라볼 뿐 작가의 상상력을 따라잡지 못하게 한다. 작가의 상상력은 독자에게 특별한 심미적 감상을 향유하게 하여 작품을 상상할 수 있는 충분한 여지를 제공한다.

글을 지을 때에는 자신의 감정으로 물성物性을 완전히 체득할 수 있어야 하고 자신의 미적 감성을 객체 형상 가운데에 융화시켜서 독자 눈앞의 물상物象에 드러나게 하여 흔히 볼 수 있는 평범한 것을 되풀이해서는 안 된다. 이렇게 생활하면서 물상의 정리情理를 충분히 장악한 문예창작자여야만 그 문예적 성취도가 긍정적으로 평가될 수 있다. 그 대표적인 이가 바로 문동文同(1018~1079)이다. 소식은 35세(1070) 때 「묵군당에 대한 기문墨君堂記」에서 다음과 같이 말하였다.

리 학이 있어서, 강을 가로질러 동쪽으로 온다. 날개는 수레바퀴 같고, 검은 치마에 흰 저고리를 입은 듯 하고, '알알'하며 길게 울면서, 내 배를 스쳐서 서쪽으로 갔다. 잠시 후에 손님들이 가고 나니, 나도 곧 잠이 들었다. 꿈속에서 한 도사가 나와 깃털 옷을 입고서 춤추듯 날아, 臨皐의 아래를 지나서 내게 두 손을 모으며 '적벽의 유람이 즐거웠습니까?'하고 말하였다. 그의 이름을 물으니 고개를 저으며 답하지 않았다. 제가 '아하! 저는 알겠습니다. 전날 밤에 날아와 울며 나를 지나쳐간 사람이 당신이 아니셨는지요?'라고 했다. 도사가 돌아보며 웃으니 내가 놀라 깨달았다. 문을 열고 그를 보려고 하니 그가 간 곳을 모르겠다["江流有聲, 斷岸千尺; 山高月小, 水落石出. 曾日月之幾何, 而江山不可復識矣! 予乃攝依而上, 履巉巖, 披蒙茸, 踞虎豹, 登虯龍, 攀栖鶻之危巢, 俯馮夷之幽宮; 蓋二客不能從焉. 劃然長嘯, 草木震動, 山鳴谷應, 風起水湧. 予亦悄然以悲, 肅然以恐, 凜乎其不可留也! 反而登舟, 放乎中流, 聽其所止而休焉. 時夜將半, 四顧寂寥, 適有孤鶴, 橫江東來, 翅如車輪, 玄裳縞衣, 戛然長鳴, 掠予舟而西也. 須臾客去, 予亦就睡. 夢一道士, 羽衣翩仙, 過臨皐之下, 揖予而言曰: '赤壁之游, 樂乎?' 問其姓名, 俛而不答. '嗚呼噫嘻! 我知之矣, 疇昔之夜, 飛鳴而過我者, 非子也耶?' 道士顧笑, 予亦驚悟. 開戶視之, 不見其處", 『蘇軾文集』 제1책 권1, 「後赤壁賦」, 8쪽.

> 문동만이 홀로 대나무의 깊이를 체득하여 대나무의 어진 까닭을 알 수 있었다. 온화한 얼굴로 담소하다가 붓을 휘둘러 먹을 뿌리고 떨쳐 신속하게 그려내어 대나무의 덕을 곡진히 표현하였다. 어리고 장대하며 시들고 늙은 대나무의 모습이나 쓰러지고 끊어지며 굽고 뻗은 형세를 모두 드러냈다. 바람과 눈이 세찬 겨울 배경을 통해 대나무의 지조를 볼 수 있고, 낭떠러지 암벽 틈새에서 한 치도 양보하지 않는 모습을 통해 대나무의 절개를 나타나게 하였다. 뜻(좋은 조건)을 얻어 무성해져도 교만해지지 않고, 뜻을 얻지 못하여 수척해지더라도 욕스럽게 보이지 않는다. 무리 속에 있어도 남에게 의지하지 않고, 홀로 서있어도 두려워하지 않는다. 문동이 대나무를 대함에 있어서, 대나무의 정을 체득하여 대나무의 본성을 곡진히 표현하였다.[47]

이 글을 통해, 문동은 대나무를 그릴 때 대나무의 모든 성정性情을 깊이 간파하고서야 대나무를 충분히 그려낼 수 있었음을 알 수 있다. 화가 문동과 대상 대나무는 그림을 통해 혼연일체가 되었다. 이때, 작품은 비로소 자연미와 언외지의를 담은 최고 경계에 도달한다. 소식은 50대 초반에 예술 형상의 숙성에 관하여 두 편의 글에서 다음과 같이 제시하였다.

> 문동이 대나무를 그릴 때,
> 대나무만 보았지 사람은 보지 못하였네.

47 『蘇軾文集』 제2책 권11, 「墨君堂記」, 356쪽. "與可獨能得君之深, 而知君之所以賢. 雍容談笑, 揮灑奮迅而盡君之德. 稚壯枯老之容, 披折偃仰之勢. 風雪凌厲以觀其操, 崖石犖确以致其節. 得志, 遂茂而不驕; 不得志, 瘁瘠而不辱. 群居不倚, 獨立不懼. 與可之於君, 可謂得其情而盡其性矣."

어찌 홀로 사람을 보지 못하는가.
풀썩 그 자신을 잊었음이라.
그 몸 대나무와 더불어 동화하니,
무궁함은 청신함에서 나온다네.
장주莊周가 세상에 없으니,
누가 이것이 신묘神妙하다는 걸 알까.[48]

용면거사龍眠居士 이공린李公麟이 산에 거처함은 외부 사물 어느 하나에도 얽매이지 않으려는 것이다. 그렇게 해서 그의 정신은 맑은 영혼으로 세상 만물과 교유하고 그의 지혜는 온갖 세상 이치를 관통하였다. 그러나 높은 경지의 도뿐 아니라 뛰어난 표현능력이 있어야 한다. 도만 있고 표현 능력이 없다면 사물이 마음에만 형성되고 손으로 형상화되지 못한다.[49]

그 몸이 대나무와 동화한다는 것과 그 정신이 만물과 교유한다는 것은 모두 '신여물유'이다. 거사居士가 산에 거처한다는 말과 그 정신이 만물과 교유한다는 말은 구상 활동이 생활 속에서 비롯된다는 것을 의미한다. 구상은 창작에 우선한다. 생활 속에서 심미적 구상이 확 일어나고 예술 형상 혹은 경계가 눈앞에서 기막히게 떠오르기만 하면 창작하고픈 욕망이 일어나 참된 문예창작을 이룰 수 있다.

---

48 『蘇軾詩集』 제5책 권29, 「書晁補之所藏與可畫竹三首(之一)」, 1522쪽. "與可畫竹時, 見竹不見人. 豈獨不見人, 嗒然遺其身. 其身與竹化, 無窮出淸新. 莊周世無有, 誰知此凝神." 이 시는 蘇軾이 52세(1087년) 때 지은 작품이다.

49 『蘇軾文集』 제5책 권70, 「書李伯時山莊圖後」, 2211쪽. "居士之在山也, 不留於一物, 故其神與萬物交, 其智與百工通. 雖然, 有道有藝. 有道而無藝, 則物雖形於心, 不形於手." 이 문장은 蘇軾이 54세(1089년) 때 지은 작품이다.

소식은 24세(1059) 때인 젊은 시기에 이미 "산천 경치의 수려함과 풍속의 질박함, 그리고 현인과 군자들의 유적들, 눈과 귀로 직접 접하는 모든 것들이 한데 섞이어 마음속에 와 닿아 절로 입을 통해 시詩로 발하였다"[50]라고 말했었다. 이는 생활 속의 심미활동으로부터 문예창작이 이루어진다는 점을 언급한 것으로, 강렬한 심미적 구상 활동이 있고난 후 시를 토해낸다는 것이다. 이른바 생활 속의 구상 활동은 질박한 풍속이나 현인과 군자들의 유적들, 아니면 산천의 아름다움이든 어떤 것을 감상하더라도 '신여물유'인 것이다. 중국 옛 사람들의 의식 속에서 구상은 바로 주객의 정신이 교유하는 것이다.

문예창작은 창작자의 체험수양으로부터 발원하여 허정한 마음으로 세상을 관조하고 만물과 교유하는 상상을 통해 결과적으로 물화의 경지에 이른다. 다시 말해서, 창작자는 각고의 체험수양과 허정한 관조를 통해 상상을 물화로 잇는 토대를 마련하여 급기야 실제 창작을 통해 물화를 구현할 수 있다. 작가는 모든 수양 학습과 구상 과정을 구비해야 실제 창작에서 물화지경을 실현할 수 있고 문예작품을 통하여 감상자에게 물화지경을 전달할 수 있다. 구상과정에서 '신여물유'의 상상은 물화의 정신 사유와 긴밀히 연관되어 있다. '신여물유神與物遊(정신이 물상과 더불어 노님)'의 상상은 '신유神遊(정신이 노님)'보다는 '여물與物(물상과 더불어 함)'에 더 주안점이 있다. 창작구상 자체가 만물과 유리된다면 작가나 독자 누구에게도 아무런 쓸모가 없다. 중국문예이론에서 말하는

50 『蘇軾文集』 제1책 권10, 「南行前集敘」, 323쪽. "山川之秀美, 風俗之朴陋, 賢人君子之遺跡, 與凡耳目之所接者, 雜然有觸於中, 而發於詠歎."

상상은 물화의 사유 활동을 포함하는 것으로, 서양문예이론에서 말하는 상상과 근본적으로 다르다. 소식은 30대 청년 시기까지 장자의 '신유神遊'한 심리태도와 유협의 '신사神思'이론에 영향을 받아 상상을 일반적인 '신여물유'의 정신 사유로 보았지만 50대 장년 시기에 '물상에서 노닌다遊於物之表'라는 논점에서 진일보하여 '몸이 대나무와 더불어 동화身與竹化'하고 '그 정신이 만물과 교유其神與萬物交'해야 한다고 주장하면서 상상의 영역을 물화의 경지에까지 승화시켰다.

3. 경물景物에 흥취가 일어나는 영감 단계

창작 구상 중에서 종종 전혀 뜻하지 않게 문사文思가 용솟음치는 현상이 있는데, 이러한 현상을 '영감'이라고 한다. 옛 사람들은 이를 일반적으로 '감흥感興', '흥회興會', '천기天機', '묘오妙悟' 등의 다양한 용어로 지칭하였다. 이것들은 모두 작가가 객관 현실 중에서 우연히 창작 충동이 일어 문사文思가 용솟음치는 창작하기에 최고로 좋은 상태를 가리킨다.

영감의 전제 조건은 '감물感物'인데, 『예기禮記 · 악기樂記』에서 처음 보인다.[51] 정감이 일어나는 원인은 외계 사물에서 느낀 바가 있어서이

51 『禮記 · 樂記』, 『十三經注疏』 제5책, 662~663쪽. "무릇 노랫가락의 기원은 사람의 마음으로 말미암아 비롯되었다. 사람의 마음이 움직이는 것은 외계 사물이 그렇게 만들기 때문이다. 마음이 외계 사물에 느껴 움직이면 노랫소리로 드러나고 노랫소리가 서로 호응하여 다양한 변화를 생성한다. 이러한 변화가 일정한 음률과 음조를 갖추면, 이를 '노랫가

다. 정감이 사물에 움직여 다시 소리로 형상화되어 음악을 만든다. 그래서 음악이 생겨나는 근본 원인은 '사람의 마음이 외계 사물에 감화받음人心之感物'에 있다. 이것이 바로 '감흥感興'이론의 주요한 논지 중 하나이다. 이른바 영감이란 문예창작과정 중의 '흥회興會'[52] 작용을 가리킨다. 그것은 종종 상상력이 최고로 발휘될 때에 나타난다. 이때는 바로 문예 구상 활동이 최고조에 도달했을 때이며, 작가는 이때 고도로 흥분된 상태에 있다. 영감은 우연히 용솟음치기 때문에 사전에 예측할 수 없고 항상 기약 없이 창작자와 조우한다. 그래서 창작자는 영원히 그 존재를 장악할 수 없고 다만 억지로 구하는 것이 아닌 우연히 만나게 된다고 말할 수밖에 없다. 그러나 일단 때가 무르익으면 영감은 폭발하고 창작자는 그 흥에 못 이겨 붓을 드는데, 이때 살아 숨 쉬는 걸작을 완성할 수 있다.

문예창작은 이 특별난 정신 상태를 필요로 한다. 하지만 이는 결코 마음먹은대로 진행되는 것이 아니다. 육기는 「문부」에서 영감이 일어날 때의 정황에 대해 묘사하면서 우연한 계기에 찾아오는 강렬한 체험을 특별히 강조하였다.[53] 육기는 영감이 빛과 메아리처럼 갑자기 왔다

락'이라 일컫는다. 노랫가락을 나란히 안배하여 악기로 연주하고 거기다 그 위에 방패, 도끼, 꿩 깃털, 소 꼬리털을 잡고 춤추면, 이를 '(악기 연주와 춤이 더해진) 음악'이라 일컫는다. 음악은 노랫가락으로 구성된 것으로, 노랫가락의 근원은 사람의 마음이 외계 사물에 감화를 받은 데 있다[凡音之起, 由人心生也, 人心之動, 物使之然也. 感於物而動, 故形於聲; 聲相應故生變; 變成方, 謂之音, 比音而樂之; 及干戚羽旄, 謂之樂. 樂者, 音之所由生也, 其本在人心之感於物也]."

52 '興會'는 간단히 말해서 흥취가 이른 때를 말한다. 문예창작에 이를 적용하면, 흥취가 도래하자 意表를 뛰어넘어 실컷 도취되어 있는 정신 상태라 말할 수 있겠다. 옛 사람들 중 비록 '興會'로 작품을 논한 이가 있기도 했지만 그것은 사실 '창작 영감'을 가리킨다. '창작 영감'이란 미감이 도래할 때 특히 미감이 최고조로 도래할 때의 정신 상태를 말한다.

53 『文賦集釋』, 168쪽. "무릇 감정에 응하여 깨달은 것과 통함과 막힘의 실마리는 다가오면 머물지 못하고 떠나가면 멈추지 않는다('영감'은 그 순간 글로 표현해내지 못하면 사라져

가는 것이라 창작 주체가 이를 제어한다는 것은 매우 어렵다고 보았다. 육기는 이 때문에 영감을 '천기天機'라 칭하였고 이를 무어라 풀이하기 어렵다고 말하였다. 사실, 이러한 우연한 계기는 바로 주체와 객체 사이의 기막힌 교감에서 비롯된 것이다. 주객主客의 기막힌 교감은 수기적隨機的이며 잠시적暫時的이다. 그로 인해 촉발된 창작 충동은 자연히 한 순간 찰나에 일어날 수밖에 없다.

중국 고대 문예이론에서 영감은 사람의 마음이 사물에 감화하여 마음과 사물이 한 데 만나 이루어진 산물이라고 본다. 옛 사람들의 영감에 대한 분석은 주로 작가와 작품을 결합한 평론으로 진행된 것이고 더 많게는 작가의 창작경험담에 속한 것이다. 이 때문에 영감은 항상 작가의 실제 창작과 긴밀히 결부되어 있다. 옛 사람들은 영감을 통해 작가가 창작 중에 문사가 막히는 현상을 풀이하고 사람들의 글쓰기를 지도하였다. 이는 서양에서 말하는 영감과는 다르다. 서양에서는 영감의 문제를 신통한 관념의 틀 속에 넣어 형이상학적으로 풀이하였다. 서양 문예이론에서는 걸출한 예술 창작의 영감을 창작 주체인 창작자의 '천재天才' 조건에 치중하여 설명한다. 그렇다보니 예술 창작 주체의 특수한 조건에 대해서는 자세히 설명하면서도 객체와의 교감을 통한 사유로 비롯된 영감의 발생을 풀이한 것은 거의 없다.[54] 이러한 점은

버린다. 억지로 살려내려 하여도 다시 오지 않는다). 영감이 숨어버리는 것은 마치 빛이 사라지는 것과 같고, 그 떠나가는 것은 마치 메아리가 이는 듯하다. 뛰어나고 빼어난 天機가 발휘될 때, 어찌 분분히 일어나 다스려지지 않는가? 생각은 마음속에서 바람처럼 일고, 말은 입술에서 샘처럼 흘러나온다. 분연히 초목이 우거지듯 성대하고도 급히 몰아 달려 먼 지역까지 널리 퍼져나가니, 이는 오직 붓과 종이만이 흉내 낼 수 있는 바이다. 문사는 성대하여 눈에 넘치고 음운은 맑아서 귀에 가득 찬다[若夫應感之會, 通塞之紀, 來不可遏, 去不可止. 藏若景滅, 行猶響起. 方天機之駿利, 夫何紛而不理. 思風發於胸臆, 言泉流於脣齒. 紛葳蕤以馺遝, 唯毫素之所擬. 文徽徽以溢目, 音泠泠而盈耳]."

정선의 〈동리채국도東籬彩菊圖〉와
〈유연견남산도悠然見南山圖〉
국립중앙박물관 소장

중국 문예이론의 영감과 매우 다른 것이다. 게다가, 서양 '영감'설의 신통방통한 관념과 비교해볼 때, 중국 문예이론의 '영감'설은 작가의 구체적인 창작 실천에 더 치중되어 있다.

중국시가사中國詩歌史를 살펴보면, 시작詩作의 뜻을 먼저 세운 경우는 없고 우연한 즉흥에 의해 창작 계기를 삼아 뛰어난 예술작품을 만든 경우가 허다하다. 그 대표적인 예가 바로 도연명陶淵明의 "동쪽 울 밑에서 국화를 따다가 무심히 남산을 보네採菊東籬下, 悠然見南山"라는 가구佳句라 하겠다. 소식은 도연명의 이 시구에 대해 "국화를 따다가 우연히 남산을 보았으니, 애초부터 아무 생각이 없었던 가운데 심경과 풍경이 일치했다. 이 때문에 기뻤던 것이다"[55]라고 평하였는데, 이 뛰어난 시구가 의도하지 않고 우연히 일어난 영감으로 탄생한 것임을 분명히 했다. 조보지晁補之(1053~1110) 역시 소식의 견해를 받아들여 "본래 국화를 따다가 무의식적으로 산을 바라보았고 때마침 고개 들어 산을 본 것이다. 그래서 무심히 감정을 잊은 것으로 그 의취意趣가 한원閑遠하다. 이는 시어詩語를 정련精鍊하다가 구한 것이 아니다"[56]라고 말하였다.

---

54 張晶, 「中國古典美學中的偶然論」, 『吉林大學社會科學學報』 1998년 제4기, 40쪽.

55 『蘇軾文集』 제5책 권67, 「書諸集改字」, 2099쪽. "採菊之次, 偶然見山, 初不用意, 而境與意會, 故可喜也."

56 『雞肋集』 권33. "本自採菊, 無意望山, 適擧首而見之, 故悠然忘情, 趣閑而意遠, 此未可於文字精粗間求之."

작가의 감흥이 도래할 때 창작의 욕망은 특히 강렬하고 상상 역시 극도로 풍부해지며 무수한 생동적인 형상들이 분연히 일어나 시상이 용솟음쳐 어디에도 막힘없이 분출한다. 우수한 문예 작품의 구상은 대부분 이 상태에서 이루어진다. 감흥이 왕성하게 움직일 때에 이루어진 창작만이 한 호흡에 완성되어 조물자造物者의 신묘神妙함까지 구비한다.

소식은 "시를 짓는 것은 도망자를 뒤쫓듯, 좋은 경치 놓치면 되잡기 어려운 법이다"[57]라고 말하였다. 소식은 산중에 지내는 친구를 만나고 돌아오다가 길가의 풍경에 몰입되어 강렬한 창작 충동이 일었고 우미優美한 '청경淸景' 형상이 적지 않게 용솟음쳐서 집에 돌아오자마자 황급히 그것을 묘사해냈다. 일단 시흥詩興이 일면 황급히 서실로 달려가 붓을 휘둘러 글을 질풍같이 써내려가 삐뚤어진 종이를 바로잡을 겨를도 없다. 이것이 갑자기 촉발하여 쉽사리 사라지는 영감에 대처하는 방도이다. 작가의 재능 역시 영감이 분출하여 번뜩 하며 나타난 문예 형상을 제 때 놓치지 않고 정확하고도 생동감 있게 표현할 수 있느냐에 달려있다. 영감은 일촉즉발 신속히 사라지는 특징을 지닌다. 그 원인은 바로 영감 사유가 부지불식간의 상태에서 이루어지는 데 있다. 영감은 일종의 잠재적 사유이기에 주관적 의지에 지배 받지 않고 두뇌 일부에 잠재하던 정보가 외계 사물의 촉발에 의해 느닷없이 나타난다. 이 때문에 창작 사유가 꽉 막힌 상태에 영감이 마른하늘에 벼락 치듯 갑자기 촉발되는 현상이 생겨난다. 소식이 말년에 지은 「사민사 추관에게 준 서신與謝民師推官書」에서 말한 "사물의 기막힌 이치를 찾는 일은

57 『蘇軾詩集』 제2책 권7, 「臘日遊孤山訪惠勤惠思二僧」, 317~319쪽. "作詩火急追亡逋, 淸景一失後難摹."

바람을 매어두고 그림자를 붙들어 매는 것과 같다"[58]라는 말은 바로 이러한 영감의 특성을 가리킨다. 영감이 폭발할 때의 번뜩이는 현상은 마치 바람과 그림자처럼 홀연히 숨었다가 갑자기 나타나는 것이라서 이를 잘 포착해야 비로소 고수가 될 수 있다.

문예 창작자는 반드시 형상을 잘 포착하여야 한다. 이 역시 문예 창작의 승패를 결정하는 관건이다. 진정 우수한 창작자는 눈 깜짝할 사이에 왔다가 사라지는 생동적인 형상을 잘 포착한다. 소식은 44세(1079.7) 때 지은 글에서 다음과 같이 말하였다.

> 대나무를 그리는 사람은 먼저 가슴속에 완전히 정립한 대나무를 체득해야 한다. 붓을 잡아 자세히 살펴본 다음, 자신이 그리고자 하는 바를 찾아냈을 때 그 순간 급히 일어나서 자신이 발견한 것을 좇아가는데, 붓을 휘둘러 단번에 그려내 그 본 바를 좇아 표현해내기를 마치 토끼가 머리를 들자 매가 번개같이 아래로 떨어져 낚아채듯이 필세筆勢가 질풍 같아야 한다. 만약 조금이라도 망설이면 (그 영감은) 저 멀리 사라져버린다.[59]

소식의 견해에 따르면, 우수한 작가들은 모두 순간적으로 떠올랐다가 사라지는 예술 영감을 특히 잘 포착했다고 할 수 있다. 왕사정王士禎(1634~1711) 역시 소식의 관점을 받아들여서 "경물에 부딪쳐 홍취가 일게 되자 감정과 신령이 모여들어 기지의 요령이 활약하는데, 마치 토

---

58 『蘇軾文集』 제4책 권49, 「與謝民師推官書」, 1418쪽. "求物之妙, 如繫風捕影." 이 문장은 蘇軾이 65세(1100년 11월) 때 지은 작품이다.

59 『蘇軾文集』 제2책 권11, 「文與可畫篔簹谷偃竹記」, 365쪽. "畫竹者必先得成竹於胸中, 執筆熟視, 乃見其所欲畫者, 急起從之, 振筆直遂, 以追其所見, 如免起鶻落, 少縱則逝矣."

끼가 머리를 들자 매가 번개같이 아래로 떨어져 낚아채듯이 조금이라도 망설이면 저 멀리 사라져 버린다. 조금 앞서서도 조금 뒤져서도 능할 수 없는 신묘함이 있다"[60]라고 말하였다.

여본중呂本中(1084~1145)은 이에 대해 "문득 깨달아 들어온 이치는 그 간의 공부가 근면했는지 나태했는지에 달려있을 뿐이다"[61]라고 말하였다. 여본중이 언급한 '오입悟入(문득 깨달아 들어온 이치)'은 영감과 같은 말이다. 이것은 작가가 오랜 학습 끝에 지식을 축적하고 문예 실천을 위한 축적물을 풍부히 쌓아 두어야 이를 통해 외계 경물에 쉽게 감화할 수 있다는 점을 강조한 말이다. 여본중은 장욱張旭이 공손公孫 부인의 검술 춤을 보다가 초서의 필법을 문득 깨달은 사례를 들면서 하나의 원리를 다음과 같이 설명하였다.

> 장욱이 공손 부인의 검술 춤사위를 보다가 필법을 문득 깨달았다. 장욱의 경우와 같이, 필법을 전념하면서 잠시도 마음속에서 잊은 적이 없었기에 우연히 그 방법을 터득하여 마침내 신묘神妙한 필치를 이루게 되었다. 가령 다른 이들이 검술 춤을 보았다면 무슨 영향인들 있었겠는가?[62]

여본중의 이 말 속에는 영감의 본질적 특성에 관한 두 가지 요소를 지적한다. 그 하나는, 창작 영감은 작가를 '미광迷狂' 상태로 끌고 간다

60 王士禎 外, 『師友詩傳錄』, 『淸詩話』(上海古籍出版社, 1978) 상책, 128쪽. "當其觸物興懷, 情來神會, 機括躍如, 如免起鶻落, 稍縱卽逝矣. 有先一刻後一刻不能之妙."

61 呂本中, 「與曾吉甫論詩第一帖」, 『苕溪漁隱叢話』(胡仔 編, 台北 : 長安出版社, 1978) 전집 권49. "悟入之理, 正在工夫勤惰間耳."

62 呂本中, 「與曾吉甫論詩第一帖」, 『苕溪漁隱叢話』 전집 권49. "張長史見公孫大娘舞劍頓悟筆法, 如張者, 專意此事, 未嘗少忘胸中, 故能遇之有得, 遂造神妙. 使他人觀劍, 有何干涉?"

는 것이다. 영감은 마치 이성을 잃고 잠재의식의 지배를 받는 것처럼 보이지만 작가가 정말 어딘가 홀려 미친 것은 아니다. 다시 말해서, 영감은 결코 무의식적으로 활동하는 것이 아니라 유의식의 사유 활동 중에 나타난 특수한 사유상태인 것이다. 영감의 이러한 '미광迷狂' 상태는 영감이 폭발한 후의 취한 듯 백치가 된 듯 강렬한 충동을 표현하였을 뿐 아니라 그에 앞서 작가가 창작 목표를 두고 오랜 기간 그 속에 빠져서 고심하다가 장욱이 초서의 필법을 찾았던 것처럼 한시도 잊지 않고 전념했던 상태에 도달했던 것까지 두루 표현한 말이다. 만약 이렇게 몰두하지 않았다면 어떻게 공손 부인의 검술 춤사위에서 필법의 이치를 깨달을 수 있었겠는가? 또 다른 하나는, 예술 활동의 창작구상에서 볼 때, 영감은 결코 창작의 시발점이 아니고 단지 하나의 사유과정 속에서 나타난 일종의 특수한 상태에 불과하다는 것이다. 영감은 상응하는 사유 성과에 기초하여 건립된 것이고 하나의 사유 활동이 성숙했다는 표지인 것이다. '물감物感'이론의 인식 기초 아래에서, 옛 사람들은 영감이 홀연히 왔다가 한순간 사라지는 특징을 가지고 있어서 사람들에게 포착되기 어렵다고 하더라도 그것이 깨닫기 어려운 신비한 현상은 아니라고 보았고 그 본질에 다가가 말하자면 영감은 작가가 오랜 생활 축적과 예술 실천 과정 중의 부단한 사유 끝에 한 순간에 깨달아 느낀 사유가 비약한 현상이라고 여겼다. 소식은 바로 이 점을 제대로 파악하고 있었다.

소식이 영감을 중시한 밑바탕에는 가슴 속 품은 회포가 사방으로 치달아 밖으로 토해내지 않을 수 없을 때 붓을 잡아야한다는 생각이 깔려있다. 그는 창자가 말라비틀어지고 생각이 고갈되어 방 안에서 터무

니없는 거짓을 꾸며내는 작태를 반대하였던 것이다. 어떠한 문예 창작이라도 영감의 발흥이 결핍된 상태라면 힘든 고초일 수밖에 없다. 소식은 48세(1083) 때 화가 곽충서郭忠恕(?~977)가 정경情景을 그릴 때를 묘사한 글에서 흥취가 일어 신이 난 영감의 작용을 다음과 같이 표현하였다.

> 곽충서는 자字가 서선恕先인데, 이름보다는 자字로 통했다. 낙양洛陽 사람이다. 어려서부터 글을 잘 지었고 사서史書와 소학小學에까지 미쳤고 구경九經에 통달하였다. (…중략…) 특히 그림을 잘 그렸는데, 산수와 건축물에 뛰어났다. 그림을 구하는 사람이 있으면 반드시 화를 내고 가버렸지만, 흥이 나 그림을 그리면 자발적으로 그려주기도 하였다. 곽종의郭從義가 기하岐下에 무관으로 있었을 때 곽충서를 맞이하여 산정山亭에서 머물게 하였는데, 흰 비단과 안료와 먹을 옆에 펼쳐두었다. 몇 달이 지나 홀연히 술에 취한 틈을 타서 비단 한 귀퉁이에 그림을 그렸는데, 멀리 보이는 산봉우리 몇 개였을 뿐이었다. 그런데도 곽종의는 이 그림을 보배로 여겼다.[63]

소식은 이 글을 통해 곽충서의 자유분방하면서도 억지 창작을 반대했던 태도를 매우 높이 칭찬한다. 이는 그가 영감을 중시했던 주장과 기막히게 일치한다.

시가 창작의 영감은 우연히 생겨난다. 하지만 영감은 우연히 생기면

63 『蘇軾文集』 제2책 권21, 「郭忠恕畫贊並敘」, 612쪽. "忠恕字恕先, 以字行, 洛陽人. 少善屬文, 及史書小學, 通九經. (…중략…) 尤善畫, 妙於山水屋木. 有求者, 必怒而去. 意欲畫, 卽自爲之. 郭從義鎭岐下, 延止山亭, 設絹素粉墨於坐. 經數月, 忽乘醉就圖之一角, 作遠山數峰而已, 郭氏亦寶之."

곽충서郭忠恕의 〈명황피서궁도明皇避暑宮圖〉
일본 오사카 국립미술관 소장

서도 절대로 그냥 이루어지는 것은 아니다. 시인이 객관 사물을 보다가 느낀 바가 있으려면 우선 그가 평소에 오랜 사유 활동 중에서 한 가지 문제에 대해 적극적으로 사고한다는 것이 전제가 되어야 한다. 이렇게 해야 심리적으로 외계 사물에 대해 관심과 주의를 기울일 수 있으며 일단 상응하는 객관 환경과의 격발순간을 만나면 감정이 우연히 촉발하여 문학적 사유가 격동한다. 영감의 강림은 외계 사물의 자극에 의한 것이지만 외계 사물과의 연계로 인한 신의 선물이 결코 아니고 작가 스스로 오랜 동안 어떤 사물에 전심전력을 기울인 바에 힘입는다. '영감'은 작가의 오랜 학습과 창작 체험에 바탕을 두고서 오랜 기간 사유를 통해 이루어진다. 영감은 창작 구상의 길을 밝혀주지만 구상 자체를 대체할 수는 없다. 영감은 실제로 주체와 객체가 교유하면서 촉발된 사유의 불꽃인 것이다. 이렇게 보면, 영감은 정처 없이 홀연히 왔다가 예고 없이 사라져 알 수 없는 것이라고 단언할 수 없다. 비록 우리는 영감이 도래하는 시간을 알아챌 수 없고 어떤 상황에서 영감이 출현하는지도 분명하게 말할 수 없지만 특정한 주체가 서로 잘 들어맞는 객체와 우연히 만날 때 영감은 이때 강림한다고 단언할 수 있고 오랜 기간 마음을 다해 추구하기만 하면 영감이 탄생할 수 있다는 것을 명확히 밝힐 수 있다. 영감은 필연이 우연 중에 구현된 것이다.

소식은 45세(1080.12) 때 지은 글에서 촉蜀지방 사람 손지미孫知微가 산수山水를 그릴 때의 상태를 다음과 같이 평하였다.

> 처음엔, 손지미가 성도成都의 대자사大慈寺 수녕원壽寧院 벽 사방에 〈호탄수석도湖灘水石圖〉를 그리는 줄 알았는데 해를 넘기도록 붓조차 대지 않는 것이었다. 그러던 어느 날 별안간 절로 뛰어 들어온 그는 황급하게 필묵을 준비하더니 바람처럼 붓을 날려 잠깐 사이에 다 그려 완성하였다. 그 물의 형세는 마치 쏟아 붓는 듯 넘실넘실 물살에 집조차 무너지는 듯하였다.[64]

성도成都 대자사大慈寺

손지미는 당시 북송北宋시기에 유명한 화가로, 성도의 대자사 수녕원 벽에 파도치는 수석水石을 그리게 되었다. 그가 그 때 오랫동안 붓을 들지 못했던 까닭은 바로 창작 영감을 빚고 있을 때라 시기가 아직 무르익지 않아서였다. 하지만 일단 영감이 폭발하자, 그는 즉시 흥취가 최고조에 이르렀을 때를 틈타 일필휘지로 뛰어난 걸작을 창작하였다. 그러나 감흥이 최고조로 이른 때는 항상 일정한 우연성을 담보한다. 그것은 결코 작가가 요구하면 그 즉시 오는 것이 아니라는 점이다. 한

64 『蘇軾文集』 제2책 권12, 「畫水記」, 408~409쪽. "始, (孫)知微欲於大慈寺壽寧院壁作湖灘水石四堵, 營度經歲, 終不肯下筆. 一日, 倉皇入寺, 索筆墨甚急, 奮袂如風, 須臾而成. 作輸瀉跳蹙之勢, 洶洶欲崩屋也."

작가가 영감이 오기만을 간절히 바랄 때는 끝내 오지 않다가 한 순간 무의식중에 갑자기 작가의 심경에 돌출하기도 한다. 늘 이런 상황을 마주한다. 감흥, 즉 영감은 문예 구상의 승패를 가름하는 매우 중요한 역할을 한다. 문예 구상 과정 중에서 만약 영감 단계의 출현이 없다면 문예 상상력은 최고조에 이를 수 없다. 이러한 문예 구상은 결국 평범한 상태로 전락하여 실패한다. 만약 영감 단계가 문예 구상 중에 빨리 찾아온다면 결과적으로 문예 구상은 순조롭게 진행되어 신선하고 독특한 면을 갖춘다.

영감이 비록 표면적으로는 유의식 사유의 결과는 아니고 뜻밖에 이른 산물이지만 실질적으로는 사유의 축적이 담보된 상태에서 느슨해진 틈을 타서 생성된 산물이라 말할 수 있다. 영감이 표현된 무의식성의 배후에는 대량의 유의식의 사유가 내장되어 있으며 영감은 바로 그러한 무의식중에서 표현된 것에 불과하다. 작가가 오랫동안 심사숙고하지 않고서는 영감은 영원히 저절로 강림하지 않을 것이며 억지로 쥐어짠다고 나오는 것도 아니다. 영감은 바로 장기간의 힘든 노력을 통해 물이 흐르면 개천이 흐르듯 절로 출현하는 것이다. 영감은 작가의 인위적 노력이나 행위가 자연 섭리 중에 투과되어 나온 것이다.

영감은 창조적 사유 중의 인식이 비약하는 현상이다. 영감은 우연성과 돌발성을 지닌다. 그러나 실제로 이러한 우연성 중에는 오히려 필연성을 내포한다. 그것은 작가가 장기간에 걸쳐 끊임없이 사유한 과정 속에서 촉발한다. 이 때문에 그것은 유의식 사유과정 중의 간헐적 단계에서 항상 발생한다. 이른바 영감이란 장기간의 유의식 추구를 통하여 생각이 축적된 주체와 그에 상응하는 객체가 서로 촉발하면서 자연스럽게 생성된 일종의 '돈오頓悟(문득 깨달음)' 상태이다. 이러한 심리 상태에서 대뇌에 저장된 여러 정보들이 외계 경물景物의 모종의 자극을 받아 신경계를 통해 관통하여 가장 풍부한 자료들과 결합하여 새로운 자료를 창출하여 풍부한 창조력을 잉태한다. 창작 영감에 대하여, 소식은 40대 청장년 시기에 우연히 나타나되 작가의 필연적인 심사숙고한 과정이 담보되어 있고 자연스레 생겨나되 작가의 인위적인 부단한 노력이 담보되어야 한다고 주장하였지만 말년 해남도海南島에서 돌아오는 도중에 지은 글에서 실제 창작에 그 영감을 제대로 구현한다는 것은 결코 쉽지 않다는 사실 또한 토로하였다.

소식의 구상과정은 주로 '관조', '상상', '영감' 등으로 이루어진다. '관조'는 구상의 주체가 물아物我의 관념을 다 버리고 세상의 모든 움직임을 멈추게 하는 과정을 통해 '허정'의 상태로 진입한다. 이는 시각적 '허虛'경境과 청각적 '정靜'경境을 유지하여 '월인천강月印千江(달이 천 개의 강에 사심 없이 투영됨)'하는 관조 태도이다. 작가는 먼저 허정한 탁 트인 가슴을 갖추어야 문예창작상태로 진입할 수 있다. '허정'이 문예창작에 있어 중요한 점은 바로 '상상'과의 관계에 있다. 문예창작은 상상에 의지한다. 상상은 그 마음이 허정해야만 구할 수 있다. 허정의 경계 중에서, 주체의 정신과 만물은 하나 되어 만물이 시공간의 국한을 뛰어넘는 데에 힘입어 사방팔방으로 치달아 최상의 자유를 만끽한다. '상상'은 창작자의 정신이 세상과 교유하면서 주객主客이 통일되고 객관 형상과 주관 감정이 통일되는 기반 위에 문예 도구를 이용하여 문예 창작을 현실이 아닌 가상에서 창조해내는 특징을 지닌다.[65] 영감은 창조적 사유 중 인식이 비약하는 현상이다. 영감은 우연성과 돌발성을 갖지만 실제로 이러한 우연성 속에는 오히려 필연성을 내포하고 있다. 영감은 작가의 오랜 심사숙고 끝에 만들어진다. 영감은 실제로 장기간의 유의식의 추구를 통하여 의도 없이 저절로 생성된 '돈오頓悟'의 심리상태이다. 영감은 우연한 만남이며 정경情景의 해후이다. 만약 의도적으로 찾았다면 절대로 그런 때를 만나지 못했을 것이다. 그래서 감흥感興을 말하는 사람들은 모두 무심하게 우연히 만나고 애초에 어떤 마음 씀도 없어야 한다는 점을 주장한다. 영감은 주객主客 간의 우연한 만남으로 비롯되어 특별한 정경이 서로 우연히 만나 둘이 아닌 하나가 되어 천연의 독창성을 지닌다. 갑자기 왔다가 한 순간 사라지는 것이라 반드시 제때 잘 포착하여야 하여 창작 과정에 진입해서 문자 등의 매개를 통해 물화物化로 승화시킬 때 진정한 예술 걸작이 탄생하는 것이다.

문예창작구상은 허정한 마음으로 세상을 마주하는 관조 단계, 정신이 만물과 교유하는 상상 단계, 경물에 흥취가 일어나는 영감 단계를 거친다. 이를 통해, 창작자는 물아일체의 심리상태에 이르게 되어 '물화지경物化之境'의 문예 작품을 구현시킬 수 있다. 소식은 관조와 상상, 그리고 영감 등의 구상과정을 중시하였다. 구상과정 속의 관조, 상상, 영감은 순차적으로 이루어지기도 하지만 동시에 만발하기도 한다. 하지만 그 중 어느 하나라도 빠져서는 훌륭한 문예작품을 기대하기란 어렵다. 또한 '물物'을 빼놓고는 세 가지 구상과정 속의 관조, 상상, 영감

65 祁志祥, 『中國古代文學原理』, 89~92쪽.

그 어느 것도 설명할 방법이 없다. 구상 자체가 외계 사물에 기반을 두고 있다는 말이다. 문예창작구상이 구체적이고 현실적인 것에 기반을 두지 않으면 무용하다. 이를 통해, 소식의 문예창작구상 역시 중국의 현실에 기반을 둔 실용주의적 미학 관점을 다분히 담고 있음을 알 수 있다.

마지막으로, 소식이 구상에 관한 글들을 저술한 시기를 통해 창작구상의 변화를 살펴보았다. 소식은 관조에 대하여 20대에 일반론적인 허정한 심리를 주장하다가 50대에 비로소 외계 경물에 구속 받지 말고 그 밖에서 자유로이 노닐 때 관조의 역량이 그 빛을 발한다는 탁견을 제시하였고, 상상에 대하여 30대에 일반적인 '신여물유'의 정신 사유로 보다가 50대에 물상 밖에서 노닌다遊於物之表는 점에 기반을 둔 몸이 대나무와 동화身與竹化되고 그 정신이 만물과 교유其神與萬物交한다고 주장하면서 상상의 영역을 물화로 승화시켰고, 영감에 대하여 40대에 창작영감의 특징이 필연을 담보한 우연성과 인공을 담보한 자연성을 지니고 있음을 이론적으로 주장하였고 말년에 그 영감을 실제 창작에 구현하는 것은 결코 쉽지 않음을 다시 한 번 확인하였다.

제5장
창작표현이론의 성숙과정

작가는 만족스런 창작을 이루기 위해 끊임없는 독서를 통한 학습과 외계 사물에 대한 관찰체험 과정 등을 통해 창작수양을 고양할 뿐 아니라 관조와 상상 그리고 영감 등의 구상 활동을 통해 작품의 심미구상능력을 끌어올린다. 하지만 이런 기본적인 창작수양이 담보된다고 하더라도 훌륭한 문예작품을 완성할 수 있는가? 예를 들어 어느 작가가 훌륭한 문예 관념을 지닌 데다가 작가수양을 꾸준히 해오면서 탁월한 구상능력을 갖추었다고 해도 만약 실제 창작활동을 통해 그 자신의 내적 함양을 글로 제대로 묘사할 수 없다면 실제창작 이전의 모든 문예활동은 헛수고에 불과하다. 그렇다면 작가들은 실제 창작과정에서 어떠한 태도를 취하여야 할까? 이 문제는 문예이론의 중요한 관건임에 틀림없다.

소식蘇軾은 문예창작에 있어 '자연'을 중시하였다. 그의 이러한 주장은 그의 생애에 비추어볼 때 청년 시기부터 굳어진 것이었으며 이는 말년에 이르기까지 변치 않는 정신이었다.[1]

문예미학이나 창작활동에서 자연을 중시하는 것은 당연한 일이다. 산문散文이라는 장르 하나만 놓고 보더라도 예로부터 문리자연文理自然을 숭상하였다. 하지만 실제 창작에서 자연스러움을 이루어내기란 여간 어려운 일이 아니었다. 문자기록이 척독尺牘이나 죽간竹簡에 한정되어 있던 선진先秦시기에는 간략하고 질박하게 기술할 수밖에 없었기 때문에 더욱 힘들었다. 이는 당시 문자기록의 한계라 하겠다. 동한東漢 시기에 종이가 발명되었지만 제지 기술이 뛰어나지 못해 여전히 죽간竹簡에 의지하였다. 위진남북조 시대에 이르러서야 종이와 비단이 죽간의 자리를 점차 대신하면서 문식文飾현상이 비로소 나타났고 변문駢文이란 형식도 뒤따라 유행하였다. 변문의 과도한 문식현상은 당대唐代 한유韓愈와 유종원柳宗元 등의 고문운동古文運動을 촉발하였다. 하지만 그들 역시 지나치게 삼대三代의 문장을 사법師法으로 삼다 보니 자연스러움을 끝내 이룰 수 없었다. 그 후, 송대宋代 구양수歐陽脩에 이르러서야 변문의 위세가 꺾이고 산문의 위치가 공고해졌다. 소식은 구양수의

1 기존의 蘇軾 문예이론 연구 성과를 살펴보면, 두 가지 문제점을 도출한다. 그 중 하나는 소식의 이론에 대한 연구 논문이 대부분 동일한 주장들을 모두 한 데 묶어 종합한 總論的인 성격이 짙다보니, 詩論·文論·書論·畵論 등에 세부적인 변별력 없이 차용되고 있다는 것이었다. 이러한 연구 경향은 蘇軾 연구뿐만 아니라 중국 문예이론 전반에 보인다. 따라서 앞으로 깊이 있는 분석적인 연구가 뒤따라야 함을 암시한다고 하겠다. 또 다른 하나는 어느 한 개인의 이론들이 한날한시에 도출된 것이 아닌 데도 불구하고 그 이론이나 주장이 담긴 詩文을 寫作 시기에 따라 연구한 것이 없다는 것이다. 이로 인하여 蘇軾 개인의 이론 성숙과정을 살펴볼 수 없었다. 이에 대해, 筆者는 「從蘇軾文論寫作時期探討其文藝創作理論」, 『中國語文學』 제42집, 2003.12, 43~72쪽)에서 寫作 시기에 근거해 그의 창작이론을 살펴 자연을 중시한 태도가 그의 청년 시기부터 견지되었음을 알 수 있었다.

문예정신을 계승하여 '수물부형隨物賦形'의 자연 창작이론을 주장한다.

또한 소식은 회화의 '전신傳神' 이론을 새로이 해석하여 시문詩文의 창작이론으로 승화시켰다. '신神'이란 사람의 신태기질神態氣質만을 단순히 가리키는 것은 아니다. '전신'의 개념은 매우 광범하여 딱히 무엇이라 단정하여 말할 수 없다. 문예 이론가들은 '신'을 최고의 심미 기준으로 삼아 문예작품을 품평하였고, 작가들 역시 이러한 경지에 도달하기 위해 끊임없이 노력하였다. '신'의 미학사상과 결부되어 중국 역대 문예이론 중에는 '전신', '사신寫神', '입신入神', '신정神情', '신기神氣', '신운神韻', '풍신風神', '기운氣韻' 등의 학설들이 출현하였다.[2]

'신神'은 '형形'과 떼려야 뗄 수 없는 관계이다. '형사'는 문예창작 대상의 외형과 표상을 묘사하는 것이고, '신사'는 문예창작 대상의 내재적 특징을 묘사하는 것이다. 사물의 본질은 항상 일정한 현상을 통하여 드러난다. 따라서 '신사'는 '형사'를 벗어날 수 없다. 눈에 보이는 현상이 사물의 본질을 완벽하게 꼭 반영한다고는 말할 수 없다. 그래서 문예상에서 단지 '형사'만 말하고 '신사'를 말하지 않는다면 사물의 본질을 제대로 묘사할 수 없다. '형사'를 제대로 구현하기도 쉬운 일이 아닌데 '신사'의 경지는 더더욱 어려운 일이다. '형사'만 가지고 문예의 우열을 가린다면 천박해지기 쉽고 '형사'의 기본을 벗어나 문예를 논한 것 역

2 이러한 개념들에 대한 해석은 회화 방면에서 말하자면 더욱 학설이 분분하다. 어떤 이들은 '積墨'을 神韻이라 여겼고, 어떤 이들은 '煙潤'을 神韻이라 여겼으며, 어떤 이들은 '絶滅煙火'·'色相俱空'을 神韻이라 여겼다. 또 어떤 이들은 "'神'이란 마음과 손이 모두 망각된 채 필묵에 함께 體化된 것이다[神也者, 心手兩忘, 筆墨俱化]"라고 여겨서 "일체이면서 알 수 없는 것을 '神'이라 이른다[一切而不可知之謂神也]"라고 하였다.(『中國畫論類編』, 兪崑, 台北 : 華正書局, 1984, 6쪽에 보임) 이러한 알쏭달쏭한 말은 사람들을 미혹시키기 쉬운데, 이는 중국인들에게서 특히 나타나는 전통적 심미관념으로 체득할 수밖에 없다.

시 허망하기 일쑤다. 소식은 이러한 문질빈빈文質彬彬하지 않은 작품을 하찮게 여겼다. 소식은 회화의 '전신'이론을 문예창작이론으로 발전시켰다.

중국 고대 문예 창작 활동 중에서 문예작품의 언어 형식에 관한 문제는 항상 쟁론이 되어왔다. 예를 들면, 문장은 만연체가 좋은가 아니면 간결체가 좋은가? 심오한 것이 좋은가 아니면 천박한 것이 좋은가? 변려체가 좋은가 산문체가 좋은가? 화려한 것이 좋은가 질박한 것이 좋은가? 함축적인 것이 좋은가 직설적인 것이 좋은가? 등이다. 이러한 문제들은 비록 형식에 관한 것이지만 고대 문예 이론가들과 작가들의 관점에서는 내용을 떠나서 말할 수 없고 반드시 문사와 연관 지어 고찰하여야 했다. 문사가 작가의 생각을 적절히 전달할 때 이러한 문사가 훌륭한 것이다. 공자孔子의 말을 빌자면 '말은 통하면 그뿐이다辭達而已'이다. 전하고자 하는 의미 이상의 말들을 부연하여 표현한 글이거나 의미를 충분히 표현하지 못한 글들은 모두 아름답다 할 수 없다. 유희재劉熙載 역시 "문사의 근심은 지나침과 미치지 못함을 벗어나지 않는다辭之患, 不外過與不及"[3]라고 말하였다. 역사 발전의 궤적을 통해 살펴보자면, "말은 통하면 그뿐이다"라는 형식 논리는 공자로부터 비롯되어 한유韓愈에 의해 더욱 발전되고 소식을 통해 완비되었다고 말할 수 있다. 소식은 노년 시기 공자의 '사달'을 새롭게 연역하여 '달의達意'이론을 완성하였다.

그의 문예창작이론은 '수물부형隨物賦形', '전신傳神', '달의達意' 세 가

3 『藝概』(淸・劉熙載, 王國安 標點, 台北 : 漢京文化事業公司, 1985년) 권1, 「文概」, 39쪽.

지로 대표된다. 이 이론들의 사작 시기는 소식 생애로 대조해볼 때 크게 세 시기로 나눌 수 있다. 본 장에서는 '수물부형'을 주장한 청장년 시기(44세, 1079년까지), '전신'을 주장한 황주黃州 이후 중후년 시기(45세 1080년부터 58세 1094년 9월까지), '달의'를 주장한 혜주惠州 이후 노년 시기(58세 1094년 10월부터 66세 1101년 사망까지) 등 세 시기로 나누어 그의 문예창작 이론의 성숙과정을 살펴보고자 한다.

1. 청장년 시기의 창작이론–'수물부형隨物賦形'

소식이 창작할 때 자연을 중시했던 것은 전인前人들의 주장 중에서 비롯된 것이다. 그 연원을 좇아가보면, 소식이 전대前代에 받은 영향을 살펴볼 수 있다.

노자老子는 '자연무위自然無爲'을 주장하였고, 문예관념 역시 이를 그대로 이어받았다. 예를 들어, "사람은 땅을 본받고 땅은 하늘을 본받고 하늘은 도道를 본받고 도는 자연自然을 본받는다"[4]라고 하였고, "온갖 업적과 사업이 이루어지자 백성들은 모두 나를 '자연'이라 일렀다"[5]라고 하였고, "들으려하나 무미無味하여 들려지지 않는 '희希'를 자연이라

4 樓宇烈 校釋, 『王弼集校釋』(台北 : 華正書局, 1992), 「老子 · 25章』, 65쪽. "人法地, 地法天, 天法道, 道法自然."

5 『王弼集校釋』, 『老子 · 17章』, 41쪽. "功成事遂, 百姓皆謂我自然."

말한다"[6]라고 하였고, "명령하지 않고도 항상 절로 그러하다"[7]라고 하였고, "성인聖人은 무위無爲하였기에 무너지지 않았고, (…중략…) 만물의 자연스러움을 도우면서 인위적인 행위를 감히 하지 않았다"[8]라고 하였다. '자연'이란 말에 대해, 천꾸잉陳鼓應은 "객관적으로 존재하는 자연계를 가리키는 말이 아니라 강제적인 힘을 더하지 않은 자연방임自然放任의 상태를 가리킨다"[9]라고 풀이하였다. '자연'은 현상이기 이전에 상태이다. 노자는 의도하지 않고 절로 그러한 자연을 강조하였다.

노자의 '도'의 관념을 이어받은 장자莊子 역시 '자연'에 그 철학의 근본을 둔다. 뤄껀저羅根澤는 "장자는 자연주의 철학자로 '도'에 대한 견해는 '자연에 맡기는' 것이고 '예藝'에 대한 견해 역시 '자연에 맡기는' 것이다"[10]라고 하면서 장자는 도를 논함에 우언寓言의 형식을 빌려 기예技藝적인 일로 잘 비유하였다고 하였다. 그리고 뤄껀저는 『장자 · 양생주養生主』에 기술된 '포정해우庖丁解牛'의 비유를 들어 장자가 기묘한 자연의 기술을 제시한 것은 양생養生의 방법을 설명한 것이지 문학이나 예술을 설명하기 위해 내놓은 것이 아니었지만, "후대의 자연문예론, 예를 들어 소식이 「문설文說」(즉 「자평문自評文」을 가리킴)에서 '마땅히 가야할 곳에 가고 멈추지 않으면 안 되는 곳에서 멈춘다'라고 한 이론은 장자의 이러한 설에 다소 영향을 받았다"[11]라고 주장하였다.

---

6 『王弼集校釋』, 『老子 · 23章』, 57쪽. "希言自然."

7 『王弼集校釋』, 『老子 · 51章』, 137쪽. "夫莫之命而常自然."

8 『王弼集校釋』, 『老子 · 64章』, 166쪽. "是以聖人無爲, 故無敗; (…중략…) 以輔萬物之自然, 而不敢爲."

9 陳鼓應 註譯, 『老子註譯及評介』(北京 : 中華書局, 1984~1994), 30쪽. "都不是指客觀存在的自然界, 乃是指一種不加强制力量而順任自然的狀態."

10 羅根澤, 『中國文學批評史』(台北 : 學海出版社, 1990), 66쪽. "莊子是自然主義的哲學家, 對於'道'的意見是'任自然', 對'藝'的意見也是'任自然'."

노장老莊의 자연 철학이 문학 창작이론에 전용된 계기를 찾자면 육기陸機를 거론하지 않을 수 없다. 육기는 『문부文賦』 중에서 이미 "비록 규범이 되는 선 긋는 자와 원 그리는 곱자를 멀리하고 피한다 해도, 형태와 모양을 다 그려내기를 바란다"[12]라고 하고, 또 "그 물상物象 또한 여러 모양이듯, 그 체식體式 역시 자주 변한다"[13]라고 언급하였다. 그리고 유협劉勰(464?~520)도 창작행위 자체를 자연의 도라고 보았고 동식물의 문채文采나 인간의 '뜻을 읊음吟志'이 모두 자연의 발로라고 여겼다.[14] 이에 『문심조룡文心彫龍·물색物色』 중에서 "신기神氣를 묘사하고 형모形貌를 그려내자 사물에 따라 변화유동變化流動한 데다가, 수사적 문채文采를 엮고 운율적 소리를 부가하자 마음도 함께 맴돈다. (…중략…) 사물을 체현하는 신묘함은 문사文辭로 표현하려는 실체에 적절하고도 긴밀하게 부가하였느냐에 그 공이 달려있다"[15]라고 하였다. 이러한 견해에 대해 소식도 매우 긍정하였다. 아름다움은 의심할 바 없이 객관 사물에 대한 예술 반영의 산물이며 예술 창작이 추구해야 할 목표라고 하겠다. 자연미가 결핍된 작품은 예술품이라 할 수 없으며 독자를 감화시킬 수도 없다.

---

11 위의 책, 67쪽. "但後來的自然文藝論：如蘇軾的「文說」云: '行於所當行, 止於所不可不止', 多少總受此說的影響."

12 陸機, 張少康 集譯, 『文賦集釋』, 台北：漢京文化事業公司, 1987, 71쪽. "雖離方而遯員, 期窮形而盡相."

13 위의 책, 94쪽. "其爲物也多姿, 其爲體也屢遷."

14 劉勰, 王更生 註譯, 『文心雕龍讀本』(台北：文史哲出版社, 1991) 상책, 제1편 「原道」, 2쪽. "爲五行之秀氣, 實天地之心生. 心生而言立, 言立而文明, 自然之道也. 旁及萬品, 動植皆文: 龍鳳以藻繪呈瑞, 虎豹以炳蔚凝姿; 雲霞雕色, 有踰畫工之妙; 草木賁華, 無待錦匠之奇; 夫豈外飾, 蓋自然耳." 『文心雕龍讀本』 상책, 제6편 「明詩」, 83쪽. "人稟七情, 應物斯感, 感物吟志, 莫非自然."

15 『文心雕龍讀本』 하책, 제46편 「物色」, 302쪽. "寫氣圖貌, 既隨物以宛轉, 屬采附聲, 亦與心而徘徊. (…중략…) 體物爲妙, 功在密附."

게다가 육조六朝 회화이론가인 사혁謝赫(약 500~약 535)이 주장한 '육법六法'[16]론 중의 '부류에 따라 채색을 부여한다隨類賦采'라는 설과 당대唐代 서법이론가인 장회관張懷瓘(약 713~741년 전후)이 주장한 「서의書議」 중의 "일에 임해서는 마땅함을 법식으로 삼고 뜻을 좇음에는 편함을 따라간다臨事制宜, 從意適便"라는 평론의 영향을 받았다. 소식은 그보다 조금 앞서 활동한 전석田錫(940~1004)의 '문무상태文無常態(문장에는 항상된 규범이 없다)'[17]라는 관점에도 동감했으리라 짐작된다.

소식은 문장의 자연미를 긍정하였으며 고대 작가의 형식적인 면만을 그대로 받아들여 모방하던 의고주의擬古主義 경향에 일침을 가하였다. 소식의 자연을 중시하는 창작이론은 노장의 자연 철학에 힘입은 바 크며, 특히 장단長短과 강유剛柔가 그 마땅함을 유지하여 변화의 이치를 따른다[18]는 장자의 사상을 흡수하였다.

앞서 언급했듯이, 소식의 자연을 중시하는 창작이론은 노장의 자연 철학에 힘입은 바 크다. 하지만 소식이 일찍부터 문예창작의 자연미를 중시한 데에는 무엇보다 그 부친 소순蘇洵의 '풍수상조風水相遭'설에 직접적인 영향을 받았다.

---

16 『中國美學史資料選編』(台北 : 光美書局, 1984) 상책, 195쪽. "六法者何? 一氣韻生動是也, 二骨法用筆是也, 三應物象形是也, 四隨類賦彩是也, 五經營位置是也, 六傳移模寫是也."

17 田錫, 『咸平集』(四庫全書珍本四集) 권2, 「貽宋小着書」. "稟於天而工拙者, 性也; 感於物而馳騖者, 情也, 研繫辭之大旨, 極中庸之微言, 道者, 任運用而自然者也, 若使援毫之際, 屬思之時, 以情合於性, 以性合於道, 如天地生於道也, 萬物生於天地也; 隨其運用而得性, 任其方圓而寓理, 亦猶微風動水, 了無定文, 太虛浮雲, 莫有常態, 則文章之有聲氣也, 不亦宜哉!"

18 『莊子集釋』(郭慶藩 集釋, 台北 : 貫雅文化事業公司, 1991) 外篇第十四 「天運」, 504쪽. "吾又奏之以陰陽之和, 燭之以日月之明; 其聲能短能長, 能柔能剛; 變化齊一, 不主故常; 在谷滿谷, 在阬滿阬; 塗郤守神, 以物爲量. 其聲揮綽, 其名高明. 是故鬼神守其幽, 日月星辰行其紀. 吾止之於有窮, 流之於無止. 予欲慮之而不能知也, 望之而不能見也, 逐之而不能及也."

> 바람이 물위를 거니는 것을 '환渙(물결)'이라고 한다. 이 또한 천하의 지극한 문文(무늬)이다. 그러나 이 두 물상이 어찌 무늬를 구하였겠는가! 아무런 의도 없이 서로 찾고 기약 없이 서로 만나서 물결이 생겨난 것이다. 이 물결이라 함은 물의 물결도 아니요 바람의 물결도 아니다. 두 물상이 물결을 만드는 능력을 갖춘 것이 아니고 어쩔 수 없이 물결을 만든 것이다. 두 물상이 서로 작동하여 물결이 그 사이에서 나온 것이다. 이것이 천하의 지극한 무늬가 된 까닭이다. 옥이 은은하여 본디 아름답지 않은 것은 없으나 무늬가 될 수는 없고, 칼로 새기고 수놓은 것은 무늬가 되지 않는 것은 없으나 자연미가 있다고 논하여질 수는 없다. 온 세상에 무형無形으로 무늬가 만들어지는 것은 오직 물과 바람뿐이다.[19]

바람과 물이 만나 물결을 이루는 자연현상은 문예창작의 주객관계에 있어서 매우 중요한 사색적 의의가 있다. 여기서 물은 작자 내심의 사상 감정 및 작자의 평상시 학문도덕의 수양修養을 비유한 것이고, 바람은 외계의 물상을 비유한 것이라 하겠다. 물은 작자 자신만이 가진 주관적인 조건이며, 바람은 모든 사람이 대할 수 있는 객관적인 조건이라고 말할 수 있다. 뛰어난 작품이 되려면 우선 작자의 내적 수양이 쌓이고 거기에 적절하게 객관 물상을 접해야 할 것이다. 일단 양자가 서로 만나면 문채文采는 절로 문리文理를 갖추게 마련이다. '풍수상조'

19 蘇洵, 『嘉祐集』(台北 : 臺灣商務印書館, 1977) 권14 「仲兄字文甫說」, 145쪽. "風行水上, 渙, 此亦天下之至文也. 然而此二物者, 豈有求乎文哉. 無意乎相求, 不期而相遭, 而文生焉. 是其爲文也, 非水之文也, 非風之文也. 二物者, 非能爲文, 而不能不爲文也. 物之相使而文出於其間也. 故此天下之至文也. 今夫玉非不溫然美矣, 而不得以爲文, 刻鏤組繡非不文矣, 而不可與論乎自然. 故夫天下之無營而文生之者, 唯水與風而已."

는 마음속의 사상 감정이 외물의 자극을 받아 자연스레 표출된 상태를 비유한 말이다.

소순은 이 한 편의 문장에서 바람과 물이 만나는 것처럼 자신도 억제하지 못하는 창작충동이 있어야 천하의 지극한 문장을 지을 수 있음을 강조하였다. 그렇지 않다면 옥玉과 수繡를 예로 들면서, 박옥璞玉처럼 내재미內在美가 있을지언정 밖으로 표출하지 못하거나 화려한 수繡처럼 형식에만 치중하여 자연미를 잃어서는 물과 바람이 어우러져 물결을 이루듯이 자연스런 문장을 이루어낼 수 없음을 설명하였다. 문인들 중에는 종종 사상과 학문적 수양에만 힘쓰면 흉중이 충실해져 이를 통해 훌륭한 작품을 써낼 수 있다고 여기는 이가 있는가 하면 문예적인 기교에만 치중하여 이를 완전히 장악해도 훌륭한 문장을 만들 수 있다고 여기는 이도 있었다. 소순은 이러한 두 가지 경향을 문예 창작의 기본을 무시한 처사로 간주하였다.

소식의 자연스레 문장을 이룬다는 견해는 그 부친인 소순에게서 받은 영향이 매우 크다. 그의 '자연' 창작은 억지로 지은 부자연스런 작품을 반대한다. 그는 24세(1059)에 지은 글에서 다음과 같이 말하고 있다.

> 옛날의 글짓기라 함은 글을 썼다하면 공교工巧하게 지을 수 있었던 것이 아니라 부득이하여 글을 쓴 것이라 공교하지 않을 수 없었다. 산천에는 구름과 안개가 있고 초목에는 꽃과 열매가 있는 것처럼, 가득 꽉 차서 답답하게 막혀 있다가 밖으로 드러난 것이다. 비록 드러내지 않으려 한들 어찌 그리 할 수 있었겠는가? 어려서부터 부친의 문장에 대한 견해를 듣고서 옛 성인聖人들은 부득이하여 글을 쓰게 되었다고 생각했었다. 나와 아우 소철蘇轍

> 은 글 쓴 것이 매우 많으나 한 번도 글을 써야겠다는 생각을 감히 가져본 적이 없었다. 기해년己亥年에 부친을 모시고 호북湖北지방을 지나는데 선상에 별 탈이 없어서 바둑이나 장기를 두기도 하고 술도 마시었는데, 집안에서 맛보던 즐거움과는 사뭇 달랐다. 게다가 산천 경치의 수려함과 풍속의 질박함, 현인군자賢人君子들의 유적들, 눈과 귀로 직접 접하는 모든 것들이 한데 섞이어 마음속에 와 닿아 절로 입을 통해 시로 발하였다.[20]

소식은 위대한 문예창작이 공교工巧하게 하려고해서 지어진 것이 아니라 저절로 공교해졌다는 점을 강조하였다. 작가가 주동적인 창작의도를 가지고 각고의 노력을 기울여 지은 작품은 결국 억지로 지어 만든 문장이지 저절로 가슴속에서 우러나와 자신도 억제하지 못하여 지은 작품이라고 말할 수 없다. 소식은 어찌하지 못하여 저술한 작품만이 자연스레 공교해질 수 있다고 여겼다. 소식은 고인古人들의 작품들이 모두 가슴속에 정감이 축적되어 억제하지 못하고 밖으로 표출된 것이라 하면서 문예창작의 '자연'을 주장하였다. 이러한 어찌하지 못하는 강렬한 창작 욕구는 한 편의 우수한 작품을 이루는 요건이라 하겠다. 문예창작이란 이미 외물外物과 내심內心이 뒤섞여 감탄과 읊조림으로 토해낸 것이기에 진실한 성정性情이 드러나야만 사람의 마음을 감동시킬 수 있다. 이러한 자연 창작은 성정에서 나와 거짓 포장을 하지

20 『蘇軾文集』(孔凡禮 校點, 北京 : 中華書局, 1986) 제1책 권10, 「南行前集敍」, 323쪽. "夫昔之爲文者, 非能爲之爲工, 乃不能不爲之爲工也. 山川之有雲霧, 草木之有華實, 充滿勃鬱, 而見於外, 夫雖欲無有, 其可得耶! 自少聞家君之論文, 以爲古之聖人有所不能自已而作者. 故軾與弟轍爲文至多, 而未嘗敢有作文之意. 己亥之歲, 侍行適楚, 舟中無事, 博奕飮酒, 非所以爲閨門之歡, 而山川之秀美, 風俗之朴陋, 賢人君子之遺跡, 與凡耳目之所接者, 雜然有觸於中, 而發於咏歎." 같은 글이 『經進東坡文集事略』 하책 권56의 922쪽에 「江行唱和集叙」로 기재되어 있다.

않은 자연미이며 소식이 추구하고자 했던 최고의 문예경계라 하겠다.

소식은 그 부친 소순의 '풍수상조'설을 이어받아 어떻게 하면 마음속의 생각을 표현할 것인가에 주의하였다. 소식은 '수물부형隨物賦形' 론을 제출하여 물을 비유로 들어 설명하였다. 소식이 물을 가지고 자신의 논리를 편 까닭은 물만이 일정한 형상을 갖지 않은 채 사물에 따라 자신의 형상을 만들기 때문이었다. 그는 다음과 같이 말하였다.

> 나의 문장은 끊임없이 솟아나는 샘물과 같아서 땅을 가리지 않고 모두 나와 평지에 차고 넘쳐서 하루에 천리라도 어렵지 않게 흘러간다. 산과 바위와 더불어 굽이쳐 꺾임에 이르러 (부딪히는) 사물에 따라 그 모습을 부여하기에 제대로 알 수가 없다. 알 수 있는 바는 당연히 흘러야 할 곳을 항상 흐르다가 응당 멈추지 않을 수 없는 곳에서 항상 멈춘다는 것뿐이다. 그 밖의 것은 비록 나라 해도 알 수 없다.[21]

이 문장 안에서 소식은 문장이 자연미를 갖추어야함을 생동적으로 논술하였다. 그는 작가가 평상시에 풍부한 생활체험을 통해 창작소재를 축적하여 수시로 자신의 문학적 생각을 끌어내어 작품의 자연적인 표현을 도모하기를 주장하였는데, 이는 바로 "끊임없이 솟아나는 샘물과 같아서 땅을 가리지 않고 모두 나온다"라고 말한 것과 일치한다. 그는 작품의 형식이 표현하려는 내용에 따라 변하고 물의 형태를 따라 물

21 『蘇軾文集』 제5책 권66, 「自評文」, 2069쪽. "吾文如萬斛泉源, 不擇地皆可出, 在平地滔滔汩汩, 雖一日千里無難. 及其與山石曲折, 隨物賦形, 而不可知也. 所可知者, 常行於所當行, 常止於不可不止, 如是而已矣. 其他雖吾亦不能知也." 같은 글이 『經進東坡文集事略』 하책 권57의 947쪽에 「文說」로 기재되어 있다. 이 문장은 지은 시기를 명확히 알 수 없다.

의 형상을 부여한다고 하였다. 이러하다면 필력筆力이 곡절曲折하여 어디인들 적당하지 않은 곳이 없이 감정과 생각을 모두 표현하며 이는 자연을 추구하는 창작원칙에 부합할 수 있다. 소식이 마음속에 정한 창작 목적은 결코 고정된 격식이 있는 것이 아니라 완전히 자연적 심미의식이 요구하는 대로 창작하는 것이며, 이를 통해 자유로이 써 내려가 사물에 따라 모양을 부여하는 것이다. 소식은 객관 물체의 자연 법칙과 상태를 중시하면서 개인의 주관적 편견에 사로잡혀 객관 물체에 지나치게 공을 들여 조탁하거나 문장 법도의 틀에 억지로 끼워 맞추려는 태도를 반대하였다.

'자연'은 마치 무심히 지나가는 구름이나 바위에 굴절하여 흐르는 물처럼 규범에 얽매이지 않고 모든 인위적인 법도로부터 벗어나 저절로 그리할 수밖에 없는 법도를 창조해낸다. 학습과 수양의 오랜 축적과 문학적 상상력이 발홍한다면 마치 끝없는 샘물이 발원하여 지형을 가리지 않고 용솟음치며 흘러나오듯 할 것이다. 평지를 만나면 일사천리로 흘러갈 것이며, 산과 암석을 만나면 구불구불 굽이쳐 흘러 어디로 갈 바를 모를 것이다. 다만 사방팔방으로 흘러 넘쳐 제멋대로 흐르며 외물外物의 형세에 따라 그 모습을 이룬다는 사실만 알 수 있을 뿐이다. 물론 무어라 해도 문장은 결과적으로 객관사물을 여실히 반영해야 한다. "당연히 흘러야 할 곳을 항상 흐르다가 응당 멈추지 않을 수 없는 곳에서 항상 멈춘다"라고 한 말은 평범한 듯하지만 오히려 대문장가의 글을 짓는 보감寶鑑이라 하겠다. 자연만물은 풍부하고 다채롭고 변화무궁하기에 이를 표현하는 예술작품 역시 반드시 자연에 따라 '수물부형隨物賦形'해야 할 것이다. 작가가 따르고자 한 바는 자연의 법칙이며 결단코 인위적인 주관적 억측이 아니다. 마땅히 '수물부형'하고 '행운유수行雲流水'하여 당연히 흘러야 할 곳을 흐르다가 응당 멈추지 않을 수 없는 곳에서 멈추도록 한다면 모든 문예창작은 자연미를 지닐 수 있다.

소식이 젊은 시기에 물의 자연스러움을 강조했다는 사실은 다음 글을 통해서도 알 수 있다.

> 세상에서 지극히 믿을 만한 것으로는 오직 물뿐이다. 장강長江과 황하黃河가 얼마나 장대하고 바다가 얼마나 심원한지를 우리는 마음으로 짐작할 수 있다. 오직 (물만이) 그 스스로 모습 짓지 않고 사물에 따라 자신의 모습을 부여한다. 이런 까닭에 수없이 변하면서도 필연의 이치가 있다. 물길이 치솟아 노기가 충천하니 만 명의 사내라도 감히 앞으로 나서지 못하고, 부드럽게 흘러 온순하니 오직 성인聖人만이 부리는 바이다.[22]

이 부賦는 소식이 24세(1059)에 지은 작품이다. 소식이 처음 저술활동을 할 때부터 물리物理를 발견하는 데에 유의하면서 글을 지었음을 알 수 있다. '사물에 따라 자신의 모습을 부여한다因物以賦形'라는 관점은 그가 훗날 지은 여러 작품들 속에서도 관철되고 있다. 그래서 그는 "만물은 모두 일정한 모습이 있지만 오직 물만이 그러하지 않아서 대상물에 따라 그 모습을 만들 뿐이다"[23]라고 하였다. 그는 매번 하나의 사물

22 『蘇軾文集』 제1책 권1, 「灩澦堆賦」, 1쪽. "天下之至信者, 唯水而已. 江河之大與海之深, 而可以意揣. 唯其不自爲形, 而因物以賦形, 是故千變萬化而有必然之理. 掀騰勃怒, 萬夫不敢前兮, 宛然聽命, 惟聖人之所使."

23 『蘇氏易傳』(蘇軾, 北京 : 中華書局, 1985) 상책 권3, 「習坎」, 69쪽. "萬物皆有常形, 惟水不然, 因

에 대해 모두 '수물부형'하면서 형상을 다 표현하려고 하였기에, 문예창작에 있어서도 최고의 자연미를 이룰 수 있었다.

'수물부형'은 반드시 표현하려는 형상을 그대로 닮아야 한다. 사물이 있다면 반드시 그 모양이 있을 것이다. 만약 모양이 사물과 같지 않다면 '수물부형'이라 말할 수 없기에, '수물부형'은 기본적으로 '형사形似'를 벗어날 수 없다. 하지만 똑같은 바위라 해도 그 형상은 제각기 다르듯이 다른 사물을 똑같거나 비슷하게 묘사한다면 이는 보는 이로 하여금 싫증나게 할 것이 틀림없다. 또한 같은 바위를 그린다고 해도 시각과 보는 시점에 따라 각기 그 모습은 달리 그려지기에 천편일률적으로 똑같이 그려서는 안 된다. 그리해서는 절대로 참될 수 없고 사람들의 애호를 얻을 수도 없다. 사물은 끊임없이 변하기에 '수물부형'해야 하며, 그 변화에 따라 각기 다른 형태를 부여하여 그 변화 가운데에서 사물을 묘사해야 한다. 그것이 바로 활법活法인 것이다. 한 작가가 어떤 사람 혹은 한 필의 말을 어떤 정경 속에서 기막히게 똑같이 묘사했다고 해서 시각과 장소 등에 상관하지 않고 그대로 묘사한다면 이는 실패작이 될 수밖에 없다. 왜냐하면 사물은 이미 변하였는데 그 모습이 옛날 그대로라면 사실적이라 말할 수 없기 때문이다.

'진실함'은 문예창작에 있어서 당연히 추구해야 할 이상적인 목표이다. 만약 비슷하지 않다면 비판을 받는 것이 마땅하다. 묘사한 모습이 사물과 같지 않다면 사물을 제대로 구현한 것이 아니다. 따라서 모든 자연미에 대한 근간에는 여전히 '진실함'·'사실성'이 잠재한다. 작가

物以爲形而已."

가 표현하는 물상에 대해 그 물리物理를 제대로 파악하지 못하는 상황은 바로 대상에 대한 인식 부족과 생활에 기초한 관찰 미숙에 기인한다.[24] 그 물상에 대한 물리를 제대로 파악치 못한 채 표현한 작품은 웃음거리밖에는 될 수 없다. 그래서 작품 속에 '수물부형'을 구현하려면 먼저 전제조건을 갖추어야 한다. 만약 실제생활 속에서 직접 체험하지 못한다면 물리를 제대로 파악할 수 없으므로 결과적으로 이 경지에 도달할 수 없다.

그가 얼마나 '수물부형'을 중시하였는지는 만년에 담주儋州를 떠나 북상하던 때(65세, 1100.11)에 지은 글에서도 이 같은 주장을 하고 있는 것을 봐도 그러하며, 『송사宋史・소식본전蘇軾本傳』에서도 그의 이러한 견해를 중시하여 다음과 같이 기재하고 있다.

> 대략 흘러가는 구름과 흐르는 물처럼 처음엔 작정한 방향(고정된 형식)이 없는 듯했지만, 마땅히 가야할 곳에 항상 가고 응당 그치지 않을 수 없는 곳에서 항상 멈추니, 문리文理가 자연스러우며 자태姿態가 곳곳에서 드러납니다.[25]

소식과 그 아우 소철은 그 부친 소순을 스승 삼아 문장을 배웠다. 훗날 하늘에서 그 이치를 얻어 일찍이 자신을 일컬어 "문장을 짓는 것은 흘러가는

24 최재혁, 「소식 문론 속에 보이는 작가 수양론」, 『중국문학이론』(한국중국문학이론학회, 제2집, 2003.6, 88~90쪽 참조.

25 『蘇軾文集』 제4책 권49, 「與謝民師推官書」, 1418쪽. "大略如行雲流水, 初無定質, 但常行於所當行, 常止於所不可不止, 文理自然, 姿態橫生." 같은 글이 『經進東坡文集事略』 권46의 779~780쪽에 「答謝民師書」로 기재되어 있다.

구름과 흐르는 물처럼 처음엔 작정한 방향이 없지만 마땅히 가야할 곳에 항상 가고 응당 그치지 않을 수 없는 곳에서 항상 멈춘다"라고 한 적이 있었다. (황정견黃庭堅이 소식의 문학 창작을 평한 것처럼) 비록 조롱하고 웃고 성내고 꾸짖는 가운데 나온 말이라 해도 기록해서 숙지할 만하다. 소식의 문체는 모든 것을 감싸며 광채를 발하여 백대百代를 웅시雄視하니 문장이 있은 이래로 이 같은 문장을 만나기란 아마도 힘들 것이다.[26]

문예창작은 대자연의 창조와 같아서 어떠한 인위적인 조작에 의해서도 아니 되며 자연적 규율에 따라 마치 구름 가듯 물 흐르듯 온갖 만상을 묘사함에 어떠한 장애도 있어서는 안 되며 한결같이 자연에 맡겨 인위적인 흔적이 없어야 한다. 이것이 바로 '자연'이다. '수물부형'은 미학적 의미가 다분히 내포된 관점이다. 따라서 '수물부형'하려면 우선적으로 사물의 소재를 확정하고 어떠한 사물이라도 시공간의 변화와 추이에 따라 한결같을 수 없다는 사실에 근거하여 묘사하려는 형상을 각기 다른 양태樣態로 그려내야 한다. 이러한 활법活法을 창작에 구현한다면 작품은 결과적으로 천태만상을 다 그려낼 것이고, 이는 소식의 말로 빌자면 바로 "문리가 자연스러우며 자태가 곳곳에서 드러난다文理自然, 姿態橫生"라고 말할 수 있겠다.

소식의 자연 창작이론은 이전에 비해 변화된 면모를 드러내고 있다.

26 脫脫 外, 『宋史・列傳第九十七・蘇軾』(二十四史本, 北京 : 中華書局, 1997년) 권338, 2759쪽. "軾與弟轍, 師父洵爲文, 旣而得之於天, 嘗自謂: '作文如行雲流水, 初無定質, 但常行於所當行, 止於所不可不止.' 雖嬉笑怒罵之詞, 皆可書而誦之. 其體渾涵光芒, 雄視百代, 有文章以來, 蓋亦鮮矣."

첫째, 소식이 말한 '물物'은 공자가 말한 보편적 도덕윤리관념인 '도'와도 다르고, 한유가 말한 유가도덕관념에 부합하는 문장의 구체적 사상인 '의意'와도 다른 것이다. 그가 말한 '물'은 '도'나 '의'보다 더욱 광범하며 얽매이는 바도 적어서 객관사물이 작자 마음속에 생성된 심미형상審美形象이며 공리성功利性을 뛰어넘고 도통관道統觀을 반대한 것이다. 자연에 기초한 작가정신은 어느 한 가지 사상에 제약을 받지 않아 유가적 색채를 띠기도 하고 노장이나 불학佛學에서 취하기도 했던 것이다. 이는 문장내용의 범위를 확대시켰고 작가의 창작정신을 옭아매던 족쇄를 해체시켰다.

둘째, '수물부형'론은 후세 작가들에게 창조적인 문학형식의 총괄적인 원칙과 명확한 길을 제시해주었다. 한유가 제기했던 '기성언의氣盛言宜(기氣가 성하면 언사言辭는 절로 마땅해진다)'[27]설은 기초적 창작방법에 있어서 그 나름의 의의를 지니긴 했지만 실제창작에 있어서 오히려 작가에게 창작상의 고초를 안겨주었다. 소식은 '기성언의'설을 받아들여 '수물부형'론으로 발전시켰다. 한유보다 더 구체적이고 명확하여 후세의 창작가들에게 진정 따를 만한 법도를 주었다. 그의 '수물부형'의 자연 창작이론은 상당한 예술기교를 장악해야 가능한 것이었기에 '기성언의'설로 인해 생겨난 형식미가 떨어지는 폐단을 근절시켰다.

셋째, '수물부형'은 내용이 다르면 형식도 달라진다는 것으로, 소식은 다른 작가들에게 미의 형식과 기준을 새로이 제시하였으며 그 자신도 이러한 활동을 통해 보다 큰 유쾌함을 얻을 수 있었다.[28] 「자평문自

---

27 韓愈, 『韓愈全集校注』, 「答李翊書」. "氣, 水也; 言, 浮物也. 水大而物之浮者大小畢浮. 氣之與言猶是也, 氣盛則言之短長與聲之高下者皆宜."

評文」 중에서 소식은 '수물부형' 외에는 아는 것이 없다고 기술하면서 이러한 심미상태를 잘 설명하였다.

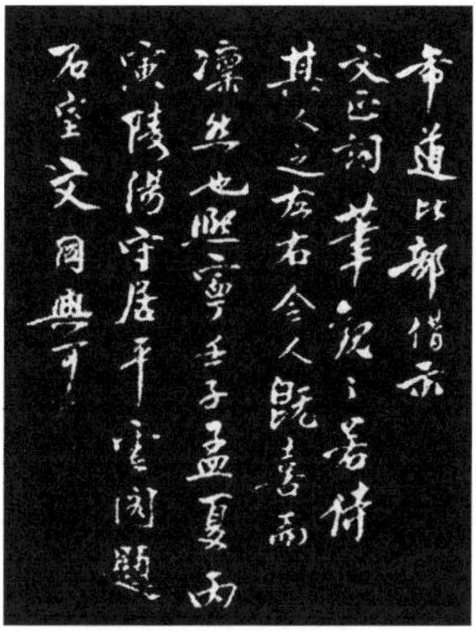

문동文同의 〈범중엄도복찬발范仲淹道服贊跋〉
(『續汝帖』 之宋代名家書法 중에서)

소식은 "제 평생 뜻대로 된 일이 없지만 오직 문장을 짓는 일만은 뜻이 이르는 바대로 필력筆力이 곡절曲折하여 다하지 않는 것이 없었으니, 세상에 즐거운 일들 중에 이를 뛰어넘는 것이 없다고 스스로 여겼다"[29]라고 하였는데, 이를 통해 주장만 한 것이 아니라 몸소 실천한 작가라 하겠다.

문예창작은 매 하나의 사물마다 '수물부형'하게 묘사해야 하며, 그 형상을 제대로 다 그려낸다면 저절로 참된 아름다움을 이룰 수 있다.

> 처음에 나는 그(문동文同)의 시문詩文을 보고 또 그의 행서行書, 초서草書, 전서篆書, 예서隷書 등의 서법書法도 볼 수 있었는데, '여기에서 멈추었구나'라고 생각했었다. 그가 세상을 떠난 지 일 년이 지나서 다시 그가 쓴 비백飛白 서체書體를 보게 되었다. 얼마나 아름다운가! 만물의 양태樣態를 다 드러내었구나. 뭉게뭉게 가벼운 구름이 달을 가리는 듯하고, 펄럭펄럭 바람이 깃발을 휘감아 도는 듯하구나. 야들야들 아지랑이가 버들강아지를 엉키는 듯하고, 간들간들 흐르는 강물이 노랑어리연꽃을 춤추게 하는 듯하구나. 축

---

28 徐中玉, 「論蘇軾的'隨物賦形'說」, 『中國古代美學藝術論』(朱光潛・宗白華 等著, 台北 : 木鐸出版社, 1985), 205~223쪽.

29 何薳 著, 『春渚紀聞』(北京 : 中華書局, 1983), 84쪽. "某平生無快意事, 惟作文章, 意之所到, 則筆力曲折無不盡, 自謂世間樂事, 無逾於此."

늘어져 멀지만 서로 이어져 있고 한껏 움츠려 가깝지만 좁지 않구나. 그 공교工巧함이 이러한 경지에 이르렀음을 나는 이제야 알게 되었다.[30]

소식이 평한 글을 통해볼 때, 문동의 먹을 적게 먹여 붓 자국에 흰 잔줄이 생기게 쓰는 비백飛白 서체는 이미 사물의 형상에 따라 그 양태를 그대로 재현했음을 알 수 있다. 이것이 바로 '수물부형', 자연 창작의 구현이다.

소식의 자연을 중시한 창작이론에 대해 좀 더 깊이 살펴보고자 한다. 후인들은 그의 '수물부형'의 창작이론에서 구체적인 창작문제를 제기하고 있다. 이러한 문제 인식은 소식의 자연미를 구현하기 위한 구체적인 태도라는 점에서 중요하다. 여기서 크게 세 가지 특징을 찾아낼 수 있는데, 즉 영감, 문사文辭의 번간繁簡, 자연과 법도의 통일 등이다.

첫째, 자연스럽게 문장을 이루려면 영감을 잡아야 한다. 궈사오위郭紹虞는 일찍이 소식이 말한 '충만발울充滿勃鬱(가득 꽉 차서 답답하게 막혀있는)' 상태를 해석하여 "감흥이 일어 억제하지 못하는 상태一種興會淋漓不可遏製的狀態"[31]라고 하였다. 이 상태는 "도와 배움으로 말미암지 않는 것이 없지만 도와 배움이 모두 평상시에 쌓였다가 글을 쓸 때 일시에 감흥이 일고 신묘함이 오는 것을 기다리지 않을 수 없다"[32]라고 하였다.

30 『蘇軾文集』 제2책 권21, 「文與可飛白贊」, 614~615쪽. 이 문장은 蘇軾 45세(1080년 정월)에 지은 작품이다. "始余見其詩與文, 又得見其行草篆隸也, 以爲止此矣. 既沒一年, 而復見其飛白. 美哉多乎, 其盡萬物之態也. 霏霏乎其若輕雲之蔽月, 翻翻乎其若長風之捲旆也. 猗猗乎其若遊絲之縈柳絮, 裊裊乎其若流水之舞荇帶也. 離離乎其遠而相屬, 縮縮乎其近而不隘也. 其工至於如此, 而余乃今知之."

31 郭紹虞, 『中國文學批評史』, 台北 : 文史哲出版社, 1990, 345쪽.

이른바 '흥도신래興到神來(감흥이 일고 신묘함이 옴)'란 바로 감흥이요 영감이다. 감흥이나 영감은 갑자기 도래하는 것이라서 언뜻 보면 작가의 주동적인 의지와는 무관한 것이라 여겨질 수 있다. 왕멍오우王夢鷗는 일찍이 소식이 말한 '행운유수'를 인용하여 "중국의 고대 문예 이론가들은 이미지의 원형을 행운유수처럼 홀연히 와서 포착할 수 없는 상태라고 여겨왔다"[33]라고 하고 「자평문自評文」 중에 언급한 "땅을 가리지 않고 모두 나온다不擇地皆可出"라고 한 것을 인용하여 영감의 예견하지 않게 찾아오는 특성이라고 설명하였다. 장젠張健은 "자연스레 문장을 짓거나 자연스레 그림을 그리는 것은 모두 예술창작의 과정으로, '절로 그리 된 것'처럼 보일 수 있지만 사실은 관찰・체험・숙고・상상 등의 필요한 조건들이 쌓여 이루어진 것이다"[34]라고 하면서 '수물부형'의 자연 창작을 작가의 수양 함양과 심미사유 활동 등의 동인動因으로 말미암아 영감이 일어난다는 점에 주목하고 있다. 문예활동의 영감이란 우리가 흔히 말하는 무의식적이면서 우연히 떠오르는 영감이 아니다. 이에 치즈샹祁志祥은 오랜 사고의 축적으로 조성된 주체 의식이 객관 물상과 응하면서 자연스럽고도 생각지도 않게 일어난 일종의 돈오頓悟 같은 심리 상태[35]라고 정의하기도 하였다.

---

32 위의 책, "未嘗不由於道, 也未嘗不由於學, 而道與學均所以積之於平時, 至一時臨文之頃, 仍不得不有待於興到而神來."

33 王夢鷗, 『文學概論』(台北 : 藝文印書館, 1998) 제12장, 119쪽. "我國古代文論家曾把它(意象)的原形看作行雲流水飄忽而不可捉摸的狀態."

34 張健, 『宋金四家文學批評研究』(台北 : 聯經出版事業公司, 1983) 제1편 '蘇軾的文學批評研究', 11쪽. "自然而成文, 或自然而成畫, 其實都是藝術創造的一種歷程, 看似'自然而然', 實則蓄積了若幹必要條件而後成(如觀察, 體驗, 沈思, 想像."

35 祁志祥, 『中國古代文學原理』(上海 : 學林出版社, 1993), 99쪽. "所謂藝術靈感, 實質上乃是通過長期的有意識追究'思積而滿'的主體在與之對應的客體的觸發下自然, 意外地產生的一種頓悟心理狀態."

소식은 「화수기畫水記」에서 화가가 영감을 운용하는 실례를 직접 기술한 적이 있다. 그는 "생각한 지 일 년여가 되었지만 끝내 글을 쓸 수 없었다. 어느 날 황급히 절에 들어가 필묵을 급히 찾아 바람처럼 소매를 날리더니 얼마 지나지 않아 그림을 이루었다"[36]라고 하면서, 일 년의 준비기간이 숙성하였기에 완성할 수 있었고 아울러 갑자기 떠오른 영감을 잘 파악하여 한순간에 완성할 수 있었던 것이라고 보았다. 영감이란 갑자기 찾아오는 것이라 때맞춰 잡지 못한다면 그 역시 홀연히 사라지는 것이다. 자연스럽게 문장을 이룬다는 것은 감흥이 일어야 하고 그 영감을 포착해야 이루어지는 것이어서, 그 결정적인 순간이 아니면 마음에 얻어 손에 응할 수 없다. 자연스레 이루어진 문장에 대해, 소식은 떠다니는 구름과 흐르는 강물로 형용하여 태연자약하며 유창하고 생기가 충만하는 등의 특성을 지닌다고 여겼다. 이러한 문장은 애초에 작정한 방향이 없는데다가 그 변화 또한 헤아릴 수 없어서 다만 그 묘사된 내용과 대상에 따라 그 형상을 부여하기에 문리가 자연스러우며 자태가 곳곳에서 드러나는 것이다. 또한 아무리 긴 형식의 문장을 쓴다고 해도 별 어려움 없이 지어낼 수 있는 것이다. 처음 문장을 짓기 시작할 때 비록 일정한 형태나 법식이 없을지라도 끝내 자연스런 경지에 이를 수 있는 것이다. 여기서 반드시 고려해야 할 것이 있는데, 장건이 지적한 말처럼 '수물부형'과 '행운유수'의 자연을 중시하는 창작이론은 영감에 치중한 추상이론이라 할 수 있지만 그 자체가 구체성을 담보하지 못한다면 다만 허상에 불과하다는 점이다. 모든 자

36 『蘇軾文集』 제2책 권12, 「畫水記」, 408쪽. 이 문장은 蘇軾 45세(1080년 12월)에 지은 작품이다. "營度經歲, 終不肯下筆. 一日, 倉皇入寺, 索筆墨甚急, 奮袂如風, 須臾而成."

연현상은 바람 불듯 자연스레 이루어지는 것이 아니다. 자세히 살펴보면 여기에도 일정한 경로와 정황이 있는 것이다. 이러한 자연환경의 여러 현상을 이전에는 인지할 수 없는 혼돈상태라고 여겼지만 과학의 눈부신 발달로 인하여 우리들은 자연현상, 예를 들어 물의 비등, 바람의 방향, 나뭇잎의 하락 등에도 일정한 규율이 있음을 알게 되었다. 이 세상의 풍경과 경관은 정확하고 아름다운 적응현상에 가득 차 있다.[37] 자연미가 구현된 창작은 심층적인 탐구와 세심한 관찰을 통해 뜻밖의 영감 작용을 불러일으켜서 천의무봉天衣無縫의 작품을 이룬다.

둘째, 자연스런 창작은 마땅히 "마땅히 가야할 곳에 항상 가고 응당 그치지 않을 수 없는 곳에서 항상 멈추어야行於所當行, 止於所不可不止" 한다. 이는 문사文辭의 번간繁簡이나 편폭篇幅의 장단長短에 있어 '지나침은 미치지 못함과 같다過猶不及'란 말처럼 중화지미中和之美를 어떻게 실현하느냐에 관한 논의라고 볼 수 있다. 당대唐代 한유, 유종원의 산구散句와 단행單行을 주장한 고문운동古文運動 이후 문장영역 안에서는 변문騈文과 산문散文의 다툼이 끊이지 않았다. 당대 고문운동은 육조六朝 이래의 변려문騈儷文에 맞서 전개된 것이었다. 오직 변려騈儷와 대우對偶만이 아름답다고 여겨 내용이 어떠하던지 상관없이 대우를 맞추고자 하였는데, 이는 육조六朝의 변려문풍騈儷文風의 과오라 하겠다. 하지만 어떤 이들은 산구散句와 단행單行만을 강조하고 변려와 대우를 반대하기도 하였는데, 이러한 현상은 고문운동을 일으킨 사람들도 생각지 못했던 현상이었다. 실제로 산문체의 문장미는 바로 자연스러움에 있고

37 김영민, 『탈식민성과 우리 인문학의 글쓰기』, 민음사, 1996, 257~258쪽.

변문체라도 그 이미지가 제대로 갖추어진다면 그 역시 자연스러움에 도달할 수 있는 것이다. 예를 들어 오균吳均(469~520)의 「여주원사서與朱元思書」와 왕발王勃(619~682)의 「등왕각서滕王閣序」 등은 모두 인구에 회자되는 변문 중에서도 수작으로 꼽힌다. 변문의 폐해는 다만 한 문구로도 충분히 의중을 드러낼 수 있는데도 굳이 변구騈句를 만들어 자연스러움을 무너뜨리는 경우라고 하겠다. 이에 당대唐代 이덕유李德裕는 "옛 사람들의 작품 가운데 문사가 뛰어났던 것들은 대체로 그 말이 기묘하여 그 감정을 제대로 드러내고 운율을 취하지 않았으며, 뜻이 다 전달되면 그칠 뿐 편장篇章을 지음에 대우對偶에 구속받지 않았다"[38]라고 하였고, 청대淸代 정정조程廷祚(1691~1767)는 "문기文氣가 성하면 대우는 병폐가 되지 않는다"[39]라고 더 명확히 말하였다.

문사의 번간과 편폭의 장단 논쟁은 당나라 사학가 유지기劉知幾(661~721)로부터 시작되었다.

> 서사敍事의 간략함은 그 부류로 두 가지가 있다. 하나는 문구를 간략히 하는 것이고 또 하나는 글자를 간략히 하는 것이다. 예를 들면, 『좌전左傳·문공文公 15년』에 송宋나라 화우華耦가 (노魯나라에) 와서 맹약을 하러 와서 그 조상인 화독華督이 송나라에서 죄를 얻은 사실을 말하자 "우둔한 사람들은 영민하다고 여겼다"라고 말했다. 무릇 우둔한 자를 빌어 영민하다고 칭한 것은 현달賢達한 사람들에게는 비웃음을 받을 만하다는 것을 표명한 것이니, 이것이 문구를 간략히 한 것이다. 『춘추경春秋經』에서 "돌이 송宋나라에

38 李德裕, 「文章論」. "古人辭高者, 蓋以言妙而適情, 不取於音韻; 意盡而止, 成篇不拘於只耦."
39 程廷祚, 「復家魚門論古文書」, 『中國歷代文論選』 제3책, 427쪽. "氣盛者偶儷不爲病."

떨어졌는데 다섯 개였다"라고 하였다. 무릇 들어보니 떨어지는 소리이고 살펴보니 돌이고 세어보니 다섯 개였다고 한 것이니, 한 글자를 덧붙이면 너무 자세해지고 한 글자를 빼면 너무 간략해진다. 알맞은 것을 구하여 간결하면서도 이치에 합당해지니, 이것이 글자를 간략히 한 것이다. 이러한 경우와 반대인 것이 있는데, 예를 들면 『공양전公羊傳 · 성공成公 2년』에서 "진晉나라 대부大夫 극극郄克은 애꾸눈이고 노魯나라 대부 계손행보季孫行父는 대머리이고, 위衛나라 대부 손량부孫良夫는 절뚝발이다. 제齊나라에서 절뚝발이를 사신으로 보내면 절뚝발이인 손량부에게 영접토록 하고 대머리를 사신으로 보내면 대머리인 계손행보에게 영접토록 하고 애꾸눈을 사신으로 보내면 애꾸눈인 극극에게 영접토록 했다"라고 하였다. 마땅히 '파자跛者' 이하의 문구를 빼버리고 단지 "제각각 그 비슷한 부류로 영접하게 하다"라고 했어야 했다. 반드시 일에다가 재차 서술하게 되면 문사에 있어 남달리 낭비된 것이니, 이것이 문구를 번잡하게 한 것이다. 『한서漢書 · 장창전張蒼傳』에서 "나이 들고 늙어 입안에 치아가 없다"라고 하였다. 이 한 문구 안에서 '년年' · '구중口中'을 뺐어야 좋았다. 무릇 이 여섯 자가 한 문구를 이룸에 있어서 세 자는 쓸데없이 덧붙인 것이니, 이것이 글자를 번잡하게 한 것이다. 그러한 즉 문구를 간략히 하기는 쉽지만 글자를 간략히 하기는 어렵다. 이 의미를 철저히 인식해야 비로소 사서史書를 말할 수 있다. 만약 문구가 다했으나 남음이 있고 글자가 모두 중복된다면 사서史書의 번잡함은 주로 여기에서 말미암는다.[40]

40 劉知幾, 浦起龍 釋, 『史通通釋』(台北 : 藝文印書館, 1978) 『史通 · 敍事』, 권6 제22, 156~157쪽. "敍事之省, 其流有二焉: 一曰省句, 二曰省字. 如『左傳』宋華耦來盟, 稱其先人得罪於宋, '魯人以爲敏'. 夫以鈍者稱敏, 則明賢達所嗤, 此爲省句也. 『春秋經』曰: '隕石於宋, 五.' 夫聞之隕, 視之石, 數之五, 加以一字太詳, 減其一字太略, 求諸折中, 簡要合理, 此爲省字也. 其有反於是者; 若『公羊』稱郄

유지기가 말한 사서의 번간에 대한 문제 제기는 문예 전반에 걸쳐 파급되었다. 송대宋代 구양수歐陽脩와 사강謝絳(약 994～1039) 그리고 윤수尹洙(약 1001～1047) 등이 송대宋代 사륙문四六文에 반대하여 문사의 간결함을 다투자 이 논쟁은 다시 고조되었다.[41] 그 후 간결함과 짧음을 숭상하는 풍조는 대세를 이루어 또 다른 폐단을 조장하였는데, 이는 문사의 간결함과 짧음으로 문장의 우열을 가늠하였다는 데에 있다. 이 때문에 왕약허王若虛(1174～1243)는 구양수 등의 간결함을 중시하는 편향성에 대해 "만약 문장을 가지고 말하자면 그 의당함에 따를 뿐이다. 어찌 이것만을 귀함으로 삼으려하는가? 간결하기만 할 뿐이라면 그 폐단은 검루儉陋함에 빠져서 감상하기에 부족할 따름이다"[42]라고 말하면서 일침을 가했었다. 청淸나라 단옥재段玉裁(1735～1815)는 "문장에는 번문繁文과 간문簡文이 있다. 번문의 더 적게 줄일 수 없음은 간문의 더 많이 늘일 수 없음과 같다. 『좌전左傳』 같은 번문은 『공양전公羊傳』과 『곡량전穀梁傳』 같은 간문보다 뛰어나고 『사기史記』와 『한서漢書』 안에는 번다함과 간결함이 서로 병존한다. 문장이 번다하면서도 능히 공교하였던 적이 없었다고 말하는 것은 통론이 아니다"[43]라고 말하면서 당시 간결함을 숭상하던 방포方苞(1668～1749) 등의 사람들을 비판하였다.

克眇, 季孫行父禿, 孫良夫跛, 齊使跛者逆跛者, 禿者逆禿者, 眇者逆眇者; 蓋宜除'跛者'已下句, 但云: 各以其類逆. 必事加再述, 則於文殊費, 此爲煩句也. 『漢書・張蒼傳』云: '年老口中無齒.' 蓋於此一句之內, 去'年'及'口中'可矣. 夫此六文成句, 而三字妄加, 此爲煩字也. 然則省句爲易, 省字爲難. 洞識此心, 始可言史矣. 苟句盡餘賸, 字皆重複, 史之煩蕪, 職由於此."

41 羅根澤, 『中國文學批評史』, 台北 : 學海出版社, 1990, 651～653쪽.

42 王若虛, 『滹南詩話』. "若以文章正理論之, 亦惟適其宜而已, 豈專以是爲貴哉? 蓋簡而不已, 其弊將至於儉陋而不足觀也已."

43 段玉裁, 『潛研堂文集』 권33. "文有繁有簡. 繁者不可減之使少, 猶之簡者不可增之使多. 左氏之繁勝於公, 穀之簡, 史記, 漢書互有繁簡, 謂文未有繁而能工者, 非通論也."

번다해도 더 이상 더 뺄 것이 없고 쓸데없이 덧붙인 말이 없다면 아름다운 문사의 한 특징으로 전혀 비난할 것이 못된다. 간결함 또한 하나의 뜻도 잃지 않는다는 전제 하에서 아름다운 것이다. 만약 이러하지 않다면 감상할 가치가 없는 작품이 되는 것이다. "오리의 다리가 짧다고 그것을 늘리면 근심스럽고, 학의 다리가 길다고 그것을 자르면 슬프다"[44]라고 한 이치와 같다. 원진元稹(779~831)의 「행궁行宮」 시는 전체가 20자에 불과하지만 그 이미지는 모두 다 드러내어서 독자들은 그 짧음을 싫어하지 않았고, 백거이白居易(772~846)의 「비파행琵琶行」은 장편의 시이지만 독자들은 그 긴 것을 싫어하지 않았다. 이것이 바로 "번다함과 간결함은 제각기 그 의당함이 있다繁簡各有其宜也"라고 한 것이다. 자연 창작은 바로 이것을 구현하는 것이라 말할 수 있다. 소식의 문장 중에는 길게는 근 만 자에 달하는 「신종황제께 올린 서신上神宗皇帝書」[45]이 있는가 하면, 짧게는 겨우 86자로 이루어진 「승천사의 밤 나들이記承天夜遊」[46]가 있다. 긴 것은 더 줄일 수 없고 짧은 것은 더 늘일 수 없다고 하였으니, 소식 자신의 말을 빌자면, 마땅히 가야할 곳까지 가고 멈추지 않을 수 없는 곳에서 멈춘 것이라 말할 수 있겠다.

셋째, 소식의 자연 창작은 '행운유수'처럼 쓰는 것이라 기본적으로 법도에 얽매이지 않는 것이다. 하지만 소식은 법도와 자연의 통일이라는 대전제 아래에서 법도의 속박을 벗어날 것을 주장하면서도 법도를 부정하지 않는 상황에서 자연미를 추구할 것을 강조하였다.[47] 장사오

44 『莊子集釋』, 外篇 第八 「駢拇」, 317쪽. "鳧脛雖短, 續之則憂; 鶴脛雖長, 斷之則悲."

45 『蘇軾文集』 제2책 권25, 「上神宗皇帝書」, 729~742쪽. 이 문장은 蘇軾 34세(1069년)에 지은 작품이다.

46 『蘇軾文集』 제5책 권71, 「記承天夜游」, 2260쪽. 이 문장은 蘇軾 48세(1083년)에 지은 작품이다.

캉張少康은 소식의 자연 창작이론을 법도와 자연의 통일로 본 대표적인 학자이다. 그의 문예사상은 법도의 제한을 벗어나 그 법도를 엄격히 따르지 않고 자유롭게 창작하는 것이다. 소식은 객관사물을 묘사하려면 반드시 '수물부형'하여야 하며 틀에 박힌 격식에 얽매이지 말라고 주장하였다. 객관사물은 풍부하고 다채로워서 제각기 나름의 독특한 특징을 갖고 있기 때문에 세상에는 결코 똑같은 사물이란 있을 수 없다고 여겼다. 그래서 문학작품은 객관사물을 반영할 때 그 자체가 지닌 특징을 잘 묘사하여 그 자연미에 부합해야 한다.

문예창작은 이미 행운유수처럼 자연스러워야할 뿐 아니라 문리가 잘 어울려야 한다. 예를 들어 유람遊覽과 철리哲理가 한데 잘 어울린 유기산문遊記散文 「석종산에 대한 기문石鐘山記」[48]과 같은 작품이 바로 이러한 특징을 제대로 갖춘 것이라 하겠다. 이 문장은 대체로 세 부분으로 나누어 볼 수 있다. 첫 번째 부분에서는 석종산石鐘山이라 붙여진 유래에 대해 전인들의 말을 인용하면서 의심하였고, 두 번째 부분에서는 직접 석종산을 찾아가 그 소리의 연유를 알게 되었다고 말하였고, 세 번째 부분에서는 모든 일은 직접 눈으로 확인해야함을 강조하였다. 전체 문장은 석종산을 중심으로 '의疑'자로 주제를 드러내어 '탐探'자로 심화시켜 '해解'자로 결론을 내렸다. 문장의 층차層次가 분명하여 정경情景이 잘 조화되어 더욱 기세가 웅혼雄渾하다. 전체 문장은 마땅히 가야할 곳에 가고 멈추지 않으면 안 되는 곳에서 멈춘다. 이를 통해 후세에 회

47 張少康, 『中國古代文學創作論』, 334～337쪽.

48 『蘇軾文集』 제2책 권11, 「石鐘山記」, 370～371쪽. 이 문장은 蘇軾 49세(1084년)에 지은 작품이다.

자되는 소식의 작품들은 모두 '수물부형'하고 '행운유수'한 천공자연天工自然을 곳곳에 드러내고 있다. 소식의 시문서화詩文書畵에 대해 후세 평가는 끊이지 않았다. 조익趙翼(1727~1814)은 "동파東坡의 시는 단련한 것을 공교하다 여기지 않았고 그 묘미는 바로 심지心地가 공명空明한 가운데 저절로 흘러나와 마치 힘들이지 않은 듯하여 자연스럽게 사람들의 마음에 들게 하는 것이다. 이것이 바로 그의 뛰어남이다"[49]라고 하였다.

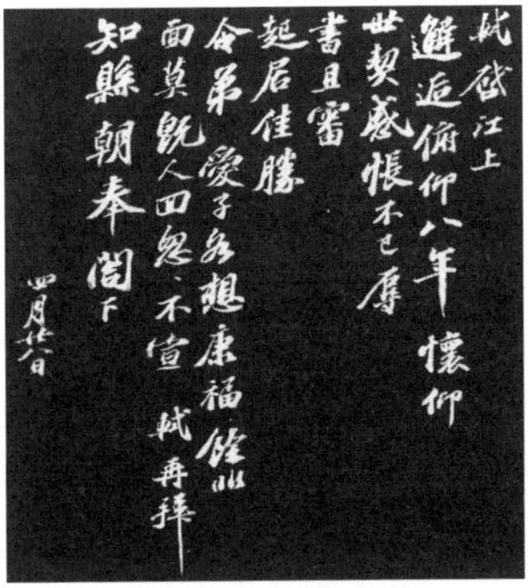

소식蘇軾의 〈강상첩江上帖〉
(『續汝帖』之宋代名家書法 중에서)

문예창작은 천공자연天工自然에서 나와 필연적으로 청신淸新한 풍격을 드러낸다. 소식도 청신함을 강조하였다.[50] 문예창작 중에 천공天工함과 청신淸新함은 매우 밀접한 관련이 있다. 유희재劉熙載는 "동파의 시는 화엄華嚴세계와 같아서, 그 문장은 끝없이 쏟아나는 샘물과 같다. 서체에서도 그 뜻을 체득하였으니, 행서로 쓴 「취옹정에 대한 기문醉翁亭記」를 보면 바로 알 수 있다. 그 정서체 글자 사이는 빗살과 같이 촘촘히 죽 늘어서 안진경顔眞卿의 「동방화찬東方畫贊」에 가까운 것이 많았지만 스스로 신의新意를 내지 않은 적이 없었다"[51]라고 하였다. 소식의 친

---

49 趙翼, 『甌北詩話』 卷5; 四川大學中文系唐宋文學硏究室編, 『蘇軾資料彙編』(北京 : 中華書局, 1994) 上編四, 1307쪽. "坡詩實不以鍛煉爲工, 其妙處在乎心地空明, 自然流出, 一似全不著力, 而自然沁人心脾. 此其獨絶也."

50 "淸詩五百言, 句句皆絶倫."(『蘇軾詩集』 제7책 권45, 「和猶子遲贈孫志擧」, 2434~2435쪽); "淸詩絶俗, 甚典而麗."(『蘇軾文集』 제5책 권63, 「祭張子野文」, 1943쪽).

51 劉熙載, 『藝概』, 권5 「書概」, 161쪽. "東坡詩如華嚴法界, 文如萬斛泉源, 惟書亦頗得此意, 卽行書「醉翁亭記」便可見之. 其正書字間櫛比, 近顔書「東方畫贊」者爲多, 然未嘗不自出新意也."

구였던 혜홍惠洪(1071~1128)은 「석문 문자선石門文字禪」에서 “동파는 아마도 오조계선사五祖戒禪師의 후신일 것이다. 그 이치로 통한 고로 그 문장은 바람과 물이 만나 물결을 이루듯 물의 바탕과 같아서 만연히 호호탕탕 흐른 즉 그 파도 역시 절로 물결을 이룬다. 아마도 언어문자가 아니고 모두 이치이기 때문일 것이다. 스스로 반야般若로부터 나온 것이 아니라면 그 무엇으로 이러한 경지에 이를 수 있단 말인가?”[52]라고 하였고, 후에 전겸익錢謙益(1582~1664)도 “나는 소식의 「사마온공 행장司馬溫公行狀」과 「부정공 신도비富鄭公神道碑」 등의 문장을 읽었는데, 평탄하게 그 문사를 펼쳐 직접 토로하니 마치 끝없이 솟아나는 샘물에서 흘러나오듯 했다. 고금에 일찍이 이러한 문체가 있었던 적이 없었기에 망연하여 그 끝을 체득한 자가 없다고 생각했다”[53]라고 말하였다.

소식의 자연 창작이론은 형식이 객관사물에 의해 결정되며 예술은 생활을 반영한다는 점을 새삼 강조한 것이지만, 그 의미를 깊이 살펴보면 결코 녹록치 않음을 알 수 있다. 예술은 사물의 상형常形과 변형變形을 그려내야 할 뿐 아니라 사물의 본질이라 할 수 있는 신정神情과 생기生氣를 그려내야 하기 때문이다. 게다가 사물을 묘사한다는 것은 종종 그 사물 속에 내재된 사회적 사상까지도 표현할 수 있어야했다. 따라서 성공적으로 ‘수물부형’하려면 물리를 깊이 이해해야만 하며 충분한 예술적 수양이 담보되어야 하는데, 이는 장기적인 관찰과 실천적

---

52 惠洪, 「石門文字禪」“東坡蓋五祖戒禪師之後身, 以其理通, 故其文渙然如水之質, 漫衍浩蕩, 則其波亦自然而成文. 蓋非語言文字也, 皆理故也. 自非從般若中來, 其何以臻此?”(『跋東坡悅池錄』 권27).

53 『初學集』 권83. “吾讀子瞻「司馬溫公行狀」, 「富鄭公神道碑」之類, 平鋪直敘, 如萬斛水銀隨地湧齣, 以爲古今未有此體, 茫然莫得其涯涘也.”

공부를 행하지 않으면 안 된다.

소식은 오늘날과 같은 명확한 미학관념을 가지지는 못하였지만 "얼마나 아름다운가! 만물의 양태를 다 드러내었구나!"[54]라고 하였고, "어찌 그 아름다운 바를 상수象數로 취할 수 없을 소냐!"[55]라고 하여 '수물부형'을 빌려 자연창작을 강조하였다. 이를 달리 표현하자면, 성인聖人이 자신의 뜻을 괘상卦象에 담아 모두 전달하였듯이 소식 자신도 생동적인 문학적 언어로 활법活法을 제대로 구현해낼 수 있음을 자부한 말이라 하겠다.

2. 중후년 시기의 창작이론–'전신傳神'

문예이론의 형신形神에 관한 논의는 도가道家 철학에서 비롯되었다. 장자莊子는 "도道를 잡으면 덕德이 온전하고, 덕이 온전하면 형체가 온전하고, 형체가 온전하면 정신이 온전하다. 정신이 온전한 것이 성인聖人의 도이다"[56]라고 말하였다. 장자는 '형形'과 '신神'을 논술하면서 문예이론을 자연스레 이끌어내었다. '형'과 '신' 두 글자는 대립하면서도 상

---

54 『蘇軾文集』 제2책 권21, 「文與可飛白贊」, 614쪽. "美哉多乎, 其盡萬物之態也." 이 문장은 蘇軾 45세(1080년 정월)에 지은 작품이다.

55 『蘇軾文集』 제2책 권12, 「鹽官大悲閣記」, 386쪽. "豈其所以美者, 不可以數取歟." 이 문장은 蘇軾 40세(1075년)에 지은 작품이다.

56 郭慶藩 集釋, 『莊子集釋』(台北 : 貫雅文化事業公司, 1991년), 外篇第十二 「天地」, 436쪽. "執道者德全, 德全者形全, 形全者神全. 神全者, 聖人之道也."

응하는 두 방면인데, 이는 공교롭게도 중국 회화의 근본 문제로 연계된다. 이는 중국 고대에 초상화를 '전신傳神', '사진寫眞', '사신寫神'이라고 한 것과 같다. 장자는 형이상학적인 '도'를 우주 만물의 근원으로 간주하고 형이하학적인 '물物'을 부정하였다. '도'는 무형無形으로 천지만물의 운행규율을 장악하고, '물'은 유형有形으로 표상의 형해形骸이다. 그는 삶을 쓸데없이 난 혹과 사마귀가 달린 것이라 여기고 죽음을 곪은 종기를 터뜨리고 등창을 떼어버리는 것에 비유하였다.[57] 이는 사람이 그 형해形骸를 도외시하고 그 물상에 얽매여서는 안 된다고 주장한 것이다. 그는 형신形神을 서로 분리하여 "형체는 쇠잔해지지만 정신은 온전해진다形殘而神全"라고 주장하였으며, 아름다움은 바로 '신神'에 있는 것이지 '형形'에 있지 않다고 보았다. 그래서 장자는 자연스런 것을 숭상하고 인위적인 것을 반대하였다. 그의 이러한 기본적 생각에서 출발하여 '도道'와 '물物'의 관계는 바로 '신'과 '형'의 관계로 발전하였으며, 이러한 관계선상에서 그는 '신'을 중시하고 '형'을 경시할 수밖에 없었다.

이러한 철학적 기초에서 출발한 문예 관점은 서한西漢 회남왕淮南王 유안劉安의 『회남자淮南子』 중에서 한층 발전한다. 「원도훈原道訓」에서 "정신을 위주로 삼는 자는 형체가 이에 따라 이롭고, 형체를 만드는 자는 정신이 이에 따라 해롭다"[58]라고 하였다. 이를 통해 형신의 관계에서 『회남자』 역시 '전신傳神'을 강조하였음을 알 수 있다. 하지만 장자의 편파적인 주장보다는 『회남자』는 형신 양면을 어느 정도 중시하고 있

57 위의 책, 內篇第六「大宗師」, 264～268쪽. "以生爲附贅縣疣, 以死爲決肒潰癰."

58 (漢)劉文典 撰, 馮逸, 喬華 校點, 『淮南鴻烈集解』(台北 : 文史哲出版社, 1992년 再版), 권1「原道訓」, 41쪽. "故以神爲主者, 形從而利; 以形爲製者, 神從而害."

다. 그는 '형'의 존재를 부인하지 않고 '형'을 '신'의 종속적인 위치에 두었을 뿐이다. 예를 들어 「정신훈精神訓」에서는 "마음은 몸의 주인이고 정신은 마음의 보배이다"[59]라고 하였고, 「태족훈泰族訓」에서는 "몸을 다스리는 데에는 가장 좋은 것이 정신을 기르는 것이고 그 다음은 몸을 기르는 것이다"[60]라고 한 것과 같다. 그 중에서도 주의할 것이 있다면 『회남자』에서는 이러한 철학 개념인 '전신'사상을 문예적 요구로 전환시켰다는 데에 있다. 「열산훈說山訓」에서는 다음과 같이 말하였다.

> 서시西施의 얼굴을 그리면 아름답긴 하지만 좋아할 만 못되고 맹분孟賁의 눈을 그리면 대단하긴 하지만 두려워할 만 못되니, (그 까닭은) 형상을 주관하는 정신이 없기 때문이다.[61]

후인들은 이 문장에 대해 "생기란 사람의 형체를 주관하는 것이다. 인물을 그려나가면서 생기가 없으니, 형체를 주관하는 것이 없다고 말한 것이다"[62]라고 풀이하였다. 여기서 언급한 '생기生氣'란 신태神態가 형체 밖으로 넘쳐난 상태를 뜻한다. 비록 서시의 미모와 용사의 눈을 두드러지게 묘사한다 해도 사람들로 하여금 기뻐할 수 있고 두려할 수 없게 한다면 그건 다만 겉만 그럴싸하게 그려낸 것이라서 볼만한 가치는 없다. 형신이 모두 잘 갖추어져서 "정신은 형체의 쓰임이며 형체는 정신의 바탕이다"[63]라고 할 수 있을 때 "그림은 형상만 그려서는 안 되

---

59 위의 책, 권7 「精神訓」, 226쪽. "故心者, 形之主也; 而神者, 心之寶也."
60 위의 책, 권20 「泰族訓」, 679쪽. "治身, 太上養神, 其次養形."
61 위의 책, 권16 「說山訓」, 540쪽. "畫西施之面, 美而不可說; 規孟賁之目, 大而不可畏; 君形者亡焉."
62 위의 책, "生氣者, 人形之君. 規畫人形, 無有生氣, 故曰君形亡."

고 형신이 모두 존재해야 한다畫不徒寫形, 正要形神在"라는 목적에 도달할 수 있다. 외형적인 추구로는 단순한 묘사 수준인 아름다움과 대단함은 이룰 수 있을지 모르나 회화 예술의 극치라 할 수 있는 신태神態의 전달은 단순한 형사形似의 방법으로는 충분치 않다. 감상자가 작품을 통해 기뻐할 수 있고 두려워할 수 있을 정도의 반응을 보일 수 있어야 최고의 창작이라 말할 수 있다. 이러한 감정반응은 결코 작가가 단순히 물상을 묘사하는 것만으로는 이룰 수 있는 일이 아니고 반드시 작가가 제재를 완벽하게 파악하여 사물에 내재되어 있는 원리를 파악해야 감상자의 감성을 촉발시킬 수 있다. 그래서 서시의 외모를 아름답게 그리거나 맹분의 눈을 크게 그린다고 하더라도 기뻐하고 두려워할 만할 정도의 신태 묘사 능력을 소홀히 한다면 결국 '실신失神'한 작품이라는 평가를 받을 것이다.

『회남자』는 한대漢代의 형사를 중시하는 회화풍조[64] 아래에서 형체 밖의 것을 그리려했다는 데에 그 의의를 둘 수 있다. 하지만 이것은 서막에 불과하며 진정으로 문예이론에서 형신의 관계를 자각한 시기는 위진魏晉 때의 고개지顧愷之(약 346~약 407)에서 시작된다.

---

63 兪劍華, 『中國畫論類編』(上海 : 上海人民美術出版社, 1984), 6쪽. "神者形之用, 形者神之質."

64 漢武帝 시기는 "온갖 사상학술을 몰아내고 유가의 학술을 홀로 추존한다[罷黜百家, 獨尊儒術]"라는 기치를 높이 세운 때였다. 따라서 문예 사상도 유가 사상의 영향 아래서 발전하였다. 당시 창작 활동의 주류는 '形似'에 편중되어 있었다. 沈約이 『宋書・謝靈運傳論』에서 "司馬相如는 형사의 언어를 기막히게 지었다[相如工爲形似之言]"라고 말한 데에서 알 수 있듯이, 문학을 주도하는 환경이 어떠했는지를 이를 통해 미루어 짐작할 수 있다. 회화 방면에서도 이러한 경향은 마찬가지여서 '형체와 실질을 고스란히 남겨 표현하는 것[存形寫實]'에 치중하였다. 회화를 실용적인 측면으로만 보았던 당시로서는, 인물을 그린 그림은 공덕을 기리기 위함이었으며 자연산수를 그린 그림은 지리적 상황을 나타내기 위함이었다. 그래서 魏晉의 畫論이 일어나기 전에는 전통적인 회화가 추구했던 바는 다만 실질적인 모습을 제대로 표현했으면 그만이었다. 이와 관련하여 더욱 심도 있는 견해는 鄭毓瑜의 「六朝藝術理論中之審美觀硏究」(台灣大學 中國文學硏究所 박사논문, 1990)를 참고할 만하다.

고개지는 문예영역 중에서도 특히 회화繪畫에서 형신의 결합과 정신을 전할 것을 주장하였다. 그는 "살아있는 사람 중에 손을 모아 조아리고 눈으로 보면서 앞에 마주 대하고 있는 사람이 없는 경우는 없다. 형체로 정신을 그리는데 그 실제로 마주 대하고 있는 것을 헛되이 하면 생기를 포착하는 작용이 어긋나고 정신을 전하는 뜻을 잃는다"[65]라고 말하였다. 전하는 바에 의하면, 고개지가 인물화를 그리면서 몇 년째 눈을 그리지 않자 그 까닭을 누군가가 물었다 한다. 그 때, 그는 "인물의 팔다리의 미추美醜는 본래 인물을 그리는 묘법과는 아무런 상관이 없다. 정신을 전하여 얼굴을 그리는 것은 바로 이 눈에 있다"[66]라고 대답하였다고 한다. 이것은 매우 시사하는 바가 크다 하겠는데, 고개지는 여기서 두 가지 '신'에 대한 개념을 제출하고 있다. 그 하나는 '이형사신以形寫神'으로, 형체를 통해 정신을 표현한다는 것이다. 이는 즉 형체가 기초이고 정신은 표현의 중점이라는 것이다. 그 다른 하나는 정신을 묘사하는 묘처가 바로 '여기 눈阿堵'에 있다는 것으로 '전신'의 요점을 잡으려면 사지를 묘사하는 데 시간을 지나치게 소비할 필요가 없다는 것이다. 고개지 이후, 남제南齊의 사혁謝赫(약 500～약 535)은 『고서품록古畫品錄』에서 '육법六法'론을 제출하였는데, 그 첫 번째 요소인 '기운생동氣韻生動'의 기본 함의가 바로 '전신'이다.[67] 사혁 이후로는, 당대

65 (唐)張彦遠 撰, (明)毛晉 訂, 『歷代名畫記』(台北 : 台灣商務印書館, 1975), 권5; 『中國美學史資料選編』(台北: 光美書局, 1984년)上冊, 180쪽. "凡生人亡有手揖眼視而前亡所對者, 以形寫神而空其實對, 荃生之用乖, 傳神之趨失矣"

66 (南朝宋)劉義慶 撰, (梁)劉孝標 注, 『世說新語』(北京 : 中華書局, 1999) 下冊, 「巧藝」 第21. "四體妍蚩, 本無關於妙處, 傳神寫照, 正在阿堵中."

67 元나라 楊維楨은 "그림의 고하를 논하는 자 중에는 형상을 전하는 것도 있고 정신을 전하는 것도 있다. 정신을 전한다는 것은 바로 '氣韻生動'이다[故論畫之高下者, 有傳形, 有傳神; 傳神者, 氣韻生動是也]"라고 말하였다. 그의 풀이는 정확한 표현이라 하겠다. 謝赫은 '神韻氣力'

唐代 장언원張彦遠(815~875)이 "옛 그림 중에는 그 형사形似를 옮겨 그 골기骨氣를 숭상할 수 있었다. 형사의 밖에서 그 그림을 구하였는데, 이는 속인俗人들과 더불어 말하기 어렵다. 오늘날 그림은 설령 형사를 얻었더라도 기운이 일어나지 않는다. 기운氣韻으로 그 그림을 구한다면 형사는 그 사이에 있을 것이다"[68]라고 말하였다. 장언원은 지나치게 형사를 추구하다보면 기운을 쉽게 잃고 기운을 얻으면 바로 형신을 모두 겸비한다고 여겼다. 여기서 말하는 기운氣韻은 바로 신사神似나 신운神韻이라고 말할 수 있다.

이를 통해볼 때, 예술의 형상화 추구는 일정한 수준에 이르면 표면적인 형사에 만족하지 않고 더 높은 수준에 오르려 하는데, 마치 어느 예술에나 발견되는 공통된 발전추세라 하겠다. 전신을 추구한다는 것은 은유隱喩적 사유의 표현방식이라 말할 수 있다. 이는 형상 묘사와 형상 사유의 기초 아래에서 세워질 수 있는 것으로, 중국의 사대부 문화에서 보이는 특징이라 하겠다. 당대唐代 이전에 중국의 그림은 인물화가 다수를 점유하였다. 이 시기에 육탐미陸探微와 고개지顧愷之가 뛰어난 화가로 이름을 떨치었다는 데에 주목한 통수예童書業는 이 시기를 인물화만이 진정한 그림이었다고 말할 정도였다.[69]

'전신傳神', '신운神韻', '기운생동氣韻生動' 등의 개념이 육조六朝 시기에 처음 보이는 건 결코 우연이 아니다. 그 시기 예술적 특징이 바로 정교

와 '精微謹細'를 대구로 삼았는데, 이는 바로 形神 두 방면에서부터 시작하여야 함을 말한 것이다.

68 『歷代名畫記』, 「論畫六法」; 『中國美學史資料選編』 上冊, 315쪽. "古之畫或能移其形似而尙其骨氣, 以形似之外求其畫, 此難可與俗人道也. 今之畫縱得形似而氣韻不生, 以氣韻求其畫, 則形似在其間矣."

69 童書業, 『中國繪畫史』, 上海 : 上海人民美術出版社, 1962, 9쪽.

政教에서 오락성으로 바뀌던 때였던 지라 루쉰魯迅은 이 시기를 예술을 위한 예술을 하던 시대라고 하여 문학의 자각 시기라 여겼다.[70] 또한 불교의 유입으로 인하여 불상은 회화의 주요한 제재가 되었고, 철학방면에 있어서도 불교의 형신形神에 대한 논변은 회화에도 심원한 영향을 미쳤고 특히 인물화의 '전신傳神'을 강조하는 데에 크게 영향을 미쳤다. 당시 인물의 풍골風骨을 숭상하던 풍조는 회화에도 그대로 파급되었다. 시인 두보杜甫는 강남江南을 노닐 때 270년 전의 화가 고개지가 그린 강녕江寧 와관사瓦棺寺의 벽화壁畫를 보고서 "고개지가 그린 금속여래의 영정, 그 신묘함을 유독 잊지 못하겠네虎頭金粟影, 神妙獨難忘"[71]라는 찬탄을 금치 못하였다고 한다. 이것이 바로 '전신'을 중시하여 작품을 평가한 말이다.

이후 당송唐宋시기는 회화가 번창하던 시대였다. 당시 저명한 화가들은 모두 '전신'을 주장하여 여러 회화이론 서적, 예들 들어 『역대명화기歷代名畫記』, 『필법기筆法記』, 『도화견문지圖畫見聞志』, 『선화화보宣和畫譜』 등에서 한결같이 '전신'을 중시하였다. '전신' 이론은 실제 회화에도 영향을 미쳤다. 예를 들어 왕유王維가 그린 〈복생수경도伏生授經圖〉는 한 선비가 책상에 기대어 책을 편 모습을 그렸는데, 그 표정엔 생활의 어려움 속에서도 평화로움과 여유로움을 드러내어 정신이 형체에 융화되어 있다. 이 시기 '전신'의 운용범위는 인물제재뿐 아니라 기타 제

70 魯迅, 『魏晉風度及文章與藥及酒之關係』, 北京 : 人民文學出版社, 1978, 4쪽.

71 (唐)杜甫, (清)仇兆鰲 注, 『杜詩詳註』, 北京 : 中華書局, 1985), 제2책 권6, 「送許八拾遺歸江寧覲省. 甫昔時嘗客遊此縣, 於許生處乞瓦棺寺維摩圖樣, 志諸篇末」, 457쪽. "詔許辭中禁, 慈顔赴北堂. 聖朝新孝理, 祖席倍輝光. 內帛擎偏重, 宮衣着更香. 淮陰清夜驛, 京口渡江航. 竹引趨庭曙, 山添扇枕涼. 十年過父老, 幾日賽城隍. 看畫曾飢渴, 追蹤恨淼茫. 虎頭金粟影, 神妙獨難忘."

왕유王維 〈복생수경도伏生授經圖〉
(일본 오사카 시립미술관 소장)

재에까지 확대되었다. 당대唐代 '산수제일山水第一'이라 칭해지던 이사훈李思訓(약 650~716)이 당唐 현종玄宗을 위해 담벼락에 그림을 그렸는데, 현종은 이사훈에게 "경이 담벼락에 그린 그림은 밤에 물소리가 들리니 정신과 통한 뛰어난 화가로다卿所畫掩障, 夜聞水聲, 通神之佳手也"라고 하였다고 한다. 당시 이름난 화가인 오도자吳道子가 선주宣州 백림사柏林寺에 그린 〈강해분등도江海奔騰圖〉는 보는 사람에게 물소리를 듣는 듯한 환각을 일으켰다고 하니, 정신을 전한 극치라 하겠다. 이때 비로소 '전신' 이론은 인물화에서 다른 영역으로까지 확대되었다. 그 후 북송北宋 동유董逌(약 1126년 전후로 활동함)는 "물에는 제각기 신명이 있다物各有神明"라는 견해를 제출하여 '전신' 이론을 다른 영역에까지 파급될 수 있는 이론적 근거를 제공하여 '전신'은 산수화山水畫와 화조화花鳥畫 영역까지 파급되었다.

예술의 형상화는 일정한 정도에 이르면 표면적인 형사에 만족하지 못하고 더 높은 곳을 추구하는데, 이러한 경향은 어느 문예영역이라도 공통적으로 일어나는 현상이라 하겠다.

기록에 의하면 대체로 춘추春秋시대부터 양한兩漢시대에 이르기까지는 형사를 중시하였다. 예를 들어 한비자韓非子는 그림을 논하면서 개나 말을 그리기는 어렵지만 귀신을 그리기는 쉽다는 논조[72]에서 알 수

72 陳啓天, 『韓非子校釋』(台北 : 台灣商務印書館, 1969~1994), 「外儲說左上」, 488쪽. "客有爲齊王畫者, 齊王問曰: '畫孰最難者?' 曰: '犬馬最難.' '孰最易者?' 曰: '鬼魅最易.' 夫犬馬, 人所知也, 旦暮罄

있듯이 형사形似를 중시하였다. 한비자의 이론은 오랫동안 위세를 떨쳤던 이론이다. 동진東晉 고개지가 '전신' 이론을 제출한 이후로, 신사神似는 비로소 중시되기 시작하였다. 남북조南北朝에서 수당隋唐에 이르는 시기는 형신形神을 함께 중시한 때였다. 송대宋代에 이르러서는, 오대五代 서촉西蜀 황전黃筌(903~968) 화풍의 궁정화원을 계속 이어받아 형사形似를 신사神似보다 더 중시하였다. 문인화 이론이 일고서야 비로소 문인화가들이 신사를 형사보다 더 중시하여 신사는 그림을 평하는 주요한 표준이 되었다.[73] 이는 고대 회화이론발전 가운데 일대 변혁이라 말할 수 있다. 북송의 문단 영수였던 구양수歐陽脩는 장기적으로 유행했던 한비자의 관점을 뒤집어버렸다. 구양수는 "그림을 잘 설명하는 사람들은 대부분 귀신을 그리면 공적을 이루기 쉽다고 말한다. 왜냐하면 그림을 그릴 때 형사가 어렵기 때문이다. 사람이 귀신을 알아볼 수는 없으나 그 음산한 위풍과 참담함에 이르러 그 변화는 상식을 뛰어넘어 기괴하기가 정말 대단하여 사람에게 이러한 그림을 보였다하면 바로 깜짝 놀라 혼절할 정도이다. 하지만 천천히 시선을 고정하여 살펴보면 천태만상은 오히려 필치가 간단하고도 의도하는 바가 충족되더라. 이를 어찌 어렵다 하겠는가!"[74]라고 말하였다. 그는 「반차도盤車圖」 시詩에서도 "옛 그림은 의경을 그렸지 형체를 그리지 않았고 매요신梅堯臣의 시는 물상을 읊음에 감정을 숨기지 않았다. 형체를 잊고 의

於前, 不可不類之, 故難. 鬼魅, 無形者, 不罄於前, 故易之也."

73 葛路, 『中國古代繪畫理論發展史』, 上海人民美術出版社, 1982~1983, 79쪽.

74 『六一題跋』, 北京 : 中華書局, 1985. "善言畫者, 多云: 鬼神易爲功. 以爲畫以形似爲難, 鬼神人不見也. 然至其陰威慘澹, 變化超騰, 而窮奇極怪, 使人見輒驚絶, 及徐而定視, 則千狀萬態, 筆簡而意足, 是不亦爲難哉!"

경을 얻는다는 진리를 아는 이가 드무니, 시를 보는 것이 그림을 보는 것과 같다는 것만 못하다"[75]라고 하였다. 구양수는 "의경意境을 그리지 형체를 그리지 않는다畫意不畫形"라는 주장을 명확히 드러내면서 의경을 그릴 것을 강조하였다는 것을 알 수 있다. 그는 망형득의忘形得意한 작품, 즉 신사를 중시한 작품을 감상할 수 있는 이가 거의 없음을 개탄하였다. 실제로 당시 대부분의 사람들이 이러한 관점에 찬동하였으니, 심괄沈括(1031~1095)도 일찍이 이 시를 인용하면서 "진정 그림을 알아보았다眞爲識畫也"[76]라고 말하였다.

소식은 회화의 '전신' 이론을 새로이 해석하여 시문의 창작이론으로 승화시켜서 창작시 묘사하는 대상의 형신을 겸비해야 한다고 주장하였다. 이는 바로 중국문예창작이론의 기본적인 표준이 되었다. 중국의 문예에 관한 전통 관념은 '핍진逼眞', '초물肖物', '여화如畫' 등의 평어에서 알 수 있듯이 '형사'만으로는 충분하지 않으며 반드시 '신사'까지도 표현하여야 했다. '신사'가 주된 목적이지만 '신사'는 '형사'를 완전히 벗어날 수 없고, 그와 반대로 '형사'를 이루지 못하면 '신사'는 거론할 여지도 없다. '전신'은 형상을 그리기 위한 최상의 목표이기에 여러 문예창작이론 가운데에서도 회화영역에서는 일찌감치 '전신'의 중요성을 강조하였다.

---

75 『歐陽修全集』(北京 : 中國書店, 1986~1992), 『居士集』 권6, 「盤車圖」, 43쪽. "古畫畫意不畫形, 梅詩詠物無隱情. 忘形得意知者寡, 不若見詩如見畫."

76 근래 畫論을 연구하는 일부 연구자들 중에는 形似를 경시한 문제를 언급할 때 蘇軾을 첫 번째 주창자라고 잘못 언급하지만 실제로 이런 주장을 처음 한 사람은 歐陽修였다. 자세한 내용은 『中國古代繪畫理論發展史』 81쪽 참고.

소식은 46세(1081)에 장욱張旭의 초서체草書體를 빌려 '형신겸비形神兼備'의 원리를 설명하였다.

장욱의 초서는 제멋대로 내려써서 점과 획을 생략한 곳이 있으나 그 의태意態가 자족하여 신일神逸이라 불려졌다. 오늘날 초서에 능하다고 일컬어지는 사람 중에도 해서楷書, 행서行書에는 능통하지 못한 이가 있다 하니, 그것은 크게 잘못된 일이다. 해서에서 행서가 생겨나고 행서에서 초서가 생겨난다. (인간의 보행단계로) 비유를 들자면 해서는 서 있는 것이며 행서는 걷는 것이요 초서는 달리는 것이라 하겠다. 따라서 서고 걸을 수는 없지만 달릴 수 있다는 사람이란 있을 수 없는 일이다. 지금 장안長安에 장욱이 해서로 쓴 「낭관석주기郎官石柱記」가 있는데, 작자는 간박簡朴하면서도 고고高古하여 육조六朝시대 진송晉宋 때 사람과 같다. 안진경顔眞卿의 글씨는 웅장하고 우수해서 홀로 뛰어난데다가 옛 서법書法을 한 번 변화시켰으니, 마치 두보杜甫의 시와 같다 하겠다. 그의 격조格調와 필력筆力은 하늘에서 떨어지듯이 한漢, 위魏, 진晉, 송宋 이래의 풍류를 다 포용하고 있어 후세 사람들은 거의 다시 손을 대기 어렵다. 유공권柳公權의 서체는 본디 안진경에서 비롯되었으나 스스로 새로운 의경意境을 창출해낼 수 있었다. 한 글자가 백금의 가치가 있다고 하는 말은 전혀 허튼소리가 아니다.[77]

77 『蘇軾文集』 제5책 권69, 「書唐氏六家書後」, 2206~2207쪽. "張長史草書, 頹然天放, 略有點畫處, 而意態自足, 號稱神逸. 今世稱善草書者或不能眞, 行, 此大妄也. 眞生行, 行生草, 眞如立, 行如行, 草如走, 未有未能行立而能走者也. 今長安猶有長史眞書「郎官石柱記」, 作者簡遠, 如晉, 宋間人. 顔魯公書雄秀獨出, 一變古法, 如杜子美詩, 格力天縱, 奄有漢, 魏, 晉, 宋以來風流, 後之作者, 殆難復措手. 柳少師書, 本出於顔, 而能自出新意, 一字百金, 非虛語也."

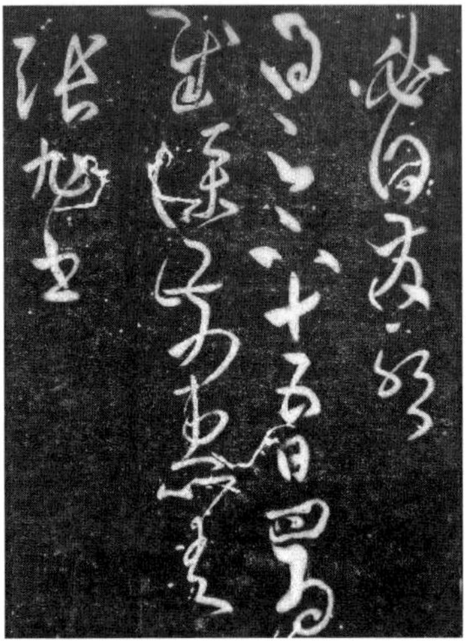

장욱張旭의 초서草書

소식은 장욱의 초서가 전통적인 해서와 행서를 완전히 몸에 익힌 후에 비로소 완성할 수 있었다고 하여, 서체書體에 있어서도 이를 바탕으로 창의성創意性을 발휘하여 자기 나름의 신사의 경지에 도달한 것이라 주장하였다. 초서와 해서, 그리고 행서는 모두 한 뿌리에서 나온 것이고, 행서가 해서에서, 초서가 행서에서 나온 것이라 한 것은 바로 어떠한 일이든 순서가 있음을 말한 것이다. 이러한 순서를 밟는다는 것은 정통성의 맥락과 이어진다 하겠다. 어떠한 일이든 순서를 밟아 나가는 사이에 그것이 몸에 배고 그 바탕 위에 개인의 창의력이 발휘될 수 있음을 말한 것이다. 안진경은 옛날의 서법을 익히고서 그 익힌 것을 자신의 개성으로 변화를 주었기 때문에 유명해졌다. 마찬가지로 장욱의 서체도 전대前代의 것들이 합해지고 거기에 그만의 개성이 표현되었기에 뛰어나다고 평가받는 것이다. 이것은 바로 옛 전통이라 할 수 있는 형사形似의 정석定石을 이어받으면서도 작가 자신이 표현하고자 하는 작가의 개성, 즉 신사神似의 파격破格이 함께 어우러질 때 비로소 훌륭한 작품으로 칭송 받을 수 있다는 것이다. 소식은 이보다 앞선 40세 때 이러한 생각을 적절히 비유하여 설명하였다.

양고기와 돼지고기로 훌륭한 음식을 만들기 위해 다섯 가지 조미료로 잘 배합하고, 차조와 쌀로 술을 빚기 위해 누룩으로 만드는 것은 세상이 다 같은 이치이다. 같은 재료에 똑같이 물과 불을 사용하여 그 차고 덥고 건조하고 습한 징조가 한결같은데도 두 사람이 그것을 만들면 맛이 있고 없는 차등이 생긴다. 어찌 훌륭한 맛이 방법으로 취할 수 없는 것이겠는가? 그래서 옛 비방을 지녔던 자들은 방법을 버린 적이 없었다. 훌륭한 맛을 낼 수 있었던 자는 방법으로 정밀함을 얻었고 그렇지 못한 이들은 방법을 따라 그 대략을 얻었다. 그 만들어진 방법은 하나이나 맛있는 것이 있기도 하고 없기도 하니 정밀한지 추잡한지가 이에 드러난다. 사람들은 그 판이한 두 가지를 보고는 방법 밖에서 정밀함을 찾고 이전의 발자취를 버리고 미묘함을 추적하면서 "나는 술과 음식을 맛있게 하는 비법을 안다"라고 말한다. 그러나 그 변별됨과 동등함을 생략한 채 그 방법마저 내버리고선 맛내는 비결은 여기에 있지 않다고 생각하여 아예 일일이 제 마음대로 음식을 만든다면 남들이 먹고 토하지 않을 것이 거의 없을 것이다.[78]

이처럼 정확한 조리 방식 안에서 묘미를 찾아내듯이, 형사의 바탕 위에 신사는 더욱 빛을 발한다 하겠다. 이러한 논조 하에서, 소식은 52세(1087)에 지은 시에서 형사만을 담아낸 작품을 폄하하였다.

그림을 형사形似로만 논한다면, 그 견식見識은 아이와 가까울 터이다. 시를 짓는데 반드시 이러한 시여야 한다면, 이는 정말 시를 아는 사람이 아니

78 『蘇軾文集』 제2책 권12, 「鹽官大悲閣記」, 386~387쪽. "羊豕以爲羞, 五味以爲和, 秫稻以爲酒, 麴糵以作之, 天下之所同也. 其材同, 其水火之齊均, 其寒煖燥濕之候一也, 而二人爲之, 則美惡不齊. 豈其所以美者, 不可以數取歟? 然古之爲方者, 未嘗遺數也. 能者卽數以得妙, 不能者循數以得其略. 其出一也, 有能有不能, 而精粗見焉. 人見其二也, 則求精於數外, 而棄迹以逐妙, 曰, 我知酒食之所以美也. 而略其分齊, 捨其度數, 以爲不在是也, 而一以意造, 則其不爲人之所嘔棄者寡矣." 이 문장은 蘇軾 40세(1075년)에 지은 작품이다.

> 리라. 시와 그림은 본디 하나로 통하는 규율規律이 있으니, 바로 천공天工(자연스런 아름다움)과 청신淸新함이라. 변란邊鸞이 그린 공작은 살아있는 듯하고 조창趙昌이 그린 꽃은 작가의 정신을 전하는 듯하다. 어찌 이 두 폭의 그림이 청담淸淡하면서도 정교함을 머금을 수 있었을까. 누가 하나의 붉은 점으로 가없는 봄을 부치었다고 말했던가.[79]

이 글에서 소식은 그림을 논할 때 형사만을 말하는 것은 어린아이와 같은 유치한 생각이라고 단정하면서, 틀에 구속되어 쓴 시에 대하여 시를 제대로 터득한 것이 아니라고 여겼다. 소식의 주장을 되새겨본다면, 위 시구詩句의 의미가 그림을 그릴 때 형사해서는 안 되고 시도 그 시식詩式를 버려야 한다는 말이 아님을 충분히 알 수 있다. 소식은 한위육조漢魏六朝시대 이래로 내려온 '전신'의 미학사상을 계승하여 형상뿐만 아니라 정신까지도 그려내야 한다고 주장하였다. 왕약허王若虛가 "형사의 밖에서 묘미를 논한다 해도 그 형사를 잊어버리는 것은 아니고, 틀에 얽매이지 않는다고 해도 그 요체要諦가 그 틀을 잃지 않는다"[80] 라고 말한 것과 같은 이치이다. 형사의 기초 위에서 신사를 추구해야 하고 틀을 파악하는 전제 하에서 깊이 파헤치고 넓게 발할 수 있어야 한다. 이렇게 해야 뜻이 무궁한 경계에 이를 수 있다. 소식의 문예이론은 결국 시화詩畵가 하나라는 데에 귀결한다. 그가 문예이론방면에 탁

79 『蘇軾詩集』(淸・王文誥 輯註, 孔凡禮 校點, 北京 : 中華書局, 1982～1992) 제5책 권29, 「書鄢陵王主簿所畫折枝二首(之一)」, 1525～1526쪽. "論畫以形似, 見與兒童鄰. 賦詩必此詩, 定非知詩人. 詩畫本一律, 天工與淸新. 邊鸞雀寫生, 趙昌花傳神. 何如此兩幅, 疏淡含精勻. 誰言一點紅, 解寄無邊春."

80 『滹南遺老集附詩集』(金・王若虛, 台北 : 新文豐出版社, 1984년) 권39, 「詩話」, 249쪽. "論妙在形似之外, 而非遺其形似; 不窘於題, 而要不失其題."

월한 공헌이 있다고 한다면 시화의 경계를 무너뜨렸다는 점일 것이다. 그는 "예로부터 화가는 일반 서생이 아니다. 물상을 묘사한다는 점에 있어서는 시인과 같다"[81]라고 말하면서 시화가 서로 공통점이 있다면 대상을 묘사하는 방법에 있어서 모두 전신傳神과 우의寓意를 중시한다는 점이라고 여겼다. 그는 "왕유王維의 시를 음미하면 시 속에 그림이 있고, 왕유의 그림을 살펴보면 그림 속에 시가 있다"[82]라고 하였고, "두보杜甫의 시는 그림으로 그려내지 못하고, 한간韓幹의 그림은 시로 나타내지 못한다"[83]라고도 하였다. 문예창작의 최고경계에 도달한 작품은 그림이면 그림, 시면 시였지 그 누구도 다른 문예 형식으로 표현해낼 수 없고, 뛰어난 시는 그림을 본 것처럼 눈앞에 생생하게 펼쳐진다.

소식은 47세(1082.8)에 다음과 같이 말하였다.

> 벽에 문동文同이 그린 죽석화竹石畫가 있는데, 그 뿌리와 줄기와 마디와 잎 등이 그 이치에 이르지 않은 것이 없으니 세상의 화공이 능할 수 있는 것이 아니다. 문동이 대나무를 그린 것을 논하자면 형태에 있어서는 잃어서는 안 되는 데다가 그 이치는 더욱 알아야 마땅하다. 삶과 죽음, 새 것과 오래된 것, 연기와 구름, 바람과 비 등은 반드시 참 모습을 곡진히 표현해야 하고, 하늘의 조화에 합치되고 사람의 뜻에 만족을 주어야 한다. 이렇게 형체와 이치가 모두 온전한 연후에 그림을 안다고 말할 수 있다. 그래서 뛰어난 재

81 『蘇軾詩集』 제1책 권6, 「歐陽少師令賦所蓄石屛」, 277～278쪽. "古來畫師非俗士, 摹寫物象略與詩人同."

82 『蘇軾文集』 제5책 권70, 「書摩詰藍田烟雨圖」, 2209쪽. "味摩詰之詩, 詩中有畫. 觀摩詰之畫, 畫中有詩."

83 『蘇軾詩集』 제8책 권48, 「韓幹馬」, 2630쪽. "少陵翰墨無形畫, 韓幹丹靑不語詩."

주와 명확한 이치가 아니면 변론할 수 없다.[84]

이를 통해, 소식이 결코 형사의 필요성을 부정한 것이 아니라 신사의 중요성을 더욱 강조한 것임을 알 수 있다. 신사의 경계에 이르자면 사물의 표면적인 것에 얽매여서는 안 되고 사물의 심층적인 의미에 깊이 들어가야 그 자연적인 이치와 특징을 드러낼 수 있다. 이러한 의미에서 소식이 만족스럽지 않게 여겼던 이유가 눈에 보이는 것에만 치중하여 그 대상의 정신을 제대로 표현하지 못해서 결국 형사에 그친 작품을 지적하려는 데 있었지, 형사를 강조하지 않은 것이 아니다.[85]

---

84 『六研齋筆記三筆』(明・李日華 撰, 筆記小說大觀叢書, 台北 : 新興出版社, 1985) 권1; 『蘇軾年譜』(孔凡禮, 北京 : 中華書局, 1998) 中冊, 546쪽 재인용. "壁有與可所畫竹石, 其根莖脈縷, 牙角節葉, 無不臻理, 非世之工人所能者. 與可論畫竹木, 於形既不可失, 而理更當知, 生死, 新老, 煙雲, 風雨, 必曲盡眞態, 合於天造, 厭於人意, 而形理兩全, 然後可言曉畫, 故非達才明理, 不能辨論也."

85 蘇軾이 "論畫以形似, 見與兒童鄰. (…중략…) 賦詩必此詩, 定非知詩人."라는 관점이 나오자 후인들은 이를 여러 다른 방향으로 각기 다르게 이해하였다. 어떤 이들은 이 시구의 표면적인 내용만 가지고 蘇軾이 形似의 중요성을 깎아내린 말이라 여겼다. 蘇軾과 거의 동시대에 살았던 晁說之는 "그림은 물 밖의 형상을 그리는데, 물의 형이 바뀌지 않는 것을 중요하게 여기네. 시는 그림 밖의 뜻을 전하는데, 그림 속의 모양이 있는 것을 귀하게 여긴다네[話寫物外形, 要物形不改. 詩傳畫外意, 貴有畫中態]"라고 말하였다. 이 말은 形似의 중요성을 설명하면서 蘇軾의 형신 이론이 편벽되었음을 지적한 것이었다. 明代 楊愼도 직설적으로 『見升庵詩話』에서 蘇軾의 주장이 편파적이라서 "지극한 이론이 아니다[非至論也]"라고 주장하였다. 葛立方과 王若虛 등은 이에 대하여 다른 각도로 이해하였다. 葛立方은 "歐陽脩의 시에는 '옛 그림은 뜻을 그리고 형을 그리지 않았는데, 梅堯臣의 시는 물을 그려서 숨긴 뜻이 없다네. 형을 잊어버리고 뜻을 얻는다는 것을 아는 이가 드무니, 시를 보는 것이 그림을 보는 것과 같음만 같지 못하다네'라고 하였고, 蘇軾의 시에는 '그림을 논하는데 형사로만 논한다면 그 견해는 아이와 가까울 터이다. 시를 짓는 데 반드시 이 시여야 한다면 분명 시를 아는 사람이 아니리라'라고 하였다. 이에 대해 어떤 이는 '두 사람이 논한 바는 형사를 주장하지 않았으니 마땅히 무엇을 그릴 것인가?'라고 하였고, 어떤 이는 '소를 그리고 말을 그리는 것을 말하는 것이 아니라 다만 氣韻을 주로 한 것일 뿐이다'라고 하였다. 謝赫은 '衛協의 그림은 비록 形妙를 갖추지는 않았지만 氣韻이 있어서 雄傑을 뛰어넘는다'라고 하였다. 아마도 이를 두고 한 말일 것이다[歐陽文忠公詩云: '古畫畫意不畫形, 梅詩寫物無隱情. 忘形得意知者寡, 不若見詩如見畫.' 蘇軾詩云: '論畫以形似, 見與兒童鄰. 賦詩必此詩, 定非知詩人.' 或謂: '二公所論, 不以形似, 當畫何物?' 曰: '非謂畫牛作馬也, 但以氣韻爲主耳.' 謝赫云: '衛協之畫, 雖不該備形妙, 而有氣韻, 凌跨雄杰.' 其此之謂呼?]"라고 여겼다. 金代 王若虛

소식은 45세(1080.12)에 손위孫位가 그린 물 그림을 논하면서 다음과 같이 표현하였다.

예나 지금이나 물 그림은 대부분 평탄하여 시야가 널리 미치게 그리거나 물결을 세밀한 주름처럼 그렸다. 그 중 잘된 그림은 파도의 기복起伏을 잘 그려낸 것에 불과했다. 사람으로 하여금 (외양이 너무나 똑같아) 손으로 그림을 더듬게 하여 (그 기복이) 움푹 들어갔다가 툭 튀어나왔다고 말할 정도에 이르면 지묘至妙한 수준이라고 여겼다. 그러나 그 품격品格은 단지 인쇄판형으로 찍어낸 그림과 약간의 차이를 두고서 공졸工拙함을 다투는 것일 뿐이다. 당唐 희종僖宗 광명廣明년간에 은일隱逸하던 선비 손위孫位가 처음으로 새로운 이미지를 내어 빠르게 소용돌이치는 물살과 거대한 파도를 그려내고, 그 강물은 산·암석과 더불어 굽어 꺾기고 대상물에 따라 형태를

역시 『淳南詩話』에서 "그림이 귀중한 것은 그것이 비슷하기 때문일 뿐이다. 그렸는데 비슷하지 않다면 그리지 않은 것과 같다. 제목을 붙이고 시를 짓는데 반드시 이 시일 필요가 없다는 것은 과연 무슨 말인가! 그렇다면 蘇軾의 의론은 그릇된 것인가? 이에 대해 나는 '形似의 밖에서 묘미를 논한다 해서 그 形似를 잊어버리는 것은 아니며, 틀에 얽매이지 않는다고 해서 그 要諦가 그 틀을 잃지 않는 데에 있다.'라고 말하겠다. 이와 같을 따름이다. 세상 사람들은 그 實에 뿌리하지 않고 마음에 터득함이 없이 이 의론을 빌려 고상하다고 여긴다. 산수를 그리는 사람은 한 그루의 나무, 하나의 돌도 바로 그리지 못하면서 구름과 내의 아득함에 부치고 그것을 氣象이라고 하고, 시를 짓는 사람은 치우치고 먼 것에 어두우면서 제목에 따라 찾아내고 말한 것도 모르면서 격률이 귀하다고 말할 따름이다. 하나라도 그렇지 않은 것이 있으면 반드시 서로 비웃고 손가락질하며 옅고 쉬우며 평범하다고 여긴다. 옳음을 구하지 않고 기이함을 구하며 진짜와 가짜도 모르면서 먼저 높고 낮음을 논하는데 역시 자신을 속이는 것일 뿐이다. 어떻게 蘇軾의 본래 의도이겠는가?[夫所貴於畫者, 爲其似耳; 畫而不似, 則如勿畫. 命題而賦詩, 不必此詩, 果爲何語! 然則, 坡之論非歟? 曰: '論妙於形似之外, 而非遺其形似; 不窘於題, 而要不失其題.' 如是而已耳. 世之人不本其實, 無得於心, 而借此論以爲高. 畫山水者, 未能正作一木一石, 而託雲煙杳靄, 謂之氣象; 賦詩者, 茫昧僻遠, 按題而索之, 不知所謂, 乃曰格律貴爾. 一有不然, 則必相嗤點, 以爲淺易而尋常. 不求是而求奇, 眞僞未知, 而先論高下, 亦自欺而已矣. 豈坡公之本意也哉]"라고 여겼다. 기본적으로 蘇軾의 이 주장은 形似의 존재 필요성을 부정하는 데 있었던 것이 아니라 문예창작정신의 본질을 제대로 장악하기를 바란 데에서 제시한 것이다.

드러내어 물의 변화형상을 그렸으니, '신일神逸'이라 칭하게 되었다.[86]

손위는 강남江南 화풍의 분방함과 종래 화풍의 사실적 묘사를 모두 갖추어 북송北宋 산수화의 기초를 이루었다고 평가받는 화가이다. 물은 가장 생동적이어서 애초부터 정해진 특징이 없다. 물은 고정된 형상이 없이 스스로 그 모습을 만들지 않고 다만 지세地勢의 변화에 따라 제각기 다른 파도를 형성한다. 이렇게 '수물부형'한 물은 '활수活水'라 하겠고 부딪히는 대상물에 따라 순응하여 굽이쳐 흐른다. 하지만 그러한 특징을 잃은 물은 기껏해야 평탄하여 시야가 널리 미치게 그리거나 물결을 세밀한 주름처럼 그린다거나 설사 우연하게도 파도의 기복을 능히 그려낸다고 해도 결국 '사수死水'라 하겠다. 만약 끊임없이 흐르는 물을 그 모습대로 그려내려면 반드시 제각기 그 모습이 있어야 한다. 왜냐하면 물 자체는 줄곧 변화 속에 있기 때문이다. 변화무쌍한 물상을 그 변화에 따라 완벽하게 그려낸다면 '신일'의 경지에 도달했다 하겠고, 이는 다시 말해서 문예작품 속에 '전신'을 구현한 것이라고 말할 수 있다.

소식은 50세(1085)에 「전신기傳神記」 중에서 '전신' 이론에 대해 좀 더 심도 있게 논의하였다.

전신의 어려움은 눈에 있다. 고개지는 "형상을 전하고 그림자를 그리는 것은 모두 여기 눈에 있다"라고 말하였다. 그 다음은 광대뼈와 뺨에 있다. 내

86 『蘇軾文集』 제2책 권12, 「畫水記」, 408쪽. "古今畫水, 多作平遠細皺, 其善者不過能爲波頭起伏. 使人至以手捫之, 謂有窪隆, 以爲至妙矣. 然其品格, 特與印板水紙爭工拙於毫釐間耳. 唐廣明中, 處士孫位始出新意, 畫奔湍巨浪, 與山石曲折, 隨物賦形, 畫水之變, 號稱神逸." 같은 글이 『經進東坡文集事略』 하책 권60의 995쪽에 「書蒲永昇畫後」로 기재되어 있다.

> 가 일찍이 등불 아래에 드러난 볼 그림자를 둘러보고 남에게 그것을 벽에 본뜨도록 하였는데 눈과 눈썹을 그리지 않았지만 보는 사람들이 모두 웃으며 그것이 나임을 알았다. 눈과 광대뼈, 그리고 뺨이 비슷하면 나머지는 비슷하지 않을 게 없다. 눈썹이나 코, 입과 같은 것은 대체로 더하기도 하고 덜기도 하면서 비슷하게 할 수 있는 것이다. 전신과 관상은 하나의 도이다. 그 사람의 천연함을 얻고자 하면 마땅히 여러 사람 속에서 그 행동거지를 은밀히 관찰해야 하는 법이다. 요즈음은 그림의 대상 인물에게 의관을 갖추고 앉아서 한 곳만 바라보게 해놓고 그 사람이 용모를 단정히 하고 꼿꼿이 앉아 있게끔 하니 어찌 그 천연함을 볼 수 있겠는가? 사람은 그 특징이 담겨 있는 곳이 각각 있으니 어떤 사람은 눈썹과 눈에 있고 어떤 사람은 코와 입에 있다. 고개지가 "뺨 위에 털 세 개를 더 그렸더니 정채精彩가 더욱 뛰어남을 느꼈다."고 말했는데, 곧 이 사람의 특징은 대개 수염과 뺨 사이에 있었던 것이다.[87]

소식은 그림을 그릴 때 신사를 가장 중요하다고 여겼다. 그는 전신의 기법을 체득하기 위하여 세 가지 방면에서 노력해야 한다고 주장하였다. 우선 사람의 신체 중 전신을 가장 잘 나타낼 수 있는 부분은 눈과 뺨이라 보았다. 그래서 눈을 그릴 때 가장 집중해야 한다고 하였으며,

87 『蘇軾文集』 제2책 권12, 「傳神記」, 401쪽. "傳神之難在目. 顧虎頭云: '傳形寫影, 都在阿覩中.' 其次在顴頰. 吾嘗於燈下顧自見頰影, 使人就壁模之, 不作眉目, 見者皆失笑, 知其爲吾也. 目與顴頰似, 餘無不似者. 眉與鼻口, 可以增減取似也. 傳神與相一道, 欲得其人之天, 法當於衆中陰察之. 今乃使人具衣冠坐, 注視一物, 彼方斂容自持, 豈復見其天乎! 凡人意思各有所在, 或在眉目, 或在鼻口. 虎頭云: '頰上加三毛, 覺精採殊勝.' 則此人意思蓋在須頰間也." 이 문장은 蘇軾 50세(1085년 11월)에 지은 작품이다. 이 문장의 내용과 똑같은 문장이 「書陳懷立傳神」(『蘇軾文集』 제5책 권70, 2215쪽)에도 보인다.

"눈과 광대뼈, 그리고 빰이 비슷하면 나머지는 비슷하지 않을 게 없다" 라고 하였다. 이는 화룡점정畵龍點睛과 일맥상통한다. 그 다음으로는, 대상 인물의 행동거지를 면밀히 관찰하여 그 천성을 담아내어야 한다는 것이다. 이른바 '신神'이란 사람의 타고난 신태神態와 신정神情을 가리키므로 억지로 꾸며낸 것을 '신'이라 할 수 없다. 마지막으로는, 사람마다 지닌 남다른 특징을 파악해야만 정신을 온전히 드러낼 수 있다는 것이다. 비록 모든 사람들이 눈과 광대뼈와 빰으로 정신을 가장 잘 전할 수 있다고 해도 사람마다 그 특징을 담아내는 곳이 제각기 있다는 사실을 간과해서는 안 된다. 따라서 한 사람을 죄다 똑같이 표현할 것이 아니라 각자의 개성이 드러나는 부분을 제대로 표현해야 한다. 이를 통해 소식이 그림을 그릴 때 천연의 심태心態를 얼마나 중시했는지를 알 수 있다. 소식은 고개지가 배해裵楷의 초상을 그릴 때 빰 위에 털 세 개를 더한 것에 착안하여 예술가가 사물의 형상 중에서 사물의 본질적 특징을 선명히 드러낼 수 있어야한다는 점을 중시하였다. 생동적인 묘사를 통해 사물의 본질적 특징을 기막히게 표현할 수 있어야 비로소 '형상을 통해 정신을 그려낸다以形寫神'고 할 수 있겠다. 게다가 예술가가 사물의 전형적인 특징을 잘 드러내려면 반드시 그 특징을 담아내는 독특한 부분을 포착하여야 한다. 이는 모든 인물이 천편일률적으로 똑같을 수 없듯이 각자가 지닌 독특한 특징을 반영할 때 특히 더 닮았다고 느낄 수 있기 때문이다. 그 특징이 되는 부분을 찾아야 형사를 한 바탕에 정신까지 표현해낼 수 있다. 인물화를 그릴 때처럼 우주만물의 어떤 물상에도 그 특징을 지닌 부분이 있게 마련이다. 뛰어난 예술가라면 그 독특한 부분까지 담아낸 형사 특징을 잘 찾아낼 수 있어야 한다. 이렇게 해야 창작대상의 심태를 독자의 눈앞에 제대로 드러낼 수 있다. 형사의 작품을 구현하려면 창작 대상의 본질적 특징을 파악해야 하기에 반드시 깊이 있는 관찰과 연구가 수반되어야 한다.[88]

중국의 어떤 학자는 문예창작의 '전신'이론을 세 가지 각도, 즉 '초형超形(형상 초월)', '솔의率意(마음대로 함)', '박졸樸拙(투박함)'로 정의하였다.[89] 이 세 가지를 소식의 '전신'이론에 적용해보면, '초형'은 '수물부형'의 형사론에 근거하여 볼 때 소식의 문예창작정신에 부합하지 않고, '박졸'은 '달의達意'의 문질병중론文質竝重論에 근거하여 볼 때 소식의 문예창작관념에 합치되지 않는다. 따라서 '솔의'가 그의 '전신'이론에 어울린다고 할 수 있다.

문인들은 그림을 종종 필묵 유희로 여겨 흥취에 따라 그려낼 뿐 화법에 전혀 구속되지 않았다. 어떤 화가는 도장에 문자를 새기는 행위를 도취한 후에야 하였다고 한다. 여기서 말하는 도취함이란 술에 취한다는 의미이기보다는 자연에 대한 도취상태라 하겠다. 이른바 구양수가 "취옹의 뜻은 술에 있는 것이 아니라 산수자연 사이에 있다"[90]라고 말한 것과 같은 이치이다. 따라서 문인 화가들은 대부분 감정에 쉽게 얽매였기에 "도취되었다 하면 흥취가 일었다가도 (…중략…) 잠깐 사이에 바람처럼 지나가 버리기도 한다"[91]라고 한 것이다. 이러한 붓 가는 대로 마음 내키는 대로 그리는 행위가 우연적인 발로에 의한 것

---

88 張少康, 『中國古代文學創作論』, 台北 : 文史哲出版社, 1991, 190～191쪽.

89 鄒曉, 「傳神論與中國文人畫」『汕頭大學學報(人文科學版)』(제16권 제4기, 2000), 25～27쪽.

90 『歐陽修全集』(北京 : 中華書局, 2001) 『居士集』 권40, 「醉翁亭記」, 276쪽. "醉翁之意不在酒, 在乎山水之間也."

91 『中國畫論類編』(兪劍華, 上海 : 上海人民美術出版社, 1984년), 188쪽. "醉輒興發 (…중략…) 頃刻颯颯可了."

인가 하면 절대 그렇지 않다. 이는 화가가 평상시에 만물의 온갖 정태靜態와 동태動態를 자세히 관찰하여 절로 얻은 결과라 하겠다. 소식이 그린 〈고목괴석도권古木怪石圖卷〉[92]은 붓놀림이 두루뭉술하고 울퉁불퉁하여 마치 울분이 쌓여 평안하지 않은 느낌을 전달해준다. 그 자신이 이 작품에 대해 '돌에 자신의 정신을 전하였다與石傳神'라고 한 것처럼, 그림을 보는 사람이라면 화가가 자아의 인격을 그 돌에 담아 그려내었다는 사실을 어렵지 않게 알 수 있다. 이는 자연 경물景物에 자신의 가슴속 응어리를 담아낸 놀라운 기교인 것이다. '솔의'는 일종의 특수한 창작 심리인 것이다.

이렇듯, 화가가 필묵을 부리는 과정 중에서 추구한 것은 예술 심미경계이며 정신 초탈 상태이다. 즉흥적이면서 마음대로 하는 행위는 문인예술의 창작 특징이다. 그 중에 걸출한 것은 종종 '정신이 그 손을 빈다神假其手'라는 칭송을 듣기도 한다. 그러나 이렇게 한 순간에 마음을 그려낸 작품의 배후에는 오랜 수련과 물상에 대한 관조와 깨달음이 존재한다.[93] 작가의 오랜 문예 수양을 거쳐 '안중지죽眼中之竹'은 바야흐로 '흉중지죽胸中之竹'으로 변할 수 있는 것이다. 화가가 종이에 손을 대고 책상에 임할 때 '흉중지죽'은 바야흐로 낭중영탈囊中穎脫하듯 붓끝에 표현되어 '지상지죽紙上之竹'으로 생동감 있게 종이 위에 그려지는 것이

92 衣若芬, 『蘇軾題畫文學硏究』, 台北 : 文津出版社, 1999, 139쪽.

93 이러한 수련과 깨달음은 마치 莊周의 '胡蝶夢' 고사처럼 나비가 나인지 내가 나비인지 物我가 하나가 된 상태와 같다. 南宋의 화가들이 풀벌레를 그리면서 "내가 풀벌레인지 풀벌레가 나인지 모르겠다[不知我爲草蟲, 草蟲爲我]"라고 말하기도 하였다. 이는 老子가 "도가 사물이 되는 것은 눈 깜빡이는 순간이다[道之爲物, 惟恍惟惚]"라고 말한 것과 일치한다. 이로 말미암아 齊白石은 그림 그리는 대상에 대하여 "묘법은 비슷함과 비슷하지 않음 사이에 있다[妙在似與不似之間]"라는 이론을 이끌어내었다.

다. 이것은 일종의 영적인 순간이 고도로 발휘된 것이다. 마음 가는 대로 붓을 놀려 순간적으로 얻어진 결과는 장기간의 수련과정이 쌓여야 가능한 일이다. 작가가 마음속에 떠오른 생각을 자유로이 그려낸 것임에도 불구하고 기막히게 손으로 그려낸다는 것은 정말 쉽지 않을 것이다. 그래서 장자는 오랜 수련과정이 거치고서야 비로소 "정신으로 대하지 눈으로 보지 않고, 감각에 의해 움직이는 지각능력이 멈추고 신욕神欲(손이 가는 대로 내버려두어도 무심히 체득한 경지)이 행해진다"[94]라고 말하였다. 이러한 경지에 도달하면 작가의 손과 마음의 거리가 전혀 없고 기술로부터 비롯된 제약도 절로 사라진다. 이는 마치 포정庖丁이 소를 가를 때 "두께가 없는 칼로 틈 속에 넣는 것이어서 여유로움은 그 칼날이 노닒에 반드시 여유가 있는 것이다"[95]라고 한 말과 같다. 이러한 경지는 마음의 상태를 표준으로 삼아 창작상의 우연한 감흥이나 흥취로 발휘되는 기막힌 필연이다. 이 경지에서 예술 기법에 의한 심령의 제약이나 구속은 완전히 사라진다. 화가는 비로소 충만한 자신감으로 필묵을 자유로이 운용하여 붓을 내려 그리니 천연의 아름다움을 작품에 듬뿍 담아낼 수 있는 것이다.

이상과 같이 소식의 '전신' 이론에 대하여 알아보았다. 이를 종합해보면, 세 가지 측면으로 정리할 수 있겠다.

그 하나는, 문예 창작은 객관 물상의 신태神態를 전달해야 한다는 점

94 『莊子集釋』(郭慶藩 集釋, 台北 : 貫雅文化事業公司, 1991) 內篇第三「養生主」, 119쪽. "以神遇不以目視, 官知止而神慾行."

95 위의 책, "恢恢乎其於遊刃, 必有餘地矣."

이다. 소식은 「시인의 사물 묘사에 대해 평함評詩人寫物」에서 다음과 같이 말하였다.

> 시인은 사물을 그려내는 공이 있어야 한다. 『시경詩經·위풍衛風·맹氓』에서 "뽕나무 잎 떨어지기 전엔 그 잎새 싱싱하였지"라고 하였다. 다른 나무에는 아마도 이런 표현이 적당하지 않을 것이다. 임포林逋는 「매화梅花」라는 시에서 "공허한 그림자는 횡으로 길게 비스듬하고 물은 맑고도 얕은데, 그윽한 향기는 물 위에 떠 흔들리고 달은 누르스름하구나"라고 하였다. 이는 결코 복숭아와 자두를 묘사한 시가 아니다. 피일휴皮日休는 「백련白蓮」이라는 시에서 "무정하게도 한이 서린 그 모습 누가 보려나, 달 기우는 새벽녘 부드럽고 맑은 바람속에 어느새 꽃 지려 하는데"라고 하였다. 이는 결코 홍련紅蓮을 표현한 시가 아니다. 이것이 바로 사물을 그려내는 공功이다. 석만경石曼卿은 「홍매紅梅」라는 시에서 "복숭아인가 했더니 녹색 잎 없고 은행과 구별해서는 푸른 가지가 있구나"라고 하였다. 이는 매우 비루한 말이다. 이것이 아마도 어의가 천박하고 직설적인 시골의 시체일 것이다.[96]

이는 소식이 원우元祐 3년 그의 아들 소과蘇過에게 사물을 어떻게 그리는 것인지를 가르친 내용이다. 위 글에서 인용한 피일휴의 시는 실은 육구몽陸龜蒙의 「백련」 시이다. '사물을 그려내는 공寫物之功'은 물상을 체득하여 그 정신을 전한다는 의미이다. 각기 다른 사물의 남다른

---

96 『蘇軾文集』 제5책 권68, 「評詩人寫物」, 2143쪽. 이 문장은 蘇軾 53세(1088년 12월)에 지은 작품이다. "詩人有寫物之功. '桑之未落, 其葉沃若.' 他木殆不可以當此. 林逋「梅花」詩云: '疏影橫斜水清淺, 暗香浮動月黃昏.' 決非桃, 李詩. 皮日休「白蓮」詩云: '無情有恨何人見, 月曉風清欲墮時.' 決非紅蓮詩. 此乃寫物之功. 若石曼卿「紅梅」詩云: '認桃無綠葉, 辨杏有青枝.' 此至陋語, 蓋村學中體也."

특징을 파악해야만 그 사물의 내재적 신운神韻을 전달해낼 수 있다. '뽕나무 잎 떨어지기 전엔 그 잎새 싱싱하였지'라는 시구는 『시경 · 위풍 · 맹』에 보이는데, 시인은 뽕나무 열매의 포만함과 뽕나무 잎의 윤택함으로 젊고 아름다운 여인을 비유하고 있다. 임포의 시구는 황혼녘의 달과 맑고 얕은 물이 서로 어울려 돋보이며 공허한 그림자와 그윽한 향기로 매화의 깨끗하고 고아한 신태神態와 품격品格을 전달해내어 독자로 하여금 읽으면 읽을수록 더욱 감칠맛 나게 한다. "무정하게도 한이 서린 그 모습 누가 보려나, 달 기우는 새벽녘 부드럽고 맑은 바람 속에 어느새 꽃 지려 하는데" 하는 시구는 하얀 연꽃만이 지닌 고아高雅하고 청려淸麗한 신운神韻을 지니고 있다. 이 세 가지 예는 '전신'을 잘 표현한 가작佳作이라 하겠다. 그러나 석만경의 「홍매」라는 시는 홍매를 복숭아와 자두에 비유하여 푸른 가지와 초록 잎이 있느냐 없느냐를 가지고 구별한다고 하였다. 이는 오로지 형사에만 얽매인 것으로 홍매의 신운神韻을 파악하지 못한 것이다. 그래서 소식은 홍매의 정신을 전하지 못한 이 작품을 천박하다고 폄하한 것이다.

두 번째로는, 문예창작에는 '초이상외超以象外(물상 밖을 뛰어넘음)' 하는 원운遠韻이 있어야 한다는 점이다. '원운'은 바로 '신사'를 구현한 자연스런 결과라 하겠다. 말은 다함이 있으나 의미는 끝이 없으니, '초이상외'의 무한한 시공간 속에서 사람들에게 무한한 느낌과 여운을 준다. 이것이 바로 '원운'이다. 소식은 시가 창작 중에서 '원운'에 대한 추구를 표현해내었다. 청대淸代 방동수方東樹는 "소동파의 시에는 매번 시편이 끝난 뒤에 항상 원경遠境이 남는데 남이 예측할 바가 아니다. 시편 가운데 예측하지 못한 원경이 있으니, 그 일단이 홀연히 하늘 밖으로부터 꽂혀와 가슴속에 없던 바를 찾아낸다. 황정견黃庭堅이 시구에서 원경遠境을 찾던 것과는 달랐다"[97]라고 말하였다. 소식이 64세에 담주儋州에서 지은 「종필 삼수縱筆 三首(之二)」에서 "동네 어르신들이 검은 두건 쓴 서생을 다투어 쳐다보네. 일찍이 재상의 반열에 올랐던 몸일 테지. 시냇가 옛길 삼거리, 지는 해 보며 홀로 서 있자니 지나가는 이 몇 사람일세"[98]라고 하였다. 첫 두 구는 시인이 문을 막 나설 때 많은 사람들이 그를 둘러싸 보는 상황을 말하고 있다. 그가 지금은 은둔자나 일반 서생처럼 검은 두건을 쓰고 있지만 사람들은 그가 일찍이 고위 관직을 지냈던 사람이란 것을 알고 있다. 사람들이 그를 가까이 함은 그에게 한편 자긍심을 갖게도 하지만 지난날을 떠올리면 회한과 슬픔이 없을 수 없다. 이 두 구는 시끌벅적함 속의 적막함, 호방함 속의 처량함을 잘 표현하고 있다. 마지막 두 구는 오로지 적막함을 기술하여 더욱 처량하게 한다. 한 차례 떠들썩한 풍경 뒤에 그려진 스산한 분위기를 통해 시인의 적막한 처지를 짐작할 수 있겠다. 시인은 일없이 한가로이 해질 녘 광경을 삼거리에서 쳐다보고 있고 행인 몇 사람이 그 옆을 지나간다. 그 처량함과 슬픔이 절로 읽는 이에게 고스란히 전달된다. 시구에는 물상만을 묘사하고 의론도 없고 정감도 내보이지 않고 게다가 '적막寂寞'이나 '비량悲凉'이란 글자를 드러내지 않으면서도 적막함과 처량함이 묘사하는 경계 가운데 그대로 듬뿍 담겨 있다. 따라서 이 시는 깊은 감

97 『昭昧詹言』 권11; 『蘇軾資料彙編』(四川大學 中文系 唐宋文學硏究室 편, 北京 : 中華書局, 1994) 上編四 , 1469쪽 재인용. "坡詩每於終篇之外, 恆有遠境, 非人所測. 於篇中又有不測之遠境, 其一段忽自天外插來, 爲尋常胸中所無有. 不似山谷於句上求遠也."

98 『蘇軾詩集』 제7책 권42, 「縱筆三首(之二)」, 2328쪽. "父老爭看烏角巾, 應緣曾現宰官身. 溪邊古路三叉口, 獨立斜陽數過人."

정과 원운遠韻을 담은 훌륭한 작품이라 하겠다.

세 번째로는, 문예창작은 '공정空靜'의 심태를 지녀야 한다는 점이다. 소식은 「참료사를 보내며送參寥師」라는 시에서 "시어를 교묘하게 하려들 하지만, 공허하고 고요함은 싫증나지 않는 법이지. 고요하니 온갖 움직임이 끝맺고, 공허하니 수많은 경지를 받아들이네"[99]라고 하였다. 산사의 스님들이 공허함과 고요함을 추구하듯이 시인 역시 그러한 상태를 그리워한다. 시인의 마음이 정경靜境에 처할 때 비로소 동경動境의 간섭에서 벗어나 만물의 변화를 통찰할 수 있고 허공虛空에 임할 때 비로소 선입견에 사로잡히지 않아 온갖 묘경妙境을 받아들일 수 있다. 이러한 상태에 이르러야만 비로소 물상을 체득하여 정신을 전할 수 있는 작품을 써낼 수 있다. 만약 마음을 공허하고 고요하게 하려면 우선 번잡한 세상사의 일들에서 벗어나 심신을 한가롭게 해야 할 것이다. '한일閑逸'에서 '공정空靜'이 있고 '공정'에서 '묘경妙境'과 '원운遠韻'이 있다. 소식이 강조한 문예창작과정 중의 '공정' 심태心態는 바로 무아지경에 달하여 만물의 본성을 터득한 경계일 것이다. 예술가의 입장에서, 잡념을 제거하고 공정의 심태를 유지한다면 최고의 예술 경지에 도달했다 말할 수 있겠다.

소식은 '전신'과 '신사'를 위주로 형신이 함께 갖추어지기를 주장하였다. 그는 회화이론의 '전신' 개념을 수용하여 시문의 창작이론으로 새로이 해석하였다. 눈에 보이는 현상이 사물의 본질을 전형적으로 드

99 『蘇軾詩集』 제3책 권17, 「送參寥師」, 906쪽. "欲令詩語妙, 無厭空且靜. 靜故了群動, 空故納萬境."

러낸다고는 꼭 말할 수 없다. 따라서 형사만 고집하면서 신사를 홀시한다면 사물의 본질을 제대로 드러낼 수 없다. 그는 고개지의 '이형사신以形寫神'이라는 '전신' 이론을 계승하여 세 가지 관점을 도출해내었다. 그것은 바로 인물을 그릴 때 뺨과 눈이 중요하다는 것, 그 사람의 자연스러운 천연의 정신세계를 보여주어야 한다는 것, 개인의 특징을 드러낼 수 있는 부분을 파악해서 그려내야 한다는 것 등이다. 이러한 관점에 기반을 두고서 소식은 문예창작에 있어서 '전신'을 구현해내기 위하여 다음과 같은 세 가지를 특별히 중시하였다. 첫째, 문예창작은 객관물상의 정신을 잘 전해야 한다. 둘째, 문예창작은 '초이상외超以象外'의 원운遠韻이 있어야 한다. 셋째, 문예창작은 '공정空靜'의 심리상태를 드러내야 한다.

소식의 '전신' 이론이 일시에 성행하자, 북송 말 등춘鄧椿은 회화는 '그 모습을 곡진히 다 드러내야 한다曲盡其態'라고 주장하면서 "곡진히 하는 방법은 다만 한 가지일 뿐이다. 그 한 가지는 무엇인가? 바로 전신일 뿐이다"[100]라고 주장하기도 하였다. 문인화 기법에서 '전신'을 유일한 화법으로 여기게 되면서 화가들의 '전신'에 대한 인식은 더욱 심화되었다. 이로 인해 그림은 필히 정신을 전해야 한다는 관념이 노골화되었으며, 시문 창작에도 '전신傳神'과 '의경意境'을 특히 강조하였다.

100 『中國畫論類編』, 38쪽. "所以能曲盡者, 止一法耳. 一者何也?曰 : 傳神而已矣."

3. 노년 시기의 창작이론 – '달의達意'

소식의 '달의達意'이론은 공자孔子로부터 비롯되어 한유韓愈에 의해 논의된 바를 새롭게 정립한 것이다. 따라서 공자와 한유의 이론을 살펴보는 것이 소식 '달의'이론의 특징과 차별점을 극명하게 이해하는 토대가 된다.

공자는 내용과 형식 관계를 언급할 때 "질박함이 문채로움보다 두드러지면 거칠게 되고, 문채로움이 질박함보다 두드러지면 형식적인 것이 된다. 문文과 질質이 잘 조화되어야 군자君子라고 할 수 있겠다"[101]라고 하여, 내용이 형식을 결정하고 형식은 내용에 이바지해야 한다고 여겨서 양자가 완벽하게 결합하기를 주장하였다. 이른바 '문질빈빈文質彬彬'은 하나의 미학적 기초가 되어 이후 모든 문예이론은 거의 이로부터 비롯되어 그 범주를 크게 벗어나지 않았다고 해도 과언이 아니다. 하지만 그가 "언어로 자신의 포부를 충족시킬 수 있고 문사로 자신의 언어를 충족시킬 수 있다. (…중략…) 말에 문사를 이루지 않으면 유통되어도 멀리 퍼지지 않는다"[102]라고 말한 것으로 볼 때, 형식문제에 대해서도 소홀히 여기지 않았음을 알 수 있다. 언어는 내심을 표현하는 도구로서 수사적 측면을 홀시할 경우 속마음을 충분히 표현할 방법이 없다. 공자가 직접적으로 '문질文質'과 '언문言文'의 관계를 연계한

101 『論語・雍也』, 『十三經注疏』 제8책, 54쪽. "質勝文則野, 文勝質則史. 文質彬彬, 然後君子."

102 『左傳・襄公25年』, 『十三經注疏』 제6책, 623쪽. "言以足志, 文以足言. (…중략…) 言之無文, 行而不遠."

적은 없지만 그 의미맥락상 일관성을 지니고 있다. 따라서 후대의 문학가들은 자연스레 '문질' 두 글자를 문학작품의 형식과 내용을 지칭하는 단어로 사용하였다. 다만 『논어論語』 속에 공자가 이러한 문제에 대해 언급한 말들을 고찰해보면 그는 내용적인 측면을 더욱 중시했음을 알 수 있다. 자하子夏가 "'예쁜 웃음에 보조개가 예쁘며 아름다운 눈에 눈동자가 선명함이여! 그 바탕에 화장을 하는구나!'라고 하였는데, 무엇을 말한 것입니까巧笑倩兮, 美目盼兮, 素以爲絢兮 何謂也?"라고 물었을 때, 공자는 "그림 그린 후에 흰 칠을 한다繪事後素"라고 대답하였다.[103] 이로 볼 때, 그가 내용을 더욱 강조하였음을 알 수 있다. 그는 "덕이 있는 자는 반드시 훌륭한 말씀이 있지만, 말을 잘하는 자라 해서 반드시 덕이 있다고 단정할 수 없다"[104]라고 말하면서 언변이 유창한 사람의 인품에 대해 회의적인 생각을 지녔다. 다시 말해서, 부염한 수사기교를 반대한 것이다. 그는 또한 "자주색이 붉은 색을 탈취하는 것을 싫어하고, 정성鄭聲이 아악雅樂을 어지럽히는 것을 싫어하며, 말 잘하는 입이 나라를 뒤엎는 것을 싫어한다"[105]라고 말하여 부정적인 의견을 분명히 밝히면서 지나친 수사를 싫어하였다. 이 때문에, 그가 사람들에게 "문사에 신중해야 한다愼辭也" 또는 "문사는 공교하고자 한다辭欲巧"[106]라고 훈계한

103 『論語 · 八佾』, 『十三經注疏』 제8책, 26~27쪽. '繪事後素'에 관하여, 두 가지 해석이 있다. 漢代 鄭玄은 옛 畫法에 기초하여 여백과 그림의 윤곽을 보다 명확히 나타내기 위하여 그림 선과 여백 사이에 먹물을 뺀 붓으로 덧칠을 하였다는 의미에서 "그림 그린 후에 흰 칠을 한다"라고 하였고, 宋代 朱熹는 예전에는 製紙術이 발달하지 못하여 종이에 틈이 많아서 그림을 그리려면 먼저 종이에 흰 바탕칠을 하고서야 그림을 그릴 수 있었다는 의미에서 "그림 그리는 일은 흰 바탕을 칠하고 나서 하는 것이다"라고 하였다. 본 해석은 정현의 해석을 따랐다.

104 『論語 · 憲問』, 『十三經注疏』 제8책, 123쪽. "有德者必有言, 有言者不必有德."

105 『論語 · 陽貨』, 『十三經注疏』 제8책, 157쪽. "惡紫之奪朱也, 惡鄭聲之亂雅樂也, 惡利口之覆家邦者."

106 『禮記 · 表記』, 『十三經注疏』 제5책, 920쪽.

것이다. 만약 의미가 완전히 표현되었는데도 수사에 공을 들인다면 이는 '교언巧言'에 불과할 따름이다. 공자는 "공교한 말은 덕을 어지럽힌다巧言亂德"[107]라고 말하였다. 그는 시를 읽을 때에도 "시를 배우지 않으면 더불어 말할 수 없다"[108]라고 하였고, "『시삼백詩三百』을 외우면서도 정치를 맡겼을 때에 제대로 해내지 못하고, 사방에 사신으로 나가 혼자서 처결하지 못한다면, 비록 많이 외운다 한들 어디에 쓰겠는가誦詩三百, 授之以政, 不達; 使之四方, 不能專對; 雖多, 亦奚以爲?"라고 하였다. 그 의미는 배움에 실용성을 강조한 것으로 언어의 수사기교를 강조한 것이 아니다.

이로 볼 때, 공자가 '사달辭達'을 주장한 진정한 의미가 분명해진다. 『논어・위령공衛靈公』에서 "말은 통하면 그뿐이다"[109]라고 한 말은 공자가 내용을 중시하면서도 형식적인 수사 방면 '사辭'를 홀시하지 않았음을 설명한 것이다. 작자는 '사'를 통해 자신의 정감과 사상을 표현하고 내용을 표현할 때 의미를 제대로 전달하는 데에 주안점을 두어야지 난삽하게 써서는 안 된다. 그는 화려한 수사에 대해 반대하고 더욱이 감정이나 의미 전달을 뛰어넘는 지나친 수사기교를 반대하였다. 이 때문에 공자의 '사달'은 후세 문인들의 눈에 질박한 문풍文風의 대명사였고 기본적으로 공자의 본의에 부합한다.

---

107 『論語・衛靈公』, 『十三經注疏』 제8책, 140쪽.

108 『論語・季氏』, 『十三經注疏』 제8책, 150쪽. "不學詩, 無以言."

109 『論語・衛靈公』, 『十三經注疏』 제8책, 141쪽. "子曰: '辭達而已矣'." 여기서 말한 '辭'는 '辭令'으로 言辭를 말하며 文辭를 지칭한 것은 아니다. 하지만 言辭와 文辭는 결코 근본적으로 다른 것이 아니라 말로 내뱉은 것이냐 글로 써낸 것이냐가 다를 뿐이다. 다만 '已'이라는 말은 '그치다[止也]'라는 뜻으로, 만족하여 멈춘다는 의미이니 그만두다[罷了]라고 해석된다. '~할 따름이다[而已矣]'라는 어기로 볼 때, "言辭는 의미를 전달하면 그 뿐이다"라고 풀이되며, 더 이상의 어떤 요구나 어떤 아쉬움도 없이 만족한다는 것이다.

공자가 이 말을 할 때는 그리 큰 의미를 담지 않았을 수 있지만 이로 인해 중요한 미학적 명제가 도출되었다. 즉, 문장(학술적 저술을 포함한 문장)과 일상 대화(제후諸侯와 응대하는 사령辭令)의 언어문자가 어떻게 해야 아름다울 수 있느냐는 문제이다. 공자의 이 말이 아무런 앞뒤 맥락 없이 기재되어 후대에 두 가지 상반된 해석이 있게 되었다. 이 구의 진정한 의미가 무엇이냐는 쟁론은 꾸준히 이천 년을 이어졌다. '경세치용經世致用'을 중시하는 경학가經學家와 정치가政治家들은 이 말에 근거하여 문사文辭는 다만 의미만 전달하면 되고 수사기교에 공을 들일 필요가 없다고 보았다. 예를 들면, 하안何晏(?~249)은 『논어집해論語集解』에서 공안국孔安國(생졸미상)의 말을 인용하여 "말은 통하면 충분하다. 미사여구에 괴로워하지 않는다"[110]라고 하였고, 사마광司馬光(1019~1086) 역시 하안의 견해와 같이 의사가 전달되었다면 거기서 멈추어야 한다고 주장하였다.[111] 그러나 심미적 측면을 중시하던 문학가文學家들은 문사로 의미를 제대로 전달한다는 것은 결코 쉬운 일이 아니며 상당한 문장 공부가 선행되어야 한다고 여겨서 공자가 이 글에서 강조한 것은 바로 수사기교의 중요성이라고 보았다. 그래서 그들은 "말은 통하면 그뿐이다辭達而已"라는 말과 "말에 문사를 이루지 않으면 유통되어도 멀리 퍼지지 않는다言之無文, 行而不遠"라는 말간의 모순을 융합하려고 시도하였다. 심미적 측면을 중시한 대표적 문인인 소식은 심미적 개념과 실용적 개념을 조화하고 형이상학적 개념을 빌려 이 양자를 뛰어넘고자 하였

110 위의 책, "辭, 達則足矣, 不煩文豔之辭."

111 『司馬文正集』(四部備要本, 宋・司馬光 撰, 台北 : 中華書局, 1966) 권10, 「答孔司戶文仲書」, 2쪽. "今之所謂文者, 古之辭也. 孔子曰: 辭達而已矣. 明其足以通意, 斯止矣, 無事於華藻宏辯也."

다.[112]

언사言辭가 화자의 뜻을 지나치게 표현하거나 모자라게 표현하거나 모두 공자에게는 만족감을 줄 수 없다. 공자는 언사에 관한 최고의 이상은 적절히 의미를 과불급過不及이 없이 표현해내야 하며 이러한 언사만이 가장 아름다운 언사라고 여겼다. 이 같은 점에서 『의례儀禮·빙례聘禮』 중의 "문사가 많으면 형식에 치우치고, 문사가 적으면 의미가 전달되지 못한다"[113]라는 말은 공자의 생각을 제대로 담아낸 것이라 하겠다. 공자가 과불급을 반대하는 철학적 기반에서 비롯되어 '문질빈빈'의 중용中庸을 실현한 군자상을 추구했듯이, 중화지미中和之美의 사상을 숭상했다는 것은 결코 이상할 것이 없다.

공자에서 한유韓愈(768~824)로 이어지는 그 사이에 공자의 사상을 계승하여 발전시킨 이들이 있었다. 양웅揚雄(B.C.53~A.D.18)은 "시인詩人의 부는 화려하되 법도가 있지만, 사인辭人의 부는 화려한 데다 도가 지나칩니다"[114]라고 말하여 당시와 후대에 크나큰 영향을 미쳤다. "시인의 부는 화려하되 법도가 있다詩人之賦麗以則"라는 의미는 시인詩人의 문사文辭가 화려하지만 절제가 있어서 내용 전달이라는 수요에 부합한다는 것이다. 양웅은 "굉장한 문장은 규범이 없고 하고자하는 대로 간다"[115]

112 劉若愚은 "蘇軾試圖和這兩者('言之不文, 行而不遠', '辭達而已矣'), 而將'文'和'質'解釋爲捕捉事物之微妙以及以文字加以表現的能力, 這種觀念是與文學的形上理論一致. 如此, 他調和了審美概念和實用概念, 而且, 藉着形上概念超越了這兩者."라고 말하였다. 劉若愚, 『中國文學理論』, 台北 : 聯經出版社, 1985~1998, 274~275쪽.

113 『儀禮·聘禮』, 『十三經注疏』 제4책, 285쪽. "辭多則史, 少則不達."

114 『揚子法言·吾子』, 『諸子集成』(北京 : 中華書局, 1993) 제7책, 4쪽. "詩人之賦麗以則, 辭人之賦麗以淫." '淫'은 과분하다는 의미이고, '則'은 '淫'과 대비되어 절제되어 적합하다는 의미이다.

115 揚雄, 鄭萬耕 校釋, 『太玄校釋』(北京 : 北京師範大學出版社, 1989) 권4. "宏文無範, 恣意往也."

라고 말하기도 하였지만 그의 창작은 결코 그의 말을 실천하지는 못하였다. 따라서 그의 이 관점은 후대 사람들에게 중시 받지 못하였다. 후에 유협劉勰(465경~532경)이 『문심조룡文心雕龍·종경宗經』에서 주장한 "문장은 화려하지만 지나치지 않는다"[116]라는 말은 이를 이어받은 것이다. 육기陸機(261~303)는 『문부文賦』에서 "문체는 다양함이 있고 물상은 일정한 표준이 없다體有萬殊, 物無一量"라고 말한 적이 있는데, 이 역시 "객관 사물은 제각기 각양각색이고 자연 만물은 일정한 형상이란 없다"라고 풀이될 수 있다. 이 때문에 그가 "문사文辭가 표현되면서 문리文理도 드러난다辭達而理擧"라고 한 말은 항상 "문의文意가 물상物象을 완벽하게 표현하지 못하고 문사文辭가 문의에 제대로 도달하지 못한다意不稱物, 文不逮意"라는 것을 우려하여 "의당함에 연유하여 변화에 맞추다因宜適變"라는 탁견을 제시한 것이다.[117]

이 같은 토대 위에서, 한유는 훌륭한 문사 형식은 하나로 정의 내릴 수 없는 다양성을 지녔다고 보았다. 그의 이러한 생각은 "말은 통하면 그뿐이다辭達而已"라는 논조에 대해 한 걸음 더 발전시키는 공헌을 하였다. 어떤 이가 한유에게 "문장은 쉬어야 합니까? 어려워야 합니까文宜易, 宜難?"라고 묻자 그는 "어렵고 쉬움이 없이, 다만 (문사가 내용에) 적합하면 될 따름이다無難易, 惟其是爾"[118]라고 대답하였다. 왕우칭王禹偁(954~

116 (梁)劉勰, 王更生 註釋, 『文心雕龍讀本』(台北 : 文史哲出版社, 1991) 상책, 「宗經」 제3편, 35쪽. "文麗而不淫."

117 (晉)陸機 撰, 張少康 集釋, 『文賦集釋』(台北 : 漢京文化事業公司, 1987), 1・71・150쪽.

118 韓愈 撰, 屈守元, 常思春 主編, 『韓愈全集校注』(成都 : 四川大學出版社, 1996), 「答劉正夫書」. 여기서의 '是'자는 역대로 해석이 분분하다. 어떤 이는 '是非'의 '是'로 보아 정확하고 합리적인 내용을 가리킨다고 보았다. 劉熙載(1813~1881)는 "'是'자의 주석에는 두 가지가 있는데, 바르다는 것과 참되다는 것이다.('是'字註脚有二: 曰正, 曰眞)"(『藝概』 권1, 「文概」, 21쪽)라고 여겨 내용적인 정확성뿐만 아니라 형식적인 합리성도 내포한다고 주장하였다. 문

1001)은 이 말을 인용하여 "나는 금문今文도 스승삼지 않고 고문古文도 스승삼지 않고 난해한 글도 스승삼지 않고 평이한 글도 스승삼지 않고 번다한 글도 스승삼지 않고 간소한 글도 스승삼지 않는다. 다만 적합한 것을 스승삼을 뿐이다"[119]라고 이해하였다.

한유의 창작과 결부하여 볼 때, 그의 산문은 이미 기험간심奇險艱深한 측면도 있고 평담천이平淡淺易한 측면도 있다. 그는 산구단행散句單行을 사용하면서도 변사여구騈辭儷句에도 부족함이 없었다. 그의 시 역시 완담婉淡한 소시小詩도 있고 대장對仗이 뛰어난 율시律詩도 있고 대우對偶를 중시하지 않고 구식句式이 산행散行으로 이루어진 압운押韻이 자유로운 시편詩篇도 있다. 수많은 사람들은 이것이 바로 한유 사상 속에 서로 대립되는 기험奇險함과 평담平淡함이 동시에 병존할 수 있던 까닭이라고 여겼다. 이는 정말 정확한 말이다. 한 사람의 사상은 환형 구조를 지녀서 사유는 항상 일관적인 규율에 준수한다. 따라서 어느 하나를 긍정하면서 그 반면을 긍정할 수 없다. 표면적으로 대립적인 양면이 반

자 어원상으로 볼 때, '是'자의 古文 자형은 '昰'자인데, 『說文』에서는 이를 "'곧다'라는 뜻이다. '日'과 '正'으로 이루어져 있다[直也, 從日正]"라고 풀이하였다. "해가 똑바르다[日正]"라는 의미에서 '곧다'라는 의미가 되었고, 햇빛의 '곧음'에서 인신되어 도덕적인 의미인 '정직하다', '정확하다'라는 의미가 되었으며, 내용이 정확하다는 의미에서 형식이 합리적이라는 의미로 확대 해석되었다. "다만 적합하면 될 따름이다[惟其是爾]"에서의 '是'는 바로 이를 의미한다. 그 주어 '其'는 바로 앞에서 언급한 '文', 즉 문장의 文辭를 가리킨다. 이외에도, 어떤 이들은 '是'를 판단동사로 풀이하였다. 이러한 언어 현상이 上古시대에 이미 출현하였고 中古시대 이후에는 더 자주 보인다. 판단동사 '是'의 의미에서 내용상의 인가, 긍정, 적합 등의 의미로 인신되었다. 이를 앞의 질문에 대입하여 고찰해보자면, "다만 적합하면 될 따름이다[惟其是爾]"라는 말은 "文辭가 내용에 적합하면 될 따름이다[惟視文辭相稱於內容]"라는 의미로 풀이된다. 역사적 고찰을 통해서도 이러한 논리를 인증할 수 있다.

119 『小畜集』(『徐公文集, 河東先生集, 小畜集』, 宋・徐鉉, 柳開, 王禹偁 外, 台北 : 台灣商務印書館, 1979년) 권18, 「答張扶書」. "吾不師今, 不師古, 不師難, 不師易, 不師多, 不師少, 惟師是爾." 이 글에서 王禹偁은 "如能遠師六經, 近師吏部, 使句之易道, 義之易曉"라고 하였는데, 韓愈가 말한 '是'는 바로 六經이라고 주장하였다.

드시 더 심층적인 측면에서 통일되어야 한다. 한유韓愈의 작품은 형식 측면에서 '기奇'와 '이易'의 두 가지 특징을 지니고 있는데, 이는 한유가 '기'와 '이'를 동시에 추구했다는 것이 아니라 매 작품의 독특하고 구체적인 내용에 따라 추구한 것이 달랐음을 알 수 있다. '기'와 '이'는 "어렵고 쉬움이 없이 다만 문사가 내용에 적합하면 될 따름이다文無難易惟其是"라는 하나의 꽃받침 속에서 핀 두 개의 아름다운 꽃송이라고 말할 수 있다.

그러나 한유 이후 문학계 흐름이 성병聲病과 대우對偶에만 신경 쓴 작품을 뛰어나다고 여기고 전고典故를 즐겨 쓰면서 오대五代 문풍文風 역시 유미번미柔媚繁靡함을 최고로 삼는 풍조가 만연하였다. 그래서 북송北宋 초기 문학창작영역은 내용에서 형식까지 새로이 반성하고 탐색하는 단계에 처하였다. 북송 이래로 가장 먼저 '사辭'의 개념에 대하여 고민했던 이는 유개柳開(947~1000)와 왕우칭王禹偁(954~1001)이다. 유개는 공맹孔孟의 깃발로 당시 문단의 부미浮靡한 문기文氣와 간삽艱澀한 언사言辭를 바로잡고자 하였지만 언어문자가 지닌 형식적 특성을 제대로 인식하지 못하였기 때문에 이론적으로 편견에 치우칠 수밖에 없었고 특히 형식을 경시하는 경향을 보이기도 하였다.[120] 왕우칭은 '도道'와 '사辭', 즉 '질質'과 '문文'의 문제를 초보적으로 해결하였다. 그가 "문구를 쉽게 말하고 의미를 쉽게 밝힘易道易曉"[121]라고 한 주장은 소식 '달의'이

120 柳開, 『河東先生集』 권1, 「應責」. "古文者, 非在辭澀言苦, 使人難讀誦之; 在於古其理, 高其意, 隨言短長, 應變作制, 同古人之行事, 是謂古文也. (…중략…) 吾之道, 孔子, 孟軻, 揚雄, 韓愈之道, 吾之文, 孔子, 孟軻, 揚雄, 韓愈之文也."

121 王禹偁, 『小畜集』 권18, 「答張扶書」. "夫文, 傳道而明心也. 古聖人不得已而爲之也. 且人能一乎心至乎道, 修身則無咎, 事君則有立. 及其無位也, 懼乎心之所有, 不得明乎外, 道之所畜, 不得傳乎後, 於是乎有言焉; 又懼乎言之易泯也, 於是乎有文焉. 信哉不得已而爲之也! 既不得已而爲之, 又欲乎句

론의 선성先聲이라 볼 수 있다. 하지만 그는 불행히도 정치적으로 세 번이나 귀양을 가는 불우한 처지에 있어서 구양수처럼 조정의 중신으로 후진 학자를 선발하고 문단을 영도하는 위치에 있지 못하여 그의 영향은 한계가 있었고 당말오대唐末五代의 나쁜 문풍文風을 근본적으로 바꿀 수 없었다.

소식은 공자의 정신을 이어받아 '사달이이辭達而已'라는 명제에 내포된 미학 사상을 발전시켜 그만의 독특한 '달의達意'이론을 주장하였다. 게다가 장단長短과 강유剛柔가 그 마땅함을 유지하여 변화의 이치를 따른다는 장자의 사상을 흡수하였다.[122]

소식의 '달의'이론은 그의 「건수 유괄에게 답한 한 수答虔倅兪括 一首」, 「왕상에게 준 서신與王庠書」, 「사민사 추관에게 준 서신與謝民師推官書」 등에서 자세히 살펴볼 수 있다.

> 공자께서는 "글은 뜻이 전달되면 그뿐이다"라고 말씀하셨습니다. 만물은 본디 이러한 이치가 있습니다. 이를 모를까 걱정하지만, 안다고 해도 입과 손으로 전달할 수 없음을 걱정합니다. 이른바 글이란 이러한 이치를 전달할 수 있으면 될 따름입니다.[123]

之難道邪? 又欲乎義之難曉邪? 必不然也. (…중략…) 近世爲古文之主者, 韓吏部而已. 吾觀吏部之文, 未始句之難道也, 未始義之難曉也. (…중략…) 故吏部曰: '吾不師今, 不師古, 不師難, 不師易, 不師多, 不師少, 惟師是爾.' (…중략…) 如能遠師六經, 近師吏部, 使句之易道, 義之易曉, 又輔之以學, 助之以氣, 吾將見子以文顯於時也."

122 『莊子集釋』 外篇 第十四 「天運」, 504쪽. "吾又奏之以陰陽之和, 燭之以日月之明; 其聲能短能長, 能柔能剛; 變化齊一, 不主故常; 在谷滿谷, 在阬滿阬; 塗卻守神, 以物爲量. 其聲揮綽, 其名高明. 是故鬼神守其幽, 日月星辰行其紀. 吾止之於有窮, 流之於無止. 予欲慮之而不能知也, 望之而不能見也, 逐之而不能及也."

전후로 보여주신 글들은 모두 옛 작가의 풍력風力이 있고 대체로 말하시고자 한 뜻을 말씀하신 것이라 하겠습니다. 공자께서는 "글은 뜻이 전달되면 그 뿐이다"라고 말씀하셨습니다. 글은 뜻이 전달되는 데 이르면 거기서 멈추고 더 이상 보태어서는 안 됩니다.[124]

공자께서는 "말에 문식文飾이 없으면 행하여도 멀리 가지 못한다"라고 말씀하셨고, 또 "글은 뜻이 전달되면 그뿐이다"라고 말씀하셨습니다. 무릇 말은 뜻이 통하는 데서 그치면 마치 문채가 없을 것처럼 여겨지지만, 이는 결코 그렇지 않습니다. 사물의 기묘한 이치를 구하는 일은 바람을 매어두고 그림자를 붙들어 매는 것과 같아서 이러한 것들을 마음에 명확히 새길 수 있는 사람은 아마도 천만인 중에 한 사람 만나기도 어려울 것입니다. 하물며 입과 손으로 명확히 전달하는 일이야 어떠하겠습니까? 이것을 일러 글의 뜻이 전달되었다고 합니다. 글이 뜻을 전달할 수 있는 지경에 이르려면 문식은 아무리 써도 다 쓸 수 없습니다.[125]

첫 번째 서신은 59세(1094.8) 정주定州에서 혜주惠州로 가는 길에 쓴 글이고, 두 번째 서신은 60세(1095) 혜주에 폄적貶謫되어 있던 시기에 쓴 글이다. 특히, 세 번째 서신은 65세(1100.11)에 쓴 글로, 이때 소식은 해

---

123 『蘇軾文集』 제4책 권59, 「答虔倅俞括一首」, 1793쪽. "孔子曰: "辭達而已矣." 物固有是理, 患不知之, 知之患不能達之於口與手. 所謂文者, 能達是而已."

124 『蘇軾文集』 제4책 권49, 「與王庠書」, 1422쪽. "前後所示著述文字, 皆有古作者風力, 大略能道意所欲言者. 孔子曰: "辭達而已矣". 辭至於達, 止矣, 不可以有加矣."

125 『蘇軾文集』 제4책 권49, 「與謝民師推官書」, 1418쪽. "孔子曰: "言之不文, 行而不遠". 又曰: "辭達而已矣". 夫言止於達意, 卽疑若不文, 是大不然. 求物之妙, 如繫風捕影, 能使是物了然於心者, 蓋千萬人而不一遇也. 而況能使了然於口與手者乎?是之謂辭達. 辭至於能達, 則文不可勝用矣."

남도海南島에서 사면되어 북으로 돌아오는 길에 자신의 창작물을 들고 찾아온 사민사謝民師에게 자신의 창작이론을 피력하였다. 이 글에서 소식은 사민사의 시부詩賦와 잡문雜文에 대해 극찬을 하면서 자신의 창작 경험을 총괄하였다. 그는 남다른 심미관으로 글 속에서 공자의 '사달辭達'설을 자신의 뛰어난 견식으로 이해하였다.

소식이 문예 창작에 이루고자 했던 것은 바로 작가의 '의意(주제사상)'이다. 의미 전달이 문사의 목적이기 때문이다. 따라서 '의'를 어떻게 표현하느냐가 바로 문사가 해야 할 최고의 요건이다. 소식은 문예작품의 최고를 가리는 관건이 바로 '달의達意'를 해내느냐에 달려있다고 여겼다. 진정한 '달達'의 경지에 이르려면 작자는 풍부한 생활 경험과 기민한 관찰력에 의지해야 한다. 이른바 "마음에 명확히 새기는 것了然於心"은 작가의 객관세계에 대한 인식 능력을 가리킨다. "입과 손으로 명확히 전달하는 것了然於口與手"은 인지된 객관 현상을 어떻게 문예 형상으로 표현하느냐하는 문제이다. '외계 사물', '마음', '입과 손' 삼자의 통일이 문예 창작의 전체 과정이다. 소식은 글짓기의 목적이 깊이 있는 이해를 통한 의미 전달에 있다고 보았다. 소식의 '달의'이론은 문의文意만 중시한 것이 아니고 문사文辭도 중시한 말이다. '문文'과 '의意'가 통일되어야 진정한 미학이 완성된다. 그러나 '의'는 결코 입이나 손으로 손쉽게 표현해낼 수 있는 것이 아니고 외계 사물의 '물리物理'에 대한 깊이 있는 인식을 통해 가능한 일이다. 여기서 '이理(이치)'는 사물이 지닌 고유한 이치이고, '지知(지식)'는 '이'에 대한 주관적 반영, 즉 객관 사물의 형태 및 법칙에 대한 지식이고, '달達(의미 전달)'은 고도로 숙련된 문예 기교를 통해 주관적 '지'를 정확히 표현하고 '물物'의 본질을 깊이 있게 전달하는 것이다. 이 모든 과정을 귀결한 '달'은 객관 사물의 고유한 이치를 정확히 표현하기 위해 존재해야 한다. '사리'에서 '지'로 이어져 '달'에 이르고 '사리事理'로 귀착하는 것, 이른바 공자의 '사달'설은 소식의 '달의'이론을 거쳐 객관적 '사리'에 도달한다.[126] 소식의 '달의'이론을 공자의 말씀에 대한 하나의 해설로만 보는 것도 불충분하고 왕우칭王禹偁의 '이도이효易道易曉(문구를 쉽게 말하고 의미를 쉽게 밝힘)'설[127]을 단순히 답습한 것이라고 보는 것 역시 불충분하다. 왜냐하면 소식이 말한 '달의'이론의 심미적 함의가 다른 이들에 비해 매우 풍부할 뿐 아니라 그가 지닌 문예 사상의 남다른 창조성을 더욱 잘 표현해낸 말이기 때문이다.

소식이 세 통의 서신에서 언급한 '달의'이론은 세 가지 의미를 내포한다.[128] 첫째, '달의'가 작문의 기초이자 작문의 기본적 요건이란 점이다. 둘째, '달의'는 우선 '심달心達'해서 마음속에 문장으로 표현하고자 하는 사물의 이치를 명확히 해야 하고 마음속이 분명해져야 '구달口達'할 수 있어 명쾌하게 말할 수 있고 그렇게 되어야 '수달手達'할 수 있어서 글로 감정과 이치를 표현해낼 수 있다. 셋째, '사달辭達'이 문사文辭만을 가리켜 말한 것이 아니라 사물과 감정과 이치 세 가지를 동시에 전달할 수 있어야 한다. 즉, 객관 사물을 확실하게 반영하고 작자의 주관적 감정을 제대로 표현하고 정확한 사상인식을 지녀야 한다는 것이다.

---

126 『三蘇文藝思想』(曾棗莊, 台北 : 學海出版社, 1995), 28~29쪽.

127 『小畜集』(『徐公文集, 河東先生集, 小畜集』, 宋·徐鉉, 柳開, 王禹偁 外, 台北 : 台灣商務印書館, 1979년) 권18, 「答張扶書」. "吾不師今, 不師古, 不師難, 不師易, 不師多, 不師少, 惟師是爾. (…중략…) 如能遠師六經, 近師吏部, 使句之易道, 義之易曉."

128 童健, 「蘇軾散文'辭達'試論」, 『武漢教育學院學報』(제19권 제1기, 2000년 2월), 46~48쪽; 何玉蘭, 「蘇軾'辭達'說的創造性」, 『樂山師範學院學報』(2000년 제4기), 34~35쪽.

이것은 바로 소식이 글을 쓸 때 최고로 요구했던 것이었다.[129]

소식의 문예이론이 비록 '도'를 중시하기는 하지만 그의 문예이론을 면밀히 살펴보면 '도'를 중시했다기보다 '의意'를 중시했다고 보는 것이 타당하다. 소식이 말한 '달達'의 경계는 바로 작가의 '의'와 '문文'의 적합함이요 내면質과 외면文의 상호 호응이다. 그는 문사를 통해 자신의 생각을 전달할 것을 요구하면서 작가의 내면에 담긴 모든 의상意象이 자연스럽게 밖으로 표현될 때 비로소 최고의 작품이 된다고 여겼다. 따라서 작문의 요체는 '입의立意'가 최우선 과제이다. 그는 "뜻이 있어 말하고 뜻이 다해 말을 그치는 것, 이것이 천하의 지극한 말입니다"[130]라고 말하였고, "뜻이 세워지고 이치가 밝혀진다면 굳이 역사적 사실을 끄집어내어 부가할 필요는 없다"[131]라고 하였다.

소식의 '달의'이론은 장자莊子의 영향을 많이 받았다. 장자는 "세상 사람들이 도를 소중히 여기는 까닭은 책 때문이다. 책은 말을 늘어놓은 것에 불과하다. 하지만 말에는 소중한 데가 있다. 말이 소중히 여겨지는 까닭은 뜻 때문이다. 뜻에는 가리키는 바가 있다. 뜻이 가리키는 것을 말로는 전할 수 없다. 세상 사람들은 이로 인하여 말을 소중히 여겨 책을 전수한다"[132]라고 말하였는데, 이를 토대로 소식의 '달의'론이 이루어졌음을 알 수 있다. 그래서 장자張鎡(1153～?)는 "소식이 글 쓸 때

---

129 徐季子, 「東坡文談」, 『寧波大學學報(人文科學版)』(제9권 제3기, 1996년), 12쪽.

130 『蘇軾文集』 제1책 권8, 「策總敘」, 225쪽. "有意而言, 意盡而言止者, 天下之至言也." 이 문장은 소식 26세(1061년)에 지은 작품이다.

131 『蘇軾文集』 제5책 권69, 「跋先君與孫叔靜帖」, 2192쪽. "意立而理明, 不必覓事應副." 이 문장은 소식 48세(1083년)에 지은 작품이다.

132 『莊子集釋』(淸 · 郭慶藩 集釋, 台北 : 貫雅文化事業公司, 1991), 外篇 「天道」第十三, 488쪽. "世之所貴道者, 書也. 書不過語, 語有貴也. 語之所貴者, 意也, 意有所隨. 意之所隨者, 不可以言傳也, 而世因貴言傳書."

의미를 담아내는 데에 뛰어났는데, 이 점에서는 일반 대중 위에 홀로 우뚝 서있다 하겠다. (…중략…) 그 근원은 『장자』에서 나왔다"[133]라고 언급하였다. 소식은 말년에 제자 갈립방葛立方에게 작문의 법칙을 알려주면서 다음과 같이 말하였다.

> 담주儋州는 비록 수백 가구가 모인 마을이라 해도 마을 사람들이 필요로 하는 것들을 저잣거리에 나가 취하기에 충분하다. 그러나 그냥 얻을 수 없고 반드시 한 가지 물품으로 통섭한 후에야 자신을 위해 쓸 수 있다. 이른바 한 가지 물품이란 바로 '돈'이다. 글짓기 역시 마찬가지다. 천하의 일들이 경서經書, 제자백가서諸子百家書, 사서史書 속에 산재하지만 그냥 부릴 수 없고 반드시 한 가지 물품으로 통섭한 후에야 자신을 위해 쓸 수 있다. 이른바 한 가지 물품이란 바로 '뜻'이다. 돈이 없으면 원하는 것을 취할 수 없듯이, 뜻이 없으면 기술하고자 하는 일을 명료하게 서술할 수 없다. 이것이 바로 글짓기의 요점이다.[134]

소식은 시장에서 물건을 살 때 사용하는 돈을 비유로 삼아 작문의 법칙 역시 경사經史를 관통할 수 있는 등가물等價物인 '의意'를 필요로 한다고 설명하였다. 『청파잡지淸波雜誌』에 기재된 소식이 "글짓기는 우선 뜻이 있어야 한다. 그러하면 경서經書와 사서史書가 모두 나를 위해 쓸

133 『皇朝仕學規範』(『問辨牘』四庫全書本, 北京 : 書目文獻出版社, 1988년) 권3에서 「潛溪詩眼」의 내용을 인용함. "老坡作文工於命意, 必超然獨立於衆人之上. (…중략…) 其源出於『莊子』."

134 葛立方, 『韻語陽秋』 권3, 『歷代詩話』(北京 : 中華書局, 1981년) 하책. "儋州雖數百家之聚, 州人之所需, 取之市而足. 然不可徒得也, 必有一物以攝之, 然後爲己用. 所謂一物者, 錢是也, 作文亦然. 天下之事, 散在經, 子, 史中, 不可徒使, 必得一物以攝之, 然後爲己用. 所謂一物者, 意是也. 不得錢不可已取物, 不得意不可以明事. 此作文之要也."

수 있다. 문장을 논함에 뜻을 위주로 한다"[135]라고 한 말과 그가 「주상선 그림에 씀書朱象先畫後」에서 "글을 통해 내 마음을 전달하고 그림을 통해 내 뜻을 이르게 할 따름이다"[136]라고 한 말에 근거하면, 이 모두 '의意'가 문예 창작의 첫 번째 요의要義라고 강조하고 있다. '의'는 바로 문장의 영혼이라 하겠다. 의미 전달 수단인 '사辭' 역시 당연히 도학가道學家들이 요구하는 '사'와 다르고 구양수歐陽脩가 "도가 뛰어나면 문식은 어렵지 않게 절로 이른다"[137]라고 한 요구와도 다르다. 여기에서 수단은 목적으로 상승하고 형식은 내용과 융합하기 때문에 '재도지구載道之具(도를 싣는 도구)'라고 간단히 치부할 수 있는 것이 아니다. 이를 통해 소식이 의미를 담아내는 문제에 대해 상당히 중시하였음을 알 수 있다.

소식의 '달의'이론은 그 핵심이 '사물의 기묘한 이치를 구하는 일求物之妙'에 있기에 심오한 이치 체득을 우선시한다. 「사민사 추관에게 준 서신與謝民師推官書」에서 '사辭'는 "뜻이 통하는 데서 그친다止於達意"라고 하였으므로, '사물의 기묘한 이치를 구하는 일'과 함께 논의해야 한다. 소식은 작가가 표현하려는 대상에 대해 "마음속에 명확히 새겨야了然於心" 한다고 주장했는데, 이는 "흉유성죽胸有成竹(가슴속에 완전히 정립한 대나무가 있음)"이란 말과 서로 통한다. 여기서 이 '묘妙'자는 외계 사물의 본질과 법칙을 파악하는 것이다. 이것은 작가가 대자연과 우주정신을 관

135 『淸波雜志』, 『中國古代筆記小說大觀』(唐宋筆記叢刊本, 揚州 : 江蘇廣陵古籍刻印社, 1995) 권7, 15「坡敎作文」. "東坡敎諸子作文, 或辭多而意寡, 或虛字多, 實字少, 皆批諭之. 又有問作文之法, 坡云: '譬如城市間種種物有之, 欲致而爲我用. 有一物焉, 曰錢; 得錢, 則物皆爲我用. 作文先有意, 則經史皆爲我用.' 大抵論文以意爲主. 今視坡集誠然."

136 『蘇軾文集』 제5책 권70, 「書朱象先畫後」, 2211쪽. "文以達吾心, 畫以適吾意而已." 이 문장은 소식 55세(1090년)에 지은 작품이다.

137 『歐陽修全集』, 『居士集』 권47, 「答吳充秀才書」, 322쪽. "道勝者文不難而自至."

찰 체험하는 과정 속에서 외부 세계의 현상을 묘사하여 자신의 내심을 발현하는 것이다. 인생에 대한 소회가 문예 창작을 통해 구체화되는 것이다.

소식의 '달의'이론은 "입과 손으로 명확히 전달하는了然於口與手" 것을 중시했기에 뛰어난 예술표현력을 요구한다. 그는 문예 작품이 만물의 오묘함을 표현하려면 작가가 먼저 고도의 문예표현력을 구비하여야 한다고 여겼다. 이는 마음속에 명확히 새기는 것에 비해 더 높은 지향점을 요구한다. 왜냐하면 이는 작가가 고도의 심미적 감수능력을 갖추어야 함을 요구할 뿐 아니라 뛰어난 예술 표현능력, 즉 숙련된 예술 언어의 운용능력을 갖추어야 하기 때문이다. 하지만 이는 천만 인 중에 하나 만나기 어려운 일이다. 이를 통해 소식이 문예 표현 능력을 얼마나 중시했는지를 알 수 있다. 소식의 입장에서, 입이 소리를 잊고 손이 붓을 잊는 경지에 도달하지 못한다면 시화詩畵를 창작한다는 것은 불가능하다. 이와 반대로, 만약 입을 열고도 소리를 잊고 손을 움직여도 붓을 잊을 정도의 경지에 이르면 손을 움직였다하면 천연스러움을 갖추고 우스갯소리나 욕설이라도 문장이 될 것이다.[138] 이것이 그의 '달의'이론이 지닌 뛰어난 부분이라 하겠다.

사물의 이치를 알아 마음으로 이해하기도 천만인 중에 하나 만나기 어렵고, 사물의 이치를 알아 입과 손으로 분명히 표현해내어 생동감 있게 표현해내는 것 더욱 어려운 일이다. 진정으로 '달의'할 수 있다면

138 『蘇軾文集』 제2책 권12, 「虔州崇慶禪院新經藏記」, 390쪽. 이 문장은 소식 60세(1095년)에 지은 작품이다. "口不能忘聲, 則語言難於屬文, 手不能忘筆, 則字畫難於刻琱. 及其相忘之至也, 則形容心術, 酬酢萬物之變, 忽然而不自知也."

문에 창작의 최고 경지에 도달할 수 있다. 그래서 소식이 '달의'를 주장함에 글짓기에 대한 요구조건이 높았던 것이고 내용과 형식의 완벽한 결합을 주장한 것이다. 소식은 '말은 통하면 그뿐이다辭達而已'라는 말을 "말에 문사를 이루지 않으면 유통되어도 멀리 퍼지지 않는다言之無文, 行而不遠"라는 말과 결합하여 송대宋代의 도학가道學家와 사마광司馬光, 왕안석王安石 등이 말한 "의미를 전달하는 데에서 그친다止於達意"라는 중질경문重質輕文의 편벽성을 반박하였고 문학의 특징을 단지 언어문채로만 이해한 천박한 견해를 돌파하여 '사달辭達'을 오묘한 물리에 도달하는 것으로 풀이하였다. 이른바 오묘한 물리에 도달한다는 것은 바로 사물을 미적 형상으로 그려낸다는 것이다. 사물의 미적 형상을 포착하여 표현하는 것이 '사달'의 표준이 된다. 그는 내재적 특징으로부터 문학 전반의 경계를 명확히 그어 더욱 높은 단계에서 문학의 규율을 탐색하는 새로운 길을 열었다. 이는 주돈이周敦頤와 정이程頤 같은 도학가들이 말한 도덕관점[139]도 아니고 사마광과 왕안석 같은 정치가들이 말한 효용관점[140]도 아니다. 이는 소식의 문학관이 도학가들이나

---

139 (宋)周敦頤, 『通書・文辭』. 四部備要本『周子通書』(台北 : 中華書局, 1966), 6쪽. "文所以載道也, 輪轅飾而人弗庸, 徒飾也. 況虛車乎? 文辭, 藝也: 道德, 實也. 篤其實而藝者書之: 美則愛, 愛則傳焉, 賢者得以學而至之, 是爲教. 故曰: '言之無文, 行之不遠.' 然不賢者, 雖父兄臨之, 師保勉之, 不學也: 强之, 不從也. 不知務道德而第以文辭爲能者, 藝焉而已. 噫! 弊也久矣."

(宋)程頤, 「伊川先生語四」. 『二程全書遺書』 권18. "問: '作文害道否?' 曰: '害也! 凡爲文不專意則不工, 若專意則志局於此, 又安能與天地同其大也? 書云: 玩物喪志, 爲文亦玩物也. (…중략…) 古之學者, 惟務養情性, 其它則不學, 今爲文章, 專務章句, 悅人耳目, 旣務悅人, 非俳優而何?' 曰: '古之學者爲文否?' 曰: '人見六經, 便以爲聖人亦作文, 不知聖人亦攄發胸中所蘊自成文耳, 所謂有德者必有言也.'"

140 (宋)司馬光, 「答孔司戶文仲書」. 四部備要本 『司馬文正集』(台北 : 中華書局, 1966) 권10, 2쪽. "古之所爲文者, 乃詩書禮樂之文, 升降進退之容, 絃歌雅頌之聲, 非今之所謂文也. 今之所謂文者, 古之辭也. 孔子曰: '辭達而已矣.' 明其足以通意, 斯止矣, 無事於華藻宏辯也."

(宋)王安石, 「上人書」. 楊家駱 主編, 『王臨川文集附沈氏注』(台北 : 鼎文書局, 1979) 권77, 489쪽. "嘗謂文者, 禮教治政云爾. 其書諸策而傳之人, 大體歸然而已. 而曰, '言之不文, 行之不遠'云者, 徒謂

정치가들과 크게 차별되는 점이다. 명실상부한 문예계의 거두였던 소식이 실제 문예 창작에서 '달의'의 문예창작이론에 기반을 두고 마침내 '합목적성 형식미'를 드러낼 수 있었다.[141] 소식의 '달의'이론은 뜻 전달을 위주로 한다는 문예사상을 문예 창작에 구현한 것이고 '사물의 기묘한 이치를 구하는 일'의 심미적 구체화인 것이다. 소식이 창작시 '의'를 위주로 할 것을 주장한 것은 육기陸機가 "문의文意가 물상物象을 완벽하게 표현하지 못하고 문사文辭가 문의에 제대로 도달하지 못함을 항상 걱정하였다"[142]라는 사상을 더욱 발전시킨 것이다. 육기는 결코 '의'가 창작 과정 중에서 어떠한 작용을 하는지를 명확히 설명하지 못했지만 소식은 오랜 창작 경험과 생활 체험, 물리 체득을 통해 육기의 개념상의 부족한 점을 보충하여 '의'를 통해 모든 문예를 통섭하고 '의'와 '물物'이 서로 잘 어울려야만 '문질빈빈'의 임무를 완수할 수 있다고 주장하였다. 그가 실현한 '달의'한 문장은 작가의 사상과 객관사물의 특징을 충분히 표현한 문장이어야 하고, 작가가 묘사한 사물이 충분히 마음속으로 이해된 후에 기술된 자연스런 문장이어야 하고, 작가가 고도의 예술적 표현을 동원하여 입과 손으로 완벽하게 드러낸 절묘한 문장이어야 한다.

辭之不可以已也, 非聖人作文之本意也. (…중략…) 且所謂文者, 務爲有補於世而已矣. 所謂辭者, 猶器之有刻鏤繪畫也. 誠使巧且華, 不必適用; 誠使適用, 亦不必巧且華. 要之以適用爲本, 以刻鏤繪畫爲之容而已. 不適用, 非所以爲器也. 不爲之容, 其亦若是乎否也. 然容亦未可已也, 勿先之其可也."

141 祁志祥, 『中國古代文學原理』(上海 : 學林出版社, 1993), 313~314쪽. '合目的'은 칸트 미학사상의 용어이다. 형식에 대비하여 말하면 내용은 목적이다. 형식이 내용을 기막히게 잘 표현하여 내용이 현실에 부합하게 될 경우, 이러한 형식이 바로 美를 이룬 형식이 된다. 서양 문학에서 말하는 '합목적성 형식미'는 형식이 내용에 정확히 부합하는 것으로, 바로 '逼眞'한 美를 가리키며, 이를 중국 문학에서는 '辭達'이라고 표현한다.

142 陸機, 張少康 集譯, 『文賦集釋』, 台北 : 漢京文化事業公司, 1987, 1쪽. "恆患意不稱物, 文不逮意."

한 작가가 훌륭한 문예관을 갖고 작가적 수양영역을 두루 거치고 탁월한 심미구사를 거쳤다고 하더라도, 실제 창작에서 제대로 표현해내지 못한다면 이전의 모든 노력은 헛수고에 불과하다. 이는 결코 억지로 배울 수 있는 것이 아니고 자득自得해야만 도달할 수 있는 것이다. 따라서 자신의 의중을 실제작품세계에 어떻게 표현하느냐는 문예이론의 가장 중요한 관건이다.

소식은 시기별로 세 가지 문예창작이론을 제시하였다.

소식은 청장년 시기에 그의 부친 소순蘇洵의 '바람과 물이 서로 만나 물결을 이룬다風水相遭'라는 자연미를 강조한 학설을 이어받아 '수물부형隨物賦形'의 자연스런 창작을 주장하였다. 이 창작이론은 의도해서 작품을 쓰는 것이 아니라 자연스런 감흥에 못 이겨 절로 지은 작품을 강조하면서 창작에 있어서도 대상물의 현상과 묘사가 제대로 표현되어야 한다는 점을 강조한 말이다. 그는 45세 이후인 중후반 시기에는 '전신傳神'을 주장하여 사실적인 묘사뿐만 아니라 그 물상의 품성이나 인물의 정신까지도 묘사해야 한다는 점을 강조하였다. 이 주장은 회화이론을 문학이론에 접목시킨 것으로, 문학과 예술은 결국 표현 원칙이 별반 다르지 않음을 더욱 강조하였다 하겠다. 이후 그는 공자의 '사달辭達'설의 의미를 새롭게 해석하여 58세 이후인 노년 시기에 그만의 독특한 '달의達意'이론을 만들어내었다. 이를 통해 소식은 자연스런 창작정신과 참된 묘사를 강조하고 회화의 '전신'이론을 수용하여 문학에 결부시켜 새로운 형신形神이론을 창출한데다가 공자의 '사달'설을 확대 발전시켰음을 알 수 있다. 글을 통한 의미 전달에 있어 작가의 생각을 진솔하게 전달하는 것이 중요하다고 해서 형식적인 면을 경시해서는 안 된다. 그 형식적인 완성도가 이루어지지 않으면 작가가 전달하고자 하는 내용도 역시 100퍼센트 전달했다고 단언하기 어렵다.

이상의 내용을 종합해볼 때, 하나의 문예이론이 어떠한 과정을 통해 성숙되고 완비되는지를 볼 수 있다. 소식이 시기별로 주장한 '수물부형', '전신', '달의'는 사실 완전히 다른 이론이라고 할 수 없고 '수물부형'에서 '전신'으로, 다시 '달의'로 발전하는 큰 틀로 보아야 마땅할 것이다. '수물부형'은 객관 사물의 '형사'만을 가리키는 말은 결코 아니다. 그 대상 내부의 신기神氣를 제대로 관조해야 그 사물의 참된 묘미를 묘사할 수 있기 때문이다. 따라서 '형사'를 경시하고 '신사'를 중시한 창작도, 지나치게 '형사'만을 중시한 창작도 모두 참된 자연 창작이 아닌 것이다. 또한 사상적 측면에서도 그의 세 시기의 이론들이 유가 사상을 그 바탕에 두고 있으면서 장자의 언어예술관이 교묘하게 절충되어 있다. 이는 그가 "나는 큰 바다가 북쪽과 남쪽 그리고 동쪽에 있음을 보았노라. 장강長江과 황하黃河는 비록 줄기가 다르나 그 물줄기가 마지막에 이르는 곳은 동일하구나"[143]라고 말한 것처럼, 처음 강물이 각기 흐르다가도 결국에는 모두 바다로 집결하는 이치와 같다 하겠다.

143 『蘇軾文集』 제5책 권63, 「祭龍井辯才文」, 1961쪽. "我見大海, 有北南東. 江河雖殊, 其至則同."

제6장
작품감상이론의 세 가지 안목

창작이 작가가 사유를 통해 작품으로 발현된 것이라면, 감상은 독자가 작품을 통해 사유한 것이다. 창작과 감상은 동전의 양면처럼 문예활동에 없어서는 안 될 중요한 두 가지 요소이다. 하나는 작가가 몸소 겪은 인생에 대한 맛을 작품으로 독자에게 고백하는 것이고, 또 다른 하나는 독자가 인생만사에 대한 맛을 작품을 통해 되새기는 것이다.

무엇을 우수한 작품이라고 하나? 인생 경험을 기막히게 잘 묘사한다는 것은 쉬운 일이 아니다. 어떤 이는 인생 경험을 절절하게 묘사한 작품을 우수한 작품이라고 생각하고, 어떤 이는 적절한 비유와 전고를 사용하여 아름답게 표현한 작품을 우수한 작품이라고 생각한다. 우수한 작품을 한 마디로 단언하기란 어렵다. 게다가 매 시대마다 문학에 대한 관념이 다르고 문학가들마다 문학관이 다르다. 그렇다면 소식은 도대체 어떤 문예작품을 즐겨 감상하였을까? 소식의 평어들을 자세히 살펴보면 세 가지, 즉 '자연미', '함축미', '물아일체' 등으로 정리해볼 수 있다.

소식은 문예 창작시 중시했던 점을 감상자의 입장에서도 똑같이 중시하였다. 소식은 '수물부형隨物賦形', '전신傳神', 달의達意 등의 문예 창작 이론을 몸소 실천하면서 다른 작가들의 문예 작품을 감상할 때에는 '자연미', '함축미'가 드러난 문예 작품을 최고로 보았으며 더 나아가 작가와 감상자가 동일한 물상에 대해 똑같은 체험과 체득을 얻으면, 문예 심미 사유가 극점에 달하여 '물심통일物心統一', 즉 '물아일체'에 이를 수 있다고 보았다. '물아일체'는 작가의 감정이 대상물에 이입되는 것에 그치지 않고 물아간物我間에 하나가 된 상태, 즉 동화同化 내지는 체화體化에 이르게 된 경지를 감상자 역시 도달했을 때에 가능한 것이다. 감상자가 한 작품을 통해 물아일체를 느꼈다면 작가와 감상자는 최고의 교감을 이루게 된다. 우리가 알고 있는 '지음知音'이란 말도 바로 이와 통하는 말이다.

많은 산문 작품 속에서 소식은 많은 문인들을 평가하였다. 그 중에서도 특히 칭송한 인물을 나열해보면, 도연명陶淵明, 유종원柳宗元, 오도자吳道子, 위응물韋應物, 두보杜甫, 문동文同 등이다.[1] 이 장에서는 소식이 전대 문인들을 주로 평가한 세 가지 척도를 중심으로 논술하고자 한다.

1 이들 외에도, 蘇軾의 평어 중에는 孟浩然, 李白, 王維, 韓愈, 孟郊, 賈島, 李賀, 白居易, 張志和, 陸贄, 杜牧, 李商隱, 司空圖, 貫休, 歐陽修, 蘇洵, 蘇舜欽, 梅堯臣, 柳永, 范仲淹, 王安石, 曾鞏, 司馬光, 米芾, 黃庭堅 등이 언급되어 있다. 張健, 「蘇軾的文學批評研究」, 『文史哲學報』(國立台灣大學文學院, 1973년 6월)제22기, 211~258쪽; 『宋金四家文學批評研究』(張健, 台北 : 聯經出版事業公司, 1975~1983), 54~111쪽 참고.

1. 자연미

이른바 '자연미'란 작품의 정경이 모두 참되고 청신하여 아무런 인위적인 작태가 없는 것을 말한다. 중국 고대 철학자들은 '자연'을 매우 중시하였다. 공자는 "사리에 통달한 지자智者는 물을 좋아하고 의리에 안주할 줄 아는 인자仁者는 산을 좋아한다知者樂山, 仁者樂水"[2]라는 설법을 사용하여 산수에 감정을 기탁하여 자연을 본받고자 하였다. 노자 역시 "도는 자연을 본받는다道法自然"[3]라고 여겨 그 철학적 최고 개념인 '도'를 '자연'으로 해석하였다. 장자는 더 나아가 "소박하여 본질 그대로면 천하에 겨룰 것이 없을 만큼 훌륭해진다"[4]라고 지적하였다. 중국은 예로부터 자연미를 숭상하여 문예창작자들 역시 자연의 아름다움을 본받고자 하였다.

1) 천공자연天工自然의 기교

작가는 창작할 때 우선 자연에서 출발하여야 한다. 그래서 감정을 진솔하게 표현하고 억지로 짓지 않고 창작에 고심하지 않는다. 소식은 여러 글 속에서 자연을 중시하는 사상을 반영하였다. 그는 "시인은 한

---

2 『論語・雍也』, 『十三經注疏』(台北 : 藝文印書館, 1997) 제8책, 54쪽.

3 樓宇烈 校釋, 『老子・25章』, 『王弼集校釋』, 台北 : 華正書局, 1992, 65쪽.

4 『莊子集釋』(淸・郭慶藩 集釋, 台北 : 貫雅文化事業公司, 1991), 外篇「天道」第十三, 458쪽. "樸素而天下莫能與之爭美."

가로운 초목을 조각하여 그 속내를 들추어내니 귀신도 응당 곡하리"[5] 라고 말하여 억지로 짓느라 고심하는 것을 반대하였다.

소식은 24세(1059) 때 창작이란 "한데 섞이어 마음속에 와 닿아 절로 입을 통해 시로 발해야"[6] 진정이 토로되고 독자의 마음을 감동시킬 수 있다고 여겼다. 자연미는 진솔한 감정에서 나와 거짓으로 꾸미지 않는 것으로, 이는 바로 소식이 요구했던 최고의 문예 경계임을 알 수 있다. 소식은 29세(1064) 때 서법을 논할 때에도 "글씨란 붓 틀에 있지 않다는 것을 알아 붓 가는 바를 물이 세차게 흐르듯이 법도를 잃지 않는다면 바로 얻었다고 말할 수 있다"[7]라고 말하였다. 붓 가는 대로 써서 어떠한 법도에 얽매이지 않고 서법 자체의 자연 이치에 따라 창작하지만 법도를 부정하지도 않는다. 소식은 이러한 자연을 따르는 원칙을 가장 중요한 법도라 여겼다. 소식은 65세(1100) 때 사민사謝民師의 작품들을 극찬하면서 다음과 같이 말하였다.

> 보내주신 서신과 시詩, 부賦, 잡문雜文은 잘 보았습니다. 대략 흘러가는 구름과 흐르는 물처럼 처음엔 작정한 방향이 없는 듯했지만, 마땅히 가야할 곳에 항상 가고 응당 그치지 않을 수 없는 곳에서 항상 멈춘다. 문리文理가 자연스러우며 자태姿態가 곳곳에서 드러납니다.[8]

---

5 『蘇軾詩集』(淸・王文誥 輯註, 孔凡禮 校點, 北京 : 中華書局, 1982～1992) 제4책 권22, 「次韻孔毅父集古人句見贈五首(之四)」, 1157쪽. "詩人雕刻閑草木, 搜抉肝腎神應哭."

6 『蘇軾文集』(孔凡禮 點校, 北京 : 中華書局, 1986～1990) 제1책 권10, 「南行前集敍」, 323쪽. "雜然有觸於中, 而發於詠歎."

7 『蘇軾文集』 제5책 권69, 「書所作字後」, 2180쪽. "知書不在於筆牢, 浩然聽筆之所之, 而不失法度, 乃爲得之."

8 『蘇軾文集』제4책 권49, 「與謝民師推官書」, 1418쪽. "所示書教及詩・賦・雜文, 觀之熟矣. 大略如行雲流水, 初無定質, 但常行於所當行, 常止於不可不止, 文理自然, 姿態橫生."

소식은 '행운유수行雲流水'라는 말을 빌려 자연미를 강조하였다. 소식은 송대 시승詩僧 변재辯才에 대해 "평생 시 짓는 것을 배우지 않았지만 바람이 불어와 물을 일으켜 절로 물결을 이루어내는 듯하다"[9]라고 평하였다. 시를 배운 적이 없는 변재辯才는 공교롭게도 세속의 시인들의 제한이 없었기에 그가 지은 시는 천연스러운 정취가 절로 나왔던 것이다.

그는 52세(1087) 때 지은 시에서 "시와 그림은 본디 하나의 이치이니, 바로 천공天工과 청신淸新이라네"[10]라고 말하였다. 이는 바로 소식이 시가와 그림의 표현이 자연의 이치에 합치되어야 한다고 여겼음을 설명한다. 시가와 그림뿐만 아니라 모든 예술은 이러한 점에서 다름이 없다. 즉 모든 예술은 한결같이 사물의 자연스런 모양인 '천공天工'과 사물의 무궁무진하게 변하는 모양인 '청신淸新'을 표현해야 하는 것이다. 소식은 이 두 가지를 시가와 그림이 응당 도달해야할 최선의 경지라 여겼다. 문예창작은 자연을 본받아야 하며 인위적인 수식을 더하지 말아야 천연의 신비한 경지에 이른다. 소식은 시가와 그림이 서로 다른 문예 형식이지만 그 둘 사이에는 '천공'과 '청신'이라는 것이 존재한다고 여겼다. '천공'은 자연에서 나와 조탁하지 않은 천의무봉天衣無縫의 경지를 뜻하지만 '천공'에서 나온 것이라도 반드시 사람들에게 '청신'한 느낌을 주어야 한다.

소식의 문예 감상에서 특히 주목할 만한 것은 그가 자연미를 강조하면서도 결코 인공창조의 필요성을 잊지 않았다는 점이다. 소식은 수사

---

9 『蘇軾文集』 제5책 권68, 「書辯才次韻參寥詩」, 2144쪽. "平生不學作詩, 如風吹水, 自成文理."
10 『蘇軾詩集』 제5책 권29, 「書鄢陵王主簿所畫折枝二首(之一)」, 1525~1526쪽. "詩畫本一律, 天工與淸新."

기교를 통해 천부적인 자연미에 도달할 것을 중시하였다. 그는 54세(1089) 때 이백시李伯時의 산장도山莊圖를 평한 글에서 "도는 있지만 기예 능력이 없다면 물상이 비록 마음으로 짐작되더라도 손으로 나타내지 못한다"[11]라고 말하였다. 이는 바로 작가가 객관 사물의 규율성과 특징을 이해하는 것만으로는 부족하고 그것을 표현해낼 수 있는 고도의 기교 또한 지녀야한다는 점을 말한다. 마음속에 물상을 담아내고도 손으로 그려내어야만 비로소 창작을 완성할 수 있다.

소식은 몸소 이해한 시작詩作의 참 맛을 다음과 같이 기술하였다.

> 좋은 시는 입으로 내면 누구나 가려낼 수 있고,
> 속된 자는 자신이 아직 들어본 적이 없다고 의심하네.[12]

> 입으로 흔하디 흔한 말을 내뱉어도
> 법도는 옛 격식을 본받네.
> 사람들은 묘처妙處가 아니라 말하지만
> 묘처는 여기에 있네.[13]

입 밖으로 술술 말하여도 절로 이루는 것을 시의 묘미로 보았다. 법도란 중요하지 않은 것이 아니지만 그렇다 해서 창작은 결코 '전규前規'

11 『蘇軾文集』 제5책 권70, 「書李伯時山莊圖後」, 2211쪽. "有道而不藝, 則物雖形於心, 而不形於手."

12 『蘇軾詩集』 제3책 권19, 「重寄」, 995쪽. 이 시는 44세(1079년) 때 지은 작품이다. "好詩衝口誰能擇, 俗子疑人未遣聞."

13 『竹坡詩話』(周紫芝); 『蘇軾資料彙編』(四川大學 中文系 唐宋文學研究室 編, 北京 : 中華書局, 1994) 上編一, 250쪽. "衝口出常言, 法度法前軌. 人言非妙處, 妙處在於是."

에 얽매여서는 안 된다. 법도는 살아있는 것이어서 응당 대상물 자체가 지닌 특징을 반영하는 것을 위주로 삼아야한다. 시가 창작의 묘미는 바로 저절로 그리 되는 것에 있고 말하는 가운데 일정한 법도를 지니는 것이다. 소식이 말한 법도는 즉 자연의 법도이다. 이는 변화에 순응하며 대상물의 자연스런 모습을 적절히 묘사하는 것이지 죽어 변치 않는 법도가 아니다. 그래서 소식은 법도와 자연 규율 관계 속에서 문예창작은 법도를 잃지 않으면서도 법도에 구애받지 않을 수 있어야 한다고 주장한 것이다. 그는 자연을 위주로 한 법도와 자연의 통일을 주장하였다.[14]

설랑석雪浪石
정주시定州市 무경武警병원 후원 소재

작가는 객관적 현실 자체의 자연 규율과 상태를 존중해야 하고 주관적인 편견으로 억지로 고쳐서는 안 되며 더욱 몇 가지 틀에 박힌 법도와 규율로 구속해서는 안 된다. '사물' 자체가 어떤 '형태'라면 그것에 그 '형태'를 주는 것이다. 이것이 바로 '수불부형隨物賦形'이고 '행운유수行雲流水'이다. 소식이 강조한 천공자연天工自然은 결코 예술 기교의 운용을 배척한 것이 아니다. 소식은 58세(1093) 때 지은 시에서 그림을 논하면서 "화가들이 설랑석雪浪石의 세를 다투어 그리지만, 하늘의 솜씨는 천둥 친 도끼 흔적을 볼 수 없네"[15]라고 강조하였다. 이로 볼 때, '천공'과 '청신'

14 소식이 陸機와 劉勰 등과 다른 점은 법도와 자연의 통일을 주장하면서 劉勰은 법도를 통해 자연에 이르는 데 중점이 있었고 蘇軾은 자연을 법도로 삼아 법도의 틀을 깨고자 하였다는 데 있다. 이 점이 劉勰이 이해한 '법도'와 다른 점이다. 張少康, 『中國古代文學創作論』, 台北 : 文史哲出版社, 1991, 335~336쪽 보임.

을 지닌 천의무봉의 자연미는 바로 소식이 적극적으로 추구하였던 목표였다. 소식이 말한 천공자연은 결코 자연주의에서 말하는 자연이 아니라 예술적 가공과 숙련을 거친 후에 '천공'에 도달한 자연미인 것이다.

2) 문동文同, 오도자吳道子, 도연명陶淵明

소식은 당시 문인들 중에서 문동文同의 작품을 자연미를 구현했다는 점에서 애호하였다. 그는 45세(1080) 때 문동의 비백飛白 서체에 대해 다음과 같이 평하였다.

> 처음에 나는 그(문동)의 시문詩文을 보고 또 그의 행서, 초서, 전서, 예서 등의 서법도 볼 수 있었는데, 여기에서 멈추었구나 라고 생각했었다. 그가 세상을 떠난 지 일 년이 지나서 그가 쓴 비백飛白 서체를 다시 보게 되었다. 얼마나 아름다운가! 만물의 양태樣態를 다 드러내었구나. 뭉게뭉게 가벼운 구름이 달을 가리는 듯하고, 펄럭펄럭 바람이 깃발을 휘감아 도는 듯하구나. 야들야들 아지랑이가 버들강아지를 엉키는 듯하고, 간들간들 흐르는 강물이 노랑어리연꽃을 춤추게 하는 듯하구나. 축 늘어져 멀지만 서로 이어져 있고 한껏 움츠려 가깝지만 좁지 않구나. 그 공교工巧함이 이러한 경지에 이르렀지만 나는 이제야 알게 되었다.[16]

---

15 『蘇軾詩集』 제6책 권37, 「次韻滕大夫三首・雪浪石」, 1998～1999쪽. "畫師爭摹雪浪勢, 天工不見雷斧痕."

16 『蘇軾文集』 제2책 권21, 「文與可飛白贊」, 614～615쪽. "始余見其詩與文, 又得見其行草篆隸也, 以爲止此矣. 旣沒一年, 而復見其飛白. 美哉多乎, 其盡萬物之態也. 霏霏乎其若輕雲之蔽月, 翻翻乎

오도자吳道子의 〈천왕송자도天王送子圖〉 일부
일본 오사카 시립미술관 소장

소식은 글이든 그림이든 간에 어떠한 법칙에 제한 받아서는 안 되며 대상물의 자연스런 모습을 제대로 표현해내어야만 "만물의 자태를 다 하는盡萬物之態" 목적에 도달할 수 있다고 여겼다. 그래서 그는 문동의 글씨에 대해서 45세(1080) 때 "지기志氣가 강해지자 강론하는 말이 구름과 같이 나온다. (…중략…) 천력天力이 자연스러우니 애써 힘들일 일을 시행하지 않는다"[17]라고 하였다.

그는 54세(1085) 때 오도자吳道子의 그림이 자연의 이치를 담아내었다고 말하였다.

> 오도자가 그린 인물은 마치 등불로 그림자를 취한 듯하여, 거꾸로 오고 바로 가며 곁으로 보이고 옆으로 나오며 가로로 기울고 평평히 곧게 서는 것

其若長風之卷旆也. 猗猗乎其若遊絲之縈柳絮, 裊裊乎其若流水之舞荇帶也. 離離乎其遠而相屬, 縮縮乎其近而不隘也. 其工至於如此, 而余乃今知之."

17 『蘇軾文集』 제5책 권63, 「黃州再祭文與可文」, 1942쪽. "志氣方剛, 談詞如雲. (…중략…) 天力自然, 不施膠筋."

> 들이 각각 서로 적절히 조절되어 자연의 이치를 얻어 털끝만한 차이도 없다. 법도 가운데서 새로운 뜻을 나타내고 호방함 밖으로 오묘한 이치를 부쳤다. 이른바 칼날을 놀리는 데도 여유가 있고 도끼를 휘둘러 바람을 일으킨다는 것이니, 대개 고금에 한 사람뿐이다.[18]

이를 통해, 그는 자연미를 최고의 경계로 보았고 자연미를 이룬 오도자의 그림을 애호하였음을 알 수 있다. 소식이 말한 '자연의 이치自然之數'는 바로 사물의 자연 규율에 완전히 부합할 수 있는 법도이다. 오도자의 인물화는 자연의 법도를 장악한데다가 그 묘법妙法을 이해하였기에 어떠한 모습을 그린다 해도 그 운용이 자유자재하면서도 어떤 구속도 받지 않았다. 자연 속에 법도가 있음을 충분히 짐작할 수 있다.

소식은 63세(1098) 때 "길을 나서면 『도연명집陶淵明集』을 지니고 다녔다. 도연명은 이 사람의 울적함을 쓰고 있어 마침 여기에 의지할 따름이다"[19]라고 하였고, 64세(1099) 때 "바다 밖으로 유배되어 전전하는 것은 마치 아무도 없는 계곡에서 도망 다니는 것과 같아서, 함께 대화를 나눌 자가 없는데다가 서적도 모두 지닐 수 없어 다만 도연명陶淵明 작품집과 유종원柳宗元 시문집만을 항상 주변에 두고 두 명의 벗으로 삼았다"[20]라고 하였다. 그는 도연명의 문집을 해남도로 귀양 가는 상황에

---

18 『蘇軾文集』 제5책 권70, 「書吳道子畫後」, 2210~2211쪽. "道子畫人物, 如以燈取影, 逆來順往, 旁見側出, 橫斜平直, 各相乘除, 得自然之數, 不差毫末, 出新意於法度之中, 寄妙理於豪放之外, 所謂遊刃餘地, 運斤成風, 蓋古今一人而已."

19 『蘇軾文集』 제4책 권55, 「與程全父十二首(之十)」, 1626쪽. "隨行有『陶淵明集』. 陶寫伊鬱, 正賴此爾."

20 위의 책, 「與程全父十二首(之十一)」, 1627쪽. "流轉海外, 如逃空谷, 既無與晤語者, 又書籍舉無有, 惟陶淵明一集, 柳子厚詩文數冊, 常置左右, 目爲二友."

도 가져갔을 정도로 도연명의 작품을 통해 자신의 심사를 풀었다. 그는 도연명의 「음주飮酒」 시를 다음과 같이 평하였다.

> "동쪽 울타리에서 국화를 따다가 한가로이 남산을 보네." 국화를 따다가 산을 본다는 것은 경계와 의취意趣가 만난 것이다. 이 시구가 최고로 기묘한 곳이다. 근래 나온 속본俗本에는 모두 '남산을 바라본다'라고 적혀있는데, 이 한 편의 신기神氣가 몽땅 흩어져 없어졌다.[21]

'견見'자는 무의식적이면서도 기대하지 않다가 보게 되었다는 의미에서 자연스러운 데 비해, '망望'자는 확실히 의도적이고 뭔가 기대하면서 바라보았다는 의미에서 부자연스럽다. 소식은 이 글자를 판별하는 데에서도 자신이 얼마나 자연미를 숭상하는지를 공공연히 드러내고 있다. 이에 대하여, 호자胡仔는 "소식이 도연명의 '동쪽 울타리에서 국화를 따다가 한가로이 남산을 보네'라는 시구에 대해 국화를 딴 다음에 한가로이 산을 보았다는 것은 애초 의도하지 않았지만 경치와 의취意趣가 만났으니 좋아할 만하다고 말하였다"[22]라고 하였다. 소식은 도연명 시에 담긴 자연의 정취를 좋아했다. 그래서 명대明代 도목都穆은 "소식이 도연명의 이치를 담론한 시 세 수를 끄집어낸 적이 있었다. 하나는 '동쪽 울타리에서 국화를 따다가 한가로이 남산을 보네'라는 시구이고,

---

21 『蘇軾文集』 제5책 권67, 「題淵明飮酒詩後」, 2092쪽. "'採菊東籬下, 悠然見南山.' 因採菊而見山, 境與意會, 此句最有妙處. 近歲俗本皆作'望南山', 則此一篇神氣都索然矣." 여기에 나온 시는 「飮酒(之六)」(『陶淵明詩文彙評』, 151쪽)이며, 다음과 같다. "結廬在人境, 而無車馬喧. 問君何能爾? 心遠地自偏. 采菊東籬下, 悠然見南山; 山氣日夕佳, 飛鳥相與還. 此中有眞意, 欲辨已忘言."

22 『苕溪漁隱叢話前集』(胡仔 編, 台北 : 長安出版社, 1978) 권3. "東坡云: 陶淵明詩'采菊東籬下, 悠然見南山'. 采菊之次, 悠然見山, 初不用意, 而景與意會, 故可喜也."

둘은 '동헌에서 웃으며 놀다가 애오라지 이러한 삶을 다시 얻었네'라는 시구이고, 셋은 '손님이 천 금 나가는 귀하신 몸을 기르다가 임하여 그 보배를 다 사라지게 했네'라는 시구이다. 이 모두 도道를 아는 말이라 여겼다. 나는 도연명이 도를 안다는 데에 그치지 않을 뿐더러 그 기묘한 말 역시 여기에 그치지 않는다고 생각한다"[23]라고 하였다. 여기서 언급한 세 수의 시를 골라 '도道'를 알았다고 한 말이 정확히 무엇에 근거한 말인지는 모르겠다. 하지만 소식이 특별히 도연명의 풍모와 그의 자연미가 넘치는 시를 애호하였음을 미루어 짐작할 수 있다.

소식은 특별히 도연명, 오도자, 문동 등의 문예 작품들을 애호하였고 그들이 이룬 자연미를 칭송하였다. 그들은 애초부터 전혀 의도함이 없이 경물을 접하고 그 형상 그대로인 자연의 자태에 의거하여 제대로 그려내었고 어떠한 기존의 법칙에 구애받지 않았다. 이 때문에 소식은 그들의 작품을 매우 애호하였던 것이다. 그는 평생 자연미를 강조하였고, 자연미를 갖춘 문동의 붓글씨, 오도자의 그림, 도연명의 시를 최고로 삼았다.

23 『南濠詩話』(都穆, 北京 : 中華書局, 1991). "東坡嘗拈出淵明談理之詩有三: 一曰'採菊東籬下, 悠然見南山', 二曰'笑傲東軒下, 聊復得此生', 三曰'客養千金軀, 臨化消其寶', 皆以爲知道之言. 予謂淵明不止於知道, 而其妙語, 亦不止是."

2. 함축미

작가는 언어로 속내를 다 드러내지 못한다는 점에서 착안하여 작품에 '언외지의言外之意'를 구현한다. 함축미는 바로 이것을 가리키며, 매요신梅堯臣이 "다하지 못하는 뜻을 함유하고 언어 밖으로 드러낸다"[24]라고 한 말과 일맥상통한다. 작가는 대상물에 자신의 감정을 기탁하여 그 기본적 의미 속 깊숙이 내재하는 함의에 독자들이 접근할 수 있도록 한다. 문예의 제한된 조건 속에서 무한한 의미를 담아낼 수 있다면 함축미를 제대로 살린 작품이라 하겠다. 작품 속에 언외지의를 구현하는 것은 모든 작가들의 바람이다. 언어 운용 과정 중에서 언어와 의미는 동일하면서도 불완전한 관계이다. 이는 작가가 본래 의도했던 구상을 제대로 표현하기 어렵다는 것을 말한다. 하지만 이렇게 단순하게만 볼 수 없다. 왜냐하면 언외지의가 사람들의 심미과정 속의 연상과 상상을 더욱 환기시켜 사람들의 미감을 더욱 격발시킬 수 있기 때문이다. 이는 많은 작가들이 실제 창작 중에 터득한 공통된 인식이다. 작가는 기막히게 풍부한 내용으로 독자들에게 무궁한 현외지음弦外之音과 미외지지味外之旨를 느낄 수 있게 한다.

24 『歐陽修全集』(北京 : 中國書店, 1986～1992) 下冊, 『詩話』, 1037쪽. "含不盡之意, 見於言外."

1) 언외지의의 발현

언외지의言外之意는 바로 언내지의言內之意의 확대와 연장이다. 언내지의를 떠나 추상적으로 언외지의을 담론하는 것은 전혀 가치 없는 탁상공론에 불과하다. 『시경詩經』 이래로 중국에서는 '언외지의'를 중시한 전통을 지녀왔다. 「시대서詩大序」에서 "윗사람은 풍으로 아랫사람을 교화하고 아랫사람은 풍으로 윗사람을 풍자하는데, 꾸민 문사文辭를 위주로 하여 넌지시 간하기에 말한 사람은 죄가 없고 듣는 사람은 경계하기에 족하였다. 그래서 '풍風'이라 일컫는다"[25]라고 하였다. 이에 대해, 송대宋代 사마광司馬光은 "옛 사람들이 시를 지을 때, 뜻이 언어 밖에 있어서 사람으로 하여금 생각하여 체득할 수 있도록 하는 것을 귀하게 여겼다. 그래서 말한 사람은 죄가 없고 듣는 사람은 경계하기에 족한 것이다. 근세 시인 중에 오직 두보杜甫만이 그 취지를 체득하였다"[26]라고 풀이하였다. 이른바 '생각하여 체득하다思而得之'란 바로 독자 스스로 문예 형상의 구체적 분석을 통하여 되새겨 반추하다가 풍부한 흥미를 이해하게 된다는 것을 의미한다. 그래서 동일한 의상意象이라 할지라도 독자에 따라 그 느끼는 감회는 다를 수밖에 없다. 이것이 바로 섭섭葉燮이 『원시原詩』에서 "의상意象을 암묵적으로 이해하는 표면에서 우연히 만난다遇之於默會意象之表"[27]라고 말한 것이다. 사마광은 직

---

25 『詩經・序』, 『十三經注疏』 제2책, 16쪽. "上以風化下, 下以風刺上. 主文而譎諫, 言之者無罪, 聞之者足以戒, 故曰風."

26 何文煥 輯, 『歷代詩話・溫公續詩話』, 台北 : 漢京文化事業公司, 1983, 277~278쪽. "古人之爲詩, 貴於意在言外, 使人思而得之, 故言之者無罪, 聞之者足以戒也. 近世詩人唯杜子美最得其旨."

27 葉燮은 『原詩・內篇』에서 "말할 수 있는 이치는 다른 사람들도 모두 말할 수 있다. 어찌 시인의 말로 표현할 필요가 있겠는가? 징험할 수 있는 일은 사람마다 서술할 수 있다. 이 또

접 두보의 「춘망春望」을 예로 들어 "'나라가 허물어졌는데도 산하山河는 여전히 남아 있고, 성에 봄이 찾아오니 풀과 나무가 우거졌다. 시국을 생각하니 꽃을 보고도 눈물을 뿌리고, 가족과 헤어져 있으니 새소리에도 마음이 놀란다.' 산하가 남아있다는 것은 남은 것이 없음을 설명하고 풀과 나무가 우거졌다는 것은 인적이 없음을 설명한다. 꽃과 새는 평상시에 즐길만한 것이지만 꽃 보면 눈물이 나고 새소리 들으면 슬프다 하니, 시국을 알만하다. 그의 시는 모두 이와 같아서 일일이 다 거론할 수 없다"[28]라고 말하기도 하였다. 이 시는 고국산천이 피폐해진 것을 보고 무한한 감개가 일어 시인의 의취意趣를 경물景物에 기탁한 것이다.

이미지를 만들 때의 감정 활동은 외재하는 객관 물상에 의해 일어나지만 객관 물상은 무한한 함의를 지니고 있기 때문에 간단한 물상이라도 주체가 누구냐에 따라 그 느끼는 감정과 생각은 다를 수밖에 없다. 이 때문에, 창작 주체가 만약 이러한 이미지의 다의성과 다층차성을 장악할 수 있다면 독자는 예술적 감염을 받고 난 후 그 사유 활동 역시 작가의 사상 감정에 따라 비등하여 더 넓은 상상 공간에 날아올라 시인의 가장 깊이 내재한 영적 세계에 접하게 될 것이다. 이때 문예 창작은 최적의 발현을 얻을 수 있다.

한 어찌 시인이 그것을 서술할 필요가 있겠는가? 반드시 언어로 표현할 수 없는 이치와 서술할 수 없는 사실이 있어 意象을 암묵적으로 이해하는 표면에 우연히 만나게 되면, 이치와 사실은 앞에 환하게 드러나지 않는 것이 없게 된다[可言之理, 人人能言之, 又安在詩人之言之; 可徵之事, 人人能述之, 又安在詩人之述之; 必有不可言之理, 不可述之事, 遇之於默會意象之表, 而理與事無不燦然於前者也]"(『中國歷代文學論著精選』下, 84쪽)라고 언급하였다. 詩意가 깊어지려면 말할 수 없는 이치와 드러내 보일 수 없는 사실을 문예 형상으로 제대로 전달할 수 있어야 한다.

28 『歷代詩話・溫公續詩話』, 277～278쪽. "'國破山河在, 城春草木深. 感時花濺淚, 恨別鳥驚心.' 山河在, 明無餘物矣; 草木深, 明無人矣; 花鳥, 平時可娛之物, 見之而泣, 聞之而悲, 則時可知矣. 他皆類此, 不可遍擧."

소식은 52세(1087) 때 지은 글에서 서법가는 반드시 '언외지의'를 드러내야 하고 시인 역시 '언외지의'를 구현해야 한다고 말하였다.

> 나는 일찍이 서법을 논하면서 종요鍾繇와 왕희지王羲之의 공덕을 일컬어 조용하고 한가하며 간결하고 심원하다 하면서 그 오묘함이 필법筆法 밖에 있다고 말하였다. (…중략…) 이백李白과 두보杜甫 이후에도 시인들은 연이어 일어났고 비록 그 사이에 심원한 운치가 있다고 하더라도 재능이 자신의 뜻을 전달하기에는 미치지 못했다. 유독 위응물韋應物과 유종원柳宗元만이 간결함과 예스러움에서 섬세함과 풍성함을 드러내고 담박함에서 지극한 뜻을 기탁하였으니 다른 사람들은 미칠 바가 아니었다. 당唐 말기 사공도司空圖는 기구한 병란의 시기에 살았으나 시문詩文이 고아하고도 여전히 태평성대의 유풍遺風이 남아있었다. 그는 『이십사시품二十四詩品』에서 시가詩歌를 논하여 "매실은 실 뿐이고 소금은 짤 뿐이다. 음식에는 소금과 매실이 없어선 안 되지만 그 음식의 아름다운 맛은 항상 짜고 신 것 밖에 존재한다"라고 말하였다. 아마도 시가의 표면적 문자에서 얻을 수 있었던 것을 24운韻으로 스스로 배열하면서 당시에 그 묘미를 깨닫지 못하였음을 한스러워한 것일 것이다. 나 역시 그 말을 여러 번 반복하며 슬퍼하였다.[29]

비록 소식 역시 이백과 두보 이후의 시인들에게는 간혹 눈에 띄는

---

29 『蘇軾文集』 제5책 권67, 「書黃子思詩集後」, 2124~2125쪽. "予嘗論書, 以謂鍾王之跡, 蕭散簡遠, 妙在筆畫之外. (…중략…) 李杜之後, 詩人繼作, 雖間有遠韻, 而才不逮意., 獨韋應物柳宗元發纖穠於簡古, 寄至味於澹泊, 非餘子所及也. 唐末司空圖, 崎嶇兵亂之間, 而詩文高雅, 猶有承平之遺風. 其論詩曰: "梅止於酸, 鹽止於鹹. 飲食不可無鹽梅, 而其美常在鹹酸之外." 蓋自列其詩之有得於文字之表者二十四韻, 恨當時不識其妙. 予三復其言而悲之."

수작이 보이긴 했지만 대다수 "재능이 그 의중을 제대로 표현하지 못한다才不逮意"라고 평하였다. 이로 볼 때, 그 역시 시인 심중의 '의意'와 그 예술성과가 다를 수 있고 심지어는 많은 차이가 있기도 하다는 것을 이해하고 있었다. 작가는 의중을 직접 표현하지 않고 형상 속에 기탁하여 문예 형상의 은유를 이용하여 언어로는 설명하기 어려운 도리를 곡진하게 다 드러내면서도 문의를 지나친 언사로 다 드러내는 폐단을 막을 수 있었다. 그래서 문예 창작은 풍부한 함의를 지면에 완전히 드러낼 필요가 없다. 다만 유도 방식으로 작가의 창작 의도에 접근하여 독자가 작품에 기탁된 의미에서 더욱 풍부한 연상 활동을 진행할 수 있다. 만약 문예 창작 그 자체가 소금과 매실이라면 비평이나 감상은 소금과 매실 밖에 존재하는 맛을 맛볼 수 있어야 우수한 작품으로 평해질 수 있다. 사공도의 관점과 마찬가지로 소식 역시 이 점을 감지하였다. 감상자는 문예 작품에 개입하여 작가의 작품 면모나 의도를 뛰어넘기도 하기 때문이다.

소식은 52세(1087) 때 지은 시에서 "누가 하나의 붉은 점을 가없는 봄에 부치었다고 말했던가"[30]라고 하였다. 예술가가 "하나의 붉은 점一點紅"에서 "가없는 봄無邊春"을 표현해내려면 반드시 현실 생활 속에서 세밀한 관찰과 연구를 통해야만 예민한 작가 기질로 '일반'적 '개별'성을 충분히 반영할 수 있다.[31] 회화 예술의 형상은 직관적이고 화면 공간 역시 제한적이다. 따라서 부분으로 전체를 표현해야 감상자가 제한적인 화면으로도 화면 밖의 무궁한 의취意趣를 미루어 알 수 있다.

---

30 『蘇軾詩集』 제5책 권29, 「書鄢陵王主簿所畫折枝二首(之一)」, 1526쪽. "誰言一點紅, 解寄無邊春."
31 張少康, 『中國古代文學創作論』, 台北 : 文史哲出版社, 1991, 214쪽.

소식은 형사形似를 위주로 한 묘사를 반대한다. 소식은 최고 경계에 이른 작품은 바로 '형사'에 기초하여 '신사神似'를 구현한 것이라고 여겼다. 그는 '언외지의'를 감지하기 위해서 문예 감상과정 중에 '형신겸비形神兼備'한 작품을 더 높이 평가하였다. 작가 주관정신 중의 묘미는 항상 시와 그림 밖에 은밀히 숨겨있기 마련이다. 감상자는 대상물의 진정한 본질을 탐구할 때 단지 형사의 표면만 탐구해서는 안 되고 반드시 그 사이에 존재하는 간극을 깨고 되풀이 사색하여야 비로소 그 속에 담긴 '언외지의'를 찾아낼 수 있다. 왕약허王若虛은 "형사의 밖에서 묘미를 논한다 해서 그 형사를 버리는 것은 아니고, 틀에 얽매이지 않는다고 해서 그 요체要諦가 그 틀을 잃지 않는 데에 있다는 것을 잊어서는 안 된다"[32]라고 말하였다. 소식은 "왕유王維의 시를 음미하면 시 속에 그림이 있고, 왕유의 그림을 살펴보면 그림 속에 시가 있다"[33]라고 하였고 "두보杜甫의 시는 그림으로 그려내지 못하고, 한간韓幹의 그림은 시로 나타내지 못한다"[34]라고 말하였다. 언외지의를 발현한 문예작품은 시문詩文이든 서화書畵든 간에 그 어떤 다른 방식을 잘 써본들 그 본색조차 제대로 묘사해내기 어렵다.

32 『滹南遺老集附詩集』(金・王若虛, 台北 : 新文豐出版社, 1984) 권39, 「詩話」, 249쪽. "論妙在形似之外, 而非遺其形似; 不窘於題, 而要不失其題."

33 『蘇軾文集』 제5책 권70, 「書摩詰藍田煙雨圖」, 2209쪽. "味摩詰之詩, 詩中有畫. 觀摩詰之畫, 畫中有詩."

34 『蘇軾詩集』 제8책 권48, 「韓幹馬」, 2630쪽. "少陵翰墨無形畫, 韓幹丹青不語詩."

2) 도연명陶淵明, 유종원柳宗元, 위응물韋應物, 두보杜甫

소식은 도연명과 유종원의 작품을 함축미가 있다는 점에서 애호하였다. 소철蘇轍은 그의 형 소식과 함께 화도시和陶詩를 모아놓은 시집을 내면서 그 서문에 다음과 같이 기술하고 있다.

> 옛 시인들 중에는 의고擬古한 작품이 있지만 고인古人을 추존追尊하여 화운和韻한 시인은 없었다. 고인古人을 추존하여 화운한 시인으로는 소식에게서 시작되었다. 나(소철)도 시인들 중에 심히 좋아하는 시인은 없지만 도연명의 시를 유난히 좋아하였다. 도연명이 지은 시는 많지 않다. 그러나 그의 시는 질박한 듯하나 실은 화려하고 야윈 듯하나 실은 살지다. 조식曹植, 유정劉楨, 포조鮑照, 사령운謝靈運, 이백李白, 두보杜甫 등의 시인들은 모두 그에 미치지 못한다. 우리가 앞뒤로 그의 시에 화운和韻한 작품은 대략 109편이고, 그 득의함에 이르러 도연명을 그리 부끄럽게 하지 않았다고 스스로 여겨진다. 지금 이 작품들을 모아 함께 기록하여 훗날의 군자들에게 남긴다.[35]

유종원의 시는 도연명보다 아래지만 위응물보다는 위이다. 한유韓愈의 시에 있어서는 호방豪放하고 기험奇險한 면은 지나치고 온려溫麗하고 정심靖深한 면은 미치지 못한다. 고담한 것을 귀히 여기는 것은, 그것이

---

35 『蘇轍集』(陳宏天・高秀芳 校點, 北京 : 中華書局, 1990) 제3책 欒城後集卷21, 「子瞻和陶淵明詩集引」, 1110쪽; 『蘇文忠公詩編注集成總案』(淸・王文誥, 成都 : 巴蜀書社, 1985) 下冊 권41, 丁丑12月條下; 『蘇軾詩集』 제6책 권35, 1882쪽. "古之詩人有擬古之作矣, 未有追和古人者也. 追和古人, 則始於東坡. 吾於詩人, 無所甚好, 獨好淵明之詩. 淵明作詩不多, 然其詩質而實綺, 臞而實腴, 自曹・劉・鮑・謝・李・杜諸人皆莫及也. 吾前後和其詩凡一百有九篇, 至其得意, 自謂不甚愧淵明. 今將集而幷錄之, 以遺後之君子."

겉이 메마르면서도 속은 기름지고, 담박한 듯이 보이지만 실은 아름답기 때문인데, 도연명과 유종원이 그렇다. 만약 속과 겉이 모두 고담하다면, 또한 말할 가치나 있겠는가? 불가佛家에서는 "사람이 꿀을 먹으면 속과 주변이 모두 달다"라고 말한다. 사람들이 다섯 가지 맛을 볼 때도 그 달고 쓴 것이 모두 이러해서 그 속과 주변을 분별할 수 있는 자는 백 명 중에 한둘도 없음을 안다.[36]

도연명과 유종원의 작품이 지닌 특징에 대하여, 소식은 평담平淡하지만 평범하지 않다고 여겨서 "질박한 듯하나 실은 화려하고 야윈 듯하나 실은 살지다質而實綺, 臞而實腴"라고 하고 "겉이 메마르면서도 속은 기름지고 담박한 듯이 보이지만 실은 아름답다外枯而中膏, 似澹而實美"라고 여겼다. 이를 통해, 소식은 최고의 작품이란 표면적으로는 담박함을 드러내지만 내면적으로는 무궁무진한 도리를 내포한 것이라고 여겼음을 알 수 있다. 감상자가 이러한 작품을 감상할 때 작품 속에 담긴 무궁한 함축미를 느껴 더욱 감동 받게 된다. 이러한 문예 감상은 유한한 현상 세계를 통하여 현상 안에 숨은 근본적인 원천을 이해하는 것이다. 이때, 문예 작품은 무한한 정리情理를 담고 있다고 말할 수 있다.

소식은 밀주에서 태수로 일할 때(39~41세, 1074~1076) "백거이白居易 시 삼천 수 있지만, 위응물韋應物의 오언시를 오히려 좋아하네樂天長短三千首, 卻愛韋郞五字詩"[37]라고 말하면서 위응물을 백거이보다 높이 평가하

36 『蘇軾文集』 제5책 권67, 「評韓柳詩」, 2109~2110쪽. "柳子厚詩在陶淵明下, 韋蘇州上. 退之豪放奇險則過之, 而溫麗靖深不及也. 所貴乎枯澹者, 謂其外枯而中膏, 似澹而實美, 淵明・子厚之流是也. 若中邊皆枯澹, 亦何足道. 佛云: "如人食蜜, 中邊皆甛." 人食五味, 知其甘苦者皆是, 能分別其中邊者, 百無一二也."

였다. 소식은 위응물의 시를 특별히 애호하여 "단지 위응물과 유종원만은 간결함과 예스러움에서 섬세함과 풍성함을 드러내고 담박함에서 지극한 뜻을 기탁하였으니 다른 사람들은 미칠 바가 아니었다"[38]라고 주장하였다. 간고簡古하면서 농밀穠密함을 겸비하고 담백淡泊하면서 지미至味를 함유한다는 말은 최고의 극찬이라 하겠다.

소식은 두보 시를 평하는 글에서 두보 시 밖에는 항상 사실이 있다고 말하여 두보 시에는 정경 묘사뿐만 아니라 역사적 진실이 담겨 있다고 여겼다.[39] 이렇게 두보는 웅매雄邁한 기풍을 지니고서 시에 역사를 담았기에, 소식은 그를 사마천司馬遷과 비견하기도 하였다.[40] 소식은 두보의 두견시杜鵑詩를 직접 예로 들면서 두보 시가 지닌 상징적 함축미를 강조하였다.[41] 두견시는 두견새의 유무로 자사刺史의 충용忠庸함을 비유하였다. 두보가 물상에 기탁하여 사실을 비유하였지만 그의 강

---

37 『蘇軾詩集』 제3책 권15, 「和孔周翰二絶・觀靜觀堂效韋蘇州詩」, 753~754쪽. 『觀林詩話』에 의하면, "樂天云: '近世韋蘇州歌行, 才麗之外, 頗近興諷; 其五言詩文, 又高雅閒淡, 自成一體. 今之秉筆者, 誰能及之?' 故東坡有'樂天長短三千手, 卻愛韋郎五千詩'之句"라고 하였다. 또한 白居易 스스로 陶淵明과 韋應物을 높이 사서 「自吟拙什, 因有所懷」(『白居易集』 제1책 권6, 台北 : 漢京文化事業公司, 1984, 118쪽)에서 "時時自吟詠, 吟罷有所思. 蘇州及彭澤, 與我不同時."라고 읊었고, 「題潯陽樓」(『白居易集』 제1책 권7, 128쪽)에서 "常愛陶彭澤, 文思何高玄, 又怪韋江州, 詩情亦淸閑"라고 읊었다.

38 『蘇軾文集』 제5책 권67, 「書黃子思詩集後」, 2124쪽. "獨韋應物柳宗元發纖穠於簡古, 寄至味於澹泊, 非餘子所及也."

39 『蘇軾文集』 제5책 권67, 「評子美詩」, 2105쪽. "子美自比稷與契, 人未必許也. 然其詩云'舜擧十六相, 身尊道益高. 秦時用商鞅, 法令如牛毛', 此自是契・稷輩人口中語也. 又云'知名未足稱, 局促商山芝', 又云'王侯與螻蟻, 同盡隨丘墟. 願聞第一義, 回向心地初', 乃知子美詩外尙有事在也."

40 "問: '杜甫似何人?' (畢)仲游曰: '似司馬遷.' 僕喜而不答, 蓋與曩言會也." 『東坡志林』 권11 참고.

41 『蘇軾文集』 제5책 권67, 「辨杜子美杜鵑詩」, 2100~2101쪽. "南都王誼伯「書江濱驛垣」, 謂子美詩歷五季兵火, 舛缺離異, 雖經其祖父公所理, 尙有疑闕者. 誼伯謂'西川有杜鵑・東川無杜鵑・涪萬無杜鵑・雲安有杜鵑', 蓋是題下注. 斷自'我昔游錦城'爲首句. 誼伯誤矣. 且子美詩, 備諸家體, 非必牽合程度侃侃然者也. 是篇句落處, 凡五杜鵑, 豈可以文害辭・辭害意耶? 原子美之意, 類有所感, 託物以發者也. 亦六義之比興・『離騷』之法歟?"

건한 필치는 종횡으로 막힘이 없다. 이것은 비록 두보의 최고 작품은 아닐지라도 매번 사람들을 놀라게 하는 뛰어난 구성으로 자연 만물의 다변하는 현상과 한 인생이 살아가면서 겪는 굴곡을 작품 속에 함께 담아내었다. 두보의 작품들은 상징 수법을 통하여 상징물과 피상징물의 내용이 특정한 경험 아래에서 유사한 연관관계를 갖고 예술적 형상을 구성하여 놀라운 함축미를 만들어낸다. 소식은 바로 언외지의를 듬뿍 담은 두보 작품을 높이 칭찬하였던 것이다.

작가는 응축된 언어로 생활 속의 현상을 예술적 형상으로 변모시켜 그 행간에 의미를 담아 함축미를 만들어낸다. 시가는 더욱 이러해야 한다. 시가는 행을 나누는 형식으로 언내지의言內之意가 글자 속에 있고 언외지의言外之意가 행간에 있어야 한다. 이러한 암시는 확실히 독자의 상상을 불러일으켜 시인의 의향에 이르게 한다. 문예 작품에 대해 말하자면, 뜻이 메마르면 신운神韻 역시 말라버리고 말이 지나치게 직설적이면 그 맛이 없을 수밖에 없다. 따라서 함축이 끝없고 백태를 담아내야 독자의 상상은 더 멀리 나래를 펴게 된다.

소식은 사공도의 "음식에는 소금과 매실이 없어선 안 되지만 그 음식의 아름다움은 항상 짜고 신 것 밖에 존재한다飮食不可無鹽梅, 而其美常在鹹酸之外"라는 주장에 찬동하였다. 이 때문에, 그는 "겉이 메마르면서도 속은 기름지고 담박한 듯이 보이지만 실은 아름답다外枯而中膏, 似澹而實美"라는 평어를 사용하여 도연명과 유종원의 시문을 찬미하였고 "시 밖에 여전히 사실이 존재한다詩外尙有事在"라는 말을 제기하여 두보의 시를 애호하였으며 "간아簡雅함 가운데 섬세함과 풍성함을 드러내고,

담박함 가운데 지극한 맛을 싣고 있다發纖穠於簡古, 寄至味於澹泊"라는 논조를 펴서 위응물의 시를 칭찬하였던 것이다.

다만 이러한 평가를 한 글들의 사작시기를 정확히 알 수 없다는 점이 아쉽긴 하지만, 함축미를 시세계에 구현한 시인으로 도연명, 유종원, 위응물, 두보 등을 최고로 여겼음은 분명하다.

3. 물아일체

물아일체는 자연물과 자아가 하나가 된 상태이며, 대상물에 완전히 몰입된 경지라 하겠다. 이는 바로 문예 창작 중 작가의 주체와 창작 대상의 객체가 하나로 합쳐진 경계이다. 예로부터 사람들은 자연 만물에는 그 나름의 본성을 지니고 있어서 꽃 한 송이, 풀 한 포기에도 기운생동氣韻生動하는 세계가 존재한다고 여겨왔다. 작가가 다만 물아物我에 존재하는 벽을 걷어내어 대상물의 내부세계에 잠입하기만 한다면 정미精美한 작품을 창작해낼 수 있다고 보았다. 물아일체를 통해 작가는 주객을 구분할 수 없는 심미상태에 들어가고 자아를 잊은 채 대상물의 내부세계에 들어가 대상물에 대해 매우 깊이 있게 이해한다. 물아일체는 줄곧 문예이론가들이 추구해 온 최고의 경계였다. 소식 역시 예외가 아니어서 이를 문예 감상의 중요한 척도로 보았고 문예 창작 중의 여러 체험을 통해 이전 사람들보다 더욱 깊이 있게 이해하였다.

1) 물화物化의 경계

물아일체는 물화物化 사상에서 비롯되었다. 장자莊子는 「제물론齊物論」에서 다음과 같이 말하였다.

> 옛날 장주莊周는 나비가 된 꿈을 꾸었다. 훨훨 날아다니는 나비가 된 채 유쾌하게 즐기면서도 자기가 장주라는 것을 깨닫지 못했다. 그러나 문득 깨어나 보니 장주가 아닌가! 도대체 장주가 나비가 된 꿈을 꾼 것일까? 아니면, 나비가 장주가 된 꿈을 꾼 것일까? 장주와 나비에는 반드시 구별이 있을 것이다. 이를 물화라고 한다.[42]

장주莊周와 호랑나비는 본디 둘이지만 꿈속에서는 자신이 호랑나비가 되었다가 꿈에서 깨어나니 자신이 다시 장주임을 발견한다. 이때 그는 한동안 호랑나비가 꿈을 꾸어 장주로 변한 것인지 아니면 장주가 꿈을 꾸어 호랑나비로 변한 것인지 알 수 없었다. 이러한 물아物我가 합일된 경계를 물화物化라 칭하였다. 작가는 자신의 감정과 물상이 서로 융합되어 자신이 물상으로 환화幻化하여 어느 순간 정신과 물상이 서로 합일된 물화의 경계에 이른다. 이러한 물화 사상은 공예 창조에 운용되는데, 「장자・달생達生」편에서 이에 대해 다음과 같이 말하였다.

---

42 『莊子集釋』 內篇 第二, 「齊物論」, 112쪽. "昔者莊周夢爲胡蝶, 栩栩然胡蝶也. 自喩適志與! 不知周也, 俄然覺, 則蘧蘧然周也. 不知周之夢爲胡蝶與, 胡蝶之夢爲周與? 周與胡蝶, 則必有分矣. 此之謂物化."

> 공장工匠 수倕가 줄을 그으면 그림쇠나 곱자를 이용하였다. 그의 손이 그림쇠나 곱자와 함께 변화하며 마음으로 헤아리지 않는다. 그 마음이 공구와 하나가 되어 막히지 않았기 때문이다. 발을 잊는 것은 신이 꼭 맞기 때문이고 허리를 잊는 것은 띠가 꼭 맞기 때문이다. 시비를 잊는 것은 마음이 딱 들어맞기 때문이다. 마음속이 변하지 않고 외적 사물에 따라 얽매이지 않는 것은 일의 만남이 꼭 맞기 때문이다. 알맞은 데서 시작하여 늘 알맞지 않음이 없는 것은 알맞은 것조차도 잊은 참된 자적自適의 경지에 있기 때문이다.[43]

전설에 의하면 공장工匠 수倕는 요堯 임금 때의 유명한 인물이다. 수倕가 기물을 만들 때면 심신이 기물과 융합하여 어떠한 주관적인 생각도 배제되어 완전히 기물에 따라 그 재주가 발휘되었다고 한다. 장자莊子는 공장工匠 수倕가 기물을 만들 때 기예技藝가 뛰어나 손과 기물 사이에 어떤 장애도 없음을 비유하였다. 마음과 손이 물화되어 물아物我 사이에 아무런 거리감도 없고 지체함도 없는 심리 상태 속에서 자유로이 창작한다면 물아일체에 들어갈 수 있다.

'물아일체'는 또한 '천인합일天人合一' 사상과 밀접한 관련이 있다. '천인합일'은 바로 하늘과 사람은 공동의 본성이 있다고 여기는 것이다. 이 사상은 중국 철학에서 하늘과 사람에게 절대적 차별이 없음을 시사한다. '天(천, 하늘)'에는 자연계를 주재하는 신령성과 외재필연성 등의 함의를 지니고, '人(인, 사람)'에는 주관정신과 인류사회, 및 자연 생리적

43 『莊子集釋』 外篇 第十九, 「達生」, 662쪽. "工倕旋而蓋規矩, 指與物化而不以心稽, 故其靈臺一而不桎. 忘足, 屨之適也; 忘要, 帶之適也; 知忘是非, 心之適也; 不內變, 不外從, 事會之適也; 始乎適而未嘗不適者, 忘適之適也."

인 사람 등의 함의를 지닌다. 맹자孟子는 "그 마음을 다하는 자는 그 성性을 아니, 그 성을 알면 하늘을 안다"[44]라고 말하였다. 바로 인仁, 의義, 예禮, 지智를 지닌 사람의 마음은 하늘로부터 부여받은 것이기에, 사람의 본성은 하늘의 본성이라는 것이다. 이러한 바탕에서 모든 삼라만상에는 그 나름의 본성이 있다. 만약 작가가 그 본성을 체득하여 물화物化의 경계에 들어간다면 물아物我 사이에 존재하는 벽이 사라진 물아일체의 경지에 이를 것이 분명하다.

선진先秦 이후의 문론가와 예술가들은 장자 철학의 '물화'사상을 이어받아 자신의 학술과 창작 영역 속에 여러 각도로 풀어내기 시작하였다. 당대唐代 시인 부재符載(?~약 813)는 장조張璪가 그린 〈송석도松石圖〉를 감상하면서 다음과 같이 말하였다.

> 장조張璪의 예술을 살펴보면 그림이 아니라 진정한 도道이다. 그 그림을 그릴 때에 직면하면 신묘한 기교일랑 내버린 채 뜻이 그윽하고 현묘해져야 함을 이미 알았기에, 사물을 마음속에 두었지 눈이나 귀에 담아두지 않았다. 마음속에서 얻어 손에 응하고 독자적인 모습과 절묘한 모습이 붓 닿는 대로 나타나니, 기氣가 어렴풋이 교류하여 신神과 더불어 동류가 되었다.[45]

이 글은 장조張璪가 〈송석도松石圖〉를 그릴 때 도달한 물화에 대한 생동적인 묘사이다. 예술가가 붓끝을 놀려 그림을 그릴 때 그 내심은 이

---

44 『孟子·盡心上』, 『十三經注疏』 제8책, 228쪽. "盡其心者, 知其性也; 知其性, 則知天矣."

45 『中國美學史資料選編』(中國文史資料編輯委員會 編, 台北 : 光美書局, 1984) 上冊, 295쪽. "觀夫張公之藝, 非畫也, 眞道也. 當其有事, 已知遺去機巧, 意冥玄化, 而物在靈府, 不在耳目. 故得於心, 應於手, 孤姿絶狀, 觸毫而出, 氣交沖漠, 與神爲徒."

미 객관 세계와 서로 교유하고 붓놀림이 도道의 경지에 도달하는 데에서 '심수상응心手相應' 하는 상태에 도달한다. 이때 심미 대상인 '물物'은 창작 주체의 눈과 귀 등의 표면적인 지각에 머물지 않고 작가 내면 깊숙이 존재하는 마음속으로 완전히 융합된다. 이것이 바로 물아일체인 것이다. 그래서 부재符載는 장조의 그림에 대해 "그림이 아니라 진정한 도이다非畫也, 眞道也"라는 경탄의 소리를 낼 수밖에 없었다. 이밖에도 장언원張彦遠의 『역대명화기歷代名畫記・고개지, 육탐미, 장조, 오도자의 용필을 논하다 論顧陸張吳用筆』에는 화성畫聖 오도자吳道子의 그림이 신묘한 지경에 이르렀다고 논하면서 "그 정신을 온전히 지키고 오로지 그 한 가지에만 마음을 썼기에 조화造化의 공에 합하고 오도자의 붓을 빌렸으니, 이것이 앞서 말한 뜻이 붓보다 먼저 있고 그림이 다해도 뜻이 남아 있다는 것이다"[46]라고 기재하였다.

물아일체에 대한 애호는 회화뿐 아니라 시문에도 똑같이 적용된다. 시문도 물아일체에 이른 후에야 비로소 공교工巧해진다. 예를 들어, 사공도司空圖의 『이십사시품二十四詩品』에 언급된 시가 예술 풍격 중에서도 물아일체를 최고로 평가하였다. 사공도는 예술가의 주체와 창작 대상인 객체 사이의 융합을 특히 강조하여, "형상 밖으로 추월하여 그 묘리妙理를 얻는다超以象外, 得其環中, 「雄渾」"라고 하고 "잠자코 소박하게 사니 오묘한 기틀이 은미하다素處以黙, 妙機其微, 「沖淡」"라고 하고 "하늘과 땅이 함께 서고 신묘神妙한 변화와 함께 하는 바이라天地與立, 神化攸同, 「勁健」"라고 하고 "우연히 만난 건 하늘로부터 온 것이나, 맑게 울려나는 드

46 『中國美學史資料選編』 上冊, 317쪽. "守其神, 專其一, 合造化之功, 假吳生之筆, 向所謂意存筆先, 畫盡意在也."

문 소리로다遇之自天, 泠然希音, 「實境」"라고 하는 등의 언급을 하였다.[47] 사진謝榛 역시 『사명시화四溟詩話』에서 시가 창작은 물화의 경계에 진입할 때 물아物我 쌍방이 분명히 구별되지 않는다고 말하였다. 그가 "생각이 깊고 넓은 경지에 들어가면 나도 없고 물상도 없으니, 시가 깊은 경지에 다다른 것이다"[48]라고 표현한 말은 문예 창작 중에 정성精誠이 전일專一하면 절로 물아일체에 들어갈 수 있음을 말한 것이다. 사공도가 『이십사시품』에서 기술한 24가지 시가 예술 풍격은 물아物我 경계의 특징을 충분히 표현한 것이라 말할 수 있다. 사공도가 묘사한 매 하나의 예술 경계 속에서 작가의 주체와 창작 대상의 객체 사이에 물아가 구분되지 않고 합일된 경계를 찾아볼 수 있다. 사공도가 비록 이론적으로 물화의 문제를 명확히 설명하지 못했지만 거기서 표현된 24가지 풍격의 문예 경계 속에서 물화 사상이 녹아 있고 물아일체를 드러내었다.[49]

2) 문동文同, 도연명陶淵明

소식이 감상할 때 중시했던 물아일체는 대부분 문동文同의 대나무 그림과 밀접하게 관련되어 있다는 점에 주목할 필요가 있다. 따라서 '소식-대나무-문동' 삼자 관계를 논술할 필요가 있다.

소식이 거처했던 곳에는 대나무가 즐비했고 대나무를 좋아하는 사

47 『中國歷代文論選』 제2책, 203～206쪽.

48 『四溟詩話』, 北京 : 人民文學出版社. "思入杳冥, 則無我無物, 詩之造玄矣哉."

49 『中國古代文學創作論』, 56～57쪽 참고.

람들과 즐겨 교유하였다. 시문이나 서화에 능했던 소식은 시문, 서법, 회화를 빌려 대나무에 대한 자신의 감정을 표현하였다. 소식 작품 중에 대나무와 관련된 묘사는 일일이 다 열거하기 어려울 정도로 많다.[50] 소식의 입장에서 말하자면, 대나무는 정말 한순간도 떨어져 있지 않던 동반자였다. 대나무에 대한 애호가 정말 남달랐던 소식은 이러한 감정을 담아 "영남 사람 중에 마땅히 대나무에 송구스러워할 자가 있다. 먹는 건 죽순이요, 지붕 덮은 건 대나무 기와, 물건 나르는 건 대나무 뗏목, 밥 짓는 건 대나무 껍질, 글 쓰는 건 대나무 종이, 신은 건 대나무 신발이라. 참으로 하루도 이 대나무가 없어서는 안 된다고 말할 만하구나!"[51]라고 말하였다. 여기에 쓰인 '愧(괴, 부끄럽다)'자를 통해 소식의 대나무에 대한 감정을 남김없이 토로하였다.

소식의 이러한 대나무 사랑을 가장 잘 드러내는 인물로 바로 '문호주죽파文湖州竹派' 창시자인 문동文同과의 교유를 빼놓고 말할 수 없다. 문동은 자字가 여가與可이고 석실선생石室先生이라 불리었고 소식보다 18살 위였다. 두 사람은 이종사촌 관계이면서 시문서화 방면의 지기知己이기도 하였다. 그들의 우정을 말할 때 그들 공동의 벗인 대나무를 떼어놓고 말할 수 없다.

문동은 대나무 그림을 너무나 실물처럼 잘 그렸다. 소식은 29세

---

50 소식의 작품 중에 대나무의 정태를 묘사한 것들이 유난히 많다. 예를 들면, "暫借藤床與瓦枕, 莫教辜負竹風涼."(「歸宜興, 留題竹西寺三首(之二)」, 『蘇軾詩集』 제4책 권25, 1347쪽); "散亂東牆疏竹影."(「減字木蘭花 · 回風落景」, 『東坡樂府箋』 권2, 255쪽); "夢驚忽有穿窗片, 夜靜惟聞瀉竹聲."(「雪夜獨宿柏仙庵」, 『蘇軾詩集』 제3책 권14, 700쪽); "楚山修竹如雲, 異材秀出千林表."(「水龍吟 · 贈趙晦之吹笛侍兒」, 『東坡樂府箋』 권1, 69쪽); "花香襲杖履, 竹色侵杯斝."(「司馬君實獨樂園」, 『蘇軾詩集』 제3책 권15, 733쪽) 등이다.

51 『蘇軾文集』 제6책 권73, 「記嶺南竹」, 2365쪽. "嶺南人, 當有愧於竹. 食者竹筍, 庇者竹瓦, 載者竹筏, 爨者竹皮, 書者竹紙, 履者竹鞋, 眞可謂一日不可無此君也耶."

(1064) 때 쓴 글에서 문동이 표현한 대나무 그림 속에 문동 자신의 인격도 그대로 투영하고 있다고 생각하였다.[52] 그래서 소식은 문동을 스승으로 삼아 대나무 그림의 기교를 배우면서 이를 이론화하는 데에도 힘썼다. 예를 들어 소식은 36세(1071) 때 문동 벽화에 대한 평론을 통하여 '상형常形(사물 외적인 모양)'과 '상리常理(사물 내적인 규율)'의 문제를 제기하여 '상리'가 '상형'보다 더욱 중요하다고 지적하였다. 이러한 부분이 어긋나 잘못되면 곧바로 예술작품의 전체가 무너진다는 점을 더욱 강조하였다.[53] 그는 35세(1070) 때 문동의 대나무에 대한 깊은 이해가 결과적으로 형신形神이 겸비된 작품을 만들게 하였다고 이미 말했었다. 이른바 "그 대나무 정情을 체득하여 그 대나무 성性을 다 드러냈다得其情而盡其性"[54]라는 말은 바로 그 '상리'를 얻었다는 것이며 그림 속에 제대로 '전신傳神'을 구현하였음을 말한다. 그는 52세(1087) 때 지은 시구에서 이 점을 재차 언급하였다.

> 문동文同이 대나무를 그릴 때,
> 대나무만 보았지 사람은 보지 못하네.
> 어찌 홀로 사람을 보지 못하는가.
> 풀썩 그 자신을 잊었음이라.
> 그 몸 대나무와 더불어 동화하니,

52 "與可, 文翁之後也. 蜀人猶以石室名其家, 而與可自謂笑笑先生. 蓋可謂與道皆逝, 不留於物者也. 顧嘗好畫竹, 客有贊之者曰: 先生閒居, 獨笑不已. 問安所笑, 笑我非爾. 物之相物, 我爾一也. 先生又笑, 笑所笑者. 笑笑之餘, 以竹發妙. 竹亦得風, 天然而笑."『蘇軾文集』 제2책 권21, 「石室先生畫竹贊幷敘」, 613쪽.

53 『蘇軾文集』 제2책 권11, 「淨因院畫記」, 367쪽.

54 위의 책, 「墨君堂記」, 355~356쪽.

무궁함은 청신함에서 나온다네.
장주莊周가 세상에 없으니,
누가 이것이 신묘神妙하다는 걸 알랴.[55]

대나무를 그리는 화가는 대나무를 자신으로 상상하여 자신을 대상화시킨다. 소식이 문동의 대나무 그림을 찬양하였던 까닭은 무아無我의 경계를 그려내었기 때문이다. 그림을 그릴 때에는 온 신경을 한 데 모아야 자신을 잊은 채 대나무에 몰입하는 경지에 이를 수 있다. 심미주체가 창작 객체 속으로 융합되어 그 자신을 잊을 수 있어야 심미 대상의 내재하는 본질과 정신을 파악하고 그 몸이 대나무로 승화하여 그 작품에 무궁한 청신淸新함을 드러낼 수 있다. 문동은 대나무를 그릴 때 심미 대상에 완전히 빠져들어 자신의 감정, 정신, 생명을 완전히 대상으로 분화하여 대나무의 생명을 화가 자신의 생명으로 간주한다. 작가는 이러한 물아일체物我一體의 상태에서 대나무의 품격과 정신을 철저히 이해하여 작가의 정신이 대상과 교유한다. 문동이 이러한 경계에 도달할 수 있었던 까닭은 처음에 그림을 그리기 시작할 때 자신을 먼저 잊고 과정 중에 자신을 대나무와 하나가 되었다는 데에 있다.

소식은 여전히 의문을 제기하였는데, 문동이 대나무를 그릴 때 허정虛靜한 심태心態를 유지했다고 해도 '망아忘我'하여 '심재心齋'한 장주莊周가 이미 죽은 지금 그 누가 문동이 그림을 그릴 때 물아일체에 이르렀음을 이해할 수 있느냐 하는 점이다. 이에 대해, 소식은 감상자 역시 주

55 『蘇軾詩集』 제5책 권29, 「書晁補之所藏與可畫竹三首(之一)」, 1522쪽. "與可畫竹時, 見竹不見人. 豈獨不見人, 嗒然遺其身. 其身與竹化, 無窮出淸新. 莊周世無有, 誰知此疑神."

객이 하나 된 '신여물유神與物游'의 경지에 도달해야 한다는 점을 중시하였다. 이 점을 소식이 깊이 깨달았을 뿐 아니라 문동 스스로도 자신의 물아일체 상태를 다음과 같이 밝혔다.

> 내가 좋아하는 바는 도道이고 이를 대나무에 놓았다. (…중략…) 차가운 바람이 틈새와 구멍에서 울부짖고, 날리는 눈발이 언덕과 연못에서 엉긴다. 뭇나무들이 의지할 곳 없음을 슬퍼하여, 수백 번 그 주변을 둘러보았지만 기댈 것이 없었다. 그래도 다시 차가움이 지난 뒤에 푸릇하고, 가련한 자태가 없이 늠름하였다. 송백松柏을 좇아 자신과 짝하고, 인인仁人이 하는 것을 훔친다. 이것이 바로 대나무가 대나무인 이유이다. 처음에 나는 보고 기뻐하였지만 지금은 기뻐하면서도 그 까닭을 몰랐다. 홀연히 손과 종이 사이에서 붓을 잊고 있다가 불끈 흥취가 일어나니 쭉 뻗은 대나무가 빽빽하였다.[56]

문동는 대나무를 그리는 과정 중에서 자신의 온 정신력을 창작 대상인 대나무에 투입하여 물아일체의 경지에 이르렀다. 그는 화가가 성공적인 그림을 완성할 수 있는 오묘한 이치를 깊이 알고 있었던 것이다. 문동이 대나무를 그리면서 물아일체의 경지에 이를 수 있었던 것은 바로 그 역시 일상생활 속에 대나무를 항상 곁에 두고 지내면서 대나무의 이치를 깊이 깨달았기 때문이다. 문동은 양주楊州태수를 지낼 때 운당곡篔簹谷의 죽림 안에 정자를 짓고는 매일 죽림을 벗 삼아 지냈고 아내

56 『蘇轍集』 제1책 권17, 「墨竹賦」, 334쪽. "夫予之所好者道也, 放乎竹矣. (…중략…) 淒風號怒乎隙穴, 飛雪凝沍乎陂池. 悲衆木之無賴, 雖百圍而莫支. 猶復蒼然於旣寒之後, 凜乎無可憐之姿. 追松柏以自偶, 竊仁人之所爲, 此則竹之所以爲竹也. 始也余見而悅之, 今也悅之而不自知也. 忽乎忘筆之在手與紙之在前, 勃然而興, 而修竹森然."

와 죽순을 삶아 저녁식사를 대신하기도 하였다. 소철蘇轍은 「묵죽부墨竹賦」를 지어 문동을 증별贈別한 적이 있었는데, 그 글에서 『장자莊子』의 '포정해우庖丁解牛'와 '윤편착륜輪扁斫輪' 고사를 빌려 문동의 대나무 그림에 나타난 전신傳神 능력을 비유하였다.[57] 만약 일상생활에서 대나무를 관찰하여 체득하지 못했다면 물아일체에 이르는 일은 불가능했을 것이다.

한 작가가 묘사 대상의 본질과 그 특징을 명확히 이해할 수 있어야 비로소 문예 창작 과정 중에서 그 대상과 하나가 될 수 있다. 여기서 더 나아가 감상자는 작가와 그 묘사 대상을 완전히 이해하여 그 작품이 물화의 경계에 도달하였음을 알고 작가와 하나가 된다. 소식은 57세(1095) 때 도연명의 시를 언급하면서 다음과 같이 말하였다.

"동방의 한 선비, 옷차림이 항상 완전치 않네. 한 달에 아홉 번 우연히 먹고 십 년 동안 딱 한 번 의관을 갖춰 입었네. 그 고생이야 무엇과 비교하리만은, 항상 수심 없는 얼굴이라. (…중략…)" 여기 나오는 동방의 한 선비는 바로 도연명이다. 그를 따라 노닐 자 누구인지 모르겠다. 만약 이 단락을 이해한다면, 내가 바로 도연명이요 도연명이 바로 나인 것이다.[58]

도연명은 "평탄한 경작지에 멀리서 불어오는 바람이 갔다 오니, 좋은 싹

57 『蘇轍集』 제1책 권17, 「墨竹賦」, 334쪽. "蓋予聞之, 庖丁解牛者也, 而養生者取之. 輪扁斲輪者也, 而讀書者與之. 萬物一理也, 其所從爲之者異爾. 況夫夫子之託於斯竹也, 而予以爲有道者則非耶?"

58 『蘇軾文集』 제5책 권67, 「書淵明東方有一士詩後」, 2115쪽. "'東方有一士, 被服常不完. 三旬九遇食, 十年着一冠. 辛苦無此比, 常有好容顔. (…중략…)' 此東方一士, 正淵明也. 不知從之游者誰? 若了得此一段, 我卽淵明, 淵明卽我也."

> 역시 새 것을 품는다"라고 하였다. 옛날에 밭을 갈아본 자가 아니면 이 말을 할 수 없고, 나 같은 대 이은 농사꾼이 아니면 이 말의 기묘함을 깨달을 수 없다.[59]

소식은 도연명의 시를 빌어 도연명과 하나 되어 물아일체에 도달하였던 것이다. 소식은 도연명의 『사기』를 읽은 후 쓴 시에 대해 "도연명이 지은 『사기에 대해 9장으로 논술하다述史九章』 중의 「백이숙제夷齊」와 「기자箕子」는 아마도 느낀 바가 있어 이른 것이리라. 오백여 년의 거리가 있지만 나는 그의 의중을 알겠네"[60]라고 하였다. 여기서 소식은 자신이 도연명을 진정으로 이해하는 '지음知音'임을 암암리에 밝혔다. 문동 역시 "세상에 나를 아는 자 없더니, 오직 소식만이 한 번 보고는 나의 묘처를 알아냈다"[61]라고 말했었다. 소식은 물아일체를 매우 강조하면서 그것을 문예 감상의 중요한 척도로 삼았다.

소식은 어떤 작가의 작품을 감상할 때 물아일체를 특히 중시하였다.

---

59 『蘇軾文集』 제5책 권67, 「題淵明詩二首(之一)」, 2091쪽. 이 글은 사작 시기가 명확하지 않다. "陶靖節云: '平疇返遠風, 良苗亦懷新.' 非古之偶耕植杖者, 不能道此語, 非余之世農, 亦不能識此語之妙也." 여기에 나온 시는 「癸卯歲始春懷古田舍」(『陶淵明詩文彙評』(二版), 台北 : 世界書局, 1998, 126쪽)이며, 다음과 같다. "先師有遺訓, 憂道不憂貧. 瞻望邈難逮, 轉欲心長勤, 秉耒歡時務, 解顔勸農人. 平疇交遠風, 良苗亦懷新; 雖未量歲功, 卽事多所欣. 耕種有時息, 行者無問津. 日入相與歸, 壺漿勞近鄰. 長吟掩柴門, 聊爲隴畝民."

60 『蘇軾文集』 제5책 권66, 「書淵明述史章後」, 2056쪽. "淵明作『述史九章』, 夷齊箕子蓋有感而云. 去之五百餘載, 吾猶知其意也." 원래 시 제목은 『讀史述九章』으로, 도연명이 『사기』를 읽고 느낀 바를 쓴 것이며, 「夷齊」와 「箕子」는 앞의 두 장이다. 蘇軾이 말한 바는 伯夷叔齊와 箕子의 처지와 그들의 절조가 도연명 본인과 서로 비슷하여 그로 인해 감정이 발해 시로 토로한 것이다. 여기 나오는 시는 『陶淵明詩文彙評』 367쪽에 보인다. 「夷齊」: "二子讓國, 相將海隅; 天人革命, 絶景窮居. 采薇高歌, 慨想黃虞; 貞風凌俗, 爰感懦夫." 「箕子」: "去鄕之感, 猶有遲遲; 矧伊代謝, 觸物皆非. 哀哀箕子, 云胡能夷! 狡童之歌, 悽矣其悲."

61 『蘇軾詩集』 제5책 권26, 「書文與可墨竹・敍」, 1392쪽. "世無知我者, 惟子瞻一見, 識吾妙處."

여기서 우리는 소식이 물아일체라는 말로 평가한 작품이 매우 극소수라는 점에 주의할 필요가 있다. 물아일체의 작품으로 평가받기 위해서는 소식 자신이 그 작가에 대해 깊이 있게 이해하고 있어야 가능하기 때문이다. 감상자인 소식이 작품 속에 묘사된 대상의 '상형'과 '상리'를 깊이 있게 이해하고 있다는 전제 하에서 작가 역시도 그 제재의 '상형'과 '상리'를 몸소 깨달았을 때, 소식은 비로소 그 작가의 작품이 물아일체에 도달하였음을 알 수 있다. 이 때문에, 소식은 작품을 감상하려면 매우 깊은 문예 수양과정을 거쳐야 정확한 평가를 내릴 수 있다고 여겼다. 소식이 문동과 도연명 등의 작품을 예로 든 까닭은 소식이 그 작가들을 진정으로 이해하고 있었고 그 바탕에서 그들의 작품을 감상하였기에 그들의 작품에 구현된 물아일체를 체득할 수 있었다.

소식은 문예 창작의 대가이면서 문예 감상의 '지음知音'이었다. 문예 감상자의 입장에서 볼 때 소식은 특별한 안목을 지니고 있었는데, 그것이 바로 자연미, 함축미, 물아일체이다. 여기서 물아일체는 사실상 함축미의 범주에 들어가는 것이라 말할 수 있다. 하지만 함축미가 사회 교화 및 다의성을 중시한 것이라면, 물아일체는 물상이 마음을 움직이는 데 그치지 않고 '물심합일物心合一'의 상태를 이룬 것을 말한 것이다.

자연미 부분에서 소식은 문예작품이 진실한 감정을 표현해야 하고 언어는 질박하여 어떤 수식의 흔적도 없어야 한다고 주장하였다. 그는 격률이나 대우, 또는 지나친 전고의 사용을 반대하였다. 소식은 자연미가 지닌 '천공天工'과 '청신淸新'을 적극적으로 추구하였다. 이것은 바로 '수물부형隨物賦形'과 '행운유수行雲流水'의 본질이다. 소식이 말한 자연미는 절대로 자연주의 사조에서 말하는 자연이 아니고 예술적 가공과 단련을 거친 후에 도달할 수 있는 '천공'의 자연미를 말한다. 그가 주장한 자연미를 이룬 시가는 자연스런 단련을 거쳤기에 "하늘의 솜씨는 천둥 친 도끼 흔적을 볼 수 없네天工不見雷斧痕"라는 효과를 맛본 것이다. 소식은 도연명陶淵明, 오도자吳道子, 문동文同 등을 자연미를 이룬 작가로 보았다.

함축미 부분에서 소식은 문예 작품의 언외지의言外之意는 형상 속에 사상을 기탁하는 것이라고 여겼다. 이는 작가의 생각을 적나라하게 다 드러내는 것이 아니라 독자에게 상상력의 여지를 남겨 두어 형상의 함의를 풍부하게 하는 것이다. 작가는 응축된 언어를 사용하여 함축미를 만들어내어 독자들에게 시인의 의향 너머까지도 도달할 수 있게 한다. 이것이 바로 모든 창작물은 '언외지의言外之意', '제외지지題外之旨', '자외지의字外之意', '화외지상畫外之象', '현외지음弦外之音' 심지어는 '미외지미味外之味'를 구비해야 한다고 지적한 말이다. 소식은 도연명, 유종원柳宗元, 두보杜甫, 위응물韋應物 등을 작품에 함축미를 발현한 작가로 보았다.

물아일체 부분에서 소식은 물화物化의 경계에 이른 작품을 애호하였다. 물아일체는 주체인 작가와 객체인 대상물이 작품 속에서 하나가 된 경지를 말한다. 작가는 자신의 감정과 대상물이 서로 하나 되어 대상물이 자신처럼 생명력을 지닌 물상으로 변화시켜 물화의 경계에 이른다. 하지만 작가가 작품 속에 물아일체를 구현했다고 하더라도 감상자가 그 작품 속의 물아일체를 체득하지 못할 수 있다. 그래서 물아일체의 작품으로 평가받기 위해서는 감상자가 그 작가에 대해 깊이 있는 이해를 가져야 하며 그 대상물에 대해서도 해박한 지식을 지녀야 가능하다. 소식은 문동과 도연명을 진정으로 이해하였고 그 바탕에서 그들의 작품을 감상하였기에 그들의 작품 속에 구현된 물아일체를 체득할 수 있었다.

자연스럽지 않은 문예 작품을 감상한다면 감상자는 자연미를 느낄 수 없다. 문예 작품은 자연미를 지녀야 한다. 그러나 언어는 의미를 전달하기에는 부족한 도구이기 때문에 작가는 언어를 운용할 때 적지 않은 어려움을 겪는다. 예로부터 사람들은 '언부진의言不盡意(말로는 의중을 다 드러내지 못함)'라는 말을 해왔듯이 문예 작품 속에 '언외지의言外之意'를 발현하는 일은 대단히 중요한 일이다. 게다가 문예 작품은 물아일체를 구현해야 한다. 소식이 말한 문예 감상의 세 가지 척도는 서로 다른 것이 아니다. 왜냐하면, 물아일체를 구현한 작품은 자연미를 지닐 수밖에 없고 함축미에 기초해야 한다. 결국 자연미와 함축미, 그리고 물아일체는 표현만 세 가지로 달리 한 것이고 하나로 귀착된다고 하겠다.

소식은 젊은 시기부터 친척관계였던 문동과 자연스레 교유하면서 그의 인품과 그의 작품이 하나임을 인지하고는 물화物化의 경지에 도달한 문동을 찬미하였다. 50대 이후로 도연명의 작품을 특히 애호하였고, 심지어 도연명과 상우尙友하면서 그의 인품이 어떠한지 작품세계를 통해 인식하고 그 인성이 고스란히 작품세계에 투영되었음을 깨달았다. 이렇게 대상물과 작가가 하나 되고 그 작품을 감상하는 이 역시 하나 될 때 감상의 극치에 도달한다.

제7장
고려·조선에 미친 영향

소식(1036~1101)의 명성과 문학작품이 한반도에 처음 전해진 시기는 대략 고려 전기 문종文宗 27~34년(1073~1080, 소식 38~45세) 때 즈음으로 보인다.[1] 이때부터 소식이 한국 문단에 미친 영향은 마치 동산 위의 보름달처럼 한국 문인들의 뇌리에 뚜렷한 인상을 주었다. 고려 전기부터 19세기 말 조선 말기에 이르는 900여 년간 한국 문인들은 소식을 '소선

1 정선모, 「蘇軾文學初期受容樣相考」, 『동방한문학』 36집, 동방한문학회, 2008, 279~290쪽 참조. 소식의 존재가 고려 문단에 알려지게 된 사실에 대하여, 원풍 3년(1080) 김부식(1075~1151)의 부친 金覲이 북송에 가는 사절단에 참가하고, 귀국하여 갓 태어난 3남과 4남의 이름에 蘇軾, 蘇轍 형제의 '軾'자와 '轍'자를 차용했다고 추정되어 왔다. 이에 대해, 정선모(2008)는 그보다 7년 전의 熙寧 6년(1073) 金良鑑 일행의 고려 사절단이 杭州 지역을 통과할 때, 당시 항주의 通判에 재직하고 있던 소식을 만난 역사 사실에 근거해, 소식의 존재는 김근이 북송에 출발하기 이전에 이미 고려 문단에 알려져 있었던 사실을 검증해 냈다.

蘇仙'이라 칭할 정도로 그의 생애와 문예의 경지를 흠모하였다.

한국 문학사에서 소식의 위상과 의의는 도연명(365~427), 이백(701~762), 두보(712~770) 등의 문인들과 비교해서도 전혀 뒤지지 않는다. 소식의 시는 두보만큼은 큰 영향을 미치지 못했고 그의 문은 한유(768~824)만큼은 큰 영향을 미치지 못한 것은 사실이지만, 시와 문을 통틀어 볼 때는 소식이 가장 큰 영향을 미쳤다고 할 수 있다.

신라 말기와 고려 초기에는 만당시를 학습했다. 고려 중기에서 조선 전기까지는 송시풍, 특히 소식 시풍을 주류로 삼았다. 조선 중기에는 송시에 대한 염증으로 말미암아 '문은 진한이요 시는 성당이라文必秦漢, 詩必盛唐'의 명대 의고파의 영향을 받아 당시唐詩가 추대를 받았다. 하지만 실학자들이 청나라 사신으로 연경에 가서 소식에 관한 연구가 활발하던 청나라 당시 풍조를 직접 목도하고는 깊은 인상을 받았다. 이때부터 소식에 대한 관심이 다시 고양되었다.

고려시대 한문산문의 시대정신은 기본적으로 한시와 그 궤적을 같이 한다. 조선시대 한문산문의 창작모형과 표준은 진한 이전의 유가경전, 제자산문, 당송팔대가문 등의 고문이었다. 그 후 여러 체를 학습하는 것은 하나의 체를 학습하는 것만 못하다고 여기면서 점차 선진양한(사마천, 반고)과 당송팔대가 등의 한 시대나 한 작가의 문체만을 전공하는 추세로 변모하였다. 이와 동시에 실용성을 더욱 중시하여 명청대의 외교문과 조정의 정령문 등을 배우기도 하였다.[2] 소식의 산문 중「적벽부」같은 명작은 어느 시대를 막론하고 문인들의 애호를 받았다.

---

2 李丙燾 외,『漢文學史』, 새문사, 2003, 336쪽.

조선시대의 소동파 열기 변모양상은 남송南宋 전기, 청대淸代에 불었던 소식 열풍의 정점과 어느 정도의 시차를 두고 유사한 파도의 기복을 보인다. 한반도에 일었던 소식 열기는 고려 중기에 이르러 최고조에 달하여 조선 전기까지 지속되었다. 소식에 대한 열기가 당시唐詩에 대한 유행으로 조선 중기에 이르러 식었다가 조선후기에 이르면 성리학에 대한 반성과 청대문예사조의 영향으로 다시 고양되었다.[3]

허권수(1988)는 소식의 시문이 크게 성행한 이유로 네 가지, 즉 호방한 기운과 부섬한 시어, 불교와 노장의 내용, 소식의 유배와 좌천, 소식의 한미한 출신성분 등을 꼽았다.[4] 특히 조선시대 유학은 중국의 정주학파程朱學派를 계승한 관계로 소식과는 학파나 학문관점에 있어서 대립 관계에 있었는데도, 조선시대 문인들은 소식을 애호하였다. 조규백(2006)은 이에 대해 세 가지 이유를 거론하였다.[5]

---

3 조규백, 「조선시대 문인들의 소동파 시문 수용과 관점」, 『퇴계학과 한국문화』 제38호, 2006, 264쪽.

4 허권수, 「蘇東坡 詩文의 韓國的 受容」, 『中國語文學』 제14집, 영남중국어문학회, 1988, 67~68쪽 참조. "첫째, 蘇東坡의 시는 情感을 위주로 한 唐詩와는 달리 시의 氣韻이 豪放하고, 雅俗을 가리지 않는 시어가 富贍하여 상당히 독창적인 면모가 있었다. 이 점이 당시 사상적으로 자유로웠던 고려인들의 기질에 합치되었던 것이다. 李奎報의 장편서사시인 『東明王』 등도 蘇東坡 詩風의 영향을 받았다고 할 수 있겠다. 둘째, 소동파의 시문에는 불교, 노장과 관련된 내용이 많다. 고려 시대에는 불교를 숭상하였고 또 무신란, 거란, 몽고 등의 침입으로 사회가 어수선하여 지식인들이 현실도피적인 생각을 갖고 있었으므로 자연히 불교나 노장에 관계되는 글이 많은 소동파의 시문이 숭상을 받게 되었다. 셋째, 유배, 좌천 등으로 점철된 일생을 보내면서도 좌절하지 않고 현실긍정적인 작품이 많은 소동파의 시문은 당시 때를 만나지 못한 지식인들에게 위안이 되었다. 넷째, 소동파는 화려한 閥閱 출신이 아니고 寒微한 가문의 출신이었으므로 무신란 이후 새로 진출한 新進士類들의 선망의 대상이 되었다. 이상의 네 가지 점이 고려시대 소동파의 시문이 크게 숭상된 이유라 하겠다."

5 조규백, 「조선시대 문인들의 소동파 시문 수용과 관점」, 『퇴계학과 한국문화』 제38호, 2006, 272 ~274쪽 참조.

첫째, 소식의 인품과 문품에 대한 매력 — 그의 직언을 꺼리지 않는 성격, 애국애민의 지향, 활달한 인생관, 힘든 처경 속에서도 슬픔을 즐거움으로 바꾸는 초연한 심태, 그리고 그의 문학 자체의 탁월한 예술성, 특히 「적벽부」 등의 명작이 지닌 문학적 매력 등이 조선 문인들을 감동시켰다.

둘째, 조선의 문예숭상 풍조 — 조선이 송나라를 입국의 모형으로 삼고 당송팔대가를 중시하였으며, 소식의 시문집을 통하여 조선의 문인들은 문학적 자양분을 얻어 자신의 창작능력을 고양시켰다. 고려시대와 청나라의 소식 열풍은 조선 문인들에게 영향을 미쳤다.

셋째, 소식을 이상적인 롤 모델role model로 삼음 — 소식과 비슷한 문화, 당쟁, 전쟁을 거친 조선의 문인들이 소식과 쉽게 공감대를 형성하였다. 소식 작품은 고뇌하는 지식인들에게 새로운 길을 찾게 하였고 불우한 문인들에게 공감대를 갖는 마음을 품게 하였다.

고려와 조선의 문인들은 자신이 처한 혼란한 시국과 불우한 처지를 앞서 경험한 소식에게 많은 공감을 가졌다. 그들은 소식의 시문서화詩文書畵를 통해 자신의 상처를 치유하려 하였다. 소식은 지식인층의 고민에 대한 해결요소를 제공하고 불우한 지식인에게 공명共鳴을 주었으며, 그의 출사와 은퇴에 대한 관점은 고려와 조선 문인들에게 깊은 계시를 주었다. 그들은 소식의 문학, 예술, 문예이론을 받아들여 문화 수준을 고양시켰으며, 나아가 독자적인 정신세계를 표현할 수 있었다.

여기서는 고려, 조선 시기에 살았던 문인들이 소식을 어떻게 평가하고 있으며 소식문예이론 측면에서 어떠한 영향을 받았는지를 개괄적으로 살펴보고자 한다. 홍우흠(2001)은 조선시대를 유학건립기(1392~

1567), 유학발전기(1568~1724), 유학반성기(1725~1910) 세 시기로 나누었다.[6] 본장에서는 이 구분에 의거하여 고려 시기, 조선 전기, 조선 중기, 조선 후기 모두 네 부분으로 나누어 기술할 것이다. 이를 통해 그 시대 문화 성향을 알아보고 소식문예이론의 영향도 살펴보려 한다.

1. 고려 시기(918~1391)

고려 시기에는 소식의 시가 매우 성행하였다. 그 당시 과거준비로 시를 연마할 겨를이 없던 젊은 학자들은 과거에 급제하여 시간적 여유가 생기자 너나 할 것 없이 소식 시를 배우고자 전력을 다했다. 당시의 학소學蘇 열풍에 대해, 이규보李奎報(1168~1241)는 「전이지의 문론에 대해 답한 편지글答全履之論文書」에서 다음과 같이 기술하고 있다.

> 요새 학자들이 애초에 과거준비용 문장을 익히느라 풍월을 일삼을 겨를이 없다가 과거에 급제하고 나서 시 짓기를 배웠다 하면 소식 시 읽기를 유난히 좋아들 합니다. 그래서 매년 과거 급제 명단이 적힌 방이 나붙고 나면 사람마다 올해도 또 서른 명의 소식이 나왔다고 생각합니다. 그대가 이르신

6 홍우흠은 유학건립시기로 太祖 원년에서 제13대 明宗 재위기간(1392~1567)까지, 유학발전시기로 제14대 宣祖 원년에서 제20대 景宗 재위기간(1568~1724)까지, 유학반성시기로 제21대 英祖 원년에서 제27대 純宗 재위기간(1725~1910)까지로 구분하였다. 洪禹欽, 「擬把漢江當赤壁 : 韓國蘇軾研究述略」, 曾棗莊 외, 『蘇軾研究史』, 江蘇教育出版社, 2001, 588~589쪽 참조.

> 세속에 분분한 자들일 것입니다. 하지만 그 가운데 서넛의 군자君子는 소식을 본받아 어느 정도 경지에 이른 사람입니다. 그렇다면 이들도 역시 소식이니, 소식을 보듯 공경해도 괜찮을 것입니다. 어찌 꼭 비난만 해야 합니까? 소식은 근세 이래로 부섬富贍하고 호매豪邁한 시풍을 지녀 시인 중에서도 뛰어난 이입니다. 그 문장은 마치 부잣집에 금, 옥, 돈, 보물 등이 창고에 가득 차고 넘쳐 끝이 없는 듯합니다. 비록 도적이 훔쳐간들 끝내 가난한 데는 이르지 않으리니, 훔친들 어찌 해될 것이 있겠습니까?[7]

고려 문인들은 일단 시를 공부할 시간이 나기만 하면 소식의 시를 배웠다. 과거의 관문을 통과하여 출셋길에 들어선 사람들이 소식 시를 앞 다투어 배우자, 전이지는 이러한 상황을 몹시 우려하였다. 이에 대해, 이규보는 소식은 무진장의 보고寶庫와 같아 얼마든지 배우고 본받을 것이 있으며, 설령 모방에서 출발했어도 나름의 경지에 오를 수 있다고 주장하였다. 조선 시대 김종직金宗直(1431~1492)이 "우리나라 사람들의 시를 얻어 읽어보면 그 격률이 무려 세 번이나 변하였는데, 신라 말과 고려 초에는 오로지 만당체를 답습했고, 고려 중엽에는 죄다 소식만을 배웠으며, 고려 말기에 이르러 이제현李齊賢 등 여러 문인들이 옛 습속을 점점 바꾸어 아정雅正함으로 다듬었다. 조선에 이르러서도 그 궤적을 그대로 따랐다"[8]라고 언급한 바대로, 소식의 시가 고려 중엽

7 李奎報, 『東國李相國集』 권26, 「答全履之論文書」, 5쪽. "世之學者, 初習場屋科擧之文, 不暇事風月. 及得科第, 然後方學爲詩, 則尤嗜讀東坡詩, 故每歲榜出之後, 人人以爲今年又三十東坡出矣, 足下所謂世之紛紛者是已. 其若數四君子効而能至者也. 然則是亦東坡也, 如見東坡而敬之可也, 何必非哉. 東坡近世以來富贍豪邁, 詩之雄者也. 其文如富者之家, 金玉錢貝, 盈帑溢藏, 無有紀極, 雖爲寇盜者所嘗攘取而有之, 終不至於貧也, 盜之何傷耶."

8 金宗直, 『青丘風雅·序』; 이병혁, 『한국 한문학의 탐구』, 국학자료원, 2003, 139쪽 재인용

문인들에게 유일한 학습 대상이었음을 알 수 있다. 심지어 김부식金富軾(1075~1151), 김부철金富轍(1079~1136) 형제는 그들의 이름에 소식, 소철 형제의 이름을 사용했을 정도이니 고려 문인들의 소식에 대한 경애와 추앙은 더 이상의 설명을 필요로 하지 않는다.[9]

고려 중기 이후 그의 시문이 시문을 학습하는 교본이 되어, 고려 고종高宗 23년(1236) 몽고가 침입하는 와중에도 전주에서 그의 문집을 중각했을 만큼 매우 성행하였다. 중국의 수많은 시문학 대가들의 시문집 가운데, 소식의 시문집이 비교적 일찍 간행되었음을 볼 때 그에 대한 숭상의 정도가 어느 정도였는지 짐작할 수 있다.

고려 문인들에게 있어, 소식은 인생과 문학의 본보기를 제공하였고, 문학적 영감과 창작기교, 예술적 성과와 경험을 제시해주었다. 그들은 중국문학 수용에 있어 자신과 자국문화의 발전을 목표로 출발한다는 정확한 태도를 가지고 있었기 때문에, 모의적이고 학습적인 데에만 국한하지 않고 보다 능동적이고 적극적이었다. 그런데 고려 문인이 작품의 절대적인 경지를 중국의 소식으로 설정해 놓고 창작을 하였다고 할

(國立圖書館藏本). "得吾東人詩而讀之, 其格律無慮三變. 羅季及麗初, 專襲晚唐, 麗之中葉, 專學東坡, 迨其叔世, 益齋諸公, 稍變舊習, 裁以雅正, 以迄于盛朝之文明, 猶循其軌轍焉." 조선 전기의 徐居正(1420~1488)은 고려문학에 대해서 "高麗文士, 專尙東坡."(『東人詩話』, 卷上)라고 평하였다. 이러한 역대의 비평을 계승하여 현재의 韓國文學史에서도 고려 중기를 '東坡崇尙'의 시대로 평가하고 있다.

9 徐兢, 『宣和奉使高麗圖經』 권8, 「同接伴通奉大夫尙書禮部侍郞上護軍賜紫金魚袋金富軾」: "金氏가 대대로 고려의 큰 씨족이었던 사실은 이전 역사서에도 이미 기록되어 있다. 그들은 朴氏와 더불어 族望이 서로 비등하였는데, 자손들이 문학으로 진출한 사람이 많다. 富軾은 풍만한 얼굴과 거대한 체구에 얼굴이 검고 눈은 튀어나왔다. 그러나 힘써 배워서 박학하며 문장을 잘 짓고 고금에 통달하여, 學士들로부터 두터운 신임을 받고 있다. 그의 아우 富轍 또한 시로 명성이 높다. 이전에 그들 형제에게 그 이름의 유래를 넌지시 물어보았는데, '대개 사모하는 바가 있어서였다'라고 대답하였다(金氏世爲高麗大族, 自前史已載. 其與朴氏族望相埒, 故其子孫多以文學進. 富軾豊皃碩體, 面黑目露. 然博學强識, 善屬文, 知古今, 爲其學士所信服, 無能出其右者. 弟富轍亦有詩譽. 嘗密訪其兄弟命名之意, 蓋有所慕云."

지라도, 실제로 창작된 시적 경지는 또 다른 하나의 새로운 세계를 구축하였다.[10]

고려시대의 문학에 있어서 그 형식은 한문학의 범주에서 크게 벗어날 수 없었으나, 그 내용만큼은 고려인의 독특한 사상과 정조를 표현하였다.[11] 고려시대 문인은 국자國字 이전의 시대에서 타민족의 문학형태를 받아들여 그 속에서 독창성을 발휘하고 이 민족 고유의 정서를 표출하려고 지난한 고충을 겪었다고 할 수 있다.[12] 고려 문인들은 소식의 시문집이 유행하면서 북송 시기의 문학 비평이론을 본격적으로 수용한다.

우선, 이인로李仁老(1152~1220)는 소식 시를 다음과 같이 칭찬하였다.

> 시구를 다듬는 법은 오직 두보만이 홀로 그 묘함을 다했다. (…중략…) 소식과 황정견에 이르러서는 고사를 부려 쓰는 것이 더욱 정밀하고 빼어난 기운이 막 솟아났다. 시구를 다듬는 묘함은 가히 두보와 더불어 나란히 같이 달린다.[13]

이인로는 소식의 시를 자구 조탁에 있어서는 두보에 못 미치지만 고사를 운용하는 솜씨나 기상에 있어서는 탁월하여 두보와 어깨를 나란

10 변종현, 『高麗朝漢詩硏究 ~唐宋詩 受容樣相과 韓國的 變容』, 태학사, 1994, 8쪽; 조규백, 「고려시대 문인의 蘇東坡 詩文 受容 및 그 意義(1)」, 『퇴계학과 유교문화』 제39권, 경북대 퇴계학연구소, 2006, 332쪽 재인용.

11 김상기, 『新編 高麗時代史』, 서울대 출판부, 1985, 703~704쪽.

12 전형대 · 정요일 · 최웅 · 정대림, 『韓國古典詩學史』, 기린원, 1989, 87쪽.

13 李仁老, 『破閑集』 卷上21(성균관대 大東文化硏究院刊 『高麗名賢集』 2책 所收). "琢句之法, 唯少陵獨盡其妙, (…중략…) 及至蘇黃, 則使事益精, 逸氣橫出, 琢句之妙, 可以與少陵並駕."

히 할 만하다고 평가하였다. 이인로는 소식의 시를 읽고 자신의 시가 크게 나아졌다고 다음과 같이 토로하였다.

> 이인로가 "문을 닫고서 소식과 황정견의 시집을 읽은 뒤에 시어詩語가 더욱 군세어지고 시운詩韻이 더욱 조화롭게 되어 작시삼매作詩三昧의 경지를 얻을 수 있었다"라고 말하였다.[14]

이인로가 읽은 시문집이 소식의 것만은 아니었겠지만, 소식의 시로부터 내용이나 형식면에 가장 큰 영향을 받았음을 알 수 있다.

이인로는 시화를 동일시하는 소식의 문예이론을 그대로 수용하여 다음과 같이 말하였다.

> 시와 그림은 묘한 곳이 서로 상통하여 한결 같다하니, 옛 사람이 그림을 소리 없는 시라 이르고, 시를 운이 있는 그림이라 하였다. 대개 만물의 형상을 모사模寫하여, 하늘이 아끼고 감추는 바를 파헤침에 있어서는 그 술법이 본디 기약하지 않아도 서로 같기 때문이다.[15]

이인로는 소식의 시화일치론에 입각하여 시나 그림이 사물의 형상을 묘사해서 사물의 신비한 본질을 파헤치는 방법은 같다고 보았다.

---

14 崔滋,『補閑集』卷中(성균관대 大東文化研究院刊『高麗名賢集』2책 所收). "李學士眉叟曰: '杜門讀蘇黃兩集, 然後語遒然, 韻鏗然, 得作詩三昧.'"

15 李仁老,『東文選』권102,「題李佺海東耆老圖後」. "詩與畫, 妙處相資, 號爲一律. 古之人以畫爲無聲詩, 以詩爲有韻畫. 蓋模寫物象, 披割天慳, 其術固不期而相同也."

고려 문인들 중에는 소식의 시문을 익히는 데 그치지 않고 모방하는 풍조까지 기승을 부렸다. 임춘林椿(?~1196)은 이러한 당시 분위기를 다음과 같이 말하였다.

> 제가 보아하니, 근래 소식의 문장이 대단히 유행하고 있습니다. 배우는 사람이라면 누군들 가슴에 새기고 읊어대지 않겠습니까마는, 한갓 그 형식만 즐길 뿐입니다. 설령 자구를 인용하고 표절하여 스스로 그 풍골을 얻었다고 생각하는 사람이 있다 한들, 소식과는 거리가 멀지 않겠습니까? 그러므로 배우는 사람은 다만 마땅히 그 역량에 따라서 그 편안한 바를 이루면 될 뿐입니다. 억지로 끌어대어 멋대로 써서 그 타고난 바탕을 잃지 않는 것도 한 가지 요체입니다. 오직 저와 그대는 비록 그 문장을 읽었던 적은 없지만, 때때로 구법이 이미 대체로 서로 비슷합니다. 이 어찌 그 마음에서 얻은 것이 암암리에 서로 합치된 것이 아니겠습니까?[16]

이 글을 통해 당시 소식을 배우려는 열기가 대단하였고 임춘 자신과 이인로가 그 문장을 읽고 그 자구를 모방하지는 않았지만, 그 정신이 닮았음에 대해서 큰 자부심을 느끼고 있다는 것을 짐작하게 한다.

임춘이 그림에 대해서도 상당한 안목을 지니고 있었음을 다음과 같은 글을 통해 짐작할 수 있다.

16 林椿, 『西河集』 권4, 「與眉叟論東坡文書」, 10쪽(성균관대 大東文化研究院刊 『高麗名賢集』 所收). "僕觀, 近世東坡之文大行於時, 學者誰不服膺呻吟, 然徒翫其文而已, 就令有撏撦竄竊, 自得其風骨者, 不亦遠乎? 然則學者, 但當隨其量而就所安而已, 不必牽强橫寫失其天質, 亦一要也. 唯僕與吾子, 雖未嘗讀其文, 往往句法已略相似矣. 豈非得於其中者, 暗與之相合邪?"

도인 혜운惠雲이 "이 기러기 그림은 우리 집안의 오래된 물건입니다. 화가의 이름과 성은 모르지만 그림이 기이하고 오래되었기에 오랫동안 간직해 왔습니다. 처음에는 굉장한 보물로 여겨 아꼈었는데, 이제는 그런 마음이 사라졌습니다. 군자란 물건에 집착해서는 안 되고 다만 뜻을 기탁할 뿐입니다. 하물며 승려는 삶과 죽음을 가볍게 여기고 욕심을 버려야 하는데, 도리어 그림을 애지중지한다면 어찌 생각이 잘못되어 본심을 잃어버린 것이 아니겠습니까. 이제 강남으로 돌아가려 함에 있어서 이 그림을 나의 아우인 아무개에게 주고 가려 합니다. 당신이 만일 그 모양과 수를 글로 써서 주신다면 훗날 이것을 읽고 비록 그림은 보지 못할지라도 눈을 감고도 모두 다 기억할 수 있을 것입니다"라고 말하였다. 나는 웃으며 "이 그림을 그린 사람은 그림을 그릴 때 먼저 구체적인 형상을 마음속에 구상하고서 붓을 들어 냉큼 완수했기에 바로 이러한 경지에 이를 수 있었습니다. 그러한 즉 마음으로는 이렇게 된 까닭을 알고 있어도 말로는 표현할 수 없습니다. 내가 아무리 그럴싸하게 말로 설명한다 하더라도 화가가 말하지 못한 것을 어찌 다 말할 수 있겠습니까?"라고 말하였다.[17]

이 글은 임춘이 다양한 모습으로 생생하게 묘사된 기러기 그림을 보고 지은 것이다. 이 그림을 누가 그렸는지는 알 수 없으나, 기러기의 생태가 사실적으로 묘사된 그림으로 여겨진다. 이 글에서 먼저 혜운이

---

17 林椿, 『西河集』 권5, 「畵雁記」: "道人之言曰, 此吾家舊物也. 工之名氏則不知也, 以其奇且古, 蓄之久矣. 始則甚寶惜之, 今乃釋然. 盖君子不可以留意於物, 但寓意而已. 況爲浮屠者, 旣輕死生去嗜欲, 而反重畫, 豈不謬錯而失其本心哉! 今將歸江南, 以畫付吾弟某者而去焉. 子若書其形數以畀, 則異日讀之, 雖不見畫, 可以閉目而盡識也. 子若書其形數以畀, 則異日讀之, 雖不見畵, 可以閉目而盡識也. 余笑曰, 爲是畵者, 當其畵時, 必先得成形於胸中, 奮筆直遂而後, 乃得至此, 則心識其所以然. 而口不能言之, 余雖巧說. 若工之所不能言者, 安得而盡之."

언급한 말이 눈에 띈다. 이 말은 소식이 '완물상지玩物喪志'의 병폐에서 벗어나려면 유의留意하지 말고 우의寓意해야 한다는 주장을 그대로 이어받은 것이다. 그리고 나서 혜운惠雲이 기러기 그림에 대한 글을 부탁하자, 임춘이 한 말은 소식이 주장한 '가슴 속에 완전한 대를 지님胸有成竹', '토끼가 머리를 들고 일어서자 매가 그 순간 아래로 떨어짐兎起鶻落', '스스로 그리 한 것을 모르고 그리 함不自知然而然' 등의 문예이론을 그대로 답습한 것이다.

이규보李奎報(1168~1241) 역시 그 시의 기상이나 체재를 전적으로 소식으로부터 영향을 받았다. 이에 대해 『보한집補閑集』에 다음과 같은 기록이 있다.

> 문순공文順公 이규보의 시를 보니, 사언시나 오언시 할 것 없이 소식의 시로부터 가져왔다. 그 호매豪邁한 기상이나 부섬富贍한 체재는 바로 소식과 더불어 꼭 들어맞는다.[18]

신의新意를 창출한 것으로 유명한 이규보도 소식 시의 내용이나 형식을 그대로 가져다 썼으니, 그 나머지 사람들이 얼마나 소식에게 영향을 받아서 모방하였는지를 가히 알 수 있다.

물론 이규보는 소식의 화론을 수용하는 일에도 적극적이었다. 소식이 시화일치론을 제창한 것처럼, 이규보는 두 편의 시에서 시와 그림

---

18 崔滋, 『補閑集』 卷中, 28쪽. "觀文順公詩, 無四五字, 奪東坡語, 其豪邁之氣, 富贍之體, 直與東坡吻合."

이 하나라는 점을 인지하고 있다.

> 강산의 온갖 경치 읊어내기 어려우니 江山萬景吟難狀
> 모름지기 화가를 시켜 붓으로 묘사해야겠네. 須倩丹青畫筆描[19]

> 절경은 무궁한데 재주는 끝이 있으니 絶景無窮才有限
> 산천에 몰입하여 애써 읊는 중이네. 山川入我苦吟中
> 부럽게도 그대 잠깐사이에 만상을 그려내니 羨君頃刻摹千狀
> 그대가 어찌 시인이랴 바로 화가로세. 豈是詩翁迺畫翁[20]

위의 시는 이규보가 부녕군扶寧郡을 여행하던 도중에 포구의 한 작은 마을을 지나며 읊은 것이다. 아래 시는 전이지全履之의 「안화사에 관한 시安和寺詩」에 차운한 것이다. 위의 두 시는 그림을 보고 읊은 제화시는 아니지만, 이규보가 그림의 존재가치를 긍정적으로 피력한 것이다. 여기에서 뜻하는 바는 '회화 고유의 기능은 사물을 형상으로 표현하는 데 있다'는 것이다. 이러한 기능적 측면을 인식하고 사물을 형용하는 데는 그림의 효과가 시의 기능을 능가한다고 생각하였다. 즉 말이나 글로는 설명할 수 없고 형용하기 힘든 사물의 표현이 그림으로는 가능하다고 보았던 것이다.

이는 곧 가시적인 형상을 묘사하는 데는 그림이 매우 효과적이라는 회화의 존재가치와 그림의 본질적인 용도와 기능을 말한 것이다. 이러

19 李奎報, 『東國李相國集』 권10, 「題浦口小村」.
20 李奎報, 『東國李相國集』 권1, 「次韻全履之遊安和寺」.

한 관점은 소식의 화론을 자득적으로 수용한데서 두드러진다. 소식은 문인화론에 바탕을 둔 시화일치와 문예일원론을 주장했다. 형사와 기예의 차원을 넘어서 도道의 경지에서 예술을 논하기 위해 '상형常形'과 '상내象內'를 부정하고 '상리常理'와 '상외象外', '전신傳神'과 '물화物化'를 강조한 것이다.

이규보는 다음과 같은 글에서 이와 유사한 논점을 제기하고 있다.

> 그림은 기예입니다. 기예는 반드시 세상 사람들이 즐겨하기 마련이라서, 예명이 시명을 빼앗은 지 오랩니다. 선조의 학사 홍관은 시를 잘 짓고 서예도 잘 했는데 세상에서는 모두 글씨 잘 쓰는 홍관이라고 할 뿐, 시 잘 짓는 것으로는 유명하지 않았으므로 홍관이 늘 분하게 여겼습니다. 홍관은 시와 글씨의 재능이 서로 맞먹었으므로 혼동되어 예명이 시명을 덮을 수 있었다고 나는 생각합니다. 학사의 시는 너무 뛰어나 짝할 자가 없으니 아무리 기예가 출중하더라도 어떻게 시명을 빼앗을 수 있겠습니까? 더구나 묵죽과 초상화는 사대부의 일이요 또 천성으로 할 수 있는 일이니, 공이 아무리 그만 두려 해도 되지 않을 것입니다. 참으로 훌륭하고 훌륭합니다.[21]

이규보는 학사 홍관이 시를 잘 지었음에도 불구하고 서예로 이름이 나 있음을 예로 들어, 예명藝名이 문명文名을 뒤덮는 세태를 기술하고 있다. 그러나 그는 이러한 현상을 병폐로만 여기지 않고 기예의 출중

21 李奎報, 『東國李相國集』 권5, 「次韻丁秘監而安和前所寄詩以墨竹影子親訪見贈」幷序. "畵者, 藝也. 藝必爲世所嗜, 故藝之能奪詩名久矣. 先朝學士洪灌, 能詩亦能書, 世皆以能書洪灌呼之, 不以詩名, 洪君嘗憤之. 予以謂若洪君者, 詩與書相敵, 故藝能混而掩之矣. 如學士之詩, 絶勝無二, 雖藝之工也, 又豈奪之之有耶. 況墨竹寫眞, 是士大夫之事, 而又且得之於天, 則公雖欲已之, 得乎. 甚善甚善."

함도 굳이 부인할 필요가 없다고 보았다. 이는 예술을 일종의 잡기雜技나 말예末藝로 보는 조선시대의 현상[22]에 반해 매우 진보적 사유이다. 시속의 유행에 따른 변화의 의식이 엿보인다. 이규보의 이러한 진보적 사유는 회화의 본질과 효능을 인식하는 데에서도 엿보인다. 즉 소식의 문예이론을 무비판적으로 수용하지 않고 자득적으로 이해한 것이다.[23]

최자崔滋는 『보한집補閑集』에서 진화陳澕(1180년경)와 오예공吳芮公의 대화를 통해 이규보의 시화일치론이 이론에만 그치지 않고 시문 창작에 구현했다는 사실을 전해주고 있다.

진화가 이규보의 시를 읽고 나서 다음과 같이 말했다. "자질구레 많은 말은 종이와 붓만 허비하고, 석자나 긴 혀는 스스로를 수고롭게 만들 뿐이네. 이태백의 '일기逸氣'는 만상萬象 밖이요, '일언一言'은 족히 일천 시인을 압도하네." 이를 듣고서 급제 오예공이 "'일기'와 '일언'의 의미를 설명해주실 수 있겠는가?" 하니, 진화가 다음과 같이 대답했다. "소식이 그림을 품평하여, 왕유는 형상 밖에서 터득하여, 붓이 이르지 않은 곳도 이미 그 기운 삼킨 듯하다고 하였다. 시와 그림은 하나이다. 두보의 시는 비록 다섯 글자지만 그 안에 오히려 시어의 이미지 밖까지 뻗쳐 삼킨 듯한 기운이 있으며, 이규보가 붓을 달려 빨리 쓴 장편시도 이미지 형상 밖에서 터득하였다. 이를 '일기'라 한다. '일언'이라고

22 조선시대 회화에 대한 雜技論과 賤技論은 성종 12년(1481)에도 일어났고, 연산군 2년(1496), 연산군 9년(1503)에 역시 玩物喪志論이 일어났으며, 멀리 인조 5년(1627), 인조 16년(1638)에도 군왕은 "수나라 양제, 송나라 휘종, 고려 공민왕 등이 말기에 빠져 망국의 임금이 되고 말았으니, 임금은 함부로 그림을 좋아하면 안 된다"는 공박을 받았다. 유홍준, 『조선시대 화론 연구』, 학고재, 1998, 78쪽.

23 김대원, 「고려시대 화론 연구」, 고려대 박사논문, 2012, 168쪽.

하는 것은 그것을 신중하게 여기고자 한 것이다. 대체로 세상의 범상한 것을 즐기고 평범한 것에 매혹되는 자와는 함께 시를 말할 수 없다. 하물며 붓이 닿지 않은 곳의 기氣에 대해서는 말할 나위가 있겠소."[24]

이는 고려 화론을 대표하는 글이다. 소식의 화론을 원용한 시론으로 맨 먼저 시화일치론을 거론했고, 두 번째는 일기逸氣를 얻는 방법을 논했으며, 세 번째는 이러한 방법은 심학心學에서 파생되므로 도와 일치한다는 점을 피력했다. 시문서화에서 형상 밖에서 초일한 기운을 얻어서 붓이 닿지 않은 상외지상象外之象, 언외지의言外之意을 실제로 구현하는 것을 최고로 인정했던 것이다.

위 글에서 진화가 이규보의 장편시를 읽고서 그의 경지를 '일기'와 '일언'이라는 표현으로 일축했다. 그러자 오예공이 '일기'와 '일언'에 대한 구체적인 의미를 알고 싶어서 설명을 부탁하자, 진화는 소식의 「왕유와 오도자의 그림王維吳道子畫」에 쓴 화제를 인용한 것이다.

그가 붓을 대면 마치 비바람이 몰아치는 듯 빠르고	當其下手風雨快
붓이 이르지 않은 곳도 이미 그 기운 삼킨 듯하네.	筆所未到氣已呑
왕유는 형상 밖에서 터득하여	摩詰得之於象外
신선 새가 조롱을 벗어나 훨훨 나는 듯하다.[25]	有如仙翮謝籠樊

24 陳澕, 『梅湖遺稿』, 「讀李春卿詩」: 陳補闕讀李春卿詩云, 啾啾多言費楮毫, 三尺喙長只自勞, 謫仙逸氣萬象外, 一言足倒千詩豪. 及第吳芮公曰: "逸氣一言, 可得聞乎?" 陳曰: "蘇子瞻品畫云, 摩詰得之於象外, 筆所未到氣已呑, 詩畫一也. 杜子美詩雖五字, 中尙有氣呑象外, 李春卿走筆長篇, 亦象外得之. 是謂逸氣. 謂一言者, 欲其重也. 夫世之嗜常惑凡者, 不可與言詩, 況筆所未到之氣也."

25 蘇軾, 『蘇軾詩集』 권3, 「鳳翔八觀 · 王維吳道子畫」. "何處訪吳畫, 普門與開元. 開元有東塔, 摩詰留手痕. 吾觀畫品中, 莫如二子尊. 道子實雄放, 浩如海波翻. 當其下手風雨快, 筆所未到氣已呑. 亭

진화는 위의 소식의 글을 인용한 후, '시와 그림은 하나'라는 시화일률론을 전개했다. 진화는 두보의 시가 오언五言에 불과하지만 그 안에 소식이 이른바 기운을 삼키고 형상 밖까지 뻗쳐 삼켜버릴 것 같은 기운이 있다고 평하였다. 뿐만 아니라 이규보가 붓을 달려 빨리 쓴 장편시도 형상 밖에서 터득한 것이라고 평가하면서, 이것을 진화는 '일기'라고 대답했다. 그리고 시어詩語 한 마디도 신중하게 사용해야 하기 때문에 '일언'이라고 했다는 것이다. 진화는 소식이 말한 '득어상외得於象外'와 '일기'라는 말을 원용하여 '일언'이라는 말로 자신의 뜻을 첨가시켰다. 진화는 소식의 논리를 자득적으로 수용하여 이규보의 시를 평가했다고 하겠다.

여기서 한 가지 흥미로운 사실은 소식 시문을 수용하는 과정에서 고려 문인들 간에 모방과 독창이라는 두 가지 다른 현상이 일어났다는 점이다. 기교를 중시한 자에 의하여 찬양된 모방이 신의新意를 제창한 자에 의해서는 표절로 간주되어 부정되었다는 것이다. 이인로는 모방을 예찬하였지만, 이규보는 모방을 배격하고 신의를 주창하였다. 최자崔滋(1188~1260)는 이인로와 이규보의 작품을 비교하여 다음과 같이 평가하였다.

> 지금 이인로의 시를 보니 일곱 자와 다섯 자가 『동파집』에서 따온 경우가 간혹 있었고, 이규보의 시를 보니 네댓 자도 『동파집』에서 따온 것이 없는

亭雙林間, 彩暈扶桑暾. 中有至人談寂滅, 悟者悲涕迷者手自捫. 蠻君鬼伯千萬萬, 相排竟進頭如黿. 摩詰本詩老, 佩芷襲芳蓀. 今觀此壁畫, 亦若其詩淸且敦. 祇園弟子盡鶴骨, 心如死灰不復溫. 門前兩叢竹, 雪節貫霜根. 交柯亂葉動無數, 一一皆可尋其源. 吳生雖妙絶, 猶以畫工論. 摩詰得之于象外, 有如仙翮謝籠樊. 吾觀二子皆神俊, 又于維也斂無間言."

> 데도 이규보의 시의 호매한 기상과 풍부한 시체는 소식과 딱 부합한다. 세상 사람들이 임춘의 글이 고인의 문체를 본받았다고들 하지만, 그의 글을 보면 모두 고인의 말을 훔쳐서 썼다. 심지어는 연달아 수십 자를 따다가 자기의 글로 삼았다. 이것은 고인의 문체를 얻은 것이 아니라 고인의 말을 빼앗은 것이다.[26]

최자는 시로 명성을 떨인 이인로와 임춘의 걸작시가 표절, 즉 남의 작품의 일부를 무단으로 도용한 것으로 간주하였지만, 이규보의 시에 대해서는 오히려 동파문학에 영향을 받고 쓴 것이라고 평가하였다. 최자는 이인로의 시문은 소식에게 영향을 받은 것이 아니라 흉내 내고 표절한 것이라 보았고, 이규보의 시문은 소식에게 영향을 받아 환골탈태한 것으로 보았다. 최자의 논리대로라면 임춘이 앞서 내린 자신과 이인로의 작품 평가가 실제로는 어울리지 않고 오히려 이규보의 시문에 대한 평가로 적합한 것이 되어버린 셈이다.

오로지 소식의 문학을 배우고 그 문학에 도달하고자 하는 욕망이 소식과 이인로의 관계를 선생과 제자 혹은 지도자와 신봉자로 교착시켜 그의 시관에는 독창성에 대한 이해나 노력이 전혀 없었다는 말이다. 그 결과로 나타난 것은 영향이 아니라 모방과 표절이었다. 그것은 발동자를 선생이나 지도자로 신봉한 나머지 발동자에 대한 윤리적 고찰과 추구가 없었기 때문이다.[27] 그렇다고 해도 이인로의 모방작품이 그

26 崔滋, 『補閑集』 卷中. “今觀眉叟詩, 或有七字五字從東坡集來, 觀文順公詩, 無四字五字奪東坡語, 其豪邁之氣富贍之體, 直東坡吻合. 世以椿之文得古人體, 觀其文, 皆攘取古人語, 或至連數十字綴之以爲己辭, 此非得其體, 奪其語.”

27 울리히 바이스슈타인(Ulrich Weisstein), 이유영 역, 『비교문학론』, 홍성사, 1981, 45쪽.

당시 대단한 반향을 일으켰음은 분명한 사실이다. 이인로는 소식문학을 통해 한국 한문학사漢文學史에 우수한 문학작품을 남겼고, 문학사적으로는 중국문학의 정화를 고려문학에 동화시키고 발전시킨 준비단계로서 그 의의가 있다 하겠다.

조동일(1998)은 무신란 이후, 귀족계급의 몰락과 신진사인계급의 등장으로, 청산해야 할 구시대 문인과 문학을 파괴하고 신진사인의 세력과 함께 새로운 문인과 문학이 등장하였으며, 그 후 문인은 양분되어 각각 이질적인 문학을 나타내었다고 하면서 그 시대의 대표적인 인물로서 이인로와 이규보를 선정하고 그 이질성에 대해 논하기도 했다.[28]

이제현李齊賢(1287~1367)은 당시 풍미했던 제화시題畵詩를 통해 시와 그림이 하나라는 데에 찬동하였다. 다음은 이규보가 「해오라기 그림鷺鷥圖」에 제하여 지은 시이다.

그림은 사람마다 가지기 어렵지만 畵難人人畜
시는 곳곳에 전할 수 있다네. 詩可處處布
시를 보는 것이 그림을 보는 것과 같다면 見詩如見畵

28 조동일, 『한국문학사상사시론』, 지식산업사, 1998, 68~71쪽. "이인로와 이규보의 차이는 이인로가 무신란으로 몰락한 귀족에 속하는 인물이고, 이규보가 무신란과 함께 대두하기 시작한 새로운 세력에 속한다는 데 근거를 둔 것이다. 이인로는 고려 전기 3대 가문의 하나인 仁川 李氏였다. 그는 이러한 긍지를 더욱 강조했으며, 무엇보다 문학을 자랑으로 삼았다. 그런데 이규보는 조상을 알 수 없는 처지이고, 원래 고향인 여주에서 향리로 일하다가 아버지 대에 이르러 개성에 진출해서 관원이 되었던 것으로, 무신란을 겪으면서 사회적 진출의 기회를 가지게 된 세력이었으므로 신흥 사대부에 속한다고 할 수 있다. 그래서 이규보는 자기대로의 세계관적 자각을 가지고 살았으며, 그 자각을 문학을 통해 표현하였다. 이규보는 신흥 사대부로서의 선진적 입장을 지니고 문학의 근본적인 문제를 새로운 사상으로써 해결하고자 한 사람이다."

역시 만고에 전할 수 있으리. 亦足傳萬古

이규보는 그림보다는 시의 전파성이 뛰어나긴 하지만, 그림을 보는 것 같은 회화성이 짙은 시라면 더 오래 전승될 수 있다고 보았다. 이는 소식의 시화일치론을 강조하면서도 창조적으로 수용했다고 할 수 있다. 소식이 한간韓幹의 「열네 필의 말 그림十四馬圖」에 제하여 지은 시를 보면 다음과 같다.

한생이 그린 말 진짜 말 같고 韓生畵馬眞是馬
소자가 지은 시, 그림을 보는 것 같네. 蘇子作詩如見畵
세상에 백락도 없고 한간도 없으니 世無伯樂亦無韓
이 시와 이 그림 누가 봐야 하나? 此詩此畵誰當看[29]

이 시는 소식이 당나라 한간의 그림을 보고 지은 것이다. 한간은 말을 사실적으로 그려서 진짜 말을 보는 것 같고, 소식이 지은 시는 꼭 한간이 그린 그림을 보는 것 같은데, 말의 상馬相을 잘 보는 백락伯樂과 화가 한간이 죽어서 이 세상에 없으니 이 시와 그림을 보일 곳이 없다고 하였다. 한간의 화의畵意와 소식의 시의詩意가 융화되어 시와 그림이 일치한다. 이제현은 이 두 편의 제화시를 비교하여, 이규보의 이 시가 소식의 시와 시어로는 다르지만 유사점이 드러난다고 평했다.[30]

29 蘇軾, 『蘇軾詩集』 권15, 「韓幹馬十四匹」.

30 李齊賢, 『櫟翁稗說後集』 권2; 구인환, 『역옹패설』, 신원문화사, 2010, 99쪽; 김대원, 「高麗畵論의 文氣的 繪畫觀 硏究」, 『서예학연구』 제18호, 한국서예학회, 2011.3, 87~88쪽 참조.

시나 그림은 모두 작가의 의경을 표현하는 것으로 형식적인 차이만 있을 뿐 예술적 본질에서는 근원이 같다. 따라서 시와 그림은 타 예술과 달리 더욱 밀접하여 '그림 같은 시, 시 같은 그림'을 최고로 보았다. 그림이 상외象外의 여운餘韻을 얻어내듯이 시는 언외지의言外之意의 여운을 얻어야 한다. 가시적으로 그대로 묘사해서는 안 되고, 있는 그대로 그린다는 것 역시 이미 그 실상과는 거리가 멀어진다. 따라서 그림을 그리되 상외의 것을 얻으려 노력했고 시에서도 언외지의를 담으려 했던 것이다. 이런 점에서 시와 그림을 동일시 여겼던 것이다.

고려시대 제화시문은 모두 시와 그림은 하나라는 관점을 지녔던 문인들에 의하여 지어졌고, 특히 고려 후기에는 송시宋詩를 숭상하여 학소풍學蘇風의 영향이 면면히 내려왔기에, 고려의 화론을 논할 때에 시화일치론을 중시하지 않을 수 없다.

고려 말에도 소식을 숭상하는 기조는 여전하였다. 이로 인해 이색李穡(1328~1396) 역시 소식의 영향을 많이 받았다. 하지만 이색은 소식의 시도詩道에 관해서만큼은 못마땅하게 여겼다.

육의가 이미 폐해지자 성률과 대우가 또 다시 일어났으니 시의 변화가 극에 달했다. 고시가 변질되어 제량에 이르러서 섬약해졌고 율시가 변질되어 만당에 와서 깨져버렸다. 유독 두보가 여러 체를 겸하여 때맞추어 적절히 작품으로 내놓곤 하였는데, 그 드높은 시풍詩風이야말로 타의 추종을 불허하는 것으로서 고금古今의 모든 시들을 압도하는 경지에 이르렀다고 하겠다. (…중략…) 당의 한유와 송의 증공, 소식은 천하의 문장으로 이름난 이들이지만, 정작 시도詩道의 측면에서 보면 마음에 차지 않는 점이 있었으므로 식자識者들이 이를 유감으로 여겨 왔다. 그러고 보면 시다운 시에 대해서 또 어떻게 기교가 부족하다거나 양이 적다는 등의 이유를 가지고 따질 수 있겠는가.[31]

시의 변천을 꿰뚫어보고 시도에 있어서는 소동파의 시가 부족하다고 하여 두시를 으뜸으로 삼았다. 그는 송풍에서 벗어나 당풍을 지향하고자 하였다.

이색은 재도적載道的 문학관을 지향하면서도 고문가들의 문학관을 배척하지 않았다. 이색은 원나라에 들어가 '문은 한대를 법으로 삼고 시는 당대를 법으로 삼음文法漢, 詩法唐' 하던 중원의 풍토를 몸소 체험하였을 뿐 아니라, 그 스스로 한유와 구양수를 스승으로 삼았다.[32]

이색의 「답문答問」은 글 짓는 방법을 밝힌 글로, 고문에 대한 그의 확고한 신념과 이론을 보여준다. 말할 것은 반드시 말하고 쓸 것은 반드시 쓰는 것이 최고의 작법이라고 한 「답문」은 고문 작법에 대한 이색의 견해를 함축한 말이다.[33] 특히 그는 '자득自得'의 중요성을 다음과 같이 강조하고 있다.

---

31 李穡, 『牧隱文藁』 권9, 「及菴詩集序」, 68쪽. "六義旣廢, 聲律對偶又作, 詩變極矣. 古詩之變, 纖弱於齊梁, 律詩之變, 破碎於晩唐. 獨杜工部兼衆體, 而時出之, 高風絶塵, 橫盖古今. (…중략…) 唐之韓子, 宋之曾蘇, 天下之名能文辭者也, 而於詩道有慊, 識者恨之, 則詩之爲詩, 又豈可以巧拙多寡論哉."

32 李穡, 『牧隱詩藁』 권13(『총간』 권4), 「雪」, 135쪽, "진언은 마땅히 힘써 없애야 한다[摠是陳言宜務去]"; 『牧隱文藁』 권13, 「跋護法論」, 112쪽, "한유와 구양수를 배척하기를 좋아하는데, 한유와 구양수로 말하면 내가 스승으로 삼는 분들이다[然喜闢韓歐氏, 韓歐氏吾所師也]"; 『牧隱文藁』 권2, 「漁隱記」, 12쪽, "한문공은 내가 스승으로 모시는 분이다[文公吾所師也]."

33 여운필, 『이색의 시문학 연구』, 태학사, 1993, 60~61쪽. 한편 정요일은 이에 대하여 孔子의 "書不盡言, 言不盡意", "有德者, 必有言"과 같은 의미를 가진 것으로 설명한 바 있다. 정요일, 『한문학비평론』, 인하대 출판부, 1990, 56쪽.

어떤 사람이 "무엇을 스승으로 삼아야 하는가?"라고 묻자, 목은이 "스승은 사람 속에 있지도 않고 서책 속에도 있지 않으니, 혼자서 터득할 수밖에 없다. 혼자서 터득해야 한다는 이 평범한 진리야말로 요순 이래로 한 번도 바뀐 적이 없었다"라고 대답하였다.[34]

이색이 기술한 논지는 장자莊子의 '윤편착륜輪扁斲輪' 이야기의 대강을 소개한 듯도 하고, 소식의 「해를 비유함日喩」 내용을 축약시켜놓은 듯도 하다. 작가 수양은 결국 제삼자가 개입하여 양성되지도 않을 뿐더러 자신을 배제한 어떤 누구나 무엇에 의해서도 수동적으로 이룰 수 없음이 분명하다. 작가는 독서 학습과 관찰 체험, 시련 극복을 통해 직접 몸으로 느끼고 마음으로 체화되어야 글을 지을 수 있는 텃밭을 가질 수 있다. 이색의 자득론 역시 소식 문예이론의 대강에서 벗어나지 않는다.

고려 말에서 조선으로 넘어가는 시기에 살았던 권근權近(1352~1409)은 다음과 같은 문예이론을 언급하고 있다.

천지자연의 이치가 있으면 천지자연의 문이 있다. 해와 달과 별들은 그것을 얻어 비추고, 바람과 비, 그리고 서리와 이슬은 그것을 얻어 변화하고, 산과 물은 그것을 얻어 솟기도 하고 흐르기도 하며, 풀과 나무는 그것을 얻어 번성하고, 물고기와 솔개는 그것을 얻어 뛰기도 하고 날기도 한다. 무릇 성색聲色을 가지고 천지 사이에 차 있는 만물은 제각기 자연의 문채를 지니고

34 『牧隱文藁』 권12(『총간』 5), 「答問」, 107쪽. "又問宜何師. 曰, 師不在人也, 不在書也, 自得而已矣. 自得也者, 堯舜以來, 未之或改也."

있지 않은 것이 없다.[35]

이 글을 통해, 권근은 인위적인 행위가 덧입히지 않은 상태이면서 그냥 그대로인 자연 그 자체에서 문이 이루어진다는 '자연성문自然成文'을 주장한다. 소식이 그 부친 소순의 '풍수상조風水相遭'설을 이어받아 제기한 '수물부형隨物賦形'이론이 권근의 이 같은 주장에 얼마만큼 영향을 주었는지는 단언할 수 없지만 고려 중엽에 극성했던 학소 열풍을 짐작하건대 영향을 미쳤을 것이 분명하다.

권근은 이색을 위해 쓴 행장에서 다음과 같이 기록하였다.

> 무릇 문장을 짓는 데에는 붓을 잡으면 곧 내려씀이 바람이 가고 물이 흐르는 것 같아서 조금도 막힘이 없었고, 말의 뜻이 정밀하고 격률이 높고 옛스러우니, 그 넓고도 도도한 흐름은 마치 강물이 바다로 흘러 들어가는 듯하였다.[36]

권근이 이색의 시문에 대하여 내린 평어를 자세히 살펴보면, 마치 소식이 그 자신의 문장을 평가한 문장을 모의한 흔적이 다분하다. 이색도 그 시대의 풍조를 위배할 수 없었고 권근 역시 거기서 크게 벗어날 수 없었다.

---

35 權近, 『陽村集』 권20(『총간』 권7, 200쪽), 「恩門牧隱先生文集序」; 김성룡, 『여말선초의 문학사상』, 한길사, 1995, 73~74쪽. "有天地自然之理, 卽有天地自然之文, 日月星辰得之以照臨, 風雨霜露得之以變化, 山河得之以流峙, 草木得之以敷榮, 魚鳶得之以飛躍. 凡萬物之有聲而盈兩儀者, 莫不各有自然之文焉."

36 權近, 『총간』 권3, 509쪽, 「朝鮮牧隱先生李文靖公行狀」. "凡爲文章, 操筆卽書, 如風行水流, 若無凝滯, 而辭義精到, 格律高古, 浩浩滔滔, 與江河注解."

여기까지 소식문예이론이 고려 문인들에게 어떠한 영향을 주었는지를 살펴보았다. 우리는 이인로, 임춘, 이규보, 최자, 이제현, 이색, 권근 등의 대표적인 시문을 통해 이들이 소식의 시문을 적극적으로 수용하였고 소식의 시화일치론을 찬동하였음을 알 수 있었다. 이들의 주장을 종합해보면, 시인이나 화가는 시문서화詩文書畵를 창작할 때 유의留意하지 말고 우의寓意해야 하며 그림을 잡기雜技나 말예末藝로 천시하지 말고 시가 언외지의言外之意를 강조하듯 그림은 상외지상象外之象을 나타내야 하고 이러한 경지는 어느 누가 혹은 어떤 책이 알려주는 것이 아니라 스스로 터득自得해야 한다는 것으로 정리할 수 있겠다.

우리는 임춘이 논술한 기러기 그림에 대한 화평을 통해 소식의 우의寓意, 물화物化, 영감, 자연창작 등의 문예이론을 적극 수용하였음을 발견할 수 있었다. 그리고 고려 문인들이 소식 시문을 수용하는 과정 중에서 최자가 보인 이인로와 이규보의 대비되는 논리는 어디까지가 영향이고 어디까지가 표절인가를 생각해보게 한다. 최자의 논리에 따르면, 이인로는 소식 시문을 모방하다 못해 표절하는 데 이르렀고 이규보는 소식 시문을 수용하면서도 신의新意를 창출했다고 평가하였다. 이제현은 소식과 이규보의 제화시를 통해 시나 그림은 형식상의 차이만 있을 뿐 예술적 근원은 같다고 보았다. 이색은 소식의 작가수양이론을 적극 수용하여 자득自得을 강조하였다. 이색은 시문 창작 원리는 누군가가 설명해주거나 어떤 서책 속에 담겨있는 것이 아니라 직접 학습하고 체험하면서 몸소 터득하는 것이라 보았다. 권근은 소식 시문과 자연창작이론을 수용하여 창작은 의도하지 않고 자연스럽게 지어야한다는 점을 강조하였다. 이 모든 고려의 대시인들이 소식을 숭상하고 배웠기 때문에 소식 열풍이 더욱 고양되고 신속하게 전파되었다.

2. 조선 전기(1392~1567)

조선시대에 들어와서도 초기에는 고려시대와 마찬가지로 소식의 시문이 많이 읽혔다. 당시 실정으로는 중국시문대가의 시문집을 하나하나 구해서 읽는다는 것은 거의 불가능했다. 그렇다보니 조선 문인들은 자연히 선집을 통해 읽을 수밖에 없었다. 조선 초에 들어온 『고문진보古文眞寶』에 소식의 시가 18수, 문장이 16편 실려 있으니, 그의 시문이 그래도 많이 읽혔음을 알 수 있겠다.

그러나 명明나라 초기부터 일었던 "시필성당詩必盛唐, 문필진한文必秦漢"이란 기치를 내건 복고주의 바람은 점차 조선의 시풍에도 외부적인 영향을 가해왔다. 내부적으로는 조선 건국과 함께 숭유억불崇儒抑佛정책으로 주자학朱子學이 국교로 정해지고, 정자程子와 주자朱子가 크게 추앙받게 되었다. 일생동안 정이程頤와 심각한 대립관계를 유지하여 훗날 주희朱熹의 기평譏評을 입은 소식은 자연히 주자학 일변도의 조선 사회에서 점점 경시받게 되었다. 게다가 그의 시문에 불교, 노장과 관련된 글이 많다보니 주자학을 신봉했던 문인들에게 배척당하였다.

이렇게 소식의 시문이 정당한 평가를 받지 못한 상황에서 시는 두보의 시에 밀렸고 문은 한유의 문에 밀렸다. 두시杜詩는 유방선柳方善, 유윤겸柳允謙 부자父子의 가학家學으로서 세종조世宗朝에 주注가 달렸고, 1481년(성종 12)에 언해諺解되어 나라 안에 광범위하게 반포되기에 이르렀으므로 두시가 크게 숭상을 받았고 두시를 배우는 사람이 자연히 많아졌다. 게다가 명明 태조太祖가 한유의 문을 표문表文의 전범으로 삼으라는 칙서勅書를 천하에 반포하였다.[37] 조선은 새로 건국하여 대명對明외교에 성공해야만 할 운명적인 처지에서 외교문서인 표문을 잘 지으려고 노력하지 않을 수 없었으니, 한유의 글을 많이 배우도록 권장하여 한유의 문이 크게 숭상되었다.

그러나 시문의 사조가 확연하게 어느 시기에 변하는 것이 아닐 뿐더러, 시문을 학습하는 것이 획일적으로 어느 시대에는 어느 사람의 시문만 배우는 것이 아니므로 주류가 두보의 시와 한유의 문으로 갔다 해도 소식 시문의 숭상이 조선 전기까지는 유지되어 소식 시문을 학습의 전범으로 삼았던 대가들이 적지 않았다.

조선 전기에는 고려 후기 이래로 사대부들 사이에 시화일치론이 널리 자리 잡고 있었다. 이는 관료층이나 재야 사림을 막론하고 그 기본적인 전제에 있어서는 어느 정도 공감대를 형성하고 있었다.[38] 서거정徐居正(1420~1488)은 다음과 같이 말하였다.

시와 서예, 서예와 그림은 모두 오묘하다. 시는 성정에서 나오고 글씨와

37 李睟光, 『芝峯類說』 권8, 10쪽.
38 김풍기, 『조선 전기 문학론 연구』, 태학사, 1996, 16쪽.

그림은 마음에서 이루어지니, 손이 만약 성정에서 근원할 수 있다면 마음과 손 사이에서 만나서 그 얻는 바가 오묘함을 기약하지 않는다 해도 저절로 오묘해질 것이다. 그러므로 옛날의 시를 잘 쓰는 사람은 반드시 글씨를 잘 썼고 글씨를 잘 쓰는 사람은 반드시 그림을 잘 그렸다. 당唐의 정건鄭虔, 왕유王維, 송宋의 소식蘇軾, 원元의 조맹부趙孟頫 등이 그러한 사람들이다.[39]

시, 글씨, 그림은 기본적으로 성정에서 비롯되는 것이므로, 이들의 오묘함은 동등하다. 이러한 생각은 문인으로서 갖추어야 할 기본 소양에 대한 범위를 구획하는 것이면서, 동시에 이들의 근원을 같은 곳에서 찾음으로써 시문서화詩文書畵가 하나라는 당시의 공감대를 재확인하는 것이다. 15세기에는 화공에 대한 대우가 낮았으므로 그림 그리는 행위 자체가 그리 바람직한 것으로만 취급될 수는 없었다.[40] 도화서는 종육품從六品아문衙門으로 최하위 기관[41]이었을 뿐만 아니라 그림으로 이름난 사람에 대한 비판도 있었다. 우리는 이러한 경우를 강희맹姜希孟(1424~1483)의 한 서신에서 발견할 수 있다.

무릇 사람의 기예는 같다고 하더라도 마음을 쓰는 것은 다릅니다. 군자는 기예에 대해 뜻을 기탁할 뿐이지만 소인은 기예에 대해 뜻을 둡니다. 기예에 뜻을 두는 것은 공사工師나 예장隸匠처럼 기술을 팔아 밥을 먹는 자들이

39 徐居正, 『晋山世稿』(景仁文化社 影印), 「題姜仁齋詩藁後」, 227쪽. "詩與書, 書與畵, 同一妙也. 詩出於性情, 而書畵成於心, 手若能源於性情, 會之心手之間, 其所得有不期妙而自妙者矣. 是以古之善詩者必善書, 善書者必善畵. 自唐鄭廣文王摩詰, 宋之蘇子瞻, 元之趙孟頫, 其人也."

40 이 시대의 화공천시론에 대해서는 김종태, 『한국화론』, 일지사, 1989, 151~166쪽 참조.

41 안휘준, 『한국회화사』, 일지사, 1980, 121쪽.

> 하는 짓이요, 기예에 뜻을 기탁하는 것은 고인高人과 아사雅士처럼 마음으로 오묘한 이치를 찾는 이가 하는 바입니다. 공자孔子는 성인이지만 비천한 일에 능하셨고, 혜강嵇康은 달인이지만 쇠붙이 달구어 두드리는 짓을 좋아하였습니다. 이것이 어찌 그러한 행위에 뜻을 두어 마음을 상한 것이겠습니까?[42]

강희맹은 군자와 소인의 마음가짐을 명확히 나누어 그림 그리는 자신의 행위를 화공의 그림 행위와는 별개의 것으로 놓았다. '유의留意'와 '우의寓意'의 개념은 소식에게서 비롯되었으니, 소식문예이론에 영향을 받았다고 할 수 있다. 강희맹의 언급에 따르면 '유의留意'한다는 것은 온 마음을 거기에만 기울인다는 것이며, 그것의 근본이 되는 마음상태는 먹고 사는 데 필요한 인간의 개인적인 욕망이라 보았다. 이에 반해, '우의寓意'라고 하는 것은 개인적인 욕망의 문제를 뛰어넘어 그림을 그리는 가운데에서 오묘한 이치를 찾는다는 것이다. 그림 그리는 행위가 마음 수양의 큰 목표일 수는 없지만, 마음 수양이 없는 상태에서 이루어져서는 안 된다는 것을 말한다. 자신의 마음과 자연이 감응하고, 그 과정에서 마음속의 생각이 우러나와야 훌륭한 그림이 되며, 그 그림 또한 하나의 오묘한 천기天機가 되므로 자신도 역시 천기天機 속에서 노닐 수 있다는 점을 강희맹은 연이어 언급하고 있다.[43] 자신의 행위가

---

42 姜希孟, 『私淑齋集』 권7(『총간』 권12, 86쪽), 「答李平仲書」. "凡人之技藝雖同, 而用心則異. 君子之於藝, 寓意而已. 小人之於藝, 留意而已. 留意於藝者, 呂工師隷匠賣技食力者之所爲也, 寓意於藝者, 如高人雅士心探妙理者之所爲也. 夫子之聖也, 而能鄙事, 嵇康之達也, 而好鍛鍊, 此豈留意於彼, 以暴其心者哉?"

43 姜希孟, 위의 글, 86쪽. "若於几案間, 揮毫臨紙, 靜觀萬物, 心辨毫釐, 手做形段, 是我方寸, 亦一元化. 凡諸草木花卉, 寓之目而得於心, 得之心而應於手. 神一畫則神一天機, 妙一畫則妙一天機, 時憑

마음의 수양이 전혀 없는 상태에서 나오는 것이 결코 아니라는 점을 강조하고 있다.

서거정이나 강희맹의 이러한 생각은 15세기에 이미 널리 유포되어 있던 것으로 보인다.[44] 강희맹의 서신에서도 짐작할 수 있듯이 이 시대에 그림에 대한 부정적인 견해도 상당수 있었겠지만, 안평대군을 중심으로 하는 집단이 그림, 시, 글씨 등에 대한 폭넓은 소양을 바탕으로 창작과 감상을 즐겼던 점, 많은 문인화가들의 등장 등의 사실로 미루어 보아 시문서화를 하나로 보는 관점은 큰 지지를 얻었던 것으로 볼 수 있다.

성현成俔(1439~1504)은 조선 전기 문인들이 중국 문인들을 어떻게 평가하고 있는지에 대해 다음과 같이 기술하고 있다.

> 요즘 시를 배우는 사람들이라면 누구나 "이태백은 지나치게 방탕하고 두보는 너무 살피며 소식은 너무 옹골차고 육유는 너무 호탕하다. 오직 본받을 만한 사람은 황정견과 진사도이다"라고 말한다. 살을 모두 발라내고 해골만 남겨두니, 두 사람의 경지에도 이르지 못하면서 기상은 위약해서, 글귀가 까다롭고 표현이 괴팍하지 않으면 완고하고 노둔하여 족히 볼 만한 것이 없다.[45]

鉛墨, 常與天機戲劇."

44 이외에도 다음 글들에서도 볼 수 있다. 金馹孫, 『濯纓集』 권1(『총간』 권17, 217쪽), 「書仲匀畵」, "夫余不知書畵, 猶能以精神會其妙, 書畵詩文, 殆一樣胸中之土苴也. 胸中無所有, 何能發其華耶?"; 成侃, 『眞逸遺稿』 권3(『총간』 권12, 189쪽), 「寄姜景愚」, "詩爲有聲畵, 畵乃無聲詩. 古來詩畵爲一致, 輕重未可分毫釐"; 崔恒, 『保閑齋集』 권10(『총간』 권10, 87쪽), 「題匪懈八景圖詩卷」, "詩爲有聲畵, 畵是無聲詩. 世間有詩畵, 狀物窮姸媸."

45 成俔, 「文變」, 『虛白堂文集』 권13, 14~533쪽. "今之學詩者, 必曰: '謫仙太蕩, 少陵太審, 雪堂太雄, 劍南太豪. 所可法者, 涪翁也後山也.' 刊落肌肉, 獨存骸骨, 未至兩人之域而氣象萮然, 不聱牙奇

이 글을 통해 중국 문인들의 작품이 당시 시문을 학습하는 교과서와 같은 역할을 했음을 알 수 있다. 조선 전기 문인들은 이백, 두보, 소식, 육유의 시가 훌륭한 것은 사실이나 시를 배우는 입장에서는 모두 지나친 부분이 있어 강서시파인 황정견과 진사도의 시를 학습하는 것이 최고라 여겼다. 그래서 이 글에서 당시 강서시파江西詩派 시인들에 대한 학습열을 특별히 지목하여 살을 발라내고 해골만 남겨두었다고 함으로써 많은 사람들이 표현의 문제에만 집중적인 관심을 갖고 학습을 해서 문제가 있다고 하였다. 이처럼 표현의 변화함이나 자구의 조탁은, 결국 원기를 잃는 것으로 이어져 기상이 유약하게 되어버렸다. 여하간 성현의 글을 통해 조선 전기 문인들은 소식의 작품이 너무 옹골차다고 평가하였음을 알 수 있다.

성현은 도교나 불교, 천근한 것이나 허탄한 것이라 하더라도 어느 것 하나 버릴 것이 없으며 어떤 이야기라도 그 속에는 배울만한 것이 분명 있기 마련이라 자신의 삶에 경계로 삼을 만한 것이 있다고 보았다. 성현의 논의 구도 속에는 그 다양함의 존재에 대한 배려가 반영되어 있다.

그렇다면 그 다양함이 모여 있는 세계는 어떠해야 하는가. 이 문제는 성현의 인생관이면서 사회관이며, 동시에 문학을 바라보는 시각으로 작용하기도 한다. 즉 문학이 지향하는 목표는 무엇인가, 또 그 경지에 도달한 문학은 어떠한 세계를 반영하고 영향을 주어야 하는가 하는 물음과 동질적인 부분이 있다.

僻, 則玩庸駑劣, 有不足觀者."

> 무릇 도는 하나일 뿐이다. 주역周易의 태극太極, 증자曾子의 일관一貫, 노자老子의 현빈玄牝, 석가釋迦의 불이법문不二法門은 그 길이 비록 다르지만 그 이치는 다를 수가 없는 것이니, 그것을 다르다고 하는 것이 지성至聖과 범부凡夫가 차이 나는 까닭이다. (…중략…) 만약 하나의 근본이 만 가지로 달라지고 만 가지 다른 사물이 하나의 근본이라는 점을 안다면 다른 사람과 나는 하나이다.[46]

이 글은 삼라만상의 다양한 이면에 존재하는 하나의 도를 파악해야 한다고 주장한 부분이다. 이러한 태도는 유교든 불교든 노장老莊이든 어느 곳에서나 발견되는 일반적인 논리라고 할 수 있고, 소식의 대일통大一統사상과 일맥상통한다. 소식은 「용정 변재의 제문祭龍井辯才文」[47]에서 모든 강물이 발원하는 곳은 다를지라도 결국 바다로 귀착하는 것처럼, 유불도 사상은 처음 생성된 원인은 다를지라도 세상에 실현하고자 하는 지향이 하나로 귀결된다고 보았다.

성리학자들은 수양 공부를 통하여 다양한 현상계가 보이는 잡박한 세계의 너머에 존재하는 일리一理의 세계를 회복하고 잡박한 기질지성氣質之性의 잡박함도 순선純善하게 변화시켜 원래부터 부여받은 도심道

46 成俔, 『虛白堂文集』 권9(『총간』 권14, 481쪽), 「題一庵松堂詩卷後」. "夫道一而已矣. 如易之太極, 曾子之一貫, 老子之玄牝, 大雄氏之不二法門, 其道雖殊, 而其理則未嘗不同, 而謂之不相同, 此至聖凡夫之所以間也. (…중략…) 若知一本萬殊, 萬殊一本, 則人與我一矣."

47 『蘇軾文集』 제5책 권63, 「祭龍井辯才文」, 1961쪽. "유가와 도가의 문이 다르고 유가와 불가의 집이 다르며, 또 그 사이에 선종(禪宗)과 율종(律宗)이 서로 공박하는구나. 나는 큰 바다가 북쪽과 남쪽 그리고 동쪽에 있음을 보았노라. 장강(長江)과 황하(黃河)는 비록 줄기가 다르나 그 물줄기가 마지막에 이르는 곳은 동일하구나[孔老異門, 儒釋分宮. 又於其間, 禪律相攻. 我見大海, 有北南東. 江河雖殊, 其至則同. 雖大法師, 自戒定通. 律無持破, 垢淨皆空. 講無辯訥, 事理皆融."

心의 세계를 회복하려 하였다. 그러나 성현成俔이 주장한 만수일본萬殊一本의 논리는 원융圓融한 세계를 추구하거나 혹은 갈등이 없는 조화로운 세계를 추구하는 데 그 맥을 잇고 있다.[48]

시서화詩書畵는 모두 인간의 성정 혹은 마음에서 비롯하는 것이므로 이들의 오묘한 경지의 깊이는 동등한 것이라 할 수 있다. 이 생각은 이미 유자들 및 관료들 사이에서 광범위한 동의를 얻은 것이다. 김일손金馹孫(1464~1498) 역시 이와 같은 생각을 가지고 있었다.

> 나는 글씨와 그림을 모른다. 그렇지만 오히려 정신으로 그 오묘함을 이해할 수 있다면 시문서화詩文書畵가 거의 똑같은 가슴 속에서 나온 것일 수 있다. 가슴 속에 가진 것이 없다면 어찌 그 화미함을 펼 수 있겠는가? 눈에 휘늘어진 나뭇가지, 달빛에 전해오는 향기와 그림자, 바람에 높이 휘날리는 잎과 꽃술, 안개에 가려진 색깔 등을 보면 고요하고 쇄락하고 정신이 상쾌하여 밝아지고, 소담疎淡하여 붓 하나의 조화가 명료하게 드러나 가지런하고 호일하여 끝없는 생각이 있어, 8폭의 그림 가운데 앉으면 나도 모르게 내

48 그의 조화로운 세계 구축에 사용되는 중요한 축은 철저한 계층적 질서의식이다. 전술한 바와 같이, 모든 개체는 자신의 天分에 맞는 직책에 종사해야 한다. 자신의 천분을 지켜 서로의 직분을 다할 때 사회의 조화로운 질서가 확립된다. 성현이 상정하는 원융한 세계가 바로 이러한 류이다. 그의 생각은 그대로 문학론의 형성에 영향을 준다. 내용이나 형식에 걸맞는 문제를 사용해야 좋은 글을 쓸 수 있으며, 글을 이루는 여러 요소들이 서로 조화롭게 어울려야 한 편의 좋은 글이 창작된다. 한 나라의 문풍을 통해 世道의 성쇠를 징험해 볼 수 있는 것도, 글이 시대의 반영일 뿐만 아니라 다양한 구성원들에 의해 창작된 개별적인 것이면서 국가의 근간이 되는 요소이기 때문이다. 즉 개인의 기상이 국가 내에서 의미를 획득함으로써 그들의 집합체라 할 수 있는 國家氣脈을 이룬다고 할 수 있다. 특히 좋은 元氣를 지닌 관료들의 창작이 보여주는 기상은 국가의 사업을 시행하는 과정에서 가장 잘 발현된다고 할 때, 성현이 언급하는 국가기맥론은 훈구관료의 입지를 옹호하는 논리로 발전한다.

> 몸이 중균仲勻의 가슴 속으로 들어간다. 아! 중균이여. 그대를 나보다 먼저 태어나게 했더라면! 항상 같은 시대가 아님을 한탄하노라.[49]

이 글은 강혼姜渾(1464~1519)이 구해 온 중균仲勻 이종준李宗準(1458~1499)의 그림을 보고 김일손이 쓴 것이다. 소식의 '흉유성죽胸有成竹'이론을 수용한 김일손은 그림을 그리는 사람의 가슴 속에 무언가가 있는 상태에서 그 무언가를 반영하는 그림이 나온다는 논리를 폈다.

김일손은 이 그림을 통해 어떤 심미적 정서를 체험했는지를 말하면서, 그 정서가 이종준의 가슴 속에 내재한 것과 같은 것이라고 말했다. 소식의 문예이론에 근거하여 말하자면 물화物化의 경지에 이른 것이라고 말할 수 있다. 그림이라는 형식을 통해 시공時空을 달리 하는 사람이 서로 같은 심미적 정서를 느끼고 감동을 주고받는다면, 그림이라고 하는 형식은 상징적 기호양식 중의 하나로 존재한다. 다만 누구나 그림의 형식을 능숙하게 이용할 수 있는 것은 아니다. 그 이전에 기술적인 측면의 숙련은 물론이려니와 '흉중胸中'에 대상물이 화가와 물화物化되어야 하는 것이다. 이것은 그림 그리는 행위가 단순히 즐거움을 주는 매체가 아닌, 정신적 수양의 한 부분으로 여겨질 때 비로소 가능하다.

퇴계退溪 이황李滉(1501~1570)은 소식을 오로지 배운 것은 아니지만, 소식의 문장을 대단히 높게 평가하였다. 그는 다음과 같이 말하였다.

---

49 金馹孫, 「書仲勻畵」, 『濯纓集』 권1, 17 · 217~218쪽. "余不知書畵, 猶能以精神會其妙, 書畵詩文, 殆一樣胸中之土苴也. 胸中無所有, 何能發其華耶? 觀其雪䩞枝幹, 月傳香影, 風高葉蘂, 烟隱色艶, 有寂寥底, 灑落底, 爽塏底, 疎淡底, 一毫造化, 著了精頓, 豪逸不盡底意思, 坐我八幅中, 不知身入仲勻之胸中矣. 噫, 吾仲勻乎! 使爾生乎吾前, 常有不同時之歎也."

소식의 문장은 훌륭하고 아름다워 근세에 짝이 없다. 만약 글을 짓고자 한다면 모범으로 삼아도 해될 것이 없다.[50]

그는 작문의 전범으로 소식의 문을 칠 만큼 숭상했다. 또 소식 시에 차운次韻한 시가 11수나 있고 또 풍류風流도 사모하였다. 이황 정도만 해도 소식의 시문을 그래도 객관적으로 평가했으나, 그 이후 성리학에만 집착한 인사들은 소식의 시문을 절대로 읽어서는 안 된다고 주장하였다. 이황은 성리학의 대가이면서도 문학을 성리학과 구분지어 볼 수 있는 포용력이 있었으나, 조선 중기로 들어서면 성리학이 더욱 관념화觀念化, 공론화空論化되면서 성리학자들의 문학을 보는 시각이 더욱 협소해져서 조선 중기 이후 대부분의 성리학자들은 소식의 시문을 비판하고 배척한다.

여기서는 서거정, 강희맹, 성현, 김일손, 이황 등을 통해 소식문예이론이 조선 전기에 어떠한 영향을 미쳤는지를 살펴보았다. 서거정은 고려로부터 이어온 시문서화가 하나라는 취지로 '심수상응心手相應' 하는 이치 역시 똑같다고 주장하였고, 강희맹은 유의와 우의 개념을 수용하여 개인의 욕망이 개입하였는지 여부에 의해 유의와 우의가 나뉘며 그로 인해 군자와 소인이 구별된다고 여겼다. 성현은 소식의 시문에 대해서는 너무 옹골차다고 평가하면서도 소식의 대일통大一統 문예사상을 수용하여 다양성을 인정하는 가운데 그 근본은 하나라는 점을 강조

50 『陶山全書』 권 39, 장19. "蘇公文章偉麗, 近世無匹. 若欲作文, 自不妨模範."

하였다. 김일손은 소식의 '흉유성죽胸有成竹'이론을 받아들여 그림을 그리는 화가는 가슴속에 먼저 완전한 대상물을 품고 있어야 그 대상물을 완벽히 구현할 수 있다고 보았다. 이황은 학술과 문예를 구분하여 조선시대 대부분의 성리학자들이 소식의 시문을 배격했던 것과는 달리 소식의 시문을 객관적으로 평가하여 숭상했다.

3. 조선 중기(1568~1724)

애초부터 소식 산문이 지닌 불교적 세계관을 비롯해 정주학과 공존하기 어려운 사상적 배경으로 말미암아, 소식 시문이나 문예이론이 조선에 수용되는 데 어려움이 많았다. 그럼에도 불구하고 대체적으로 소식 산문의 학습 자체가 부정되지는 않았고 산문 작법의 전범으로 많이 읽히는 추세였다.[51] 『고문진보古文眞寶』나 『당송팔대가문초唐宋八大家文鈔』 등의 제가선집을 비롯해 소식 산문만을 뽑아 만든 선집[52]의 활발한 유통이 이를 잘 말해준다.

---

51 「17~18세기 조선 문인의 蘇軾 산문 批評」, 송혁기, 『한자한문연구』 제2호, 고려대 한자한문연구소, 2006.12, 87쪽.

52 조선에서 간행된 것만으로도 『東坡文粹』(목판본), 『蘇文抄』(활자본, 광해8년(1616)), 『蘇東坡文抄』(활자본, 숙종조), 『蘇文正宗』(명종 16년경(1516)), 『宋大家蘇文忠公文抄』(목판, 활자본) 등이 있다. 이들은 대개 새로운 선집이라기보다 『文章正宗』이나 『唐宋八大家文鈔』를 저본으로 다시 분절하여 간행한 것으로 보인다. 김상호, 「朝鮮 刊 蘇軾文集 개황」, 김학주, 『조선시대 간행 중국문학 관계서 연구』, 서울대 출판부, 2000, 259~269쪽.

조선 중기 문화의 두드러진 특징 가운데 하나는 독창성의 추구이다. 중세의 한자문화권에 속해 있던 조선에서 독창성의 추구란, 민족적·작가적 개별성의 구현이라고 할 수 있다.[53] 중국의 문화와 구별되는 조선 작가로서의 특질을 구현해내는 것이 바로 이 시기 작가들이 당면한 가장 큰 과제였다.

여기서 제기되는 중요한 핵심이론이 '자득自得'이다. 소순이 '자위일가自爲一家' 논리에 의거하여 자득론自得論을 작가의 독창성으로 이해하고 소식이 한 걸음 더 나아가 시문서화의 남다른 문예 풍격으로 자득론을 승화시켰다. 그 후로, 자득론은 작가의 진정眞情을 강조한 왕약허王若虛, 양명陽明 심학心學, 명대 당송파 왕신중王愼中으로 이어진다.

자득론이 조선에 전래된 계기는 정확히 알 수 없다. 양명학의 계승이라는 독특한 학적 전통을 고수해 온 소론계 문인들이 창작에서 '자득'을 중시한 것이 일정부분 영향을 미쳤을 것으로 짐작할 뿐이다. 자득의 논리를 강조하는 소론계 문인들의 또 다른 창작 연원에는, 구체적인 학문 방법으로 '실천'과 '자득'을 중시한 우계학파牛溪學派의 영향도 있다.

먼저, 이황의 제자인 김우옹金宇顒(1540~1603)은 성리학에 집착하여 선조宣祖에게 소식의 시문을 읽어서는 안 된다고 다음과 같이 극간하였다.

조정기趙廷機가 "요즈음 『동파집東坡集』을 가져오라고 명령하셨는데, 이

53 강민구, 『조선 후기 문학비평의 이론』, 보고사, 2010, 198쪽.

사람은 마음씨가 바르지 못하니, 그 책을 보는 것은 마땅하지 않습니다"라고 아뢰었다. 이에 임금께서 "사람 때문에 그 말을 버리지 않는다고 했나니, 만약 그 사람이 바르지 못하다 하여 그 책을 버린다면 또한 치우치지 않느냐?"라고 말씀하셨다. 그 때에 내가 "소식의 문장은 훌륭하고 아름답습니다만 그 마음이 바르지 않습니다. 그래서 그 글은 잘난 체하고 거리낌 없고 능글능글한 모습이 있어서 도道를 아는 군자君子가 보고자 하지 않는 바이니, 주자朱子가 이 점을 상세히 이야기했습니다"라고 아뢰니, 임금이, "내가 듣자하니, 아래에 있는 여러 신하들이 다 『동파집』 보기를 좋아한다고 하더군"이라고 말씀하셨다. 내가 "글귀나 다듬는 자질구레한 선비들이 과거科學 합격을 꾀하느라고 왕왕 이 책을 봅니다. 만약 도학군자道學君子가 이 책 보기를 좋아한다면, 어찌 그 성정을 해치지 않겠습니까? 하물며 임금은 예禮가 아니면 보지도 듣지도 말라고 했으니, 보는 책이 모름지기 유익한 것이어야 하거늘, 어찌 글귀나 다듬는 자질구레한 선비를 본받아서야 되겠습니까?"라고 말했다.[54]

김우옹은 이황의 제자인데도, 그 스승과는 정반대의 생각을 갖고 있다. 성리학을 철저히 신봉한 결과 문학을 문학 그 자체로 객관화시키지 못하고 성리학의 부용물附庸物로만 보았기 때문에, 그 글을 읽어서는 안 된다는 주장을 강력히 하였던 것이다.

---

54 金宇顒, 『東岡集』, 권11, 22~23쪽. "趙廷機進啓曰, '頃日宣取東坡集. 此人心術不正, 其書不宜御覽.' 上曰, '不以人廢言, 若以人之不正, 而廢其書, 不亦偏乎?' 宇顒啓曰, '蘇軾文章偉麗, 然其心術不正, 故其書有矜豪譎詭之態, 亦非知道君子所欲觀, 朱子詳論之矣.' 上曰, '予聞, 在下諸臣皆好看東坡.' 宇顒曰, '雕蟲小儒圖取科目, 往往看之, 若道學之人耽看此書, 豈不害其性情. 況人主, 尤當非禮勿視勿聽, 所看書尤須有益身心底事, 何可効此雕蟲小儒乎.'"

그러나 전문적인 시인과 문인들은 각자의 주의, 주장에 따라 소식의 시문을 수용하였고, 조선 중기에 들어서서도 소식문예이론은 조선 문인들에게 그 영향을 계속 미쳤다.

성인의 가르침을 익히는 방법으로 '자득'을 강조한 우계牛溪 성혼成渾(1535~1598)은 다음과 같이 말하였다.

> 성인의 가르침은 고원한 것을 우선하지 않고 반드시 비근한 데에서 시작하여, 사람으로 하여금 한번 말하고 한번 행동하는 즈음과 마음속에 간직하고 외며 익히는 사이에서 찾게 하는 것에 불과합니다. 학문의 외연을 넓혀서 앞으로 나가는 단서를 열고, 예법으로 요약하여 실질적으로 돈독히 실행하여 점차 나아가서 때로 익히고 많이 쌓으며, 마음속에 깊이 생각하고 묵묵히 깨달으며 깊이 나아가 스스로 터득한다면 하루아침에 통달할 것입니다.[55]

성혼의 구체적인 학문 방법은, 고원한 담론보다는 말과 행동이라는 비근한 차원에서 시작된다. 일상에서 꾸준히 지키고 암송하며 익힌 가르침은 학문의 외연을 넓히고 예법으로 요약하는 단계를 거쳐 또 한 번의 시습時習과 적루積累, 그리고 잠심潛心, 묵계默契의 단계를 거쳐서야 이를 수 있다. 그야말로 부단한 실천의 과정이다. 성혼이 언급한 '박

55 成渾, 「辛巳奉事 辛巳 四月 ◯以內瞻寺僉正拜疏」, 『牛溪集』 권2(『총간』 권43), 26쪽, "聖人之教, 不先於高遠, 而必始於卑近, 不過使人反而求之一言一動之際, 持守誦習之間, 博之以文, 開其向往之端, 約之以禮, 篤其踐履之實, 漸次經由, 時習積累, 而潛心默契, 深造自得, 則一朝而貫通焉耳."

문博文'과 '약례約禮'는 공자의 '문질빈빈文質彬彬'과 '회사후소繪事後素'에 바탕을 둔 것으로, '문식 방면으로는 학문의 외연을 넓히되 본질 방면으로는 예법으로 요약한다博文約禮'라는 것을 기반에 두고 있다. 성혼이 학문의 외연을 넓히고 예법으로 요약한다는 말은 소식이 독서 학습을 강조하여 주장한 '박관약취博觀約取(두루 살폈다가 간략히 취함)'의 또 다른 표현이라 하겠다. 게다가 소식 역시 작가수양이론에서 배움은 책을 읽는 데 그치는 것이 아니라 실천이 중요하며 허정한 마음을 유지하여 관찰하고 몸소 체험해야 한다는 점을 강조하였다.

유몽인柳夢寅(1558~1628)은 문장 학습의 하한선을 당의 한유와 유종원의 문장으로 규정하였다.

> 저는 고시古詩와 고문古文을 배우고 또 고인古人의 서법書法을 좋아하는데 대개 열다섯 살 무렵부터 시작하였습니다. 문文은 삼대양한三代兩漢으로부터 시작하여 한유와 유종원에서 그쳤으니 눈으로 송宋 이하의 작품을 엿보지도 않았습니다.[56]

> 나는 어려서 젖니를 갈 무렵부터 고문을 좋아하여 문장에 대해서는 안목을 높게 하고 마음으로 자부하여 말세의 여러 작품들은 문득 손을 내저으며 입으로는 침을 뱉고 오직 가장 높고 오랜 것을 구하여 읽었다.[57]

---

56 柳夢寅, 『於于集』 권5, 「答南都憲季獻書」, 411쪽. "僕學古詩古文, 又好古人書法, 盖從十五歲始. 文自三代兩漢止韓柳, 目不窺宋以下之作."

57 柳夢寅, 『於于集』 권6, 「大家文會跋」, 445쪽. "余自毁齔嗜古文, 於文眼高心亢, 季世諸作, 輒手撝而喙唾之, 獨求最高古者讀焉."

한유와 유종원의 문장까지는 고문古文으로 인정하고 있는 것을 볼 수 있는데, 이것은 전후칠자가 한유와 유종원의 문장을 뛰어넘어 선진의 고문을 지향했던 것과는 차이가 있다. 또 유몽인의 당대에 이미 구양수와 소식의 문장을 전범으로 삼은 송문宋文이 문단을 풍미하고 있었던 정황으로 볼 때, 그의 이러한 주장은 비판적이다. 즉 송문의 격식화된 문장의 형식이나 구조 등에 반대하는 것이다. 두 번째 인용문에서 언급한 말세의 여러 작품이란 바로 송 이하의 문장을 가리키는 말이다. 그의 송문에 대한 비판의 핵심에는 구양수와 소식에 대한 부정적 평가가 있다.

유몽인의 송문에 대한 비판은 금문今文에 대한 비판으로 발전한다.

> 송 이하의 문장은 금문이다. 구양수와 소식의 문장이 세상에 많지만 나는 아직 한 번도 그 문장을 보지 않았다. 그러므로 단지 선진先秦과 양한兩漢의 문장과 한유와 유종원의 문장만을 취하고 송대의 문장은 넣지 않았다.[58]

이 글은 유몽인이 편찬한 『대가문회大家文會』 발문跋文의 한 부분이다. 『대가문회』는 고문을 뽑아서 만든 선집選集인데, 그 구성을 보면 『좌전左傳』 4편, 『국어國語』 2편, 『전국책戰國策』 2편, 『사기史記』 3편, 『한서漢書』 3편, 한유 문장 4편, 유종원 문장 3편으로, 모두 10책 21권이다. 문장의 선집에는 편찬자의 문학적 지향이 강하게 투영된다. 그러한 점에서 『대가문회』에서 송대의 문장을 하나도 넣지 않은 것은 송

58 柳夢寅, 『於于集』 권6, 「大家文會跋」, 446쪽. "宋以下則今文也. 歐蘇之文世多有, 余未嘗一窺其文, 故只取先秦兩京韓柳, 而闕於宋."

문宋文에 대한 비판적 인식과 의도적인 부정이 그것이라 할 수 있다.

송문이 곧 주석註釋이나 전주箋註를 의미하는 것은 아니지만, 주석과 전주의 학습에서 파생한 송문의 어록체語錄體 습기習氣를 유몽인은 부정적으로 보았던 것이다. 그리고 이러한 습기를 싫어한 나머지 구양수와 소식의 글조차 한 번도 보지 않았다고 하였다. 즉 유몽인이 구양수와 소식의 글을 금문으로 간주하여 고문으로 평가하지 않은 것이다. 유몽인이 송문을 비판하고 선집에서 뺀 이유는 그것이 고문이 아니라고 인식하였기 때문이다. 따라서 그는 '한 번도 보지 않았다'는 말조차 서슴없이 한 것이다.

성당시盛唐詩를 숭상했던 임진任鎭(1560~1611)은 노골적으로 소식 시를 비난하였다. 그의 「술회述懷」라는 시에 다음과 같이 읊고 있다.

양주楊朱, 묵적墨翟은 인의仁義를 어지럽히고	楊墨亂仁義
소식, 황정견은 풍아風雅를 어지럽혔다	蘇黃亂風雅
내가 소식, 황정견을 파헤쳐 물리침이	我之闢蘇黃
양주, 묵적보다 덜하지 않다	不在楊墨下
온 세상 사람들 이 말을 듣고	擧世聞此言
왁자지껄 성내고 꾸짖는다	喧喧怒且罵
시다운 시 오래도록 지어지지 않아	詩騷久不作
원류 아는 이 드물었다네	源流知者寡
내 뜻은 어찌 이리 떳떳할까	我志何嘐嘐
문장 지음에 마음대로 치닫네	文章窮逸駕.[59]

유가를 해친다고 맹자의 맹렬한 성토를 받았던 양주, 묵적에 못지않게, 소식, 황정견은 정통시를 해친 사람으로 비난하고 있다.

이수광李睟光(1563~1628)은 소식에 대해 다음과 같이 평하고 있다.

> 소식의 문은 서사敍事가 그 장점이 아니니, 예컨대 「사마온공비서司馬溫公碑序」도 또한 의론체議論體이다. 오직 「표충관비서表忠觀碑序」와 그 명銘만이 모두 잘 되었고, 「한문공비후시韓文公碑後詩」 또한 가작佳作이다.[60]

> 소식의 「적벽부赤壁賦」는 당송唐宋 이래로 이러한 작품이 없을 정도이니, 말단末端의 어의語意는 전적으로 『장자莊子』를 배운 것이다.[61]

소식의 문에서 서사敍事를 높이 평가하지 않고 서사류敍事類의 작품 가운데 「표충관비서表忠觀碑序」와 그 명銘만이 좋다고 한 것은 소식의 장점은 다른 곳에 있다고 보았기 때문이다. 「한문공비후시韓文公碑後詩」[62]를 가작으로 본 것을 근거로 해보면, 이수광은 소식 문의 장점이 의론에 있다고 본 것으로 파악된다. 예컨대, 「적벽부」를 높이 평가한 것도 이러한 맥락이라고 볼 수 있다. 「적벽부」는 말단의 의론 부분이 뛰어난데, 이수광이 높이 평가한 것도 사실 이 부분이다. 그는 이 말단

59 任鎭, 『鳴皐集』, 권6, 3쪽.

60 李睟光, 『芝峯類說』 권8, 文章部 1 「文評」, 232쪽. "東坡之文, 敍事非其所長, 如司馬溫公碑序, 亦議論體也. 唯表忠觀碑序及銘俱善, 韓文公碑後詩亦佳."

61 李睟光, 『芝峯類說』 권8, 文章部 1 「文評」, 232쪽. "東坡赤壁賦, 唐宋以來無此作矣, 末端語意, 全學莊子."

62 「韓文公碑後詩」는 바로 「潮州韓文公廟碑」의 其詞 부분을 가리킨다.

의 어의가 『장자』의 어의를 배운 것이라고 유래를 밝히며 『장자』를 잘 배운 사례로 들어 높이 평가한 것이다.

이수광은 소식의 문보다 한유의 문에 더 우호적이었다. 그 이유는 소식의 문에 불교적인 색채가 있었기 때문으로 보인다.

> 소식이 지은 「한문공비韓文公碑」에서 "생生을 기다리지 않고도 존存하고, 사死를 따르지 않고도 망亡하며"라고 이르고, 또 "유계幽界에서는 귀신이 되고, 명계明界에서는 다시 사람이 되니"라고 일렀는데, 이것은 불교의 윤회설輪回說이다. 소식이 만년에 부처를 좋아하였기 때문에 그 문이 이와 같을 것이다.[63]

소식의 문의 사상적 지향이 불교적이라는 말이다. 이수광은 주자에 대한 존숭이 깊었다. 이러한 점을 고려할 때 이수광이 소식의 문에 더 엄했다. 이수광은 제자서諸子書에 두루 관심을 가졌던 문장가였으나, 언제나 귀결은 유가적 내지 주자학적 지향을 보였다. 따라서 그가 한유의 문을 소식의 문보다 높게 평가한 것은 사상적 지향점에서 비롯된 결과이다.[64]

신흠申欽(1566~1628)은 「소동파의 글을 읽고 우연히 적다讀東坡偶書」라는 시에서 다음과 같이 소식을 평하였다.

---

63 李睟光, 『芝峯類說』 권8, 文章部 1 「古文」, 239쪽. "東坡撰韓文公碑曰, 不待生而存, 不隨死而亡, 又曰, 幽則爲鬼神, 明則復爲人, 此卽佛氏輪廻之說也. 蓋東坡晚年喜佛, 故其文如此."

64 신승훈, 『16세기 후반~17세기 전반기 문학이론의 다변화 양상－柳夢寅, 李睟光, 申欽, 許筠을 중심으로』, 고려대 박사논문, 2004, 145쪽.

전세의 몸은 계화상이었고	前身戒和尙
당세에는 소동파였다오	當世蘇東坡
지금까지 수백 년이 지났건만	如今幾百年
그 호기 아직도 없어지지 않았네	豪氣猶不磨
진퇴의 사이에서 초월하였으니	脫落進退間
뜬구름이 나에게 무슨 상관 있으랴	浮雲於我何
남쪽 변경이건 신선 사는 곳이건	南荒與紫淸
차등 없이 한가지로 보았네	一視無等差
한밤중 적벽 아래서 노닐 적엔	半夜赤壁遊
뛰어난 운치가 신선세계를 능가했고	逸韻凌靑霞
문자 하나라도 인간에 남은 건	隻字落人間
만고에 정화로 전해지네	萬古傳菁華
만년엔 선학에 참여하여	晩參曹洞禪
수많은 불법을 다 깨치어	了盡恒河沙
마음에 옳고 그름 다 떠나버리고	是非俱兩空
수많은 세월을 순간처럼 여겼네	歷劫如擲梭
슬픈 것은 운수가 불길하여	所嗟天地閉
평지에 풍파가 일어났던 거지	平陸生矛戈
곧고 굽음을 누가 다시 분간하랴	枉直誰更分
어짐과 그릇됨이 끝내 차등이 없었네	賢邪竟同科
운명은 어찌 할 수 없는 것이라	時命不可謀
아, 내 그를 위해 슬피 노래하노라	謇余爲悲歌[65]

신흠은 당시 주자학에 빠져있는 다른 문인들과는 달리 열린 사고를 지니고 있었다. 그의 열린 사고의 기저에는 다양한 독서체험과 상대적 가치를 긍정하는 학문관 등의 인식이 깔려있다.[66]

신흠은 인위적인 조작이 없는 자연적인 표현의 중요성을 강조하였다.

> '연못 언덕에 봄풀이 피어나고'(사령운謝靈運의 「등지상루登池上樓」의 한 구절)는 말하기 어려운 시어詩語가 아니고, '빈 들보에서 제비집 진흙이 떨어지네'(설도형薛道衡의 「석석염昔昔鹽」과 「인일사귀人日思歸」에 나오는 구절)는 눈에 들어오는 정경情景인데 마침내 정각正覺의 상승上乘이 되었으니, 이는 곧 자연에서 얻어 의조意造를 빌리지 않았기 때문이다. 옛 사람이 말하기를 '시를 배우는 것은 신선이 되는 것을 배우는 것과 같아서 때가 되면 뼈가 저절로 바뀌니, 선인仙人에게는 범골凡骨이 없고 아음雅音에는 범곡凡曲이 없다'고 하였는데, 이 도를 견지한다면, 시를 지으며 다른 길을 헤매지 않을 것이다.[67]

> 과거의 거장巨匠들을 두루 살펴보면 한거閑居할 때 지은 작품이 갑자기 응대應對하여 지은 작품보다 낫고, 초야草野에서 지은 작품이 관각館閣에서 지은 작품보다 나으니, 의도意圖가 있어서 지은 작품은 자연自然에서 얻은 작품보다 못한 것이다.[68]

---

65 申欽, 『象村集』 권51, 「讀東坡偶書」, 민족문화추진회, 1994.

66 신승훈, 앞의 글, 46쪽.

67 申欽, 『象村集』 권58, 「晴窓軟談」 上, 98쪽. "池塘生春草, 非難道之語, 空梁落燕泥, 卽眼中之境, 而遂爲正覺上乘, 此乃得之自然, 無暇於意造也. 古人云學詩如學仙, 時至骨自換, 仙人無凡骨, 雅音無凡曲, 持是道也, 其於爲詩, 庶不迷他岐矣."

68 申欽, 『象村集』 권58, 「晴窓軟談」 上, 97~98쪽. "歷觀往匠, 閑居之作, 勝於應卒, 草野之音, 優於

생경하고 난해한 시어가 아니라도 최고의 경지에 이른 시를 창작할 수 있다는 것과 특이하고 굉장한 장관이 아닌 누구나 쉽게 볼 수 있는 정경을 그려내더라도 최고의 경지에 오른 시가 될 수 있다는 것을 말하였다. 평이한 시어와 낯익은 정경을 가지고도 상승의 시를 이룰 수 있는 이유는 그것을 자연에서 얻어 의도적인 조작을 하지 않았기 때문이란 것이다.

이때 '자연'이란 자연세계 전반을 의미하는 것이 아니라, 자연스러운 표현 또는 인위적인 수식의 흔적이 없는 자연스러움 정도의 의미이다. '의조意造'란 의식적인 혹은 의도된 조작이란 의미인데, 시인이 자신의 시상을 표현하면서 동원한 인공적인 일체의 조탁과 과장과 수식과 안배 등을 의미한다.[69] 어떤 의도를 갖고 지은 작품은 자연스레 지은 작품에 비해 작품의 질이 못할 수밖에 없다.

그렇다면 위의 말은 다음과 같이 정리할 수 있다. 첫째, 자연스럽게 표현된 시어를 사용할 것과 둘째, 의도된 조작이 없을 것이다. 시의 창작에 있어서 무작위성을 강조하는 신흠의 입장은 매우 일관된 모습을 보였다. 이러한 주장은 소식 문예이론에서도 역시 강조되고 있는 바이다.

허균許筠(1569~1618)은 육경六經 및 정주학程朱學에 기반을 둔 학문을 하였으나, 다소 복잡하고 이중적인 면모를 보인 특이한 인물이었다. 그는 다음과 같이 말하였다.

館閣, 盖有意而爲之者, 不若得之於自然也."

69 신승훈, 앞의 글, 128~129쪽.

> 때때로 젊은 시절에 배웠던 사자四子(주돈이, 장재, 정이, 주희)의 염락지설濂洛之說을 취하여 불교의 심성에 대해 말한 것과 다른 견해를 비교해보니 진위眞僞를 밝힌 경전이라, 변석辨析하고 논변하니 자못 자득自得함이 있었습니다. 그래서 저서著書하여 그 의미를 밝혔는데, 이른바 부처에 아첨했다고 하는 것은 이것을 가리키는 것 같습니다.[70]

유가의 학문을 하면서 불가의 학문도 함께 했다는 고백이다. 그러나 허균 자신의 이러한 행위는 사자四子의 심성과 불가의 심성을 비교하여 분석한 것이지, 부처에게 아첨한 것은 아니라는 것이다. 그러나 이것 자체가 당시의 학문 분위기에서는 용납되기 어려운 행동이었다. 그렇기에 허균도 애써 자신을 변론할 필요가 있었던 것이다. 다만 여기서 주목할 것은 그가 유가의 학문을 자신의 학문의 한쪽 토대로 삼고 있다는 것이다. 이것은 그가 황로의 설과 불가의 설에 관심을 가지면서도 항상 유가의 학설과 비교하고, 황로를 비롯한 제자백가의 사상에까지 적극적으로 의미를 부여하면서도 계속 유가의 학설과의 비교를 했던 데서 확인할 수 있다. 소식도 작가수양이론에서 선입견을 배제해야 참 진리를 깨우칠 수 있다고 보았다.

허균은 소식의 산문에 대해 "베틀을 능란하게 부리는 듯 변화가 무궁하여 그 오묘함을 헤아릴 수 없다"[71]라 평한 바 있다. 소식 산문의 묘미가 산문 창작의 법도를 다채롭게 구사하여 변화를 주는 데 있다는

---

70 許筠,『惺所覆瓿藁』권10,「文部」7,「答崔汾陰書」, 118쪽. "時取少所學四子濂洛之說, 較其說心性處異同之見, 眞僞相經, 辨析論驚, 頗有自得, 至著書以明其趣, 所謂佞佛, 似必指此也."

71 許筠,『惺所覆瓿稿』권13,「歐蘇文略跋」, 247쪽. "歐陽子蘇長公之文, 宋爲大家. 歐之風神遒麗, 情思感慨婉切者, 前無古人. 長公之弄出機杼, 變化無窮, 人不測其妙者, 亦千年以來絶調."

것이다.

허균은 소식의 문 72편과 구양수의 문 68편을 가려 뽑아 『구소문략歐蘇文略』을 편찬하여 문장가의 지름길로 삼도록 하였고, 그 책의 발문에서 구양수와 소식의 산문을 찬양하고 당시 '문필진한文必秦漢'이라고 주장하는 문인들이 구양수와 소식의 산문을 경시하고 그 기풍을 배우지 않는 것을 개탄하였다.[72] 하지만 허균은 『성수시화惺叟詩話』에서 김종직金宗直의 문장이 '궁투불고窮透不高'한 부분은 고법古法을 추숭하는 사람들에게 경시받았는데, 이는 소식과 황정견을 학습한 부정적 영향으로 보았다.[73] 그는 조선 전기 시학詩學은 심지어 대유大儒조차도 소식과 황정견의 영향을 벗어날 수 없었으며, 그 여타의 문인들에게 흡수된 것은 소황蘇黃의 '술 찌꺼기糟粕'라고 단언하였다.[74]

한학사대가漢學四大家 중 한 사람인 이식李植(1584~1647)은 그의 자손들을 위해 지어준 『학시준적學詩準的』에서 다음과 같이 말하였다.

> 절구에 있어서는 이백, 두보를 우선 배우고 소식, 황정견의 여러 작품으로 참고하여 표준을 삼으라.[75]

---

72 許筠, 『惺所覆瓿稿』 권13, 文部10 「歐蘇文略跋」.

73 洪萬宗, 『詩話叢林』, 314쪽: "占畢齋文, 窮透不高, 崔東皐最慢之, 其詩專出蘇黃, 宜全古者之小看也."

74 許筠, 『鶴山樵談』 권1, "本朝의 詩學은 소식, 황정견으로 주를 삼았는데, 비록 주자학을 신봉하는 大儒라도 또한 그 틀을 벗어나지 못했다. 그 나머지 세상에 소리치는 사람들은 다 그 찌꺼기를 먹고서 진부한 상투적인 말만 만들었으므로 읽어보면 염증이 난다[本朝詩學, 以蘇黃爲主, 雖景濂大儒, 亦墮其窠臼, 其餘鳴于世者, 率啜其糟粕, 以造腐牌坊語, 讀之可厭."

75 李植, 『澤堂別集』 권14, 17쪽. "絶句則姑學李杜, 參以蘇黃諸作爲準的."

시를 지음에는 역시 이백, 두보를 표준으로 삼되, 소식, 황정견도 참고로 삼으라고 했으니, 성당시盛唐詩로서 으뜸으로 삼되 소식, 황정견의 시도 참고할 가치가 있는 것으로 보았다. 문에 있어서도 소식의 문장을 많이 읽어야함을 자손들에게 권유하고 있다.

다독으로 유명한 김득신金得臣(1604~1648)은 소식의 「능허대기凌虛臺記」를 25,000번, 「제구양수문祭歐陽脩文」을 18,000번 읽을 정도로 소식의 문장을 혹애하였다. 숙종肅宗 때 김석주金錫胄(1634~1684)는 『고문백선古文百選』을 편찬하면서, 소식의 문을 16편 선입하였고, 정조正祖는 『팔자백선八子百選』이라 하여 팔대가八大家의 글을 재편하였는데, 소식의 글을 20편 선입하였으니, 그 비중을 충분히 짐작할 수 있겠다.[76]

남구만南九萬(1629~1711)은 「조설釣說」에서 낚시를 배우는 과정을 서술하면서 '자득론'에 대한 그의 견해를 비유적으로 설명하였다.

남구만은 1669년 시관試官으로 임명되었지만 응하지 않아서 파직이 되었다. 그는 청주목사淸州牧使(1670)로 부임하기까지 고향에 머무르는 동안 긴 여름의 무료함을 달래기 위해 이웃에게 낚시를 배운다. 벼슬만 하느라 낚시에 대해 배운 적이 없었기에, 이웃의 말을 무조건 따랐지만, 종일 낚싯대를 드리우고도 물고기 한 마리도 낚지 못했다. 어느 날, 한 객客의 도움으로 낚싯대의 문제점과 낚시 방법의 문제점을 지적받은 남구만은 객의 조언대로 종일 낚싯대를 물에 던졌지만 또 고기 한 마리조차 낚지 못하였다. 다음 날, 또 다른 객이 나타나서 그의 낚시 바

76 正祖의 『八子百選』에 韓愈의 글은 25편, 柳宗元의 글은 15편, 歐陽脩의 글은 15편이 選入되어 있다.

늘의 문제점을 지적하자 그 조언에 따라 남구만은 또다시 낚시 바늘을 수리한 뒤 종일 낚싯대를 드리워서 겨우 물고기 한 마리를 낚는다. 다음 날, 두 명의 객이 함께 나타나 각각 낚시 바늘의 문제와 낚시 줄을 당기는 방법에 대해 지적하자 남구만은 두 객이 일러준 방법에 따라 수정하여 순식간에 서너 마리의 물고기를 잡았다. 그러자 객은 "낚시를 하는 방법을 말할 수 있는 것은 여기까지입니다"라고 말한 뒤 자신이 직접 낚싯대를 쥐고 낚시하는 모습을 보여준다.

> 객이 나의 낚싯대를 쥐고 직접 드리웠다. 낚싯줄은 나의 낚싯줄이며 낚시 바늘도 나의 낚시 바늘이며 미끼도 나의 미끼이고 앉은 자리도 나의 자리였다. 바뀐 것은 다만 낚싯대를 쥔 손뿐이었다. 그런데 물고기가 낚시 바늘을 환영하듯 물고 뛰어 오르고 대가리를 나란히 하여 앞을 다투며 잡아당기는 대로 나왔다. 그리하여 광주리에서 더듬어 꺼내 소반에다 놓고 헤어 보느라 손 쉴 틈이 없었다. 내가 "낚시의 묘妙가 대개 이런 정도였구나! 이것을 나에게 가르쳐 줄 수 있겠는가?"라고 말하자, 객이 다음과 같이 말하였다. "법은 가르칠 수 있지만, 묘는 어떻게 가르치겠습니까? 만약 가르칠 수 있다면 이른바 '묘'가 아닐 것입니다. 그만두지 말라고 하신다면 한 말씀을 올리겠습니다. 그대가 제가 가르친 방법을 따라 아침부터 저물녘까지 낚싯대를 드리우고 정성精誠을 집중하고 오래 생각하여 여러 날 여러 달을 익히고 또 익혀서 그것을 완성하면 손이 또한 그 적절히 할 것을 적절히 하고, 마음 역시 그 이해할 것을 이해할 것입니다. 대저 이와 같이 한다면, '자득自得의 묘妙'를 터득할 수 있고 터득하지 못할 수도 있습니다. 혹은 그 미묘한 것까지 통달하고 지극한 경지까지 모두 알 수도 있고 하나를 깨치고 두세 가지를 모를

수도 있습니다. 혹은 하나도 아는 것이 없으면서 도리어 스스로 미혹될 수도 있습니다. 혹은 황홀히 스스로 깨달으면서도 스스로 깨닫게 된 원인을 알지 못할 수도 있습니다. 이러한 것은 그대가 하기에 달려 있는 것이지 제가 어떻게 관여할 수 있겠습니까? 제가 공에게 말씀드릴 수 있는 것은 여기까지입니다." 내가 이 말을 듣고 낚싯대를 내던지며 탄식하며 말하였다. "훌륭하구나, 객의 말이여! 이러한 도를 미루어 나아가면 어찌 다만 낚시질에만 적용할 뿐이겠는가? 옛 사람이 '작은 것으로도 큰 것을 깨우칠 수 있다'라고 하였으니 어찌 이러한 따위가 아니겠는가?" 객이 떠난 뒤, 그의 설명을 깨닫고 스스로 반성하였다.[77]

이 글은 학술과 문예의 방면에 걸쳐 심득心得과 이해를 강조한 남구만이 '자득론自得論'을 '낚시 배우기' 일화를 통하여 서술하고 있다. '낚시 잘하기'를 문학의 창작론으로 치환한다면 '좋은 문장 짓기'가 될 수 있다. 즉 훌륭한 창작을 위한 묘리妙理를 터득하는 과정에 대한 설명인 것이다. 이를 위해 먼저 강조된 것은 부단한 연습이다. 그것은 임의로 행할 것이 아니라 '작문의 모범을 잘 지키는 것'이 선행되어야 한다. 이러한 작문모범을 따라 오랜 기간 동안 정신을 집중하고 반복 학습을 하면 어느 순간에 '마음으로 그 비법을 이해하는 것' 즉 '묘妙'를 체득하

77 南九萬, 『藥泉集』 권28(『총간』 권132), 「釣說」, 473~474쪽, "取余竿而自垂之. 綸余綸也, 鉤余鉤也, 餌余餌也. 坐之處又余處也. 所易者, 特持竿之手耳. 魚乃迎鉤而上, 騈首而爭先, 其抽而取之也. 若探之於筐而數之於盤, 無留手焉. 余曰, 妙蓋至此乎! 此又可以敎余乎? 客曰, 可敎者法也, 妙豈可敎也? 若可敎也, 又非所謂妙也. 無已則有一說. 子守吾之法, 朝而垂之, 專精積意, 日累月久而習習而成, 手且適其適, 心且解其解, 夫如是則或可以得之與, 其未得之與. 或可以達其微而盡其極與, 悟其一而昧其二三與, 其或一未有所知而反有以自惑與, 其或恍然自覺而不自知其所以覺者與, 此則在子吾何與焉? 吾所以告子者止於此矣. 余於是投竿而歎曰, 善夫, 客之言也! 推此道也. 奚特用於釣而已哉? 古人云, 小可以喩大, 豈若此類者非耶. 客旣去, 識其說以自省焉."

는 것이다. '수법守法'은 설명이 가능하지만 마음으로 이해하는 '심득心得'은 스스로의 체회體會에 의해서만 가능하다. 즉 창작의 궁극적 경지라고 할 수 있는 '묘妙'의 체득은 창작 주체의 내적 체험의 완성에 달려 있음을 강조하고 있다. 이 글을 읽다보면 곧바로 장자의 '포정해우庖丁解牛'나 '윤편착륜輪扁斲輪' 이야기가 연상된다. 즉, 소를 가르고 수레바퀴 만드는 일을 다만 낚시하는 일로 바꾸었을 뿐, 그 전하고자 하는 대강은 똑같다. 소식이 직접 관찰과 체험을 통해 진리를 터득해야 한다고 한 것과도 일맥상통한다. 진리는 책을 읽거나 성인군자의 말을 통해서도 짐작만 할 수 있을 뿐이고 직접 터득한 것이 아니라면 아무 것도 이루지 못한다.

김창흡金昌翕(1653~1722)은 소식 산문의 허와 실을 지적하면서 자신의 후손들이 허를 버리고 실을 찾아 배울 것을 다음과 같이 권고하고 있다.

> 근래 구양수와 소식을 읽는 자들은 그저 「풍락정기豐樂亭記」나 「초연대기超然臺記」 같은 작품에서 따와서 전환轉換하고 염농拈弄하는 것만 익힐 뿐 사실事實은 전혀 없다. 신정하申靖夏 같은 무리들은 모두 이런 병폐로 인해 끝내 발명發明하는 바가 없는 것이다. 팔가八家를 읽으려거든 그 학문 사실의 부분에 나아가서 곱씹고 탐구하는 것이 가장 좋은 방법이다. 예컨대 소철蘇轍이 십책十策에서 중신重臣과 녹서리祿胥吏에 대해 논한 것 같은 부류를 가장 세밀하게 읽어야 한다. 이것을 가지고 한유 글의 재상에게 아첨한 것이나 「송궁문送窮文」, 「진학해進學解」 등과 비교하면 허虛와 실實이 현격하게

> 드러날 것이다. 소씨蘇氏 부자父子는 역사를 논하는 데 장점이 있으니, 『강목綱目』을 보면서도 상호 보완되는 것이 있을 것이다.[78]

이 글에서 김창흡은 소식 산문에서 전환轉換과 염농拈弄 같은 수사법은 그저 허된 것이라 그런 수사법을 배우려고 애쓰지 말라고 하였다. 그는 신정하申靖夏(1681~1716) 등이 소식 산문의 표현 기교만을 익히고자 힘쓸 뿐 산문에 담아야 할 '실實'을 전혀 개의치 않고 있음을 지적하였다. 김창흡이 말한 실實이란 경세실무經世實務와 연관되는 학문내용을 가리킨다. 산문은 기본적으로 실용성이 담보되어야 한다는 점을 강조한 것이라 하겠다.

결국 이들이 당대의 소식 산문 학습 풍토를 비판하는 초점은, 창작상의 법도를 분석하고 익히는 데 공을 들이느라 정작 산문이 담아야 할 재도지문載道之文으로서의 역할을 상실했다는 것이다. 그런데 이는 산문의 창작을 자오自娛 혹은 문예적 향유의 개념으로 접근하는 시각에서는 무의미한 것일 수 있다. 여기 비판의 대상이 된 신정하를 비롯한 일부 문인들 사이에서 소식 산문이 지니는 또 다른 측면인 문예적 서정산문에 대한 관심은 새로운 문풍을 추동할 만큼 이미 진행되어가고 있었다.[79] 김창흡이 경계한 '허'의 측면에 대한 경사驚事가 하나의 흐름으로 대두된 셈이다.

---

78 金昌翕, 『三淵集』 권17, 「答文行」, 363쪽. "然近來讀歐蘇者, 只掠取豐樂超然臺之類, 習其轉換拈弄而全無事實. 如申正甫輩, 皆坐此病而終無所發明. 欲讀八家, 則當就其學問事實處, 咀嚼探究爲上策. 如穎濱十策論重臣祿胥吏之類, 最宜細讀. 以此較韓文諂諛宰相與送窮進學之屬, 虛實懸絶. 蓋蘇家父子長於論史, 看綱目, 有可參互者."

79 송혁기, 「신정하의 문학 인식－18세기 후반 문예지사군 등장의 한 예표로서」, 『문헌과 해석』 제27호, 문헌과해석사, 2004, 153~176쪽.

김창흡에게서 한유와 소식의 작법만을 배우려 한다는 비판을 받았던 신정하는 기실 척독의 문예미에 심취했던 인물이다. 본인이 함축적이고 서정적인 척독의 작가이자 향유자였던[80] 그는, 척독의 최고 경지로서 구양수와 함께 소식을 들었다.

> 간독簡牘에 대해 논의하신 것은 진실로 그러합니다. (…중략…) 이러고서야 본심을 말하고 만남을 대신한다고 말할 수 있겠습니까? 구양수와 소식은 그렇지 않습니다. 안석에 기대고 책상에 의지하여 뜻에 따라 표현한 것이 티끌만큼도 자랑하는 뜻이 없습니다. 정회를 풀어냄에 있어 웃고 성내는 감정 하나하나가 모두 문장을 이루며, 산수를 품평함에 있어 구름이며 물의 정태가 생생히 눈앞에 펼쳐집니다. 천년이 되도록 여전히 구기口氣를 사람에게 뿜어내며, 어떤 것은 한 구절 몇 글자가 자연스럽게 시어詩語가 되고, 어떤 것은 일부분 몇 줄로도 서기序記를 대신하기에 충분하니, 세상이 생긴 이래로 이와 같은 절조는 없을 것입니다. (…중략…) 본심을 이야기하고 산수에 대해 말하면서 구양수와 소식의 간독을 쓰지 않을 수 없고 의리를 논하면서 주희朱熹의 주밀周密함을 쓰지 않을 수 없다는 것이 저의 소견입니다.[81]

80 배미정, 「조선 후기 척독문화의 유행과 그 배경－신정하를 중심으로」, 한국학중앙연구원 석사논문, 2003.

81 申靖夏, 『恕庵集』 권8, 「答柳默守」, 315쪽. "所論簡牘體誠然. (…중략…) 如此而尙可謂道情素而替面目乎? 歐蘇則不然. 其憑几倚案, 隨意寫出者, 無一毫矜持意. 其吐懷書情, 則嘻笑怒罵, 皆成文章. 評山談水, 則雲情水態, 躍然在目. 千載之下, 口氣尙噴人. 有一句數字而天然爲詩語者, 有半篇數行而足當序記者. 自有宇宙來, 無此絶調矣. (…중략…) 今姪以爲道情素語山水, 則不可不用歐蘇之簡; 論說義理, 不可不用考亭之密."

의리를 논변하는 방면이 아니라 개인의 서정과 산수의 아름다움을 담아내는 방면에서, 소식의 척독이 짧으면서도 초탈超脫과 기경奇警의 경지에 이르렀음을 높이 평가한 것이다. 비록 척독의 경우에 한정되는 논의이기는 하지만 소식 산문이 지니는 새로운 일면을 부각시켰다는 점에서 주목된다.

여기 신정하가 거론하는 척독류는 『당송팔대가문초』 등의 선집에는 실려 있지 않은 작품들이다. 공적公的 의리義理를 따지는 책문策文, 의론문議論文으로서의 소식 산문의 장점과는 또 다른 방향에서, 사적私的 정서情緖를 담으면서 신의新意 창출과 함축적 문예미의 성취를 이룬 지점에서 소식 산문을 재발견한 셈이다. 이 점, 당송고문의 일원으로서의 소식에 대한 추숭이나 과거문 학습의 텍스트로서의 소식 산문 학습과는 확실히 결을 달리하는 인식이라고 할 만하다.[82] 이처럼 소식 산문의 성취를 서정적인 척독류에서 찾는 것은 이전의 허균으로부터 후대의 조희룡趙熙龍(1797~1859) 등에게서도 공통적으로 보이는 인식이다.[83]

소식 시문을 학습하는 데에는 일정한 거리를 두었던 김창흡은 신사神似에 대한 전신론을 다음과 같이 구체적으로 언급하였다.

> 초상을 그릴 때는 신정을 얻는 것이 귀중하다. 형과 골만 그린다면 곧 그 사람이 아니다. 시를 짓는 것도 이와 같다. 형만 그리고 신을 잃어버리기보다는 색채를 생략하더라도 신을 살리는 것이 낫다.[84]

---

82 「17~18세기 조선 문인의 蘇軾 산문 批評」, 송혁기, 『한자한문연구』 제2호, 고려대 한자한문연구소, 2006.12, 89~90쪽.

83 許筠, 『惺所覆瓿稿』 권13, 「歐蘇文略跋」; 趙熙龍, 『香雪館尺牘鈔存』, 「與雪樵」.

84 金昌翕, 『三淵集』 권19(『한국문집총간』 제165집), 「答士敬別紙」. 393쪽. “寫眞貴得其神情, 只

초상화를 그리는데 형사만 구하면 안 되고 신사도 구해야 한다고 하면서 형만 그리고 신을 놓치기보다는 차라리 색채를 생략하더라도 신을 살려야 한다는 것이다. 김창흡은 소식의 전신론을 수용하여 형상만을 그대로 본뜨려 해서는 안 되고 대상의 정신을 그림 속에 담아내야 한다고 주장하였다.

이하곤李夏坤(1677~1724)은 그림을 품평할 때 소식의 전신론에 기반을 두어 사실만이 아닌 내면의 정신까지를 담아야 한다고 생각하였다.

> 그림은 전신傳神이 가장 어렵고 칠팔 할만 형사形似를 해도 고수라고 할만하다. 원백元伯의 바다, 산에 대한 여러 그림 중에 묘한 것은 거의 전신에 가깝고 평범한 것 또한 모두 형사를 얻었다.[85]

초상화를 그릴 때 철저한 참 묘사寫眞 이후에 신정神情과 통할 수 있다는 그의 언급은 '이형사신以形寫神'으로 요약된다. 그러나 전신傳神을 가장 높이 평가하고 칠팔 할의 형사形似를 이루어도 고수가 될 수 있다고 논한 것을 볼 때, 이하곤이 단선적이거나 딱딱한 사고만 고수하지는 않았다는 사실을 인식할 수 있다. 특히나 이하곤은 「겸재화첩謙齋畫帖」(1719년 작, 호림미술관 소장)에 붙인 그의 발문을 통해 정선鄭敾(1676~1759)의 그림을 평하면서 변형變形과 과장誇張까지도 '사실'의 범주로 포

以形骨而已, 則便非其人. 作詩亦然, 與其摸形而遺神, 不若略其玄黃而得其神駿也."

85 李夏坤, 『頭陀草』 책14(『총간』 권191), 「題一源所藏海嶽傳神帖」, 468쪽. "凡畫傳神則最難, 能得七八分形似, 斯亦高手也. 元伯海岳諸圖, 其妙處其幾乎傳神, 其平處, 又皆得其形似."

겸재 정선의 산수화첩이다.
앞 · 뒤표지의 안쪽 면에 이하곤의 발문이 있는데, 이 시기 정선이 원말사대가 중 한 명인 황공망黃公望(1269~1354)의 산수화를 방倣하였다고 밝히고 있다. 이 중 〈설경산수도〉는 강과 하늘을 옅은 선염渲染하여 남겨진 여백을 흰 설경처럼 보이게 하였다. 눈 덮힌 경물景物은 간결한 선묘로 형상을 나타냈고, 담묵淡墨과 피마준披麻皴의 선묘로 산과 바위 등의 굴곡에 변화를 주었다. 눈 내린 겨울날의 적막함이 잘 표현된 작품이다.

함시켰는데, 그의 이러한 융통성은 조선의 화풍이 경직된 형사 논리로 흐르지 않도록 하였다.[86]

여기까지 조선 중기를 대표하는 김우옹, 성혼, 유몽인, 임진, 이수광, 신흠, 허균, 이식, 남구만, 김창흡, 이하곤 등을 중심으로 소식 시문의 평가 및 소식 문예이론의 영향관계를 알아보았다. 김우옹은 성리학을 신봉하여 소식의 시문을 절대로 읽어서는 안 된다고 주장하였다. 성혼은 공자의 '문질빈빈文質彬彬'과 '회사후소繪事後素'에 바탕을 둔 '문식 방면으로는 학문의 외연을 넓히되 본질 방면으로는 예법으로 요약하여博文約禮' 끊임없는 실천이 쌓이고 쌓여야 한다는 독서법을 주장했는데, 이는 소식이 '박관약취'의 독서원칙을 바탕으로 그 이치를 체득할 정도

86 유홍준, 『조선시대 화론 연구』, 학고재, 1998, 155~156쪽 참조.

로 실천할 것을 주장한 독서법과 비슷하여 영향을 받았으리라 짐작된다. 유몽인은 고문의 시대 하한선을 당대 한유와 유종원까지로 보고 송대 소식 등의 문장은 금문으로 치부하여 학습 대상에서 제외시켰고, 임진은 소식을 정통시를 해친 사람으로 비난하였다. 이수광은 소식 시문의 의론 성향을 높이 평가했지만 불교적 색채가 짙은 시문이 많다는 점을 지적하여 한유 시문보다는 낮게 평가하였다. 신흠은 주자학에 빠져있던 당시 다른 문인들과는 달리 열린 사고와 상대적 가치를 긍정하는 학문관을 취했기에 소식 시문을 긍정적으로 평가하였고 소식 문예이론의 자연창작론을 받아들여 작품의 자연미를 강조하여 인위적인 창작행위를 반대하였다. 허균은 유가 학술과 불가 학술을 함께 연구하고 비교하면서 작가수양에 있어서 선입견을 배제해야 참된 도리를 깨우칠 수 있다고 보았고 소식 산문의 변화무궁함을 칭찬하여 소식 산문을 문장 익히는 지침서로 여겼다. 이식은 시를 배움에 이백과 두보를 표준 삼아 소식도 참고할 것을 주장하였다. 남구만은 장자의 '포정해우'·'윤편착륜'과 소식의 작가수양이론을 적극 수용하여 진리는 서책이나 성인군자를 통한 간접적인 방법으로는 절대 파악할 수 없고 직접 관찰하고 체험하고 실천해야만 비로소 터득할 수 있다고 보았다. 김창흡은 문학의 실용적인 효용가치을 강조하여 소식의 책문만 공부하라는 편협된 사고를 지녔으나 문예이론방면에서 소식의 전신론을 그대로 수용하였다. 이에 반해 신정하는 문학의 오락성과 개인 만족을 효용가치로 인정하여 소식 산문의 장점을 다른 각도에서 접근하여 척독의 문예미를 높이 평가하였다. 이하곤은 소식의 전신론을 수용하였으되 독창적인 주장을 더했는데, 그는 형사形似한 작품이라도 제대로 표현했다면 그 나름의 가치가 있다고 여겼고 사실 묘사의 범주와 외연을 넓혀 변형과 과장도 사실 묘사로 포함시켰다.

4. 조선 후기(1725~1910)

고려 중기 이후 계속되어온 소식 시 숭상의 시풍은 조선 건국 이후에도 점점 미미해지긴 했어도 계속되어 왔으나, 선조宣祖때부터 두시杜詩 숭상의 풍에 압도되기 시작했다. 그러나 17세기 후반에 형성된 소론계 문인들을 중심으로, 이들이 '전진적 도문 관념'을 주창하거나 '자득'을 중시하는 문학 논리를 전개하고 청나라에 소식 열풍이 다시 불면서 소식은 다시 조선 문인들에게 부각되기 시작한다.

앞서 기술한 남구만을 비롯하여 박세당朴世堂(1629~1703), 최석정崔錫鼎, 최창대 등을 필두로 하여 조귀명, 이정섭, 이광사, 서명응, 홍양호 등이 바로 소론계 문인들이다. 그들에게서 나타나는 가장 중요한 특징은 창작 주체의 독창성을 중시한다는 점이다. '전진적 도문 관념'과 '자득' 역시 독창성의 추구로 귀착된다. 그들이 창작 요소에서 중시한 '의意'는 작가의 독창성을 의미하고 당송팔대가에 대한 학습의 중시도 독창적 문학 창작을 위한 학습을 위해 의미가 있는 것이다.

'자득自得'과 연관될 수 있는 창작이론 중의 하나는 '신神'과 '경境'의 조응에 의한 자득적인 경계 창출이다. 조선 후기의 문학론에서 신과

경에 대한 논의는 창작 과정에서 객체와 혼연 일치의 경지에 도달한 작가의 심리상태를 중심으로 전개되었다. 문학에서 영감, 상상력 등의 심미적 주체 활동, 예술적 형상 및 경계의 창출에 대한 인식의 진전을 보여준 '신경론神境論'은 시뿐만 아니라 산수유기山水遊記, 회화, 서예 등 예술론 전반에 확산되어 다양하게 운용되면서 조선 후기 문학이론을 더욱 풍부하고 다채롭게 하였다.[87] 자득론은 소식 문예이론과도 자연스럽게 융합한다.

18세기 중후반으로 들어가서는 실학사상이 대두되어 홍대용, 박지원, 이덕무 등이 등장하고, 정조의 문체 변혁의 중심에 정약용이 위치하고 시화일치를 주장했던 김정희가 나타난다. 이들의 문예이론 역시 소식 문예이론과 많은 연관관계가 있다.

임상정林象鼎(1681～1775)은 당송팔대가에 대하여 4자 1구로 총 80구인 「팔대가찬八大家贊」에서 10구씩 각기 8명에게 찬문贊文을 달고 있다. 그 중 소식에 관한 평가는 다음과 같다.

> 아주 많은 샘물이 가리지 않고 끊임없이 솟아나니 비유하건대 저 떠가는 구름이 애당초 정해진 바탕이 없는 것과 같다. 이는 오로지 공의 문장으로, 공이 실로 스스로 이름을 냈도다. 하늘이 뜻한 바 있어서 이 사람에게 정화精華를 빌려주니 가슴속의 조화요, 붓 아래의 바람과 천둥이라.[88]

---

87 정우봉, 「19세기 詩論 硏究」, 고려대 박사논문, 1992, 35～36쪽 참조; 김영주, 『조선 후기 문학론 연구』, 이회, 2009, 248～249쪽.

88 林象鼎, 『自娛錄』, 「八大家贊」. "泉源萬斛, 不擇而發. 譬彼行雲, 初無定質. 是惟公文, 公實自名. 惟天有意, 假此精英, 胸中造化, 筆下風霆."

소식의 작품 성향에 대한 기술은 소식의 「자평문自評文」과 「사민사에게 답한 글答謝民師書」에서 취하였는데, 이는 소식 문예이론에 대한 총평으로 보아도 무방하다. 소식은 이 두 편의 글에서 충분한 표현의 자유를 구비할 것, 객관적인 예술의 규율과 완전히 부합되도록 할 것, 풍부하고 다채로운 예술 수법과 풍격을 운용할 것, 선명하고 생동하는 예술적 이미지를 형상화할 것 등을 주장하였는데, 임상정 역시 그 요점을 제대로 포착하였다.

임상정은 소식에 대해서 '행운유수行雲流水'와 같이 어디에도 얽매이지 않는 창작의 절대적 자유를 높이 평가하였다. 이는 문학의 존재 가치를 한껏 끌어올렸다.

「팔대가찬」에서 또 하나 특기할 점은 당송팔대가에 대한 학습 태도이다. 임상정은 당송팔대가의 문장을 하나의 텍스트로 설정한 것이 아니라 문학 창작의 절대적인 모범으로 설정한 것이다. 따라서 그는 팔대가의 문장을 발분하여 배우고 모조리 외워 태워 없앨 정도로 철저하게 학습할 것을 역설하였다. 「팔대가찬」이 주로 팔대가의 문장에서 취하여 구성한 것이라는 사실을 감안한다면, 임상정 자신도 당송팔대가를 철저하게 학습하였다는 것을 알 수 있다. 임상정은 당송팔대가에 대한 자신의 견해를 다음과 같이 더 명확하게 드러내고 있다.

> 내가 평생 둔하고 졸렬하여 백에 하나도 능한 것이 없고 다만 소싯적부터 조금 문장의 고질이 있어서 약관의 나이에 망령되게도 "문장을 반드시 할 만하다"고 생각하였소. 일찍이 당송팔대가와 제자백가의 문장을 두루 보았고, 성품은 소식의 문장을 몹시도 좋아하였소. 오로지 독실하게 좋아하고

깊게 맛을 들인 까닭에 말로 표현하고 문자로 표출하는 것이 왕왕 소식의 구기口氣가 있었소. 조귀명도 일찍이 나의 작품을 품평하여 "공은 어찌 뱃속에 소식의 혼을 장사지냈습니까? 어떻게 입만 열었다 하면 소식의 말을 냅니까?"라고 하였소. 대개 조귀명도 또한 소식의 글을 심하게 좋아하는 사람이어서 그 기미氣味와 취향이 나와 차이가 없소. 그런 까닭에 매양 내 글 중에서 소식의 글과 근사한 것이 있는 것을 볼 때마다 문득 흔연히 즐겨 품평을 하는데 그 말이 실상보다 지나치다는 것을 스스로 깨닫지 못하였소. 지난번에 이른바 "아무개를 만난 것(조귀명이 임상정을 만난 것)도 운명입니다"라고 한 말 또한 이에 연유한 듯한데, 그대는 이에 바로 '으뜸 스승宗師'이란 지목을 내게 더하니 어쩌면 그렇게 잘못된 말을 심하게 하오? 비록 그렇지만 내가 일찍이 조귀명과 더불어 문장에 대해서 상세히 논한 적이 있소. 나는 항상 말하기를 "문장의 수준은 세대의 선후先後와 풍기風氣의 순도純度에 연유한다. 지금 사람들이 진한의 문장을 만들 수 없는 것은 마치 골짜기가 언덕이 될 수 없으며 넝쿨이 소나무나 잣나무가 될 수 없는 것과 같아서 그 이치가 매우 분명한 까닭에 붓을 잡은 선비가 만약 고문에 뜻을 둔다면 팔가를 궁극적 법칙으로 삼지 않을 수 없다. 팔가 중에서 성정이 자기와 가깝고 재주와 품격이 미칠 수 있는 자를 따라서 귀숙처歸宿處로 삼아야 한다"라고 하였소. 이는 나와 조귀명이 같이 힘쓰는 것이오.[89]

위의 글은 당시에 문명이 있던 최홍간崔弘簡(1717~?)에게 보낸 서신 일부분이다. 최홍간 같이 문학적인 재질이 있는 사람이 임상정을 찾아

89 林象鼎, 『自娛錄』, 「答崔弘簡書」.

가게 된 직접적인 계기는 대문장가인 조귀명趙龜命(1693~1737)의 추천에 의한 것이다. 최홍간은 임상정에게 보내는 편지에서 조귀명이 임상정에 대해 하였던 말을 옮기고 있다. 최홍간은 자신이 어릴 때부터 조귀명이 고문에 능하다는 소리를 듣고 후에 그를 스승으로 섬겼다고 한다. 그런데 조귀명은 임상정의 문장이 계곡谿谷 장유張維보다 뛰어나며 그가 없었다면 자신의 문장도 이룰 수 없었다고 격찬하였다고 한다.[90] 그런데 임상정은 조귀명이 자신을 추천하게 된 이유를 최홍간에게 밝힐 필요가 있다고 생각하여 위와 같이 말한 것이다. 임상정은 자신은 문학에 고질이 있다고 밝혔다. 상대에게 문학의 학습법에 대한 의견을 개진하기에 앞서 그것은 자신이 이미 숙고한 사항임을 시사하였다. 이는 논리의 타당도를 제고하기 위한 예비적 도론인 셈이다. 그리고 자신은 팔가의 문장을 두루 보고 그 중에서 소식의 문장을 독실하게 좋아하여 자연히 언사와 문자가 소식과 유사하게 되었다고 하였다. 조귀명이 임상정에게 "뱃속에 소식의 혼을 장사지냈습니까?"라고 물었을 정도였으므로 임상정이 소식을 어느 정도로 애호하였는지는 충분히 알 수가 있다. 당송팔대가문을 태워 없앨 정도로 외우고 학습하라는 자신의 권고를 스스로 실천했다는 사실을 알 수 있다. 그리고 조귀명에게 품평의 대상이 되는 작품은 소식의 문장과 근사한 것이었다. 당송팔대가 문장의 학습 정도가 하나의 평가 기준이 되었음을 알 수 있다. 그는 이어서 조귀명에게 보낸 자신의 편지를 인용하면서 문장가가 팔대가를 궁극적 법칙으로 여겨야 하는 이유를 밝히고 있다. 산문에서

---

90 崔弘簡, 『崔從史文集』, 「上林翊衛書」.

최고의 수준으로 설정하고 있는 대상은 진한문이다. 그러나 진한문은 당송문보다 시간적 거리가 더욱 멀리 떨어져 있기 때문에 도달할 수 없다는 것이다. 그러므로 당송팔대가를 중시해야만 한다는 것이다. 그러나 당송팔대가의 문장 모두를 학습한다는 것은 상당히 어려운 일이 아닐 수 없다. 그러므로 좀 더 현실적이고 효과적인 학습 방법을 제시하였으니, 당송팔대가 중에서 자신의 성정과 가장 가깝고 능력이 미칠 수 있는 대상을 최종적 학습 목표로 삼는 것이다. 당송팔대가를 모두 학습하는 과정에서 자신이 완전히 소화, 섭취할 수 있는 대상만을 최종적으로 전공하라는 것이다.[91]

신방申昉(1686~1736)은 다음 글에서 시문을 창작할 때 법도를 중시해야 한다고 강조하였다.

> 무릇 문장이 도학에 비해 낮긴 하지만 또한 천지간의 비중 있는 일입니다. 애초에 문장을 짓지 않으려면 그만이거니와 만일 문장을 지으려 한다면 어찌 법도와 규칙을 떠날 수 있겠습니까? (…중략…) 시에 있어서 이백과 산문에 있어서 소식은 호쾌하고 제멋대로 한껏 내달렸다고 할 수 있습니다. 그러나 지금 그들의 작품을 살펴보면 법도에 맞지 않는 것이 한 편도 없으니, 그 나머지 사람들이야 미루어 알 수 있습니다. 수만 리를 종횡縱橫하며 수천 년을 오르내려본다 한들 어찌 법도가 없는 문장이 있을 수 있겠습니까?[92]

---

91 「팔대가찬」에서 볼 수 있는 견해만으로, 임상정의 문학론을 단정한다면 커다란 오류를 범하게 된다. 왜냐하면 임상정의 문학론은 이중적 성향을 띠고 있기 때문이다. 비록 당송팔대가를 찬양하고 있지만 그것은 道本文末의 순차적인 차원에서 개진된 논리에 불과하다.

여기서 소식은 가장 법도를 무시했을 법한 산문 작가로 예시되었다. 그런데 제대로 보면 법도가 없는 것이 아니라 법도를 능숙하게 장악한 위에서 다채롭게 변화 운용함으로써 얼핏 법도가 없어 보이는 것일 뿐이라 했다. 신방은 소식의 문장을 얼핏 보면 무법천지로 마구 써낸 것이라 판단하기 싶지만 그 가운데 법도를 지키고 있다고 평가했다. 소식이 인위적인 것이 배제된 자연스런 창작을 강조했던 것을 주지한다면 신방의 이러한 평가도 지극히 당연하다고 하겠다.

이정섭李廷燮(1688~1744)은 사위인 서명응徐命膺(1716~1787)에게 보내는 편지 글에서 다음과 같은 문학관을 표출하고 있다.

> 시도詩道의 어려움은 말을 만들고 사건을 엮는 데 있지 아니하고 말밖에 흥취興趣가 있게 하고 경계 밖에서 정情을 생성시키는 데 있다네. 그 이치의 정밀하고 거침과 문사文辭의 우아하고 속됨은 독특한 견식을 갖추지 않고서는 쉽게 변별할 수 없네. (…중략…) 주희朱熹 선생께서 "시를 지을 때는 도연명과 유종원의 대문과 뜰로부터 들어가야만 한다"라고 하셨네. 이 말을 근거로 본다면 백거이와 소옹은 우선 버려야 한다는 것을 알 수 있겠네.[93]

> 문장을 짓는 것도 지난날의 잘못을 능히 깨달으니 매우 다행스럽네. 그러

92 申昉, 『屯菴集』 권4, 「答李聖瑞書」. "夫文章, 視道學雖下, 亦天地間一大能事. 始不願爲則已, 苟欲爲之, 豈可去法度規矩? (…중략…) 李太白之於詩, 蘇子瞻之於文, 可謂汪洋放恣, 極其馳騁矣. 然今考其作, 無一篇不有法度者, 則其他可知矣. 縱橫數萬里, 上下數千年, 曷嘗有無法度之文哉?"

93 李廷燮, 『樗村集』 권4, 「答徐君受」 二. "詩道之難, 不在乎屬辭比事, 而在乎言外有趣, 境外生情. 又其理之精粗, 辭之雅俗, 非具隻眼, 未易辨別. (…중략…) 朱夫子以謂: '爲詩, 當從陶柳門庭入.' 以此觀之, 則香山康節, 在所姑舍, 可知之矣."

나 구양수, 소식의 문자도 세심하게 연구해야만 글을 엮는 삼매경을 알 수 있다네. 만약 의례적으로 보아 넘긴다면 끝내 이익이 없을 것일세.[94]

첫 번째 편지 글에서 이정섭은 서명응의 작품에서 나타나는 형식적 조야함이 백거이와 소옹의 문학적 경향을 편향되게 수용하였기 때문이라고 진단하고는 그들보다 먼저 도연명과 유종원을 학습하라고 권고하였다. 도연명의 시가 평범한 생활의 소재를 통하여 평범하지 않은 생활의 정취를 표현하여, 뜻 가운데 경치가 있고 경치 가운데 뜻이 있는 정경융합情境融合의 예술 경계에 도달했고 그의 시어는 평담하고 자연스러우면서도 질박하고 정련되어 있고 혼후渾厚하고 함축적이기 때문이다. 그리고 유종원의 문장이 '방추교통旁推交通'을 주장하여 여러 분야의 지식과 각종 창작 기교, 경험을 섭취하여 융합하는 창작 학습법을 제시하고 있기 때문이다.

두 번째 편지 글에서 이정섭은 문장을 지으려면 소식과 구양수의 문자를 세심하게 연구하여야만 창작의 삼매경을 알 수 있다고 기술하였다. 앞에서 유종원을 학습하라고 한 말에 이어서 소식과 구양수를 학습하여야만 한다고 하였으므로 당송팔가문의 학습이 산문의 창작에는 필수적 요건임을 강조하였다.

이 시기 소론계의 인물 조귀명趙龜命(1693~1737)은 소식을 도학적인 측면에서는 부정적인 시각을 갖고 있었지만 문학적인 측면에서만큼은

94 李廷燮, 『樗村集』 권4, 「答徐君受」 六. "行文亦能覺前日之非, 幸甚. 然歐蘇文字, 亦須細心硏究, 方知其綴文之三昧, 若但隨例過眼則終無益也."

긍정적으로 보았다. 그의 이러한 태도는 다음과 같은 글을 통해 살펴볼 수 있다.

> 한나라의 동중서, 가의, 양웅, 유향과 당송의 한유, 구양수, 증공, 왕안석은 문로門路가 정대正大하고 온축된 것이 깊고 두터워 진실로 학식으로 자부하였다. 사마천, 유종원, 소씨蘇氏 부자 같은 이들은 학문이 진실로 주된 바가 없다. 그렇지만 사마천의 식견은 욕망怨望에 진실되고 유종원의 식견은 궁한窮寒에 진실되고 소씨의 식견은 임기응변과 '불기방달不羈放達(어디에도 얽매이지 않고 광달함)'에 진실되다. 그런 까닭에 그 문자에 발현되는 것이 모두 골수에 사무치고 영롱하고 투철할 수 있다. 비유하자면 식탐 내는 사람이 맛을 평가하고 탕아가 정을 말하는 것 같아서, 이치는 비록 바르지 않지만 경계는 참되어 저절로 사람의 마음을 움직이게 하니 이것을 '자득'이라고 한다. 자득이 깊으면 바르거나 치우치거나 높거나 낮거나 따질 것 없이 문장이 모두 좋다.[95]

역사적으로 유명한 문학가들은 각기 다른 특색을 지닌다. 도학자의 입장에서 진선진미하다고 할 수 없을지 몰라도 사람들은 자신만의 삶이 갖는 특성에 기인한 저마다의 식견을 갖고 있다. 삶의 특수성은 문학가 개개인들이 처한 특수한 역사적, 사회적 환경에 기인하여 형성된다. 그래서 자득의 진眞은, 개개인들이 갖는 개성으로 작품에 투사된

95 趙龜命, 『東谿集』 권10, 「答敬大書」, 208쪽. "漢之董賈揚劉, 唐宋之韓歐曾王, 門路正大, 蘊積深厚, 固以學識, 自命矣. 若如太史柳州蘇氏父子, 其學誠無所主, 而太史之識, 眞於怨, 柳州之識, 眞於窮, 蘇氏之識, 眞於權變放達. 故其發於文字者, 類能刺骨洞髓, 玲瓏透徹, 譬如饞人評味, 浪子說情, 理雖非正, 而境則實眞, 自足以動人心腸也. 是之謂自得. 自得之深, 毋論正偏高下, 而文皆好."

다. 이러한 자득의 진은 바르고 편벽되고 높고 낮고 할 것 없이 모두 가치를 지닌다. 심지어는 객관적으로 그 가치를 인정할 소지가 없는 식탐 내는 사람이나 주색에 빠진 방탕한 건달까지도, 그들이 자득한 식견은 그 자체만으로 볼 때 일면적인 긍정성이 있다는 것이다. 사마천, 유종원, 소식은 사상적으로 순정하지 못하기에 유가적 차원의 정통성을 부여할 수 없다. 그럼에도 불구하고 그들의 문학이 가치 있는 이유는 그들의 독특한 삶이 작품에 진지하게 투사되어 있기 때문이다. 환언하자면, 작가의 '진眞'이 이상적으로 형상화되었기 때문에 독자에게 감동을 줄 수 있다는 것이다.

나아가 소식을 평생 산문 창작의 지향점으로 삼았던 조귀명[96]은, 소식 산문이 자유로운 사유와 파격적인 표현 속에 신의新意를 담아낸 점을 가장 높이 평가하였다.

> 아! 일상의 순간에 깊고 묘한 이치를 드러내고, 평범한 가운데에 신령한 깨달음을 담아서, 의意가 기이奇異할수록 체재는 더욱 바르고, 의론이 험벽할수록 글은 더욱 쉬운 것, 이것은 내가 꿈에서도 소식을 보며 생각하는 것인데 아직도 그에 이르는 길을 찾지 못하고 있네.[97]

조귀명이 산문 작품의 평가에서 가장 중요하게 생각한 것은, '자득自

96 趙顯命, 『東谿集』 부록, 「小傳」, 254쪽. "君有貞疾, 平居多杜門, 不接人事, 日夜究心, 爲古文辭, 浸淫涵蓄, 盖三十餘年, 而其文益大肆, 妙悟玄解, 務發己見, 不規規於古人繩墨之內. 君自言得之南華經者爲多, 而以蘇長公爲歸云."

97 趙龜命, 『東谿集』 권10, 「答敬大書」, 208쪽. "嗚呼! 發深眇之理於造次之間, 藏靈悟之解於尋常之中, 意愈奇而體愈正, 論愈險而文愈易, 此吾所夢想於坡公者, 而未尋其蹊逕也."

得'한 신의新意가 담겨있는가의 문제였다. 위의 글에서 소식의 산문을 산문의 이상으로 언급한 것도 남다른 깨달음을 독창적인 의意와 논리論理로 담아낸 점을 중시했기 때문이다. 여기서 특히 주목할 것은, 그 묘한 이치나 신령한 깨달음이 어떤 거대담론에 의해 주어지는 것이 아니라 각자가 일상의 평범한 일들 가운데 발견해내는 것이라는 점이다. 그것이 아무리 사소한 것이라 해도 철저하게 작가 자신의 정서적 체험에 의한 것일 때 읽는 사람의 고정 관념을 깨뜨릴 수 있는 생명력을 지니는 것이다.

조귀명은 서화의 감상 수집에 있어서도 대단한 취미가 있어서 서화에 관한 품평을 많이 지었다. 그의 대표적인 화론을 제시하면 다음과 같다.

> 그림은 사물을 닮게 그리는 것을 지극한 경지로 여기니, 지금의 화가들이 물상을 안배安排하고 포치布置하는 것을 중히 여기는 것은 잘못이다. 하늘이 산과 물과 초목을 만듦에 있어 일찍이 안배하고 포치하는 것에 뜻을 두었겠는가? 그러므로 안배와 포치가 교묘하면 할수록 대상은 더욱 닮지 않게 된다. 훌륭한 그림은 붓 가는 대로 써서 산을 이루기도 하고 물을 이루기도 하며 초목을 이루기도 한다. 산의 높낮이, 물길의 너비, 초목의 위치가 모두 나의 사사로운 지혜를 용납하지 않고 오직 '신神'이 행한 후에야 비로소 조화를 빼앗았다고 할 수 있다.[98]

98 趙龜命, 「題畫扇 甲午」, 『東谿集』 권6(『총간』 권215), 124쪽. "畫以肖物爲至, 今之畫家, 重排布非也. 天之爲山爲水爲草木, 何嘗有意排布哉? 故排布愈巧而愈不肖, 夫至畫者, 信筆而寫之, 或爲山或爲水或爲草木, 而山之高低, 水之闊狹, 草木之位置, 皆不容吾之私智, 而唯神之行然後, 始可語奪造化爾."

당대 화가들이 추구한 안배와 포치의 작풍을 자연에 반하는 인위적인 것으로 생각한 조귀명은 '초물肖物'에 기초하여 '신행神行' 즉 '전신'의 단계로 나아가기를 주장하였다. 이러한 그의 주장은 전신론이라고 할 수 있다. 실제 사물에 대한 사실적 묘사를 기초로 작가 정신의 작용을 중시한 그의 견해는 자연 그 자체보다 인간의 정신이 예술적으로 가미된 회화 또는 산수화가 더욱 큰 감동을 줄 수 있다고 주장한 측면에서 전신론으로 한 걸음 더 나아갔다 하겠다. 산수화와 진짜 산수를 비교하여 '진짜 같다', '그림 같다'고 한 것[99]이나 심수心手의 조화로운 작용에 의해 그림이 이루어진다고 한 것[100]은 화가의 정신과 노력에 의해 회화적으로 재창조된 산수화가 더 큰 감동을 줄 수 있다는 말이다. 또한 이것이 바로 소식의 전신론에서 비롯된 조귀명 화론의 핵심이다.

이천보李天輔(1698~1761)는 창신創新의 중요성을 강조하면서 형식적 모방에 대해서는 강한 어조로 비판하였다. 창신론은 이천보 문학이론의 핵심이다. 옛 것을 존숭하는 사고와 무턱대고 옛것을 베끼는 모방은 명확히 구별되어야 한다.

그런데, 황경원黃景源(1709~1787)이 이천보의 작품을 소식과 유사하다는 비평을 가하자, 이천보는 이를 반박하는 편지에서 소식과의 관련성에 대하여 두 가지 근거를 들어 해명한다.[101] 두 가지 근거는 바로 자

99 趙龜命, 「題畫帖」, 『東谿集』 권6(『총간』 권215), 126쪽. "責眞山水以似畫, 責畫山水以似眞, 似眞, 貴自然, 似畫, 尙奇巧, 是則天之自然, 固爲法於人, 而人之奇巧, 亦有勝於天耶?"

100 趙龜命, 「題畫扇 爲遇命作」, 『東谿集』 권6(『총간』 권215), 125쪽. "況復人物山水排置, 則是畫者, 不在於手, 而在於心, 當知是畫, 非心非手, 卽心卽手, 心使手行, 和合生畫."

101 李天輔, 「晉菴集」 권6, 「答黃大卿」. "천보는 말하오. 大卿[황경원]이 방금 장문의 편지를 보내서 내가 소식을 배우려다가 그 병통을 받았다고 책망하였소. 지금 내 글을 칭하는 자

신은 모방을 극도로 싫어한다는 것과 소식의 문장법은 법이 없기에 배우려해도 모방할 수 있는 대상이 아니라는 것이다. 이천보는 이렇게 강력히 부인하면서 왜 자신이 이러한 의혹을 받게 되었는지에 대해서도 스스로 다음과 같이 해명하고 있다.

> 나는 아이 때에 『전국책』 읽기를 좋아했소. 그런데 소식의 문장이 『전국책』에서 나온 것이 많기 때문에, 내가 지은 문장이 소식과 부합되기를 기약하지 않아도 부합되는 것이 있었소. 그대는 지난번에 내가 지은 글을 보고, 그 원인은 따져보지도 않고 그것만 가지고 소식을 배웠다고 단정하오? 사실 내가 소식을 배운 것이 아닌데다가, 이 역시 지나간 일이라오. 지금은 『전국책』도 아울러 이미 싫증이 나는데, 하물며 소식이야 오죽하겠소? 그대는 심려치 마시오.[102]

들은 반드시 '소식을 배웠다'고 하지만, 나는 일찍이 심복한 적이 없소. 어째서이겠소? 내가 소식에 대해서는 일찍이 그를 좋아는 했어도 그를 배우지는 않았기 때문이지요. 한나라의 문장이 소식보다 수준이 높지 않은 것이 아니지만 명나라의 諸子들이 얽매여 추종하기에 내가 그것을 몹시 비루하게 여기거늘 하물며 소식을 배우는 짓을 하겠습니까? 그러나 소식의 글은, 그대의 말과 같이, 그 이치가 꼭 바르지만도 않고 그 식견이 꼭 높지만도 않지만, 그의 글은 광대하게 작법의 구애를 받지 않아서 자신이 말하고자 하는 바를 말할 뿐이라오. 당송 諸家의 글은 법으로 뛰어났는데, 유독 소식만은 '법이 없는 것'으로 뛰어났소. '법이 있는 것'은 모색하여 추구할 수가 있지만 '법이 없는 것'은 장차 무엇을 좇아 배우겠소? 그대가 나를 일러 '소식을 배웠다'고 하는 것은 과연 무슨 말이요?[天輔白. 大卿足下, 卽辱長牋, 責僕而學蘇氏, 而受其病. 今之稱僕文者, 必曰: "學蘇氏", 而僕未嘗心服. 何也? 僕於蘇氏, 盖嘗好之, 而未嘗學之也. 西京之文, 非不高於蘇氏, 而皇明諸子, 拘拘步趨, 僕甚鄙之, 而況且學蘇氏爲哉? 然蘇氏之文, 其理未必正, 其識未必高, 累如足下所教, 而其文浩浩然不爲法縛, 惟言其所欲言. 唐宋諸家之文以法勝, 而蘇氏獨以無法勝之. 有法者, 皆可按而求之, 無法者, 將何從而學之乎? 足下之謂僕學蘇氏者, 是果何也?]"

102 李天輔, 「晉菴集」 권6, 「答黃大卿」. "僕兒時, 喜讀戰國策. 蘇氏之文, 出於戰國者爲多, 故其爲文, 與蘇氏有不期合而合者. 足下見向時所作, 特未究其源, 而以是爲學蘇氏耶? 其實則僕非學蘇氏者也, 且是亦向時事也. 今並與戰國策而已厭之矣, 況蘇氏乎? 足下其毋慮焉."

자신이 소식과 유사한 경향을 보이는 것은 소식과 자신의 학습 과정이 동일하다는 점에 기인한다는 것이다. 소식의 문장은 『전국책』에서 나온 것이 많고 자신은 어렸을 때 『전국책』을 많이 읽었기 때문에 서로 같아질 수밖에 없다는 것이다. 이천보는 이제는 『전국책』도 싫증이 났노라고 하면서 모방 의혹을 근본적으로 방지하였다.

여기서 흥미로운 점은 소식에 대한 당시 문인들의 입장이다. 이천보가 "소식의 글은, 그대의 말처럼, 그 이치가 꼭 바르지만도 않고 그 식견이 꼭 높지만도 않지만, 그의 글은 광대하게 작법의 구애를 받지 않아서 자신이 말하고자 하는 바를 말할 뿐이라오"[103]라고 소식의 문장을 개괄하고 있는데, 이는 당시 문인들이 소식에 대해 갖고 있던 전형적 관점이다. 소식은 사상적으로 복잡하여 유불도儒佛道가 혼용되어 있었다. 특히 생활에서는 불교철학과 도가사상을 따랐다고 알려져 있다. 소식의 이러한 경향은 조선의 문인들에게는 비판의 대상이 될 수밖에 없었다. 그러나 그의 호방한 문학적 경향은 대단히 큰 영향력을 지닌 것이었다. 따라서 소식을 닮았다는 평가는 매우 미묘한 양면성을 지녔다. 예컨대, 이천보는 자신의 문장이 소식과 닮았다는 평가를 전면적으로 부인하고 논거를 제시하며 반박하였다. 그런데 남유용南有容은 이천보의 문학적 성향을 논하면서, "일찍이 전고前古의 일을 논하여 옳고 그름을 따진 저술이 모두 수천 마디였다. 인정과 시변時變에 대해 말한 것은 변론과 핵심이 깊고 지극하기에, 소식의 여러 논論 가운데 섞어두면 식자라도 분변할 수 없을 것이다"[104]라고 하였다. 소식의 정론문政論

---

103 李天輔, 「晉菴集」 권6, 「答黃大卿」.

104 南有容, 『雷淵集』 권12, 「晉菴集序」. "嘗著論是非前古事, 凡累千言. 其言人情時變, 辨核深至, 置

文은 매우 독창적이고 기세가 웅장하고 웅변적이어서 전국시대 종횡가의 기풍이 있다고 극찬된다. 그러므로 이천보의 논論 작품들이 소식의 작품과 분별할 수 없을 정도라고 평한 것은 실로 극찬이 아닐 수 없다. 또 이천보 자신은 소식과의 관련성을 극구 부인하였으면서도 정작 조귀명의 문장을 평하여 "심원한 신해神解는 필묵을 벗어났다. 소식의 자연스런 풍치風致는 백대에 탁월하건만, 君은 그의 경지로 깊이 들어가 뒤섞여 즐겁게 노닐었다"[105]라고 하였다. 조귀명은 이천보보다 더욱 강도 높고 선명한 어조로 창신론을 역설하였다. 따라서 소식을 모방하는 성향에 대하여서는 강하게 비판을 하였건만 그의 제문에는 "소식의 경지에 깊이 들어갔다"는 말이 들어가고야 말았다.

이천보에게 소식의 단점을 배웠다는 지적을 한 황경원黃景源(1709~1787)은 다음과 같이 소식을 비판하였다.

> 소씨 부자형제의 경우는 종횡가에서 나와서 승묵繩墨의 바깥에서 방종하더니 만년에 이르러서는 또 불교로 귀의하였습니다. 그러니 군자가 취할 바가 못 되는 것입니다. 후세에 말 잘 하는 이들마저 도道에 근본을 두지 않고 장구章句나 수식하고 있는 대로 꾸미기에만 힘쓰니 비록 문충공文忠公 구양수의 온윤溫潤과 문정공文定公 증공의 준결峻潔을 구하고자 하여도 얻을 수가 없게 되었습니다.[106]

之蘇氏諸論中, 識者殆不能辨也."

105 李天輔, 『晉菴集』 권7, 「祭趙錫汝文」. "窅然神解, 筆墨之外. 子瞻天趣, 敻絶百代. 君入其室, 枕藉嬉遊."

106 黃景源, 『江漢集』 권12, 「宋文苑論」, 251쪽. "若蘇氏父子兄弟, 出於縱橫, 而放於繩墨之外. 及其晩節, 又依歸於釋氏, 非君子之所可取也. 至於後世能言者, 不本於道, 修飾章句, 窮極粉澤. 雖欲爲文忠公溫潤, 文定公峻潔, 不可得也."

이처럼, 황경원은 소식 산문을 배우는 것 자체를 매우 반대하였다.

소식 산문을 배우는 것 자체를 반대하는 강도가 거세진 것은, 한편 소식 산문을 각별히 선호하는 경향이 있었음을 의미하는 것이기도 하다. 이전에 일반적으로 읽히던 것과 다른 유형의 소식 산문이 유행한 것이다. 『고문진보』나 『당송팔대가문초』류의 선집들과는 달리, 불교적 색채가 농후하고 형식적으로도 정통 고문과는 판이하게 다른, 이른바 소품적 산문들이 많이 읽히게 된 사정을 반영하는 것이다. 그런 면에서 주목되는 것이 소식의 척독尺牘과 제발題跋, 그리고 유기遊記 작품들은 당송고문가로서의 선집에는 거의 담겨 있지 않다가 명말청초 소품가들에 의해 주목 받은 작품들이다.

홍양호洪良浩(1724~1802)는 '시도詩道' 즉 시의 본질을 '성정性情'으로 간주하였다. 그것을 올바로 발현하는 요건으로 인위가 배제된 '무위無爲'를 강조하였다. 이 때문에 그는 의도나 작위 없이 한결같이 자연의 이치를 따르는 성인의 경우는 성정을 시로 구현할 수 있지만, 이러한 이치를 깨닫지 못한 후학들이 '규칙'이라는 이름 아래에 강한 인위적인 제약을 적용시킨 법도의 추구를 통하여 시의 본질을 찾고자 하기에 점차 시의 근본인 성정에서 멀어지게 된다고 하였다.[107]

---

107 洪良浩, 『耳溪集』 권15(『총간』 권241), 「答宋德文論詩書」, 262쪽: "詩道貴於性情, 性情妙於無爲, 無爲者, 無爲而無不爲也. 請以詩道, 移之筆道, 深哉言乎! 可以盡書之妙矣, 然無爲者, 孔與老俱言之, 誠難言也. 僕嘗謂老氏之無爲, 藏機而獨運, 孔氏之無爲, 循理而無情, 寔有公與私之分焉. 故余嘗反其言曰, 老氏無爲而無不爲, 聖人無不爲而無爲, 夫聖人之應萬事也. 一循自然之理, 無意於爲而自無不爲, 無所不爲而未嘗有爲也."

그림은 육서六書의 일파一派이다. 그 기원은 상형에서 같이 나온 것이다. 그러나 그림으로 정신을 전하고 글로 도리를 실어 문호門戶가 마침내 갈라진 것이다. 그 이치는 서로 통하는 바가 있다. (…중략…) 내가 중국에 갔을 때 시인으로서 붓대를 쥐는 사람은 글씨와 그림을 겸하지 않는 이가 없었다. 그러나 유독 우리나라 사대부들은 화가를 잡기雜技로 지목하여 익히려고 하지 않는다. 비록 천부적으로 타고난 재주가 있어 배우지 않고 능한 경우가 있다 하더라도 보고는 비웃으니 이것은 상형의 근원을 심히 알지 못하는 것이다.[108]

가만히 들으니 선배들이 전하는 말에, 오산공五山公 차천로車天輅(1556~1615)는 흥興이 일고 신神이 모일 때면 문득 문을 닫고 손님을 내몬 뒤, 옷을 벗고 책상다리를 하고 앉아서 정신精神을 모으고 사고를 집중한 후, 이윽고 즐겁게 종이를 펼치고 힘차게 붓을 들고 쓰면 손이 한 번도 멈추기 전에 한 편의 글이 이루어졌다고 하였습니다. 아마도 차천로가 홀로 이른 예술과 스스로 터득한自得 경지는 아마도 신神의 도움이 있어서이며 배워서 잘할 수 있는 것이 아닌 듯합니다.[109]

사람의 마음 중의 심령이 밖으로 발하면 소리가 된다. 소리는 몸 안에 간

108 洪良浩, 『耳溪集』 권18(『총간』 권241), 「題玉泉社書畵帖」. "畵者, 六書之一派也. 其源同出於象形. 然畵以傳其神, 書則載其道, 門戶遂岐, 而其理有相通者. (…중략…) 余再遊中國, 見騷人韻士, 操觚弄管, 未有不兼治書畵者. 獨我東士大夫, 目畵家以雜技, 不肯習焉. 縱有出於天才, 不學而能者, 輒相視而嘲之, 此不識象形之源也, 甚矣."

109 洪良浩, 『耳溪集』 권16(『총간』 권241), 「五山集跋」, 276쪽. "竊聞先輩相傳, 公於興到神會之時, 輒閉戶却客, 解衣盤礴, 專精注思, 已而欣然伸紙, 沛然縱筆, 手未停而篇已就云. 蓋其獨至之藝, 自得之境, 殆有神助, 非可學而能也."

직되어 있다가 어떤 계기에 부딪히면 터져 나온다. 정신이 이 계기와 마주칠 때 운율을 만들어내며 문장을 이룬다. 하늘이 빌려준 바람으로 사람이 이용하여 악기를 아름답게 울려내는 것과 같다. 마치 여름 하늘에 우레가 치거나 가을밤에 벌레가 우는 것처럼 누가 시키기라도 한 듯이 그 진행을 멈추지 못한다. 그러므로 시에서 표현하는 내용은 때를 따라 영예롭게 울리고 시인의 시 창작은 하늘과 더불어 길이 빛난다. 자기 뜻대로 노래할 수 없다면 이는 벌써 진실이 아니며 저절로 터져 나와 노래한 것이 아니라면 시의 정신은 죽어버린다. 있는 듯하면서도 없는 듯한 데 묘미가 있으니 시야말로 깊고 묘하다 할 만하다.[110]

첫 번째 글에서 홍양호는 당시 사대부들이 서화를 잡기말예로 치부하여 천시하고 폄하하는 경향으로 인하여 문인화가를 자처하는 사람조차도 자신의 재능을 드러내지 않고 숨기는 것이 하나의 미덕이었으며 이를 당연시하는 사회기풍을 지적하였다. 홍양호는 천기론과 시서화일치론을 제기하여 서화에 대한 새로운 가치를 부여하였다. 두 번째 글과 세 번째 글에서 홍양호는 창작에서 흥興이 도달하고 신神이 모일 때의 작용에 특히 주목하였다. 그는 독자적 예술경지나 자득의 미묘한 경계는 신神의 작용에 의해서 가능하며 외재적인 학습에 의해서 이루어질 수 있는 것은 아니라고 하였다. 그가 자득을 위해 창작 과정에서 '신神'의 필수불가결함을 강조한 경우는 이것에만 그치지 않는다. 마음

110 洪良浩, 『耳溪集』 권17(『총간』 권241), 「詩解」, 312쪽. "人心之靈, 發而爲聲, 聲藏於肉, 機觸而生. 神與機合, 應律成章, 天假之風, 人其鳴鏗鏘, 譬如雷奮於夏, 虫吟於秋, 若或命之, 不可得而休焉. 故詩之爲言, 以時而名, 人之爲詩, 與天偕行, 不可有意, 則離於眞. 不可無意, 恐喪其神, 若有若無, 妙在其間, 玄乎, 微哉."

에서 우러난 소리가 우연적이고 순간적 계기에 의해 시로 창작될 때도, '신神과의 합일'은 반드시 필요하다고 하였다. 이로 볼 때 홍양호의 신경론神境論에서 '신'의 의미는 그야말로 필수불가결의 중요한 것이며, 경은 '신'의 감발을 유도하는 전제로 그 의미가 축소된다.[111] 홍양호의 주장을 종합해보면 소식의 문예이론이 많이 혼용된 것을 알 수 있다. 소식은 시문서화를 하나로 보았고 필연을 담보로 한 우연한 영감이 발현되어야 훌륭한 작품을 만들어내고 인위가 배제된 자연스런 창작을 주장하였는데, 이러한 문예이론이 홍양호의 주장 가운데에서 모두 찾아볼 수 있다.

조선 후기 실학이 대두되면서 조선 문인들 중 많은 이들이 독서방법론을 제기한다. 문인들이 보아야할 서책은 그대로인데 독서법까지 옛것을 고수해서는 새로운 학문 풍토를 따라갈 수 없었을 것이다. 소식은 북송 시기라는 한계에서도 독창적인 시각을 갖고 있었는데, 그 이면을 살펴보면 소식 나름의 독창적인 독서와 학습 방법, 관찰체험 등으로 만들어진 자양분이 풍부했기 때문이었다. 이처럼 소식이 작가수양이론 방면에서 특히 많은 주장을 펼쳤기에 독서론은 작가수양이론과 자연스럽게 연계된다.

사람이 자기의 능력과 재주를 계발하기 위해서는 독서를 해야 하는데, 독서하는 것이 생각처럼 그렇게 쉬운 일이 아니다. 처음 공부하는 사람은 누구나 독서하는 과정에서 많은 어려움을 겪기 마련이고, 독서

---

111 洪良浩,「詩解」,『耳溪集』권17(『총간』권241), 312쪽. 性癖非耽句, 文章不厭奇, 有時聊遣興, 開口便成詩, 境到神應助, 情來筆自隨, 峨洋人已遠, 妙處只心知.

의 즐거움과 공부하는 보람을 느끼기까지에는 많은 괴로움이 수반될 수밖에 없다. 홍대용洪大容(1731~1783)은 제대로 독서하려면 먼저 독서의 즐거움을 체득할 때까지는 독서하는 데서 생기는 괴로움을 참고 견디는 인내심을 가져야 한다고 충고한다. 이에 홍대용은 다음과 같은 독서법을 제시한다.

> 독서는 물론 기송記誦(기억하여 외우는 것)을 귀히 여기는 것은 아니지만 다만 처음 학문하는 사람으로서 기송을 아니 하면 더욱 의거할 곳이 없으므로 매일 배운 것을 먼저 정밀하게 외어야할 것이니, 음독音讀에 착오가 없이 한 뒤에 비로소 산표算表(읽는 회수를 나타내는 계산표, 書數라고도 함)를 세우고, 먼저 한 번 읽고 그 다음 한 번 외고 그 다음 한 번 보며, 한 번 보고 나서는 다시 먼저 번의 순서대로 되풀이 하여 총합 서른 번 마흔 번이라도 읽고 그치며, 매양 한 권이나 혹 반 권을 배웠을 때는 먼저 배운 것도 아울러 또한 읽고 그 다음 외고 그 다음 보되, 각각 서너 번을 반복한 다음에 그친다. 무릇 글을 읽을 때에는 높은 소리로 읽는 것이 좋지 않다. 소리가 높으면 기운이 떨어진다. 눈을 딴 데에 돌려도 안 되니, 눈이 딴 데에 가 있으면 마음이 딴 데로 달아난다. 몸을 흔들어도 안 된다. 몸이 흔들리면 정신이 흩어져 버린다.[112]

글을 읽되 만약 내 몸에 실제로 체험을 해보지 아니하면 글은 글대로 나는

112 洪大容, 『湛軒集』 外集 권1, 杭傳尺牘, 「與梅軒書」. "讀書固不貴記誦, 惟初學, 舍記誦, 益無依據. 每日將所受書, 先要精誦. 音讀無錯, 然後始立算. 先讀一遍, 次誦一遍, 次看一遍, 看已復讀, 摠得三四十遍而止. 每畢受一卷或半卷, 并前受亦先讀, 次誦次看, 各得三四遍而止. 凡讀書, 不可高聲, 聲高氣乏; 不可遊目, 目遊心馳; 不可搖身, 身搖神散."

나대로가 되고 마니, 이렇게 되면 아무 실효가 없다. 그리고 매양 글을 한 장 읽으면 곧 스스로 내가 이 구절에 대하여 얼마만큼 실천을 하였는가 하고 반성을 하며 조금밖에 실천을 못하였으면 또 그 두 배를 실천할 수 있도록 추진할 것이니 이렇게 하여 쉬지 않고 힘써 나가야만 결국 정말로 힘을 쌓음이 오래되어 저절로 성숙하게 될 것이다.[113]

이전의 독서법이 함축적이고 간략한 논지로 쓰인 것과는 달리, 홍대용의 독서론은 구체적이고 세부적이다. 홍대용에게 있어서 독서의 목적은 바로 진리를 밝혀 실천하는 데 있었다. 이처럼 독서에서 실천적 체험을 강조한 홍대용은 독서의 정밀하고 익숙하며 적실하고 참된 경지는 성인들도 다 이르지 못할 정도로 한정이 없어서 독서는 학문하는 사람이라면 누구나 종신토록 해야 할 사업이라고 여겼다. 소식의 문예이론을 통해서도 주지했듯이, 독서가 그 자체로 끝나서는 아무 것도 아니며 이를 배워 익혀 몸소 체험했을 때 비로소 자신의 것이 될 수 있는 것이다.

박지원朴趾源(1737~1805) 역시 독서란 읽는 것도 중요하지만 실천하는 것이 더 중요하다고 생각하였다.

공맹孔孟은 아마도 옛날에 글을 잘 읽은 분이로구나! 누군들 선비가 아니

113 洪大容, 『湛軒集』 外集 권10, 「從兄湛軒先生遺事」. "讀書, 若不於吾身體驗, 則未免書自書我自我, 終無實効. 每讀一章, 輒自內省, 吾於此句分上, 行得幾分乎. 已行得一分, 則又求進得二分, 勉勉不已, 然後眞積力久, 自致成熟."

리요마는 능히 본디 아雅를 행하는 자는 적고, 누군들 글을 읽지 아니 하리요마는 능히 잘 읽는 자는 적다. 이른바 글을 잘 읽는다는 것은 소리 내어 읽기를 잘한다는 것도 아니요, 구두句讀를 잘 뗀다는 것도 아니며, 그 뜻을 잘 풀이한다는 것도 아니고, 담론을 잘한다는 것도 아니다. (…중략…) 무릇 글을 읽는 것은 장차 무엇을 하자는 것인가? 문장술文章術을 풍부히 하자는 것인가? 글 잘 짓는다는 명예를 넓히자는 것인가? 그게 아니라 학문과 도를 강론하기 위해 글을 읽는 것이다. 효제孝悌와 충신忠信은 이러한 강학講學의 내용이요, 예악禮樂과 형정刑政은 강학의 응용이니, 글을 읽고서도 그 내용과 응용을 알지 못한다면 강학을 하는 것이 아니다. 강학을 귀히 여기는 것은 그 내용과 응용 때문이다.[114]

글 읽는 법은 일과日課를 정하는 것보다 더 좋은 것이 없고, 질질 끄는 것보다 더 나쁜 것이 없다. 많이 읽으려도 말고, 속히 읽으려도 말라. 읽을 글들을 정하고 횟수를 제한하여 오로지 날마다 읽어 가면 글의 의미에 정통하게 되고 글자의 음과 뜻에 익숙해져 자연히 외게 된다. 그리고 나면 그 다음의 순서를 정하라. 잘 아는 글자라고 소홀히 하거나 쉽게 여기지 말고, 글자를 달리듯이 미끄러지듯이 줄줄 읽지 말며, 글자를 읽을 때 더듬거리지 말며, 글자를 거꾸로 읽지 말며, 글자를 옆줄로 건너뛰어 읽지 말라. 반드시 그 음을 바르게 읽어야 하며, 반드시 그 고저가 맞아야 한다. 글 읽는 소리가 입

114 朴趾源,『燕巖集』卷10, 別集・雜著,「原士」. “孔孟, 其古之善讀書者乎! 何莫非士也, 鮮有能雅者也; 孰不讀書也, 鮮有能善者也. 所謂善讀書者, 非善其聲音也, 非善其句讀也, 非善解其旨義也, 非善於談說也. (…중략…) 夫讀書者, 將以何爲也, 將以富文術乎, 將以博文譽乎? 講學論道, 讀書之事也. 孝悌忠信, 講學之實也; 禮樂刑政, 講學之用也. 讀書而不知實用者, 非講學也. 所貴乎講學者, 爲其實用也.”

에 머무르되 엉겨 붙지 않도록 하며, 눈으로 뒤쫓되 흘려 보지 말며, 몸은 흔들어도 어지럽지 않게 한다. 눈썹을 찌푸리지 말고, 어깨를 잡지 말고, 입을 빨지 말라. 책을 대하면 하품도 하지 말고, 책을 대하면 기지개도 켜지 말고, 책을 대하면 침도 뱉지 말고, 만일 기침이 나면 고개를 돌리고 책을 피하라. 책장을 뒤집을 때 손가락에 침을 바르지 말며, 표시를 할 때는 손톱으로 하지 말라. 서산書算을 만들어 읽은 횟수를 기록하되, 흡족한 기분이 들면 접었던 서산을 펴고, 흡족한 기분이 들지 않으면 서산을 펴지 않는다. 책을 베개 삼아 베지도 말고, 책으로 그릇을 덮지도 말며 권질卷帙을 어지럽히지 말라. (…중략…) 닭이 울면 일어나서 눈을 감고 꿇어앉아 이전에 외운 것을 복습하고 가만히 다시 음미해 보라. 그 내용이 이해되지 않는 곳은 없는가, 그 뜻이 통하지 않는 곳은 없는가, 글자를 착각한 것은 없는가? 마음속으로 검증하고 몸으로 체험해 보아 스스로 터득한 것이 있으면 기뻐하여 잊지 말아야 한다. 등불을 켜고 옷을 다 입고서 엄숙하고 공경스러운 마음으로 책상을 마주한다. 이어 새로 읽을 글을 정하고 묵묵히 읽어 가되 몇 줄씩 단락을 끊어서 읽는다. 그런 다음 서산書算을 덮어 밀쳐놓고, 가만히 훈고訓詁를 따져 보며 세밀히 주소註疏를 훑어보아 그 차이를 분변하고, 그 음과 뜻을 깨우친다. 차분하고 너그러운 마음으로 대하며 제멋대로 천착하지 말고 억지로 의심하지 말 것이며, 납득이 가지 않는 것이 있으면 반복해서 생각하고 그대로 두어서는 안 된다.[115]

115 朴趾源, 『燕巖集』 卷10, 別集・雜著, 「原士」. "讀書之法, 莫善於課, 莫不善於拕. 毋貪多, 無欲速, 定行限遍. 惟日之及, 旨精義明, 音濃意熟, 自然成誦. 乃第其次, 字毋習, 字毋易, 字毋躐, 字毋滑, 字毋澁, 字毋倒, 字毋傍. 必正其音, 必得其高低, 口留而毋凝, 目送而毋流. 身搖而不亂, 眉毋皺, 肩毋搦, 口毋咂. 對書勿欠, 對書勿伸, 對書勿唾. 若有嚔咳, 回首避書. 翻紙勿以涎, 標旨勿以爪. 立算紀遍, 意入開算. 意不入, 不開算. 毋枕書, 毋以書覆器, 毋亂帙. (…중략…) 鷄鳴而起, 闔眼跪坐. 溫其宿誦, 潛復繹之. 其旨有未暢歟, 其義有未融歟. 字不訛歟, 驗之於心, 體之於身, 其有自得, 喜而不忘.

실천적 독서관을 가진 박지원은 자연히 역사상 인물 가운데 그 당시의 역사적 과제를 해결하는 데 적절한 대응력을 갖는 실용학문을 한 사람들을 주목하였고, 그런 사람을 '글을 잘 읽은 자善讀書者'라고 하였다. 박지원은 그런 예로 공자와 맹자를 들고, 옛날 성인의 책을 읽으면서 그 책에 담겨 있는 지극한 공평과 피나는 정성을 이해하고, 그들의 고심한 자취를 헤아리는 사람은 드물다고 하였다. 박지원은 책을 읽되, 그 책을 쓴 사람의 마음까지 읽도록 해야 한다고 말했다. 소식이 정독하는 방법으로 '일의구지一意求之'를 내세우고 다독하는 방법으로 '박관약취博觀約取'를 주장한 것처럼, 박지원 역시 정독, 다독을 기반으로 다양한 독서 방식에 대해 매우 소상하게 기술하였음을 알 수 있다.

박지원은 소식의 글을 읽고 나서의 감회를 다음과 같이 기술하였다.

> 봄이 오자 위쪽 연못에 물이 넘쳐 돌둑을 따라 졸졸 흐르는데, 그 소리가 마치 거문고를 타는 듯합니다. 대청 앞에 눈처럼 흰 한 그루 배나무엔 꽃이 활짝 피었습니다. 자리 깔고 그 아래 누워서 옥 같은 꽃잎, 구슬 같은 꽃술을 쳐다보니, 위로 달빛을 받아 꽃과 이슬이 서로 어리비치더군요. 경물景物이 너무도 적막해서 혼자 「승천사기承天寺記」를 읊었더니, 정신 깊숙이까지 서늘하게 맑아져서 잠들 수가 없었답니다.[116]

박지원朴趾源이 쓴 짤막한 서신의 일부이다. 눈과 귀에 들어오는 정

點燈畢服, 肅敬對丌. 乃次新篇, 默而沈翫, 數行斷章, 闔算移置, 潛究訓詁, 細閱註疏, 辨其同異. 曉其音義, 平心恕意, 勿私鑿, 勿强疑. 其有不得者, 反覆之而勿置."

116 朴趾源, 『燕巖集』 권3, 「上金右相書」, 80쪽. "春來, 上池水溢, 循除鳴瀨, 響若操琴. 堂前一株雪梨盛開地, 臥其下仰看, 玉葩璚蘂, 上承月光, 珠露相映. 景物太空寂, 獨咏承天寺記. 神骨凄淸, 不能寐."

경을 마치 시 읊듯이 서정적으로 묘사하였다. 인용하지 않은 후반부는 까마귀가 복어 알 먹는 광경을 세밀히 관찰하여 기록하고 그로 인한 단상을 기록하였다. 앞서 신정하가 추구한 서정적인 척독 산문과 조귀명이 지향한 일상에서 발견하는 깨달음으로서의 산문이 잘 조화된 작품이라고 할 수 있다. 여기서 박지원이 달빛 내린 뜰을 거닐다 느낀 짙은 정회를 이기지 못해 읊조린 작품은, 다름 아닌 소식의 「승천사의 밤 나들이記承天寺夜遊」이다. 『동파지림東坡志林』에 실려 많이 읽혔으며 분량으로도 80여 자밖에 되지 않는 소품문이다. 이 글을 통해 박지원의 소식 산문 취향을 알 수 있다. 박지원은 소식 산문이 지닌 문예 미학을 제대로 평가하여 자신의 독창적인 작품으로 실현해낸 셈이다.

이덕무李德懋(1741~1793)는 문예효용에 대해 색다른 견해를 다음과 같이 피력하였다.

> 나는 어린 시절부터 천성적으로 달리 좋아한 것이 없었다. 문장을 좋아하였으나 또한 문장을 잘 짓지는 못하였다. 다만 좋아하였기 때문에 비록 잘하지는 못하였지만, 때로는 문장을 지어 스스로 즐거워하기도 하였다.[117]

이덕무는 문예 효용 측면에서 실용성이 가장 중요한 효용가치이겠지만 문학에 대한 개인적 기호 역시 문예가 지닌 자기만족적, 지극히 개인적인 효용가치라고 주장하였다. 소식이 문예효용에 대해 언급할

117 李德懋, 『嬰處文稿』 권1, 「嬰處稿自序」, 48쪽. "雅余自童子日, 性無它所好. 能嗜文章, 亦不能善文章, 惟嗜也, 故雖不能善, 有時著文章自娛."

때 실용적이고 학술적인 부분 말고도 예술적이고 지극히 개인적인 부분까지도 문예의 효용가치로 보았는데, 이덕무의 '문장자오文章自娛(문장을 지어 스스로 즐거워함)'는 바로 이 점을 승계했다고 할 수 있다.

정조(재위 1776~1800)는 소식의 문풍과 그 가치를 다음과 같이 높이 평가하였다.

> 우리나라를 세운 규모는 오로지 송나라를 모방하였다. 다스리는 법만 서로 같을 뿐 아니라 문체도 그러하다. 이를테면 구양수와 소식 등의 문장은 모두가 천자의 계획을 보좌할 수 있는 문장으로 치세의 기상을 충분히 징험할 수 있다. 명・청의 문집에 이르러서는 오로지 꾸미기만 하여 하나도 볼만한 것이 없다. 지금 사람들이 명・청 시대의 글 보기를 좋아하는 것은 참으로 그 까닭을 모르겠다.[118]

정조는 구양수와 소식의 문장을 적극적으로 추천하며 송나라 때의 문장이 명청 때의 문장보다 낫다고 보고 송대 문장을 읽도록 유도하였다.

소식은 다산茶山 정약용丁若鏞(1762~1836)의 삶과 학문에 직간접적으로 영향을 끼친 인물 중의 하나이다. 정약용은 그의 삶과 학문에 심취하여 많은 화소시和蘇詩를 썼을 뿐만 아니라, 시문에서 그를 자주 언급

118 正祖, 『弘齋全書』 권161, 文學一. "我國立國規模, 專仿有宋, 非但治法之相符, 文體亦然, 如歐蘇等文, 皆可謂黼黻皇猷之文, 足驗治世氣象矣. 至於明淸文集, 專事藻繪, 無一可觀. 今人之喜看明淸文者, 誠莫曉其故也."

하였다. 정약용의 소식론은 그를 혹호酷好하여 포양褒揚했으면서도, 일부 학문적인 부분에 대하여 폄하貶下하여 포폄褒貶이 갈마들고 있다. 정약용은 경상도 장기長鬐 유배지에서 바둑을 배우지 못한 것을 후회하는 시를 썼다.

쓸쓸한 여관에 홀로 앉아 있을 때	旅館蕭寥獨坐時
댓 그늘 끄덕 않고 해는 그리 긴지	竹陰不動日遲遲
고향생각 일어나면 속으로 눌러 버리고	鄕愁欲起須仍壓
익어 가는 시구나 마무리를 짓노라	詩句將圓可遂推
잠시 갔다 다시 오는 꾀꼬리는 믿음이 있고	乍去復來鶯有信
지지배배 제비는 무슨 생각에 말하다 입 다물까	方言忽噤燕何思
다만 한 가지 두고두고 후회가 되는 일은	只饒一事堪追悔
동파를 배우느라 바둑을 못 배운 것일세	枉學東坡不學棋[119]

미련하여 40평생 동안 소식을 공부하느라 바둑을 배우지 못한 것을 후회한다고 한 것은 학소學蘇에 심취했음을 단적으로 입증하는 것이다. 지극히 개인적인 기호로 인한 소식 시문에 심취하는 것 역시 문예효용측면에서 바라볼 수 있겠다.

정약용은 28세(1789) 3월에 전시殿試 갑과甲科 제2위로 합격하여 초계문신抄啓文臣이 되었을 시절에 패관소설을 금수禁輸・분서焚書하고, 순정한 문체로 회귀시켜야 한다는 문체순정론文體醇正論을 전개했다. 당

119 丁若鏞, 『與猶堂全書』(一), 「獨坐二首」(1), 권4, 12a, 67쪽.

시 정조는 정약용을 비롯한 3인의 시를 보고, 담배 한 대 피우는 사이에 붓을 잡아 곧장 썼으니 '기재奇才'라고 극찬했다. 정약용은 '기재'라는 어비御批를 받고 다음과 같은 시를 썼다.

부족한 자질로 외람되이 사신詞臣이 되어	踈姿叨濫厠詞臣
시를 빨리 지었다고 임금께서 칭찬하셨네	七步章成睿奬新
물시계는 담을 격했고 초는 타서 짧은데	銀漏隔墻燒燭短
임금님 오시는 벽제 소리 자주 있었네	紫衣穿院掣鈴頻
두꺼비가 우연히 비황飛黃의 걸음을 좇았을 뿐	蟾蜍偶趁飛黃步
완염琬琰이 어찌 연석燕石과 다툴 수 있겠는가	琬琰寧爭燕石珍
천고의 기재는 다만 소식뿐인데	千古奇才但蘇軾
일시에 어찌 세 사람이나 있으리오	一時那得有三人

정약용은 소식을 '천고의 기재'라고 높게 평가하고, 자신은 '두꺼비'와 '연석燕石'과 같다고 했다. 조식曹植(192~232)이 칠보七步만에 시를 쓴 것처럼 자신이 속성으로 시를 완성했다고 '기재'라고 어비御批를 받은 것은 과분하다고 겸손을 표했다. 즉 정조의 학문은 비황飛黃(천자天子의 마馬)과 완규琬圭와 염규琰圭같이 훌륭하지만, 자신은 두꺼비와 같고 시는 하찮은 연석燕石과 같다면서, 천고의 기재는 소식뿐인데, 어찌 일시에 3인이 있을 수 있느냐고 부끄러워했다.

정약용은 내각內閣의 친시親試에서 수석을 차지한 「지리책地理策」(28세, 1789)에서 소식을 대유大儒라고 했다.

> 주자는 대현大賢이요, 소식・귀유광歸有光・왕세정王世貞 등은 모두 대유大儒인데다가 중국에 태어났어도 오히려 일치된 의논이 있지 않은데 하물며 우리나라 선비들이겠습니까? 그러므로 신은 감히 개인의 억측으로 밝으신 질문에 누를 끼쳐드리지 않겠습니다.[120]

정약용은 주자를 '대현'으로, 소식・귀유광・왕세정를 '대유'라고 하여, 소식의 학문 세계를 높이 포양했다. 또한 족부族父 정범조丁範祖(1723~1801, 이조참판)에게 보낸 서한에서, 명明나라 이반룡李攀龍(1514~1570)의 시를 비판하면서 소식을 언급했다. 이반룡의 시는 신기新奇함이 없기 때문에 그가 서위徐謂와 원굉도袁宏道에게 비판을 받은 것을 당연하다고 했다. 왕세정이 문단을 지배하며 높여주어 이반룡이 명성을 얻은 것일 뿐, 두보나 소식처럼 고심하여 지은 시가 아니라고 했다. 즉 두보와 소식의 시는 치열한 고심 끝의 산물이므로 이반룡의 시는 여기에 미칠 수 없다는 것이다.

정약용은 아들에게 보낸 서신에서 다음과 같이 기술하였다.

> 소식의 시는 구절마다 사실을 인용하였는데, 흔적이 남아 있어 얼핏 보면 의미를 깨닫지 못하고 반드시 이리저리 고찰하고 검사해서 그 근본을 캔 뒤에야 겨우 그 뜻을 통할 수 있으니, 이 점이 바로 시의 박사가 되는 이유이다. 이러한 소식의 시도 우리 삼부자의 재주로는 죽을 때까지 전공해야 다소나

120 丁若鏞, 『與猶堂全書』(一), 「地理策」(乾隆己酉, 閏五月, 內閣親試, 御批居首), 권8, 4a, 151쪽. "況朱子大賢也, 蘇軾歸有光王世貞, 皆大儒也, 兼又生乎中國, 尚未有歸一之論, 矧東儒哉. 臣不敢以臆見之說, 仰累明問也."

마 미칠 수 있을 것이다. 그러나 사람이 이 세상에 살면서 해야 할 일이 많은데, 어찌 그 짓을 할 수 있겠느냐. 그러나 시를 지음에 있어서 전연 사실을 인용하지 않고 풍월이나 읊으며 바둑 이야기나 술타령만 하면서 겨우 압운을 하는 것은 서너 집 모여 사는 시골 마을의 촌선생의 시에 불과하다. 앞으로 시를 지을 때에는 모름지기 사실을 인용하는 것을 위주로 하여야 할 것이다.[121]

정약용은 그 자신이 소시를 읽었던 경험을 통해 소시가 난해하다는 결론을 내렸다. 이는 소시가 난해하다는 사실을 반영한다. 비록 전고가 언간의해言簡意賅하는 장점이 있지만 은회성隱晦性 때문에 북송 당시에도 소시 전고를 완전히 이해하는 사람을 찾기가 어려웠다. 소시에 나오는 도교와 관련된 전고는 왕안석만이 알 수 있었으니, 하물며 조선 시대 문인의 경우에야!

다산은 강진 유배지에서 장남 학연學淵에게 보낸 서한(1808)에, 시작詩作에서의 용사用事 문제를 논하면서 두보를 '시성詩聖'으로, 한유를 '대현大賢'으로, 소식을 '박사博士'라고 했다. 특히 소식 시의 경지에 도달하려면 "우리 삼부자의 재주로는 죽을 때까지 전공해야 다소나마 미칠 수 있을 것"이라 하여 시의 용사用事가 훌륭함을 포양했다.

정조는 당시 문장이 날이 갈수록 저하되는 것을 근심하여 손수 『당송팔자백선唐宋八子百選』을 편간했는데,[122] 정약용은 이 책의 서문에서,

121 丁若鏞, 『與猶堂全書』 제1집, 권21, 「寄淵兒」, 443쪽. "蘇子瞻詩, 句句用事, 而有痕有跡, 瞥看不曉意味, 必也左考右檢, 採其根本, 然後僅通其義, 所以爲博士也. 乃此蘇詩, 以吾三父子之才, 須終身專工, 方得刻鵠. 人生此世, 可爲者多, 何可爲此乎? 然全不用事, 吟風詠月, 譚棋說酒, 苟能押韻者, 此三家村裏村夫子之詩也. 此後所作, 須以用事爲主."

한유가 퇴파頹波의 지주砥柱처럼 우뚝 일어나서 말끔히 씻어 고문古文의 참모습을 회복하고 문로門路를 찾아 놓았기에 이 문로를 따르는 사람이 서로 잇따랐다고 하여,[123] 한유가 고문부흥에 기여한 공을 인정했다. 그러나 정약용은 한유구소韓柳歐蘇의 문학을 긍정만 한 것이 아니라 비판하기도 하였다.

> 한유·유종원·구양수·소식이 지은 이른바 서문序文·기문記文 등등의 글은 거개 모두가 화려하긴 해도 알맹이가 없고 기이하긴 해도 올바르지가 못하였다. 어려서 이 글들을 읽을 적엔 흔연히 기쁨을 느끼지 않은 적이 없었다. 그러나 이것으로는 안으로 몸을 수양하고 어버이를 섬길 수가 없으며, 밖으로 임금을 옳은 길로 보도輔導하고 백성을 잘 다스릴 수가 없다. 그래서 일생토록 읽어보아도 영락零落된 채 실의에 빠지기만 할 뿐 끝내 이것으로 천하와 국가를 다스릴 수는 없으니, 이야말로 오도吾道 유교儒教를 좀먹는 좀벌레인 것이다.[124]

> 신은 그윽이 생각하건대, 성현이 나오면 재해와 이단도 반드시 함께 일어나서 그로 하여금 환란과 재액을 구제하여 그 공덕功德을 크게 세우도록 하는 것이니, 요堯 임금 때의 수재水災와 탕湯 임금 때의 한발旱魃과 맹자 때의 양자

---

122 『正祖實錄』(朝鮮王朝實錄 47), 附錄, 「正祖大王行狀」, 28b, 302쪽. “八子百選成, 王, 憂文體日下, 手選八家文印行.”

123 丁若鏞, 『與猶堂全書』(一), 「八子百選序」, 권13, 5b, 266쪽. “昌黎氏砥柱頹波, 淘頹眞面門路旣尋, 軒盖相望, 嗣是羽翼宗門.”

124 丁若鏞, 『與猶堂全書』 제1집, 권11, 「五學論三」. “韓柳歐蘇, 其所謂序記諸文, 率皆華而無實, 奇而不正, 幼而讀之, 非不欣然善矣, 內之不可以修身而事親, 外之不可以致君而牧民, 終身誦慕而落魄牢騷, 卒之不可以爲天下國家, 此其爲吾道之蟊蠹也.”

楊子·묵자墨子와 주자 때의 소식·육구연陸九淵이 모두 그 증험입니다.[125]

첫 번째 글에서는 정약용은 소식의 서기序記가 실용적이지 못하다고 평하였다. 두 번째 글에서는 정약용은 천주교와 관련된 일을 상소하는 과정 중에서 주희를 정통, 소동파와 육구연을 이단으로 여겼다. 한유구소韓柳歐蘇의 문학은 화려하나 열매가 없고 기이하긴 해도 바르지가 못하여, 수신修身과 사친事親, 치군致君과 목민牧民을 할 수 없어서 양주, 묵적, 노자, 불교보다 해독이 심하다고 평하했다.[126]

이에, 김상홍(2004)은 정약용이 소식에게 취한 상반된 두 가지 논점을 다음과 같이 정의하였다.[127]

첫째, 정약용의 소식에 대한 포양이다. 소식의 학문세계를 높이 인정하고, 소식은 '재고才高'하나 '졸렬拙劣'하다고 했으며, 그를 '천고의 기재', '대유'라고 했다. 소식의 시는 치열한 창작의 고통에서 나온 산물이며, 시의 용사에서는 '박사'라서 자신의 삼부자가 종신토록 전공해야 그의 경지에 이를 수 있다고 했다. 과거 공부에는 소식 문학의 공부가 필수이며, 은자의 삶을 살지라도 그의 시집을 읽어야 하며, 자신의 시문은 그와 견줄 수 없다고 했다. 또한 과거의 시권은 동파의 문체를 전범으로 삼아야 한다고 했고, 소식을 '부자夫子'와 '선생先生'이라고 칭하면서 뛰어난 문장과 독보적인 지식은 탕화湯火에도 죽지 않아 문채文采는 영원히 빛난다고 포양했다. 그리고 『목민

125 丁若鏞, 『與猶堂全書』 제1집, 권9, 「辨謗蘇同副承旨疏」. "臣竊伏念, 聖賢有作, 則災害異端, 必與竝起, 使之救患拯厄, 用茂厥功德, 堯之水, 湯之旱, 孟子之楊墨, 朱子之蘇陸, 皆其驗也."

126 丁若鏞, 『與猶堂全書』(一), 「五學論三」, 권11, 21a～22a, 232쪽.

127 김상홍, 「茶山의 蘇東坡論」, 『남명학연구』 제18집, 2004, 309～310쪽.

심서』에서 선정善政을 한 소식의 치적을 수차에 걸쳐 포양하고 목민관의 교훈으로 제시했다.

둘째, 정약용은 소식의 학문에 대하여 일부 견해를 달리하여 비판했다. 소식이 장수長壽와 단명短命과, 생과 사를 하나로 본 것을 병통病痛이라 했다. 소식이 반고려反高麗 노선을 취한 국수주의자로 인색했다. 즉 고려 사신의 서적 구입은 국가의 기밀을 유출하는 것이라고 극력 반대한 것에 대하여, '도량이 좁고 은혜가 적은 자'라고 폄하했다. 또한 그를 선학禪學에 빠진 자로 학문적으로 이단이라고 했다. 한유를 비롯하여 소식의 문학으로는 수신修身과 사친事親, 치군致君과 목민牧民에 기여할 수 없기에 양주, 묵적, 노자, 불교보다 해독이 크다고 비판했다. 그리고 소식의 「적벽부」와 「조주 한문공비潮州韓文公碑」는 불교의 윤회설을 도입한 것으로 수사洙泗의 구론舊論과 배치된다고 하였다. 또한 소식의 「상원구합제육의차자上圓丘合祭六議箚子」에 대하여 14개 항의 오류를 지적하고 논리 정연하게 반론을 전개하고, 이 차자는 시정잡배의 잡설이라고 혹평했으며, 신하로서 임금을 기망欺罔했을 뿐만 아니라 임금을 두렵게 한 자이며, 아유구용阿諛苟容한 자라고 비판하고 폄하했다. 특히 소식의 「조주 한문공비潮州韓文公碑」와 「상원구합제육의차자上圓丘合祭六議箚子」에 대하여, 다산이 반론을 제기하고 비판한 것은, 조선 후기 실학을 집대성했던 호한浩瀚한 학문의 세계를 입증하는 것이다.

정약용은 인간 소식의 삶과 문학에 심취하여 포양褒揚했다. 그러나 소식의 학문에 관해서 일부 견해를 달리하여, 학자적 양심과 학문적 소신에 따라 시비是非를 분명히 가려 비판하고 폄하했다.

김정희金正喜(1786~1856)는 시서화詩書畵 삼절三絶에 능통한 대가였을 뿐만 아니라, 이론적으로도 일관성을 갖고 문예이론을 서술하고 있다. 김정희 역시 기본적으로 시서화의 원리가 일치한다고 여겼다.

> 서법書法과 시품詩品, 화수畵髓는 동일한 묘경이다. (…중략…) 이십사시품二十四詩品을 묘오妙悟할 수 있다면 화경畵境이 곧 시경詩境이다. 이를테면 영양羚羊이 뿔을 걸어놓아 자취를 찾을 수 없는 경우에는 스스로 신해神解를 지니고서 신神으로써 밝혀야지 종적으로 찾을 수 있는 것이 아니다.[128]

시서화詩書畵가 동일한 묘경妙境이라는 말은 시서화가 미학적 원리의 차원에서 상통하는 측면이 있다는 것으로 이해된다. 김정희는 시서화의 각 부문이 창조적 상상력에 의해 미를 만들어내며, 동시에 미를 인식하는 특수한 심리활동인 신神에 의해 미를 창조하는 것도 가능하다는 측면에서 시서화의 동일경同一境을 주장하고 있다.

김정희는 영감에 대해서도 다음과 같이 언급하고 있다.

> 법은 사람마다 전수해줄 수 있지만 전신과 영감은 사람마다 스스로 이룩하는 것이다. 정신이 없으면 서법이 아무리 볼만해도 오래 두고 완색玩索할 수 없으며, 흥회가 없으면 글자가 아무리 아름다워도 기껏해야 간판장이란 말밖에는 못 듣는다. 기세가 가슴속에 있으면 자간과 행간에 드러나 간혹 웅장하게 아니면 우여紆餘하게 되는데 이를 막으려 해도 막아낼 수 없다. 만

128 金正喜, 『阮堂集』 二, 권8, 「雜識」, 93~94쪽. "書法與詩品畵髓, 同一妙境. (…중략…) 有能妙悟於二十四品, 畵境卽詩境耳. 至若羚羊挂角, 無迹可尋, 自有神解在, 神以明之, 又非蹤跡可覓耳."

약 겨우 점이나 획이란 측면에서만 기세를 논한다면, 아직도 한 단계 떨어져 있는 것이다.[129]

문예 창작에는 하나의 특수한 심리 상태가 요구된다. 이른바 정신과 흥회는 감물로부터 정감이 촉발되는 그 상황에서 감정적 흐름이 강렬히 꿈틀대고 자유로운 상상(창작 영감)이 솟구치는 것을 의미한다고 할 수 있다. 이러한 예술적 상상은 시공時空을 초월하는 무한한 광활성과 다채로움을 갖추고 있으며, 어떠한 구속이나 제약도 받지 않는다. 김정희가 영감을 강조한 것은 이것이 바탕이 되어야만 문학적 상상력이 넘쳐날 수 있고, 작가의 심리와 대상물의 실체가 적연寂然히 만나 자신도 모르는 사이에 예술적으로 표출될 수 있다고 여겼기 때문이다. 결국 평상적인 관조를 거부하고 일상의 구속적인 상황을 벗어남으로써, 그 순간에 객관 물상으로부터 도래하는 정신과 흥회라는 자유로운 상상을 문학적으로 형상화할 것을 강조한 것이라 할 수 있다.

김정희의 〈세한도歲寒圖〉는 그의 강방剛方한 성품이나 고결한 행동, 화광동진和光同塵, 여진여퇴旅進旅退하려 하지 않았던 그의 평소 의식 세계를 너무나도 잘 드러내 보이는 작품이라 할 수 있다. 그가 문인인 이상적李尙迪에게 보낸 편지는 김정희 문예이론의 성격을 이해하는 단초를 제공한다.

129 金正喜, 『阮堂集』 二, 권8, 「雜識」, 97쪽. "法可以人人傳, 精神興會, 則人人所自致. 無精神者, 書法雖可觀, 不能耐久索翫; 無興會者, 字體雖佳, 僅稱字匠. 氣勢在胸中, 流露於字裏行間, 或雄壯或紆餘, 不可阻遏. 若僅在點畫上論氣勢, 尙隔一層."

김정희의 〈세한도歲寒圖〉

> 공자孔子께서는 "세한歲寒한 뒤라야 송백이 늦게 시듦을 안다"고 말씀하시었소. 송백이란 사계절에도 한결같이 시들지 않는 것으로 세한 이전에도 하나의 송백이요, 세한 이후에도 하나의 송백이오. 성인은 특히 세한의 이후를 말씀하시었소. (…중략…) 성인께서 특별히 말씀하신 것은 비단 (세한의) 나중에 시드는 곧은 지조와 굳센 절개 때문만이 아니라, 또한 세한의 시절에 감발된 바가 있었기 때문이오.[130]

엄한嚴寒의 시절에 뭇 초목이 곧바로 시들어 버리지만, 송백은 뒤늦게 영락한다. 치세에는 군자와 범인이 구분되지 않지만 난세가 되면 군자와 범인은 쉽게 분간된다. 온갖 곤경과 가난 속에서도 자신의 충정을 굽히지 않고 절개를 지키는 군자의 풍모는 바로 김정희의 인격 이상이자 정신경계였다고 할 수 있다. 엄한의 시절이 되어야만 송백의 푸름을 알 수 있음이 당연하건만, 공자가 세한의 송백을 말한 것은 바로 세한의 시절에 감발되었기 때문이라는 김정희의 인식은, 정치적 곤궁이 오히려 보다 나은 예술 작품을 창작할 수 있다는, 다시 말해 '궁이

130 金正喜, 『阮堂集』 一, 권4, 「與李藕船」, 347쪽. "孔子曰: "歲寒然後, 知松柏之後凋." 松柏是貫四時而不凋者. 歲寒以前, 一松柏也; 歲寒以後, 一松柏也. 聖人特稱之於歲寒之後. (…중략…) 聖人特稱, 非徒爲後凋之貞操勁節而已, 亦有所感發於歲寒之時者也."

후공窮而後工' 논리와 맞닿아 있다. 송백과 같은 고고한 지조를 문학과 예술에서 구현하고자 한 것이 김정희 문예이론의 이념적 지향이 아니었을까 한다. 사마천의 '발분저서', 한유의 '불평즉명'을 계승하여 구양수가 '궁이후공'을 제기하였는데, 많은 이들이 이에 찬동하였다. 소식 역시 여러 시문을 통해 외부의 시련을 통해 작품은 더 단련되어 명작을 창작해낼 수 있다고 여겼고 김정희 역시 세한의 시절에 겪은 시련이 더 아름다운 작품으로 승화된다는 데에 이의를 달지 않았다.

조선 말기 김택영金澤榮(1850~1927), 황현黃玹(1855~1910) 등도 시나 문에 있어서 소식을 숭상하였다. 김택영은 소식에 대해 다음과 같이 평하였다.

> 문장은 기氣가 발한 것인데, 기는 물과 같고 문文은 부유물과 같다. 기가 충분히 문을 제어하지 못하는 것은 적은 양의 물이 부유물을 이기지 못하여 가라앉히고 옆으로 터지는 것과 같다. 그러므로 소식의 시는 거친 점이 많은데, 사람들이 거친 점을 알아차리지 못하는 것은 기가 성하기 때문이다. 뒷날 소식을 배운 사람들은 그 기가 부족하여 거친 점이 많은 것이 그 폐단이니, 소식보다 못한 사람은 마땅히 정밀해야지 거칠어서는 안 된다는 것이 분명하다.[131]

131 金澤榮,『申紫霞詩集』,「申紫霞詩集序」, 3쪽. "文章者, 氣之發也. 氣有水也, 文猶浮物也. 氣不足以御文, 則猶水之小者不能勝物而至於沈膠橫決. 故子瞻之詩多有粗者, 而人不知其有粗者, 氣盛故也. 後之學子瞻者, 其氣不及, 故其弊大率多粗. 此明未至於子瞻者, 宜精而不宜粗也."

이 글에서 김택영은 한유의 「원도原道」와 「이익에게 답한 글答李翊書」의 논술 방식으로 소식을 평하였다. 김택영은 소식의 성대한 문기文氣를 수용하고 감당하기 어렵다보니 거친 면이 있지만 그러한 거침도 성대한 문기 앞에서는 작아져 잘 보이지 않는다고 평하면서 소식보다 문기가 약한 작가는 거칠어서는 안 되고 정밀해야 한다고 주장하였다.

황현은 「동파집에 제하다題東坡集」라는 시에서 소식을 다음과 같이 평하였다.

동파 학사는 신선 같은 자질을 지닌 데다	東坡學士神仙姿
기개는 가을 하늘에 꽉 차서 만인을 대적하고	氣橫素秋萬人往
깊고 넓은 문장은 나라 다스리는 말들인데	筆下汪汪經國言
가의 · 동중서를 애로 보고 한비 · 상앙을 노예시했네	兒畜賈董奴非鞅
벼슬길에 나가서는 늙어 갈수록 꿋꿋하여	結髮立朝老愈勁
큰 문장이나 편지가 모두 충직한 말이었지	大章尺牘皆忠讜
풍자한 시들은 끝내 오대시안烏臺詩案을 빚어냈지만	滑稽釀成烏臺案
당당하게 웃으며 간당비奸黨碑 속으로 들어갔네	大步笑入奸碑黨
도사를 다시 불러들여 공신으로 삼으니	喚取羽士作功臣
규성의 찬란한 빛이 천 길이나 뻗치었고	奎星芒角光千丈
구슬 같은 많은 문장을 세간에 남겨 놓아	瓊琚萬斛留世間
읽는 사람마다 가려운 데 긁는 듯 상쾌해라	讀者人人快爬癢
장사가 들에 그물 쳐 무소 표범을 포박한 듯	壯士籠原縛犀豹
천둥이 산을 가르매 도깨비가 도망치는 듯	疾雷劈山逃罔兩
또는 끝도 가도 없는 광활한 벌판에	又如無邊曠墟濱

거센 바람 소낙비가 아득히 몰아친 듯도 하네	急風墨雨吹莽蒼
때론 아녀자의 사랑과 원한에 찬 말이 있어	有時兒女恩怨語
균천광악 아홉 곡 연주로 변화하기도 하니	變作九奏鈞天廣
갖가지 형태가 넘쳐나서 한량이 없는지라	百態橫生不可窮
책 덮고 울고 싶어라 한갓 서글플 뿐이로다	掩卷欲哭徒悵惘
우스워라 후세의 여러 망녕된 사람들이	寄笑後來諸妄人
생각을 쥐어짜서 그와 같길 기대하는 것이	抽肝擢腎期相倣
선생의 장함은 도리어 문자 밖에 있거니	先生却在文字外
우뚝한 풍절은 더욱 어찌 우러를 수 있으랴	高風峻節尤何仰[132]

황현은 소식의 시문집을 통해 느낀 소식의 인생과 문학세계를 정리하면서 누구도 흉내 낼 수 없는 그의 재주를 높이 추앙하였다.

여기까지 임상정, 신방, 이정섭, 조귀명, 이천보, 황경원, 홍양호, 홍대용, 박지원, 이덕무, 정약용, 김정희, 김택영, 황현 등의 글을 통해 조선 후기에 소식 문예이론과 그의 시문 평가가 어떠했는지 알아보았다.

임상정과 신방은 소식의 작품세계에 대해 어디에도 얽매이지 않는 자유롭고 자연스러운 창작을 높이 평가하였다. 이정섭은 문예작품에는 '언외지의'가 있어야 하며 소식 산문을 학습하면 산문 창작에 많은 도움이 된다고 보았다. 조귀명은 도학적으로는 부정적으로 보았으나 문학적으로는 긍정적으로 평가하였다. 조귀명은 소식의 언외지의와

132 黃玹, 『黃玹全集』 권상, 「題東坡集」, 40~41쪽.

자득한 신의를 높이 평가하고 회화에서 전신론을 주장하였다. 이천보는 소식 시문을 존숭하면서도 그 모방만큼은 강력히 반대하였다. 황경원은 불교사상이 짙다는 이유로 소식 산문을 배우는 것을 반대하였다. 홍양호는 시문서화가 하나이고 영감이 발현되어야 훌륭한 작품이 될 수 있고 인위적인 노력이 개입하지 않은 자연스런 창작을 주장하였다. 홍대용과 박지원은 상세하고 구체적인 독서법을 제시하여 실천이 수반된 독서를 통해 진리를 터득하라고 주장하였다. 이덕무와 정약용은 문예의 효용측면에서 개인적 효용가치를 언급하였다. 특히, 정약용은 소식을 힘써 배울 것을 주장하면서도 불교 논리나 노장 학술이 글 속에 많이 침투한 것에 대해서는 크게 비판하였다. 김정희는 시서화는 하나라는 바탕위에 영감과 전신의 중요성을 강조하였다. 조선 말기 김택영과 황현은 소식의 시문을 긍정적으로 평가하였다.

조선 후기에 또 한 가지 주목할 점은 모방을 배격하고 독창성을 추구했다는 것이다. 임상정은 자신이 소식을 최고의 전범으로 설정하고 있을 뿐만 아니라 '소식과 근사하다'는 평을 최고의 평으로 생각하였다. 또 조귀명도 '소식을 대단히 좋아한다'고 하였다. 그러므로 남유용이 이천보에게, 이천보가 조귀명에게, 조귀명이 임상정에게, "소식과 구별이 안 갈 정도", "소식의 경지에 들어갔다"라고 한 말은 최고의 평가임에 틀림이 없다. 당시에 소식을 문학에서는 도달하여야 할 최고의 경지로 설정하고 있었고 그에게 비견되는 것이 최고의 찬사였음은 의심의 여지없는 명백한 사실이다. 그러나 18세기의 문단을 주도하여 나갔던 조귀명이나 이천보는 비록 자신의 작품이 소식과 비슷하다고 하더라도 그것은 바로 모방을 의미하는 것으로 간주하였다. 따라서 그 관련성에 대하여 극력 부인하려 하였다. 비록 실제로는 그들의 작품에서 소식과 유사점이 있다 하더라도 궁극적으로는 모방의 의혹으로부터 벗어나기 위하여 노력한 것이다. 그들의 문학세계에서 모방의 배격과 독창성의 추구는 하나의 문학 이념이었기 때문이다.

제8장
결론

본서는 소식의 문예에 관한 견해들을 총망라하여 '행운유수行雲流水', '흉유성죽胸有成竹'식의 용어를 나열하는 기술을 배제하고 작가론, 구상론, 창작론, 감상론 등의 체계적인 논술을 통해 소식문예이론을 살펴보았다.

제1장 '서론'에서는 연구 동기, 연구 방법, 소식의 생애 등 세 방면으로 나누어 본 연구의 목적과 방법에 대해 기술하고 시기별로 소식문예이론을 재단하였다.

제2장 '소식 문학예술관의 완성과정'에서는 소식 문예이론의 기초가 되는 견해이면서 작가론, 구상론, 창작론, 감상론 등의 근간이 되는 원

론을 기술하였다. 소식의 문학예술관은 세 가지 특징으로 나누어 살펴보았다.

첫 번째 '소식 문예사상의 대일통大一統'에서 주목할 점은 소식의 문예사상의 대일통 추세가 황주黃州 폄적시기를 전후로 하여 유가 중심에서 불로 중심으로 변했다는 사실이다.

소식이 유불도 사상을 융합하려던 까닭은 우선 시대적 산물에서 비롯되었다. 그는 수백 년 동안 중국문인들의 심리에 영향을 미쳤던 유불도 사상을 고스란히 다 가슴에 품었던 사람이었다. 게다가 소식의 인생역정이 복잡하고 곡절 역시 많아서 그의 사상 감정 역시 복잡하였다.

황주 폄적시기 이전, 소식은 활발한 정치활동을 하면서도 그 내면에선 만사가 다 부질없다는 보편적인 인생무상을 체감하며 소극적 내지는 염세적 인생태도를 지향하였다. 하지만 이는 가슴으로 느낀 것이 아닌, 머리로 이해한 주장일 뿐이었다. 그는 현실 정치에 입각한 유가학술을 중심에 두면서도 불로사상을 부가하여 유가학술의 부족한 부분을 보완하려 하였다.

황주 폄적시기 이후, 소식의 처세관은 낙천적이면서도 적극적인 자세로 변모하였다. 그의 오랜 귀향생활은 그로 하여금 인생무상이라는 허무주의에서 벗어나 초탈한 달관의 경지에 이르게 하였다. 그는 귀향지에서 터득한 불로사상의 초연광달超然曠達한 사유를 바탕으로 유가의 현실철학을 보완하였다. 전반시기와 달리, 소식은 불로사상을 중심으로 유가 철학을 보완하는 사상방면의 대일통을 이루었다.

두 번째 '소식 문도文道 관념의 독창성'에서, 소식은 전통적인 문도文道 관념을 벗어나 포괄적인 문의文意 관념으로 초점을 맞추었고, 참된 이치를 밝히는 데 그 뜻을 다하면 되었지 유가의 도를 전하려 애쓰지 않았다. 소식의 이러한 관념은 31세부터 『주역周易』을 풀이하면서 『주역』의 상징적象徵的 문구와 장자의 우언적寓言的 담론을 즐겨쓰면서 생성되었다. 이 기초 위에서, 그는 자연 대상에 유의留意하여 집착해서는 안 되고 우의寓意하여 '신여물유神與物游'하여야 한다는 주장을 펼쳤다. 시문서화詩文書畫에서 노닐 뿐 그 대상에 집착해서는 안 된다는 말이다. 소식은 황주黃州 폄적 시기를 거쳐 복권되어 중앙에서 한림학사翰林學士 등의 고위직을 하다가 다시 혜주惠州와 담주儋州 등으로 재폄적再貶謫되었던 부침浮沈 속에서 문도文道 관념을 완성하였다. 그는 자연의 이치를 부자연스럽게 표현해서는 안 된다는 그만의 고심 속에서 우의寓意에서 그칠 것이 아니라 달의達意해야 한다는 이상을 가졌고 기예技藝의 중요성을 더욱 강조하였던 것이다. 그가 이룬 문도文道 관념은 도와 기예를 상하 구조로 나누지 않고 대등한 관계 속에서 숙련된 기예가 잠재하다가 평상시 체득한 도를 적절히 표현해내는 것이었다. 또한 소식 전 생애를 놓고 볼 때, 그의 문도 관념이 완성되어 가는 과정 속에서 『주역』 역주 작업이 상당한 영향력을 미쳤으며, 문예작품은 전통적인 '문이재도文以載道' 사고에서 벗어나 유의留意해선 안 되고 우의寓意해야 하며 결국에는 달의達意해야 한다는 주장을 펼쳤다는 사실을 확인할 수 있었다.

글을 지을 때 문과 도가 합일되어야 하고 그 작품을 읽으면 절로 도를 밝혀야 한다. 문장文章은 설명적이거나 학술적인 작품이 아니라 반영적이고 문예적인 창작이다. 고문古文이 이 상황에 이르면 재도載道적인 부수적 지위에서 벗어날 뿐만 아니라 명도明道의 명분을 빌려 문文의 지위를 한 층 더 높일 수 있다. 문학관점에서 논하자면, 이는 정말 소식 문도론文道論의 커다란 공헌이라 하겠다.

세 번째 '소식 문예 효용가치의 영역확대'에서, 문예의 효용가치를 학술적 효용이나 실용적 효용을 뛰어넘어 예술적 효용과 개인적 효용에까지 확대시켰음을 알 수 있었다.

소식은 문예의 학술적 효용에 대해, 장년 시기에 장자의 '득의망언得意忘言'의 관점을 더욱 중시하여 '도통어예道通於藝(도가 기예와 통함)'라는 문예가치론에 이른다. 이 논점은 장자의 '득의망언'에서 비롯되었다. 불가에서도 '진여본체眞如本體'라는 말을 제기했었다. 이는 '언어로부터의 이탈離言'을 근본으로 삼지만 '언어에 의거함依言'을 법도로 삼아야 한다는 고담적인 언어표현이다. 쉽게 말하면, 비슷한 것은 가짜이지만 그 가짜를 통해 참 진리를 깨달을 수 있다는 말일게다. 소식은 비록 하찮은 기예일지라도 진실로 지혜와 숙련됨을 발휘할 수 있으며, 더욱이 아무런 방편 없이 도를 깨닫는 건 불가능하므로 무엇보다도 음악, 서예, 시는 모두 도를 깨닫는 데 유익한 방편이 될 수 있다. 도와 예 두 가지는 서로 보조하는 관계라서 어느 하나만 강조해서는 절대로 예술의 최고 경계에 도달할 수 없다. 도가 우선이되 기예가 대등하고 적절하게 도를 표현할 수 있어야 한다. 소식의 '도통어예'라는 주장은 장년 시기엔 학술적 효용가치로만 보다가 노년에 이르러 예술적 효용가치를 더욱 강조하는 표현이 되었다.

소식은 문예의 사회적 효용에 대해, '유위이작有爲而作'을 주장하였다. '유위이작' 논점은 송대 경세치용 사조와 직접 연계된다. 경세치용 사조는 문인들의 사회 책임감과 역사의식을 더욱 고취시켜 문인들의 사유 방식과 문학 관념에 커다란 변화를 불러일으켰었다. 이 시기 문인들의 사유 변화는 이념 의식의 강화에 있었다. 이러한 문단 분위기 속에서 소식의 '유위이작'이 생겨났다.

하지만 소식의 문예관은 사회적 효용 가치에만 머물지 않았다. 소식은 생활 현실에 입각한 예술 창작은 반드시 '유위이작'하여야 한다고 주장하였다. 소식은 창작 정신이 결코 현실 생활과 유리되어서는 안 된다고 생각하였다. 소식은 작품의 인격화와 정서화를 주장하기도 하였는데, 이는 작가가 문예 작품을 통하여 자신의 개별적 감정을 토로할 수 있기 때문이었다. 소식은 진정한 작가 정신이 바로 이러한 관념에서 비롯된다고 여겼다. '진정眞情'에서 비롯된 작품은 바로 '유위이작'의 남상이며 '유위이작'의 또 다른 표현이기도 하다.

이러한 문예 효용 관점은 유종원柳宗元의 '보시급물輔時及物'이나 왕안석王安石의 '유보어세有補於世' 등의 사회 효용론과 상이한 견해이다. 소식의 문예 효용관념은 결코 사회적 효용에만 국한하지 않았다. 기본적으로 문예 작품 속에는 항상 작가의 진정이 담겨 있고 작가의 현실에 대한 태도와 평가를 지닌다. 어떠한 심리적 욕망이나 사사로운 감정이 만약 이성에 의해 의식적으로 막히면 결국 정신적 고통과 우울증에 빠진다. 따라서 작가는 문예 창작 활동을 통해 심리적 욕망과 사사로운 감정을 자연스럽게 토로함으로써 감정적 '정화' 상태에 쉽게 도달할 수 있다. 문예 감상자 역시 간접적인 정신 교류를 통해 정신적 해방감을 느낄 수 있다. 이 역시 '유위이작'이라고 말할 수 있다. 소식의 이러한 관념은 '유위이작'이론의 근원이 되어 문예 효용 논점에 새로운 안목을 제시해주었다.

소식문예이론의 원론적 관점들을 모아 소식 문학예술관이라 하여 정리한 후 그의 중심 이론들을 서양문예이론에서 강조하는 세 가지 측면으로 나누었다. 즉 작가, 작품, 독자 세 가지 관점에서 작가론, 창작론, 감상론으로 나누고 여기에 구상론을 결부하여 소식문예이론을 기술하였다.

중국문예이론에서 작가론은 서양이론에서 보이는 작가 개인의 생애를 조망하는 방법에서 그치지 않고 작가수양방면에까지 언급하는데, 이는 작가의 인품이 곧 작품의 풍격이 된다는 전통적 문학 관념이 개입된 결과이다. 이는 소식문예이론에서도 별반 다르지 않아 작가수양에 대해 매우 강조하고 있다. 이전의 문인들이 문예 활동 중에서 작가 수양의 중요성을 강조한 것에 비해, 소식은 이에 대해 전 생애에 걸쳐 끊임없이 제기하고 있을뿐더러 자신의 구체적 경험을 토대로 한층 생동감 있게 주장하고 있다는 점이 특히 주목할 부분이다.

제3장 '작가수양이론의 구체화과정'에서는 '독서 학습', '관찰 체험', '시련 극복' 등으로 나누어 그의 작가론을 살펴보았다. 소식은 이 세 가지 조건들이 충족될 때에야 비로소 완벽한 작품을 만들 수 있다고 생각하였다. 작가가 이러한 수양과정을 제대로 거쳐야 그 창작역량이 용솟음쳐 훌륭한 작품을 지을 수 있기 때문이다. 또한 이를 통해 만들어진 작품은 역으로 작가의 창작역량에도 영향을 미쳐서 창작 자체가 역으로 수양효과를 가져다줄 수도 있다.

소식은 25세(1060) 이제 막 관직생활을 시작하던 무렵에 쓴 서신을 통해 일찍부터 독서의 중요성을 인식하였고 28세(1063) 봉상鳳翔에 임직하면서 지은 글에서 주장한 '박관약취博觀約取'의 관념은 60~62세(1095~1097) 시기인 혜주로 유배되었을 때에 지은 서신을 통해서도 여전히 견지되고 있었다. 이를 통해 볼 때 '박관약취'의 관념은 평생 유지되어온 중요한 학습태도라고 하겠다. 그는 '박관약취'의 관념을 실행하기 위한 두 가지 실천방안을 제시하였는데, 그 하나는 정독방법이고, 또 다른 하나는 회의하는 태도였다. 그는 여기서 더 나아가 60세(1095) 혜주로 유배되었을 때 지은 서신에서 한층 구체적인 실천방법을 주장하는데, 바로 '일의구지一意求之'하는 독서 태도이다. 이로 볼 때 소식은 생애 후반부로 가면서 이론주장보다는 구체적 실천방법에 더 큰 관심이 있었음을 알 수 있다.

그는 작가의 수양방면에 있어서 관찰 체험 과정도 중시하였다. 그는 36세(1071) 때 '상형常形'과 '상리常理'에 관한 문제를 제기하였고, 43세(1078) 때 서주徐州에서 지은 글에서 건성으로 경험하고 관찰하는 것으로는 충분치 못하며 장기간의 직접 체험을 통해서만이 물리物理를 제대로 파악할 수 있다고 강조하였다. 그는 오대시안烏臺詩案에 휩싸이기 직전인 44세(1079.7) 때 '흉유성죽胸有成竹'이론을 주장하였고, 49세(1084) 황주 유배지를 떠나는 길에 지은 글에서 '상형常形'에 대해 관찰을 중시하면서 매사에 '이문목견耳聞目見'해야 하며 어떠한 억측도 해서는 안 된다고 주장하였다.

아울러 그는 39세(1074) 항주杭州에서 지은 글과 46세(1081) 황주시기에 쓴 글에서 '궁이후공窮而後工'설을 드러냈다. 그는 황주와 혜주 그리고 담주에서 유배되어 지내던 때에 지은 많은 문장 속에서 자신의 '초연광달超然曠達'한 정신경계를 드러내었다.

소식의 작가수양이론의 구체화과정을 종합적으로 살펴보면 처음에는 추상적 담론에 그치고 있다가 나중에는 구체적 방법과 결과를 이루어내고 있음을 발견할 수 있었다. 독서학습에 있어서는 '박관약취'이론을 '일의구지'라는 학습방법으로 구체화하였고, 관찰체험에 있어서는 '흉유성죽'이론을 '이문목견'이라는 체험방법으로 구체화하였고, 시련극복에 있어서는 '궁이후공'이론을 '초연광달'이라는 결실로 구체화하였다. 그는 독서 학습 과정을 통하여 내적 수양을 쌓고 관찰 체험 과정을 통해 외적 수양을 이루고 시련 극복 과정을 거쳐 '궁이후공'의 진면목을 드러내어 그 문예작품이 진실성에 더 다가서도록 하였다. 이러한 수양을 거쳐 만든 작품이라면 독자가 더 쉽게 감화될 게 분명하다.

작가수양을 제대로 거친 작가는 본격적인 창작활동 이전에 구상단계를 거친다. 소식은 산문이라는 형식으로 기술하기보다는 시가의 운율에 기탁하여 심미구상에 대한 견해를 드러내었다. 제4장 '심미구상이론의 구현과정'에서는 세 가지로 나누어 소식의 심미구상과정을 탐구하였다.

문예창작구상은 허정한 마음으로 세상을 마주하는 관조 단계, 정신이 만물과 교유하는 상상 단계, 경물에 흥취가 일어나는 영감 단계를 거친다. 이를 통해, 창작자는 물아일체의 심리상태에 이르게 되어 '물화지경物化之境'의 문예 작품을 구현시킬 수 있다. 소식은 관조와 상상, 그리고 영감 등의 구상과정을 중시하였다. 구상과정 속의 관조, 상상, 영감은 순차적으로 이루어지기도 하지만 동시에 만발하기도 한다. 하지만 그 중 어느 하나라도 빠져서는 훌륭한 문예작품을 기대하기란 어렵다. 또한 '물物'을 빼놓고는 세 가지 구상과정 속의 관조, 상상, 영감 그 어느 것도 설명할 방법이 없다. 구상 자체가 외계 사물에 기반을 두고 있다는 말이다. 문예창작구상이 구체적이고 현실적인 것에 기반을 두지 않으면 무용하다. 이를 통해, 소식의 문예창작구상 역시 중국의 현실에 기반을 둔 실용주의적 미학 관점을 다분히 담고 있음을 알 수 있다.

소식이 구상에 관한 글들을 저술한 시기를 통해 창작구상의 변화를 살펴보았다. 소식은 관조에 대하여 20대에 일반적인 허정한 심리를 주장하다가 50대에 비로소 외계 경물에 구속 받지 말고 그 밖에서 자유로이 노닐 때 관조의 역량이 그 빛을 발한다는 탁견을 제시하였고, 상상에 대하여 30대에 일반적인 '신여물유'의 정신 사유로 보다가 50대에 물상 밖에서 노닌다遊於物之表는 점에 기반을 둔 몸이 대나무와 동화身與竹化되고 그 정신이 만물과 교유其神與萬物交한다고 주장하면서 상상의 영역을 물화로 승화시켰고, 영감에 대하여 40대에 창작 영감의 특징이 필연을 담보한 우연성과 인공을 담보한 자연성을 지니고 있음을 이론적으로 주장하였고 말년에 그 영감을 실제 창작에 구현하는 것은 결코 쉽지 않음을 다시 한 번 확인하였다.

한 작가가 훌륭한 문예관을 갖고 작가적 수양영역을 두루 거치고 탁월한 심미구사를 거쳤다고 하더라도, 실제 창작에서 제대로 표현해내지 못한다면 이전의 모든 노력은 헛된 수고에 불과하다. 이는 결코 억지로 노력하여 배울 수 있는 것이 아니고 자득自得해야만 도달할 수 있는 것이다. 따라서 자신의 의중을 실제작품세계에 어떻게 표현하느냐는 문예이론의 가장 중요한 관건이다. 제5장 '창작표현이론의 성숙과정'에서는 '청장년 시기의 창작이론—수물부형隨物賦形', '중후년 시기의 창작이론—전신傳神', '노년 시기의 창작이론—달의達意' 등으로 나누어 소식의 창작표현이론을 살펴보았다.

소식은 청장년 시기에 그의 부친 소순蘇洵의 '바람과 물이 서로 만나 물결을 이룬다風水相遭'라는 자연미를 강조한 학설을 이어받아 '수물부형隨物賦形'의 자연스런 창작을 주장하였다. 이 창작이론은 의도해서 작품을 쓰는 것이 아니라 자연스런 감흥에 못 이겨 절로 지은 작품을 강조하면서 창작에 있어서도 대상물의 현상과 묘사가 제대로 표현되어야 한다는 점을 강조한 말이다. 여기에 그는 45세 이후인 중후반 시기에는 '전신傳神'을 주장하여 사실적인 묘사뿐만 아니라 그 물상의 품성이나 인물의 정신까지도 묘사해야 한다는 점을 강조하였다. 이 주장은 회화이론을 문학이론에 접목시킨 것으로, 문학과 예술은 결국 표현 원칙이 별반 다르지 않음을 더욱 강조하였다 하겠다. 이후 그는 공자의 '사달辭達'설의 의미를 새롭게 해석하여 58세 이후인 노년 시기에 그만의 독특한 '달의達意'이론을 만들어내었다. 이를 통해 소식은 자연스런 창작정신과 참된 묘사를 강조하고 회화의 '전신'이론을 수용하여 문학에 결부시켜 새로운 형신形神이론을 창출한데다가 공자의 '사달'설을 확대 발전시켰음을 알 수 있다. 글을 통한 의미 전달에 있어 작가의 생각을 진솔하게 전달하는 것이 중요하다고 해서 형식적인 면을 경시해서는 안 된다. 그 형식적인 완성도가 이루어지지 않으면 작가가 전달하고자 하는 내용도 역시 100퍼센트 전달했다고 단언하기 어렵다.

소식이 시기별로 주장한 '수물부형', '전신', '달의'는 사실 완전히 다른 이론이라고 할 수 없고 '수물부형'에서 '전신'으로, 다시 '달의'로 발전하는 큰 틀로 보아야 마땅하다. '수물부형'은 객관 사물의 '형사'만을 가리키는 말은 결코 아니다. 그 대상 내부의 신기神氣를 제대로 관조해야 그 사물의 참된 묘미를 묘사할 수 있기 때문이다. 따라서 '형사'를 경시하고 '신사'를 중시한 창작도, 지나치게 '형사'만을 중시한 창작도 모두 참된 자연 창작이 아닌 것이다. 사상적 측면에서도 그의 세 시기의 이론들이 유가 사상을 그 바탕에 두고 있으면서 장자의 언어예술관이 교묘하게 절충되어 있었다. 처음 샘물은 제각기 다른 원천지에서 비롯되지만 시내를 거쳐 강으로 흘러나가 결국에는 모두 바다로 집결한다.

제6장에서는 소식이 감상자의 입장에서 이전의 중국 문학작품에 대해 수용 미학적 관점으로 감상하고 비평한 내용들을 따로 모아 '작품감상이론의 세 가지 안목'이라 하였다. 여기서는 '자연미', '함축미', '물아일체' 등으로 나누어 소식의 문예감상이론을 논술하였다. 그가 이 세 가지를 작품 세계에 구현했다 하여 특별히 애정을 갖고 감상했던 몇 명의 대표 작가들이 있었는데, 도연명陶淵明, 유종원柳宗元, 사공도司空圖, 문동文同 등이었다.

자연미 부분에서 소식은 문예작품이 진실한 감정을 표현해야 하고 언어는 어떤 수식의 흔적도 없어야 한다고 주장하였다. 그는 격률이나 대우, 또는 지나친 전고의 사용을 반대하였다. 소식은 자연미가 지닌 '천공天工'과 '청신淸新'을 적극적으로 추구하였다. 이것은 바로 '수물부형隨物賦形'과 '행운유수行雲流水'의 본질이다. 소식이 말한 자연미는 절대로 자연주의 사조에서 말하는 자연이 아니고 예술적으로 승화된 '천공'의 자연미를 말한다. 소식은 도연명陶淵明, 오도자吳道子, 문동文同 등을 자연미를 이룬 작가로 보았다.

함축미 부분에서 소식은 문예 작품의 언외지의言外之意는 형상 속에 사상을 기탁하는 것이라고 여겼다. 이는 작가의 생각을 적나라하게 다 드러내는 것이 아니라 독자에게 상상력의 여지를 남겨 두어 형상의 함의를 풍부하게 하는 것이다. 작가는 응축된 언어를 사용하여 함축미를 만들어내어 독자들에게 시인의 의향 너머까지도 도달할 수 있게 해야 한다. 소식은 도연명, 유종원柳宗元, 두보杜甫, 위응물韋應物 등을 작품에 함축미를 발현한 작가로 보았다.

물아일체 부분에서 소식은 물화物化의 경계에 이른 작품을 애호하였다. 물아일체는 주체인 작가와 객체인 대상물이 작품 속에서 하나가 된 경지를 말한다. 작가는 자신의 감정과 대상물이 서로 하나가 되도록 하여 물화의 경계에 이른다. 하지만 작가가 작품 속에 물아일체를 구현했다고 하더라도 감상자가 그 작품 속의 물아일체를 체득하지 못할 수 있다. 그래서 물아일체의 작품으로 평가받기 위해서는 감상자가 그 작가에 대해 깊이 있는 이해를 가져야 하며 그 대상물에 대해서도 해박한 지식을 지녀야 가능하다. 소식은 문동과 도연명을 진정으로 이해하였고 그 바탕에서 그들의 작품을 감상하였기에 그들의 작품 속에 구현된 물아일체를 체득할 수 있었다.

문예 작품은 자연미를 지녀야 한다. 그러나 언어는 의미를 전달하기에는 부족한 도구이기 때문에 작가는 언어를 운용할 때 적지 않은 어려움을 겪는다. 예로부터 사람들은 '언부진의言不盡意(말로는 의중을 다 드러내지 못함)'라는 말을 해왔듯이 문예 작품 속에 '언외지의言外之意'를 발현하는 일은 대단히 중요한 일이다. 게다가 문예 작품은 물아일체를 구현해야 한다. 소식이 말한 문예 감상의 세 가지 척도는 서로 다른 것이 아니다. 왜냐하면, 물아일체를 구현한 작품은 자연미를 지닐 수밖에 없고 함축미에 기초해야 한다. 결국 자연미와 함축미, 그리고 물아일체는 표현만 세 가지로 달리 한 것이고 하나로 귀착된다.

소식은 젊은 시기부터 친척관계였던 문동과 자연스레 교유하면서 그의 인품과 그의 작품이 하나임을 인지하고는 물화物化의 경지에 도달한 문동을 찬미하였다. 50대 이후로 도연명의 작품을 특히 애호하였고, 심지어 도연명과 상우尙友하면서 그의 인품이 어떠한지 작품세계를 통해 인식하고 그 인성이 고스란히 작품세계에 투영되었음을 깨달았다. 이렇게 대상물과 작가가 하나 되고 그 작품을 감상하는 이 역시 하나 될 때 감상의 극치에 도달한다.

제7장 '고려・조선에 미친 영향'에서는 소식 사후 고려高麗시기, 조선朝鮮 전기, 조선 중기, 조선 후기로 나누어 소식문예이론이 고려와 조선 시기에 어떠한 평가를 받고 어떠한 영향을 미쳤는지를 살펴보았다. 현재까지 연구된 학위논문과 저술에 토대를 두고 소식 문예이론이 후대에 어떻게 평가 받고 어떠한 영향을 미치고 있는지를 총괄하여 정리하였다. 한국문학사에서 고려와 조선 시기에 이루어진 소식문예이론의 영향을 소개하였다.

고려시기에서는 고려 문인들 중에서도 이인로, 임춘, 이규보, 최자, 이제현, 이색, 권근 등의 대표적인 시문을 통해 이들이 소식문예이론을 적극적으로 수용하였고 소식의 시화일치론을 찬동하였음을 알 수 있었다. 이들의 주장을 종합해보면, 시인이나 화가는 시문서화詩文書畵를 창작할 때 유의留意하지 말고 우의寓意해야 하며 그림을 잡기雜技나 말예末藝로 천시하지 말고 시가 언외지의言外之意를 강조하듯 그림은 상외지상象外之象을 나타내야 하고 이러한 경지는 어느 누가 혹은 어떤 책이 알려주는 것이 아니라 스스로 터득自得해야 한다는 것으로 정리할 수 있겠다.

우리는 임춘이 논술한 기러기 그림에 대한 화평을 통해 소식의 우의寓意, 물화物化, 영감, 자연창작 등의 문예이론을 적극 수용하였음을 발견할 수 있었다. 그리고 고려 문인들이 소식 시문을 수용하는 과정 중에서 최자가 보인 이인로와 이규보의 대비되는 논리는 어디까지가 영향이고 어디까지가 표절인가를 생각해보게 하였다. 최자의 논리에 따르면, 이인로는 소식 시문을 모방하다 못해 표절하는 데 이르렀고 이규보는 소식 시문을 수용하면서도 신의新意를 창출했다고 평가하였다. 이제현은 소식과 이규보의 제화시를 통해 시나 그림은 형식상의 차이만 있을 뿐 예술적 근원은 같다고 보았다. 이색은 소식의 작가수양이론을 적극 수용하여 자득自得을 강조하였다. 이색은 시문 창작 원리는 누군가가 설명해주거나 어떤 서책 속에 담겨있는 것이 아니라 직접 학습하고 체험하면서 몸소 터득하는 것이라 보았다. 권근은 소식 시문과 자연창작이론을 수용하여 창작은 의도하지 않고 자연스럽게 지어야한다는 점을 강조하였다. 이 모든 고려의 대시인들이 소식을 숭상하고 배웠기 때문에 소식 열풍이 더욱 고양되고 신속하게 전파되었다.

조선 전기에서 주목할 이는 서거정, 강희맹, 성현, 김일손, 이황 등이었다. 서거정은 시문서화가 하나라는 취지로 '심수상응心手相應'하는 이치 역시 똑같다고 주장하였고, 강희맹은 유의와 우의 개념을 수용하여 개인의 욕망이 개입하였는지 여부에 의해 유의와 우의가 나뉘며 그로 인해 군자와 소인이 구별된다고 여겼다. 성현은 소식의 시문에 대해서는 너무 옹골차다고 평가하면서도 소식의 대일통大一統 문예사상을 수용하여 다양성을 인정하는 가운데 그 근본은 하나라는 점을 강조하였다. 김일손은 소식의 '흉유성죽胸有成竹'이론을 받아들여 그림을 그리는 화가는 가슴속에 먼저 완전한 대상물을 품고 있어야 그 대상물을 완벽히 구현할 수 있다고 보았다. 이황은 학술과 문예를 구분하여 조선시대 대부분의 성리학자들이 소식의 시문을 배격했던 것과는 달리 소식의 시문을 객관적으로 평가하여 숭상했다.

조선 중기에서는 김우옹, 성혼, 유몽인, 임진, 이수광, 신흠, 허균, 이식, 남구만, 김창흡, 이하곤 등을 중심으로 소식 시문의 평가 및 소식 문예이론의 영향관계를 알아보았다. 김우옹은 성리학을 신봉하여 소식의 시문을 절대로 읽어서는 안 된다고 주장하였다. 성혼은 공자의 '문질빈빈文質彬彬'과 '회사후소繪事後素'에 바탕을 둔 '문식 방면으로는 학문의 외연을 넓히되 본질 방면으로는 예법으로 요약하여博文約禮' 끊임없는 실천이 쌓이고 쌓여야 한다는 독서법을 주장했는데, 이는 소식이 '박관약취'의 독서원칙을 바탕으로 그 이치를 체득할 정도로 실천할 것을 주장한 독서법과 비슷하여 영향을 받았으리라 짐작된다. 유몽인은 고문의 시대 하한선을 당대 한유와 유종원까지로 보고 송대 소식 등의 문장은 금문으로 치부하여 학습 대상에서 제외시켰고, 임진은 소식을 정통시를 해친 사람으로 비난하였다. 이수광은 소식 시문의 의론 성향을 높이 평가했지만 불교적 색채가 짙은 시문이 많다는 점을 지적하여 한유 시문보다는 낮게 평가하였다. 신흠은 주자학에 빠져있던 당시 다른 문인들과는 달리 열린 사고와 상대적 가치를 긍정하는 학문관을 취했기에 소식 시문을 긍정적으로 평가하였고 소식 문예이론의 자연창작론을 받아들여 작품의 자연미를 강조하여 인위적인 창작행위를 반대하였다. 허균은 유가 학술과 불가 학술을 함께 연구하고 비교하면서 작가수양에 있어서 선입견을 배제해야 참된 도리를 깨우칠 수 있다고 보았고 소식 산문의 변화무궁함을 칭찬하여 소식 산문을 문장 익히는 지침서로 여겼다. 이식은 시를 배움에 이백과 두보를 표준 삼아 소식도 참고할 것을 주장하였다. 남구만은 장자의 '포정해우'·'윤편착륜'과 소식의 작가수양이론을 적극 수용하여 진리는 서책이나 성인군자를 통한 간접적인 방법으로는 절대 파악할 수 없고 직접 관찰하고 체험하고 실천해야만 비로소 터득할 수 있다고 보았다. 김창흡은 문학의 실용적인 효용가치를 강조하여 소식의 책문만 공부하라는 편협된 사고를 지녔으나 문예이론방면에서 소식의 전신론을 그대로 수용하였다. 이에 반해 신정하는 문학의 오락성과 개인 만족을 효용가치로 인정하여 소식 산문의 장점을 다른 각도에서 접근하여 척독의 문예미를 높이 평가하였다. 이하곤은 소식의 전신론을 수용하였으되 독창적인 주장을 더했는데, 그는 형사形似한 작품이라도 제대로 표현했다면 그 나름의 가치가 있다고 여겼고 사실 묘사의 범주와 외연을 넓혀 변형과 과장도 사실 묘사로 포함시켰다.

조선 후기에서는 임상정, 신방, 이정섭, 조귀명, 이천보, 황경원, 홍양호, 홍대용, 박지원, 이덕무, 정약용, 김정희, 김택영, 황현 등의 글을 위주로 소식 문예이론과 그의 시문 평가가 어떠했는지 알아보았다.

임상정과 신방은 소식의 작품세계에 대해 어디에도 얽매이지 않는 자연스러운 창작을 높이 평가하였다. 이정섭은 문예작품에는 '언외지의'가 있어야 하며 소식 산문을 학습하면 산문 창작에 많은 도움이 된다고 보았다. 조귀명은 도학적으로는 부정적으로 보았으나 문학적으로는 긍정적으로 평가하였다. 조귀명은 소식의 언외지의와 자득한 신의를 높이 평가하고 회화에서 전신론을 주장하였다. 이천보는 소식 시문을 존숭하면서도 그 모방만큼은 강력히 반대하였다. 황경원은 불교사상이 짙다는 이유로 소식 산문을 배우는 것을 반대하였다. 홍양호는 시문서화가 하나이고 영감이 발현되어야 훌륭한 작품이 될 수 있고 인위적인 노력이 개입하지 않은 자연스런 창작을 주장하였다. 홍대용과 박지원은 상세하고 구체적인 독서법을 제시하여 실천이 수반된 독서를 통해 진리를 터득하라고 주장하였다. 이덕무와 정약용은 문예의 효용측면에서 개인적 효용가치를 언급하였다. 특히, 정약용은 소식을 힘써 배울 것을 주장하면서도 불교 논리나 노장 학술이 글 속에 많이 침투한 것에 대해서는 크게 비판하였다. 김정희는 시서화는 하나라는 바탕 위에 영감과 전신의 중요성을 강조하였다. 조선 말기 김택영과 황현은 소식의 시문을 긍정적으로 평가하였다.

조선 후기에 또 한 가지 주목할 점은 모방을 배격하고 독창성을 추구했다는 것이다. 임상정은 자신이 소식을 최고의 전범으로 설정하고 있을 뿐만 아니라 '소식과 근사하다'는 평을 최고의 평으로 생각하였다. 또 조귀명도 '소식을 대단히 좋아한다'고 하였다. 그러므로 남유용이 이천보에게, 이천보가 조귀명에게, 조귀명이 임상정에게, "소식과 구별이 안 갈 정도", "소식의 경지에 들어갔다"라고 한 말은 최고의 평가임에 틀림이 없다. 당시에 소식을 문학에서는 도달하여야 할 최고의 경지로 설정하고 있었고 그에게 비견되는 것이 최고의 찬사였음은 의심의 여지없는 명백한 사실이었다. 그러나 18세기의 문단을 주도하여 나갔던 조귀명이나 이천보는 비록 자신의 작품이 소식과 비슷하다고 하더라도 그것은 바로 모방을 의미하는 것으로 간주하였다. 따라서 그 관련성에 대하여 극력 부인하려 하였다. 비록 실제로는 그들의 작품에서 소식과 유사점이 있다 하더라도 궁극적으로는 모방의 의혹으로부터 벗어나기 위하여 노력한 것이다. 그들의 문학세계에서 모방의 배격과 독창성의 추구는 당시 하나의 문학 이념이었다.

본서는 소식의 문예에 관한 주장들을 문학예술관, 작가수양이론, 심미구상이론, 창작표현이론, 작품감상이론 등으로 세분하고 문장발표시기를 토대로 연대기별로 논술함으로써 소식문예이론의 특징을 정확히 살펴볼 수 있었다. 거시적으로는 중국문예이론사에서 그가 이전의 어떤 이론을 수용한 것이 무엇이고 새로이 개진한 것이 무엇인지를 고찰해볼 수 있었고, 미시적으로는 한 작가가 그 전 생애에 걸쳐 하나의 문예이론으로 정립하기까지 그 숙성과정을 살펴볼 수 있었다.

소식문예이론은 곧 한국 고전문학이론에도 깊이 연관되어 있었다. 고려시대와 조선 후기에 소식이 한국 문인의 정신세계나 고문이론에 미친 영향은 지대하였다. 본서는 바로 고려시대와 조선 후기 고문이론을 연구하는 데 일조가 되리라 짐작된다.

마지막으로 부록에 소식연보와 소식 산문의 창작연표, 그리고 소식의 평생 행적도를 첨부하였다. 이는 향후 소식 산문을 연구하는 학자들에게 좋은 참고자료가 될 것이다.

참고문헌

1. 고대문헌

(1) 經部・史部・子部・筆記

郭慶藩 集釋, 『莊子集釋』, 臺北 : 貫雅文化事業公司, 1991.

歐陽修 外, 『新唐書』, 北京 : 中華書局, 1997.

國學整理社, 『諸子集成』, 北京 : 中華書局, 1993.

羅大經, 王瑞來點校, 『鶴林玉露』, 北京 : 中華書局, 1983.

樓宇烈 校釋, 『王弼集校釋』, 臺北 : 華正書局, 1992.

劉昫 外, 『舊唐書』, 北京 : 中華書局, 1997.

劉文典, 馮逸・喬華 校點, 『淮南鴻烈集解』, 臺北 : 文史哲出版社, 1992.

劉寶楠, 『論語正義』, 臺北 : 文史哲出版社, 1990.

劉義慶, 劉孝標 注, 『世說新語』, 北京 : 中華書局, 1999.

李日華, 『六研齋筆記三筆』(筆記小說大觀叢書), 臺北 : 新興出版社, 1985.

美國萬佛聖城宣化上人講述, 『六祖法寶壇經淺釋』, 臺北 : 法界佛教印經會, 1996.

司馬遷, 瀧川資言 考證, 『史記會注考證』, 臺北 : 天工書局, 1989.

釋普濟, 『五燈會元』, 北京 : 中華書局, 1984.

邵伯溫, 『聞見錄』(四庫筆記小說叢書), 上海古籍出版社, 1991.

蘇轍, 俞宗憲 點校, 『龍川略志・龍川別志』, 北京 : 中華書局, 1982～1997.

顔之推, 趙曦明 註, 『顔氏家訓注』, 臺北 : 漢京文化事業公司, 1981.

揚雄, 鄭萬耕 校釋, 『太玄校釋』, 北京 : 北京師範大學出版社, 1989.

阮元 校勘, 『十三經注疏』, 臺北 : 藝文印書館, 1997.

王先謙, 『荀子集解』, 北京 : 中華書局, 1988～1992.

王應麟, 『困學記聞』, 北京 : 中華書局, 1985.

王弼 外, 『老子四種』, 臺北 : 大安出版社, 1999.

魏慶之, 『詩人玉屑』, 臺北 : 世界書局, 1980.

章學誠, 『文史通義』, 臺北 : 漢京文化事業公司, 1986.

趙爾巽 外, 『淸史稿』, 北京 : 中華書局, 1998.

朱熹,『四書集注』, 臺北 : 藝文印書館, 1996.
陳啓天,『增訂韓非子校釋』, 臺北 : 臺灣商務印書館, 1969～1994.
陳鼓應,『老子註譯及評介』, 北京 : 中華書局, 1984～1994.
陳灃,『東塾讀書記』, 臺北 : 臺灣商務印書館, 1997.
脫脫 外,『宋史』, 北京 : 中華書局, 1997.
浦起龍 釋,『史通通釋』, 臺北 : 藝文印書館, 1978.
何薳,『春渚紀聞』, 北京 : 中華書局, 1983.
慧皎 外,『高僧傳合集』, 上海古籍出版社, 1991～1995.
慧海,『大珠和尙頓悟入道要門論』, 出版者不詳, 1963.
洪邁,『容齋隨筆』, 上海古籍出版社, 1995.

(2) 集部
顧炎武,『顧亭林詩文集』, 臺北 : 漢京文化事業公司, 1984.
歐陽修, 劉尙榮編輯,『歐陽修全集』, 北京 : 中華書局, 2001.
仇兆鰲,『杜詩詳註』, 臺北 : 漢京文化事業公司, 1984.
柳宗元, 楊家駱 主編,『柳河東全集』(年二版), 臺北 : 世界書局, 1999.
劉熙載・陳文和,『劉熙載集』, 上海 : 華東師範大學出版社, 1993.
陸機, 張少康 集釋,『文賦集釋』, 臺北 : 漢京文化事業公司, 1987.
李德裕,『李衛公會昌一品集』, 臺北 : 新文豐出版社, 1984.
李贄,『焚書』, 臺北 : 河洛圖書出版社, 1974.
馬其昶 校注,『韓昌黎文集校注』, 上海古籍出版社, 1987.
白居易,『白居易集』, 臺北 : 漢京文化事業公司, 1984.
范仲淹,『范文正公集』, 臺北 : 臺灣商務印書館, 1965.
司馬光,『司馬文正集』(四部備要本), 臺北 : 中華書局, 1966.
徐鉉・柳開・王禹偁 外,『徐公文集・河東先生集・小畜集』, 臺北 : 臺灣商務印書館, 1979.
蘇過,『斜川集校注』, 成都 : 巴蜀書社, 1996.
蘇洵,『嘉祐集』, 臺北 : 臺灣商務印書館, 1977.
邵雍,『皇極經世書』, 臺北 : 臺灣中華書局, 1966.
王國維,『王國維先生全集』, 臺北 : 大通印行社, 1976.
王安石,『王文公文集』, 上海人民出版社, 1974.
______,『王臨川文集附沈氏注』, 臺北 : 鼎文書局, 1979.
袁中道,『珂雪齋前集』, 臺北 : 偉文圖書出版社, 1976.

張載,『張載集』, 臺北 : 漢京文化事業公司, 1983.
錢大昕,『潛研堂文集』, 臺北 : 臺灣商務印書館, 1979.
全祖望,『結埼亭集』, 臺北 : 臺灣商務印書館, 1979.
周敦頤,『周子通書』, 四部備要本, 臺北 : 中華書局, 1966.
朱熹,『朱子語類』, 臺北 : 臺灣商務印書館, 1973.
朱熹 編,『二程全書遺書』, 臺北 : 中華書局, 1966.
______,『河南程氏遺書』, 臺北 : 臺灣商務印書館, 1978.
曾鞏,『曾鞏集』, 北京 : 中華書局, 1984.
陳宏天・高秀芳 校點,『蘇轍集』, 北京 : 中華書局, 1990.
陳亮,『陳亮集』, 臺北 : 漢京文化事業公司, 1983.
遍照金剛, 王利器 校注,『文鏡秘府論校注』, 北京 : 中國社會科學出版社, 1983.
洪興祖,『楚辭補注』, 臺北 : 漢京文化事業公司, 1983.

(3) 總集・評點類
歐陽詢,『藝文類聚』, 上海古籍出版社, 1985.
董誥 外,『全唐文』, 上海古籍出版社, 1990(臺北 : 文海出版社, 1972).
劉大櫆,『論文偶記』, 北京 : 人民文學出版社, 1998.
劉勰, 王更生 註釋,『文心雕龍讀本』, 臺北 : 文史哲出版社, 1991.
劉熙載, 王國安 標點,『藝概』, 臺北 : 漢京文化事業公司, 1985.
謝榛,『四溟詩話』, 北京 : 中華書局, 1985.
徐陵,『玉臺新詠箋注』, 北京 : 中華書局, 1992.
蕭統 編, 李善 注,『文選』, 臺北 : 五南圖書出版公司, 1991~1994.
嚴羽, 郭紹虞校釋,『滄浪詩話校釋』, 臺北 : 正生書局, 1972.
吳訥 外,『文體序說三種』, 臺北 : 大安出版社, 1998.
吳小林,『唐宋八大家匯評』, 濟南 : 齊魯書社, 1991.
王叔岷,『鍾嶸詩品箋證稿』, 臺北 : 中央研究院中國文哲研究所, 1992.
姚鼐,『古文辭類纂』, 臺北 : 臺灣中華書局, 1973.
袁枚,『足本隨園詩話及補遺』, 臺北 : 長安出版社, 1978.
丁福保 編,『淸詩話』, 臺北 : 明倫出版社, 1971.
周振甫,『文心雕龍注釋』, 臺北 : 里仁書局, 1994.
曾國藩,『經史百家雜鈔』, 長沙 : 岳麓書社, 1987.
陳騤・李塗,『文則・文章精義』, 北京 : 人民文學出版社, 1960.

沈德潛, 蘇文擢 詮評,『說詩晬語詮評』, 臺北 : 文史哲出版社, 修訂再版1985.
何良俊,『四友齋叢說』, 北京 : 中華書局, 1959.
何文煥 編,『歷代詩話』, 北京 : 中華書局, 1981.

2. 蘇軾 전집 및 선집

姜光斗 選注,『蘇軾散文精品選』, 西安 : 陝西人民出版社, 1996.
孔凡禮 點校,『蘇軾文集』(全六冊), 北京 : 中華書局, 1986～1992.
金實秋 編,『東坡遺迹楹聯輯注』, 南京 : 江蘇文藝出版社, 1993.
郎曄 選注, 龐石帚 校訂,『經進東坡文集事略』 上・下, 香港 : 中華書局, 1979.
龍榆生 校箋,『東坡樂府箋』, 臺北 : 華正書局, 1980～1983.
劉乃昌・崔海正 選注,『東坡詞』, 杭州 : 浙江古籍出版社, 1992.
______・高洪奎 選注,『蘇軾散文選集』, 上海古籍出版社, 1997.
毛晉 輯,『東坡題跋』, 臺北 : 廣文書局, 1971.
徐中玉,『蘇東坡文集導讀』, 成都 : 巴蜀書社, 1990～1992.
石聲淮・唐玲玲 選注,『蘇軾文選』, 上海古籍出版社, 1989.
蘇軾, 王松齡 點校,『東坡志林』, 北京 : 中華書局, 1981～1997.
____,『蘇東坡集』, 臺北 : 臺灣商務印書館, 1958.
____,『仇池筆記』, 北京 : 中華書局, 1985.
____,『蘇氏易傳』, 北京 : 中華書局, 1985.
____,『東坡書傳』, 北京 : 中華書局, 1991.
孫民,『東坡賦譯注』, 成都 : 巴蜀書社, 1995.
施元之 注,『施注蘇詩』, 臺北 : 廣文書局, 1980.
王更生,『蘇軾散文研讀』, 臺北 : 文史哲出版社, 2001.
王文誥 輯注, 孔凡禮 點校,『蘇軾詩集』, 北京 : 中華書局, 1987～1992.
王思宇 主編,『蘇軾詞賞析集』, 成都 : 巴蜀書社, 1990.
王水照 選注,『蘇軾選集』, 上海古籍出版社, 1988.
張福慶,『蘇軾詩詞 名篇詳析』, 北京師範大學出版社, 1992.
張毅・孫豔君 選注,『蘇東坡小品』, 北京 : 文化藝術出版社, 1997.
程伯安,『蘇東坡民俗詩解』, 北京 : 中國書籍出版社, 1994.
曹樹銘 校編,『蘇東坡詞』 上・下, 臺北 : 臺灣商務印書館, 1983.

周先愼 主編,『蘇軾散文賞析集』, 成都 : 巴蜀書社, 1994.
朱靖華,『蘇東坡寓言大全詮釋』, 北京 : 京華出版社, 1998.
曾棗莊・曾弢 譯注,『蘇軾詩文詞選譯』, 成都 : 巴蜀書社, 1988.
______・曾濤 編,『蘇文彙評』, 臺北 : 文史哲出版社, 1998.
陳雄勳 編,『三蘇文選評解』, 臺北 : 世界書局, 1967.
陳雄勳・范月嬌 評注,『三蘇文選校注評析新編』, 臺北 : 文史哲出版社, 1997.
沈德潛, 于石,『唐宋八家文讀本』, 合肥 : 安徽文藝出版社, 1998.

3. 蘇軾 전문저서

강성조,『蘇軾的莊子學』, 臺北 : 文津出版社, 1999.
곽노봉,『소동파의 서예세계』, 다운샘, 2005.
류종목,『소식사연구』, 서울대 출판부, 1991.
박노현,『소식산문연구』, 해돋는나라, 1997.
박영환,『蘇軾禪詩硏究』, 北京 : 中國社會科學出版社, 1995.
소식, 성상구 역,『동파역전－소동파의 주역풀이』, 청계, 2004.
안희진,『소동파에게 시를 묻다』, 청동거울, 2009.
楊濤, 정충락 역,『문예의 천재 소동파』, 이화문화, 2000.

孔凡禮,『蘇軾年譜』(全三冊), 北京 : 中華書局, 1998.
唐玲玲・周偉民,『蘇軾思想硏究』, 臺北 : 文史哲出版社, 1996.
唐玲玲,『東坡樂府硏究』, 成都 : 巴蜀書社, 1993.
陶文鵬,『蘇軾詩詞藝術論』, 上海古籍出版社, 2001.
劉尙榮,『蘇軾著作板本論叢』, 成都 : 巴蜀書社, 1988.
凌琴如,『蘇軾思想探討』, 臺北 : 臺灣中華書局, 1977.
李福順 編,『蘇軾論書畫史料』, 上海人民美術出版社, 1988.
李一冰,『蘇東坡新傳』上・下(第二版), 臺北 : 聯經出版事業公司, 1996(1983).
林語堂 原, 宋碧雲 譯者,『蘇東坡傳』(第十版), 臺北 : 遠景出版事業公司, 1997(1977).
木齋,『蘇東坡硏究』, 桂林 : 廣西師範大學出版社, 1998.
范軍,『蘇東坡 : 曠達人生』, 武漢 : 長江文藝出版社, 1994.
謝武雄,『蘇洵言論及其文學之硏究』, 臺北 : 文史哲出版社, 1981.

四川大學中文系唐宋文學研究室 編,『蘇軾資料彙編』(全五冊), 北京 : 中華書局, 1994.
舒大剛,『三蘇後代硏究』, 成都 : 巴蜀書社, 1995.
蘇景泉,『眉山蘇東坡事蹟簡表』, 臺北 : 嗚沙蘇樹滋堂, 1972.
蘇軾硏究學會 編,『東坡文論叢』, 成都 : 四川文藝出版社, 1986.
______________,『東坡硏究論叢』, 成都 : 四川文藝出版社, 1986.
宋一末 編,『蘇軾集 中國著名碑帖選集』, 長春 : 吉林文史出版社, 1997.
識敏玲,『蘇軾史論散文硏究』, 臺北 : 萬卷樓圖書有限公司, 2000.
顔邦逸・張晶,『蘇軾傳』, 長春 : 吉林文史出版社, 1998.
楊濤,『蘇東坡外傳』, 臺北 : 世界文物出版社, 新一版1993.
吳維中,『文豪父子 蘇軾世家』, 吉林 : 吉林人民出版社, 1997.
王文誥,『蘇文忠公詩編注集成總案』上・下, 成都 : 巴蜀書社, 1985.
______ 編寫,『東坡軼事擷趣』, 蘭州 : 蘭州大學出版社, 1998.
王世德,『儒道佛美學的融合 : 蘇軾文藝美學思想硏究』, 重慶 : 重慶出版社, 1993.
王水照,『蘇軾』, 臺北 : 國文天地, 1993(上海古籍出版社, 1981).
______,『蘇軾論稿』, 臺北 : 萬卷樓圖書有限公司, 1994.
王靜芝・王初慶 外,『千古風流　東坡逝世九百年學術硏討會』, 臺北 : 紅葉文化事業公司, 2001.
王洪,『蘇軾詩歌硏究』, 北京 : 造化出版社, 1993.
饒學剛,『蘇東坡在黃州』, 北京 : 京華出版社, 1999.
游國琛,『蘇東坡生平及其作品述評』, 臺北 : 臺灣商務印書館, 1982.
游信利,『蘇東坡的文學理論』, 臺北 : 臺灣學生書局, 1981.
______,『蘇東坡的立身與論文之道』, 臺北 : 臺灣學生書局, 1985.
衣若芬,『蘇軾題畫文學硏究』, 臺北 : 文津出版社, 1999.
丁永淮・熊文祥,『風流學士蘇東坡』, 武昌 : 武漢大學出版社, 1994.
鍾來茵,『蘇東坡養生藝術』, 南京 : 江蘇文藝出版社, 1995.
鍾來因,『蘇軾與道家道敎』, 臺北 : 臺灣學生書局, 1990.
朱靖華,『蘇軾新評』, 北京 : 中國文學出版社, 1993.
中國蘇軾硏究會,『中國第十屆蘇軾硏討會論文集』, 濟南 : 齊魯書社, 1999.
曾棗莊・洪禹欽 外,『蘇軾硏究史』, 江蘇敎育出版社, 2001.
曾棗莊,『蘇軾評傳(修訂本)』(第二版), 成都 : 四川人民出版社, 1984(1981).
______,『三蘇文藝思想』, 臺北 : 學海出版社, 1995.
______,『三蘇傳 : 理想與現實』, 臺北 : 學海出版社, 1996.

陳韻竹,『歐陽修蘇軾辭賦之比較研究』, 臺北 : 文史哲出版社, 1986.
陳雄勳,『三蘇及其散文之研究』, 臺北 : 文史哲出版社, 1991.
肖岸 編,『蘇東坡書法精品選』, 北京 : 華齡出版社, 1998.
沈宗元 輯,『東坡逸史』, 臺北 : 廣文書局, 1982～1987.
馮京,『蘇東坡傳』, 臺北 : 國際文化事業有限公司, 1986.

4. 문학사문학비평 및 이론

(1) 문학사

郭預衡 主編,『中國古代文學史長編(宋遼金卷)』, 北京 : 首都師範大學出版社, 1993～1996.
劉大杰,『中國文學發展史』, 臺北 : 華正書局, 1985.
李從軍,『唐代文學演變史』, 北京 : 人民文學出版社, 1993.
葉慶炳,『中國文學史』 上・下, 臺北 : 臺灣學生書局, 1997.
吳文治,『中國文學史大事年表』(全三冊), 合肥 : 黃山書社, 1987.
吳組緗・沈天佑,『宋元文學史稿』, 北京大學出版社, 1989.
王水照 主編,『宋代文學通論』, 開封 : 河南大學出版社, 1997.
程千帆・吳新雷,『兩宋文學史』, 上海古籍出版社, 1991.

(2) 문학비평 및 이론

강민구,『조선 후기 문학비평의 이론』, 보고사, 2010.
금동현,『조선 후기 문학이론 연구』, 보고사, 2002.
김성룡,『여말선초의 문학사상』, 한길사, 1995.
김영,『朝鮮後期 漢文學의 社會的 意味』, 집문당, 1993.
김영주,『조선 후기 문학론 연구』, 이회, 2009.
김풍기,『조선 전기 문학론 연구』, 태학사, 1996.

賈文昭,『中國近代文論類編』, 合肥 : 黃山書社, 1991.
顧易生,『宋金元文學批評史』, 上海古籍出版社, 1996.
郭紹虞,『中國歷代文論選』, 上海古籍出版社, 1979.
______,『學文示例』, 臺北 : 明文書局, 1986.
______,『中國文學批評史』, 臺北 : 文史哲出版社, 1990.

______,『中國文學批評史』, 臺北 : 五南圖書公司, 1994.
祁志祥,『中國古代文學原理』, 上海 : 學林出版社, 1993.
童慶炳,『文學藝術與社會心理』, 北京 : 高等教育出版社, 1997.
羅根澤,『中國文學批評史』, 臺北 : 學海出版社, 1990.
賴力行,『中國古代文學批評學』, 武漢 : 華中師範大學出版社, 1998.
劉明今,『方法論』, 上海 : 復旦大學出版社, 2000.
劉若愚,『中國文學理論』, 杜國清譯, 臺北 : 聯經出版公司, 1985～1998.
陸海明,『中國文學批評方法探源』, 北京 : 中國社會科學出版社, 1994.
林保淳,『創意與非創意表達』, 臺北 : 里仁書局, 1997.
敏澤,『中國文學理論批評史』, 吉林教育出版社, 1993.
謝佩芬,『北宋詩學中「寫意」課題研究』, 國立臺灣大學文史叢刊, 國立臺灣大學文學院, 1998.
徐復觀,『中國文學論集』, 臺北 : 臺灣學生書局, 1980～1985.
______,『中國文學論集續篇』, 臺北 : 臺灣學生書局, 1981.
徐中玉,『通變編』, 北京 : 中國社會科學出版社, 1992.
______,『藝術辯證法編』, 北京 : 中國社會科學出版社, 1993.
______,『神思・文質編』, 北京 : 中國社會科學出版社, 1995.
______,『文氣・風骨編』, 北京 : 中國社會科學出版社, 1997.
成九田・暢孝昌,『中國古代文論概述』, 太原 : 山西古籍出版社, 1998.
成復旺,『神與物游』, 北京 : 中國人民大學出版社, 1993.
諶兆麟,『中國古代文論概要』, 長沙 : 湖南文藝出版社, 1991.
嚴雲受・劉鋒杰,『文學象徵論』, 合肥 : 安徽教育出版社, 1999.
余虹,『中國文論與西方詩學』, 北京 : 三聯書店, 1999.
葉維廉,『中國詩學』, 北京 : 三聯書店, 1994.
王夢鷗,『文學概論』, 臺北 : 藝文印書館, 1998.
汪涌豪,『範疇論』, 上海 : 復旦大學出版社, 2000.
王運熙・顧易生,『中國文學批評史』(全三冊), 上海古籍出版社, 1991.
姚永樸,『文學研究法』, 臺北 : 廣文書局, 1981.
張健,『中國文學批評論集』, 臺北 : 天華出版公司, 1979.
____,『宋金四家文學批評研究』, 臺北 : 聯經出版事業公司, 1983.
蔣伯潛,『風格與裁體』, 臺北 : 世界書局, 1982.
張少康・劉三富,『中國文學理論批評發展史』, 北京大學出版社, 1996.

張少康,『中國古代文學創作論』, 臺北 : 文史哲出版社, 1991.
蔣述卓,『宋代文藝理論集成』, 北京 : 中國社會科學出版社, 2000.
張雙英,『中國文學批評的理論與實踐』, 臺北 : 萬卷樓圖書有限公司, 1993.
張毅,『宋代文學思想史』, 北京 : 中華書局, 1995.
張靜二,『文氣論詮』, 臺北 : 五南圖書公司, 1994.
程杰,『北宋詩文革新研究』, 臺北 : 文津出版社, 1996.
程金城,『原型批判與重釋』, 北京 : 東方出版社, 1998.
曹順慶,『中外比較文論史(上古時期)』, 濟南 : 山東教育出版社, 1998.
宗白華,『藝境』, 北京大學出版社, 1998.
朱光潛,『詩論』, 臺北 : 漢京文化公司, 1982.
朱東潤,『中國文學批評家與文學批評』, 臺北 : 臺灣學生書局, 1984.
朱榮智,『文氣論研究』, 臺北 : 臺灣學生書局, 1986.
______,『文氣與文章創作關係研究』, 臺北 : 師大書苑有限公司, 1988.
朱任生,『古文法纂要』, 臺北 : 臺灣商務印書館, 1984.
朱自淸,『詩言志辨』, 臺北 : 臺灣開明書局, 1964～1972.
周勛初,『中國文學批評小史』, 長江文藝出版社, 1981.
陳炳良,『形式心理反應』, 臺北 : 臺灣商務印書館, 1998.
陳植鍔,『詩歌意象論』, 北京 : 中國社會科學出版社, 1992.
蔡英俊,『比興物色與情景交融』, 臺北 : 大安出版社, 1995.
蔡鍾翔 外,『中國文學理論史』(全五冊), 北京 : 北京出版社, 1987.
蔡鎭楚,『中國古代文學批評史』, 長沙 : 岳麓書社, 1999.
詹福瑞,『中古文學理論範疇』, 保正 : 河北大學出版社, 1997.
黃啓芳,『中國文學批評資料彙編 北宋』, 臺北 : 成文出版社, 1978.
黃霖,『原人論』, 上海 : 復旦大學出版社, 2000.
黃書雄,『文學鑑賞論』, 北京大學出版社, 1998.

5. 산문사·산문이론·변문

(1) 산문사

郭預衡,『中國散文簡史』, 北京 : 北京師範大學出版社 : 北京, 1998.
______,『中國散文史』, 上海古籍出版社, 2000.

劉一沾・石旭紅,『中國散文史』, 臺北 : 文津出版社, 1995.
方孝岳・瞿兌之,『中國散駢文概論』, 臺北 : 華嚴出版社, 1993.
謝飄雲,『中國近代散文史』, 北京 : 中國文聯出版社, 1997.
邵傳烈,『中國雜文史』, 上海文藝出版社, 1998.
倪志僩,『中國散文演進史』, 臺北 : 長白出版社, 1985.
吳小林,『中國散文美學史』, 哈爾濱 : 黑龍江人民出版社, 1993.
張夢新,『中國散文發展史』, 杭州 : 杭州出版社, 1998.
趙樹功,『中國尺牘文學史』, 石家莊 : 河北人民出版社, 1999.
陳玉剛,『中國古代散文史』, 北京 : 人民日報出版社, 1998.
陳柱,『中國散文史』, 臺北 : 臺灣商務印書館, 1991.

(2) 산문이론

唐松波,『語體・修辭・風格』, 長春 : 吉林教育出版社, 1988.
唐彪,『讀書作文譜　父師善誘法』, 臺北 : 偉文圖書出版社, 1976.
呂祖謙,『古文關鍵』, 臺北 : 鴻學書局, 1989.
李光連,『散文技巧』, 臺北 : 紅葉文化事業公司, 1996.
李正西,『中國散文藝術論』, 臺北 : 貫雅文化公司, 1991.
方祖燊・邱燮友,『散文結構』, 臺北 : 福記文化圖書, 1985(臺北 : 蘭臺書局, 1970).
方祖燊,『散文的創作鑑賞與批評』, 臺北 : 國立編譯館, 1983.
宋文蔚,『評註文法津梁』, 高雄 : 復文圖書公司, 1993.
楊鴻銘,『歷代古文析評(唐宋之部)』, 臺北 : 文史哲出版社, 1992.
______,『歷代古文析評(兩漢魏晉之部)』, 臺北 : 文史哲出版社, 1992.
吳小林,『中國散文美學』, 臺北 : 里仁書局, 1995.
蔣建文,『從作文原則談作文方法』, 臺北 : 臺灣商務印書館, 1995.
張會恩,『文章學史論』, 長沙 : 湖南師範大學出版社, 1993.
程福寧,『中國文章史要略』, 西藏人民出版社, 1996.
佐藤一郎,『中國文章論』, 上海古籍出版社, 1996.
朱世英,『中國散文學通論』, 合肥 : 安徽教育出版社, 1995.
周振甫・徐明翟,『散文寫作藝術指要』, 北京 : 東方出版社, 1997.
周振甫,『文章例話』, 臺北 : 五南圖書出版公司, 1994.
陳必祥,『古代散文文體概論』, 臺北 : 文史哲出版社, 1995.
馮書耕・金仞千,『古文通論』(全三冊), 臺北 : 國立編譯館, 1979.

馮永敏,『散文鑑賞藝術探微』, 臺北 : 文史哲出版社, 1998.
黃永武,『字句鍛鍊法』, 臺北 : 臺灣商務印書館, 1996.

(3) 기타

葛曉音,『唐宋散文』, 臺北 : 國文天地出版公司, 1992.
______,『唐宋八大家 : 古代散文的典範』, 北京 : 中國文聯出版公司, 1996.
江菊松,『宋四六文研究』, 臺北 : 華正書局, 1977.
金國永,『蘇轍』, 北京 : 中華書局, 1990.
______,『文章力學談蘇轍』, 臺北 : 莊嚴出版社, 1991.
譚家健,『先秦散文藝術新探』, 北京 : 首都師範大學出版社, 1995.
呂武志,『唐末五代散文研究』, 臺北 : 臺灣學生書局, 1989.
李道英,『唐宋古文研究』, 北京師範大學出版社, 1997.
李震,『曾鞏年譜』, 蘇州大學出版社, 1997.
莫礪鋒,『朱熹文學研究』, 南京大學出版社, 2000.
方元珍,『王荊公散文研究』, 臺北 : 文史哲出版社, 1993.
吳孟復,『唐宋古文八家概述』, 合肥 : 安徽教育出版社, 1998.
吳小林,『唐宋八大家』, 合肥 : 黃山書社, 1990.
熊禮彙,『先唐散文藝術論』, 北京 : 學苑出版社, 1999.
張樸民,『唐宋八大家評傳』, 臺北 : 臺灣學生書局, 1978.
章滄授,『先秦諸子散文藝術論』, 合肥 : 安徽大學出版社, 1996.
張淸華,『唐宋散文 : 建構範型』, 桂林 : 廣西師範大學出版社, 2000.
錢冬父,『唐宋古文運動』, 臺北 : 國文天地出版社, 1992.
朱剛,『唐宋四大家的道論與文學』, 北京 : 東方出版社, 1997.
朱世英・郭景春,『唐宋八大家散文技法』, 武漢 : 長江文藝出版社, 1989.
曾棗莊・舒大剛,『北宋文學家年譜』, 臺北 : 文津出版社, 1999.
曾棗莊,『宋文紀事』, 成都 : 四川大學出版社, 1995.
陳祥耀,『唐宋八大家文說』, 福州 : 福建教育出版社, 1995.
崔際銀,『唐宋八大家新論』, 北京 : 中國文聯出版社, 1999.
祝尙書,『北宋古文運動發展史(宋代硏究)』, 成都 : 巴蜀書社, 1995.
沈德潛,『唐宋八大家古文』, 北京 : 中國書店, 1992.
何寄澎,『北宋古文運動』, 臺北 : 幼獅文化公司, 1992.
夏漢寧,『曾鞏』, 北京 : 中華書局, 1993.

洪本健,『宋文六大家活動編年』, 上海 : 華東師範大學出版社, 1993.

6. 미학

姜一涵,『中國美學』, 臺北 : 國立空中大學出版社, 1992.
霍然,『宋代美學思潮』, 長春 : 長春出版社, 1997.
祁志祥,『佛教美學』, 上海人民出版社, 1997.
______,『美學關懷』, 上海 : 復旦大學出版社, 1998.
金開誠,『文藝心理學概論』, 北京大學出版社, 1999.
童慶炳,『文學審美特徵論』, 武漢 : 華中師範大學出版社, 2000.
羅中峰,『中國傳統文人審美生活方式之硏究』, 臺北 : 洪葉文化事業公司, 2001.
劉綱紀・范明華,『易學與美學』, 瀋陽 : 沈陽出版社, 1997.
劉道廣,『中國古代藝術思想史』, 上海人民出版社, 1998.
李澤厚・劉綱紀,『兩漢美學史』, 臺北 : 金楓出版有限公司, 1987.
______________,『先秦美學史』, 臺北 : 金楓出版有限公司, 1987.
李澤厚,『美的歷程』, 北京 : 中國社會科學出版社, 1992.
敏澤,『中國美學思想史』, 濟南 : 齊魯書社, 1989.
樊波,『中國書畫美學史綱』, 長春 : 吉林美術出版社, 1998.
徐碧輝,『文藝主體創價論』, 長春 : 東北師範大學出版社, 1998.
徐復觀,『中國藝術精神』, 臺北 : 臺灣學生書局, 1992.
徐書城,『繪畫美學』, 北京 : 東方出版社, 1997.
成復旺,『中國古代的人學與美學』, 北京 : 中國人民大學出版社, 1992.
葉太平,『中國文學之美學精神』, 臺北 : 水牛圖書出版公司, 1998.
魏士衡,『中國自然美學思想探源』, 北京 : 中國城市出版社, 1996.
張國慶,『中國古代美學要題新論』, 北京 : 中國社會科學出版社, 1994.
張法,『中國美學史』, 上海人民出版社, 2000.
張少康,『古典文藝美學論稿』, 臺北 : 淑馨出版社, 1989.
張育英,『中國佛道藝術』, 北京 : 宗教文化出版社, 2000.
張皓,『中國美學範疇與傳統文化』, 武漢 : 湖北教育出版社, 1996.
傅謹,『感性美學』, 長春 : 東北師範大學出版社, 1998.
宗白華,『美學散步』, 上海人民出版社, 2000.

朱光潛・宗白華 外,『中國古代美學藝術論』, 臺北 : 木鐸出版社, 1985.
朱玄,『中國山水畫美學硏究』, 臺北 : 臺灣學生書局, 1997.
中國文史資料,『中國美學史資料選編』, 臺北 : 光美書局, 1984.
曾祖蔭,『中國古代文藝美學範疇』, 臺北 : 文津出版社, 1987.
______,『中國佛敎與美學』, 臺北 : 文津出版社, 1994.
陳望衡,『中國古典美學史』, 長沙 : 湖南敎育出版社, 1998.
蒲震元,『中國藝術意境論』, 北京大學出版社, 2000.
馮滬祥,『中國古代美學思想』, 臺北 : 臺灣學生書局, 1990.
胡經之・王岳川,『文藝學美學方法論』, 北京大學出版社, 1994.
胡敬之,『文藝美學』, 北京大學出版社, 2000.
黃鳴奮,『藝術交往論』, 北京 : 文化藝術出版社, 1999.

7. 화론·서법론

葛路,『中國古代繪畫理論發展史』, 上海人民美術出版社, 1982～1983.
姜壽田,『中國書法批評史』, 杭州 : 中國美術學院, 1998.
姜澄清,『中國書法思想史』, 鄭州 : 河南美術出版社, 1997.
張彦遠,『歷代名畫記』, 臺北 : 臺灣商務印書館, 1975.
童書業,『中國繪畫史』, 上海 : 上海人民美術出版社, 1962.
梁濟海,『中國古代繪畫圖錄 宋遼金元』, 北京 : 人民美術出版社, 1991.
劉松岩 編繪,『唐宋元十六家山水畫技法圖解』, 北京 : 人民美術出版社, 1998.
李來源・林木,『中國古代畫論發展史實』, 上海人民美術出版社, 1997.
傅抱石,『中國繪畫理論』, 臺北 : 里仁書局, 1998.
徐利明,『中國書法風格史』, 鄭州 : 河南美術出版社, 1997.
徐琛,『中國繪畫史』, 北京 : 文化藝術出版社, 1998.
水采田,『宋代書論』, 長沙 : 湖南美術出版社, 1999.
伍蠡甫,『中國畫論硏究』, 北京大學出版社, 1987.
吳孟復,『中國畫論』, 合肥 : 安徽美術出版社, 1995.
王遜,『中國美術史』, 上海人民美術出版社, 1994.
王鎭遠,『中國書法理論史』, 合肥 : 黃山書社, 1996.
熊秉明,『中國書法理論體系』, 新店 : 谷風出版社, 1987.

兪劍華,『中國畫論類編』, 上海 : 上海人民美術出版社, 1984.
鄭朝 · 藍鐵,『中國畫的藝術與技巧』, 北京 : 中國青年出版社, 1996.
鄭曉華,『古典書學淺探』, 北京 : 社會科學文獻出版社, 1999.
朱仁夫,『中國古代書法史』, 北京大學出版社, 1998.
周積寅,『中國畫論輯要』, 南京 : 江蘇美術出版社, 1998.
周曉薇 · 趙望秦,『歷代名畫記 · 圖畫見聞志選譯』, 成都 : 巴蜀書社, 1994.
陳代星,『中國書法批評史略』, 成都 : 巴蜀書社, 1998.
陳方旣 · 雷志雄,『書法美學思想史』, 鄭州 : 河南美術出版社, 1997.
秋子,『中國上古書法史』, 北京 : 商務印書館, 2000.
何志明 · 潘運告,『唐五代畫論』, 長沙 : 湖南美術出版社, 1997.
何楚熊,『中國畫論硏究』, 北京 : 中國社會科學出版社, 1996.

8. 기타 논저

김영민,『탈식민성과 우리 인문학의 글쓰기』, 민음사, 1996.
唐君毅,『中國哲學原論 : 原性篇』, 臺北 : 臺灣學生書局, 1991.
呂澂,『中國佛學源流略講』, 北京 : 中華書局, 1979.
勞思光,『新編中國哲學史』, 臺北 : 三民書局, 1990.
馬積高,『宋明理學與文學』, 湖南師範大學出版社, 1989.
모로하시 데츠지[諸橋轍次], 심우성 역,『공자 노자 석가』, 동아시아, 2001.
楊伯峻,『古漢語虛詞』, 北京 : 中華書局, 1981.
엘렌 디사나야케(Ellen Dissanayake), 김한영 역,『미학적 인간 호모 에스테티쿠스』, 예담, 2009.
葉國良 · 夏長樸 · 李隆獻 編,『經學通論』, 臺北 : 國立空中大學, 1996.
王水照, 조규백 역,『중국의 문호 소동파』, 월인, 2001.
任繼愈,『漢唐佛教思想論集』, 北京 : 人民出版社, 1981.
林語堂, 진영희 역,『소동파평전』, 지식산업사, 1990.
조규백,『소동파 시 연구』, 역락, 2012.
최재혁,『중국고전문학이론』, 역락, 2005.
팽철호,『중국고전문학 풍격론』, 사람과책, 2001.
馮友蘭,『中國哲學史新編』, 臺北 : 藍燈文化事業公司, 1991.

______, 『中國哲學史』, 臺北 : 臺灣商務印書館, 1996.
皮錫瑞, 『經學歷史』, 臺北 : 藝文印書館, 1996.
홍우흠, 『소동파 문학의 배경』, 영남대 출판부, 1983.

9. 학위논문

(1) 석사논문

江正誠, 「蘇軾之生平及其文學」, 國立臺灣大學 中國文學研究所, 1972.
高顯瑩, 「蘇軾記遊散文研究」, 私立東吳大學 中國文學研究所, 1991.
郭美美, 「東坡在詞風上的承繼與創新」, 國立臺灣師範大學 國文研究所, 1990.
김계태, 「蘇軾的書信研究」, 國立臺灣大學 中文研究所, 1996.
김령매, 「金秋史와 蘇東坡의 詩文學에 나타난 佛敎的 특성 비교 고찰」, 경희대 석사논문, 2010.
김재용, 「蘇軾在韓國詩話中接受形態研究」, 國立臺灣師範大學國 文研究所, 1996.
김환규, 「蘇軾의 '文同' 關聯 詩文 研究」, 전북대 석사논문, 2006.
戴麗珠, 「蘇東坡與詩畫合一之研究」, 國立臺灣師範大學 國文研究所, 1975.
戴伶娟, 「蘇軾題畫詩藝術技巧研究」, 臺南 : 國立成功大學 歷史語言研究所, 1994.6.
羅鳳珠, 「蘇軾黃州詩研究」, 國立臺灣師範大學 國文研究所, 1988.
梁玉球, 「蘇軾黃州詞研究」, 香港大學 新亞研究所, 1987.
盧廷清, 「蘇東坡的書法藝術」, 國立臺灣師範大學 美術研究所, 1988.
劉曼麗, 「東坡詞的風格與技巧研究」, 私立東海大學 中國文學研究所, 1989.
劉昭明, 「蘇軾嶺南詩論析」, 國立臺灣師範大學 國文研究所, 1989.
劉智濬, 「蘇軾與莊子 東坡文學作品中的莊子思想」, 私立輔仁大學 中國文學研究所, 1986.
李貞慧, 「蘇軾策及奏議之研究」, 國立臺灣大學 中國文學研究所, 1992.
______, 「蘇軾策及奏議之研究」, 國立臺灣大學 中文研究所, 1996.
林錦婷, 「蘇軾與黃庭堅之詩論及其比較」, 桃園 : 國立中央大學 中國文學研究所, 1994.
林鈺鈴, 「蘇東坡美學思想及其現代意義」, 國立臺灣師範大學 美術研究所, 1995.
박영환, 「蘇軾禪詩研究」, 臺南 : 國立成功大學 歷史語言研究所, 1992.
朴漢標, 「蘇軾政論研究」, 香港 : 私立珠海大學 中國文學研究所, 1995.
朴孝錫, 「蘇軾辭賦研究」, 臺中 : 私立東海大學 中國文學研究所, 1989.
謝惠芳, 「蘇軾題畫文學之研究」, 國立臺灣師範大學 中文研究所, 1994.

宋丘龍,「蘇軾和陶詩之比較硏究」, 臺中 : 私立東海大學 中文硏究所, 1977.
안영훈,「李穡 文學硏究－생애와 문예의식을 중심으로」, 경희대 석사논문, 1993.
안희진,「從老莊學說探討蘇軾的文藝思想」, 香港 : 珠海大學 中文硏究所, 1990.
吳淑華,「東坡謫黃硏究」, 私立中國文化大學 中國文學硏究所, 1993.
吳炎城,「蘇軾文學硏究」, 香港 : 私立香港能仁學院 中國文史硏究所, 1996.
王碧滿,「佛敎對蘇東坡詩・詞・文之影響」, 香港 : 私立能仁學院 中國文史硏究所, 1994.
于學玉,「蘇軾寓言硏究」, 高雄師範大學 國文硏究所, 1999.
이선미,「李仁老의 文學世界 : 破閑集을 중심으로」, 동국대 석사논문, 1992.
張尹炫,「蘇軾生平及其嶺南詩硏究」, 臺南 : 國立成功大學 歷史語言硏究所, 1989.
鄭文倩,「蘇軾藝術思想硏究」, 國立臺灣大學 中國文學硏究所, 1991.12.
鄭倖朱,「蘇軾「以賦爲詩」硏究」, 臺南 : 國立成功大學 中國文學硏究所, 1994.
陳韻竹,「歐陽脩蘇軾辭賦之比較硏究」, 國立政治大學 中國文學硏究所, 1986.
陳逸玫,「東坡詞語言風格硏究」, 私立淡江大學 中國文學硏究所, 1996.
陳錚,「蘇東坡書法硏究」, 私立東吳大學 中國文學硏究所, 1984.
蔡秀玲,「東坡黃州經驗之探討」, 私立輔仁大學 中國文學硏究所, 1990.
蔡造右,「蘇軾小品文硏究」, 私立文化大學 中文硏究所, 1999.
최재혁,「蘇洵散文硏究」, 한양대 석사논문, 1994.8.
彭珊珊,「蘇東坡散文硏究」, 私立東吳大學 中國文學硏究所, 1985.
何世權,「蘇軾詞硏究」, 香港 : 能仁書院 文學硏究所, 1985.
夏賢李,「金代書法之蘇軾與米芾傳統」, 國立臺灣大學 歷史學硏究所 中國藝術史組, 1992.
洪劍鵬,「東坡嘲戲文硏究」, 私立東海大學 中文硏究所, 1990.
홍종만,「高麗詩話集의 比較文學的 硏究 : 李仁老・李奎報의 中國文學 受容을 中心으로」, 단국대 석사논문, 1985.
홍지희,「蘇軾의 對象世界 認識과 繪畫論 : 北宋代 士人畵의 理念 構造」, 연세대 석사논문, 1998.
黃美娥,「蘇軾文論及其散文藝術硏究」, 國立臺灣師範大學 國文硏究所, 1989.
황정숙,「蘇軾의 詩論과 書論 比較 : 東坡題跋을 中心으로」, 공주대 석사논문, 1991.
黃惠貞,「蘇軾詞之硏究」, 香港 : 私立珠海大學 中國文學硏究所, 1991.
黃惠菁,「東坡文藝創作理論硏究」, 國立臺灣師範大學 國文所, 1992.

(2) 박사논문

江惜美,「蘇軾詩學理論及其實踐」, 私立東吳大學 中國文學硏究所, 1991.

김대원, 「고려시대 화론 연구」, 고려대 박사논문, 2012.
柳明熙, 「蘇東坡詞所表現的心路歷程研究」, 國立政治大學 中國文學研究所, 1988.
劉昭明, 「蘇軾意內言外詞隅測」, 私立東吳大學 中國文學研究所, 1994.
李貞慧, 「蘇軾 '意'・'法' 觀與其 '古文' 創作發展之研究」, 國立臺灣大學 中國文學研究所, 2002.
서은숙, 「蘇軾 題畫詩 研究－회화론을 중심으로」, 연세대 박사논문, 2005.
신승훈, 「16세기 후반~17세기 전반기 문학이론의 다변화 양상－柳夢寅, 李睟光, 申欽, 許筠을 중심으로」, 고려대 박사논문, 2004.
원주용, 「牧隱 李穡 散文 研究」, 성균관대 박사논문, 2005.
衣若芬, 「蘇軾題畫文學研究」, 國立臺灣大學 中國文學研究所, 1995.
임준상, 「蘇軾散文研究」, 上海 : 復旦大學, 1998.
정정숙, 「李穡 散文 文學 研究」, 단국대 박사논문, 2003.
진영희, 「蘇軾政治生涯與文學的關係」, 國立臺灣師範大學 國文研究所, 1989.
최재혁, 「蘇軾文藝理論研究」, 臺灣 國立政治大學 박사논문, 2003.7.
홍우흠, 「蘇東坡文學之研究」, 私立中國文化學院 中國文學研究所, 1977.

10. 기간논문

(1) 대만

簡光明, 「蘇軾與莊子」, 『古典文學』 제14기, 1997.5.
江學謙, 「蘇軾 '稼說送張琥'」, 『明道文藝』 제214기, 1994.1.
姜明翰, 「由東坡 '和子由論書詩' 談宋人尙意書風」, 『育達學報』 제11기, 1997.12.
江正誠, 「蘇軾的國畫及其畫論(上)」, 『藝文誌』 제132기, 1976.9.
______, 「蘇軾的國畫及其畫論(下)」, 『藝文誌』 제133기, 1976.10.
______, 「蘇東坡的書法及其書論」, 『藝文誌』 제139기, 1977.4.
顧易生, 「蘇東坡與賦」, 『新亞學術集刊』 제13기, 1994.
高越天, 「蘇軾詩選箋」, 『中國詩季刊』 제12권 제3기, 1981.9.
顧柔利, 「蘇軾詠物詞研究」, 『黃埔學報』 제28기, 1994.12.
郭繼生, 「Reflections on Su Tung-P'o's Theory of Literati Painting and Ch'an Buddhism 蘇東坡的文人畫理論與禪宗思想初探」, 『國立臺灣大學歷史學系學報』 제8기, 1981.12.
戴麗珠, 「蘇東坡論書法」, 『幼獅月刊』 제43권 제5기, 1976.5.

______, 「蘇東坡與詩畫合一之硏究」, 『國立臺灣師範大學國文硏究所集刊』 제20기, 1976.6.
______, 「論東坡詩畫理論及其影響」, 『中華文化復興月刊』 제10권 제3기, 1977.3.
______, 「蘇東坡詩論」, 『中華文化復興月刊』 제10권 제4기, 1977.4.
董雅蘭, 「劉熙載論唐宋八大家」, 『東吳中文硏究集刊』 창간호, 1994.5.
羅敬之, 「蘇東坡的詩及其爲人性格」, 『華學月刊』 제109기, 1981.1.
羅鳳珠, 「蘇軾黃州詩硏究」, 『國立臺灣師範大學國文硏究所集刊』 제33기, 1989.6.
藍麗春, 「東坡先生黃州時期文學探究」, 『嘉南學報』 제20기, 1994.11.
郎紹君, 「詩畫一律的內涵與外延 : 蘇軾與中國繪畫美學」, 『中國美術』 제9기.
盧廷淸, 「蘇東坡書學思想之探討」, 『實踐學院實踐學報』 제27기, 1996.6.
______, 「寒食帖與蘇軾黃州時期書法」, 『故宮文物月刊』 제14권 제5기(총161호), 1996.8.
鹿憶鹿, 「從東坡詩詞看其性情襟抱」, 『明道文藝』 제104기, 1984.11.
劉昭明, 「東坡在黃州」, 『國文天地』 제4권 제4기(총40호), 1988.9.
______, 「仁行佛心一文豪 : 蘇東坡在嶺南的佛敎因緣」, 『慧炬』 제304기, 1989.10.
劉少雄, 「東坡黃州文散論」, 『中國文哲硏究通訊』 제5권 제3기(총19호), 1995.9.
李瓊英, 「宋代散文賦硏究」, 『國立臺灣師範大學國文硏究所集刊』 제36기, 1992.5.
李慕如, 「東坡詩文中道家道敎思想之玄蘊」, 『中國學術年刊』 제18기, 1997.3.
______, 「東坡與道家道敎」, 『國立屛東師範學院屛東師院學報』 제10기, 1997.6.
林錦婷, 「蘇軾的自然觀」, 『國立中央大學中國文學硏究所集刊』 창간호, 1994.6.
林嵩山, 「蘇東坡與黃山谷詩文論譾析」, 『花蓮師專學報』 제13기, 1982.10.
林正三, 「蘇軾・黃庭堅的詩法理論」, 『德明學報』 제6기, 1987.11.
林正昌, 「蘇軾的文藝創作觀 : 從美學意涵來看'身與竹' 的化身」, 『中國語文』 제80권 제3기 (총477호), 1997.3.
林淸玄, 「也知造化有深意, 故遣佳人在空谷 : 蘇東坡與禪」, 『國文天地』 제7권 제2기(총74호), 1991.7.
潘麗珠, 「美感的觸發與實踐 : 散文寫作敎學的實驗」, 『中國現代文學理論』 제1기, 1996.3.
方延豪, 「墨竹畫大家文同與蘇軾」, 『藝文誌』 제147기, 1977.12.
方元珍, 「王荊公散文與其時代之關係」, 『空大人文學報』 제1기, 1992.4.
方祖燊, 「中國散文小史 : 兼論古今作家的散文觀」, 『中國現代文學理論』 제2기, 1996.6.
傅申, 「天下第一蘇東坡 : 寒食帖」, 『故宮文物月刊』 제2권 제7기 총19호, 1984.10.
傅正玲, 「談蘇軾 '記承天寺夜遊' 的美感經驗」, 『中國語文』 제79권 제4기(총472호), 1996.10.
石叔明, 「蘇東坡畫論」, 『故宮文物月刊』 제4권 제3기 총39호, 1986.6.

______,「自出新意不踐古人 東坡論書及其墨迹」,『故宮文物月刊』 제5권 제4기(총52호), 1987.7.
蕭蕭,「散文的創作方法」,『文藝月刊』 제223기, 1988.1, 63~66쪽.
宋邦珍,「蘇東坡創作理論中的言意關係探討」,『中國文化月刊』 제215기, 1998.2.
雅儒,「蘇文忠公的書畫」,『自由談』 제31권 제1기, 1980.1.
楊敦禮,「縱送自如東坡意 : 淺談蘇軾書藝」,『故宮文物月刊』 제4권 제3기 총39호, 1986.6.
吳武雄,「蘇洵之心態探索」,『興大中文學報』 제6기, 國立中興大學中國文學系, 1993.1.
吳彩娥,「清代對於蘇軾詩歌的批評研究」,『國立政治大學學報』 제69(상)기, 1994.9.
王建生,「趙甌北的文學批評 : 論蘇軾(1036至1101)」,『中國文化月刊』 제111기, 1989.1.
______,「中國散文史」,『東海中文學報』 제9기, 1990.7.
______,「東坡傳」,『中國文化月刊』 제135기, 1991.1.
王更生,「唐宋八大家及其散文藝術」,『中國學術年刊』 제10기, 1989.2.
王保珍,「東坡日月長 : 蘇軾在黃州」,『故宮文物月刊』 제8권 제1기(총85호), 1990.4.
王世德,「蘇軾的文藝美學思想」,『國文天地』 제8권 제6기(총90호), 1992.11.
王淳美,「東坡謫居黃州時期與釋道關係之研究」,『南臺工專學報』 제15기, 1992.3.
于大成,「東坡書法」,『中國國學』 제11기, 1983.9.
衣若芬,「談蘇軾對王維與吳道子繪畫藝術的評價及其影響」,『國立編譯館館刊』 제24권 제1기, 1995.6.
衣若芬, 「談蘇軾繪畫思想中的 「常形」 與 「常理」 說」, 『宋代文學研究叢刊』 창간호, 1995.3.
張健,「蘇軾的文學批評研究」,『文史哲學報』 제22기, 國立臺灣大學文學院, 1973.6.
張德文,「蘇軾論藝術的 '自然' 美」,『中國文化月刊』 제141기, 1991.7.
張放,「眞實是散文的靈魂」,『文訊月刊』 제86기(총124호), 1996.2.
莊申,「蘇東坡在海南島」,『歷史月刊』 제3기, 1988.4.
張淸治,「三年寒食黃州雨 一氣呵成萬古書 : 東坡寒食帖今賞」,『故宮文物月刊』 제5권 제1기(총49호), 1987.4.
張學波,「蘇軾 '前·後赤壁賦' 心靈境界之探討」,『興大中文學報』 제5기, 國立中興大學中國文學系, 1992.1.
程林輝,「蘇軾的人生哲學」,『中國文化月刊』 제192기, 1995.10.
鄭明娳,「談散文鑑賞的方法」,『幼獅月刊』 제47권 제4기, 1978.4.
鄭向恆,「直舒胸臆·純任自然 : 從東坡的詩詞文看東坡的人格」,『崇右學報』 제5기, 1995.12.
趙明,「蘇東坡黃州謫居和寒食詩卷書法」,『新竹師專學報』 제6기, 1980.6.

曹樹銘,「蘇東坡與道佛之關係(上)」,『國立中央圖書館館刊』 제3권 제2기, 1970.4.
______,「蘇東坡與道佛之關係(下)」,『國立中央 圖書館館刊』 제3권 제3/4기, 1970.10.
______,「蘇東坡之書畫」,『大陸雜誌』 제41권 제10기, 1970.11.
趙永康,「楊愼題蘇軾「蕭湘竹石圖卷」考」,『國文天地』 제8권 제6기(총90호), 1992.11.
鍾屛蘭,「東坡南遷途中詩硏究」,『屛東師院學報』 제5기, 1992.5.
周伯乃,「談散文的社會功能」,『國魂』 제392기, 1978.7.
朱榮智,「通達自適的蘇東坡」,『明道文藝』 제18기, 1977.9.
周憲文,「蘇東坡年譜(1036～1101)」,『四川文獻』 제179기, 1981.7.
陳美,「禪意詩情 : 由王維與蘇軾的作品談起」,『明道文藝』 제246기, 1996.9.
陳香,「蘇東坡的多彩多姿生活」,『明道文藝』 제18기, 1977.9.
陳啓佑,「散文寫作的技巧」,『國文天地』 제7권 제10기(총82호), 1992.3.
陳新雄, 「從蘇東坡的小學造詣看他在詩學上的表現」, 『輔仁學誌 : 文學院之部』 제14기, 1985.6.
陳新雄,「從蘇詩的名篇看蘇軾的一生」,『孔孟月刊』 제29권 제11기(총347호), 1991.7.
陳憶蘇,「蘇軾詩中的擬人法」,『文史論集』 제2기, 1991.7.
陳宗敏,「蘇東坡的書畫」,『中華文化復興月刊』 제6권 제9기, 1973.9.
蔡秀玲,「論東坡‘詩畫一律’說」,『臺中商專學報』 제28기, 1996.6.
蔡秀玲,「論蘇東坡的人生觀」,『臺中商專學報』 제29기, 1997.6.
蔡崇名,「蘇東坡書法析賞」,『高雄文獻』 제9/10기, 1982.3.
蔡正發,「白居易對蘇軾的影響」,『古今藝文』 제21권 제3기, 1995.5.
鮑霦,「東坡喜愛陶詩的原因」,『中國國學』 제12기, 1984.10.
馮永敏,「論散文鑒賞的方法 : 從文理・文采・文境・文氣四方面看」,『北市師院語文學刊』 제2기, 1995.5.
______,「散文寫人藝術探微」,『中國學術年刊』 제18기, 1997.3.
馮春田,「融道於儒 : 劉勰『文心雕龍』的文學‘自然’論」,『孔孟月刊』 제36권 제9기, 1998.5.
何慧俐,「淺談蘇東坡詩學」,『中國文化月刊』 제200기, 1996.6.
韓介光, 「蘇軾嶺南謫居時之心態蠡討 : 兼論唐宋名家處於逆境時之心態與風格」, 『丘海季刊』 제35기, 1993.4.
______,「蘇軾嶺南謫居時之心態探討 : 續」,『丘海季刊』 제36기, 1993.8.
______,「試論蘇軾居海南時期的思想與影響」,『廣東文獻』 제20권 제1기, 1990.3.
黃寬重,「蘇東坡貶謫黃州的生活與心境」,『故宮文物月刊』 제8권 제1기(총85호), 1990.4.
黃美鈴,「從前後‘赤壁賦’談蘇東坡的矛盾心境」,『中國文化月刊』 제164기, 1993.6.

黃美娥,「蘇軾文論及其散文藝術研究」,『國立臺灣師範大學國文研究所集刊』 제34기, 1990.6.
______,「劉勰與蘇軾文・道觀念之比較 : 從『文心雕龍・原道篇』談起」,『東南學報』 제18기, 1995.12.
黃盛雄,「蘇洵之文論」,『靜宜學報』 제2기, 靜宜文理學院, 1977.6.
黃淑賢,「三蘇學養探源」,『新埔學報』 제2기, 1976.3.
黃惠菁,「東坡文藝創作理論研究」,『國立臺灣師範大學國文研究所集刊』 제37기, 1993.5.

(2) 대륙

임준상,「蘇軾的 '辭達' 說」,『復旦學報 : (社會科學版)』, 1998년 제4기.
안희진,「蘇軾詩歌的至境 : 自然」,『文學遺産』 1997년 제3기.

姜耕玉,「'虛靜' : '物我兩忘' 的最高體驗境界」,『求索』 1997년 제4기.
耿琴,「蘇軾"行雲流水"說」,『煙臺大學學報 : (哲學社會科學版)』 1994년 제4기.
慶振軒,「東坡幽默詼諧性格論」,『蘭州大學學報 : (社會科學版)』 제23권 제3기, 1995년.
季若霄,「簡論蘇軾對文人畫理論的貢獻」,『四川師範大學學報 : (社會科學版)』, 1992년 제4기(총87기).
高克勤,「北宋散文簡論」,『蘇州大學學報(哲學社會科學版)』 1996년 제4기.
高林廣,「淺論禪宗美學對蘇軾藝術創作的影響」,『內蒙古師大學報 : (哲學社會科學版)』 1993년 제1기.
高友工・梅祖麟, "Syntax, Diction, and Imagery in T'ang Poetry", *Harvard Journal of Asian Studies*』 vol.31, 1971.
高霞,「文人畫山水詩與精神還鄉思潮」,『濟寧師專學報』 제20권 제1기, 1999.
孔繁,「蘇軾和道家(道教)」,『世界宗教研究』, 1993년 제1기(총51기).
寇鵬程,「中國文論讀者接受觀的兩種價值取向」,『求索』 1999년 제1기.
邱俊鵬,「蘇軾少年時期思想探微」,『文學遺産』 2000년 제1기.
金聲・趙麗玲,「創文藝新論 成一家之言」,『喀什師範學院學報』 제20권 제1기(총74기), 1999.
鈕燕楓,「中國古典自然美育的現代闡釋」,『江西社會科學』 1999년 제1기.
覃可霖,「論寫作活動中的靈感思維」,『南寧師範高等專科學校學報』 2000년 제3기.
覃召文,「佛之夢魔與禪之憂傷 : 嶺南時期蘇軾的禪佛情結」,『文史知識』 1996년 제6기.
譚玉良,「蘇軾 '高風絶塵' 的內涵和意義」,『成都大學學報 : (社科版)』, 1998년 제3기.
譚好哲,「由「成竹在胸」說論蘇軾的文藝創作觀」,『淄博學院學報(社會科學版)』 1999년 제3기(총52기).

唐玲玲,「寄我無窮境：蘇軾貶僧期間的生命體驗」,『文學遺産』 1996년 제4기.

陶文鵬,「論蘇軾詩塑造人物形象的藝術」,『文學遺産』 1994년 제1기.

______,「論東坡詞寫景造境的藝術」,『社會科學戰線』 1998년 제1기.

童健,「蘇軾散文'辭達' 試論」,『武漢教育學院學報』 제19권 제1기, 2000.2.

東麓,「東坡論陶述評」,『鹽城師專學報：(哲社版)』 1996년 제1기.

董菱,「曠達雄放 意趣天眞：淺談蘇軾的書法藝術風格的形成」,『遼寧大學學報』 1999년 제4기(총158기).

滕咸惠,「蘇軾文藝思想的樸素辯証法特色」,『山東大學學報』 1993년 제3기.

欒睿,「試論蘇軾的佛教觀念及其影響」,『新疆師範大學學報：(哲學社會科學版)』(季刊) 1995년 제2기(총47기).

冷成金,「蘇軾・朱熹文藝觀之比較」,『中國人民大學學報』(雙月刊) 1996년 제3기(총57기).

逯權成,「從比喩中相似性的演變看 '形似' 向 '神似' 轉移之規律」,『許昌師專學報』 제19권 제6기, 2000.

鹿燕,「論文學作品的審美創造過程」,『許昌師專學報』 제18권 제4기, 1999.

劉根貨,「書法欣賞形質論」,『信陽師範學院學報(哲學社會科學版)』 제19권 제2기, 1999.4.

劉文剛,「蘇軾與道」,『四川大學學報(哲學社會科學版)』 2000년 제1기(총106기).

劉石,「蘇軾與佛教三辨」,『北京師範大學學報』, 1990년 제3기.

____,「蘇軾文學創作與佛學」,『世界宗教研究』 1993년 제4기(총54기).

劉豔麗,「蘇軾美學思想淺論」,『河北師範大學學報：(社會科學版)』 제21권 제3기, 1998.7.

劉旭,「古代寫作理論的繼承性」,『濮陽教育學院學報』 제1기, 2000.3.

劉偉林,「物化論」,『華南師範大學學報(社會科學版)』 2000년 제1기.

劉朝謙,「沉醉人生與藝術之美：蘇軾精神一論」,『四川大學學報：(哲學社會科學版), 1989년 제2기.

劉尊明, 「論蘇東坡的人生幽默及其文化內蘊」, 『湖北大學學報：(哲學社會科學版)』(雙月刊) 1994년 제4기(총92기).

劉煥陽,「蘇軾心態探微」,『泰安師專學報』, 1992년 제3기.

______,「蘇軾初始作詞時間考」,『煙臺師範學院學報：(哲社版)』 1996년 제2기.

______,「晁補之與蘇軾交遊考」,『江西師範大學學報：(哲學社會科學版)』 제30권 제2기(총86기), 1997.5.

劉驍純,「繪畫意境論」,『文藝研究』 2000년 제5기.

李康化,「清曠：東坡詞之美學風度」,『社會科學戰線』 1997년 제2기.

李軍,「米芾的書法藝術探微」,『郞陽師範高等專科學校學報』 제20권 제1기, 2000.2.

李珺平,「傳統美學五範疇的比較考察 : 情・欲・理・志・意簡要淸理」,『湛江師範學院學報(哲學社會科學版)』 제21권 제2기, 2000.6.

李玉琨,「蘇軾的書法藝術及書論」,『錦州師範學院學報』 제22권 제3기, 2000.7.

李越深,「蘇軾女杭僧參寥交遊考述」,『浙江大學學報 : (社會科學版)』 1994년 제8권 제1기 (총21기).

李學武,「禪對文人畫意境的影響」,『青海師範大學學報(哲學社會科學版)』 1999년 제3기.

馬茂軍,「論蘇軾的文人品格與詩風」,『學術研究』 1997년 제9기.

馬馳,「蘇軾文藝美學思想的系統總結」,『學術月刊』 1995년 제1기(총308기).

梅大聖,「蘇軾黃州時期的生活方式及社會意義」,『江漢論壇』, 1996년 제7기(총191기).

毛慧玉・白少玉,「古代散文理論中"文氣說"的風格美指向」,『武漢大學學報 : (社會科學版)』 1993년 제2기.

文師華,「論蘇軾的詩歌美學思想」,『南昌大學學報 : (社會科學版)』 제28권 제2기, 1997.6.

______,「論蘇軾的書法美學理論」,『南昌大學學報 : (社會科學版)』 제28권 제4기, 1997.12.

______, 「人生交響曲中的雙重旋律 : 論蘇軾仁政愛民的政治思想和隨緣放曠的人生態度」,『南昌大學學報 : (哲社版)』 제29권 제2기, 1998.6.

方楚喬,「論中國畫創作中 '意' 的作用」,『暨南學報(哲學社會科學版)』 제21권 제1기, 1999.1.

龐學銓,「中國古代情感理論的特點」,『杭州大學學報』 제23권 제4기, 1993.12.

白淸・王啓和,「論蘇軾早期散文的創作思想」,『西北大學學報 : (哲學社會科學版)』 1997년 제4기 제27권(총97기).

樊德三,「中國古代的文學特徵論」,『鹽城師範學院學報(哲學社會科學版)』 1999년 제4기.

傅明善,「蘇軾文藝美學觀述評」,『寧波師院學報 : (社會科學版)』 제17권 제4기, 1995.12.

傅馳,「劉勰論主體與客體・內容與形式辯證關係初探」,『西北大學學報(哲學社會科學版)』 제29권 제3기, 1999.8.

謝桃坊,「蘇軾與北宋古文運動」,『西南師範大學學報 : (哲學社會科學版)』 1993년 제4기 (총76기).

徐季子,「東坡文談」,『寧波大學學報 : (人文科學版)』 제9권 제3기, 1996년.

徐國榮,「蘇軾的寓言創作成就」,『中國古代・近代文學研究』 1993년 제9기.

徐姝,「論蘇軾散文中的比喩」,『南京社會科學』, 1998년 제6기(총112기).

蕭慶偉,「北宋黨爭與杜詩陶詩之顯晦」,『河北大學學報』 1996년 제3기.

孫蘭廷,「論歐陽修對蘇軾散文的影響」,『內蒙古社會科學(漢文版)』 제3기(총115기), 1999.5.

孫昌武,「蘇軾與佛教」,『文學遺產』 1994년 제1기.

顔邦逸, 「蘇軾黃州詩詞的內在結構與文化定位論要 : 兼與日本學者吉川幸次郎先生商榷」,

『遼寧師範大學學報 : (哲科版)』 1997년 제2기.
楊慶存, 「論北宋前期散文的流派與發展」, 『文學遺産』 1995년 제2기.
______, 「蘇軾與黃庭堅交遊考述」, 『齊魯學刊』 1995년 제4기(총127기).
______, 「宋代散文體裁樣式的開拓與創新」, 『中國社會科學』 1995년 제6기.
楊立元, 「創作動機形態論」, 『河北師範大學學報(社會科學版)』 제23권 제1기, 2000.1.
楊勝寬, 「蘇軾與理學家的性情之爭 : 兼論儒家性情觀的歷史演變」, 『四川大學學報 : (哲學社會科學版)』 1993년 제1기.
______, 「君子如水, 因物賦形 : 蘇軾人格思想片論」, 『唐都學刊』(西安) 1993년 제2기.
______, 「筆勢彷彿『離騷』經 : 東坡賦考論」, 『西南師範大學學報 : (哲學社會科學版)』 1994년 제2기(총78기).
______, 「論道德人格與藝術生命的契合點 : 試論蘇軾之氣的表現特徵」, 『社會科學研究』 1994년 제3기.
______, 「蘇軾的氣論與養氣方法」, 『四川師範大學學報 : (社會科學版)』(季刊) 제20권 제2기(총91기), 1993.4.
______, 「東坡與放翁 : 隔代兩知音 : 論陸游對蘇軾思想和文藝觀的全面繼承」, 『西南師範大學學報 : (哲學社會科學版)』 1995년 제2기(총82기).
______, 「試論蘇軾的藝術追求與人格境界的統一」, 『四川大學學報 : (哲學社會科學版)』(季刊) 1995년 제2기.
______, 「蘇軾的人生態度與人生體味」, 『文史哲』 1998년 제1기.
楊豔梅, 「以儒治世 以佛治心 以道治身 : 淺析蘇軾複雜矛盾的世界觀」, 『松遼學刊 : (社會科學版)』 1996년 제1기(총72기), 14~18쪽.
楊子江, 「崇尚自然的審美習尙的形成及流變」, 『廣東教育學院學報』 1999년 제4기.
楊疾超, 「蘇軾畫論淺探」, 『黃岡師範學院學報』 제20권 제1기, 2000.2.
楊海明, 「從蘇詞看蘇軾的人生感悟與處世態度」, 『山西大學學報(哲學社會科學版)』 제22권 제2기(총84기), 1999.
余松, 「宋代理學文論評述」, 『保山師專學報』 제19권 제2기, 2000.6.
吳俊忠, 「文學鑑賞的主體介入」, 『晉陽學刊』 1999년 제5기.
阮忠, 「唐代散文 '道' · '藝'論」, 『海南師範學院學報(人文社會科學版)』 제14권 제3기(총53기), 2001.
王景科, 「散文創作中的情感論」, 『東岳論叢』 제20권 제5기, 1999.9.
王蘭, 「蘇軾曠達人生風格的基本內容」, 『齊魯學刊』 1994년 제3기(총120기).
王文龍, 「說東坡論杜」, 『杜甫研究學刊』(成都) 1994년 제2기.

______, 「試論蘇軾關于詩歌鑑賞的理論與實踐」, 『文學遺産』 1996년 제5기.
王世德, 「蘇軾融合儒道佛的特色」, 『重慶師院學報 : (哲學社會科學版)』(季刊), 1993년 제1기(총53기).
______, 「蘇軾的“寓意于物論”與康德的非功利審美論」, 『四川師範學院學報 : (哲學社會科學版)』 1994년 제1기.
王樹海, 「佛禪的人生觀和蘇軾生命歷程的審美化」, 『齊魯學刊』 1994년 제3기(총120기).
王玉芳, 「高踞分水嶺上的巨人 : 試論蘇軾與文人畫的發展」, 『西北師大學報(社會科學版)』 제35권 제6기, 1998.11.
______, 「高踞分水嶺上的巨人(續) : 試論蘇軾與文人畫的發展」, 『西北師大學報(社會科學版)』 제36권 제1기, 1999.1.
王兆鵬·徐三橋, 「蘇軾貶居黃州期間詞多詩少探因」, 『湖北大學學報 : (哲學社會科學版)』, 1996년 제2기.
王向峰, 「論蘇軾的美學思想」, 『文藝理論研究』 1985년 제4기.
姚君喜, 「中國古典美學的核心範疇」, 『蘭州商學院學報』 총15권 제3기, 1999.8.
牛寶彤, 「「石鐘山記」 淺談」, 『北京師範大學學報』, 1990년 제2기.
尤永, 「北宋 「寓意於物」 的書畫鑒藏觀」, 『美術史研究』, 2000.
牛睿, 「論蘇軾在密州和徐州時期的詞創作」, 『社會科學輯刊』 1997년 제3기(총110기).
熊憲光, 「“縱橫”流爲文士說」, 『北京師範大學學報 : (社會科學版)』 1998년 제1기(총146기).
魏超, 「執迷者悟 : 看東坡情到深處」, 『河北師範大學學報(社會科學版)』 제22권 제1기, 1999.1.
章劍深, 「從‘有意’到‘無意’ : 書法創作的幾種方法與境界」, 『紹興文理學院學報』 제20권 제3기.
張連第, 「蘇軾的詩歌理論」, 『吉林大學社會科學學報』 1996년 제1기.
張保寧, 「「天高露淸」 賦新志 「山空月明」 抒高情 : 兩宋文人與自然的關係初探」, 『陝西教育學院學報』 제16권 제3기, 2000.8.
張福勛, 「由讀者的 「二度創造」 說到意境的完整釋義」, 『陰山學刊』 제13권 제4기, 2000.12.
張思齊, 「散文·駢文·美文 : 比較觀照中的文體辨析」, 『西南民族學院學報 : (哲學社會科學版)』 1996년 제1기.
張瑞君, 「莊子審美思想與蘇軾文藝觀」, 『山西師大學報 : (社會科學版)』 제21권 제4기(총86기), 1994.10.
張瑞德, 「中西方詩學文本理論之比較」, 『鄭州大學學報(哲學社會科學版)』 제32권 제3기, 1999.5.
張松, 「論山水畫的意境美」, 『青海師範大學學報(社會科學版)』 1999년 제2기.

張亞平,「蘇軾與文人畫理論的興起」,『中華文化論壇』, 2000.2.
張玉璞,「宋代士人的生存環境及其處世心態 : 兼論其對文學創作的影響」,『山東社會科學』, 2000.6.
張維,「試論蘇軾的美學思想與道學的聯係」,『社會科學硏究』1994년 제4기.
張毅,「蘇軾朱熹文化人格之比較」,『文學遺產』1995년 제4기.
張晶,「中國古典美學中的偶然論」,『吉林大學社會科學學報』1998년 제4기.
張志烈,「東坡書簡人物辨」,『社會科學硏究』, 1998년 제6기.
張智華,「蘇軾亭臺樓堂記的藝術特色」,『安徽師大學報』(季刊) 1993년 제3기 제21권(총86기).
張進・張惠民,「蘇軾貶逐心態硏究」,『蘇州大學學報(哲學社會科學版)』 제2기, 2001.4.
章平,「蘇軾畫論的功過辨正」,『淮陰師範學院學報』 제21권 1999년 제5기(총제86기).
張海鷗,「宋代文人的謫居心態」,『求索』1997년 제4기.
程國賦,「二十世紀蘇軾文論硏究」,『暨南學報(哲學社會科學版)』1999년 제2기.
鄭榮基,「蘇軾文藝理論批評和創作思想的核心」,『中南民族學院學報』1994년 제4기(총67기).
丁睿,「略論蘇軾的和陶詩」,『貴州社會科學』1996년 제3기(총141기).
趙梅,「疑君前身"碧玉椽" : 論東坡的修竹情緣」,『蘇州大學學報 : (哲學社會科學版)』1996년 제1기.
趙勝利,「試論中國畫的審美特徵」,『學術界』1999년 제5기(총78기).
趙仁珪,「蘇軾散文中的禪」,『北京師範大學學報 : (社會科學版)』1997년 제4기(총142기).
宗志平,「略論中國古代詩學命題 : '窮' 與 '工'」,『山西大學學報 : (哲學社會科學版)』1997년 제3기.
周慶漢,「「氣韻生動」的審美特性及時代演變」,『齊魯藝苑』2000년 제2기.
周小華,「蘇軾的「虛」・「靜」・「明」觀 : 論莊子的「心齋」思想對蘇軾後期思想的影響」,『學術月刊』1996년 제9기(총328기).
周雲龍,「論中國古代文人的"據於儒, 依於道, 逃於禪"」『文史知識』1997년 제12기.
______,「論蘇軾遷謫期間的精神勝利法 : 兼探封建士大夫的文化心態」,『中國文學硏究』2000년 제1기(총57기).
周裕鍇,「蘇文繫年補正(一)・(續)」,『四川大學學報 : (哲學社會科學版)』1996년 제1기(총88기).
______,「蘇文繫年補正續)」,『四川大學學報 : (哲學社會科學版)』1997년 제3기(총94기).
周楚漢,「蘇軾的文章理論」,『湖南教育學院學報』 제15권 제6기, 1997.12.
曾祥麟,「何從識取「廬山眞面目」: 東坡雪芹美學思想探微」,『貴州文史叢刊』1998년 제2기(총79기).

曾子魯,「試論蘇軾詩詞文會通的主要原因」,『江西師範大學學報 : (哲學社會科學版)』 제26권 제1기, 1993.1.

______,「簡述蘇軾的韓歐古文成就的繼承與發展」,『江西師範大學學報(哲學社會科學版)』 제32권 제2기, 1999.5.

曾棗莊,「論宋代的四六文」,『文學遺產』 1995년 제3기.

陳國生,「蘇東坡阻遏王安石變法的心理學考察」,『吉首大學學報 : (社會科學版)』 1997년 제3기.

陳德禮,「「憤書」 論及其審美創作心理機制」,『青海師範大學學報(哲學社會科學版)』 2000년 제4기(총87기).

陳維平,「淺論蘇軾文藝思想的辯證因素」,『福建論壇』 2000년 제2기(총117기).

陳祖美,「'以意逆志' 論蘇軾」,『文史哲』 1994년 제3기(총222기).

陳曉芬,「佛教思想與蘇軾的創作理論」,『文藝理論研究』(滬), 1992년 제6기.

______,「柳宗元與蘇軾崇佛心理比較」,『社會科學戰線』 1995년 제2기(총74기).

______,「佛教思想與蘇軾的創作理論」,『中國古代・近代文學研究』 1993년 제3기.

車永强,「試論意境美的創造規律」,『武漢大學學報(哲學社會科學版)』 1999년 제4기(총243기).

崔承運, 「論蘇軾的藝術哲學 : 以文學散文爲中心」, 『北京大學學報 : (哲學社會科學版)』 1995년 제6기(총172기).

崔育斌, 「似與不似之間 : 論繪畫的審美特性」, 『深圳大學學報(人文社會科學版)』 제16권 제2기, 1999.5.

鄒志勇,「蘇軾人格的文化內涵與美學特徵」,『山西師大學報 : (社會科學版)』 1996년 제1기(총71기).

鄒曉,「傳神論與中國文人畫」,『汕頭大學學報(人文科學版)』 16권 제4기, 2000.

沈元林,「蘇軾在宋代古文運動中的矛盾心態」,『社會科學研究』 1998년 제2기.

湯岳輝,「簡論蘇軾在傳統文藝美學思想發展中的貢獻」,『惠州大學學報(社會科學版)』 제21권 제3기, 2001.9.

彭西春,「論文人畫的創作思想」,『周口師範高等專科學校學報』 제17권 제4기, 2000.7.

何國棟,「蘇軾賦的散體特徵及其形成」,『蘭州大學學報 : (社會科學版)』 제26권 제2기, 1998.

何玉蘭,「蘇軾 '辭達' 說的創造性」,『樂山師範學院學報』 2000년 제4기.

解殿卿,「中國古代繪畫審美創造論」,『許昌師專學報』 제18권 제3기, 1999.

胡昭曦・張茂澤,「宋代蜀學芻論」,『四川大學學報 : (哲學社會科學版)』 1993년 제4기.

胡新中,「略論佛教對蘇軾的影響」,『學術交流』 1994년 제3기.

洪本健,「從韓柳歐蘇文看唐宋文的差異」,『文史哲』, 1990년 제3기.

侯怡敏,「蘇軾文學硏究述略」,『中國文學硏究』1997년 제3기.
『中國古代・近代文學硏究』1994년 제10기.

(3) 한국

권덕주,「소동파의 화론」,『논문집』제15집, 숙명여대, 1975.
김계태,「蘇軾의 高麗觀」,『중국인문과학』제37집, 2007.
김대원,「高麗畵論의 文氣的 繪畵觀 硏究」,『서예학연구』제18호, 한국서예학회, 2011.3.
김상미,「소식 제화시 연구」, 서울대 석사논문, 1999. 8.
김상홍,「茶山의 蘇東坡論」,『남명학연구』제18집, 2004.
김선희・김춘희,「蘇軾의 詩書畵論이 高麗에 미친 영향에 대한 고찰」,『중국인문과학』제41집, 2009.
김종성,「소식과 황정견의 문학이론 비교」,『중국어문논역총간』제16집 특집호, 중국어문논역학회, 2005.
당윤희,「蘇軾 題跋文 初探-實用性과 個性의 發現」,『중국문학』제35집, 2001.
______,「朝鮮刊 蘇軾 詩文集 및 文集 板本 小考」,『중국문학』제63집, 한국중국어문학회, 2010.5.
류종목,「소동파의 문학이론」,『중국문화연구』제2집, 대구대학교, 1993.
______,「蘇軾과 高麗」,『중국문학』제38집, 2002.
문정자,「東坡의 藝術論과 白雲의 詩論에 대한 考察」,『한문학논집』제12집, 1994.
박순철,「蘇軾의 詩畵書 一律相通論 小考」,『중국인문과학』제37집, 2007.
______,「소식의 시화서 일률상통론 소고」,『중국인문과학』제37집, 중국인문학회, 2007.
박영환,「소식의 문학이론과 선종」,『중국문학』제36집, 한국중국어문학회, 2001.11.
______,「蘇軾의 文學理論과 禪宗」,『중국문학』제36집, 한국중국어문학회, 2001.11.
서은숙,「소식 제화시 연구」, 연세대 박사논문, 2004.12.
______,「蘇軾 題畵詩 연구 방법론 서설」,『중국어문학논집』제33집, 중국어문학연구회, 2005.8.
송혁기,「17~18세기 조선 문인의 蘇軾 산문 비평」,『한자한문연구』제2호, 고려대 한자한문연구소, 2006.12.
신장섭,「李奎報와 蘇軾의 賦文學 比較 試攷－형식과 표현 기법을 중심으로」,『우리문학연구』제25집, 2008.
안예선,「蘇軾 題跋文 考察 : 宋代 文人의 '載道' 밖 글쓰기」,『중국어문논총』제25집, 2003.

안희진, 「蘇軾 詩語의 개척과 제련」, 『중국학논총』 제6집, 1997.
오수형, 「蘇東坡의 寓言文 初探」, 『중국문학』 제26집, 1996.
______, 「正祖의 古文 指向과 御定『唐宋八子百選』」, 『중국문학』 제67집, 2011.
오태석, 「장르사적 관점에서 본 蘇軾의 문예이론과 시」, 『중어중문학』 제21집, 1997.12.
원주용, 「李仁老 散文 硏究」, 『어문연구』 제39권 제4호, 2011년 겨울.
유종목, 「蘇東坡의 文學理論」, 『중국문화연구』 제2집, 1993.
윤호진, 「韓國 漢文學의 東坡受容樣相」, 『중국어문학』 제12집, 1986.
이영주, 「소식시론연구」, 서울대 석사논문, 1983.
______, 「소식시론연구」, 『中國文學』 제11집, 1984.
이원규, 「蘇軾의 傳神論」, 『중국어문학논집』 제10집, 1998.
이창룡, 「퇴계의 동파 수용양상」, 『국어교육』 제44집, 1983.
임진호, 「蘇軾 記文의 道家的 性向考察」, 『중국인문과학』 제26집, 2003.6.
정선모, 「蘇軾文學初期受容樣相考」, 『동방한문학』 36집, 동방한문학회, 2008.
조규백, 「蘇軾의 詩文에 나타난 儒佛道 三家思想 考察(1)」, 『중국학연구』 제9집, 1994.12.
______, 「蘇軾의 書畵藝術詩 考察」, 『중국학연구』 제11집, 1996.12.
______, 「고려시대 문인의 蘇東坡 詩文 受容 및 그 意義(1)」, 『퇴계학과 유교문화』 제39권, 경북대 퇴계학연구소, 2006.
______, 「조선시대 문인들의 소동파 시문 수용과 관점」, 『퇴계학과 한국문화』 제38호, 2006.
조승관, 「韓國文學上의 蘇東坡」, 『국어국문학 논문집』 제5집, 동국대 국어국문학부, 1964.
최재혁, 「소식 문론 속에 보이는 작가 수양론」, 『중국문학이론』 제2집, 한국중국문학이론학회, 2003.6.
______, 「蘇洵의 문학관 고찰」, 『중국문학연구』, 한국중문학회, 2003.12.
______, 「주역 상징 고찰」, 『中國語文學誌』 제15권, 중국어문학회, 2004.
______, 「소식 문예 감상의 세 가지 척도」, 『중국어문학논집』, 중국어문학연구회, 2006.10.
______, 「소식 문예 효용성 연구」, 『중국어문학논집』, 중국어문학연구회, 2007.10.
______, 「蘇軾 작가수양이론의 구체화과정 연구」, 『중국학보』, 한국중국학회, 2008.12.
______, 「蘇軾 문예창작이론의 구상과정 연구」, 『중국어문학논집』, 중국어문학연구회, 2010.10.

______, 「蘇軾 文道 관념의 완성과정 연구」, 『중국어문학논집』, 중국어문학연구회, 2011.10.
______, 「蘇軾 문예사상의 大一統 완성과정 연구」, 『중국학보』, 한국중국학회, 2012.12.
허권수, 「蘇東坡 詩文의 韓國的 受容」, 『中國語文學』 제14집, 영남중국어문학회, 1988.
홍우흠, 「소식의 문론 간개」, 『중국어문학』 창간호, 1980.

주요 근거자료

曾棗莊, 『蘇軾評傳』, 成都 : 四川人民出版社, 1984.6, 301~310쪽.

唐玲玲 · 周偉民, 『蘇軾思想研究』, 臺北 : 文史哲出版社, 1996.2, 539~553쪽.

황제연호	서기	나이	사적	참고
인종仁宗 경우景祐3년 병자丙子	1036	1	사천성四川省 미주眉州 미산현眉山縣 사곡행紗縠行에서 소식蘇軾 출생(12월 19일 묘시卯時, 양력 1037년 1월 8일). 자字 자첨子瞻, 초자初字 중화仲和, 호號 동파거사東坡居士. 송宋 효종孝宗 건도乾道 6년(1170)에 태사太師로 추증追贈되고 시호諡號는 문충공文忠公임. 부친 소순蘇洵(28세), 모친 정程부인.	범중엄范仲淹이 재상 여이간呂夷簡의 독단적인 전권을 반대한 일로 폄적되어 요주饒州로 내려감. 구양수歐陽修도 그 일로 연좌되어 이릉령夷陵令으로 폄적됨. 당시 왕안석王安石 16세, 증공曾鞏 18세, 문동文同 19세, 구양수 30세, 매요신梅堯臣 35세, 안수晏殊 46세, 범중엄 48세, 장선張先 47세임.
4년	1037	2		백부 소담蘇澹이 사망함.
5년 보원寶元원년 무인戊寅	1038	3		형 소경선蘇景先 죽음. 사마광司馬光이 진사급제進士及第함. 11월에 보원寶元으로 개원함. 조원호趙元昊가 반란을 일으켜 대하경제大夏景帝라 칭함.
2년 기묘己卯	1039	4		2월 20일 아우 소철蘇轍 출생. 조칙을 내려 원호元昊의 관작을 삭탈하고 변방주민과 원호 사이에 통상 거래하는 것을 금지함.
3년 강정康定원년 경진庚辰	1040	5		부친 소순의 학문이 이루어짐. 백부 소환蘇渙이 낭주통판閬州通判으로 이직함. 3월 안수晏殊가 추밀원樞密院의 일을 맡고 9월 추밀사樞密使로 부임함. 원호元昊가 연주延州를 노략하여 범중엄을 연주지사延州知事로 삼음.
2년 경력慶曆원년 신사	1041	6		왕안석이 예부시禮部試에 참가함. 증공曾鞏이 태학太學에 들어가 구양수에게 예우를 받음. 원호가 풍주豐州를 함락하자, 한기韓琦를 진주지사秦州知事로 범중엄을 경주지사慶州知事로 삼아 그를 방어함.

황제연호	서기	나이	사적	참고
2년 임오壬午	1042	7	독서를 시작함. 구양수와 매요신의 이름을 들음.	거란이 유주幽州에 군대를 모으고 침입하겠다고 엄포를 놓자 송왕조宋王朝는 매년 은 10만 냥, 비단 10만 필을 더 주기로 함. 왕안석이 진사급제함.
3년 계미癸未	1043	8	천경관天慶觀 북극원北極院에서 도사道士 장이간張易簡으로부터 소학小學을 배움. 석개石介의 「경력성덕시慶曆聖德詩」를 봄. 이때 한기韓琦, 범중엄, 부필富弼, 구양수를 알게 됨.	원호를 하국주夏國主로 책봉하고 매년 비단 10만 필과 차 3만 근을 하사함. 여이간이 재상에서 물러나고 범중엄이 참지정사參知政事, 부필이 추밀부사樞密副使, 한기가 섬서선무사陝西宣撫使, 구양수가 지간원知諫院이 되어 "신정新政"을 추진함.
4년 갑신甲申	1044	9	향교鄕校에서 소학을 배움.	증공曾鞏과 구양수가 왕안석을 추천함. 범중엄이 섬서陝西, 하동선무사河東宣撫使로 나감. "신정"이 실패함.
5년 을유乙酉	1045	10	부친 소순이 사방으로 구관求官하러 다님. 소식은 향교에서 돌아와 모친 정부인에게 교육받음.	황정견黃庭堅 출생.
6년 병술丙戌	1046	11	사곡행紗縠行의 본가本家 남헌南軒에서 독서함.	윤수尹洙 사망.
7년 정해丁亥	1047	12	5월 11일 조부 소서蘇序 죽음. 향년 75세. 소환蘇渙이 파직하고 귀향하여 복상함. 8월 소순이 부음을 듣고 강남에서 돌아옴. 부친 소순이 「명이자설名二子說」을 지음.	왕칙王則이 영도패주領導貝州의 사병과 농민들의 봉기를 이끌어 나라를 세우고는 안양安陽이라 부름.
8년 무자戊子	1048	13	2월 조부 소서를 장사지내고 미산현眉山縣 선영先塋에 모심. 아우 소철과 함께 미주성眉州城 서사西社의 유거劉巨(자字 미지微之)에게 배움.	원호가 사망함. 왕칙이 피살됨. 여러 신하들에게 시정時政의 궐실闕失을 말하라는 조칙을 내림.
황우皇祐원년 기축己丑	1049	14	유거劉巨의 문하門下에서 독서함.	농지고儂智高가 반란을 일으켜 옹주邕州를 노략질함. 진관秦觀이 태어남.
2년 경인庚寅	1050	15	모친 정부인이 직접 소식과 소철을 가르침.	유영柳永이 사망함.
3년 신묘辛卯	1051	16	서운사棲雲寺 · 화장사華藏寺에서 독서함. 백부 소환이 상부령祥符令이 됨.	미불米芾과 조령치趙令畤가 태어남.
4년 임진壬辰	1052	17	고향에서 독서함. 소순의 어린 딸이 정程씨집안으로 시집감. 유중달劉仲達과 미산眉山에서 왕래함.	범중엄이 64세로 사망함. 장뢰張耒 · 하주賀鑄가 태어남. 농지고儂智高가 옹주를 함락시키고 등주藤州를 포함한 8주州를 연이어 함락시키고 광주廣州를 포위하고는 인혜황제仁惠皇帝라 스스로 칭함.
5년 계사癸巳	1053	18	소순의 어린 딸 사망. 그 일로 인하여, 부친 소순은 그 사위 정립재程立才(모친의 조카)와 절교함.	적청狄靑이 농지고를 옹주에서 물리침. 지고智高가 대리大理로 달아남. 진사도陳師道 · 조보지晁補之 · 양시楊時가 태어남.

황제연호	서기	나이	사적	참고
6년 지화至和원년 갑오甲午	1054	19	미주眉州 청신진사青神進士 왕방王方의 딸 왕불王弗를 아내로 맞이함.	9월 조칙을 내려 장방평張方平에게 호부시랑戶部侍郎을 내리고 서촉西蜀을 지키게 함. 11월 장방평이 성도成都에 이름.
2년 을미乙未	1055	20	소순이 소식·소철을 데리고 성도成都에서 유학함. 부윤府尹 장방평張方平은 소순을 국사國士로 대우하고 편지를 구양수에게 보내 소순 삼부자三父子를 추천함. 「정통론正統論」 세 편을 지음. 유성도遊成都 승상원勝相院에 가서 유속惟謏과 유간惟簡 두 스님을 내방함.	아우 소철이 사씨史氏 여인을 아내로 맞이함. 문언박文彦博과 부필富弼이 동평장사同平章事가 됨. 안수晏殊가 65세로 사망함.
3년 가우嘉祐원년 병신丙申	1056	21	소순은 장방평에게 서신을 보내 두 아들의 문장을 언급함. 소순은 두 아들 식軾과 철轍을 데리고 3월에 고향을 떠나 5월에 경사京師로 도착하여 7월에 경덕사景德寺에서 실시된 거인고시擧人考試에서 소식과 소철이 합격함.	9월 소순이 구양수歐陽修에게 서신을 보내고 홍범사론洪範史論 7편을 함께 올림. 구양수가 그 문장을 애호하여 조정에 올림. 부친 소순이 뇌간부雷簡夫에게 서신을 보내는 일로 한기韓琦를 알현하고 아울러 한기·부필富弼·문언박·전황田況에게 서신을 올림.
2년 정유丁酉	1057	22	정월에 예부시禮部試에 응시하여 2등으로 합격하고 소철도 합격함. 당시 지제고知制誥였던 구양수는 그의 시험답안지 「형상충후지지론刑賞忠厚之至論」를 보고는 뛰어난 인물이라 판단하고 자신의 제자 증공이라 판단하여 그 시험지를 1등에서 내려서 진사進士 2등으로 급제及第함. 부시復試에서 『春秋』 대의對義로 1등으로 통과하고, 전시장형방殿試章衡榜에서는 진사을과進士乙科에 합격함. 4월 8일에 모친상을 당하여 3년간 거상居喪함(1057년 4월~1059년 7월). 모친 정씨를 무양武陽 안진산安鎭山 자락에 장사함.	왕안석이 상주지사常州知事가 됨. 적청이 사망함. 주방언周邦彦이 태어남.
3년 무술戊戌	1058	23	모친 상중. 11월 5일 부친 소순이 부름을 받아 사인원舍人院에서 책론策論을 시험 보게 되었으나 병으로 그만 둠. 12월 1일 부친 소순이 황제에게 글을 올림. 「상지부왕용도서上知府王龍圖書」를 지어 병력 증강과 부역 문제를 언급함.	구양수가 용도각학사龍圖閣學士로 개봉부開封府를 맡음. 왕안석이 인종仁宗에게 글을 올려 변법變法을 체계적으로 제출함.
4년 기해己亥	1059	24	6월에 소명을 다시 받아 부친 소순이 구양수에게 서신을 보냄. 7월 복상기간이 끝나 10월 소철과 함께 부친을 모시고 배를 타고 수도로 감. 소씨蘇氏 삼부자가 경사京師로 갈 때, 60일간 11개 군과 26개 현을 지나 장강長江 수로를 통해 미산眉山에서 배를 타고 가주嘉州와 충주忠州를 경유하여 삼협三峽을 빠져나와 12월 8일 강릉江陵에 이르고 세모歲暮에 형주荊州에 이르러 설을 보냄. 도중에 산천경관山川景觀과 현인賢人들의 자취 등을 지나며 지었던 시문詩文 백편을 『남행집南行集』이라 함. 맏아들 소매蘇邁 출생.	차 전매법을 고침. 조설지晁說之가 태어남.

황제연호	서기	나이	사적	참고
5년 경자庚子	1060	25	1월 5일 형주에서 출발하여 육로를 통해 형문荊門과 이양涮陽을 지나 한수漢水를 건너 양양襄陽, 당주唐州, 허주許州, 엽현葉縣에 이름. 2월 중 변경汴京에 다다라 하남성河南省 복창현福昌縣 주부主簿를 제수받아 아직 임지에 다다르지 않음. 지간원知諫院 사인舍人 양전楊畋이 소식이 지은 50편의 문장을 주상奏上함. 8월 소순은 한림학사翰林學士 구양수의 추천을 얻어 비서성교서랑秘書省校書郎를 제수받음. 소철은 민지현澠池縣 주부主簿를 제수받음. 구양수는 재식才識을 겸비한 소식을 비각秘閣에 추천함.	5월 왕안석이 삼사도지판관三司度支判官으로 소환되어 만언서萬言書를 올려 치재治財의 방법을 말함. 이것이 변법의 시작임. 구양수가 추밀부사樞密副使가 됨. 매요신梅堯臣이 59세로 사망함.
6년 신축辛丑	1061	26	정월 소식과 소철은 현량방정직언극간책문賢良方正直言極諫策問에 응시함. 8월 왕안석 등이 비각秘閣 시험관이 되어 소식 형제가 참여함. 9월 어시御試에 「진책進策」과 「진론進論」 등 25편의 대책을 내어 자신의 혁신적인 주장을 제출함. 여기서 소식은 제3등에 들어가고 소철은 제4등에 뽑힘. 소씨부자의 명망이 경사京師에 퍼짐. 대리평사첨서大理評事簽書 봉상부절도판관鳳翔府節度判官를 제수받아 11월19일 출발하여 12월 14일 부임지 봉상鳳翔에 당도함.	왕안석을 지제고知制誥로, 사마광司馬光을 지간원知諫院으로, 구양수를 참지정사參知政事로 삼음. 7월 소환蘇渙이 연수군漣水軍을 맡아 부임지에 가기 전에 제점리주로형옥提點利州路刑獄으로 발탁됨. 소순은 패주문안현주부霸州文安縣主簿를 제수받고 『태상인혁례太常因革禮』를 수찬함. 소철은 상주군사추관商州軍事推官을 제수받음.
7년 임인壬寅	1062	27	봉상부鳳翔府 첨판簽判으로 재직함. 「석비성石鼻城」, 「회우정기喜雨亭記」 등의 시문을 지음.	8월 소환蘇渙이 이주제형利州提刑 임지에서 62세로 사망함.
8년 계묘癸卯	1063	28	봉상부 첨판으로 재직함. 「화소철한식和蘇轍寒食」, 「답청踏青」, 「사치론思治論」, 「응허대기凌虛臺記」 등의 시문을 지음.	3월 인종이 죽고 4월 영종英宗이 왕위를 이음.
영종英宗 치평治平원년 갑진甲辰	1064	29	정월 문동文同과 기하岐下에서 만나 교유함. 12월 봉상부 첨판 임기완료. 「화소철고한견기和蘇轍苦寒見寄」, 「주공묘周公廟」, 「관루觀樓」, 「화동전류별和董傳留別」 등의 시詩를 지음.	
2년 을사乙巳	1065	30	정월 경사京師에 돌아와 판등문고원判登聞鼓院에 들어감. 영종英宗이 소식을 불러 한림원翰林院 지제고知制誥로 들이려하였으나 재상 한기韓琦가 반대함. 2월 학사원고시學士院考試에 참가하여 두 편의 시론試論을 내어 다시 삼등三等에 들어가 직사관直史館에 임직함(1065년 2월~1066년 4월). 5월 28일, 처妻 왕불이 경사에서 27세에 병으로 사망함. 6월 변경汴京 성곽 서쪽에 묻힘.	3월, 소철은 대명부大名府의 추관推官이 됨.
3년 병오丙午	1066	31	정월 직사관直史官에 재직함. 4월 25일 부친 소순이 예서禮書를 편수하던 중 다 마치지못한 채 58세로 사망함. 후에 광록승光祿丞으로 추증되었다. 6월 소철과 함께 상여를 배에 태워 촉蜀지역으로 돌아감. 통의군通義君의 운구도 함께 싣고 옴.	11월 영종이 병환으로 눕자 12월 영왕욱穎王頊을 태자로 삼음. 거란이 국호를 '요遼'라고 칭함. 하夏나라 변경에서 노략질을 일삼음.

황제연호	서기	나이	사적	참고
4년 정미丁未	1067	32	4월, 고향에 도착함. 8월, 부모를 미주眉州 마이산蟆頤山의 동쪽 20여 리 떨어져 있는 노옹천老翁泉 근처에 합장함. 부친 소순의 유언을 따라 통의군을 합장한 곳에서 서북쪽으로 여덟 걸음 떨어진 곳에 장사함.	정월 영종이 서거하고 신종神宗이 왕위를 이음. 3월 구양수를 박주지사亳州知事로 삼고 왕안석을 강녕부지사江寧府知事로 삼음. 9월 왕안석을 소환하여 한림학사翰林學士로 삼음. 체양蔡襄이 사망함.
신종神宗 희녕熙寧원년 무신戊申	1068	33	7월, 복상服喪기간이 끝남. 10월, 왕불의 사촌동생이자 왕개王介의 딸인 왕윤지王閏之를 아내로 맞아들임. 12월, 집안일을 양제보楊濟甫와 당형堂兄 소불위蘇不危에게 맡기고 소철과 함께 가족들을 데리고 경사에 가기 위해 성도成都를 경유하여 장안長安에 이르러 새해를 맞이함.	4월 한림학사 왕안석이 여러 차례 신종과 독대함.
2년 기유己酉	1069	34	2월, 경사로 돌아와 감관고원監官告院에 임명됨. 3월 소철은 전중승직사관殿中丞直史館·판관고원判官告院에 있다가 3월에 다시 제치삼사조례사制置三司條例司가 되어 문서를 검토하다가 8월에 그만둠. 사마광司馬光이 소식을 간관諫官으로 천거함. 왕안석이 집정하던 시기로, 소식은 취사取士에 관한 변법變法을 반대하면서 상소를 올렸는데, 왕안석의 의론議論과 완전히 달랐다. 12월, 7천여 자字나 되는 「간매절등상諫買浙燈狀」를 올려 신법新法을 전면적으로 반대하니, 왕안석은 그를 매우 미워함.	2월 부필富弼을 동중서문하평장사同中書門下平章事로 삼고 왕안석을 참지정사參知政事로 삼음. 7월 왕안석이 균수법均輸法을 시행함. 8월 소철이 하남부추관河南府推官을 제수받음. 10월 부필이 재상에서 물러남.
3년 경술庚戌	1070	35	경사의 감관고원에 있다가 개봉부추관開封府推官이 됨. 2월 장방평張方平이 학관學官을 세워 소철을 진주교수陳州教授로 삼음. 3월 여혜경呂惠卿이 지공거知貢擧가 되고 소식이 편배관編排官이 되었으나 서로 의견이 달라 맞지 않음. 3월 전조錢藻가 무주婺州태수로 가는 것을 환송함. 7월 문동이 능주陵州태수로 가는 것을 환송함. 다시 신종황제神宗皇帝에게 상소를 올리고 「의진사대어시책擬進士對御試策」을 지어 신법을 비판함. 차남 소태蘇迨가 태어남.	12월 왕안석을 동평장정사同平章政事로 삼아 보갑법保甲法과 면역법免役法을 시행토록 함. 장방평이 응천부應天府통판으로 나가고 구양수가 채주蔡州지사로 옮기고 사마광이 파직되어 영흥군永興軍을 맡게 됨. 소철이 신법新法을 힘써 반대하여 왕안석이 죄를 물으려할 때 장방평이 학관學官을 열어 떠남.
4년 신해辛亥	1071	36	경사의 개봉부추관으로 재직함. 정월 왕안석이 신법을 추진하려하자 소식이 반대함. 왕안석과 불편한 관계가 됨. 2월과 3월 신종황제에게 글을 올렸으나 뜻을 이루지 못함. 4월 왕안석이 신종의 독단적인 결정을 찬양하자 소식이 진사책문進士策問으로 진무공晉武公과 제환공齊桓公의 독단전횡獨斷專橫을 시제試題로 묻자 왕안석이 분노하였고 사경온謝景溫에게 소식의 잘못을 주상하게 함. 소식이 결국 외직을 요청하고 상부에서 그의 보직발령요구를 결재하여 항주통판杭州通判으로 가게 됨. 6월 태상박사직사관太常博士直史館으로 항주통판 업무를 수행함. 7월 경사를 떠나 진	6월 구양수가 채주蔡州 임직에서 물러나 벼슬길을 그만둠. 6월 부필이 파직되어 여주통판汝州通判으로 옮김.

황제연호	서기	나이	사적	참고
			주陳州에서 소철과 만나고 이간부李簡夫를 방문하여 장뢰張耒와 최도崔度를 처음 대면함. 9월 진주를 떠나 소철이 영주穎州까지 환송 나와 구양수를 함께 만남. 11월 28일에 부임지에 도착함. 당시 심립沈立이 항주지주로 봉직함. 소철은 진주에서 임직함.	
5년 임자壬子	1072	37	항주통판으로 임직함. 왕안석이 신법을 시행하면서 신법의 순기능을 직접 목도함. 9월, 구양수가 병사病死했다는 말을 듣고 고산孤山 혜근惠勤의 집에서 통곡함. 11월, 호주湖州로 가서 제방의 이해득실을 헤아리면서 호주태수湖州太守 손신로孫莘老(손각孫覺)을 만남. 손각을 통해 황정견黃庭堅의 시문을 접함. 막내아들 소과蘇過가 태어남.	구양수가 여음汝陰에서 향년 66세로 사망함. 8월 심립沈立이 항주지주에서 물러나고 진양陳襄(자字 술고述古)이 취임함.
6년 계축癸丑	1073	38	항주통판으로 임직함. 이때, 전지역으로 청묘靑苗·면역免役·시역법市易法을 실행하고 절서浙西지역은 수리水利·염법鹽法을 함께 실행하자, 소식은 항상 법으로써 백성을 편리하게 해주었다. 정월에서 2월까지, 속현屬縣인 부양富陽·신성新城·풍수동風水洞 등을 순시하였는데, 신성현령新城縣令 조군성晁君成(자字 단우端友)와 만나게 되고 그의 아들 조보지晁補之는 소식에게 수학함. 3월에도 잠潛·창화昌化·계원溪源·임안臨安 등을 순시함. 진술고陳述古를 도와 수복전당修復錢塘지역 육정六井을 복구함. 6월 6일 고산孤山에 가서 21일 진양陳襄과 석옥동石屋洞을 유람함. 7월 2일 천축天竺에 가서 혜변惠辯을 조문함. 8월 15일 풍수동風水洞을 유람하고 그 달 임안에 가서 경산徑山·영롱산玲瓏山·해회사海會寺를 유람함. 9월 초 경산에서 돌아옴. 11월, 상주常州·윤주潤州로 가서 재해를 구휼함. 12월에 혜산惠山에 이름.	조보지晁補之가 신성新城에서 처음 소식을 만남. 주돈이周敦頤 57세로 사망.
7년 갑인甲寅	1074	39	항주통판으로 임직함. 정월正月1일 단양丹陽·윤주·경구京口·임강臨江을 지나 금산사金山寺와 소주蘇州 등을 유람함. 3월 상주에 이름. 5월 금창金閶에 이르러 호구虎丘·오강吳江·수주秀州·임평臨平 등을 유람함. 6월 상주·윤주로부터 돌아와 보산寶山을 지남. 7월 영은사靈隱寺에 머묾. 8월 임안에 이름. 9월 항주통판에서 물러나 태상박사직사관太常博士直史館을 제수받고 밀주지사密州知事로 가게 됨. 전당錢塘사람 12세의 왕조운王朝雲을 거두어 시첩侍妾으로 삼음. 10월에 북상하여 11월 3일에 부임지 밀주密州에 도착함. 승상 한강韓絳에게 재해현장을 실사하여 보고함. 12월 「논하북경동도적상論河北京東盜賊狀」을 상소하여 재난구호, 세금감면, 민란진압 등을 주장함.	4월 왕안석이 파직되어 강녕부江寧府지사가 됨. 한강韓絳이 동중서문하평장사同中書門下平章事가 됨. 여혜경呂惠卿이 참지정사參知政事가 됨. 5월 전공보錢公輔가 사망함. 7월 진양陳襄이 항주지사杭州知事에서 파직되고 양회楊繪가 그 직책을 받음. 소철이 제주서기齊州書記를 제수받음.

황제연호	서기	나이	사적	참고
8년 을묘乙卯	1075	40	밀주에서 태수太守를 지냄. 3월 여산廬山을 유람함. 4월, 가뭄과 메뚜기의 폐해가 계속되어 상산常山에서 제사를 지냄. 5월 다시 가뭄이 계속되자 상산에서 다시 제사를 지냄. 7월 류정식劉廷式과 오래된 성 안에서 버려진 채소밭에서 구기자와 국화를 찾아 먹고는 「기국부杞菊賦」를 지음. 7월 상산묘常山廟가 완성되어 제문을 지음. 10월, 상산에서 돌아와 매호조梅戶曹와 만나 사냥함. 한기韓琦가 죽어 그의 제문祭文을 쓰다. 11월 초연대超然臺와 쾌재정快哉亭을 건수함. 「상한승상론재상수실서上韓丞相論災傷手實書」·「상문시중론강도상전서上文侍中論强盜賞錢書」 등을 올려 재난구호를 재차 강조하고 수실법手實法을 반대함. 「강성자江城子·기몽記夢」을 지어 사별한 지 10년이 지난 왕불을 애도함. 「강성자·밀주출렵密州出獵」을 지어 나라를 위해 공을 세우기를 갈망함.	2월 왕안석이 다시 동평장사同平章事로 복직함. 6월 왕안석이 『삼경신의三經新義』를 황제께 올리고 학궁學宮에 반포함. 6월 28일 한기韓琦가 68세로 사망함. 7월 여혜경이 죄로 면직되어 진주지사陳州知事로 좌천되고 그가 직접 만든 수실법手實法을 그만둠. 11월 조백성趙伯成이 밀주로 와서 통수通守가 됨.
9년 병진丙辰	1076	41	밀주에서 태수를 지냄. 정월 사부원외랑祠部員外郎으로 옮김. 1월 7일 문훈文勛이 진전각석문秦篆刻石文을 모사하여 초연대超然臺에 씀. 이 달에 「개공당기蓋公堂記」를 지어 청렴한 인물이 나와 국가입법을 제정하는 지도자로 대체되기를 희망함. 3월 삼짓날에 남선南禪 작은 정자에서 유상곡수함. 5월 가물자 상산에서 제사함. 진순유陳舜兪의 부음을 듣고 애도함. 9월 하중부지사河中府知事로 가라는 조서가 내려짐. 11월 조서의 명령을 전달받아 사부원외랑직사관祠部員外郎直史館으로 하중부지사가 됨. 12월 상순 밀주임직에서 물러나 안구安邱를 지남. 제야除夜에 폭설이 내려 유주濰州에 머뭄.	10월 23일 여혜경이 상소하여 왕안석을 공격하고 왕안석은 재상에서 두 번째 파직되어 이때부터 금릉金陵에 은거하며 다시는 조정에 돌아가지 않음. 오극吳克과 왕규王珪가 동평장사同平章事가 되고 풍경馮京이 추밀원樞密院을 담당함. 소철이 제주서기齊州書記에서 파직되어 경사京師로 돌아옴.
10년 정사丁巳	1077	42	정월, 유주를 떠나 청주青州를 거쳐 제남濟南에 도착함. 이상李常이 시를 지어 맞이함. 소식은 황정견黃庭堅의 시문詩文을 얻어 그 사람됨을 알게 됨. 처음 오원유吳遠遊를 만남. 2월 제남濟南을 떠나 운주鄆州·단복澶濮을 지남. 소철이 경사京師에서 마중나와 하중河中에서 서로 만나 함께 경사로 들어가기로 함. 함께 경사로 가려고 진교역陳橋驛에 도착했을 때 서주지사徐州知事로 발령을 새로 받았음을 알고 국문國門으로 들어가지 않고 교외 범진范鎭의 동원東園에 머물며 맏아들 매邁를 장가보냄. 4월 소철과 함께 남경南京을 지나며 장방평張方平을 악전당樂全堂에서 알현하고 장방평에게 「간용병서諫用兵書」를 써줌. 4월 21일 서주徐州 부임지에 도착함. 6월 소철·안복顔復과 함께 백보홍百步洪을 유람함. 소철과 백여 일을 함께 있다가 초가을에 헤어져 소철	이 해 12월 원풍元豐으로 개원함. 소옹邵雍과 장재張載가 사망함.

황제연호	서기	나이	사적	참고
			은 장문정張文定(방평方平)을 따라 남경판관첨서南京判官簽書에 종사함. 8월 15일 소철과 함께 여홍呂洪에서 배를 탐. 이때 단연澶淵에서 황하黃河의 둑이 무너져 8월 21일, 서주성徐州城 주위가 물로 잠기자 소식은 직접 나서서 군민들을 통솔하여 둑을 쌓고 벽을 보수하여 70여 일을 집에도 가지 않고 일함. 10월 5일, 물이 빠지고 마침내 민심이 안정됨. 조정에서 상을 내림. 소철은 저작랑著作郎이 되어 다시 장문정을 따라 남경판관첨서南京判官簽書에 종사함. 12월 진관秦觀이 처음 소식을 알현함.	
원풍元豐원년 무오戊午	1078	43	서주에서 태수太守를 지냄. 2월 4일 장려하는 조서가 내려와 물이 다시 범람하는 것을 미연에 막기 위해 서주 사람들을 동원하여 외성外城을 개축하고 황루黃樓를 축조하고 「장유칙기獎諭敕記」를 짓고 돌에 새기고 방하록防河錄을 작성함. 3월 이상李常이 내방함. 4월 진관이 경사로 과거시험을 보러가는 길에 서주를 지나며 소식을 알현함. 8월 11일 황루가 완성됨. 12일 장손 단簞이 태어남. 9월 9일 황루 낙성식을 크게 열고 소철이 지은 황루부黃樓賦를 돌에 새김. 10월 신종황제에게 글을 올려 서주의 군사를 증강하고 백성들의 반항을 막을 여러 조치들을 제출함. 12월 서주 서남지역에 사람을 보내 석탄을 찾아서 연료 문제를 해결함. 북경국자감교수北京國子監教授 황정견黃庭堅이 「고풍古風」 2수首를 증정하였고 진관이 찾아와 배움을 구하였으며, 승도잠僧道潛(자字 참료參寥) 또한 찾아와 교유함.	정월 보름 왕안석을 집희관사集禧觀使로 삼아 서국공舒國公에 봉함. 정월 문동文同은 양주洋州에서 돌아와 진주陳州로 감. 장선張先이 89세로 사망함.
2년 기미己未	1079	44	정월 서주에서 임직함. 7일 성남城南으로 사냥가고 정월 말 필중손畢仲孫·서환舒渙·소매蘇邁 등과 환산桓山을 유람함. 병자를 치료할 의약품을 요구하는 상소를 올림. 2월 문동文同의 부음을 듣고 그를 위해 제문을 씀. 3월 서주지사徐州知事를 그만둠. 3월 10일 남경南京에 이르러 장방평의 악전당樂全堂을 지남. 20일 소철과 이별하고 27일 영벽진靈壁鎮에 이름. 4월 사주泗州를 지나 회수淮水를 건너 고우高郵에 이르러 도잠道潛·진관秦觀과 함께 만남. 끝내 동행하여 양주揚州를 지나며 평산당平山堂·금산金山을 유람하고 경구京口를 건너 혜산惠山·오강吳江·수주秀州를 유람함. 4월 21일 호주湖州에 도착함. 7월, 어사중승御史中丞 이정李定과 어사御史 서단舒亶·하정신何正臣과 국자박사國子博士 이의지李宜之가 소식의 시문을 "기절시정譏切時政"·"방산조정謗訕朝廷"하는 시詩로 무고하여 어사대御史臺에서 조사	이해 왕안석이 벼슬길을 그만둠. 7월 장방평이 벼슬길을 그만둠. 문동이 진주에서 사망함. 12월 소철이 소식의 사건으로 인해 폄적되어 균주筠州의 염주세鹽酒稅를 감독하는 일을 보게 됨.

황제연호	서기	나이	사적	참고
			함. 7월 28일 어사대의 황보준皇甫遵이 호주에 와서 추포함. 소식蘇軾이 체포되자 맏아들 매邁가 도보로 따르고 서기書記 진사석陳師錫이 나와 전별함. 8월 18일, 어사대옥御史臺獄에 하옥되어 취조당함. 이정李定 등이 그를 사형시키려 함. (“오대시안烏臺詩案”) 장방평・범진范鎭이 상소를 올려 구해보려고 하였고, 소철蘇轍은 현재의 천부판관天府判官의 관직을 반납하고 형의 죄를 사면받기를 구함. 이 일이 양관兩官을 놀라게 함. 10월 15일 황태후黃太后 조씨曹氏가 소식이 시로 죄를 지어 하옥되어있다는 사실을 듣고는 신종神宗에게 잘 알아보라고 명함. 11월 28일 판결이 났고 12월 29일 사건이 종결되어 소식이 상서수부원외랑尙書水部員外郎으로 황주단련부사黃州團練副使라는 직책을 받았으나 그곳에 유배되어 거주의 제한을 받고 공사公事에도 전혀 결정권이 없었음.	
3년 경신庚申	1080	45	정월 1일 아들 매와 경사를 나옴. 4월 진주陳州에 이르러 문동文同을 조문함. 10일 소철이 남도南都에서 와서 만나 채주蔡州・신식新息을 지나 회수淮水를 건너 광산光山・마성麻城을 지나 25일 기정산岐亭山에서 진조陳慥가 소식을 맞이함. 2월 1일 폄적지貶謫地인 황주黃州에 도착함. 황주태수黃州太守 서대수徐大受(군유君猷)가 극진히 예우함. 정혜원定惠院에 숙소를 정함. 5월 소철이 소식의 가족을 호송하여 황주에 가려하였으나 27일 배가 태풍으로 나가지 못하고 그 다음날 소식이 파구巴口에 가서 그들을 맞이함. 29일 임고정臨皐亭으로 숙소를 옮기고 남당南堂을 축조하기 시작함. 6월 소철과 무창武昌을 유람하고 『역전易傳』・『논어설論語說』을 집필하기 시작함. 소철蘇轍는 균주筠州(고안현高安縣) 감염주무監鹽州務로 폄적됨. 8월 6일 밤 서대수徐大受와 함휘루涵輝樓에서 술을 마심. 9일 적벽赤壁을 홀로 노님. 8월, 유모 임채련任采蓮이 병으로 72세에 죽자, 황주 동쪽 언덕 황강현黃岡縣의 북쪽에 장사지냄. 왕조운王朝雲을 처로 받아들임. 10월 이상李常이 서주書州에서 내방함.	2월 장돈章惇이 참지정사參知政事가 됨. 3월 오충吳充이 파직됨.
4년 신유辛酉	1081	46	황주에 거함. 정월 등원발滕元發이 지주池州에서 안주安州로 옮겨와 내방함. 12일 진조陳慥을 기정岐亭에 가서 방문함. 2월 죽마고우 마정경馬正卿이 소식을 위해 성동城東의 버려진 땅 수십 무畝를 구하여 그곳을 직접 경작하도록 함. 이곳이 바로 유명한 동파東坡임. 5월 5일 서대수徐大受와 음주함. 6월 진조陳慥가 내방함. 12월 1일 기정岐亭에서 이상과 만	등달도藤達道가 지주池州에서 안주安州로 옮김. 3월 장돈이 참지정사에서 물러남. 종악種諤이 서하西夏의 군대를 격파하고 대승함.

황제연호	서기	나이	사적	참고
			나 며칠 머물면서 진조를 위해 「방산자전方山子傳」을 지음. 진사중陳師仲이 소식을 위하여 「초연超然」, 「황루黃樓」 두 집集을 편함.	
5년 임술壬戌	1082	47	황주에 거함. 정월 2일 의도령宜都令 주사선朱嗣先이 알현함. 2월 동파東坡 언덕 위에 버려진 밭을 얻어 큰 눈이 내릴 때 축조하였기에 본당 벽에 눈을 그려 넣고는 설당雪堂이라 이름하고 스스로 동파거사東坡居士라 칭하기 시작함. 3월 7일 사호沙湖를 유람하며 「정풍파定風波」("막청천림타엽성莫聽穿林打葉聲")을 짓고, 기수蘄水에 이르러 「완계사浣溪沙」("산하란아단침계山下蘭芽短侵溪")를 짓고, 마교麻橋에 이르러 청천사淸泉寺를 유람하고 왕희지王羲之의 세필천洗筆泉에서 음주함. 4월 문언박文彦博에게 서신을 올림. 미불米芾・동월董鉞・면죽도사綿竹道士 양세창楊世昌 등이 설당雪堂을 방문함. 미불米芾이 찾아왔을 때 소장하고 있던 오도자吳道子의 석가불 그림을 보게 되어 소식이 그에게 대나무 그림을 그려 줌. 5월, 괴석을 불인佛印에게 공양함. 7월 16일, 객과 함께 적벽赤壁에 배를 띄우고 유람하고 「적벽부赤壁賦」를 지음. 8월 15일 「염노교念奴嬌・적벽회고赤壁懷古」를 지음. 10월 15일 설당雪堂에서 임고臨皋로 돌아오는 길에 다시 적벽赤壁을 유람하고 「후적벽부後赤壁賦」를 지음. 12월 19일, 소식의 생일에 적벽 위에 연회를 차렸는데 손님 중에 이위李委는 피리를 잘 불어 신곡 〈학남비鶴南飛〉를 지어 그를 축하함.	왕규王珪를 상서좌복야尙書左僕射 겸 문하시랑門下侍郎으로 삼고 채확蔡確을 상서우복야尙書右僕射 겸 중서시랑中書侍郎으로 삼음. 4월 장돈이 문하시랑門下侍郎이 됨. 하夏나라가 영악성永樂城을 공격하여 함락함. 이청조李淸照가 태어남. 구양발歐陽發이 사망함.
6년 계해癸亥	1083	48	황주에 거함. 정월 3일 점등을 하고 손님을 모음. 미산의사眉山義士 소곡巢谷이 촉蜀에서부터 먼길을 걸어 찾아와 설당에 묵음. 참료參寥도 항주杭州에서 와 소식을 내방함. 여산처사廬山處士 최한崔閑 또한 방문함. 5월 남당南堂이 완성됨. 진조陳慥가 왕장관王長官과 함께 내방함. 이 달 서대수徐大受와 송별함. 6월 눈병이 나서 집에 머뭄. 7월, 장몽득張夢得이 제안齊安에서 귀양살이하고 있었을 때 그 집의 서남쪽에 정자를 세웠는데 강 물살의 빠름이 다 보인다 하여 소식蘇軾이 그 이름을 "쾌재정快哉亭"이라 함. 9월 27일 조운朝雲이 남자아이 둔遯을 낳았는데 아명이 간아幹兒임. 10월 12일 밤길을 나서 장몽득을 찾아갔다가 「기승천사야유記承天寺夜遊」를 지음. 11월 9일 맹진孟震에게 소철이 지은 「군자천명君子泉銘」을 발문跋文으로 줌. 12월 소곡巢谷이 미산眉山으로 돌아감.	4월 서대수徐大受가 황주임직에서 물러남. 4월 12일 증공曾鞏이 임천臨川에서 65세로 사망함. 부필이 낙양洛陽에서 80세로 사망함. 11월 서대수가 도중에 사망함.

황제연호	서기	나이	사적	참고
7년 갑자甲子	1084	49	정월 여주汝州로 옮기라는 조서가 내려짐. 3월 조서의 명령을 들음. 3월 3일 참료參寥·서대정徐大正 등과 정혜원定惠院을 노님. 3월 9일 왕제유王齊愈와 서신으로 사별함. 4월 1일 황주에서 여주로 떠나기 전 설당 인근의 마을사람들에게 이별을 고함. 그날 왕제유·제만齊萬·진조陳慥 등이 모두 모였고 참료參寥·조길趙吉은 함께 수행함. 강을 건너 무창武昌을 지남. 4월 14일 자호慈湖에서 오자상吳子上을 방문하고 왕제유 등이 자호慈湖에서 이별을 고하고 진조만이 구강九江까지 환송함. 참료參寥와 여산廬山를 유람하고 「제서림벽題西林壁」을 지음. 5월 1일 해혼海昏에 이르러 왕적王適을 도중에 우연히 만남. 봉신奉新·건산사建山寺를 지나 균주筠州에 이르러 소철의 동헌東軒에 머뭄. 9일 봉신奉新·구강九江까지 되돌아가서 6월 참료參寥와 이별함. 9일 맏아들 매가 6월, 덕흥위德興尉로 가게 되어 호구湖口에까지 전송하고 석종산石鐘山에서 유람하고 「석종산기石鐘山記」를 지음. 11일 지주池州를 경유하여 23일 무호蕪湖를 유람함. 7월 배로 돌아와 금릉金陵에 이르러 왕안석王安石을 장산蔣山에서 만남. 28일 넷째 아들 둔이 병사함. 8월 왕안석을 장산蔣山에서 수차례 만나 서하西夏에 대한 용병술에 대해 논함. 금릉태수金陵太守 왕익유王益柔와 장산을 유람함.14일 왕익유와 함께 의진儀眞에 다다름. 등원발滕元發이 배를 타고 맞이하고 때마침 허준許遵·진관秦觀이 이르러 마침내 금산金山에서 모임을 가짐. 9월 의흥宜興의 밭을 사고 강을 건너 경구京口·비릉毗陵·의흥 등에 이름. 16일 되돌아와 경구에 이르러 강을 건너 양주揚州에 이름. 10월 19일 상주常州에 거주할 것을 요청함. 고우高郵에 이르러 진관秦觀과 만나 회수淮水에서 술을 마시며 이별함. 12월 1일 사주泗州에 이르러 18일 옹희탑雍熙塔 아래에서 목욕함. 제석除夕 때 사주泗州에 머물며 한 해를 지냄. 소철은 적계령績溪令으로 옮김.	정월 하나라가 난주蘭州를 크게 노략질함. 12월 사마광이 『자치통감資治通鑑』을 완성함. 왕정국王定國이 빈주賓州 유배지에서 돌아옴.
8년 을축乙丑	1085	50	정월 1일 눈내리는 가운데 회수淮水를 건넘. 4일 사주泗州를 출발함. 재차 상주常州에 거주할 것을 요청함. 2월 남경南京에 이르러 장방평張方平을 알현함. 벼슬을 삭탈하고 시골로 추방한 명령을 받듬. 4월 3일 남경南京에서 돌아옴. 5월 1일 양주揚州를 경유함. 이 달 소명을 받아 등주지사登州知事가 되어 윤주潤州·진주眞州를 지남. 7월 25일 두개杜介와 금산金山에서 만남. 8월 27일 양주揚州를 지나 9월 말 초	소철이 적계현績溪縣에 부임함. 3월 5일, 신종神宗이 죽자, 왕위를 이은 철종哲宗이 10살이어서 선인황후宣仁皇后 고씨高氏가 수렴청정垂簾聽政함. 5월 왕규王珪가 사망함. 사마광을 문하시랑으로 삼고 신법을 폐지하기 시작함. 7월 1일 사마광이 소식 형제를 추천함. 8월 소철이 교서랑校書郎과 우사간右司諫을 제수받음.

황제연호	서기	나이	사적	참고
			주楚州에 이르러 사수泗水가를 지남. 10월 해주海州・연수漣水・회인懷仁・밀주密州에 이름. 10월 15일 등주登州 부임지에 도착하였고 20일 다시 명령을 받았는데 예부랑중禮部郎中으로 부름을 받아 소환됨. 11월 2일 등주登州를 떠나 내주萊州・청사青社를 지나 제남濟南・운주鄆州・남도南都를 거쳐 12월 20일 경사京師에 도착하여 예부랑중禮部郎中에 부임함. 면역법免役法을 논의하고 사마광司馬光의 정사를 돕기 위하여 중서사인中書舍人으로 옮김.	
철종哲宗 원우元祐원년 병인丙寅	1086	51	경사京師에 있음. 윤2월 8일 중서사인을 임명받음. 사마광과 면역법의 장단점을 논쟁하고 신법新法의 장점을 수용코자 하였으나 사마광은 좋아하지 않음. 3월 중서사인으로 옮겨짐. 5월에 「왕안석증태부제王安石贈太傅制」을 지음. 9월 12일 한림학사지제고翰林學士知制誥로 옮기고 소철은 적계積溪에서 경사京師로 소환되어 기거랑起居郎이 되더니 11월 중서사인으로 옮겨짐. 29일 시학사원試學士院에 소환되어 필중유畢仲遊・황정견黃庭堅・장뢰張耒・조보지晁補之 등을 발탁함. 12월 18일 좌사간左司諫 주광정朱光庭이 학사원시관學士院試館이 책문 중에 선조先朝를 풍자하는 어투가 있다고 시험관 소식의 불충한 죄를 논함. 소식이 변호함. 후에 어사중승御史中丞 부요유傅堯兪・어사御史 왕탕수王宕叟 역시 주광정朱光庭의 상소를 따라 소식이 부당하다고 상소함. 전중어사殿中御史 여도呂陶가 구해줌.	이해 정월에 개원함. 정월 소철이 경사京師에 이르러 우사간右司諫에 부임함. 2월 채확蔡確이 파직되고 사마광을 상서좌복야겸 문하시랑으로 삼고 여공저呂公著을 문하시랑으로, 문언박文彦博을 평장군국중사平章軍國重事로 삼음. 여혜경이 벼슬에서 물러남. 4월 7일 왕안석이 66세로 사망함. 9월 1일 사마광이 68세로 사망함.
2년 정묘丁卯	1087	52	경사에서 한림학사지제고를 임명받음. 정월 부요유傅堯兪・왕암수王巖叟・주광정朱光庭 등과 화합하지 못해 외부임직을 요청함. 23일 조칙이 내려와 직무를 성실히 임할 것을 명령함. 7월 한유韓維가 파직되고 삭당朔黨은 소식蘇軾을 촉당蜀黨으로 삼음. 7월 다시 명령이 내려져 시독侍讀을 겸직함. 8월 시독侍讀을 겸함. 11월 9일 소철蘇轍은 호부시랑戶部侍郎으로 옮겨짐. 이달 자신을 대신하여 황정견黃庭堅을 천거하는 상소를 올림. 12월 시학사원試學士院으로 소환되어 요정일寥正一 등을 발탁함.	범진范鎮이 81세로 사망함.
3년 무진戊辰	1088	53	경사에서 한림학사지제고와 시독侍讀을 겸직함. 정월소식은 이부시랑吏部侍郎 손결孫決・중서사인中書舍人 공문중孔文仲과 함께 예부지공거禮部知貢擧을 맡음. 21일 손각孫覺과 함께 황정견黃庭堅・조보지晁補之・장뢰張耒 등을 등참상관等參詳官・점검시관點檢試官으로 뽑아 함께 사원寺院에 들어옴. 2월 3일 예	여공저가 사공司空이 되어 동평장군국사同平章軍國事 직책을 수행함. 여대방呂大防을 상서좌복야尙書左僕射로 삼고 범순인范純仁을 상서우복야尙書右僕射로 삼음 3월 한강韓絳이 77세로 사망함. 양회楊繪가 사망함.

황제연호	서기	나이	사적	참고
			부禮部에서 진사進士시험을 시행함. 3월 합격자 방이 붙었으나 이천李廌이 낙제하여 시를 써서 송별함. 시독侍讀으로 황제가 『조종보훈祖宗寶訓』을 읽는 것을 도우면서 작금의 상벌이 불분명함을 여러 차례 언급하여 집정하는 대신의 불만을 야기함. 주동周穜이 상서上書하여 왕안석王安石을 신종神宗과 배향配享할 것을 주장하자 소식이 완강하게 반대함. 이에 신구 양당의 공격을 받음. 소식은 한림학사翰林學士가 된 후로 주광정朱光庭 등의 공격을 끊임없이 받음. 중앙 임직에서 물러나 지방관리로 파견되기를 요청하는 상소를 올림. 5월 1일 소철과 함께 전대轉對하며 황제를 뵘. 6월 진조陳慥가 내방함. 8월 소철・손민행孫敏行・진관秦觀 등과 상국사相國寺를 유람함. 10월 다시 병을 핑계로 외직을 구하였으나 허락받지 못함. 11월 1일 병으로 한 달째 몸져누워 외직을 청하나 허락받지 못하고 다시 궁전으로 들어감.	
4년 기사己巳	1089	54	경사에서 한림학사지제고와 시독을 겸직함. 2월 소식이 계속 외직을 청함. 3월 11일 용도각학사龍圖閣學士로 항주지사杭州知事를 제수받음. 4월 경사를 떠남. 5월 남경南京에 이르러 장방평張方平을 알현함. 6월 진사도陳師道가 소식을 남도南都에서 만나 숙주宿州까지 따라와 헤어짐. 회수淮水를 건너 산음山陰・윤주潤州・호주湖州를 지남. 7월 5일 항주杭州 부임지에 도착함. 당시 가뭄으로 모산茅山・염교鹽橋지역의 강을 준설함. 10월 왕잠王箴・중천황仲天貺이 촉蜀에서 내방함. 11월 절서육주浙西六州를 구휼해 줄 것을 요청하는 상소를 올림.	여공저가 사망함. 범순인范純仁이 파직되어 영주지사潁州知事로 나감. 6월 소철이 한림학사蘇轍翰林學士 겸 이부상서吏部尙書을 제수받음. 8월 소철이 하료사賀遼使가 됨. 12월 소철이 거란에서 돌아옴.
5년 경오庚午	1090	55	항주에서 태수太守를 지냄. 봄에, 큰 가뭄이 들어 기아와 질병이 함께 도니, 정월에 소식은 항주의 공납미를 1/3로 면제해줄 것을 청하여 공물로 올려야 하는 쌀을 평소보다 줄여서 백성들의 고통을 줄임. 또한 사비私費 황금 오십 량을 들여 병방病坊을 설치하여 관리를 보내어 의사醫士를 두루 분담하여 병을 치료케 하였으니 살아난 자가 매우 많았음. 2월 중천황仲天貺・왕잠王箴이 사직하고 촉으로 돌아감. 4월 20일 모산茅山・염교鹽橋 지역의 두 강의 수문을 만듦. 승僧 자규子珪에게 육정六井을 다시 복구하게 함. 29일 도첩度牒을 발행하여 서호西湖의 제방을 쌓는 재원을 마련해달라고 요청함. 5월 재해災害를 구하고자 사람을 모집하여 8월 서호西湖에 제방을 쌓아 그 위에 부용芙蓉과 버드나무를 심음. 그것을 바라보면 마치 그	문언박이 은퇴함. 등달도滕達道가 사망함. 5월 소철이 어사중승御史中丞이 되었다가 12월 용도각학사龍圖閣學士가 됨. 2월 손각孫覺이 63세로 사망함. 10월 아들 태迨와 과過가 시부詩賦로 예부시禮部試에 응함.

황제연호	서기	나이	사적	참고
			림과 같아서 항주杭州사람들은 그것을 소공제蘇公堤라고 이름함. 9월에서 12월까지 네 차례에 걸쳐 6주州를 구휼한 장계를 올림. 12월 깊은 밤 재판이 엄정하니 세 곳 감옥이 모두 텅 빔.	
6년 신미辛未	1091	56	정월 항주에서 태수로 지냄. 2월 한림학사승지翰林學士承旨로 소환되어 항주杭州임직에서 물러남. 3월 9일 항주를 떠나 부호주赴湖州・덕청德淸・오강吳江・소주蘇州에 다다르고 윤주潤州・양주揚州・고우高郵를 지나면서 길을 따라 각지의 재난상황을 직접 살펴봄. 5월 남경南京에 이르러 장방평張方平을 알현함. 6월 1일 다시 학사원學士院에 들어가 4일 시독侍讀을 겸하라는 조칙을 받음. 가이賈易(정이程頤의 문인門人)・양외楊畏가 상소하여 절서折西의 재해복구가 부실한 것을 거론하며 낙당洛黨의 공격을 받자, 7월 6일 붕당朋黨의 우환을 논하는 글을 올리고 재차 외직을 간청함. 8월 가이賈易가 소식이 선제先帝를 원망한다고 비방하며 입견하게 하고 현縣이 그 일을 심리하자 재차 외직을 간청함. 소철도 함께 외직을 간청하는 상소를 올림. 8월 8일 용도각학사龍圖閣學士의 신분으로 영주지사潁州知事를 발령받아 소철과 헤어져 경사를 떠나 22일 영주潁州 부임지에 도착함. 10월 백성들이 기근에 허덕이는 것을 보고 불필요한 공사를 멈추고 영주潁州 경내의 도랑을 정비하고 영주潁州의 서호西湖를 준설함. 큰 눈이 내리자 겨울을 날 수 있도록 쌀과 장작을 베풀어 구휼함.	2월 소철이 상서우승尙書右丞에 부임하여 6월 소철이 세 차례 소식의 한림학사 직책을 철회하고 외직을 요청하는 상소를 올렸으나 조정이 허락하지 않음. 끝내 동부東府로 옮겨 소철과 함께 살게 되었고 매邁는 하간령河間令을 제수받음. 11월 8일 소철이 임직에서 물러나 강주지사絳州知事로 감. 12월 2일 장방평이 85세로 사망함.
7년 임신壬申	1092	57	정월 운주鄆州로 옮겼다가 다시 양주揚州로 옮겨짐. 2월 명령이 내려와 용도각학사龍圖閣學士로 양주지사揚州知事가 됨. 3월 초 영주潁州를 떠나 도산塗山・형산荊山을 유람하고 호주濠州・진주秦州를 경유하여 12일 사천泗川에 다다름. 그때 당시 조보지晁補之가 양주통판揚州通判으로 재직중이라 시詩로 환영하자 시로 답함. 한유묘비韓愈廟碑를 씀. 산양山陽을 지남. 3월 16일 양주揚州 부임지에 도착함. 9월 병부상서兵部尙書 겸 시독侍讀으로 소환함. 다시 예부禮部 겸 단명전端明殿 시독학사侍讀學士로 옮겨짐. 9월 초 양주揚州를 떠나 영계靈溪・도량都梁・숙주宿州・영벽진靈壁鎭・남도南都를 경유하여 장방평張方平의 악전당樂全堂을 지나며 제문祭文을 지음. 11월 경령궁景靈宮의 노부사鹵簿使가 됨. 단명전학사端明殿學士 겸 한림시독학사翰林侍讀學士로 옮기고 예부상서禮部尙書가 됨. 12월 부임지에 도착함.	6월 9일 소철이 문하시랑 즉 참지정사가 됨. 당시 조보지는 양주통판揚州通判이 됨.

황제연호	서기	나이	사적	참고
8년 계유癸酉	1093	58	정월 예부상서禮部尙書에 임직함. 소식의 「사량직수례부상서표謝兩職守禮部尙書表」・「걸교정륙지주의차자乞校正陸贄奏議箚子」의 글을 통해 그와 철종哲宗의 관계가 그리 좋지 않았음을 알 수 있음. 8월 월주越州 외직을 요청하였으나 허락되지 않음. 8월 1일 그의 두 번째 아내 왕윤지王閏之가 경사京師에서 48세로 사망함. 9월 13일 단명전학사端明殿學士 겸 한림학사翰林學士로 정주定州지사로 발령받아 예부상서禮部尙書에서 물러남. 9월 이지의李之儀와 손민행孫敏行을 첨판簽判으로 둠. 27일 동부東府에 이르러 소철蘇轍과 이별하고 경사京師를 나와 옹구雍邱를 경유할 때 미불米芾이 마중 나와 하루를 머뭄. 10월 상주相州・진정眞定을 경유함. 매邁가 하간령河間令에서 물러나 부친 소식을 수행함. 23일 정주定州 부임지에 도착함. 소식이 정주定州에 도착한 후 군기軍紀를 잡고 기아에 허덕이는 백성을 구제하여 북방 변경지역을 견고히 하는 조치를 취함.	9월 3일 태황태후太皇太后가 붕어하자 10월 철종이 직접 정사를 보면서 신당新黨 장돈章惇・여혜경呂惠卿 등의 관직을 회복시킴. 7월 진관秦觀이 비로소 정자正字 겸 국사원편수관國史院編修官이 됨.
9년 소성紹聖원년 갑술甲戌	1094	59	정월 정주定州에 임직함. 4월 11일 선조先朝를 비방했다는 죄명으로 영주지현英州知縣로 폄적됨. 곧 정주定州를 떠나 진정眞定을 지날 때 충우승의랑充右承議郎으로 강등되어 영주지현英州知縣을 맡으라는 명령이 내려옴. 임성臨城・내구內邱・탕음湯陰을 경유하여 활주滑州・위성韋城를 거쳐 강을 건너 진류陳留를 경유함. 소철蘇轍을 여주汝州에서 봄. 소철蘇轍과 진류陳留까지 되돌아가 이별하고 배를 타고 옹구雍邱에 이름. 5월 변구汴口를 지나 조보지晁補之와 음별飮別함. 사주泗州・산양山陽・고우高郵・양주揚州를 지나 매邁를 보내 의흥宜興으로 돌아가도록 하고 의진儀眞에서 정박했다가 풍랑으로 인해 지체됨. 6월 7일 배를 강릉江陵에 정박함. 당시 장돈章惇・채경蔡京・래지소來之邵 등이 소식의 죄를 다시 논의하고 6월 25일 출행 도중에 칙명이 여러 차례 바뀌더니 좌승의랑左承議郎으로 강등되어 건창군사마建昌君司馬를 제수받아 혜주惠州에 안치安置되고 어떠한 공무에도 참여하지 못함. 소식이 태迨에게 가솔을 이끌고 맏아들 매가 거처하는 곳으로 가게 하고 어린 아들 과過와 첩 조운朝雲과 함께 혜주惠州에 다다름. 7월 호구湖口・구강九江・여산廬山・남강南康・도강都康을 지나 8월 예장豫章을 지나 풍성豐城・여릉廬陵을 거쳐 처주處州에 이르고 대유령大庾嶺을 넘고 남웅南雄・시흥始興・	장돈을 상서좌복야 겸 문하시랑으로 삼고 신법을 회복시킴. 3월 사마광 등의 시호를 삭탈하고 소철은 단명전학사端明殿學士로 여주汝州태수로 폄적됨. 소철은 일년 동안 세 차례 좌천되어 최후엔 균주筠州로 폄적됨. 황정견黃庭堅은 검남黔南으로 옮겨가고 조보지는 기수蘄水로 옮겨감. 첨범詹範이 혜주惠州태수로 있음.

황제연호	서기	나이	사적	참고
			소주韶州 · 조계曹溪 · 영주英州를 지나 10월 2일 혜주惠州 폄적지에 도착하여 처음엔 합강루合江樓에 머물다가 18일 가우사嘉祐寺로 옮기고 '사무사재思無邪齋'를 세움.	
2년 을해乙亥	1095	60	귀양 가서 혜주惠州에 거함. 정월 24일 아들 과過 등과 함께 아부도원羅浮道院을 유람함. 3월 20일 참료參寥가 이름. 정지재程之才가 7일 내방함. 16일 정지재程之才를 박라상적사博羅相積寺에서 전별함. 3월 10일 합강루合江樓로 거처를 옮기고 왕후王厚가 내방함. 7월 치질이 생김. 「여지탄荔枝嘆」을 지어 한당漢唐 및 본조의 관료들이 새것을 다투고 총애를 받으려고 여지를 바치는 추태를 폭로함.	11월 장뢰張耒가 선주宣州로 옮김.
3년 병자丙子	1096	61	귀양살이로 혜주惠州에 거처함. 3월 2일 탁계순卓契順이 아들 매邁의 서신을 가지고 이름. 3월 귀선현歸善縣의 후미진 곳을 얻어 그곳에 집을 지음. 4월 20일 가우사嘉祐寺로 다시 옮김. 6월 혜주惠州 동東 · 서西에 신교新橋를 놓는데, 소식은 재물을 기부하여 도왔고, 소철 부인인 사씨史氏는 입궁하여 황금 수천을 보내 원조하여, 후에 혜주惠州 사람들은 서교西橋를 '소식의 둑방'이라 칭함. 왕서王序와 왕상王庠이 촉蜀에서 이름. 7월 5일, 첩 조운朝雲이 34세로 병사함. 8월 3일 조운의 유언에 따라 풍호豊湖 서현사棲賢寺 동남쪽 송림松林 가운데에서 장사지냄. 그곳에 대성탑大聖塔을 세우고 '육여정六如亭'을 지음. 11월 왕고王古가 내방함.	9월 첨범이 혜주惠州 임직에서 파직됨. 방자용方子容이 내방함. 범조우范祖禹를 하주賀州로 쫓아냄.
4년 정축丁丑	1097	62	귀양살이로 혜주惠州에 거처함. 맏아들 소매蘇邁가 가솔들을 이끌고 이미 건주虔州에 이르러 장차 혜주惠州에 당도한다는 얘기를 듣고는 막내아들 과過를 보내 순주循州에서 맞이하게 함. 2월 14일 새 거처 백학관白鶴觀이 지어져 가우사嘉祐寺에서 옮겨옴. 맏아들 소매蘇邁가 소주韶州 인화현령仁化縣令을 제수받아 혜주惠州에 와서 소식蘇軾을 찾아뵘. 이때 조정의 신하 장돈章惇 등이 다시 소식의 죄를 논의하여 경주별가瓊州別駕로 폄직되고 창화군昌化軍에 안치되어 공무에 참여하지 못함. 이때 소식은 아직 조정의 이같은 조치를 알지 못하고 윤2월 맏아들 소매蘇邁가 손자 단簞과 부符를 데리고 혜주惠州에 온다는 소식에 기분이 들떠있었음. 3월에 소철蘇轍이 화주별가化州別駕로 폄직되어 뇌주雷州에 안치安置됨. 4월 17일 경주별가瓊州別駕로 폄직되어 창화군昌化軍에 안치되었다는 명을 듣고는 19일 가족들을	사마광을 주애군사호朱厓軍司戶로 추폄追貶하고 여공저를 창화군사호昌化軍司戶로 추폄함. 여대방 · 유지劉摯 · 소철蘇轍 · 양도梁燾 · 범순인范純仁 등을 嶺南으로 유배시킴. 여대방은 유배지로 가는 도중 사망함. 2월 태사太師로 벼슬을 그만 둔 문언박을 태자소보太子少保로 강등시킴. 5월 문언박이 사망함. 당시 장중張中이 담주군사儋州軍使로 있음.

황제연호	서기	나이	사적	참고
			혜주惠州에 남겨둔 채 막내아들 과過를 데리고 길을 나섬. 5월 오주梧州에 다다라 소철이 여전히 등주藤州에 있다는 소식을 듣고 5월 11일 한달간 함께 지내다 6월 5일 뇌주에 이르러 6월 바다를 건너며 이별함. 7월 2일 창화군 폄적지에 부임함. 처음엔 관사에 머묾. 담주태수儋州太守 장중張中이 그를 심히 공경함.	
5년 원부元符원년 무인戊寅	1098	63	귀양살이로 담주儋州에 거처함. 2월, 장중과 함께 여자운黎子雲 형제를 방문하여 그 집을 '재주당載酒堂'이라 명명함. 4월 호남제거상평관湖南提擧常平官 동필董必이 광서廣西를 시찰하면서 뇌주에 이르러 사람을 보냄. 마침내 관사에서 나와 빈랑나무 아래 땅에 집을 지어 5월에 담주儋州사람들의 도움을 받아 집을 완성하고는 '광랑암桄榔庵'이라 부름. 9월 4일 천경관天慶觀을 유람함. 12일 참료參寥의 서신이 옴. 조주潮州사람 오자야吳子野가 바다를 건너와 소식에게 배움.	6월 1일 원부元符로 개원함. 8월 소철이 순주循州로 옮김. 범조우范祖禹를 화주化州로 재차 옮김. 범조우가 폄적지에서 58세로 사망함.
2년 기묘己卯	1099	64	귀양살이로 담주儋州에 거처함. 3월 초 장중을 환송함. 5월 정청수鄭淸叟가 혜주惠州로부터 바다를 건너 내방함. 경주진사瓊州進士 강당좌姜唐佐가 소식에게 배움.	5월 이전 참료參寥가 이미 환속하여 연주兗州에서 지냄. 소철은 해강海康에서 다시 용주龍州로 귀양 감.
3년 경진庚辰	1100	65	귀양살이로 담주儋州에 거처함. 3월 류면劉沔이 소식의 시문詩文 20권을 편집하고는 서신으로 아룀. 3월 21일 강당좌姜唐佐가 떠날 때 소식이 류종원柳宗元 시 2수를 써서 증별贈別함. 4월 진관秦觀의 서신을 받음. 당시 진관은 뇌주雷州에 있음. 4월 『역전易傳』·『서전書傳』·『논어설論語說』을 완성함. 5월 대사면이 이루어짐. 진관秦觀이 소식에게 염주廉州로 옮기게 될 것이라고 보고함. 경주별가瓊州別駕로 염주에 안치되었다는 명령을 받음. 소식이 이미 악주岳州로 갔다는 소식을 들음. 진관과 서문현徐聞縣에서 만나기로 함. 6월 부려符黎 등의 유생들과 이별하고 어린아들 과過와 길을 나섬. 6월 20일 밤 바다를 건너 서문현에 다다라 진관 등과 만남. 6월 24일 밤 염주廉州로 감. 8월 둘째아들 태迨가 비릉毗陵(상주常州)에서 고개를 넘어 장차 혜주惠州에 당도한다는 소식을 들음. 8월 서주단련부사舒州團練副使로 천거되어 영주永州에 거주하라는 명령을 받음. 8월 29일 어린아들 과過와 함께 염주廉州를 떠남. 9월 6일 울림鬱林에 이르러 진관秦觀이 등주藤州에서 사망했다는 부음을 듣고는 당대의 최고 문인의 죽음을 애통해함. 등주를 지나 9월 17일 오주梧州에 이름. 9월 24일 강주康州를 지나 삼주암三州	정월 12일 철종이 붕어하고 휘종徽宗이 왕위를 잇고 향태후向太后(신종황후神宗皇后)가 수렴청정함. 2월 26일 소철이 순주循州에서 영주永州로 가고 다시 악주岳州로 옮김. 구관舊官으로 복귀하여 봉상부鳳翔府의 청태평궁淸太平宮으로 추천되고, 영주에 밭이 있어서 그곳에 거처함. 한충언韓忠彦을 문하시랑으로 기용했다가 후에 상서우복야 겸 중서시랑으로 삼음. 사마광 등의 관직을 회복시킴. 장돈이 재상에서 파직됨. 7월 황태후가 정권을 황제에게 돌려주고 휘종이 직접 정사를 봄. 8월 12일 진관이 52세로 사망함.

황제연호	서기	나이	사적	참고
			岩을 유람하고 광주廣州에 다다름. 10월 두 아들 매邁와 태迨가 가솔을 이끌고 이르고 11월 광주廣州를 출발하여 14일 청원협淸遠峽을 지남. 영주英州에 이르러 성도부成都府 옥국관玉局觀에 추천됨. 12월 7일 소주韶州에 이르고 12일 소주를 출발하여 남웅南雄으로 가는 길에 복통으로 지체되어 해를 넘김. 갈연지葛延之가 바다를 건너 소식을 따라 배움.	
휘종徽宗 건중정국建中靖國원년 신사辛巳	1101	66	정월 3일 남웅에 다다름. 4일 대유령大庾嶺을 출발하여 용광사龍光寺에 이르고 남안南安을 출발하여 남강南康을 지나 건주虔州에 다다름. 3월 장돈章惇이 뇌주사호참군雷州司戶參軍으로 폄직되어 그곳에 안치되었다는 소식을 들음. 3월 21일 진관이 건주虔州에서 지은 사를 써서 농면儂沔에게 줌. 건주를 출발하여 여릉廬陵에 내려와 영화永和에 이르러 청도관淸都觀을 유람함. 4월 예장豫章을 지나 구강九江에 당도할 차에 류안세劉安世 등과 여산廬山을 유람함. 구강에 이르러 자호산慈湖山을 유람함. 4월 16일 호구湖口를 지나 5월 1일 금릉金陵에 이름 . 이때 소식이 허창許昌에 와서 함께 머물기를 희망한다는 소철의 서신을 받음. 소식은 조정에서 원우元祐의 옛 신하를 배척하려한다는 소문을 듣고는 상주常州로 돌아갈 것을 결정하고 소철에게 회신함. 6월 1일 미불米芾과 백사동원白沙東園에서 만나 서산西山을 유람함. 그 때 무더운 여름이라 찬 음식을 과도하게 먹어 밤중에 장독瘴毒이 생김. 소철에게 편지를 띄워 '내가 죽거든 숭산嵩山 아래 장례를 치르라'는 분부를 함. 병이 좀 나아서 지팡이를 짚고 움직일 수 있게 됨. 6월 11일 미불이 떠날 때 소식이 억지로 일어나 그를 환송함. 6월 15일 배를 타고 상주常州에 이름. 상주에 이르러 손관孫館에 머묾. 7월 14일 질환이 점차 악화되자 18일 아들 매邁・태迨・과過에게 옆에서 있게 함. "내가 살아서 악행이 없으니 죽어서도 지옥에 떨어지지 않을 것이다"라고 말함. 7월 28일 향년 66세로 사망함.	정월 향태후가 서거함. 휘종이 채경蔡京을 한림학사로 삼으면서 휘종과 채경의 부패통치가 시작됨. 장뢰張耒가 당시 영주태수로 있다가 소식의 부음을 듣고는 삼베옷을 석달간 입었고 그 일로 연좌되어 황주黃州로 폄적되어 안치安置됨. 진사도陳師道가 경사京師에서 부음을 듣고 그 역시 사망함. 소철은 봉상부 청관淸官에 천거되어 영주에 거처함.
숭녕崇寧원년 임오壬午	1102		4월 소철이 과에게 비릉毗陵에서 머물러 있으라고 명하고 매와 태에게는 경성도원京城道院에 가서 동안군同安君 운구를 옮겨오게 하여 23일 영주潁州 숭양정사嵩陽精舍에서 기다림. 5월 1일 매, 태, 과가 영창潁昌까지 호송하고 소철이 운구를 맞이함. 6월 소철은 유지를 따라 동파선생묘지명東坡先生墓誌銘을 지음. 윤6월 20일, 여주汝州 겹성현郟城縣 조대향釣臺鄉 상서리上瑞里 아미산峨眉山 아래에 소식 부부를 합장함.	1126년 흠종欽宗 정강靖康원년 북송北宋 멸망.

주요 근거자료

孔凡禮 點校, 『蘇軾文集』(전6책), 北京 : 中華書局, 1986~1992.

孔凡禮, 『蘇軾年譜』(전3책), 北京 : 中華書局, 1998.

소식 산문 창작연표를 기재할 때, 본문은 『蘇軾文集』의 권수만 기재한다. 그리고 『蘇軾佚文彙編』에 기재된 것은 '佚'이라 약칭한다.

소식 산문 창작연표에는 卷38・39 「制敕」, 卷40 「內制敇文」, 卷41 「內制敕書」, 「內制口宣」, 卷42 「內制口宣」, 卷43 「內制批答」, 「內制表本」, 「內制國書」, 卷44 「內制青詞」, 「內制朱表」, 「內制疏文」, 「內制齋文」, 「內制祝文」, 「內制祭文」, 「內制導引歌辭」, 卷45 「樂語」 그리고 『蘇軾佚文彙編』 卷1 「內制詔敕」, 「內制批答」, 「內制表本」, 「內制疏文」, 「內制祝文」 등을 제외한 『蘇軾文集』 속 모든 편명을 아래에 모두 기재한다.

문예이론에 관한 내용이 담긴 문장의 경우, 편명을 진하게 표기하였다.

1. 유년시절과 청소년시기

(1036년 12월 19일~1056년 3월, 인종仁宗 경우景祐 3년~가우嘉祐 원년)

1045년 : 「夏侯太初論」(佚卷1・論), 「擬謝對衣並馬表」(佚卷5・雜著)

1046년 : 「卻鼠刀銘」(卷19・銘)

1054년 : 「思子臺賦」(卷1・賦)

1055년 : 「正統論三首」(卷4・論)

1056년 3월 28일 : 「大慈極樂院題名」(佚卷6・題跋 題名)

2. 과거응시와 모상母喪시기

(1056년 5월~1061년 10월, 가우嘉祐 원년~6년)

1056년 8월 : 「儒者可與守成論」, 「物不可以苟合論」(卷2 · 論)

1057년 정월 : 「省試刑賞忠厚之至論」(卷2 · 論)

1057년 2월 : 「問供養三德為善」, 「問小雅周之衰」, 「問君子能補過」, 「問侵伐土地分民何以明正」, 「問魯猶三望」, 「問魯作丘甲」, 「問雩月何以為王」, 「問大夫無遂事」, 「問定何以無正月」, 「問初稅畝」(卷6 · 三傳義)

1057년 3월 : **「御試重巽以申命論」**(卷2 · 論)

1057년 12월 : 「書子由絕勝亭詩」(卷68 · 題跋 詩詞)

1059년 봄 : 「上知府王龍圖書」(卷48 · 書)

1059년 4월 3일 : 「與寶月大師三首(之一)」(佚卷4 · 尺牘)

1059년 10월 12일 : 「與寶月大師三首(之二)」(佚卷4 · 尺牘)

1059년 11월 : 「灩澦**堆賦**」, 「屈原廟賦」(卷1 · 賦), 「諸葛亮八陣」(卷65 · 史評)

1059년 12월 8일 : **「南行前集**敘」(卷10 · 序)

1059년 12월 : 「上王兵部書」(卷48 · 書)

1060년 정월 : 「昆陽城賦」(卷1 · 賦), 「朱亥墓誌」(卷15 · 墓誌銘)

1060년 3월 : 「與楊濟甫十首(之一)」(卷59 · 尺牘)

1060년 여름 : 「上富丞相書」, **「上曾丞相書」**, 「應制舉上兩制書」(卷48 · 書)

1060년 8월 : 「上劉侍讀書」(卷48 · 書)

1060년 11월 16일 : 「賀歐陽樞密啟」(卷47 · 啟)

1061년 5월 : 「賀楊龍圖啟」(卷47 · 啟)

1061년 8월 17일 : 「王者不治夷狄論」, 「劉愷丁鴻孰賢論」, 「禮義信足以成德論」, 「形勢不如德論」, **「禮以養人**為**本論」**, 「既醉備五福論」(卷2 · 論)

1061년 8월 25일 : **「中庸論上**, 中, 下」(卷2 · 論), 「秦始皇帝論」, 「漢高帝論」, 「魏武帝論」, 「伊尹論」, 「周公論」, 「管仲論」, 「孫武論上, 下」, 「子思論」, **「孟子論」**(卷3 · 論), 「樂毅論」, 「荀卿論」, 「韓非論」, 「留侯論」, 「賈誼論」, 「晁錯論」, 「霍光論」, 「揚雄論」, 「諸葛亮論」, 「韓愈論」, 「大臣論上, 下」(卷4 ·

論),「**策總**敘」,「策略一, 二, 三, 四, 五」,「策別課百官一, 二, 三, 四, 五, 六」,「策別安萬民一, 二, 三, 四, 五, 六」,「策別厚貨財一」(卷8·策),「策別厚貨財二」,「策別訓兵旅一, 二, 三」,「策斷一, 二, 三」,「御試制科策一道」(卷9·策),

1061년 9월:「謝制科啟二首」(卷46·啟)

3. 봉상鳳翔 첨판簽判시기

(1061년 12월~1064년 12월, 가우 6년~영종英宗 치평治平 원년)

1062년 정월:「鳳翔到任謝執政啟」(卷46·啟),「與楊濟甫十首(之二)」(卷59·尺牘)

1062년 3월 7일:「賀吳副樞啟」(卷47·啟)

1062년 3월 19일:「喜雨亭記」(卷11·記),「代宋選奏乞封太白山神狀」(卷37·奏議),「禱龍水祝文」(卷62·祝文)

1062년 3월:「鳳翔醮土火星青詞」(卷62·青詞),「太白山神」(卷72·雜記 異事)

1062년 9월:「鳳翔太白山祈雨祝文」(卷62·祝文)

1062년 12월:「鳳鳴驛記」(卷11·記),「上蔡省主綸放欠書」(卷48·書)

1062년 여름:「永興軍秋試舉人策問」(卷7·策問)

1062년:「記王彭論曹劉之澤」(卷66·題跋 雜文),「與從叔一首」,「與子由六首(之一)」(佚卷4·尺牘)

1063년 정월15일:「題鳳翔東院王畫壁」(卷70·題跋 畫)

1063년 4월:「上韓魏公論場務書」(卷48·書)

1063년 7월 26일:「禱雨磻溪祝文」(卷62·祝文)

1063년 겨울:「思治論」(卷4·論),「**稼說**」(卷10·說),「凌虛臺記」(卷11·記)

1064년 여름:「與蒲誠之六首(之一)」(卷59·尺牘)

1064년 10월 27일:「**書所作字後**」(卷69·題跋 書帖)

1064년 10월:「與楊濟甫十首(之三)」(卷59·尺牘)

1064년 11월 5일:「上皇帝書」(卷37·奏議)

1064년 12월 : 「跋醉道士圖」(卷70 · 題跋 畫)

1064년 겨울 : **「題魯公書草」**(卷69 · 題跋 書帖), 「祭伯父提刑文」(卷63 · 祭文)

4. 직사관直史館 재직과 부상父喪시기

(1065년 2월~1071년 7월, 치평治平 2년~신종神宗 희녕熙寧 4년)

1065년 6월 : 「學士院試孔子從先進論」, 「學士院試春秋定天下之邪正論」(卷2 · 論), 「謝館職啟」(卷46 · 啟)

1065년 : 「與杜道源五首(之一, 三)」(佚卷2 · 尺牘)

1066년 6월 : 「亡妻王氏墓誌銘」(卷15 · 墓誌銘)

1067년 정월20일 : 「題雲安下巖」(卷71 · 題跋 游行), 「下巖題名」(佚卷6 · 題跋 題名)

1067년 봄 : 「答許狀元啟」(卷47 · 啟)

1067년 4월 : 「蘇廷評行狀」(卷16 · 行狀)

1067년 9월15일 : 「中和勝相院記」(卷12 · 記), 「書摹本蘭亭後」(卷69 · 題跋 書帖)

1067년 12월 7일 : 「大池院題柱」(佚卷6 · 題跋 題名)

1068년 4월 8일 : 「祭劉原父文」(卷63 · 祭文)

1068년 7월 28일 : 「油水頌」(卷20 · 頌)

1068년 10월 26일 : 「四菩薩閣記」(卷12 · 記)

1068년 12월 29일 : 「再跋醉道士圖」(卷70 · 題跋 畫)

1068년 12월 30일 : 「書王石草書」(卷69 · 題跋 書帖)

1068년 : **「書黃筌畫雀」**, **「書戴嵩畫牛」**, 「跋趙雲子畫」(卷70 · 題跋 畫)

1069년 정월 : 「九馬圖贊」(卷21 · 贊)

1069년 3월 27일 : 「與子明九首(之一)」(佚卷4 · 尺牘)

1069년 3월 : 「上韓魏公一首」(卷50 · 尺牘)

1069년 5월 : **「議學校貢舉狀」**(卷25 · 奏議)

1069년 7월 22일 : 「李仲蒙哀詞」(卷63 · 哀詞)

1069년 12월 : 「諫買浙燈狀」, **「上神宗皇帝書」**(卷25 · 奏議), **「跋王晉卿所藏蓮華**

經」(卷69・題跋 書帖)

1070년 정월 22일 : 「**跋內**敎**博士水墨天龍八部圖卷**」(佚卷6・題跋 畫)

1070년 2월 : 「擬殿試策問」(卷7・策問), 「擬進士對御試策」(卷9・策), 「再上皇帝書」(卷25・奏議), 「答劉巨濟書」(卷49・書), 「與楊濟甫十首(之四)」(卷59・尺牘)

1070년 4월 7일 : 「與子明九首(之二)」(佚卷4・尺牘)

1070년 7월 21일 : 「**跋文與可墨竹**」(卷70・題跋 畫)

1070년 9월 : 「書六一居士傳後」(卷66・題跋 雜文)

1070년 10월 1일 : 「**跋文與可草書**」(卷69・題跋 書帖)

1070년 10월 28일 : 「與子明九首(之三)」(佚卷4・尺牘)

1070년 11월 22일 : 「與子明九首(之四)」(佚卷4・尺牘)

1070년 12월 11일 : 「賀韓丞相啟」(卷47・啟)

1070년 12월 : 「與子明九首(之五)」(佚卷4・尺牘)

1070년 겨울 : 「與楊濟甫十首(之六)」(卷59・尺牘)

1070년 : 「**送章子平詩**敘」(卷10・序), 「**墨君堂記**」(卷11・記), 「與楊濟甫十首(之五)」(卷59・尺牘), 「與楊某一首」(佚卷2・尺牘)

1071년 새해 초 : 「玉堂硯銘」(卷19・銘), 「與韓昭文一首」(卷57・尺牘), 「與堂兄三首(之一)」(佚卷4・尺牘)

1071년 봄 : 「與堂兄三首(之二)」(佚卷4・尺牘)

1071년 5월 8일 : 「**淨因院**畫**記**」(卷11・記)

1071년 6월 11일 : 「賀歐陽少師致仕啟」(卷47・啟)

1071년 6월 17일 : 「與子明九首(之六)」(佚卷4・尺牘)

1971년 6월 : 「題趙屼屛風與可竹」(卷70・題跋 畫)

1071년 7월 : 「王平甫硯銘」(卷19・銘), 「與孫運勾一首」(卷58・尺牘), 「與銀臺舍人一首」(佚卷4・尺牘)

개봉開封에서 : 「與蒲誠之六首(之二, 三, 四, 五, 六)」(卷59・尺牘), 「謝呂龍圖三首」, 「答王龍圖一首」(卷60・尺牘), 「代姪媳彭壽與其二伯母一首」(佚卷4・尺牘)

1071년 7월 : 「服胡麻賦」(卷1 · 賦)

1071년 여름 : 「與堂兄三首(之三)」(佚卷4 · 尺牘)

1071년 8월 11일 : 「與石幼安二首(之一)」(佚卷2 · 尺牘)

5. 항주杭州 통판通判 시기

(1071년 11월~1074년 9월, 희녕熙寧 4년~7년)

1072년 2월 : **「墨寶堂記」**(卷11 · 記)

1072년 3월 24일 : 「牡丹記敘」(卷10 · 序)

1072년 3월 : 「答劉道原一首」(佚卷2 · 尺牘)

1072년 윤7월 23일 : 「祭歐陽文忠公文」(卷63 · 祭文)

1072년 윤7월 : 「與范子豐八首(之五)」(卷50 · 尺牘)

1072년 8월 : 「與范夢得十首(之一)」(卷56 · 尺牘)

1072년 10월 10일 : 「送杭州進士詩敘」(卷10 · 序)

1072년 11월 15일 : 「與子明九首(之七)」(佚卷4 · 尺牘)

1072년 12월 : 「墨妙亭記」(卷11 · 記)

1072년 : 「鳳咮硯銘並序」(卷19 · 銘), 「南屏激水偈」(卷22 · 偈), 「與林子中五首(之五)」(卷55 · 尺牘), 「杭州請圓照禪師疏」(卷62 · 疏文), 「辨法帖」(卷69 · 題跋 書帖), 「花蕊夫人宮詞跋」(佚卷5 · 題跋 詩詞)

1073년 2월 21일 : 「石屋洞題名」(佚卷6 · 題跋 題名)

1073년 3월 : 「錢塘六井記」(卷11 · 記), 「書周韶」(佚卷5 · 題跋 詩詞)

1073년 6월 6일 : **「跋蒲傳正燕公山水」**(卷70 · 題跋 畫)

1073년 6월 : 「與大覺禪師三首(之一)」(卷61 · 尺牘)

1073년 7월 : 「禱雨天竺觀音文」(卷62 · 祝文)

1073년 9월 : 「與魯元翰二首(之一, 二)」(卷57 · 尺牘)

1073년 11월 : 「仁宗皇帝御飛白記」(卷11 · 記), 「蘇州請通長老疏」(卷62 · 疏文)

1073년 : 「思聰名說」(卷10 · 說), 「與晁美叔二首」(卷55 · 尺牘), 「答舒堯文二首(之一)」(卷56 · 尺牘)

1074년 2월 : 「書贈法通師詩」(卷68 · 題跋 詩詞)
1074년 4월 : 「賀韓丞相再入啟」(卷47 · 啟)
1074년 5월 : 「錢君倚哀詞」(卷63 · 哀詞)
1074년 6월 : 「與李公擇十七首(之一)」(卷51 · 尺牘)
1074년 8월 13일 : 「佛日淨慧寺題名」(佚卷6 · 題跋 題名)
1074년 8월 : 「跋蔡君謨書海會寺記」(卷69 · 題跋 書帖)
1074년 9월 17일 : 「題王羲之敬和帖二首(之一)」(佚卷6 · 題跋 書)
1074년 9월 20일 : 「靈鷲題名」(佚卷6 · 題跋 題名)
1074년 9월 : 「錢塘勤上人詩集敘」(卷10 · 序), 「與楊濟甫十首(1074년9월)」(卷59 · 尺牘)
1074년 : 「金星洞銘」(卷19 · 銘), 「書夢中靴銘」(卷66 · 題跋 雜文), 「書蘇子美金魚詩」(卷68 · 題跋 詩詞), 「書游靈化洞」(卷71 · 題跋 游行)
杭倅 : 「與郭功父七首(之一, 二, 三, 四, 五)」(卷51 · 尺牘), 「答楊君素三首(之一, 二)」, 「與康公操都管三首」, 「與范夢得十首(之二)」(卷56 · 尺牘), 「與陸固朝奉一首」(卷59 · 尺牘), 「與富道人二首(之一)」(卷60 · 尺牘), 「與寶月大師五首(之一, 二)」(卷61 · 尺牘), 「與文與可十一首(之一)」(佚卷2 · 尺牘), 「與楊元素一首」(佚卷3 · 尺牘), 「判營妓從良」, 「判周妓牒」(佚卷5 · 雜著)

1074년 : 「**邵茂誠詩集**敘」(卷10 · 序), 「二疎圖贊」(卷21 · 贊), 「與李公擇十七首(之四)」(卷51 · 尺牘), 「與周開祖四首(之三)」(卷56 · 尺牘)
항주杭州를 떠나며 : 「與李公擇十七首(之二)」(卷51 · 尺牘)

6. 밀주密州 지주知州시기

(1074년 12월 3일~1076년 12월, 희녕熙寧 7년~9년)

1074년 12월 3일 : 「密州謝上表」(卷23 · 表狀)
1074년 12월 12일 : 「與通長老九首(之一, 二)」(卷61 · 尺牘)

1074년 12월 : 「論河北京東盜賊狀」(卷26 · 奏議), 「密州到任謝執政啟」(卷46 · 啟), 「上韓丞相論災傷手實書」(卷48 · 書), 「與滕達道六十八首(之二, 三)」(卷51 · 尺牘)

1075년 정월 20일 : 「與滕達道六十八首(之六)」(卷51 · 尺牘)

1075년 3월 : 「與石幼安二首」(佚卷2 · 尺牘)

1075년 4월 초 : 「祭常山祝文五首(之一)」(卷62 · 祝文)

1075년 4월 22일 : 「文與可字說」(卷10 · 說)

1075년 4월 : 「與靈隱知和尚一首」(卷61 · 尺牘)

1075년 윤4월 21일 : 「與滕達道六十八首(之五十三)」(卷51 · 尺牘)

1075년 5월 : 「祭常山神祝文」(卷62 · 祝文)

1075년 6월 24일 : 「祭魏國韓令公文」(卷63 · 祭文)

1075년 6월 : 「祭常山祝文五首(之二)」(卷62 · 祝文)

1075년 여름 : 「與姚君三首(之一)」(卷57 · 尺牘)

1075년 가을 : 「後杞菊賦」(卷1 · 賦), 「與寶覺禪老三首(之一, 二)」(卷61 · 尺牘)

1075년 10월 28일 : 「上文侍中論榷鹽書」(卷48 · 書)

1075년 11월 2일 : 「**醉白堂記**」(卷11 · 記)

1075년 11월 : 「**超然臺記**」(卷11 · 記), 「上文侍中論強盜賞錢書」(卷48 · 書)

1075년 : 「**鳧繹先生詩集**敘」, 「晁君成詩集引」(卷10 · 序), 「**鹽官大悲閣記**」(卷12 · 記), 「與鮮于子駿三首(之一, 二)」(卷53 · 尺牘), 「與程彝仲六首(之一, 二)」(卷58 · 尺牘), 「與王慶源十三首(之二)」(卷59 · 尺牘)

1076년 정월 7일 : 「刻秦篆記」(卷12 · 記)

1076년 정월 15일 : 「跋赤溪山主頌」(卷66 · 題跋 雜文)

1076년 정월 16일 : 「賀青州陳龍圖啟」(卷47 · 啟)

1076년 4월 6일 : 「**書文與可超然臺賦後**」(卷66 · 題跋 雜文)

1076년 4월 18일 : 「雩泉記」(卷11 · 記)

1076년 4월 23일 : 「與文與可十一首」(佚卷2 · 尺牘)

1076년 4월 : 「**密州通判廳題名記**」(卷11 · 記), 「書李邦直超然臺賦後」(卷66 · 題跋 雜文)

1076년 여름 6월 : 「山堂銘」(卷19 · 銘), 「祭常山祝文五首(之四)」(卷62 · 祝文)
1076년 10월 : 「祭常山祝文五首(之五)」(卷62 · 祝文)
1076년 11월 1일 : **「李氏山房藏書記」**(卷11 · 記)
1076년 가을 : 「蓋公堂記」(文集卷11 · 記), 「祭常山祝文五首(之三)」(卷62 · 祝文)
1076년 11월 15일 : 「膠西蓋公堂照壁畫贊」(卷21 · 贊)
1076년 11월 : 「與周開祖四首(之二)」(卷56 · 尺牘)
1076년 : 「與程彝仲六首(之三, 四)」(卷58 · 尺牘), 「題鮮于子駿八詠後」(卷68 · 題跋 詩詞), 「定光師贊」(佚卷1 · 贊), 「為王述請蔭子疏」(佚卷1 · 奏議)
밀주密州에서 : 「與滕達道六十八首(之四)」(卷51 · 尺牘), 「答秦太虛七首(之二)」(卷52 · 尺牘), 「答陳履常二首」(卷53 · 尺牘), 「與周開祖四首(之一)」(卷56 · 尺牘), 「與王慶源十三首(之一)」(卷59 · 尺牘), 「答張主簿一首」, 「與富道人二首(之二)」(卷60 · 尺牘), 「與通長老九首(之三, 四, 五)」(卷61 · 尺牘), 「與蘇子容四首(之一)」(佚卷3 · 尺牘), 「密州題名」(佚卷6 · 題跋 題名)

1077년 정월 : 「祭柳子玉文」(卷63 · 祭文), 「問養生」(卷64 · 雜著)
1077년 3월 : 「與眉守黎希聲三首(之三)」(卷53 · 尺牘)
1077년 4월 : 「代張方平諫用兵書」(卷37 · 奏議)

7. 서주徐州 지주시기

(1077년 4월 21일~1079년 3월, 희녕熙寧 10년~원풍元豐 2년)

1077년 4월 21일 : 「徐州謝上表」(卷23 · 表狀), 「徐州謝兩府啟」(卷46 · 啟), 「徐州謝鄰郡陳彥升啟」(卷46 · 啟)
1077년 5월 6일 : 「與司馬溫公五首(之二)」(卷50 · 尺牘)
1077년 6월 11일 : 「保母楊氏墓誌銘」(卷15 · 墓誌銘)

1077년 7월 20일 : 「題七月二十日帖」(卷69 · 題跋 書帖)

1077년 7월 22일 : 「**寶繪堂記**」(卷11 · 記), 「與劉仲馮六首(之一)」(卷50 · 尺牘)

1077년 7월 : 「書諸公送堯繹先生詩後」(卷68 · 題跋 詩詞)

1077년 8월 4일 : 「記子由詩」(卷68 · 題跋 詩詞)

1077년 10월 26일 : 「表忠觀碑」(卷17 · 碑)

1077년 10월 : 「與劉貢父七首(之二)」(卷50 · 尺牘)

1077년 12월 6일 : 「徐州賀改元表」(卷24 · 表狀)

1077년 12월 16일 : 「答范景山一首」(卷59 · 尺牘), 「與文與可十一首(之五)」(佚卷2 · 尺牘)

1077년 겨울 : 「答宋寺丞一首」(卷60 · 尺牘)

1077년 : 「與杭守一首」(卷58 · 尺牘), 「祭任鈐轄文」(卷63 · 祭文), 「與文與可十一首(之三, 四)」(佚卷2 · 尺牘)

1078년 정월 24일 : 「**思堂記**」(卷11 · 記)

1078년 정월 : 「與劉貢父七首(之四)」(卷50 · 尺牘), 「祭老泉焚黃文」(卷63 · 祭文)

1078년 정월 28일 : 「與文與可十一首(之六)」(佚卷2 · 尺牘)

1078년 윤정월 17일 : 「賀孫樞密啟」(卷47 · 啟)

1078년 2월 : 「獎諭敕記」(卷11 · 記), 「徐州蓮華漏銘」(卷19 · 銘), 「與文與可三首(之一)」(卷51 · 尺牘), 「禱靈慧塔文三首(之一, 二, 三)」, 「告賜靈慧謚號塔文」, 「告謝靈慧塔文」(卷62 · 祝文)

1078년 3월 26일 : 「與文與可十一首(之八)」(佚卷2 · 尺牘)

1078년 3월 : 「徐州祈雨青詞」(卷62 · 青詞)

1078년 4월 9일 : 「書鮮于子駿楚詞後」(卷66 · 題跋 雜文)

1078년 4월 16일 : 「跋楊文公書後」(卷69 · 題跋 書帖)

1078년 4월 25일 : 「徐州賀河平表」(卷23 · 表狀)

1078년 4월 : 「與文與可三首(之三)」(卷51 · 尺牘)

1078년 5월 4일 : 「徐州謝獎諭表」(卷23 · 表狀), 「徐州謝執政獎諭啟」(卷46 · 啟)

1078년 5월 8일 : 「賀高陽王待制啟」(卷47 · 啟)

1078년 5월 : 「王元之畫像贊」(卷21 · 贊)

1078년 6월 : 「與文與可十一首(之九)」(佚卷2 · 尺牘)

1078년 7월 15일 : 「眉州遠景樓記」(卷11 · 記)

1078년 7월 22일 : 「滕縣公堂記」(卷11 · 記)

1078년 7월 : **「答黃魯直五首(之一)」**(卷52 · 尺牘), 「祭胡執中郎中文」(卷63 · 祭文)

1078년 8월 18일 : 「張文定公墓誌銘」(卷14 · 墓誌銘)

1078년 여름 : 「與孫子思七首」(卷56 · 尺牘)

1078년 9월 17일 : 「登雲龍山題名」(佚卷6 · 題跋 題名)

1078년 9월 30일 : 「徐州鹿鳴燕賦詩敘」(卷10 · 序)

1078년 9월 : 「與鮮于子駿三首(之三)」(卷53 · 尺牘)

1078년 10월 5일 : 「書游湯泉詩後」(卷67 · 題跋 詩詞)

1078년 10월 12일 : **「日喻」**(卷64 · 雜著)

1078년 10월 16일 : 「與文與可十一首(之十)」(佚卷2 · 尺牘)

1078년 10월 17일 : 「與文與可十一首」(佚卷2 · 尺牘)

1078년 10월 : 「徐州上皇帝書」(卷26 · 奏議)

1078년 11월 8일 : 「放鶴亭記」(卷11 · 記)

1078년 11월 19일 : **「莊子祠堂記」**(卷11 · 記)

1078년 12월 19일 : 「上韓樞密書」(卷48 · 書)

1078년 12월 : 「與參寥子二十一首(之一)」(卷61 · 尺牘), 「祈雪霧豬泉祝文」(卷62 · 祝文)

1078년 겨울 : 「與樞密侍郎一首」(卷60 · 尺牘)

1078년 : 「與范子豐八首(之二, 四)」(卷50 · 尺牘), 「答秦太虛七首(之一)」(卷52 · 尺牘), 「與歐陽仲純五首(之一, 二, 三, 四, 五)」(卷53 · 尺牘), 「與王定國七首(之四)」(佚卷2 · 尺牘), 「與范子豐二首(之一)」(佚卷3 · 尺牘)

1079년 정월 7일 : 「獵會詩序」(卷10 · 序)

1079년 정월 15일 : 「三槐堂銘」(卷19 · 銘), 「王仲儀真贊」(卷21 · 贊)

1079년 정월 19일 : 「賀趙大資少保致仕啟」(卷47 · 啟)

1079년 정월 : 「游桓山記」(卷11 · 記), 「乞醫療病囚狀」(卷26 · 奏議)

1079년 2월 5일 : **「祭文與可文」**(卷63 · 祭文)

1079년 2월 29일 : 「題文潞公詩」(卷68 · 題跋 詩詞)

1079년 3월 27일 : 「靈壁張氏園亭記」(卷11 · 記)

1079년 3월 : 「謝交代趙祠部啟」(卷46 · 啟)

서주徐州에서 : 「與司馬溫公五首(之一)」, 「答范蜀公十一首(之一)」, 「與范子豐八首(之三, 六)」, 「與劉貢父七首(之一, 三)」(卷50 · 尺牘), 「與滕達道六十八首(之六, 八, 九)」, 「與李公擇十七首(之五, 六, 七)」, 「與文與可三首(之二)」(卷51 · 尺牘), 「與眉守黎希聲三首(之一, 二)」(卷53 · 尺牘), 「與晁美叔二首(之二)」(卷55 · 尺牘), 「答李秀才元一首」, 「答晁君成一首」, 「與王慶源十三首(之三)」(卷59 · 尺牘), 「謝雪祝文」(卷62 · 祝文), 「與文與可十一首(之七)」(佚卷2 · 尺牘), 「與趙閱道一首」(佚卷3 · 尺牘)

1079년 3월 : 「與文郎一首」(卷51 · 尺牘)

1079년 4월 12일 : 「跋歐陽家書」(卷69 · 題跋 書帖)

1079년 4월 : 「湖州上監司先狀」(卷47 · 啟), 「祭刁景純墓文」(卷63 · 祭文)

8. 호주湖州 지주시기 및 오대시안烏臺詩案

(1079년 4월 20일~1079년 12월, 원풍元豐 2년)

1079년 4월 20일 : 「湖州謝上表」(卷23 · 表狀)

1079년 4월 22일 : 「謁文宣王廟祝文」(卷62 · 祝文)

1079년 5월 22일 : 「與久上人一首」(佚卷4 · 尺牘)

1079년 5월 : 「與周開祖四首(之四)」(卷56 · 尺牘), **「祭張子野文」**, 「祭陳令舉文」(卷63 · 祭文)

1079년 7월 7일 : 「**文與可**畫篔簹**谷偃竹記**」(卷11 · 記)

1079년 7월 : 「題魯公放生池碑」(卷69 · 題跋 書帖)

호주湖州에서 : 「答范純夫十一首(之一)」(卷50 · 尺牘), 「答秦太虛七首(之三)」(卷52 · 尺牘), 「與孫子思七首(之一, 二, 三, 四, 五, 七)」(卷56 · 尺牘), 「答呂熙道二首」, 「與道甫一首」(卷59 · 尺牘)

1080년 정월 초 : **「文與可飛白贊」**(卷21 · 贊)

9. 황주黃州 단련부사團練副使시기

(1080년 2월 1일~1084년 3월, 원풍元豐 3년~7년)

1080년 2월 1일 : 「到黃州謝表」(卷23 · 表狀)

1080년 2월 : 「與王定國四十一首(之一, 二, 四)」(卷52 · 尺牘), 「與陳季常十六首(之八)」(卷53 · 尺牘)

1080년 3월 : 「與章子厚參政書二首(之一)」(卷49 · 書), 「與李公擇十七首(之十一)」(卷51 · 尺牘)

1080년 4월 13일 : 「武昌西山題名二首」(佚卷6 · 題跋 題名)

1080년 4월 : 「與朱康叔二十首(之一, 二)」(卷59 · 尺牘), **「黃州再祭文與可文」**(卷63 · 祭文), 「黃州再祭文與可文」(卷63 · 祭文), 「書杜君懿藏諸葛筆」(卷70 · 題跋 筆硯), 「書臨皐亭」(卷71 · 題跋 游行)

1080년 5월 : 「淨因淨照臻老真贊」(卷22 · 贊), 「與司馬溫公五首(之三)」, 「與范子豐八首(之八)」(卷50 · 尺牘), 「與李公擇十七首(之十五)」(卷51 · 尺牘), 「與陳季常十六首(之五, 七, 十三, 十四)」(卷53 · 尺牘)

1080년 6월 : 「與陳季常十六首(之六)」(卷53 · 尺牘), 「與朱康叔二十首(之三, 四, 五, 十四)」(卷59 · 尺牘)

1080년 7월 : 「與王定國四十一首(之五, 六)」(卷52 · 尺牘)

1080년 8월 상순 : 「秦太虛題名記」(卷12 · 記)

1080년 8월 : 「與參寥子二十一首(之二, 五)」(卷61 · 尺牘), 「與龐安常一首」(佚卷2 · 尺牘)

1080년 9월 12일 : 「自跋勝相院經藏記」(佚卷5 · 題跋 雜文)

1080년 9월 15일 : 「商君功罪」(卷65・史評)

1080년 9월 25일 : 「與朱康叔二十首(之十八)」(卷59・尺牘)

1080년 9월 27일 : 「賀文太尉啟」(卷47・啟)

1080년 9월 28일 : 「賀呂副樞啟」(卷47・啟)

1080년 9월 : 「與李公擇十七首(之十二)」(卷51・尺牘), 「與王定國四十一首(之十二)」(卷52・尺牘), 「與楊元素十七首(之三)」(卷55・尺牘), 「書南史盧度傳」(卷66・題跋 雜文)

1080년 윤9월 19일 : **「答畢仲舉二首(之一)」**(卷56・尺牘)

1080년 윤9월 : 「與章子厚參政書二首(之二)」(卷49・書)

1080년 10월 12일 : 「乳母任氏墓誌銘」(卷15・墓誌銘)

1080년 10월 : 「菩薩泉銘」(卷19・銘)

1080년 11월 15일 : 「趙先生舍利記」(卷12・記)

1080년 11월 : **「答范蜀公十一首(之四)」**(卷50・尺牘), 「與滕達道六十八首(之二十二)」(卷51・尺牘), 「與王定國四十一首(之三, 八, 九)」, 「答秦太虛七首(之四)」(卷52・尺牘), 「與趙晦之四首(之一)」(卷57・尺牘)

1080년 12월 18일 밤 : 「畫**水記**」(卷12・記)

1080년 12월 20일 : 「石氏畫苑記」(卷11・記)

1080년 12월 : 「答李端叔書」(卷49・書), **「與滕達道六十八首(之二十一)」**(卷51・尺牘), **「與王定國四十一首(之十一)」**(卷52・尺牘), 「與王元直二首(之一)」(卷53・尺牘), 「與杜幾先一首」(卷58・尺牘), 「與王慶源十三首(之五)」(卷59・尺牘), 「醮上帝青詞三首(之二, 三)」(卷62・青詞), 「跋張希甫墓誌後」(卷66・題跋 雜文), **「評楊氏所藏歐蔡書」**, 「書贈王文甫」(卷69・題跋 書帖), 「書清悟墨」(卷70・題跋 紙墨), 「與滕達道五首(之一)」(佚卷3・尺牘)

1080년 세밑 : 「代李宗論京東盜賊狀」(卷37・奏議)

1080년 : 「與陳季常十六首(之九, 十二)」(卷53・尺牘)

1081년 정월 초 : 「子姑神記」(卷12・記)

1081년 정월 : 「與寶月大師五首(之三)」(卷61・尺牘), 「書所獲鏡銘」, 「記黃州

故吳國」(卷66・題跋 雜文), 「與滕達道五首(之二)」(佚卷3・尺牘)

1081년 2월 : 「與李公擇十七首(之九)」(卷51・尺牘), 「與王定國四十一首((之十四)」(卷52・尺牘)

1081년 3월 14일 : 「與張天覺四首」(佚卷2・尺牘)

1081년 3월 : 「書雞鳴歌」(卷67・題跋 詩詞), 「單龐二醫」(卷73・雜記 醫藥)

1081년 4월 8일 : 「應夢羅漢記」(卷12・記)

1081년 4월 : 「黃州上文潞公書」(卷48・書), 「與陳大夫八首(之七)」(卷56・尺牘), 「與杜道源二首(之一)」(卷58・尺牘), 「戲題」(佚卷5・雜著)

1081년 5월 9일 : 「跋子由栖賢堂記後」(卷66・題跋 雜文)

1081년 5월 11일 : **「書唐氏六家書後」**(卷69・題跋 書帖)

1081년 5월 : 「與王定國四十一首(之十三)」(卷52・尺牘), 「與彥正判官一首」(卷57・尺牘)

1081년 6월 23일 : 「雜書琴事十首」(卷71・題跋 琴棋雜器)

1081년 6월 : 「祭任師中文」(卷63・祭文)

1081년 여름 : 「答李琮書」(卷49・書), 「答李方叔十七首(之一)」(卷53・尺牘), 「與杜道源二首」(卷58・尺牘)

1081년 7월 2일 : 「謝徐州失覺察妖賊放罪表」(卷23・表狀)

1081년 7월 : 「答吳子野七首(之一)」(卷57・尺牘), 「與王正夫朝奉三首(之一)」(卷59・尺牘), 「書淵明酬劉柴桑詩」(卷67・題跋 詩詞)

1081년 8월 15일 : 「書鄭君乘絹紙」(卷70・題跋 紙墨)

1081년 9월 15일 : 「送海印禪師偈」(卷22・偈)

1081년 9월 : 「書孟東野詩」(卷67・題跋 詩詞)

1081년 10월 20일 : 「書游垂虹亭」(卷71・題跋 游行)

1081년 10월 21일 : 「飮酒說」(卷73・雜記 草木飮食)

1081년 10월 : 「與滕達道六十八首(之二十三)」(卷51・尺牘), 「與陳季常十六首(之十一)」(卷53・尺牘)

1081년 가을 : 「與王定國四十一首(之十)」(卷52・尺牘)

1081년 11월 22일 : 「題陳吏部詩後」(卷68・題跋 詩詞)

1081년 11월 : 「與陳季常十六首(之一)」(卷53 · 尺牘)

1081년 12월 : 「勝相院經藏記」(卷12 · 記), 「方山子傳」(卷13 · 傳), 「代滕甫論西夏書」(卷37 · 奏議), **「答陳師仲主簿書」**(卷49 · 書), 「與滕達道六十八首(之十四, 十五)」, 「與李公擇十七首(之十四)」(卷51 · 尺牘), 「與佛印十二首(之四)」(卷61 · 尺牘), 「跋所書摩利支經後」(卷69 · 題跋 書帖), 「記樊山」(卷71 · 題跋 游行)

1081년 : 「陳公弼傳」(卷13 · 傳), 「與李公擇十七首(之十三)」(卷51 · 尺牘), 「與楊元素十七首(之七)」(卷55 · 尺牘), 「與任德翁二首(之一)」, **「與趙晦之四首(之三)」**(卷57 · 尺牘), 「與杜孟堅三首(之二)」(卷58 · 尺牘), 「與朱康叔二十首(之二十)」(卷59 · 尺牘)

1082년 정월 2일 : 「書歐陽公黃牛廟詩後」(卷68 · 題跋 詩詞), 「與陳季常四首(之二)」(佚卷2 · 尺牘)

1082년 정월 3일 : 「祭堂兄子正文」(卷63 · 祭文)

1082년 정월 20일 : 「天篆記」(卷12 · 記)

1082년 정월 : 「朱壽昌梁武懺贊偈」(卷22 · 偈), 「與朱鄂州書」(卷49 · 書)

1082년 2월 22일 : 「武昌西山題名二首(之二)」(佚卷6 · 題跋 題名)

1082년 2월 : 「雪堂記」(卷12 · 記), 「與陳季常十六首(之四)」(卷53 · 尺牘), 「與李通叔四首(之四)」(卷57 · 尺牘), 「題所書歸去來詞後」(卷69 · 題跋 書帖)

1082년 3월 3일 : 「書淵明飮酒詩後」(卷67 · 題跋 詩詞)

1082년 3월 7일 : 「書呂道人硯」(卷70 · 題跋 筆硯)

1082년 3월 : 「與陳季常十六首(之三)」(卷53 · 尺牘), 「書淸泉寺詞」(卷68 · 題跋 詩詞)

1082년 봄 : 「丹石硯銘」(卷19 · 銘), **「答李昭玘書」**(卷49 · 書)

1082년 5월 : 「與陳季常十六首(之二)」(卷53 · 尺牘), 「與朱康叔二十首(之十三)」(卷59 · 尺牘), 「與佛印十二首(之二)」(卷61 · 尺牘), 「怪石供」(卷64 · 雜著)

1082년 6월 : 「與李公擇十七首(之十)」(卷51 · 尺牘), 「書張芸叟詩」(卷68 · 題

跋 詩詞), **「跋錢君倚書遺教經」**(卷69 · 題跋 書帖)

1082년 여름 : 「書贈徐大正四首(之三)」(卷69 · 題跋 書帖)

1082년 7월 초 : 「記赤壁」(卷71 · 題跋 游行)

1082년 7월 13일 : 「題伯父謝啟後」(卷66 · 題跋 雜文)

1082년 7월 16일 : **「赤壁賦」**(卷1 · 賦)

1082년 무더운 여름 : 「與蔡景繁十四首(之一)」(卷55 · 尺牘)

1082년 9월 1일 : 「與子明九首(之九)」(佚卷4 · 尺牘)

1082년 9월 8일 : 「與毅父宣德七首(之一)」(卷57 · 尺牘)

1082년 9월 중순 : 「與毅父宣德七首(之二)」(卷57 · 尺牘)

1082년 9월 : 「與幾宣義一首」(卷57 · 尺牘)

1082년 10월 15일 밤 : **「後赤壁賦」**(卷1 · 賦)

1082년 12월 13일 : 「跋李康年篆心經後」(卷69 · 題跋 書帖)

1082년 12월 : 「鰣硯銘」(文集卷19 · 銘), 「與李昭玘一首」(卷55 · 尺牘), 「與杜子師四首」(卷56 · 尺牘), 「祭歐陽伯和父文」(卷63 · 祭文), 「書晁無咎所作杜輿子師字說後」(卷66 · 題跋 雜文), 「書子美屏跡詩」(卷67 · 題跋 詩詞), 「書龐安時見遺廷珪墨」(卷70 · 題跋 紙墨)

1082년 겨울 : **「與李方叔書」**, **「答李方叔書」**(卷49 · 書), 「與蹇授之六首(之六)」, 「與蔡景繁十四首(之三)」(卷55 · 尺牘)

1082년 : 「與滕達道六十八首(之四十九)」(卷51 · 尺牘), 「與章子厚二首(之一)」, 「與蹇授之六首(之三, 四, 五)」(卷55 · 尺牘), 「與陳大夫八首(之三, 四, 六)」(卷56 · 尺牘), 「與趙晦之四首(之四)」, 「與上官彝三首(之一, 二, 三)」(卷57 · 尺牘), 「與毛維瞻一首」(卷59 · 尺牘), 「與子明兄一首」(卷60 · 尺牘), 「蘇世美哀詞」(卷63 · 哀詞), 「書蘇李詩後」(卷67 · 題跋 詩詞), 「書贈王十六二首(之一, 二)」(卷69 · 題跋 書帖), 「與陳季常四首(之三)」(佚卷2 · 尺牘)

1083년 정월 15일 : 「唐畫羅漢贊」(卷22 · 贊)

1083년 정월 : 「與子安兄七首(之一)」(卷60 · 尺牘)

1083년 2월 : 「與陳朝請二首(之二)」(卷57 · 尺牘), 「與巢元修一首」(卷60 ·

尺牘)

1083년 3월 16일 : 「與徐得之二首(之一)」(佚卷2・尺牘)

1083년 3월 19일 : 「與郭澄江一首」(佚卷3・尺牘)

1083년 3월 25일 : 「與子由弟十首(之三)」(卷60・尺牘)

1083년 3월 : 「後怪石供」(卷64・雜著), 「書懷民所遺墨」(卷70・題跋 紙墨)

1083년 4월 : 「與滕達道六十八首(之五十八)」(卷51・尺牘), 「答君瑞殿直一首」(卷59・尺牘)

1083년 5월 8일 : 「帖贈楊世昌二首」(佚卷6・雜記 人物)

1083년 5월 : 「與蹇授之六首(之一, 二)」, 「與楊元素十七首(之一, 四, 九)」, 「與蔡景繁十四首(之九, 十)」(卷55・尺牘), 「與陳朝請二首(之一)」(卷57・尺牘)

1083년 6월 3일 : 「與楊元素十七首(之二)」(卷55・尺牘)

1083년 6월 5일 : 「與張天覺四首(之二)」(佚卷2・尺牘)

1083년 6월 20일 : 「代黃檗答子由頌」(卷20・頌)

1083년 6월 : 「東坡羹頌」(卷20・頌), 「送僧應純偈」(卷22・偈), 「答范蜀公十一首(之二)」(卷50・尺牘), 「與蔡景繁十四首(之二)」(卷55・尺牘), 「與沈睿達二首(之一)」, 「與吳君采二首(之一, 二)」(卷58・尺牘)

1083년 윤6월 24일 : 「書士琴二首」(卷71・題跋 琴棋雜器)

1083년 7월 10일 : **「跋吳道子地獄變相」**(卷70・題跋 畫)

1083년 7월 15일 : 「書劉庭式事」(卷66・題跋 雜文), **「跋先君與孫叔靜帖」**(卷69・題跋 書帖)

1083년 7월 : 「與李公擇十七首(之八)」(卷51・尺牘), 「與陳大夫八首(之五)」(卷56・尺牘), 「祭陳君式文」(卷63・祭文)

1083년 8월 22일 : 「與張安道二首(之一)」(佚卷2・尺牘)

1083년 8월 27일 : 「節飮食說」(卷73・雜記 草木飮食)

1083년 8월 : 「答范蜀公十一首(之三)」, **「與范子豐八首(之七)」**(卷50・尺牘), 「答蘇子平先輩二首(之二)」(卷57・尺牘), 「與張安道二首(之二)」(佚卷2・尺牘)

1083년 9월 25일:「永洛事」(卷72·雜記 人物)

1083년 9월:「**王定國詩集**敍」(卷10·序),「與王定國四十一首(之十五)」(卷52·尺牘)

1083년 10월 12일:「**記承天夜游**」(卷71·題跋 游行),「記故人病」(卷73·雜記 書事)

1083년 10월 15일:「書唐林夫惠諸葛筆」(卷70·題跋 筆硯)

1083년 11월 7일:「孟仰之」(佚卷6·雜記 人物)

1083년 11월 9일:「書子由君子泉銘後」(卷66·題跋 雜文)

1083년 11월 11일:「書名僧令休硯」(卷70·題跋 筆硯)

1083년 11월 12일:「**郭忠恕**畫**贊**」(卷21·贊)

1083년 11월 19일:「書四戒」(卷66·題跋 雜文)

1083년 11월:「聖散子敍」(卷10·序),「遺愛亭記」(卷12·記),「與滕達道六十八首(之十六, 十八, 二十六, 三十一)」(卷51·尺牘),「與蔡景繁十四首(之八, 十一)」(卷55·尺牘),「與徐得之十四首(之一, 二)」(卷57·尺牘),「祭徐君猷文」(卷63·祭文),「記張公規論去欲」(卷73·雜記 書事)

1083년 12월 15일:「與楊元素十七首(之六)」(卷55·尺牘)

1083년 12월 27일:「夢中作祭春牛文」(佚卷5·題跋 雜文)

1083년 12월:「與滕達道六十八首(之二十五)」(卷51·尺牘),「與錢濟明十六首(之三)」(卷53·尺牘),「答開元明座主九首(之一, 二)」(卷61·尺牘)

1083년:「賀蔣發運啟」(卷47·啟),「與楊元素十七首(之五, 八)」(卷55·尺牘),「與文叔先輩二首(之一)」(卷57·尺牘),「與巖老一首」(卷58·尺牘),「與徐司封一首」,「與胡道師四首(之一)」(卷60·尺牘),「題子明詩後」(卷68·題跋 詩詞),「與張天覺四首(之三)」,「與欽之一首」(佚卷2·尺牘),「與蘇子容四首(之二)」(佚卷3·尺牘),「題與崔誠老詩」(佚卷5·題跋 詩詞)

1084년 정월 6일:「代滕甫辨謗乞郡狀」(卷37·奏議)

1084년 정월:「題孟郊詩」(卷67·題跋 詩詞)

1084년 2월 1일:「師中菴題名」(佚卷6·題跋 題名)

1084년 2월 28일:「與徐得之十四首(之六)」(卷57·尺牘)

1084년 2월 : 「與滕達道六十八首(之二十四, 二十七)」(卷51 · 尺牘), 「與程彝仲六首(之五, 六)」(卷58 · 尺牘), 「與千乘姪一首」(卷60 · 尺牘)

1084년 3월 3일 : 「記游定惠院」(卷71 · 題跋 游行)

1084년 3월 9일 : 「贈別王文甫」(卷71 · 題跋 游行)

1084년 3월 초 : 「謝量移汝州表」(卷23 · 表狀)

1084년 3월 11일 : 「記夢詩文」(卷68 · 題跋 詩詞)

1084년 3월 : 「與楊耆秀才釀錢帖一首」(卷57 · 尺牘)

황주黃州에서 : 「酒隱賦」, 「快哉此風賦」(卷1 · 賦), 「大別方丈銘」(卷19 · 銘), 「黃州李樵臥帳頌」(卷20 · 頌), 「五祖山長老真贊」(卷22 · 贊), 「送壽聖聰長老偈」(卷22 · 偈), 「答范蜀公十一首(之五)」(卷50 · 尺牘), 「與滕達道六十八首(之十, 十一, 十二, 十八, 十九, 二十, 二十六, 二十八, 二十九, 三十, 三十一)」(卷51 · 尺牘), 「與王定國四十一首(之七)」(卷52 · 尺牘), 「與王文甫二首(之一)」, 「與陳季常十六首(之十)」, 「答李方叔十七首(之二, 三, 四)」(卷53 · 尺牘), 「與章質夫三首」, 「與楊康功三首(之一)」, 「與蔡景繁十四首(之四, 五, 六, 七, 十二, 十三, 十四)」(卷55 · 尺牘), 「與劉器之二首(之一)」, 「答舒堯文二首(之二)」, 「與程懷立六首(之一)」, 「與陳大夫八首(之一, 二, 八)」, 「與江惇禮五首」(卷56 · 尺牘), 「與石幼安一首」, 「與王佐才二首(之一, 二)」, 「與徐得之十四首(之三, 四, 五, 七, 八)」, 「與李通叔四首(之一, 二, 三)」, 「與吳將秀才二首」, 「答蘇子平先輩二首(之一)」, 「與文叔先輩二首(之二)」, 「與李先輩一首」, 「與徐十二一首」, 「與吳秀才三首(之一)」(卷57 · 尺牘), 「與沈睿達二首(之二)」, 「與高夢得一首」, 「與孟亨之一首」, 「與歐陽晦夫二首(之一)」, 「與杜孟堅三首(之一, 三)」(卷58 · 尺牘), 「與朱康叔二十首(之六, 七, 八, 九, 十, 十一, 十二, 十五, 十六, 十七, 十九)」, 「與錢世雄一首」, 「與景倩一首」, 「與趙仲修二首」, 「與何聖可一首」, 「與王慶源十三首(之四)」(卷59 · 尺牘), 「與王序一首」, 「與樂推官一首」, **「答李寺丞二首」**, 「與周主簿一首」, 「與子由弟十首(之一, 二, 四)」, 「黃州與人五首」(卷60 · 尺牘), 「與參寥子二十一首(之三, 四)」, 「與圓通禪師四首(之二, 三, 四)」, 「與祖印禪師一首」, 「與寶月大師五首(之四, 五)」, 「與言上人一首」, 「與無釋老師

一首」, 「與大別才老三首」, 「代夫人與福應真大師一首」(卷61・尺牘), 「書淵明羲農去我久詩」(卷67・題跋 詩詞), 「題鳳山詩後」, 「記黃州對月詩」(卷68・題跋 詩詞), 「**王文甫達軒評書**」, 「跋草書後」(卷69・題跋 書帖), 「書黃州古編鐘」(卷71・題跋 琴棋雜器), 「與朱康叔二首(之二)」(佚卷2・尺牘), 「與滕達道五首(之三, 四, 五)」, 「與王文玉十二首(之一, 二, 三, 四, 五」, 「與蘇子容四首(之三)」, 「與高夢得一首」(佚卷3・尺牘), 「賭書字」, 「牛酒帖」, 「偶書贈陳處士」(佚卷5・雜著), 「黃岡冬至帖」(佚卷5・題跋 雜文), 「跋自書詩」(佚卷5・題跋 詩詞)

황주黃州를 떠나며 : 「與蘇子容二首(之一)」(卷50・尺牘), 「與滕達道六十八首(之三十二, 三十三, 三十四, 三十五, 三十六, 三十七, 三十八, 三十九, 四十, 四十一, 四十二, 四十三, 四十四, 四十五, 四十六)」(卷51・尺牘), 「與王定國四十一首(之十八)」, 「答秦太虛七首(之五)」(卷52・尺牘), 「與袁真州四首(之二, 三, 四)」, 「與徐得之十四首(之九, 十, 十一, 十二)」, 「答賈耘老四首」(卷57・尺牘), 「與李廷評一首」, 「與胡道師四首(之二, 三)」(卷60・尺牘), 「與佛印十二首(之五, 六)」, 「答開元明座主九首(之三, 四, 五, 六, 七)」(卷61・尺牘)

10. 여주汝州 단련부사에서 상주常州 거주시기

(1084년 4월 6일～1085년 9월, 원풍元豊 7년～8년)

1084년 4월 6일 : 「**黃州安國寺記**」(卷12・記)
1084년 4월 7일 : 「記張君宜醫」(卷73・雜記 書事)
1084년 4월 14일 : 「跋先君書送吳職方引」(卷69・題跋 書帖)
1084년 4월 : 「與佛印十二首(之三)」(卷61・尺牘), 「**書司空圖詩**」(卷67・題跋 詩詞), 「再書贈王文甫」(卷71・題跋 游行)
1084년 5월 13일 : 「書遵師詩」(卷68・題跋 詩詞)
1084년 5월 19일 : 「書葛道純詩後」(卷68・題跋 詩詞), 「跋太虛辯才廬山題名」

(卷71・題跋 游行)

1084년 5월 :「石菖蒲贊」(卷21・贊),「無相庵偈」(卷22・偈)

1084년 6월 9일 :「**石鐘山記**」(卷11・記),「邁硯銘」(卷19・銘)

1084년 6월 11일 :「題文選」(卷67・題跋 詩詞)

1084년 6월 23일 :「黃州還回大守畢仲遠啟」(卷47・啟),「題溫庭筠湖陰曲後」(卷67・題跋 詩詞)

1084년 6월 :「題子由蕭丞向樓詩贈王文玉」(佚卷5・題跋 詩詞)

1084년 7월 14일 :「白鷺亭題柱」(佚卷6・題跋 遊行)

1084년 7월 16일 :「書子由金陵天慶觀詩」(卷68・題跋 詩詞)

1084년 7월 :「代滕達道景靈宮奉安表」,「代滕達道湖州謝上表」(卷24・表狀)

1084년 8월 :「與王荊公二首(之二)」(卷50・尺牘),「與佛印十二首(之一)」(卷61・尺牘)

1084년 9월 23일 :「題名」(佚卷6・題跋 題名)

1084년 9월 :「艤舟迎恩亭題」(佚卷6・題跋 遊行),「題名」(佚卷6・題跋 題名)

1084년 10월 2일 :「陶淵明詩」(佚卷5・題跋 詩詞),「楚頌帖」(佚卷6・題跋 遊行)

1084년 10월 19일 :「乞常州居住表」(佚卷1・表)

1084년 10월 26일 :「書韓魏公黃州詩後」(卷68・題跋 詩詞)

1084년 11월 13일 :「秦少游真贊」(卷21・贊)

1084년 동지 :「名西閣」(卷71・題跋 游行)

1084년 12월 1일 :「木峰偈」(卷22・偈)

1084년 12월 20일 :「十二時中偈」(卷22・偈)

1084년 12월 :「乞常州居住表」(卷23・表狀),「與王定國四十一首(之十六)」(卷52・尺牘),「與千之姪二首(之一)」(卷60・尺牘),「祭蔡景繁文」(卷63・祭文),「黃寔言高麗通北虜」(卷72・雜記 人物)

1084년 :「與圓通禪師四首(之一)」(卷61・尺牘),「與陳退叔一首」(佚卷3・尺牘),「偶題」,「偶題」(佚卷5・雜著)

1085년 정월 4일 :「泗岸喜題」(卷71・題跋 游行)

1085년 정월 20일 : 「跋翰林錢公詩後」(卷68 · 題跋 詩詞)

1085년 2월 12일 : 「題陸柬之臨摹帖」(佚卷6 · 題跋 書)

1085년 2월 : 「跋李伯時孝經圖」(卷70 · 題跋 畫)

1085년 3월 : 「薦誠禪院五百羅漢記」(卷12 · 記), 「與王定國四十一首(之十七)」(卷52 · 尺牘), 「與潘彦明十首(之一)」(卷53 · 尺牘), 「與楊康功三首(之二)」(卷55 · 尺牘)

1085년 4월 6일 : 「與杜子師四首」(卷56 · 尺牘), 「書畫壁易石」(卷70 · 題跋 畫)

1085년 4월 : 「上初即位論治道二首」(卷4 · 論), 「與蘇子容二首」(卷50 · 尺牘)

1085년 5월 22일 : 「到常州謝表二首」(卷23 · 表狀)

1085년 5월 26일 : 「賀時宰啟」(卷47 · 啟)

1085년 5월 : 「與王文玉十二首」(佚卷3 · 尺牘)

1085년 7월 4일 : 「**跋蔡君謨書**」(卷69 · 題跋 書帖)

1085년 8월 27일 : 「記石塔長老答問」(卷72 · 雜記 人物)

1085년 8월 29일 : 「與佛印禪師三首(之三)」(佚卷4 · 尺牘)

1085년 9월 1일 : 「跋范文正公帖」(卷69 · 題跋 書帖)

1085년 : 「與王定國七首(之一)」(佚卷2 · 尺牘), 「與王文玉十二首(之七)」(佚卷3 · 尺牘)

등주登州로 가는 길에 : 「與楊元素十七首(之十)」, 「與楊康功三首(之三)」(卷55 · 尺牘), 「與佛印禪師三首(之一)」(佚卷4 · 尺牘)

11. 등주登州 지주에서 중앙 재직 시기

(1085년 10월 15일~1089년 4월, 원풍元豐 8년~철종哲宗 원우元祐 4년)

1085년 10월 15일 : 「登州謝上表二首」(卷23 · 表狀), 「登州謝兩府啟」(卷46 · 啟)

1085년 10월 17일 : 「與司馬溫公五首(之四)」(卷50 · 尺牘), 「與樞密一首」(佚卷4 · 尺牘)

1085년 10월 20일 : 「登州謝宣召赴闕表」(卷24 · 表狀), 「罷登州謝杜宿州啟」(卷46 · 啟)

1085년 10월 30일 : 「蓬萊閣記所見」(卷71 · 題跋 游行)

1085년 11월 7일 : 「**書吳道子**畫**後**」(卷70 · 題跋 畫)

등주登州에서 : 「與司馬溫公五首(之五)」(卷50 · 尺牘), 「與滕達道六十八首(之五十二, 五十四, 五十五, 五十六, 五十七, 五十九, 六十)」(卷51 · 尺牘), 「與姚君三首(之二, 三)」(卷57 · 尺牘)

1085년 11월 : 「**傳神記**」(卷12 · 記), 「題王靄畫如來出山相贊」(卷22 · 贊), 「與滕達道六十八首(之五十一)」(卷51 · 尺牘), 「與潘彥明十首(之二)」(卷53 · 尺牘), 「與米元章二十八首(之一)」(卷58 · 尺牘), 「跋王氏華嚴經解」(卷66 · 題跋 雜文), 「題洋川公家藏古今畫册」(佚卷6 · 題跋 畫)

1085년 12월 초 : 「登州召還議水軍狀」, 「乞罷登萊榷鹽狀」(卷26 · 奏議)

등주登州에서 개봉開封으로 돌아오는 길에(1085년11월初~12월20日) : 「與范子功六首(之一, 二)」, 「與曾子宣十三首(之一)」(卷50 · 尺牘), 「與滕達道六十八首(之六十一)」(卷51 · 尺牘), 「與潘彥明十首(之三, 四, 五, 六, 七)」, 「答龐安常三首(之二)」(卷53 · 尺牘), 「與楊元素十七首(之十一, 十二, 十四, 十五」(卷55 · 尺牘), 「答楊君素三首(之三)」(卷56 · 尺牘), 「與黃洞秀才二首」(卷57 · 尺牘), 「與運判應之一首」, 「與王慶源十三首(之六, 八, 九)」(卷59 · 尺牘), 「與子安兄七首(之二, 三)」, 「與人二首」(卷60 · 尺牘)

1085년 12월 24일 : 「劉夫人墓誌銘」(卷15 · 墓誌銘)

1085년 12월 : 「論給田募役狀」(卷26 · 奏議), 「除起居舍人謝啟」(卷46 · 啟), 「與王慶源十三首(之七)」(卷59 · 尺牘), 「與佛印十二首(之七, 八)」(卷61 · 尺牘), 「祭石幼安文」(卷63 · 祭文), 「題畫贊」(佚卷6 · 題跋 畫)

1086년 정월 : 「東林第一代廣惠禪師真贊」(卷22 · 贊), 「答李端叔十首(之一)」(卷52 · 尺牘), 「與楊元素十七首(之十一)」(卷55 · 尺牘), 「與鄉人一首」(卷60 · 尺牘), 「與東林廣惠禪師二首(之一)」(卷61 · 尺牘)

1086년 2월 10일 : 「賀范端明啟」(卷47 · 啟), 「答范蜀公十一首(之八)」(卷50 · 尺牘)

1086년 2월 15일 : 「書韓維讀三朝寶訓」(卷7 · 講筵進記)
1086년 2월 : 「與陳季常十六首(之十五)」(卷53 · 尺牘), 「答呂元鈞三首(之二)」(卷59 · 尺牘)
1086년 윤2월 2일 : 「復改科賦」(卷1 · 賦)
1086년 윤2월 6일 : 「書子由夢中詩」(卷68 · 題跋 詩詞)
1086년 3월 1일 : 「佛心鑑偈」(卷22 · 偈)
1086년 3월 14일 : 「辭免中書舍人狀」, 「謝中書舍人表二首」(卷23 · 表狀)
1086년 3월 16일 : 「繳進吳荀詞頭狀」(卷27 · 奏議), 「題別子由詩後」(卷68 · 題跋 詩詞)
1086년 3월 22일 : 「繳進沈起詞頭狀」(卷27 · 奏議)
1086년 4월 7일 : 「繳范子淵詞頭狀」(卷27 · 奏議)
1086년 4월 26일 : 「繳進陳繹詞頭狀」(卷27 · 奏議)
1086년 4월 : 「法雲寺鐘銘」(卷19 · 銘), 「與滕達道六十八首(之十三, 六十八)」(卷51 · 尺牘), 「跋歐陽寄王太尉詩後」(卷68 · 題跋 詩詞)
1086년 5월 18일 : 「繳進張誠一詞頭狀」, 「繳進李定詞頭狀」(卷27 · 奏議)
1086년 5월 25일 : 「乞罷詳定役法劄子」(卷27 · 奏議)
1086년 5월 : 「申省乞罷詳定役法狀」(卷27 · 奏議)
1086년 6월 13일 : 「論椿管坊場役錢劄子」(卷27 · 奏議)
1086년 6월 14일 : 「論諸處色役輕重不同劄子」(卷27 · 奏議)
1086년 6월 20일 : 「議富弼配享狀」(卷27 · 奏議)
1086년 6월 25일 : 「薦朱長文劄子」(卷27 · 奏議)
1086년 6월 : 「與楊元素十七首(之十六)」(卷55 · 尺牘), 「答刁景純二首」(卷57 · 尺牘), 「與王文玉十二首(之八)」(佚卷3 · 尺牘), 「與某禪師一首」(佚卷4 · 尺牘)
1086년 7월 2일 : 「再乞罷詳定役法狀」(卷27 · 奏議)
1086년 7월 23일 : 「乞留劉攽狀」(卷27 · 奏議)
1086년 7월 29일 : 「繳楚建中戶部侍郎詞頭狀」(卷27 · 奏議)
1086년 7월 : 「申省乞不定奪役法議狀」(卷27 · 奏議), 「代呂大防乞錄用呂誨子

孫劄子」(卷37·奏議), 「與曾子宣十三首(之二, 七)」(卷50·尺牘), 「與知縣十首(之九)」(卷60·尺牘), 「與親家母一首」(佚卷4·尺牘)

1086년 8월 4일: 「乞不給散青苗錢斛狀」(卷27·奏議)

1086년 8월 9일: 「論高強戶應色役疏」(佚卷1·奏議)

1086년 8월 22일: 「書黃魯直詩後二首(之一)」(卷68·題跋 詩詞)

1086년 8월: 「與劉貢父七首(之五)」(卷50·尺牘), 「與林子中五首(之三)」(卷55·尺牘)

1086년 9월 8일: 「題王晉卿詩後」(卷68·題跋 詩詞)

1086년 9월: 「魯直所惠洮河石硯銘」(卷19·銘), 「辭免翰林學士第一狀」, 「辭免翰林學士第二狀」, 「謝翰林學士表二首」(卷23·表狀), 「論每事降詔約束狀」(卷27·奏議), 「除翰林學士謝啟」(卷46·啟), 「與佛印十二首(之十一)」(卷61·尺牘), 「祭司馬君實文」(卷63·祭文)

1086년 10월: 「乞加張方平恩禮劄子」(卷27·奏議)

1086년 10월 23일: 「論冗官劄子」(卷27·奏議), 「臨篔簹圖並題」(佚卷6·題跋 畫)

1086년 11월 7일: 「代普寧王賀冬表四首」(卷24·表狀)

1086년 11월 21일: 「書黃泥阪詞後」(卷68·題跋 詩詞)

1086년 11월 29일: 「試館職策問三首(之一)」(卷7·策問)

1086년 12월 5일: 「書狄武襄事」(卷66·題跋 雜文)

1086년 12월 18일: 「辯試館職策問劄子二首(之一)」(卷27·奏議)

1086년 12월 27일: 「與子厚一首」(佚卷3·尺牘)

1086년 12월: 「司馬溫公行狀」(卷16·行狀), 「答館職啟」(卷47·啟), 「與滕達道六十八首(之六十二, 六十三, 六十四)」(卷51·尺牘), 「答李方叔十七首(之八, 九, 十, 十四)」(卷53·尺牘), 「與王慶源十三首(之十)」(卷59·尺牘), 「散慶士道場疏」(卷62·疏文), 「跋鄧慎思石刻」(卷66·題跋 雜文), 「記虜使誦詩」(卷68·題跋 詩詞)

1086년: 「辭免起居舍人第一狀」, 「辭免起居舍人第二狀」(卷23·表狀), 「謝中書舍人啟」(卷46·啟)

1087년 정월 1일 : 「與王晉卿一首」(佚卷2 · 尺牘)

1087년 정월 12일 : **「題憩寂圖詩」**(卷68 · 題跋 詩詞)

1087년 정월 17일 : 「辯試館職策問劄子二首(之二)」(卷27 · 奏議)

1087년 정월 26일 : 「與張太保安道一首」(卷50 · 尺牘), 「與范子豐二首(之二)」(佚卷3 · 尺牘)

1087년 정월 : 「與楊元素十七首(之十七)」(卷55 · 尺牘)

1087년 2월 1일 : 「繳進給田募役議劄子」(卷27 · 奏議)

1087년 2월 7일 : 「論改定受册手詔乞罷劄子」(卷27 · 奏議)

1087년 2월 8일 : 「富鄭公神道碑」(卷18 · 碑), 「跋畫苑」(卷70 · 題跋 畫)

1087년 2월 17일 : 「呂公弼招致高麗人」(卷72 · 雜記 人物)

1087년 2월 21일 : 「書鬼仙詩」(卷68 · 題跋 詩詞)

1087년 2월 28일 : 「書上清詞後」(佚卷5 · 題跋 詩詞)

1087년 3월 10일 : 「與子安一首」(佚卷4 · 尺牘)

1087년 3월 : 「乞錄用鄭俠王斿狀」(卷27 · 奏議), 「諸宮觀等處祈雨青詞」(卷62 · 青詞)

1087년 4월 19일 : 「薦布衣陳師道狀」(卷27 · 奏議)

1087년 4월 20일 : 「乞留顧臨狀」(卷27 · 奏議), 「答李方叔十七首(之五)」(卷53 · 尺牘)

1087년 5월 : 「答范蜀公十一首(之九, 十, 十一)」(卷50 · 尺牘), **「答毛澤民七首(之一)」**, 「答龐安常三首(之一)」(卷53 · 尺牘)

1087년 6월 : 「與薛道祖二首(之一)」(佚卷4 · 尺牘)

1087년 6월 지나 : 「與薛道祖二首(之二)」(佚卷4 · 尺牘)

1087년 여름 : 「與王文甫二首(之二)」(卷53 · 尺牘)

1087년 7월 26일 : 「辭免侍讀狀」(卷23 · 表狀)

1087년 7월 : 「辭免兼侍讀劄子」(卷37 · 奏議)

1087년 8월 1일 : 「謝除侍讀表二首」(卷23 · 表狀)

1087년 8월 4일 : 「祭黃幾道文」(卷63 · 祭文), **「書黃子思詩集後」**(卷67 · 題跋 詩詞)

1087년 8월 25일 : 「真相院釋迦舍利塔銘」(卷19 · 銘)

1087년 8월 27일 : 「論擒獲鬼章稱賀太速劄子」(卷28 · 奏議)

1087년 9월 8일 : 「因擒鬼章論西羌夏人事宜劄子」(卷28 · 奏議)

1087년 9월 15일 : 「謝賜御書詩表」(卷23 · 表狀)

1087년 9월 19일 : 「祭王宜甫文」(卷63 · 祭文)

1087년 9월 27일 : 「乞詔邊吏無進取及論鬼章事宜劄子」(卷28 · 奏議)

1087년 9월 : 「趙清獻公神道碑」(卷17 · 碑), 「與滕達道六十八首(之七)」(卷51 · 尺牘)

1087년 10월 7일 : 「乞約鬼章討阿里骨劄子」(卷28 · 奏議)

1087년 10월 21일 : 「參定葉祖洽廷試策狀二首(之一)」(卷28 · 奏議)

1087년 10월 22일 : 「試館職策問三首(之二)」(卷7 · 策問), 「參定葉祖洽廷試策狀二首(之二)」(卷28 · 奏議)

1087년 11월 : 「舉黃庭堅自代狀」(卷24 · 表狀), 「與滕達道六十八首(之六十七)」(卷51 · 尺牘), 「與程懿叔六首(之三)」(卷57 · 尺牘)

1087년 12월 21일 : 「書雪堂義墨」(卷70 · 題跋 紙墨)

1087년 : 「**樂全先生文集**敘」(卷10 · 序), 「李太師墓誌」(卷15 · 墓誌銘), 「乞允文彥博等辭避免拜劄子」, 「乞允安燾辭免轉官劄子」, 「乞允宗晟辭免起復恩命劄子」(卷37 · 奏議), 「答王太僕啟」(卷47 · 啟), 「與曾子宣十三首(之三)」(卷50 · 尺牘), 「與王定國四十一首(之三十三)」(卷52 · 尺牘), 「與袁彥方一首」(卷60 · 尺牘), 「西漢風俗諂媚」(卷65 · 史評), 「記樂天西掖通東省詩」(卷68 · 題跋 詩詞), 「憲宗薑茶湯」(卷73 · 雜記 醫藥), 「荔枝似江瑤柱說」(卷73 · 雜記 草木飲食), 「薦毛滂狀」, 「舉畢仲游自代狀」(佚卷1 · 奏議), 「與家退翁三首(之二)」(佚卷2 · 尺牘), 「與錢穆父二十九首(之二)」(佚卷2 · 尺牘)

1088년 정월 13일 : 「司馬溫公神道碑」(卷17 · 碑)

1088년 정월 21일 : 「省試策問三首」, 「省試宗室策問」(卷7 · 策問)

1088년 정월 : 「大雪乞省試展限兼乞御試不分初覆考劄子」(卷28 · 奏議)

1088년 2월 9일 : 「大雪論差役不便劄子」(卷28 · 奏議)

1088년 2월 29일 : 「貢院劄子四首(之四)」(卷28 · 奏議)

1088년 2월 : 「貢院劄子四首(之一, 二, 三)」(卷28 · 奏議)

1088년 3월 3일 : 「寒熱偈」(卷22 · 偈)

1088년 3월 6일 : 「書試院中詩」(卷68 · 題跋 詩詞)

1088년 3월 7일 : 「祭韓獻肅公文」(卷63 · 祭文)

1088년 3월 : 「省試放榜後劄子三首」, 「御試劄子二首」, 「乞罷學士除閑慢差遣劄子」(卷28 · 奏議), 「答黃魯直五首(之二)」(卷52 · 尺牘), 「跋艾宣畫」(卷70 · 題跋 畫)

1088년 4월 5일 : 「跋宋漢傑畫」(卷70 · 題跋 畫)

1088년 4월 : 「答李方叔十七首(之十五)」(卷53 · 尺牘)

1088년 5월 1일 : 「轉對條上三事狀」(卷29 · 奏議)

1088년 5월 3일 : 「張士遜中孔道輔」(卷72 · 雜記 人物)

1088년 5월 : 「與曾子宣十三首(之十二)」(卷50 · 尺牘)

1088년 6월 삼복 : 「謝三伏早出院表」(卷23 · 表狀)

1088년 7월 1일 : 「**題崔白布袋**真**儀**」(佚卷6 · 題跋 畫)

1088년 7월 9일 : 「跋盧鴻學士草堂圖」(卷70 · 題跋 畫)

1088년 8월 5일 : 「樂苦說」(卷73 · 雜記 書事), 「相國寺題名」(佚卷6 · 題跋 題名)

1088년 8월 18일 : 「與史院主徐大師一首」(佚卷4 · 尺牘)

1088년 8월 21일 : 「論魏王在殯乞罷秋燕劄子」(卷29 · 奏議)

1088년 8월 29일 : 「石恪畫維摩頌」, 「魚枕冠頌」(卷20 · 頌), 「石恪三笑圖贊」(卷21 · 贊), 「自跋石恪畫維摩贊魚枕冠頌」(佚卷5 · 題跋 雜文)

1088년 9월 1일 : 「跋送石昌言引」(卷66 · 題跋 雜文)

1088년 9월 5일 : 「述災沴論賞罰及脩河事繳進歐陽修議狀劄子」(卷29 · 奏議)

1088년 9월 7일 : 「與錢穆父二十九首(之三)」(佚卷2 · 尺牘)

1088년 9월 16일 : 「答黃魯直五首(之三)」(卷52 · 尺牘)

1088년 9월 17일 : 「書贈柳仲矩」(卷71 · 題跋 游行)

1088년 9월 20일 : 「與錢穆父二十九首(之七)」(佚卷2 · 尺牘)

1088년 9월 22일 : 「書黃庭經跋」(佚卷6 · 題跋 書)

1088년 9월 28일 : 「大還丹訣」(卷73 · 雜記 修煉)

1088년 9월 : 「葆光法師真贊」(卷22 · 贊), 「答彭舍人啟」(卷47 · 啟)

1088년 10월 17일 : 「乞郡劄子」(卷29 · 奏議)

1088년 10월 18일 : 「文驥字說」(卷10 · 說)

1088년 10월 23일 : 「書出局詩」(卷68 · 題跋 詩詞)

1088년 11월 7일 : 「謝御膳表」(卷24 · 表狀)

1088년 11월 14일 : 「熙寧手詔記」(卷12 · 記)

1088년 11월 15일 : 「辨舉王鞏劄子」(卷29 · 奏議)

1088년 11월 : 「與蒲傳正一首」(卷60 · 尺牘), 「張永徽老健」(卷72 · 雜記 人物)

1088년 12월 6일 : **「評詩人寫物」**(卷68 · 題跋 詩詞), 「書別子開」(卷72 · 雜記 人物)

1088년 12월 21일 : 「論周穜擅議配享自劾劄子二首(之一)」(卷29 · 奏議), 「盛度責錢維演誥詞」(卷72 · 雜記 人物)

1088년 12월 28일 : 「跋進士題目後」(卷66 · 題跋 雜文)

1088년 12월 : 「論周穜擅議配享自劾劄子二首(之二)」(卷29 · 奏議), 「書正信和尚塔銘後」(卷66 · 題跋 雜文)

1088년 윤12월 1일 : 「祭范蜀公文」(卷63 · 祭文)

1088년 윤12월 3일 : 「祭古塚文」(卷63 · 祭文)

1088년 윤12월 4일 : 「論邊將隱匿敗亡憲司體量不實劄子」(卷29 · 奏議)

1088년 윤12월 19일 : 「薦何宗元十議狀」(卷29 · 奏議)

1088년 겨울 : 「謝賈朝奉啟」(卷46 · 啟)

1088년 : 「與李端伯寶文三首(之一, 二)」(卷58 · 尺牘), 「陳隋好樂」(卷65 · 史評), 「書魯直浴室題名後」(卷71 · 題跋 游行), 「跋晁無咎藏畫馬」(佚卷6 · 題跋 畫)

1089년 정월 : 「舉何去非換文資狀」(卷29 · 奏議), 「與程懿叔六首(之四)」(卷57 · 尺牘), 「答史彥明主簿二首(之二)」(卷59 · 尺牘)

1089년 3월 4일 : 「書黃州詩記劉原父語」(卷68 · 題跋 詩詞), 「記奪魯直墨」(卷70 · 題跋 紙墨)

1089년 3월 10일 : 「書次韻王晉卿送梅花一首後」(佚卷5 · 題跋 詩詞)

1089년 3월 12일 : 「謝除龍圖閣學士表二首」(卷23 · 表狀)

1089년 3월 : 「端硯銘」(卷19 · 銘), **「書李伯時山莊圖後」**(卷70 · 題跋 畫)

1089년 4월 13일 : 「與家退翁三首(之三)」(佚卷2 · 尺牘)

1089년 4월 15일 : 「贈李方叔賜馬券」(佚卷5 · 雜著)

1089년 4월 16일 : 「跋邢敦夫南征賦」(卷66 · 題跋 雜文)

1089년 4월 19일 : 「跋太宗皇帝御書曆子」(卷69 · 題跋 書帖)

1089년 4월 21일 : 「**范文正公文集**敘」(卷10 · 序)

1089년 4월 : 「謝王內翰啟」(卷46 · 啟), 「祭歐陽文忠公夫人文」(卷63 · 祭文), **「題淵明詩二首」**(卷67 · 題跋 詩詞), 「跋黃魯直草書」, 「跋魯直為王晉卿小書爾雅」(卷69 · 題跋 書帖)

1089년 : 「與錢穆父二十九首(之四, 五, 六)」(佚卷2 · 尺牘)

서울 한림翰林에서 : 「延和殿奏新樂賦」, 「三法求民情賦」, 「六事廉為本賦」(卷1 · 賦), 「漢高祖赦季布唐屈突通不降高祖」, 「漢宣帝詰責杜延년治郡不進」, 「叔孫通不能致二生」, 「狄山論匈奴和親」, 「文宗訪鄭公後得魏謨」, 「張九齡不肯用張守珪牛仙客」, 「顏真卿守平原以抗安祿山」, 「漢武帝唐太宗優劣」(卷7 · 邇英進讀), 「謝賜對衣金帶馬表二首」, 「笏記二首」, 「謝賜對衣金帶馬表二首」, 「笏記二首」(卷23 · 表狀), 「答范蜀公十一首(之六, 七)」, 「答范純夫十一首(之二)」, 「與劉貢父七首(之六, 七)」, 「與曾子宣十三首(之四, 五, 六, 八, 九, 十, 十一)」(卷50 · 尺牘), 「與滕達道六十八首(之六十五, 六十六)」, 「與錢穆父二十八首(之三, 五)」(卷51 · 尺牘), 「與王定國四十一首(之十九, 二十)」(卷52 · 尺牘), 「答毛澤民七首(之二)」, 「答李方叔十七首(之六, 七, 十一, 十二, 十三)」, 「答龐安常三首(之三)」(卷53 · 尺牘), 「與范夢得十首(之四, 五, 六, 七, 九)」(卷56 · 尺牘), 「與程懿叔六首(之一, 二)」(卷57 · 尺牘), **「與米元章二十八首(之二**, 三, 四, 八)」(卷58 · 尺牘), 「答呂元鈞三首(之一, 三)」, 「與王正夫朝奉三首(之二, 三)」, 「與王慶源十三首(之十一, 十二)」(卷59 · 尺牘), 「與知縣十首(之一, 二, 三, 四, 五, 六, 七, 八, 十)」, 「與黃州故人一首」(卷60 · 尺牘), 「與辯才禪師六首(之一, 二,

三)」, 「與佛印十二首(之九, 十, 十二)」, 「與東林廣惠禪師二首(之二)」, 「答蜀僧幾演一首」, 「與浴室用公一首」(卷61 · 尺牘), **「錄陶淵明詩」**(卷67 · 題跋 詩詞), 「書黃魯直惠郎奇筆」, 「書魯直所藏徐偃筆」(卷70 · 題跋 筆硯), 「薦陳師錫狀」(佚卷1 · 奏議), 「與錢穆父二十九首(之一, 八, 十, 十一)」(佚卷2 · 尺牘), 「與明州守一首」(佚卷4 · 尺牘), 「題柳耆卿八聲甘州」(佚卷5 · 題跋 詩詞)

1089년 4월 11일 : 「論行遣蔡確劄子」(卷29 · 奏議)

1089년 4월 17일 : 「乞將臺諫官章疏降付有司根治劄子」(卷29 · 奏議)

1089년 4월 : 「與王定國四十一首(之三十九)」(卷52 · 尺牘), 「與何正通三首(之三)」, 「答陳傳道五首(之一)」(卷53 · 尺牘), 「與范夢得十首(之三)」(卷56 · 尺牘), 「黍麥說」(卷73 · 雜記 草木飮食)

1089년 5월 : 「與滕達道六十八首(之一)」(卷51 · 尺牘), 「答陳傳道五首(之二)」(卷53 · 尺牘)

1089년 6월 12일 : 「書米元章藏帖」(佚卷6 · 題跋 書)

1089년 6월 : 「四達齋銘」(卷19 · 銘), 「答范純夫十一首(之七)」(卷50 · 尺牘), 「與章子平十二首(之二)」(卷55 · 尺牘), 「書沈存中石墨」(卷70 · 題跋 紙墨), 「與錢穆父二十九首(之十八)」(佚卷2 · 尺牘)

12. 항주杭州 지주시기

(1089년 7월 3일~1091년 3월, 원우元祐 4년~6년)

1089년 7월 3일 : 「杭州謝上表二首」(卷23 · 表狀), 「杭州謝執政啟」(卷46 · 啟)

1089년 7월 22일 : 「賀新運使張大夫啟」(卷47 · 啟)

1089년 7월 25일 : 「題王羲之敬和帖二首(之二)」(佚卷6 · 題跋 書)

1089년 7월 : 「答莫提刑啟」, 「回同官先狀」(卷47 · 啟), 「與錢穆父二十八首(之六, 八)」(卷51 · 尺牘), 「與錢穆父二十九首(之九)」(佚卷2 · 尺牘)

1089년 8월 6일 : 「自書歸去來兮辭及自作後」(佚卷6 · 題跋 書)

1089년 8월 : 「杭州謝放罪表二首」(卷23 · 表狀), 「乞賜州學書板狀」, 「奏為法外刺配罪人待罪狀」(卷29 · 奏議)

1089년 9월 9일 : 「與錢穆父二十八首(之二)」(卷51 · 尺牘)

1089년 9월 14일 : 「賀明堂赦書表二首」(卷23 · 表狀)

1089년 9월 15일 : 「自跋南屏激水偈」(佚卷5 · 題跋 雜文)

1089년 9월 19일 : **「跋劉景文歐公貼」**(卷69 · 題跋 書帖)

1089년 9월 21일 : 「書文忠贈李師琴詩」(卷71 · 題跋 琴棋雜器)

1089년 9월 : 「乞賜度牒修廨宇狀」(卷29 · 奏議)

1089년 10월 7일 : 「題隕之故居」(卷71 · 題跋 游行)

1089년 10월 17일 : 「杭州題名二首(之一)」(卷71 · 題跋 游行)

1089년 10월 18일 : 「乞詩賦經義各以分數取人將來只許詩賦兼經狀」(卷29 · 奏議), 「書贈王元直三首(之一)」(卷71 · 題跋 游行)

1089년 10월 : 「六觀堂贊」(卷21 · 贊), 「杭州賀冬表二首」(卷24 · 表狀)

1089년 11월 3일 : 「論高麗進奉狀」(卷30 · 奏議)

1089년 11월 4일 : 「乞賑濟浙西七州狀」(卷30 · 奏議), 「書贈王元直三首(之二)」(卷71 · 題跋 游行)

1089년 11월 10일 : 「論役法差雇利害起請畫一狀」(卷30 · 奏議)

1089년 11월 13일 : 「論高麗進奉第二狀」(卷30 · 奏議)

1089년 11월 28일 : 「書贈王元直三首(之一)」(卷71 · 題跋 游行)

1089년 12월 3일 : 「乞令度麗僧從泉州歸國狀」(卷30 · 奏議)

1089년 12월 4일 : 「題燕文貴山水卷」(佚卷6 · 題跋 畫)

1089년 12월 8일 : 「賀興龍節表」(卷23 · 表狀)

1089년 12월 24일 : 「記蘇秀才遺歙硯」(佚卷6 · 題跋 硯)

1089년 12월 27일 : 「上執政乞度牒賑濟因修廨宇書」(卷48 · 書)

1089년 12월 말 : 「謝賜曆日詔書表二首」(卷23 · 表狀), 「上皇帝賀正表」(卷24 · 表狀), 「答王明州啟」(卷47 · 啟), 「與王子高三首(之一)」(卷57 · 尺牘)

1089년 : 「范景仁墓誌銘」(卷14 · 墓誌銘), 「與大覺禪師三首(之二)」(卷61 ·

尺牘),「跋閻右相洪崖仙圖卷」(佚卷6・題跋 畫)

1090년 정월 초:「洗玉池銘」(卷19・銘)

1090년 정월 25일:**「太息一章送秦少章秀才」**(卷64・雜著)

1090년 정월:「與潘彦明十首(之八)」(卷53・尺牘)

1090년 2월 7일:「與王慶源十三首(之十二)」(卷59・尺牘),「書寄蔡子華詩後」(佚卷5・題跋 詩詞)

1090년 2월 14일:「乞降度牒召人入中斛斗出糶濟饑等狀」(卷30・奏議)

1090년 2월 15일:「跋焦千之帖後」(卷69・題跋 書帖)

1090년 2월 18일:「論葉溫叟分擘度牒不公狀」(卷30・奏議)

1090년 2월 28일:「回葉運使啟」(佚卷1・啟)

1090년 2월 30일:「龍井題名」(佚卷6・題跋 題名)

1090년 3월 2일:「龍華題名」,「韜光題名」,「麥嶺題名」(佚卷6・題跋 題名)

1090년 3월 8일:「題劉景文所收歐公書」(卷69・題跋 書帖)

1090년 3월:「與章子平十二首(之五, 六)」(卷55・尺牘),「與程懿叔六首(之五)」(卷57・尺牘),「題萬松嶺惠明院壁」(卷71・題跋 游行),「陳輔之不娶」(卷72・雜記 人物)

1090년 봄 끝:「書韋蘇州詩」(卷67・題跋 詩詞)

1090년 4월 21일:**「題張子野詩集後」**(卷68・題跋 詩詞)

1090년 4월 28일:「開湖祭禱吳山水仙五龍三廟祝文」(卷62・祝文)

1090년 4월 29일:「杭州乞度牒開西湖狀」(卷30・奏議)

1090년 5월 5일:「申三省起請開湖六條狀」(卷30・奏議)

1090년 5월 25일:「書所和回先生詩」(卷68・題跋 詩詞)

1090년 5월 27일:「奏戶部拘收度牒狀」(卷30・奏議)

1090년 6월 3일:「與程懿叔六首(之六)」(卷57・尺牘),「跋送表弟程懿叔赴夔州運判詩後」(佚卷5・題跋 詩詞)

1090년 6월 4일:「回蘇州黃龍圖啟」,「答新蘇州黃龍圖啟」(卷47・啟)

1090년 6월 9일:「應詔論四事狀」(卷31・奏議)

1090년 6월 16일:「答弓明夫一首」(佚卷3・尺牘)

1090년 6월 : 「與王定國七首(之五)」(佚卷2・尺牘)
1090년 7월 15일 : 「奏浙西災傷第一狀」(卷31・奏議)
1090년 7월 16일 : 「賀坤成節表」(卷23・表狀)
1090년 7월 25일 : 「奏浙西災傷第二狀」(卷31・奏議)
1090년 7월 : 「與章子平十二首(之四)」(卷55・尺牘)
1090년 8월 6일 : 「賀提刑馬宣德啟」(卷47・啟)
1090년 8월 15일 : 「乞禁商旅過外國狀」(卷31・奏議)
1090년 8월 25일 : 「申明戶部符節略賑濟狀」(卷31・奏議)
1090년 8월 : 「上呂僕射論浙西災傷書」(卷48・書), 「與陳伯修五首(之二)」(文集卷53・尺牘), 「南昭慶寺題名」(佚卷6・題跋 題名)
1090년 9월 5일 : 「題張白雲詩後」(卷68・題跋 詩詞)
1090년 9월 7일 : 「相度準備賑濟第一狀」(卷31・奏議)
1090년 9월 9일 : 「與錢穆父二十九首(之二十二)」(佚卷2・尺牘)
1090년 9월 17일 : 「相度準備賑濟第二狀」(卷31・奏議)
1090년 9월 18일 : 「**書朱象先畫後**」(卷70・題跋 畫)
1090년 9월 27일 : 「乞檢會應詔所論四事行下狀」(卷31・奏議)
1090년 9월 : 「與章子平十二首(之十)」(卷55・尺牘), 「謝吳山水仙五龍三廟祝文」(卷62・祝文)
1090년 10월 4일 : 「**題蔡君謨詩草**」(佚卷6・題跋 書)
1090년 10월 8일 : 「與錢穆父二十八首(之四)」(卷51・尺牘)
1090년 10월 18일 : 「進何去非備論狀」(卷31・奏議)
1090년 10월 21일 : 「相度準備賑濟第三狀」(卷31・奏議)
1090년 10월 26일 : 「記溫公論茶墨」(卷70・題跋 紙墨)
1090년 10월 29일 : 「題和張子野見寄詩後」(佚卷5・題跋 詩詞)
1090년 10월 : 「與錢穆父二十八首(之十五)」(卷51・尺牘), 「與胡深父五首(之二, 四, 五)」(卷57・尺牘)
1090년 11월 21일 : 「相度準備賑濟第四狀」(卷31・奏議)
1090년 11월 : 「乞擢用劉季孫狀」(卷31・奏議)

1090년 12월 1일 : 「**書林道人論琴棋**」(卷71 · 題跋 琴棋雜器)

1090년 12월 8일 : 「六一泉銘」(卷19 · 銘)

1090년 12월 : 「乞子珪師號狀」(卷31 · 奏議), 「謝高麗大使遠迎啟」, 「謝副使啟」, 「謝高麗大使土物啟」, 「謝副使啟」, 「謝副使啟」(卷46 · 啟), 「答范純夫十一首(之四)」(卷50 · 尺牘), 「與趙德麟十七首(之二)」(卷52 · 尺牘), 「與引伴高麗練承議三首」(卷58 · 尺牘)

1090년 : 「論浙西閉糴狀」, 「再論閉糴狀」(卷37 · 奏議), 「**答陳傳道五首(之三)**」(卷53 · 尺牘), 「與張君予五首(之二, 三, 四, 五)」(卷55 · 尺牘), 「與王慶源子一首」(卷59 · 尺牘), 「捨幡帖一首」(卷61 · 尺牘), 「祭英烈王祝文」(卷62 · 祝文), 「與錢穆父二十九首(之十二)」(佚卷2 · 尺牘), 「與子由六首(之四)」(佚卷4 · 尺牘)

1091년 정월 1일 : 「祭大覺禪師文」(卷63 · 祭文)

1091년 정월 3일 : 「**宸奎閣碑**」(卷17 · 碑)

1091년 정월 7일 : 「龍井題名」(佚卷6 · 題跋 題名)

1091년 정월 9일 : 「繳進應詔所論四事狀」(卷32 · 奏議)

1091년 정월 18일 : 「與王定國七首(之七)」(佚卷2 · 尺牘)

1091년 정월 : 「與通長老九首(之七)」(卷61 · 尺牘)

1091년 2월 9일 : 「**題所書東海若後**」(卷69 · 題跋 書帖)

1091년 2월 28일 : 「辭免翰林學士承旨第一狀」(卷23 · 表狀), 「乞椿管錢氏地利房錢修表忠觀及墳廟狀」(卷32 · 奏議), 「答杭州交代林待制啟二首」(卷47 · 啟)

1091년 2월 : 「與通長老九首(之八)」(卷61 · 尺牘), 「請淨慈法涌禪師入都疏」(卷62 · 疏文), 「與錢穆父二十九首(之二十)」(佚卷2 · 尺牘)

1091년 3월 18일 : 「書仲殊琴夢」(卷71 · 題跋 琴棋雜器)

1091년 3월 : 「乞相度開石門河狀」(卷32 · 奏議), 「書浮玉買田」(卷71 · 題跋 游行), 「與歐陽親家母一首」(佚卷4 · 尺牘)

1091년 : 「僧圓澤傳」(卷13 · 傳), 「卵硯銘」, 「參寥泉銘」(卷19 · 銘), 「阿彌陀佛頌」(卷20 · 頌), 「與辯才禪師六首(之四)」(卷61 · 尺牘), 「二魚說」(卷

64・雜著), 「題歐陽公送張著作詩後」(卷68・題跋 詩詞)

항주杭州에서 : 「與錢穆父二十八首(之九, 十, 十一, 十二, 十四)」(卷51・尺牘), 「與陳伯修五首(之一)」, 「與潘彥明十首(之九)」(卷53・尺牘), 「與章子平十二首(之一, 三, 七, 八, 九, 十一, 十二)」, 「答劉元忠四首(之一, 二, 三)」(卷55・尺牘), 「與胡深父五首(之一, 三)」(卷57・尺牘), 「與子由弟十首(之五)」(卷60・尺牘), 「與大覺禪師三首(之三」, 「與寶覺禪老三首(之三)」, 「與淨慈明老五首」, 「與遵老三首」, 「與聞復師一首」(卷61・尺牘), 「祈雨龍祠祝文」, 「謁廟祝文」, 「禱觀音祈晴祝文」(卷62・祝文), 「與徐安中一首」(佚卷3・尺牘)

1091년 3월 23일 : 「再乞發運司應副浙西米狀」(卷32・奏議)

1091년 3월 26일 : 「謝孫舍人啟」(卷46・啟)

1091년 4월 4일 : 「與馬忠玉二首(之一)」(佚卷3・尺牘)

1091년 4월 : 「辭免翰林學士承旨第二狀」, 「辭免翰林學士承旨第三狀」(卷23・表狀)

1091년 5월 19일 : 「杭州召還乞郡狀」(卷32・奏議)

1091년 5월 29일 : 「乞候坤成節上壽訖復遂前請狀」(卷23・表狀)

1091년 5월 : 「與范夢得十首(之八)」(卷56・尺牘), 「與錢穆父二十九首(之十三)」(佚卷2・尺牘)

1091년 6월 1일 : 「謝宣召入院狀二首」(卷23・表狀)

1091년 6월 4일 : 「笏記二首」, 「謝兼侍讀表二首」(卷23・表狀)

1091년 6월 13일 : 「淳于髡一石亦醉」(卷65・史評)

1091년 6월 15일 : 「與馬忠玉二首(之二)」(佚卷3・尺牘)

1091년 6월 26일 : 「撰上清儲祥宮碑奏請狀」(卷32・奏議)

1091년 6월 27일 : 「書柳文瓶賦後」(佚卷5・題跋 雜文)

1091년 6월 : 「**送錢塘僧思聰歸孤山**敘」, 「聖散子後序」(卷10・序)

1091년 7월 2일 : 「進單鍔吳中水利書狀」(卷32・奏議)

1091년 7월 6일 : 「再乞郡劄子」(卷33・奏議)

1091년 7월 12일 : 「乞將上供封椿斛斗應副浙西諸郡接續糶米劄子」(卷33・奏議)

1091년 7월 28일 : 「乞外補迴避賈易劄子」(卷33・奏議)

1091년 7월 : 「上淸儲祥宮碑」(卷17・碑), 「辭免撰趙瞻神道碑狀」, 「乞擢用程遵彦狀」(卷33・奏議), 「與張嘉父七首(之一)」(卷53・尺牘), 「書諸公送周梓州詩後」(卷67・題跋 詩詞)

1091년 8월 2일 : 「跋南唐挑耳圖」(卷70・題跋 畫)

1091년 8월 4일 : 「辨賈易彈奏待罪劄子」(卷33・奏議)

1091년 8월 8일 : 「黠鼠賦」(卷1・賦), 「辨題詩劄子」, 「奏題詩狀」(卷33・奏議)

1091년 8월 13일 : 「漱茶說」(卷73・雜記 草木飮食)

1091년 8월 15일 : 「書韓李詩」(卷67・題跋 詩詞)

1091년 8월 : 「水陸法像贊」(卷22・贊), 「謝除龍圖閣學士知潁州表二首」(卷23・表狀), 「謝賜對衣金帶馬狀二首」(卷24・表狀), 「與王定國四十一首(之二十五, 二十六, 二十八, 三十一)」, 「與趙德麟十七首(之一)」(卷52・尺牘), 「與張元明四首(之一, 二)」(卷56・尺牘), 「謁文宣王廟祝文」(卷62・祝文), 「彭孫諂李憲」(卷72・雜記 人物)

1091년 윤8월 13일 : 「題張乖崖書後」(卷69・題跋 書帖)

1091년 윤8월 17일 : 「醫者以意用藥」(卷73・雜記 醫藥)

1091년 : 「謝宣召再入學士院狀二首」, 「謝賜對衣金帶馬狀二首」, 「謝三伏早休表二首」(卷23・表狀)

항주杭州에서 개봉開封으로 돌아오는 길에 : 「與孫正孺二首」, 「與李端伯寶文三首(之三)」(卷58・尺牘), 「答楊禮先三首」(卷59・尺牘), 「答靑州張秘校一首」(卷60・尺牘), 「與通長老九首(之六, 九)」(卷61・尺牘), 「與錢穆父二十九首(之十九)」(佚卷2・尺牘)

13. 영주潁州 지주에서 양주揚州 지주시기

(1091년 윤8월 22일~1092년 9월, 원우元祐 6년~7년)

1091년 윤8월 22일 : 「潁州謝到任表二首」(卷24 · 表狀), 「潁州到任謝執政啟」(卷46 · 啟)

1091년 윤8월 : 「謁諸廟祝文」(卷62 · 祝文)

1091년 9월 1일 : 「再祭歐陽文忠公夫人文」(卷63 · 祭文)

1091년 9월 27일 : 「上淸儲祥宮成賀德音表二首」(卷24 · 表狀), 「答范純夫十一首(之五)」(卷50 · 尺牘)

1091년 9월 30일 : 「與辯才禪師六首(之五, 六)」(卷61 · 尺牘), 「與參寥子二十一首(之六)」(卷61 · 尺牘), **「祭龍井辯才文」**(卷63 · 祭文)

1091년 9월 : 「申省論八丈溝利害狀二首」(卷33 · 奏議), 「與錢穆父二十八首(之十三)」(卷51 · 尺牘), 「與王定國四十一首(之二十四)」(卷52 · 尺牘), 「與趙德麟十七首」(卷52 · 尺牘), 「與參寥子二十一首(之七)」(卷61 · 尺牘), 「書參寥詩」(卷68 · 題跋 詩詞)

1091년 10월 15일 : 「賀駕幸太學表二首」(卷24 · 表狀)

1091년 10월 25일 : 「祈雨迎張龍公祝文」(卷62 · 祝文)

1091년 10월 26일 : 「書潁州禱雨詩」(卷68 · 題跋 詩詞)

1091년 10월 27일 : 「昭靈侯廟碑」(卷17 · 碑)

1091년 10월 : 「奏論八丈溝不可開狀」(卷33 · 奏議), 「與錢穆父二十九首(之二十四)」(佚卷2 · 尺牘)

1091년 11월 2일 : 「徐問眞從歐陽公游」(卷72 · 雜記 異事)

1091년 11월 10일 : 「送張龍公祝文」(卷62 · 祝文)

1091년 11월 19일 : 「記夢中論左傳」(卷66 · 題跋 雜文)

1091년 11월 21일 : 「醉翁亭記書後跋」(佚卷5 · 題跋 雜文)

1091년 11월 : **「秋陽賦」**, 「洞庭春色賦」(卷1 · 賦), 「趙德麟字說」(卷10 · 說), 「奏淮南閉糴狀二首」(卷33 · 奏議), 「與趙德麟十七首(之七, 十六」」(卷52 · 尺牘)

1091년 12월 2일 : 「與王定國七首(之二)」(佚卷2 · 尺牘)

1091년 12월 4일 : **「書李簡夫詩集後」**(卷68 · 題跋 詩詞)

1091년 12월 8일 : 「賀興龍節表」(卷24 · 表狀), 「祭張文定公文三首(之一)」(卷63 · 祭文)

1091년 12월 11일 : 「題張安道詩後」(卷68 · 題跋 詩詞)

1091년 12월 23일 : 「立春祭土牛祝文」(卷62 · 祝文)

1091년 12월 25일 : 「乞賜度牒糴斛斗準備賑濟淮浙流民狀」(卷33 · 奏議)

1091년 : 「擇勝亭銘」(卷19 · 銘), 「同天節進絹表」(卷24 · 表狀), 「與穀父宣德七首(之四)」(卷57 · 尺牘), 「與蒲廷淵一首」(卷60 · 尺牘), 「記汝南檜柏」(卷73 · 雜記 草木飮食), 「別天竺觀音詩序」(佚卷1 · 序), 「與趙無愧一首」, 「與某宣德一首」(佚卷2 · 尺牘), 「與林子中一首」(佚卷3 · 尺牘)

1092년 정월 1일 : 「謝賜曆日表二首」(卷24 · 表狀)

1092년 정월 22일 : 「跋勾信道郞中集朝賢書夾頌金剛經」(卷69 · 題跋 書帖)

1092년 정월 24일 : 「與王定國四十一首(之二十三)」(卷52 · 尺牘), 「與汪道濟二首(之二)」(卷59 · 尺牘)

1092년 정월 : 「乞將合轉一官與李直方酬獎狀」(卷33 · 奏議)

1092년 2월 5일 : 「薦宗室令畤狀」(卷34 · 奏議)

1092년 2월 : 「乞賜光梵寺額狀」(卷34 · 奏議), 「答晁發運及諸郡啟」(卷47 · 啟), 「答范純夫十一首(之三)」(卷50 · 尺牘), 「與王元直二首(之二)」(卷53 · 尺牘), 「與林子中五首(之一)」(卷55 · 尺牘), 「與潮守王朝請滌二首(之一)」(卷59 · 尺牘), 「祭佛陀波利祝文」(卷62 · 祝文), 「答劉景文一首」(佚卷2 · 尺牘)

1092년 3월 12일 : 「祈雨僧伽塔祝文」(卷62 · 祝文)

1092년 3월 : 「與潮守王朝請滌二首(之二)」(卷59 · 尺牘), 「與張忠甫二首」(佚卷2 · 尺牘), 「與鄧聖求二首」(佚卷3 · 尺牘)

1092년 봄 : 「與明父權府提刑一首」(卷59 · 尺牘)

영주穎州에서 : 「與王定國四十一首(之二十一, 二十二, 二十七, 二十九, 三十)」, 「與趙德麟十七首(之四, 六)」(卷52 · 尺牘), 「與汪道濟二首(之一)」, 「與鞠

持正二首」(卷59 · 尺牘), 「答龜山長老四首(之一)」(卷61 · 尺牘), 「謁文宣王廟祝文」(卷62 · 祝文)

영주潁州에서 개봉開封으로 돌아오는 길에 : 「與楊濟甫十首(之八)」(卷59 · 尺牘)

양주揚州에 부임하는 길에 : 「與趙德麟十七首(之九, 十)」(卷52 · 尺牘)

1092년 3월 26일 : 「揚州謝到任表二首」(卷24 · 表狀), 「揚州到任謝執政啟」(卷46 · 啟)

1092년 3월 26일 밤 : 「淮陰侯廟碑」(卷17 · 碑)

1092년 4월 7일 : 「賀立皇后表二首」(卷24 · 表狀)

1092년 4월 24일 : **「書士琴二首(之二)」**(卷71 · 題跋 琴棋雜器)

1092년 4월 25일 : 「書若逵所書經後」(卷69 · 題跋 書帖), 「記子由言修身」(卷73 · 雜記 書事)

1092년 4월 : 「謝賜䘏刑詔書表二首」(卷24 · 表狀)

1092년 5월 11일 : 「跋舊與辯才書」(卷69 · 題跋 書帖)

1092년 5월 16일 : 「論積欠六事并乞檢會應詔所論四事一處行下狀」(卷34 · 奏議)

1092년 5월 : 「故龍圖閣學士滕公墓誌銘」(卷15 · 墓誌銘), 「與王定國四十一首(之三十四)」(卷52 · 尺牘), 「與趙德麟十七首(之十三)」(卷52 · 尺牘)

1092년 6월 16일 : 「再論積欠六事四事劄子」(卷34 · 奏議)

1092년 6월 : 「與趙德麟十七首(之八)」(卷52 · 尺牘), 「與趙德麟十七首(之三)」(卷52 · 尺牘)

1092년 여름 : 「與趙德麟十七首(之十二)」(卷52 · 尺牘)

1092년 7월 16일 : 「賀坤成節表」(卷24 · 表狀)

1092년 7월 21일 : 「朱暉非張林均輸說」(卷65 · 史評)

1092년 7월 22일 : 「題梅聖俞詩後」(卷68 · 題跋 詩詞)

1092년 7월 27일 : 「論倉法劄子」, 「論綱梢欠折利害狀」(卷34 · 奏議)

1092년 7월 30일:「石塔戒衣銘」(卷19・銘),「重請戒長老住石塔疏」(卷62・疏文)

1092년 7월:「與毅父宣德七首(之三)」(卷57・尺牘),「祭張文定公文三首(之二)」(卷63・祭文)

1092년 8월 1일:「乞罷轉般倉豆斗子倉法狀」(卷34・奏議)

1092년 8월 5일:「乞罷稅務歲終賞格狀」(卷34・奏議),「乞歲運額斛以到京定殿最狀」(卷35・奏議),「揚州上呂相公論稅務書」(卷48・書)

1092년 8월 6일:「申明揚州公使錢狀」(卷35・奏議)

1092년 8월 26일:「跋李氏述先記」(卷66・題跋 雜文)

1092년 8월:「與趙德麟十七首(之十三)」(卷52・尺牘),「與何正通三首(之一)」(卷53・尺牘),「書六合麻紙」(卷70・題跋 紙墨)

양주揚州에서:「答范純夫十一首(之六, 八)」,「與劉仲馮六首(之二)」(卷50・尺牘),「與錢穆父二十八首(之十六)」(卷51・尺牘),「與林子中五首(之二, 四)」(卷55・尺牘),「與蔡朝奉二首」,「答吳子野七首(之七)」(卷57・尺牘),「與陸秘校一首」(卷58・尺牘),「與人三首」(卷60・尺牘)

1092년 9월 2일:「書贈張臨溪」(卷71・題跋 游行)

1092년 9월:「張文定公墓誌銘」(卷14・墓誌銘),「謝除兵部尚書賜對衣金帶馬狀二首」,「謝兼侍讀表二首」(卷24・表狀),「乞罷宿州修城狀」(卷35・奏議),「與趙德麟十七首(之十四, 之十五)」(卷52・尺牘),「祭張文定公文三首(之三)」(卷63・祭文)

1092년 가을:「與王仲志三首(之二)」(佚卷3・尺牘)

1092년 10월 12일:**「答喬舍人啟」**(卷47・啟)

1092년 10월:「乞擢用林豫劄子」,「乞賻贈劉季孫狀」(卷35・奏議),「再薦趙令時狀」(卷37・奏議)

1092년 11월 4일:「再論李直方捕賊功效乞別與推恩劄子」(卷35・奏議)

1092년 11월 7일:「乞免五穀力勝稅錢劄子」(卷35・奏議)

1092년 11월 13일:「奏內中車子爭道亂行劄子」(卷35・奏議)

1092년 11월 14일 : 「進郊祀慶成詩表」(卷24 · 表狀)

양주揚州에서 개봉開封으로 돌아오는 길에 : 「與范子功六首(之三, 四, 五, 六)」(卷50 · 尺牘), 「與錢穆父二十八首(之十七, 十八, 十九, 二十, 二十三, 二十四, 二十六, 二十七)」(卷51 · 尺牘), 「與趙德麟十七首(之十七)」(卷52 · 尺牘), 「與米元章二十八首(之十二, 十三, 十四)」(卷58 · 尺牘), 「與王賢良一首」, 「與子安兄七首(之四, 五, 六)」, 「與聖用弟三首(之一, 三)」, 「與人三首(之一, 三)」(卷60 · 尺牘), 「答淸涼長老一首」(卷61 · 尺牘)

14. 예부상서禮部尙書에서 정주定州 지주시기

(1092년 11월 23일~1094년 4월, 원우元祐 7년~소성紹聖 원년)

1092년 11월 23일 : 「謝除兩職守禮部尙書表」(卷24 · 表狀), 「任兵部尙書乞外郡劄子」, 「辭兩職并乞郡劄子」, 「第二劄子」(卷37 · 奏議)

1092년 11월 24일 : 「與曾子開一首」(佚卷3 · 尺牘)

1092년 11월 말 : 「與錢穆父二十九首(之十四, 二十三, 二十五, 二十六)」(佚卷2 · 尺牘)

1092년 12월 22일 : 「再薦宗室令畤劄子」(卷35 · 奏議)

1092년 12월 말 : 「與錢穆父二十八首(之二十一)」(卷51 · 尺牘), 「與米元章二十八首(之十二)」(卷58 · 尺牘)

1092년 12월 : 「德威堂銘」(卷19 · 銘)

1092년 : 「**潮州韓文公廟碑**」(卷17 · 碑), 「與王定國七首(之三)」(佚卷2 · 尺牘), 「與王仲志三首(之三)」(佚卷3 · 尺牘)

1093년 정월 : 「答龜山長老四首(之二)」(卷61 · 尺牘)

1093년 2월 1일 : 「論高麗買書利害劄子三首(之一)」(卷35 · 奏議)

1093년 2월 4일 : 「文與可畫贊」(卷21 · 贊)

1093년 2월 15일 : 「論高麗買書利害劄子三首(之二)」(卷35 · 奏議)

1093년 2월 26일 : 「論高麗買書利害劄子三首(之三)」(卷35 · 奏議)

1093년 2월 : 「答龜山長老四首(之三)」(卷61 · 尺牘)

1093년 3월 13일 : 「繳進免五穀力勝稅錢議劄子」(卷35 · 奏議)
1093년 3월 18일 : 「書柳氏試墨」(卷70 · 題跋 紙墨)
1093년 3월 22일 : 「請詰難圓丘六議劄子」(卷35 · 奏議)
1093년 3월 : 「廣成子解」(卷6 · 莊子義), 「上圓丘合祭六議劄子」, 「乞改居喪婚娶條狀」(卷35 · 奏議), 「與范中濟一首」(佚卷3 · 尺牘)
1093년 4월 : 「奏馬澈不當屏出學狀」(卷36 · 奏議)
1093년 5월 7일 : 「乞校正陸贄奏議上進劄子」(卷36 · 奏議)
1093년 5월 10일 : 「記張元方論麥蟲」(卷73 · 雜記 草木飮食)
1093년 5월 19일 : 「辨黃慶基彈劾劄子」(卷36 · 奏議)
1093년 5월 24일 : 「謝宣諭劄子」(卷36 · 奏議)
1093년 5월 26일 : 「奏乞增廣貢舉出題劄子」(卷36 · 奏議)
1093년 5월 : 「與米元章二十八首(之五, 六, 七)」(卷58 · 尺牘)
1093년 6월 : 「與錢穆父二十八首(之二十二, 二十五)」(卷51 · 尺牘)
1093년 7월 10일 : 「書太白詩卷」(佚卷5 · 題跋 詩詞)
1093년 7월 중순 : 「法雲寺禮拜石記」(卷12 · 記)
1093년 7월 : 「與參寥子二十一首(之十)」(卷61 · 尺牘), 「記神清洞事」(卷72 · 雜記 異事)
1093년 8월 2일 : 「祭亡妻同安郡君文」(卷63 · 祭文)
1093년 8월 11일 : 「夢南軒」(卷71 · 題跋 游行)
1093년 8월 15일 : 「北海十二石記」(卷12 · 記), 「聽政劄子」(佚卷1 · 奏議)
1093년 8월 16일 : 「答范純夫十一首(之九)」(卷50 · 尺牘)
1093년 8월 19일 : 「申省議讀漢唐正史狀」(卷36 · 奏議)
1093년 : 「謝賜對衣金帶馬狀二首」, 「笏記二首」(卷24 · 表狀), 「與朱伯原二首(之二)」(佚卷3 · 尺牘)
원우元祐연간 개봉에 있을 때 : 「明君可與為忠言賦」, 「通其變使民不倦賦」(卷1 · 賦), 「目忌點濯說」(卷73 · 雜記 醫藥)

1093년 8월 : 「觀音贊」(卷21 · 贊), 「乞越州劄子」(卷37 · 奏議), 「與潘彦明十

首(之十)」(卷53・尺牘), 「答王聖美一首」, 「與楊濟甫十首(之八)」(卷59・尺牘), 「與聖用弟三首(之二)」(卷60・尺牘), 「與清隱老師二首」(卷61・尺牘), 「裝備羅漢薦歐陽婦疏」(卷62・疏文), 「祭追婦歐陽氏文」(卷63・祭文), 「記子美逸詩」(卷67・題跋 詩詞), 「書孫元忠所書華嚴經後」(卷69・題跋 書帖), 「與李商老一首」(佚卷2・尺牘), 「與蒲傳正一首」(佚卷4・尺牘)

1093년 9월 초:「與王定國四十一首(之三十六)」(卷52・尺牘)

1093년 9월 26일:**「朝辭赴定州論事狀」**(卷36・奏議)

1093년 9월:「與錢穆父二十八首(之二十八)」(卷51・尺牘), 「與范夢得十首(之五)」(卷56・尺牘), 「與米元章二十八首(之十九)」(卷58・尺牘), 「與參寥子二十一首(之八)」(卷61・尺牘)

1093년 10월 9일:「謝賜衣襖表」(卷24・表狀)

赴定州:「答范純夫十一首(之九)」(卷50・尺牘), 「與滕達道六十八首(之四十七, 四十八, 五十)」(卷51・尺牘), 「與王定國四十一首(之三十五, 三十七)」(卷52・尺牘), 「與孫子發七首(之一, 二, 三, 四)」(卷56・尺牘), 「與米元章二十八首(之九, 十, 十一)」(卷58・尺牘), 「與子由弟十首(之六)」(卷60・尺牘), 「答開元明座主九首(之八, 九)」(卷61・尺牘)

1093년 10월 23일:「定州謝到任表」(卷24・表狀), 「定州到任謝執政啟」(卷46・啟)

1093년 10월 25일:「再謁文宣王廟祝文」(卷62・祝文), 「告文宣王祝文」(卷62・祝文)

1093년 10월:「乞降度牒修定州禁軍營房狀」(卷36・奏議), 「謝本路監司啟」(卷46・啟), 「定州到狀」(卷47・啟), 「與孫知損運使書」(卷49・書), 「書石芝詩後」(卷68・題跋 詩詞)

1093년 11월 1일:「祭韓忠獻公文」(卷63・祭文)

1093년 11월 11일:「釋迦文佛頌」(卷20・頌), 「乞增修弓箭社條約狀二首(之一)」(卷36・奏議)

1093년 11월 : 「乞增修弓箭社條約狀二首(之二)」(卷36 · 奏議), 「與王定國四十一首(之三十八)」(卷52 · 尺牘)

1093년 12월 말 : 「慰正旦表」, 「謝賜曆日表」(卷24 · 表狀), 「定州學生硯蓋隱語」(佚卷5 · 雜著)

1093년 : 「與米元章二十八首(之十五, 十六)」(卷58 · 尺牘), 「與張正已一首」(卷59 · 尺牘), 「與子安兄七首(之七)」(卷60 · 尺牘), **「與二郎姪一首」**(佚卷4 · 尺牘), 「跋楊文公與王魏公帖」(佚卷5 · 題跋 雜文)

1094년 정월 16일 : 「書淵明詩」(卷67 · 題跋 詩詞)

1094년 정월 : 「乞減價糶常平米賑濟狀」(卷36 · 奏議)

1094년 2월 7일 : 「慰宣仁聖烈皇后山陵禮畢表」(卷24 · 表狀)

1094년 2월 17일 : 「慰宣仁聖烈皇后祔廟禮畢表」(卷24 · 表狀)

1094년 2월 23일 : 「中山松醪賦」(卷1 · 賦), 「書蜀僧詩」(卷68 · 題跋 詩詞)

1094년 2월 : 「乞將損弱米貸與上戶令賑濟佃客狀」(卷36 · 奏議), 「與錢濟明十六首(之一, 二)」(卷53 · 尺牘), 「與滕興公三首(之三)」(佚卷3 · 尺牘)

1094년 3월 1일 : 「祭滕大夫母楊夫人文」(卷63 · 祭文)

1094년 3월 : 「乞降度牒脩北嶽廟狀」(卷37 · 奏議)

1094년 봄 : 「春祈北嶽祝文」, 「春祈諸廟祝文」(卷62 · 祝文)

1094년 4월 16일 : 「北嶽祈雨祝文」(卷62 · 祝文), 「定州禱雨嶽廟題名」(佚卷6 · 題跋 題名)

1094년 4월 24일 : **「雪浪齋銘」**(卷19 · 銘), 「三國名臣」(卷65 · 史評)

정주定州에서 : 「與劉仲馮六首(之三, 四, 五, 六)」(卷50 · 尺牘), 「答李端叔十首(之二)」(卷52 · 尺牘), 「與參寥子二十一首(之九)」(卷61 · 尺牘), 「謁諸廟祝文」(卷62 · 祝文), 「大行太皇太后靈駕發引文」(卷63 · 祭文)

1094년 윤4월 3일 : 「英州謝上表」(卷24 · 表狀), 「答劉無言一首」, 「答王莊叔二首」(卷59 · 尺牘), 「與滕興公三首(之二)」(佚卷3 · 尺牘)

1094년 윤4월 18일 : 「書贈楊子微」(卷71 · 題跋 游行)

1094년 윤4월 21일 : 「自跋洞庭春色賦中山松醪賦」(佚卷5 · 題跋 雜文)

1094년 윤4월 말 : 「與王定國四十一首(之三十二)」(卷52 · 尺牘), 「與張元明四首(之三)」(卷56 · 尺牘), 「與米元章二十八首(之十七, 十八)」(卷58 · 尺牘), 「書劉昌事」(卷66 · 題跋 雜文)

1094년 윤4월 : 「靜安縣君許氏繡觀音贊」(卷21 · 贊), 「赴英州乞舟行狀」(卷37 · 奏議), 「與孫子發七首(之五, 六)」(卷56 · 尺牘), 「書松醪賦後」(卷66 · 題跋 雜文), 「醮北嶽青詞」(卷62 · 青詞), 「辭諸廟祝文」(卷62 · 祝文), 「跋歐陽文忠小草」(佚卷6 · 題跋 書)

1094년 5월 : 「與徐仲車三首(之二)」(卷57 · 尺牘), 「與參寥子二十一首(之十三)」(卷61 · 尺牘), 「答龜山長老四首(之四)」(卷61 · 尺牘), 「跋陳瑩中題朱表臣歐公帖」(卷69 · 題跋 書帖), 「記徐仲車語」(卷72 · 雜記 人物)

1094년 6월 9일 : 「阿彌陀佛贊」(卷21 · 贊)

1094년 6월 25일 : 「書六賦後」(卷66 · 題跋 雜文)

1094년 6월 : 「與任德翁二首(之二)」(卷57 · 尺牘), 「與滕興公三首(之一)」(佚卷3 · 尺牘), 「 題陶靖節歸去來辭後」(佚卷5 · 題跋 詩詞)

1094년 7월 13일 : 「黃魯直銅雀硯銘」(卷19 · 銘)

1094년 8월 17일 : 「書樂天詩」(卷67 · 題跋 詩詞)

1094년 8월 23일 : 「題虔州祥符宮乞籤」(卷71 · 題跋 游行)

1094년 8월 : 「卓錫泉銘」, 「蘇程庵銘」(卷19 · 銘), 「馬祖龐公真贊」(卷22 · 贊), 「與黃元翁一首」(卷57 · 尺牘), **「答虔倅俞括一首」**(卷59 · 尺牘), 「書彭城觀月詩」(卷68 · 題跋 詩詞), 「自題出潁口初見淮山詩」(佚卷5 · 題跋 詩詞)

1094년 9월 12일 : 「題壽聖寺」(卷71 · 題跋 游行)

1094년 9월 13일 : 「題廣州清遠峽山寺」(卷71 · 題跋 游行)

1094년 9월 26일 : 「書卓錫泉」(卷71 · 題跋 游行)

南遷 : 「與曾子宣十三首(之十三)」(卷50 · 尺牘), 「與張元明四首(之四)」, 「與孫子發七首(之七)」, 「與范夢得十首(之十)」(卷56 · 尺牘), 「與徐仲車三首(之一, 三)」(卷57 · 尺牘), 「與馮大鈞二首(之二)」, 「與莊希仲四首」(卷58 · 尺牘), 「與參寥子二十一首(之十一, 十四, 十五)」(卷61 · 尺牘)

15. 혜주惠州 유배시기

(1094년 10월 2일~1097년 4월, 소성紹聖 원년~4년)

1094년 10월 2일 : 「到惠州謝表」(卷24 · 表狀)

1094년 10월 18일 : 「題嘉祐寺壁」(卷71 · 題跋 游行)

1094년 10월 20일 : 「思無邪丹贊」(卷21 · 贊)

1094년 10월 22일 : 「事不能兩立」(卷73 · 雜記 書事)

1094년 10월 : 「與程德孺四首(之一)」(卷56 · 尺牘), 「與朱振二首」(卷58 · 尺牘)

1094년 11월 23일 : 「論董秦」(卷67 · 題跋 詩詞)

1094년 11월 : 「與錢濟明十六首(之四)」(卷53 · 尺牘)

1094년 12월 12일 : 「記游白水嵓」(卷71 · 題跋 游行)

1094년 12월 : 「桂酒頌」(卷20 · 頌), 「與吳秀才三首(之二, 三)」(卷57 · 尺牘), 「書潤州道上詩」(卷68 · 題跋 詩詞)

1094년 : 「師續夢經」(卷72 · 雜記 異事)

1095년 정월 11일 : **「書黃魯直畫跋後三首(之一)」**(卷70 · 題跋 畫)

1095년 정월 12일 : 「書黃魯直畫跋後三首(之二, 三)」(卷70 · 題跋 畫)

1095년 정월 13일 : 「書東皋子傳後」(卷66 · 題跋 雜文)

1095년 정월 16일 : 「跋所書東皋子傳」(卷66 · 題跋 雜文)

1095년 정월 : **「海月辯公真贊」**(卷22 · 贊), 「與陸子厚一首」(卷60 · 尺牘), 「與參寥子二十一首(之十六)」(卷61 · 尺牘)

1095년 2월 1일 : 「龍虎鉛汞說」(卷73 · 雜記 修煉)

1095년 2월 11일 : **「書淵明東方有一士詩後」**(卷67 · 題跋 詩詞)

1095년 3월 4일 : 「題白水山」(卷71 · 題跋 游行)

1095년 3월 13일 : 「書桂酒頌」(佚卷5 · 題跋 雜文)

1095년 3월 19일 : 「與南華辯老十三首(之四)」(卷61 · 尺牘)

1095년 3월 23일 : 「惠誠」(卷72 · 雜記 人物)

1095년 3월 : 「與錢濟明十六首(之五)」, 「與陳季常十六首(之十六)」(卷53 · 尺

牘), 「與程六郎十郎一首」(佚卷3・尺牘)

1095년 4월 8일 : 「跋嵇叔夜養生論後」(卷66・題跋 雜文)

1095년 4월 13일 : 「書淥筠亭詩」(卷68・題跋 詩詞)

1095년 4월 15일 : 「題真一酒詩後」(佚卷5・雜著)

1095년 4월 22일 : 「題秧馬歌後四首(之一)」(卷68・題跋 詩詞)

1095년 5월 9일 : 「記道人戲語」(卷73・雜記 書事)

1095년 5월 15일 : 「記朝斗」(卷71・題跋 游行)

1095년 5월 27일 : 「**虔州崇慶禪院新經藏記**」(卷12・記)

1095년 5월 : 「與南華辯老十三首(之八)」(卷61・尺牘)

1095년 6월 9일 : 「書柳子厚大鑒禪師碑後」(卷66・題跋 雜文)

1095년 6월 11일 : 「與南華辯老十三首(之十一)」(卷61・尺牘)

1095년 6월 : 「**與劉宜翁使君書**」(卷49・書), 「與王定國四十一首(之四十, 四十一)」(卷52・尺牘), 「與羅秘校四首(之一)」(卷58・尺牘)

1095년 여름 : 「答黃魯直五首(之四)」(卷52・尺牘)

1095년 7월 13일 : 「**與王庠書**」(卷49・書)

1095년 7월 말 : 「祭亡妹德化縣君文」(卷63・祭文)

1095년 7월 : 「與陳伯修五首(之三)」(卷53・尺牘), 「與翟東玉一首」(卷58・尺牘)

1095년 8월 1일 : 「書金光明經後」(卷66・題跋 雜文)

1095년 8월 : 「颶**風賦**」(卷1・賦)

1095년 9월 5일 : 「題合江樓」(卷71・題跋 游行)

1095년 9월 27일 : 「書外曾祖程公逸事」(卷66・題跋 雜文)

1095년 9월 : 「葬枯骨疏」(卷62・疏文), 「惠州祭枯骨文」(卷63・祭文), 「惠州官葬暴骨銘」(佚卷1・墓誌銘)

1095년 가을 : 「與鄧安道四首」(卷60・尺牘), 「與參寥子二十一首(之十八)」(卷61・尺牘), 「書諸藥法」(卷73・雜記 醫藥)

1095년 10월 : 「與程正輔三首」(佚卷3・尺牘)

1095년 입동 지나 : 「偃松屏贊」(卷21・贊)

1095년 겨울 초 : 「藥誦」(卷64 · 雜著)

1095년 12월 : 「與程全父十二首(之一)」(卷55 · 尺牘), 「與孫志康二首」(卷56 · 尺牘), 「海會殿上梁文」(卷64 · 雜著), 「管幼安賢於荀孔」(卷65 · 史評)

1095년 : 「與程正輔七十一首(之十二, 三十六, 四十, 四十四, 四十六, 四十七, 四十九, 五十, 五十一, 五十六, 五十七,)」(卷54 · 尺牘), 「與杜子師四首(之三)」(卷56 · 尺牘), 「與徐得之十四首(之十三)」(卷57 · 尺牘), **「與王庠五首」**(卷60 · 尺牘), 「與參寥子二十一首(之十二, 十七)」, 「與南華辯老十三首(之三)」(卷61 · 尺牘), 「與寶月大師三首」(佚卷4 · 尺牘)

1096년 정월 5일 : 「記與舟師夜坐」(卷71 · 題跋 游行)

1096년 정월 12일 : **「題所書寶月塔銘」**(卷69 · 題跋 書帖)

1096년 정월 : 「與林天和二十四首(之二)」(卷55 · 尺牘), 「與僧隆賢二首」(卷61 · 尺牘)

1096년 3월 2일 : 「書歸去來詞贈契順」(卷69 · 題跋 書帖)

1096년 3월 6일 : **「書柳子厚南澗詩」**(卷67 · 題跋 詩詞)

1096년 3월 10일 : 「服黃蓮法」(卷73 · 雜記 醫藥)

1096년 3월 : 「錄所作贈卓契順並跋」(佚卷5 · 題跋 詩詞)

1096년 4월 : 「與曹子方五首(之四)」(卷58 · 尺牘), 「與文公大夫一首」(佚卷3 · 尺牘)

1096년 5월 2일 : 「書和王晉卿題李伯時畫馬戲書李伯時畫駿馬好頭赤次韻黃魯直觀禮伯時畫馬後」(佚卷5 · 題跋 詩詞)

1096년 5월 5일 : 「書天蓬咒」(卷69 · 題跋 書帖)

1096년 5월 27일 : 「書嶺南筆」(卷70 · 題跋 筆硯)

1096년 5월 : 「與程全父十二首(之六)」(卷55 · 尺牘)

1096년 6월 : 「與歐陽知晦四首(之一)」(卷58 · 尺牘), 「與南華辯老十三首(之五, 十三)」(卷61 · 尺牘)

1096년 8월 3일 : 「朝雲墓誌銘」(卷15 · 墓誌銘)

1096년 8월 6일 : 「題棲禪院」(卷71 · 題跋 游行)

1096년 8월 9일 밤 : 「惠州薦朝雲疏」(卷62 · 疏文)

1096년 가을 : 「答毛澤民七首(之三, 四)」(卷53 · 尺牘)

1096년 11월 21일 : 「野吏亭記」(卷12 · 記)

1096년 12월 1일 : 「書陸道士鏡硯」(卷70 · 題跋 筆硯)

1096년 12월 7일 : 「與程全父十二首(之七)」(卷55 · 尺牘)

1096년 12월 8일 : 「書陸道士詩」(卷68 · 題跋 詩詞)

1096년 12월 21일 : 「書李承晏墨」(卷70 · 題跋 紙墨), 「名容安亭」(卷71 · 題跋 游行)

1096년 12월 27일 : 「記惠州土芋」(卷73 · 雜記 草木飲食)

1096년 12월 : 「與南華辯老十三首(之十二)」(卷61 · 尺牘)

1096년 겨울 초 : 「與陳伯修五首(之四)」(卷53 · 尺牘)

1096년 : 「答張文潛四首」(卷52 · 尺牘), 「與程正輔七十一首(之十六, 十七, 二十, 二十一, 二十二)」(卷54 · 尺牘), 「與羅秘校四首(之二)」(卷58 · 尺牘)

1097년 정월 4일 : 「跋山谷草書」(卷69 · 題跋 書帖)

1097년 정월 6일 : 「書劉景文詩後」(卷68 · 題跋 詩詞)

1097년 정월 21일 : 「書過送曇秀詩後」(卷68 · 題跋 詩詞), 「跋所贈曇秀書」(卷69 · 題跋 書帖)

1097년 정월 : 「遠遊庵銘」, 「夢齋銘」(卷19 · 銘), 「白鶴新居上梁文」(卷64 · 雜著)

1097년 2월 : 「答范純夫十一首(之十)」(卷50 · 尺牘), 「與林天和二十四首(之十, 十一)」(卷55 · 尺牘), 「與王敏仲十八首(之四, 十一)」(卷56 · 尺牘)

1097년 3월 5일 : 「答范純夫十一首(之十一)」(卷50 · 尺牘)

1097년 3월 14일 : 「三馬圖贊」(卷21 · 贊)

1097년 3월 : 「求婚啟」(卷47 · 啟), 「記授真一酒法」(卷72 · 雜記 異事)

1097년 : 「與王敏仲十八首(之五, 八)」(卷56 · 尺牘)

1097년 4월 15일 : 「自畫背面圖並贊」(佚卷1 · 贊)

혜주惠州에서 : 「何苓之名說」(卷10 · 說), 「與王定國四十一首(之四十一)」(卷52 · 尺牘), 「與陳伯修五首(之五)」, **「與張嘉父七首(之七)」**, 「答毛澤民七首

(之五, 六, 七)」(卷53・尺牘), **「與程正輔七十一首**(之一, 二, 三, 四, 五, 六, 七, 八, 九, 十, 十一, 十二, 十三, 十四, 十五, 十八, 十九, 二十三, 二十四, 二十五, 二十六, 二十七, 二十八, 二十九, 三十, 三十一, 三十二, 三十三, 三十四, 三十五, 三十七, 三十八, 三十九, 四十一, 四十三, 四十五, 四十七, 四十八, 五十二, 五十三, 五十四, 五十五, 五十八, 五十九, 六十, 六十一, 六十二, 六十三, 六十四, 六十五, 六十六, 六十七, 六十八, 六十九, 七十, 七十一)」(卷54・尺牘), 「與程全父十二首(之二, 三, 四, 五, 八)」, **「與林天和二十四首**(之二, 三, 四, 五, 六, 七, 八, 九, 十二, 十三, 十四, 十五, 十六, 十七, 十八, 十九, 二十, 二十一, 二十二, 二十三, 二十四)」(卷55・尺牘), 「與王敏仲十八首(之一, 二, 三, 六, 七, 九, 十, 十二, 十三, 十四, 十五, 十七)」(卷56・尺牘), 「與徐得之十四首(之十四)」, 「答吳子野七首(之二, 三, 四, 五, 六)」(卷57・尺牘), 「與歐陽知晦四首(之二, 三, 四)」, 「與游嗣立二首」, 「與周文之四首(之一)」, 「與蕭世京二首」, 「與蕭朝奉一首」, 「與曹子方五首(之一, 二, 三, 五)」(卷58・尺牘), 「與惠州都監一首」, 「與子由弟十首」, 「付邁一首」, 「付過二首」(卷60・尺牘), 「與參寥子二十一首(之十九, 二十)」, 「與南華辯老十三首(之一, 二, 六, 七, 十, 十二)」, 「與泉老一首」, 「付龔行信一首」(卷61・尺牘), 「金剛經跋尾」(卷66・題跋 雜文), 「題秧馬歌後四首(之二, 三, 四)」(卷68・題跋 詩詞), **「陳太初尸解」**(卷72・雜記 異事), 「食雞卵說」(卷73・雜記 草木飲食), 「與章質夫三首(之三)」(佚卷2・尺牘), 「與方南圭三首(之一)」(佚卷3・尺牘), 「奉和程正輔表兄一字韻詩跋」(佚卷5・題跋 詩詞)

1097년 4월 : 「與王敏仲十八首(之十六)」(卷56・尺牘), 「與史氏太君嫂一首」(卷60・尺牘)

1097년 6월 : 「與馮大鈞二首(之一)」(卷58・尺牘)

1097년 7월 초 : 「桄榔庵銘」(卷19・銘)

16. 담주儋州 유배시기

(1097년 7월 2일~1100년 6월, 소성紹聖 4년~원부元符 3년)

1097년 7월 2일 : 「到昌化軍謝表」(卷24 · 表狀)
1097년 7월 : 「與張逢六首(之二)」(卷58 · 尺牘)
1097년 9월 13일 : 「辨漆葉青黏散方」(卷73 · 雜記 醫藥)
1097년 9월 : 「與張逢六首(之三)」(卷58 · 尺牘)
1097년 입동 지나 : 「黎檬子」(卷72 · 雜記 人物)
1097년 11월 15일 : 「記海南菊」(卷73 · 雜記 草木飲食)
1097년 12월 19일 : 「與子由六首(之五)」(佚卷4 · 尺牘)
1098년 정월 : 「陸道士墓誌銘」(卷15 · 墓誌銘), 「與張逢六首(之五)」(卷58 · 尺牘)
1098년 2월 20일 : 「沉香山子賦」(卷1 · 賦)
1098년 3월 15일 : 「眾**妙堂記**」(卷11 · 記)
1098년 여름 : 「酒子賦」, 「**天慶觀乳泉賦**」(卷1 · 賦)
1098년 6월 : 「**與程秀才三首(之一**, 二)」(卷55 · 尺牘)
1098년 7월 : 「淵明無絃琴」(卷65 · 史評), 「**跋子由老子解後**」(卷66 · 題跋 雜文)
1098년 가을 : 「**與程全父十二首(之九, 十)**」(卷55 · 尺牘)
1098년 9월 전 : 「與鄭靖老四首(之一)」(卷56 · 尺牘)
1098년 9월 7일 : 「書陶淡傳」, 「書郭文語」(卷66 · 題跋 雜文)
1098년 9월 8일 : 「書董京詩」(卷67 · 題跋 詩詞)
1098년 9월 11일 : 「書鮑靜傳」(卷66 · 題跋 雜文)
1098년 9월 12일 : 「試筆自書」(佚卷5 · 題跋 雜文)
1098년 9월 15일 : 「書筮」(卷71 · 題跋 游行)
1098년 9월 27일 : 「書海南風土」(卷71 · 題跋 游行)
1098년 9월 그믐 : 「書北極靈籤」(卷71 · 題跋 游行)
1098년 10월 7일 : 「書王太尉送行詩後」(卷68 · 題跋 詩詞)
1098년 10월 21일 : 「記渚米」(卷73 · 雜記 草木飲食)

1098년 10월:「處子再生」(卷72・雜記 異事)
1098년 11월 1일:「海漆錄」(卷73・雜記 醫藥)
1098년 11월 25일:「阮籍」(卷65・史評)
1098년 12월 5일:「書藥方贈民某君」(佚卷6・雜記 醫藥)
1098년 12월 14일:「書柳子厚覺衰詩」(佚卷5・題跋 詩詞)
1098년 12월:**「與姪孫元老四首(之一)」**(卷60・尺牘)
1098년:「菜羹賦」(卷1・賦)
1099년 정월 13일:「書盧仝詩」,「書杜子美詩」(卷67・題跋 詩詞)
1099년 정월:**「與程全父十二首(之十一)」**(卷55・尺牘),「與鄭靖老四首(之二)」(卷56・尺牘),「書上元夜游」(卷71・題跋 游行)
1099년 2월 15일:「蒼耳錄」(卷73・雜記 醫藥)
1099년 3월 24일:「書城北放魚」(卷71・題跋 游行)
1099년 봄 끝:「記松」(佚卷6・雜記 草木飮食)
1099년 4월 17일:「書潘衡墨」(卷70・題跋 紙墨)
1099년 4월 19일:「學龜息法」(卷73・雜記 修煉)
1099년 5월 16일:「書贈游浙僧」(卷71・題跋 游行)
1099년 7월 15일:「十八大阿羅漢頌」(卷20・頌)
1099년 윤9월 17일:「書杜子美詩後」(卷67・題跋 詩詞)
1099년 윤9월:「與姜唐佐秀才六首(之一)」(卷57・尺牘)
1099년 10월 14일:「與姜唐佐秀才六首(之二)」(卷57・尺牘)
1099년 10월 15일:「與姜唐佐秀才六首(之三, 四)」(卷57・尺牘)
1099년 11월 6일:「食蠔」(佚卷6・雜記 草木飮食)
1099년 11월 8일:「四神丹說」(卷73・雜記 醫藥)
1099년 11월 19일:「書柳子厚詩」(卷67・題跋 詩詞)
1099년 12월 28일:「記海南作墨」(卷70・題跋 紙墨)
1099년:「沉香山子賦」,「老饕賦」(卷1・賦),「答陳提刑啟」(卷47・啟),**「答劉沔都曹書」**(卷49・書),「與程全父十二首(之十二)」,**「與程秀才三首(之三)」**(卷55・尺牘),**「與姪孫元老四首(之二**, 三, 四)」(卷60・尺牘),「書謗」(卷71・

題跋 游行),「與趙夢得一首」(佚卷2・尺牘),**「書付過」**(佚卷5・題跋 詩詞)

1100년 정월 1일:「記養黃中」(卷73・雜記 修煉)

1100년 정월 6일:「金穀說」(卷73・雜記 草木飮食)

1100년 정월 15일:「跋追和違字韻詩示過」(佚卷5・題跋 詩詞)

1100년 2월 11일:「劉貢父戱介甫」(卷72・雜記 人物)

1100년 2월 20일:「唐允從論青苗」(卷72・雜記 人物)

1100년 3월 15일:「書柳子厚牛賦後」(卷66・題跋 雜文)

1100년 4월 15일:「五君子說」(卷73・雜記 草木飮食)

1100년 5월 중순:「移廉州謝上表」(卷24・表狀),「答秦太虛七首(之六, 七)」(卷52・尺牘)

1100년 5월:「峻靈王廟碑」(卷17・碑),「與范元長十三首(之八)」(卷50・尺牘)

1100년:「與姜唐佐秀才六首(之六)」(卷57・尺牘),「金剛經報」(卷72・雜記 異事),「馬眼糯說」(卷73・雜記 草木飮食),「題贈黎子雲千文後」(佚卷5・題跋 雜文)

담주儋州에서:「老饕賦」,「濁醪有妙理賦」(卷1・賦),「論武王」,「論養士」,「論秦」,「論魯隱公」,「論魯隱公里克李斯鄭小同王允之」,「論管仲」,「論孔子」,「論周東遷」,「論范蠡」,「論伍子胥」,「論商鞅」,「論封建」,「論始皇漢宣李斯」,「論項羽范增」(卷5・論),「與范元長十三首(之一, 二, 三, 四, 五, 六, 七)」(卷50・尺牘),「答劉元忠四首(之四)」(卷55・尺牘),「與王敏仲十八首(之十八)」(卷56・尺牘),「與姜唐佐秀才六首(之五)」(卷57・尺牘),「與周文之四首(之二, 三, 四)」,「與羅秘校四首(之三, 四)」,「與張景溫二首」,「與張逢六首(之一, 四, 六)」(卷58・尺牘),**「與林濟甫二首」**,「與楊濟甫十首(之九, 十)」(卷59・尺牘),「續養生論」(卷64・雜著),「題所作書易傳論語說」(卷66・題跋 雜文),「書柳子厚詩後」(卷67・題跋 詩詞),「答程大時一首」(佚卷2・尺牘),「論食」(佚卷6・雜記 草木飮食)

1100년 6월 17일:「瓊州惠通泉記」(卷12・記)

1100년 6월:「端硯銘」(卷19・銘)

17. 북귀北歸 복권復權시기

(1100년 6월 20일~1101년 7월 28일, 원부元符 3년~휘종徽宗 건중정국建中靖國 원년)

1100년 6월 말 : 「伏波將軍廟碑」(卷17 · 碑), 「與范元長十三首(之九)」(卷50 · 尺牘)

1100년 7월 4일 : 「書合浦舟行」(卷71 · 題跋 游行)

1100년 7월 7일 : 「跋希白書」(卷69 · 題跋 書帖)

1100년 7월 11일 : 「跋張廣州書」(卷66 · 題跋 雜文)

1100년 7월 13일 : 「地獄變相偈」(卷22 · 偈), 「與歐陽晦夫二首(之二)」(卷58 · 尺牘), **「書聖俞贈歐陽閥詩後」**(卷68 · 題跋 詩詞)

1100년 8월 12일 : 「書秦少游挽詞後」(卷68 · 題跋 詩詞)

1100년 8월 22일 : 「臞仙帖」(卷65 · 史評)

1100년 8월 24일 : **「跋秦少游書」**(卷69 · 題跋 書帖), 「題廉州清樂軒」(卷71 · 題跋 游行)

1100년 8월 말 : 「謝量移永州表」(卷24 · 表狀)

1100년 8월 : 「與鄭靖老四首(之三)」(卷56 · 尺牘), 「記合浦老人語」(卷73 · 雜記 書事)

1100년 9월 20일 : 「書贈邵道士」(卷66 · 題跋 雜文)

1100년 9월 24일 : 「題自作字」, 「書舟中作字」(卷69 · 題跋 書帖), 「三澗巖題名」(佚卷6 · 題跋 題名)

1100년 9월 : 「與范元長十三首(之十一, 十二)」(卷50 · 尺牘), 「與程懷立六首(之六)」(卷56 · 尺牘)

1100년 10월 15일 : 「廣州東莞縣資福禪寺羅漢閣記」(卷12 · 記)

1100년 10월 16일 : 「書王公峽中詩刻後」, 「書石曼卿詩筆後」(卷68 · 題跋 詩詞), 「跋咸通湖州刺史牒」(卷69 · 題跋 書帖)

1100년 10월 23일 : 「書王進叔所蓄琴」(卷71 · 題跋 琴棋雜器)

1100년 10월 : 「答李端叔十首(之三, 六)」(卷52 · 尺牘), 「與鄭靖老四首(之四)」(卷56 · 尺牘), 「與朱行中十首(之二)」(卷58 · 尺牘), 「書孫叔靜常和墨」

(卷70・題跋 紙墨),「書孫叔靜諸葛筆」,「書贈孫叔靜」(卷70・題跋 筆硯)

1100년 11월 14일:「書羅漢頌後」(卷66・題跋 雜文)

1100년 11월 15일:「游廣陵寺題名」(佚卷6・題跋 題名)

1100년 11월:「自海南歸過清遠峽寶林寺敬贊禪月所畫十八大阿羅漢」(卷22・贊),「提擧玉局觀謝表」(卷24・表狀),「答彭賀州啟」,「答丁連州朝奉啟」(卷47・啟),**「與謝民師推官書」**(卷49・書),「與范元長十三首(之十三)」(卷50・尺牘),「答李端叔十首(之四)」(卷52・尺牘),「答陳傳道五首(之四, 五)」(卷53・尺牘),「與馮祖仁十一首(之二)」(卷55・尺牘),「與程懷立六首(之三, 五)」,「與謝民師二首」(卷56・尺牘),「與朱行中十首(之三, 四)」,「與孫叔靜三首(之二, 三)」(卷58・尺牘),「與南華明老三首(之一, 三)」(卷61・尺牘)

1100년 12월 19일:「書南華長老重辯師逸事」(卷66・題跋 雜文),「書馮祖仁父詩後」(卷68・題跋 詩詞)

1100년 12월:「陳公密子石硯銘」,「談妙齋銘」(卷19・銘),「與馮祖仁十一首(之三, 四, 十, 十一)」(卷55・尺牘),「與陳公密三首(之一)」(卷56・尺牘),「與陳承務二首(之一)」,「答蘇伯固四首(之一, 三)」(卷57・尺牘),「與李亮工六首(之一, 三)」,「與朱行中十首(之一, 七, 八, 九)」(卷58・尺牘),「南華寺六祖塔功德疏」(卷62・疏文),「祭吳子野文」(卷63・祭文),「書程全父詩後」(卷68・題跋 詩詞),**「跋陳隱居書」**(卷69・題跋 書帖)

1100년:「與錢濟明十六首(之六)」(卷53・尺牘),「與歐陽元老一首」(卷58・尺牘),「書羅浮五色雀詩」(卷68・題跋 詩詞),「與李惟熙一首」(佚卷3・尺牘),「與黎子雲一首」(佚卷3・尺牘)

1101년 정월 1일:**「南華長老題名記」**(卷12・記),「九成臺銘」(卷19・銘)

1101년 정월 3일:「書贈徐信」(佚卷5・題跋 詩詞)

1101년 정월 5일:「跋石鐘山記後」(卷66・題跋 雜文)

1101년 정월 9일:「南安軍常樂院新作經藏銘」(卷19・銘)

1101년 정월 초:「英宗皇帝御書頌」(卷20・頌)

1101년 정월 14일:「慰皇太后上仙表」(卷24・表狀)

1101년 정월 : 「與錢濟明十六首(之十)」(卷53 · 尺牘), 「與陳公密三首(之二)」(卷56 · 尺牘), 「與朱行中十首(之五)」(卷58 · 尺牘)

1101년 2월 말 : 「答蘇伯固四首(之二)」(卷57 · 尺牘)

1101년 2월 : 「剛說」(卷10 · 說), 「淸隱堂銘」(卷19 · 銘), 「湜長老眞贊」(卷22 · 贊), 「與黃敷言二首(之一)」(卷57 · 尺牘), 「與宋漢傑二首」(卷59 · 尺牘), 「鍾子翼哀詞」(卷63 · 哀詞)

1101년 3월 2일 : 「端硯石銘」(卷19 · 銘), 「書蘇養直詩」(卷68 · 題跋 詩詞)

1101년 3월 4일 : 「南安軍學記」(卷11 · 記)

1101년 3월 21일 : 「書秦少游詞後」(卷68 · 題跋 詩詞), 「書秦少游踏莎行詞」(佚卷5 · 題跋 詩詞)

1101년 3월 초 : 「淸都謝道士眞贊」(卷22 · 贊)

1101년 3월 말 : 「答臨江軍知軍王承議啟」(卷47 · 啟), 「答李端叔十首(之五)」(卷52 · 尺牘), 「答廖明略二首」, 「答李方叔十七首(之十七)」(卷53 · 尺牘), 「與孫志同三首(之一)」(卷56 · 尺牘), 「與黃師是五首(之三)」(卷57 · 尺牘), 「與錢志仲三首(之二)」, 「答虔人王正彦一首」(卷59 · 尺牘), 「與南華明老三首(之二)」(卷61 · 尺牘), 「虔州法憧下水陸道場薦孤魂滯魄疏」(卷62 · 疏文)

1101년 4월 4일 : 「順濟王廟新獲石砮記」(卷12 · 記)

1101년 4월 8일 : 「跋所書圜通偈」(卷69 · 題跋 書帖)

1101년 4월 12일 : **「題劉壯輿文編後」**(卷66 · 題跋 雜文)

1101년 4월 25일 : 「與郭功父七首(之六, 七)」(卷51 · 尺牘)

1101년 4월 말 : 「與胡郞仁脩三首」(卷60 · 尺牘)

1101년 4월 : 「答王幼安宣德啟」(卷47 · 啟), 「與錢濟明十六首(之八, 九)」, 「答劉壯輿六首(之一, 二, 三, 四)」(卷53 · 尺牘), 「與劉器之二首(之二)」, 「與程德孺四首(之二)」(卷56 · 尺牘), 「與毅父宣德七首(之五)」, 「答蘇伯固四首(之四)」(卷57 · 尺牘), 「與錢志仲三首(之三)」(卷59 · 尺牘), 「答王幼安三首(之一, 二, 三)」(卷59 · 尺牘), 「與胡道師四首(之四)」(卷60 · 尺牘)

1101년 5월 1일 : 「觀世音菩薩頌」(卷20 · 頌)

1101년 5월 20일 : 「書吳說筆」, 「試吳說筆」, 「書王定國贈吳說帖」(卷70・題跋 筆硯)

1101년 5월 23일 : 「與毅父宣德七首(之七)」(文集卷57・尺牘)

1101년 5월 : 「與程德孺四首(之四)」(卷56・尺牘), 「與知縣一首」(佚卷4・尺牘), 「與李公擇十七首(之十七)」(卷51・尺牘), 「答李端叔十首(之九, 十)」(卷52・尺牘), 「與錢濟明十六首(之十一, 十二)」(卷53・尺牘), 「與杜子師四首(之四)」, 「與程德孺四首(之三, 四)」(卷56・尺牘), 「與黃師是五首(之一, 二, 五)」(卷57・尺牘), 「與米元章二十八首(之二十)」(卷58・尺牘), 「與楊子微二首(之一)」(卷59・尺牘), 「與子由弟十首(之八, 九)」(卷60・尺牘), 「記沿流館詩」(卷68・題跋 詩詞), 「書錢塘程奕筆」(卷70・題跋 筆硯), 「與知縣一首」(佚卷4・尺牘)

1101년 6월 14일 : 「與章致平二首」(卷55・尺牘)

1101년 6월 : 「醮上帝青詞三首(之一)」(卷62・青詞), 「與錢濟明十六首(之十五)」(卷53・尺牘), 「與傅質一首」, **「與米元章二十八首(之二十一**, 二十三, 二十四, **二十五**, 二十六)」(卷58・尺牘), 「與參寥子二十一首(之二十一)」(卷61・尺牘), 「薦蘇子容功德疏」(卷62・疏文), 「祭柳仲遠文二首」(卷63・祭文), 「書楞伽經後」(卷66・題跋 雜文), 「乞致仕狀」(佚卷1・奏議)

1101년 : 「與陳公密三首(之三)」(卷56・尺牘), 「與子由六首(之六)」, 「與惟照一首」(佚卷4・尺牘)

북으로 귀환하는 길에 : 「與范元長十三首(之十)」(卷50・尺牘), 「與李公擇十七首(之十六)」(卷51・尺牘), 「答李端叔十首(之七, 八)」(卷52・尺牘), 「與錢濟明十六首(之七, 時四)」, 「答劉壯輿六首(之五, 六)」(卷53・尺牘), 「與馮祖仁十一首(之一, 五, 六, 七, 八, 九)」(卷55・尺牘), 「答畢仲舉二首(之二)」, 「與程懷立六首(之二, 四)」, 「與孫志同三首(之二, 三)」, 「與陳公密三首(之二)」(卷56・尺牘), 「與知監宣義一首」, 「與毅父宣德七首(之六)」, 「與黃敷言二首(之二)」, 「與陳承務二首(之二)」, 「與黃師是五首(之四)」(卷57・尺牘), 「與李知縣一首」, 「與李亮工六首(之二, 四, 五, 六)」, 「與朱行中十首(之六, 十)」, 「與孫叔靜三首(之一)」, 「與米元章二十八首(之二十

二, 二十七)」(卷58・尺牘), 「與錢志仲三首(之一)」, 「與楊子微二首(之一)」(卷59・尺牘), 「與子由弟十首(之十)」, 「與外生柳閎一首」, 「與人四首」(卷60・尺牘), 「韶州月華寺題梁」(佚卷5・雜著)

1101년 7월 12일 : 「與米元章二十八首(之二十八)」(卷58・尺牘)
1101년 7월 13일 : 「與陳輔之一首」(卷57・尺牘)
1101년 7월 중순 : 「與錢濟明十六首(之十三, 十六)」(卷53・尺牘)
1101년 7월 20일 : 「與徑山維琳二首(之一)」(卷61・尺牘)
1101년 7월 26일 : 「與徑山維琳二首(之二)」(卷61・尺牘)

창작 시기가 불분명한 작품〔寫作時期不詳的作品〕

「易論」, 「書論」, 「詩論」, 「禮論」, 「春秋論」(卷2・論)

「論好德錫之福」, 「論鄭伯克段于鄢」, 「論鄭伯以璧假許田」, 「論取郜大鼎于宋」, 「論齊侯衛侯胥命于蒲」, 「論禘于太廟用致夫人」, 「論閏月不告朔猶朝于廟」, 「論用郊」, 「論會于澶淵宋災故」, 「論黑肱以濫來奔」, 「論春秋變周之文」, 「宋襄公論」, 「士燮論」(卷3・論)

「續歐陽子朋黨論」, 「屈到嗜芰論」(卷4・論)

「乃言底可績」, 「叟讒說殄行」, 「視遠惟明聽德惟聰」, 「終始惟一時乃日新」, 「王省惟歲」, 「作周恭先作周孚先」, 「惟聖罔念作狂惟狂克念作聖」, 「庶言同則繹」, 「唐虞稽古建官惟百夏商官倍亦克用乂」, 「道有升降政由俗革」(卷6・書義), 「觀過斯知仁矣」, 「君使臣以禮」(卷6・論語義), 「以佚道使民以生道殺民」(卷6・孟子義), 「易解」(卷6・解)

「**私試策問八首**」, 「國學秋試策問二首」, 「策問六首」, 「私試策問」(卷7・策問), 「禹之所以通水之法」, 「修廢官擧逸民」, 「天子六軍之制」, 「休兵久矣而國益困」, 「關隴游民私鑄錢與江淮漕卒為盜之由」(卷7・雜策)

「**六一居士集**敘」, 「**田表聖奏議**敘」, 「送人序」, 「送水丘秀才敘」, 「**送張道士**敘」,

「送通教錢大師還杭詩序」, 「八境圖詩敘」, 「八境圖後敘」, 「觀宋復古畫序」, 「講田友直字序」, **「江子靜字序」**(卷10・序), 「楊薦字說」, 「張厚之忠甫字說」, 「仁說」(卷10・說)

「李太白碑陰記」, 「靜常齋記」, 「睡鄉記」(卷11・記)

「清**風閣記**」, 「成都大悲閣記」, 「方丈記」, 「觀妙堂記」(卷12・記)

「率子廉傳」, 「杜處士傳」, 「萬石君羅文傳」, 「江瑤柱傳」, 「黃甘陸吉傳」, 「葉嘉傳」, 「溫陶君傳」, 「蔡使君傳」(卷13・傳)

「王子立墓誌銘」, 「寶月大師塔銘」(卷15・墓誌銘)

「趙康靖公神道碑」(卷18・碑)

「鼎硯銘」, 「鄧公硯銘」, 「孔毅甫龍尾硯銘」, 「孔毅甫鳳咮石硯銘」, 「鳳咮硯銘」, 「米黻石鍾山硯銘」, 「王仲儀硯銘」, 「龍尾石月硯銘」, 「迨硯銘」, 「唐陸魯望硯銘」, 「周炳文瓢硯銘」, 「王定國硯銘二首」, 「故人王頤有自然端硯硯之成於片石上稍稍加磨治而已銘曰」, 「天石硯銘」, 「漢鼎銘」, 「石鼎銘」, 「大覺鼎銘」, 「文與可琴銘」, 「十二琴銘」, 「楊次公家浮磬銘」, 「邵伯埭鐘銘」, 「裙靴銘」, 「何公橋銘」, 「谷庵銘」, 「夕庵銘」, 「思無邪齋銘」, 「廣心齋銘」, 「澹軒銘」, 「惠州李氏潛珍閣銘」, 「廣州東莞縣資福寺舍利塔銘」(文集卷19・銘)

「仁宗皇帝御書頌」, 「醉僧圖頌」, 「枯骨觀頌」, 「答孔君頌」, 「食豆粥頌」, 「禪戲頌」, 「豬肉頌」(卷20・頌), 「東交門箴」(卷20・箴)

「延州來季子贊」, 「夢作司馬相如求畫贊」, 「孔北海贊」, 「髑髏贊」, 「李西平畫贊」, 「醉吟先生畫贊」, 「忠懿王贊」, 「王定國真贊」, 「徐大正真贊」, 「李端叔真贊」, 「元華子真贊」, 「顧愷之畫黃初平牧羊圖贊」, 「韓幹畫馬贊」, 「李潭六馬圖贊」, **「石室先生**畫**竹贊」**, **「文與可**畫**墨竹**屏**風贊」**, **「戒壇院文與可**畫**墨竹贊」**, 「文與可枯木贊」, 「李伯時所畫沐猴馬贊」, 「救月圖贊」, 「捕魚圖贊」, 「三禽圖贊」, 「採日月華贊」, 「文勛篆贊」, 「小篆般若心經贊」, 「黃庭經贊」, 「僧伽贊」, 「藥師琉璃光佛贊」, 「傅大士贊」, 「應夢觀音贊」, 「繡佛贊」, 「興國寺浴室院六祖畫贊」(卷21・贊)

「羅漢贊十六首」, 「羅漢贊」, 「磨衲贊」, 「金山長老寶覺師真贊」, 「資福白長老真贊」, 「東莞資福堂老柏再生贊」, 「辯才大師真贊」, 「參寥子真贊」, 「無名和尚傳贊」, 「李伯時作老子新沐圖遺道士蹇拱辰趙郡蘇某見而贊之」, 「醴泉觀真靖崇教大師真贊」, 「光道人真贊」, 「王巖隱居陽行先真贊」, 「題三國名臣贊」(卷22・贊), 「靈感觀音偈」, 「無名和尚頌觀音偈」, 「玉石偈」, 「觀藏真畫布袋和尚像偈」, 「戲答佛印偈」, 「養生偈」, 「王晉卿前生圖偈」, 「東坡居士過龍光, 求大竹作肩輿, 得兩竿.時南華珪首座, 方受請為此山長老.乃留一偈院中, 須其至, 授之, 以為他時語錄中第一問」, 「南華長老寵示四頌事忙只還一偈」(卷22・偈)

「同天節功德疏表」, 「上皇帝賀冬表」, 「上太皇太后賀正表」, 「謝復賜看墳寺表」, 「杭州賀興龍節表」, 「賀正表二首」, 「賀冬表」(卷24・表狀)

「謝秋賦試官啟」, 「謝監司薦舉啟」, 「謝監司啟二首」, 「謝監司禮啟」, 「賀呂學士啟」, 「謝韓舍人啟」, 「謝諸秀才啟」, 「謝惠生日詩啟二首」(卷46・啟)

「賀林待制啟」, 「賀彭發運啟」, 「賀王發運啟」, 「賀正啟四首」, 「賀鄰帥及監司正旦啟」, 「賀列郡守倅正旦啟」, 「賀冬啟」, 「賀鄰帥及監司冬至啟」, 「賀列郡知通冬至啟」, 「上留守宣徽啟」, 「上虢州太守啟」, 「與潁州運使劉昱啟」, 「杭州與莫提刑啟」, 「回列郡守倅啟」, 「答杜侍郎啟」, 「答范端明啟」, 「答曾學士啟」, 「答曾舍人啟」, 「答楊屯田啟二首」, 「答李知府啟」, 「答秀州胡朝奉啟」, 「答陳齋郎啟」, 「答試館職人啟」, 「與邁求親啟」, 「與過求婚啟」, 「答求親啟」, 「下財啟」(卷47・啟)

「上韓太尉書」, 「上王刑部書」, 「上梅直講書」(卷48・書)

「與葉進叔書」, **「謝歐陽內翰書」**, **「謝梅龍圖書」**, 「謝范舍人書」, 「謝張太保撰先人墓碣書」, 「答張文潛縣丞書」, 「答安師孟書」(卷49・書)

「上呂相公一首」, 「與曾子固一首」(卷50・尺牘)

「與李公擇十七首(之三)」, 「與錢穆父二十八首(之一)」, 「與李伯時一首」(卷51・尺牘)

「與張嘉父七首(之二, 三, 四, 五, 六)」, 「與何正通三首(之二)」(卷53・尺牘)

「與監丞事一首」, 「與王子高三首(之二, 三)」, 「與段約之一首」(卷57・尺牘)

「答李康年一首」, 「與李無悔一首」, 「答漢卿一首」, **「與何浩然一首」**, 「答史彥明主簿二首(之一)」, 「與家復禮一首」, 「與鄭嘉會二首」, 「與寇君一首」(卷59・尺牘)

「密州與人二首」, 「徐州與人一首」, 「湖州與人一首」, 「與鄧安道四首(之一, 二, 三)」, 「與何德順二首」(卷60・尺牘)

「代毛正仲軍衙廳成慶土道場疏」, 「密州請皋長老疏」, 「齊州請確長老疏」, 「修通濟廟疏」, 「修法雲寺浴室疏」, 「懺經疏」, 「散淨獄道場疏」, 「薦雞疏」(卷62・疏文), 「祭勾芒神祝文二首」, 「告封太白山明應公祝文」, 「祈雨吳山祝文」, 「祈晴風伯祝文」, 「祈晴雨師祝文」, 「祈晴吳山祝文」, 「奉詔禱雨諸廟祝文」, 「禱雨社神祝文」, 「禱雨後土祝文」, 「禱雨稷神祝文」, 「祭風伯雨師祝文」, 「謁諸廟祝文」, 「祈雨祝文」, 「謝雨祝文」, 「祈晴祝文」, 「謝晴祝文」, 「祈晴吳山廟祝文」, 「謝晴祝文」, 「德音到州祭諸廟祝文」, 「立春祭土牛祝文」, 「謝晴祝文」, 「祈雨諸廟祝文」, 「告顏子祝文」, 「告五嶽祝文」, 「秋賽祝文二首」, 「謝觀音晴祝文」, 「謝晴祝文」, 「祈雨祝文」, 「謝雨祝文」, 「祈晴祝文」(卷62・祝文)

「祭單君貺文」, 「祭歐陽仲純父文」, 「祭王君錫丈人文」, 「祭范夫人文」, 「徐州祭枯骨文」(卷63・祭文), 「王大年哀詞」, 「傷春詞」(卷63・哀詞)

「代侯公說項羽辭」, 「擬孫權答曹操書」, 「補龍山文」, 「明正」, 「罪言」, 「捨銅龜子文」, 「東坡酒經」, 「判倖酒狀」, 「若稽文說」, 「八佾說」, 「蜡說」, 「尸說」, 「烏說」, 「梁賈說」, 「梁工說」(卷64・雜著)

「堯遜位於許田」, 「巢由不可廢」, 「堯不誅四凶」, 「堯桀之民」, 「商人賞罰」, 「管仲分君謗」, 「管仲無後」, 「楚子玉以兵多敗」, 「孔子誅少正卯」, 「顏回簞瓢」, 「宰我不叛」, 「司馬穰苴」, 「孟嘗君賓禮狗盜」, 「顏蠋巧貧」, 「田單火牛」, 「張儀欺楚」, 「王翦用兵」, 「荀子疎謬」, 「陳平論全兵」, 「趙堯真刀筆吏」, 「酈寄幸免」, 「穆生去楚王戊」, 「漢武無秦穆之德」, 「王韓論兵」, 「衛青奴才」, 「司馬相如創開西南夷路」, 「司馬相如之諂死而不已」, 「竇嬰田蚡」, 「漢武帝巫蠱事」, 「霍光疏昌邑王之罪」, 「趙充國用心可重」, 「史彥輔論黃霸」, 「梁統議法」, 「元成詔語」, 「直不疑買金償亡」, 「邳彤漢之元臣」, 「曹袁興亡」, 「周瑜雅量」, 「賈充叛魏」, 「唐彬」, 「阮籍求全」, 「劉伯倫非達」, 「晉武娶婦」, 「衛瓘拊床」, 「石崇婢知人」, 「裴頠之諂」, 「王衍之死」, 「孟嘉與謝安石相若」, 「貴戚專殺」, 「王述謂子癡」, 「英雄自相服」, 「庾亮不從孔坦陶回言」, 「郗方回郗嘉賓父子事」, 「郗超小人之孝」, 「晉宋之君與臣下爭善」, 「淵明非達」, 「王僧虔胡廣美惡」, 「宋殺王彧」, 「齊高帝欲等金土之價」, 「劉沈認屐」, 「崔浩占星」, 「唐太宗借隋吏以殺兄弟」, 「褚遂良以飛雉入宮為祥」, 「李靖李勣為唐腹心之病」, 「房琯之敗」, 「韓愈優於揚雄」, 「柳子厚論伊尹」, 「柳子厚誕妄」, 「白樂天不欲伐淮蔡」, 「樂天論張平叔」, 「劉禹錫文過不悛」, 「唐制樂律」, 「歷代世變」, 「漢高祖封羹頡侯」, 「相如長門賦」, 「桓範奔曹爽」, 「夏侯玄論樂毅」(卷65・史評)

「書孟德傳後」, 「書單道開傳後」, 「書淵明孟府君傳後」, 「書黃魯直李氏傳後」, 「記孫卿韻語」, 「記徐陵語」, **「記歐陽公論文」**, **「記歐陽論退之文」**, **「書淵明述史章後」**, **「跋退之送李愿序」**, **「書子由超然臺賦後」**, 「跋荊溪外集」, 「書子由黃樓賦後」, 「書珠子法後」, 「書拉雜變」, 「書溫公誌文異壙之語」, 「跋司馬溫公布衾銘後」, 「跋柳閎楞嚴經後」, 「跋張益孺清淨經後」, 「題僧語錄後」, 「書濟衆方後」, **「書黃道輔品茶要錄後」**, 「書咒語贈王君」, 「書李志中文後」, 「跋魯直李氏傳」, **「自評文」**, 「書破地獄偈」, 「記佛語」, 「書夢祭句芒文」, 「跋劉咸臨墓誌」, 「記鐵墓厄臺」, 「書汴河斗門」, 「書杜牧集僧制」, 「書左傳醫和語」, 「記李邦直言周瑜」, 「書淵明歸去來序」, 「偶書二首」, 「書徐則事」, 「書四適贈張鶚」, 「記導引家語」, 「記朱炎禪頌」, 「改觀音經」, 「論六祖壇經」, 「記袁宏論佛」(卷66・題跋 雜文)

「記陽關第四聲」, 「題淵明詠二疎詩」, **「題淵明**飲**酒詩後」**, 「題鮑明遠詩」, 「書謝瞻詩」, 「題蔡琰傳」, 「書文選後」, 「書李白十詠」, 「書李白集」, 「記太白詩二首」, 「書學太白詩」, 「書諸集僞謬」, **「書諸集改字」**, 「書退之詩」, 「記退之拋青春句」, **「辨杜子美杜鵑詩」**, 「記子美八陣圖詩」, 「書子美自平詩」, **「書子美雲安詩」**, 「書子美驄馬行」, **「書子美黃四娘詩」**, 「記子美陋句」, **「評子美詩」**, 「書子美憶昔詩」, 「雜書子美詩」, 「書柳公權聯句」, 「書韓定辭馬郁詩」, 「書李主詩」, **「書柳子厚詩」**, **「題柳子厚詩二首」**, 「書子厚夢得造語」, **「評韓柳詩」**, 「書子厚詩」, 「書樂天香山寺詩」, 「書常建詩」, 「書淵明乞食詩後」, 「書淵明飲酒詩後」, 「書淵明詩二首」, 「書薛能茶詩」, 「書日月蝕詩」, 「對韓柳詩」, 「書李嶠詩」, 「書賀遂亮詩」, 「書唐太宗詩」, **「書鄭谷詩」**, 「書王梵志詩」, 「記永叔評孟郊詩」, 「書太白廣武戰場詩」, 「書退之詩」, 「書黃魯直詩後二首」, 「書陸道士詩」(卷67・題跋 詩詞)

「跋文忠公送惠勤詩後」, **「自記吳興詩」**, 「記所作詩」, 「書曹希蘊詩」, 「記郭震詩」, 「評杜默詩」, 「書狄遵度詩」, 「題和王鞏六詩後」, 「書贈陳季常詩」, 「書黃魯直詩後二首(之二)」, 「記董傳論詩」, 「書參寥論杜詩」, **「記少游論詩文」**, 「題李伯祥詩」, 「記白鶴觀詩」, 「記關右壁間詩」, 「記西邸詩」, 「評七言麗句」, 「讀文宗詩句」,

「書辯才次韻參寥詩」, 「記謝中舍詩」, 「記里舍聯句」, 「跋再送蔣穎叔詩後」, 「記寶山題詩」, 「書李主詞」, 「記劉景文詩」, 「書曇秀詩」, 「書邁詩」, **「跋黔安居士漁父詞」**, 「記臨江驛詩」, 「題楊朴妻詩」, 「書章詧詩」, 「記夢中句」, 「自記廬山詩」, 「記鬼詩」(卷68·題跋 詩詞)

「題蘭亭記」, 「題逸少帖」, 「題遺教經」, **「題筆陣圖」**, 「題二王書」, 「題晉人帖」, 「題蕭子雲帖」, 「跋褚薛臨帖」, 「辨官本法帖」, 「疑二王書」, 「題逸少書三首(之一, 二)」, 「題子敬書」, 「題衛夫人書」, 「題山公啟事帖」, 「題衛恒帖」, 「題唐太宗帖」, 「題蕭子雲書」, 「跋庾征西帖」, 「題法帖二」, 「題晉武書」, 「題羊欣帖」, 「書逸少竹葉帖」, 「跋衛夫人書」, 「跋桓元子書」, 「跋葉致遠所藏永禪師千文」, **「跋王鞏所收藏真書」**, **「題顔公書畫讚」**, **「題魯公帖」**, **「題張少公判狀」**, 「書張長史草書」, 「跋懷素帖」, **「跋王荊公書」**, 「跋胡霈然書匣後」, 「書太宗皇帝急就章」, 「題蔡君謨帖」, **「論君謨書」**, **「跋君謨飛白」**, **「跋君謨書賦」**, 「跋君謨書」, 「題李十八淨因雜書」, 「跋董儲書二首」, **「評草書」**, **「論書」**, 「題醉草」, **「跋杜祁公書」**, **「跋歐陽文忠公書」**, 「跋陳氏歐帖」, **「書章郇公寫遺教經」**, **「跋所書清虛堂記」**, **「雜評」**, **「記潘延之評予書」**, 「書贈徐大正四首(之一, 二, 四)」, **「跋文與可論草書後」**, **「記與君謨論書」**, 「題陳履常書」, 「題顏長道書」, 「書杜介求字」, 「書贈宗人鎔」, 「戲書赫蹏紙」, 「自評字」, **「題歐陽帖」**, 「題蘇才翁草書」, 「書王奧所藏太宗御書後」, **「書張長史書法」**, 「書沈遼智静大師影堂銘」, 「論沈遼米芾書」, 「跋歐陽文忠公書」, 「書篆髓後」(卷69·題跋 書帖)

「書摩詰藍田煙雨圖」, 「書通叔篆」, 「書李將軍三駿馬圖」, 「跋文勛扇畫」, 「跋與可紆竹」, **「書陳懷立傳神」**, **「又跋漢傑畫山二首」**, 「跋李伯時卜居圖」, 「跋摘瓜圖」, 「書唐名臣像」, 「書許道寧畫」(卷70·題跋 畫), 「書墨」, 「試墨」, 「書徂徠煤墨」, 「記李公擇惠墨」, 「記李方叔惠墨」, 「書張遇潘谷墨」, 「書呂行甫墨顛」, 「書李公擇墨蔽」, 「書李憲臣藏墨」, 「書石昌言愛墨」, 「書所造油煙墨」, 「書別造高麗墨」, 「書馮當世墨」, 「書求墨」, 「書北虜墨」, 「書廷珪墨」, 「書茶墨相反」, 「書潘谷墨」, 「試東野暉墨」, 「書裴言墨」, 「書王君佐所蓄墨」, 「書海南墨」, 「記王晉卿墨」, 「書布頭箋」, 「書海苔紙」(文集卷70·題跋 紙墨), 「書石晉筆仙」, 「書諸葛筆」, 「記南兔毫」, 「記都下熟毫」, 「記古人繫筆」, 「記歐公論把筆」, 「書諸葛散卓筆」, 「書鳳咮硯」,「書硯」,「書硯」,「書許敬宗硯二首」,「書汪少微硯」,「書唐林夫惠硯」,「書鳳咮硯」,「書瓦硯」,「評淄端硯」,「書青州石末硯」,「書天台玉板紙」,「書月石硯屛」,「書曇秀龍尾硯」,「書雲庵紅絲硯」(卷70・題跋 筆硯)

「雜書琴事十首」,「書古銅鼎」,「書金錞形製」,「書李岀老棋」,「書賈祐論真玉」,「論漆」(卷71・題跋 琴棋雜器),「記公擇天柱分桃」,「記漢講堂」,「書劉夢得詩記羅浮半夜見日事」,「記羅浮異境」,「記與安節飮」,「題連公壁」,「書贈何聖可」,「書雪」,「書田」,「書蜀公約鄰」,「書遺蔡允元」,「書請郡」,「杭州題名二首(之二)」,「書天慶觀壁」,「記游松風亭」,「天華宮」,「書贈古氏」(卷71・題跋 游行)

「仁祖盛德」,「真宗信李沆」,「英宗惜臣子」,「神宗惡告訐」,「范文正諫止朝正」,「谿洞蠻神事李師中」,「曹瑋知人料事」,「范景仁定樂上殿」,「杜正獻焚聖語」,「蔡延慶追服母喪」,「王欽若沮李士衡」,「王伯庸知人」,「韓縝酷刑」,「蜀公不與物同盡」,「韓狄盛事」,「溫公過人」,「文忠公相」,「張安道比孔北海」,「宰相不學」,「夾注轎子」,「以利害民」,「以樂害民」,「史經臣兄弟」,「徐仲車二反」,「張憨子」,「誦經帖」,「子由幼達」,「馬正卿守節」,「李與權節士」,「馬夢得窮」,「黎子明父子」,「本秀二僧」,「朱照僧」,「鍾守素」,「妙總」,「維琳」,「秀州長老」,「楚明」,「仲殊」,「守欽」,「思義」,「聞復」,「可久清順」,「法穎」,「書贈榮師」,「記卓契順答問」,「僧自欺」,「記焦山長老答問」,「記參寥龍丘答問」,「記南華長老答問」,「書別姜君」,「夢韓魏公」(卷72・雜記 人物),「空塚小兒」,「華陰老嫗」,「豬母佛」,「池魚自達」,「費孝先卦影」,「幸思順服盜」,「王平甫夢靈芝宮」,「廣利王召」,「夢彌勒殿」,「應夢羅漢」,「仙姑問答」,「王翊救鹿」,「黃鄂之風」,「陳昱再生」,「道士鍛鐵」,「廣州女仙」,「鬼附語」,「石普嗜殺」,「黃僕射得道」,「僧伽同行」,「壽禪師放生」(卷72・雜記 異事)

「朱元經爐藥」,「異人有無」,「陽丹陰煉」,「陰丹陽煉」,「符陵丹砂」,「松氣煉砂」,「李若之布氣」,「侍其公氣術」,「養生訣」(卷73・雜記 修煉)

「龐安常善醫」,「求醫診脈」,「錢子飛施藥」,「裕陵偏頭疼方」,「枳枸湯」,「服生薑法」,「服葳靈仙法」,「服茯苓法」,「服地黃法」,「艾人著灸法」,「井華水」,「治內障眼」,「治馬肺法」,「治馬背騣法」,「天麻煎」,「代茶飮子」,「治痢腹痛法」,「服絹法」,「服松脂法」,「煉枲耳霜法」,「蒼朮錄」,「墓頭回草錄」,「益智錄」,「薟草錄」,

「治暴下法」(卷73・雜記 醫藥), 「種松法」, 「四花相似說」, 「菱芡桃杏說」, 「菊說」, 「接果說」, 「荔枝龍眼說」, 「記朱勃論菊」, 「**記嶺南竹**」, 「記竹雌雄」, 「金鹽說」, 「蜀鹽說」, 「香說」, 「煮魚法」, 「真一酒法」, 「止水活魚說」(卷73・雜記 草木飮食), 「記先夫人不發宿藏」, 「記先夫人不殘鳥雀」, 「記錢塘殺鵝」, 「記徐州殺狗」, 「記趙貧子語」, 「畏威如疾」, 「常德必吉」, 「祿有重輕」, 「德有厚薄」, 「仙不可力求」, 「記鄭君老佛語」, 「二紅飯」, 「二措大言志」, 「三老人論年」, 「桃符艾人語」, 「螺蚌相語」, 「口目相語」, 「作僞心勞」, 「著飯喫衣」, 「梁上君子」(卷73・雜記 書事)

「醉翁琴趣外編序」(佚卷1・序), 「訥齋記」, 「醉鄕記」(佚卷1・記), 「端溪紫蟾蜍硯銘」(佚卷1・銘), 「養老篇」, 「與明上人二頌」(佚卷1・頌), 「子由真贊」(佚卷1・贊), 「論宰相用人之術不正疏」, 「擧陳師錫自代狀」(佚卷1・奏議), 「洛尹到任謝宰相啟」(佚卷1・啟)

「與蔣公裕一首」, 「與廣西憲漕司勳二首」, 「與朱康叔二首(之一)」, 「與李公擇一首」, 「與蔡君謨一首」, 「與章質夫三首(之一, 二)」, 「與王定國七首(之六)」, 「與子功一首」, 「與純父一首」, 「與家退翁三首(之一)」, 「與錢穆父二十九首(之十五, 十六, 十七, 二十一)」(佚卷2・尺牘)

「與王文玉十二首(之九, 十, 十一, 十二)」, 「與蘇子容四首(之四)」, 「謝唐林夫一首」, 「與友人一首」, 「與方南圭三首(之二, 三)」, 「與歐陽晦夫一首」, 「與處善宣德一首」, 「與王仲志三首(之一)」, 「與郭廷評二首」, 「與章子厚一首」, 「與質翁一首」, 「與若虛總管一首」, 「與張秘校一首」, 「與董長官一首」, 「與朱伯原二首(之一)」, 「與公儀大夫二首」, (佚卷3・尺牘)

「與陳殿直一首」, 「與吳先輩一首」, 「與知郡一首」, 「與堂兄一首」, 「與堂兄一首」, 「與堂兄一首」, 「與堂兄一首」, 「與親黨一首」, 「與東林廣慧禪師一首」, 「與賢師上人一首」, 「與大覺禪師一首」, 「與門人一首」(佚卷4・尺牘)

「施餓鬼文」(佚卷5・疏文), 「明堂祭諸廟文」, 「祈晴文」, 「日食祈禱祝文」(佚卷5・祝文), 「祭司馬光文」, 「祭伍子胥廟文」(佚卷5・祭文), 「釋天性」, 「失題」, 「偶題」, 「記黃魯直語」(佚卷5・雜著), 「荊軻衛生」(佚卷5・評史), 「引說先友記」, 「自跋石恪三笑圖贊」, 「辯曾參說」, 「自書莊子二則跋」, 「**論古文**」, 「俚語說」, 「自述」(佚卷5・題跋 雜文), 「題杜子美楷木詩後」, 「書柳子厚漁翁詩」, 「書荊公暮年詩」, 「題西湖詩卷」, 「自題別海南黎子雲詩」, 「題魏處士詩」, 「跋蔡君謨天際烏雲詩卷」, 「題次韻惠循二守相會詩」, 「題登望谼亭詩」(佚卷5・題跋 詩詞)

「論沈傳師書」, **「論書」**, 「題大江東去後」(佚卷6・題跋 書), 「書自作木石」, 「竹枝自題」, 「題李伯時臨劉商觀奕圖」, 「李伯時畫像跋」(佚卷6・題跋 畫), 「書結繩硯」(佚卷6・題跋 硯), 「書茶與墨」, 「又書茶與墨」, 「題麤紙」(佚卷6・題跋 紙墨), 「治易洞磨崖」, 「書雲成老」, 「壽昌院留題」(佚卷6・題跋 遊行), 「雜書琵琶二首」(佚卷6・題跋 樂器), 「徐寅」, 「潞公」, 「蘇州僧」(佚卷6・雜記 人物), 「書桃黃事」(佚卷6・雜記 異事), 「蜀名醫張玄隱」(佚卷6・雜記 醫藥), 「芍藥與牡丹」, 「書食蜜」(佚卷6・雜記 草木飲食)

〈부록 3〉 소식 평생 행적도

출처 : 曾棗莊, 『蘇軾評傳』, 成都 : 四川人民出版社, 1984.

1. 고금지명대조 : 미주眉州-메이산眉山, 변량汴梁-카이펑開封, 밀주密州-주청諸城, 호주湖州-우싱吳興, 황주黃州-황강黃岡, 등주登州-펑라이蓬萊, 영주潁州-푸양阜陽, 정주定州-띵시엔定縣, 혜주惠州-훼이양惠陽, 창화昌化-딴시엔儋縣, 염주廉州-허푸合浦.

2. 지명 옆의 숫자는 소식 행적의 선후 순서임.

3. 그림에 기재된 지명은 소식이 거쳤던 부임지와 유배지로 국한함. 이동경로는 생략함.

甘
宁
夏
内
蒙
河
北
辽
宁
新
疆
肃
陕
西
山
西
山
东
定州 23
登州 16
密州 10
徐州 11
汴梁 2.4.6.8
13.17.19.22
凤翔 5
河
南
江苏
颍州 20
扬州 21
常州 15.27
湖州 12
杭州 9.18
安
徽
湖
北
四
川
黄州 14
眉州 1.3.7
浙
江
江
西
湖
南
贵
州
福
建
云
南
台
湾
广
西
广
东
惠州 24
廉州 26
昌化 25